Chris Harman

A
PEOPLE'S HISTORY
OF THE WORLD

From the Stone Age
to the New Millennium

世界人民的历史

从石器时代到新千年

[英]克里斯·哈曼——著　　潘洋——译

上

北京大学出版社
PEKING UNIVERSITY PRESS

著作权合同登记号　图字：01-2014-6576

图书在版编目（CIP）数据

世界人民的历史：从石器时代到新千年 /（英）克里斯·哈曼（Chris Harman）著；潘洋译 .—北京：北京大学出版社，2017.7

（培文·历史）

ISBN 978-7-301-28368-4

Ⅰ.①世… Ⅱ.①克… ②潘… Ⅲ.①世界史–研究 Ⅳ.① K107

中国版本图书馆 CIP 数据核字 (2017) 第 120993 号

A People's History of the World: From the Stone Age to the New Millennium by Chris Harman
Copyright © Verso 2008
Simplified Chinese edition copyright © 2016 by Peking University Press
All rights reserved
本书中文简体版专有出版权经由中华版权代理中心授予北京大学出版社

书　　　名	世界人民的历史：从石器时代到新千年（上下册） Shijie Renmin de Lishi
著作责任者	［英］克里斯·哈曼（Chris Harman）著　潘洋 译
责 任 编 辑	徐文宁　于海冰
标 准 书 号	ISBN 978-7-301-28368-4
出 版 发 行	北京大学出版社
地　　　址	北京市海淀区成府路 205 号　100871
网　　　址	http://www.pup.cn　新浪微博：@北京大学出版社 @培文图书
电 子 信 箱	pkupw@qq.com
电　　　话	邮购部 62752015　发行部 62750672　编辑部 62750112
印 刷 者	三河市国新印装有限公司
经 销 者	新华书店
	650 毫米 ×980 毫米　16 开本　52.25 印张　600 千字
	2017 年 7 月第 1 版　2017 年 7 月第 1 次印刷
定　　　价	129.00 元（上下册）

未经许可，不得以任何方式复制或抄袭本书之部分或全部内容。
版权所有，侵权必究
举报电话：010-62752024　电子信箱：fd@pup.pku.edu.cn
图书如有印装质量问题，请与出版部联系，电话：010-62756370

目录

(上册)

引言 001

第一部分　阶级社会的兴起 009
    大事年表 010
    序言　在出现阶级之前 012
    第一章　新石器时代的"革命" 021
    第二章　最初的文明 029
    第三章　最初的阶级分野 035
    第四章　女性受压迫 044
    第五章　最初的"黑暗时代" 048

第二部分　古代世界 061
    大事年表 062
    第一章　铁与帝国 064
    第二章　古代印度 068
    第三章　最初的中华帝国 076
    第四章　希腊城邦国家 086
    第五章　罗马的崛起与衰落 096
    第六章　基督教的兴起 117

第三部分　中世纪 135
　　大事年表 136
　　第一章　混乱的世纪 138
　　第二章　中华帝国的重生 142
　　第三章　"活化石"拜占庭 155
　　第四章　伊斯兰革命 163
　　第五章　非洲文明 180
　　第六章　欧洲封建主义 185

第四部分　伟大的转变 209
　　大事年表 210
　　第一章　征服新西班牙 212
　　第二章　从文艺复兴到宗教改革 227
　　第三章　新秩序诞生的剧痛 253
　　第四章　亚洲帝国最后的繁盛 283

第五部分　新秩序的传播 297
　　大事年表 298
　　第一章　社会和平的时光 300
　　第二章　从迷信到科学 305
　　第三章　启蒙运动 311
　　第四章　奴隶制与工资奴隶 317
　　第五章　奴隶制与种族主义 319
　　第六章　"自由劳工"经济 329

引 言

底比斯七门，知何人建起？
翻遍史书，唯见帝王行迹。
难道是帝王自己垒起了墙基？
几番倾颓的巴比伦，
又是谁将它几番建起？
金碧辉煌的利马城，
它的建造者又在何处栖息？
万里长城完工之夜，
石匠们都去向了何地？
罗马帝国遍布凯旋门，
里面的血汗来自何人？
又是谁浇筑了恺撒的胜利？
笙歌缭绕的拜占庭，
宫殿岂是它所有臣民的居停？

就是在那传说中的亚特兰蒂斯，
在那巨浪席卷而来之夜，
主人们仍在对着奴隶咆哮不已。

亚历山大剑指印度，
难道他是千里走单骑？
恺撒挥师北征高卢，
莫非他全凭匹夫之力？
"无敌舰队"沉没时，
腓力三世痛哭不已，
洒下热泪者难道就他一人？
"七年战争'获胜'"，
又是谁与腓特烈大帝一道踏上归程？

翻过书上一页页光辉的篇章，
是谁斟满一杯杯庆功的佳酿？
人间十年已沧桑，江山代有好儿郎，
白骨遍地谁思量，说什么封侯拜将？

这么多堂而皇的历史，
这么多猜不透的谜题。
　　——［德］贝尔托布·布莱希特，《工人眼中的历史》

　　布莱希特在诗句中提出的问题亟待寻求答案。历史应当承担起提供这些答案的职责。但是，寻求并提供答案既不应被视为小部分专家的特权，也不应被视为能够承受之人的奢侈物。历史并非汽车大王亨利·福特口中的"废话"——这位使用流水线大批量生产汽车的先锋人物是工会运动的大敌，还曾是希特勒的早期崇拜者。

历史就是关于先后发生的一系列事件，这些事件促生了我们今天的生活。历史就是关于我们如何成为今天的我们的故事。是否可以进一步改变我们生活的世界，以及如何改变它，理解是关键。在乔治·奥威尔的小说《1984》中，掌握国家政权的集权主义者喊出了一句口号："掌握了过去就控制了未来。"住在布莱希特诗歌中形容的宫殿里、享用诗歌中美味佳肴的那些人，总是对这一口号坚信不疑。

距今2200多年前，一位中国皇帝就曾对犯下"借古讽今"罪行的人判处死刑。阿兹特克人于15世纪征服了墨西哥谷地后，曾试图毁掉前朝统治的记录；1520年代，西班牙人占领这一地区后，同样试图毁掉所有阿兹特克人的记录，抹去阿兹特克人曾经存在的痕迹。

即使在20世纪，事情也并未发生多少改变。谁要敢挑战斯大林或希特勒官方史学家的言论，就意味着被监禁、被驱逐流放，甚至被判处死刑。就在三十年前，西班牙史学家还被禁止研究轰炸巴斯克城格尔尼卡的真相；匈牙利史学家也不被允许调查1956年事件。甚至是在最近，只因就一战前希腊如何强占马其顿大部分领土问题挑战了官方的观点，我的希腊朋友们还要接受审判。

在西方工业化国家，政府公开作出迫害之举相对较为罕见。但是，政府采用隐秘的控制方法却是始终存在。就在我写作本书时，新工党政府坚称：学校必须强调英国历史和英国人取得的功绩，英国的小学生必须牢记大不列颠伟人的名字和生日。在高等教育中，与官方观点保持一致的历史学家，通常都能获得社会认可和荣耀；反之，敢于挑战官方观点的学者，通常都会被排除在大学核心教职之外。"妥协,不断地妥协",依然是确保"升迁之道"。

自从(五千年前)人类历史上出现了第一批法老以来,统治者撰写的历史中就充斥着他们自己及其先辈取得的"功绩"。史书中记载着"伟人"如何建起了城市和纪念碑,如何带来了繁荣,如何取得丰功伟绩或军事胜利——相反,"恶人"则被认定要对世界上发生的每一件坏事负责。世界历史上的首批历史著作是君主与王朝的列表,被称作"王表"。就在四十年前,学习类似的王表依然是英国学校历史教育中的主要部分。新工党政府和它的反对者托利党,看起来都有重新恢复这一传统的意向。

在这样的历史中,包含的知识容量仅限于记住这些王表,牢记"值得纪念的大人物",或者是颇有谋略的权力竞争者。这种沉迷于琐碎历史的做法,既无助于我们去阐述过去,也无益于我们去理解当下。

另有一种回望历史的方法,则与有意识地追随"伟人"的形式截然不同。这种历史选取特定历史事件并讲述它们的故事,通常都是从历史事件的普通参与者的角度来进行描述。这样的历史令人迷醉。今天,利用普通人视角的素材制作的电视节目拥有庞大的观众群——所有频道都是如此。与过去古老的"国王、日期和事件"阐释方式(常识回答)相比,学生们对普通人视角的历史故事展现出异乎寻常的热情和兴趣。

但是,这种"来自下层的历史"也会遗漏具有重大意义的要点,那就是事件彼此之间的联系。

只是对参与一桩历史事件的人们抱有同情的理解,并无法使我们明了塑造了他们生活、并且至今依然在塑造我们生活的更广阔力量。例如,不明白罗马帝国的兴衰,我们就无法理解基督教的兴起;

不明白欧洲封建主义遭遇的巨大危机、不明白欧洲以外大陆文明的发展，我们就无法理解文艺复兴时期艺术的肆意绽放；不明白工业革命的来龙去脉，我们就无法理解19世纪的工人运动。如果不明白这些及其他许多历史事件之间的紧密联系，我们也就无法理解人类如何走到了今天。

本书的目标就是，试着为大家提供这样一种解读历史的方式。

我不会夸下海口能为大家展现出完整的人类历史。就详述一段时期的历史而言，忽略许多名人及众多历史事件是一种无法避免的重要方式。想要理解导致了现在的总体模式，你并不必知道人类过往的每一个细节。

马克思为这一总体模式提供了富有洞见的解释。他指出，人类只有通过合作才能在这个星球上生存下来，而每一种新的谋生手段的出现，都在更加广泛的范围内，必然地改变了彼此之间的关系。马克思所说的"生产力"的变化与"生产关系"的变化紧密结合，而这两者的变化，最终将会在更加广泛的意义上改变整个社会的关系。

然而，这样的变化并不会自然而然地发生。在每一个历史转折点上，人类都要作出抉择，选择这一条道路或是另一条道路，并在巨大的社会冲突中，为这一选择奋战到底。跳出特定历史时刻而言，人们作出的选择，总是与其阶级地位紧密相关。奴隶与奴隶主的选择迥然不同，封建时代的工匠与封建领主的选择也是大相径庭。人类未来的重大斗争，也将会与阶级斗争有着密切的联系。这一系列伟大的斗争，将会为历史未来的走向提供骨架。

这样的历史阐释方法，并不否认个人及其宣扬的思想在人类历史上发挥的作用，而是认为在之前社会物质发展的积累、人们谋生的方式，以及阶级和国家的组成结构等前提下，个人或者个人的思想只能担当一定的角色。骨架与躯体不可同日而语。但要是没有骨架，躯体就会失去根基，无法存活。理解历史的物质"基础"，是理解其他所有事件一个非常必要但却非充分的前提。

是以本书试图对世界历史作出简明的梗概描述，仅此而已。但我希望，这一梗概描述可以帮助更多人了解我们的过去和现在。

在撰写本书的过程中，我始终明白，我必须面对两种偏见。

第一种偏见是，在延续不断的人类社会和历史中出现的关键因素在于"保持不变"的人类天性。这是一种遍布学界、主流媒体和大众文化的偏见。我们被告知，人类总是贪婪的、富有竞争性和攻击力，这解释了人类历史上的战争、剥削、奴役他人、压迫妇女等恶行的由来。这一"野蛮人"形象，也解释了一战西线战场上的血腥屠杀、二战中惨绝人寰的种族大屠杀。然而，我的看法却与这种观点相反。我们今天所知的"人类天性"，实际上是历史的产物，而非其原因。我们的历史塑造了多种不同的人类天性，在漫长而伟大的经济、政治、意识形态斗争中，一种取代了另一种。

第二种偏见在最近十年广泛传播，即虽然人类社会在历史上发生过剧变，但未来却不会再发生变化，历史将会终结。

1990年美国国务院顾问弗朗西斯·福山提出这一观点时，得到了享誉国际的赞誉。他在一篇文章中宣称：某种程度上，我们正在见证"历史的终结"。福山的这篇文章被译成数种语言，出现在世界各国的新闻报端。剧烈的社会冲突和激烈的意识形态斗争已成过往——对此，成千上万的报纸编辑和电视新闻主播都表示赞同。

1998年，伦敦经济学院主任、英国新工党首相的社会学顾问安东尼·吉登斯，在其被大肆宣传但却鲜有人读的《第三条道路》中重复了福山的观点。吉登斯写道，我们生活在一个"除了资本主义之外别无选择的"世界中。他接受并复述了一个广泛传播的假设。但这却是一个站不住脚的假设。

作为一种国家整体生产的组织形式，资本主义的历史不过三四百年；作为一种世界整体生产的组织形式，资本主义的历史最多也就一百五十年。工业资本主义及其规模庞大的城市结合体，主要依靠市场进行传播，仅在最近五十年内才在全球广泛推广开来。而世界各地的人们，作为人类已经在地球上生活了超过一百万年，作为现代人类的历史也超过了十万年。如果说一种只占据人类生命周期 0.5% 时间的社会运转模式将会主宰人类剩余的生命，未免有些牵强——除非人类的寿命行将终结。福山和吉登斯的著作只不过再次确认，马克思至少在一件事上是正确的，那就是马克思曾经说过的，"对资本主义而言，只有历史，再无其他"。

人类近期的历史并非平顺自然地向前发展，而是充满了反复的波动、恐怖的战争、血腥的内战、暴力革命和反革命等。大部分民众生活看似将要得到改善的时代，几乎总是让位于人民大众长达数十年乃至数百年遭受贫困和毁灭的历史。

不可否认，在熬过了许多可怕恐怖的经历之后，人类控制和操纵自然的能力得到了重要提升。与一千年前的人们相比，今天的我们在掌握自然方面堪称飞跃到了一个极高的水准。在我们今天生活的世界中，自然力量不再能使人们饥寒致死，曾经肆虐一时、令人闻之色变的疾病也逐渐被攻克。

但这却并不足以改变在人类历史上，阶段性的饥荒、营养不良和战争等灾难夺走了数亿人的生命这一事实。20 世纪的历史记录证明了这一点。在这一百年中，工业资本主义终于接管了全世界，如今就连身处最偏远地区的农民或牧民，都不得不在某种程度上仰仗市场而活。在这一百年间，还充斥着战争、杀戮、贫困和野蛮，与人类过往历史中的任何时期相比都毫不逊色，以至于自由主义哲学家以赛亚·伯林将20世纪描述为"西方历史上最恐怖的一个世纪"。20世纪最后几十年，没有任何迹象表明，人类整体的生活水平得到了魔力般的改善。在这几十年间，东欧国家陷入大规模贫困；非洲各地接连发生灾荒并陷入看起来无穷无尽的内战；几乎一半拉美人民生活在贫困线之下；伊朗和伊拉克打了一场长达八年的战争；世界上最强大的国家联合起来，给予伊拉克和塞尔维亚强力军事打击。

历史并未终结，而且理解历史发展主要特征的需求，正在变得比以往更加迫切。我撰写本书的初衷，便是希望能够借此帮助读者朋友增强对历史的理解。

第一部分
阶级社会的兴起

大事年表

400万年前	出现了第一个直立行走的猿人"南方古猿"。
150万年—50万年前	出现明确的人类物种"直立人",使用石质、木质和骨质工具;旧石器时代早期。
40万年—3万年前	欧洲和中东出现尼安德特人——出现人类文明的曙光,并有可能开始使用语言。
15万年前	出现人类历史上第一个"现代智人",或许源自非洲;以"觅食"维生(人类身处依然没有阶级、国家或性别压迫的小型游牧群落);旧石器时代中期。
8万年—1.4万年前	现代人类抵达中东地区(8万年前),跨越大洋来到澳大利亚(4万年前),抵达欧洲(3万年前)、美洲(1.4万年前);旧石器时代晚期。
1.3万年前	气候允许人类在村庄定居,人类谋生能力有所增强,但仍以"觅食"为主;中石器时代。
1万年前	人类历史上第一次"农业革命";种植庄稼和驯养牲畜;新石器时代;更加先进的工具,使用陶器;村落生活方式的蔓延;人类群落间第一次成体系的战争;依然不存在阶级分野和国家。
7000年前	欧亚大陆和非洲开始使用犁;农业谋生方式蔓延至西北欧;有些人类群落中出现了"酋长",但依然没有出现阶级或国家。
6000—5000年前	中东地区和尼罗河河谷地带发生"城市革命",有些群落开始使用铜。

5000 年前 （公元前 3000 年）	美索不达米亚和"古王国"时期的埃及开始出现国家；人类历史上出现最早的字母表；发明冶炼青铜的方法；清晰的社会阶层，宗教等级和神庙；公元前 2800 年出现第一座金字塔；青铜时代；女性开始从属于男性。
4500—4000 年前 （前 2500—前 2000 年）	印度河谷城市国家兴起；萨尔贡统一中东地区，建起第一个帝国；西欧出现巨石圈建筑；埃及南部出现努比亚文明。
4000 年前 （大约公元前 2000 年）	"黑暗时代"——美索不达米亚帝国及"古王国"时期埃及帝国的崩塌；小亚细亚出现冶铁技术。
4000—3600 年前 （前 2000—前 1600 年）	克里特岛兴起米诺斯文明；"中王国"时期的埃及及汉谟拉比治下的美索不达米亚帝国再度复兴；中国北方开启"城市革命"；希腊兴起迈锡尼文明。
3600 年前 （公元前 1600 年）	"中王国"时期的埃及遭遇危机崩塌，过渡到第二中间期；随着克里特岛、印度、迈锡尼文明先后崩塌，世界历史进入"黑暗时代"；中国北方的商王朝进入"青铜时代"。
3000 年前 （公元前 1000 年）	埃塞俄比亚出现阿克苏姆文明；地中海地区兴起腓尼基城邦国家；中美洲的奥尔梅克文明及安第斯山区的查文文明出现"城市革命"。
2800—2500 年前 （前 800—前 500 年）	印度、希腊和意大利崛起了新文明；努比亚出现梅罗伊文明。
2500—2000 年前 （前 400—前 1 年）	中美洲奥尔梅克文明发明自己的书写文字。
2000 年前 （公元 1 世纪）	墨西哥河谷崛起了特奥蒂瓦坎文明（特奥蒂瓦坎可能是当时世界上最大的城市），尽管还没有使用硬金属工具；四百年后，特奥蒂瓦坎文明被遗弃，继而在墨西哥南部和危地马拉崛起了阿尔班山文明和玛雅文明。

大事年表　011

序言
在出现阶级之前

踏入21世纪的门槛，我们的世界依然贪婪无度，贫富差距日益加剧，种族主义和国家沙文主义偏见泛滥，野蛮暴行和恐怖战争随处可见。这些现象很容易令人相信，这个世界从来都是如此，因此，未来的世界也不会有任何改变。不可计数的作家、哲学家、政治家、社会学家、记者和心理学家们，极力迫使我们接受这种想法。他们将等级、差异、贪婪和残忍，描绘为人类行为的"自然"特征。事实上，有些人把这些看作贯穿动物王国的特征，一种所谓遗传学"法则"下的"社会生物学"需求。[1] 无数流行于世、据信"科学"的平装本著作都在传播这样的观点，例如：德斯蒙德·莫里斯将人类视为"裸猿"[2]，罗伯特·阿特里提出"杀戮的必要"[3]，以及理查德·道金斯口中由"自私的基因"[4]来安排的更加复杂的生命形式。

然而，凭借我们今天对史前无数世代祖先生活的了解，这种犹如 1960 年代系列电视剧《摩登原始人》中刻画的"摩登原始人"式的人类行为，完全无法得到证实。不断累积的科学证据表明，我们祖先生活的社会，绝非以竞争、不平等和压迫为特征。不如说，这些不美好的词汇都是历史的产物，而且几乎都是近代历史的产物。证据来自对五千年前世界范围内人类行为方式的考古发现，以及对直至 19 世纪及 20 世纪初依然在世界上不同地域按照类似古老原则组织起来的社会所进行的人类学研究。人类学家理查德·李对这些发现有如下总结：

> 在国家兴起和社会不平等确立之前，人们千年来一直生活在以亲缘为基础的小范围社会群体中，其中经济生活的核心制度包括：土地和资源由集体所有，互利互惠的食物分配，相对平等的政治关系。[5]

换句话说，人们彼此分享，相互帮助；既没有统治者，也没有被统治者；既没有富人，也没有穷人。李借用了恩格斯于 1880 年代描述这种状态时使用的词汇："原始共产主义"。这一观点意义重大。我们这一物种（现代人类）已经拥有超过十万年的历史。而在这漫长历史 95% 的时间里，人类的许多举动都不曾被冠以今天所称的"人类自然本性"的帽子。并没有什么被铸入我们的生物体，使我们今天的社会呈现如今的样貌。我们迈入新千年时面临的困境，更是不能归咎于"人类自然本性"。

人类的起源湮没在时间的迷雾中，远超过十万年。我们最遥远的祖先由猿类进化而来，生活在四百万到五百万年前的非洲各地。出于某些我们仍不知晓的原因，就像距离我们最近的动物近亲黑猩猩和倭黑猩猩那样，这一物种中的某些成员放弃树上生活，选择了直立行走。他们比任何其他哺乳类动物都要更懂得合作，借此在新的地势环境下生存下来。他们协同劳作，制造出初级工具（就像黑猩猩有时会做的那样）来挖出树根，够到高处的莓果，搜集幼虫和昆虫，猎杀小动物，吓走食肉动物等。成功的保证来自彼此间的合作，而非彼此间的竞争。那些无法学会协同作业方式者、无法适应随之而来的新的思想行为方式者，都逐渐灭绝。那些能够协同劳动并适应这一新思想的人，则得以生存下来并繁衍延续。

经过了数百万年的发展，这样的行为方式和思想方式，导致这种基因遗传与众不同的哺乳动物的进化。他缺少其他哺乳类动物那样高度专业的物理特征，比如能够保护自己的（巨大的牙齿或下颚）、能够保暖的（厚厚皮毛），或者是能够及时逃走的（长腿）。相反，早期人类在应对周边世界的过程中，遗传发展出高度的灵活性和适应性：能够用手握住东西和塑造物体，能够用声音彼此交流，能够调查、研究并总结身边的世界，能够在经历了漫长的育儿探索之后，明白如何将他们掌握的技能和知识传授给下一代。所有这些都要求大脑容量有较大增长，以及具有社会化的能力和欲望。这一过程还促进了彼此间相互交流方式的发展（语言），在这一点上，与其他任何动物都存在质的不同，由此还衍生出概念化的能力：既能意识到身边环绕的世界，又能意识到自己是身处这个世界中的一员。[6] 现代人类出现在约十五万年前的非洲，正是这一过程发展到顶峰的结果。[7]

在接下来的九万年中，我们的祖先慢慢地从非洲向世界各地散布开去，在此过程中逐渐取代了尼安德特人等其他人类物种。[8] 至少在六万年前，他们就已抵达中东。四万年前，他们来到了西欧，并在某种程度上尝试跨越分离亚洲东南海岛与澳洲的海域。最迟在一万两千年前,他们就穿越了冰冻的白令海峡来到美洲,由此散布在除南极洲外的每一个大陆上。数千年来,在各地生存繁衍的人们,彼此之间几乎完全隔绝(融化的冰块使得白令海峡再也无法逾越,升起的海平面则使得从东南亚前往澳洲的道路变得困难重重)。他们的语言变得越来越不同,每个种族都逐渐积累起自己的一套知识,各自发展出独特的社会组织和文化形式。某些遗传特征,如眼睛的颜色、毛发茂密与否、皮肤的颜色等,在一些种族中要比在另一些种族中表现得更加明显。但不同种族间的基因遗传仍然十分类似。每个种族内部的变化总是大于种族之间的变化。所有种族都同样具有学习彼此语言的能力,所有种族都拥有同样的智能发展潜力。人类虽被分为广泛分布的不同族群,但却依然是同一个物种。每个族群的发展,并非依靠任何特殊的遗传组成,而是依靠他们的动手技能和协作形式在特定环境下适应生存需求的程度。不同的适应程度,支撑起了不同的社会,出现了各自独特的习俗、态度、神话和仪式。

大约一万年前,不同的社会拥有某些共同的基本特征。这是因为他们大多采用同样的方法:"觅食",来获取食物、庇护所和蔽体衣物,所谓"觅食",就是通过获取自然产品(水果和坚果、植物根茎、野生动物、鱼类和贝类),在此基础上进行加工,为己所用。这些社会都是我们通常所称的"狩猎采集"社会,或者我们也可以换一个更好一些的词汇:"觅食"社会。[9]

就在几百年前,许多这样的社会还广泛分布于世界上各个地域,些许遗存甚至在我写作本书时依然存在。正是通过研究这样的原始遗存,像理查德·李等人类学家才能得出结论,了解在人类历史长河中至少90%的时间内,人类的生活到底是什么样子。

在西方人的印象中，原始人类是未开化的"野人"[10]，在"一种自然状态下"过着艰辛而悲惨的生活，不得不通过痛苦血腥的争斗，在"所有人对抗所有人的战争"中角逐活下来的机会，这使生活变得"肮脏、残忍而短暂"[11]；然而，现实与这一印象大为不同。

人们生活在由三四十人组成的组织松散的群体中，这些群体可能会短暂地与其他群体联合起来，形成最多二百人的较大族群。但毫无疑问，这种"纽带社会"（游群社会）中的生活，并不比更加"文明"的农业社会和工业社会中几百万人的生活艰辛。一位卓越的人类学家甚至称它们为"原始富裕社会"[12]。

在这些社会里，没有统治者、老板或等级分野。就像特恩布尔在谈及刚果的姆布蒂俾格米人时所写道的："这里没有首领，没有正式的议会。在生活的每个方面……或许会有一两位男性或女性比其他人更加出色，但他们的脱颖而出，通常都是来自良好的实用原因……维持秩序是一项合作事务。"[13] 人们彼此合作以求生，既不用在大人物面前卑躬屈膝，也不用陷入无休止的彼此争吵中。人类学家欧内斯廷·弗里德尔从她的研究中得出结论："男人与女人都可以自行决定如何度过每一天：是去打猎还是去采摘野果，以及与谁同往。"[14] 埃莉诺·里柯克这样谈及她的发现："这里没有私人土地，也没有依据性别进行的劳动分工……人们就活动本身作出决定并对其负责。无论何种规模的集体，在进行集体活动前，内部必须先达成一致意见。"[15] 人们的行为显得慷慨大方，而不是自私自利，个体彼此帮助，人们在获取食物后，首先会拿给群落中的其他成员，而不是自己独享。理查德·李评价道："一个家庭的食物从来都不是独自享受，而总是与共同生活的一个群落或者集体中的其他成员分享……研究表明，在每个大洲的每一种生存环境下从事采集和狩猎的人们中，都存在这种广泛互惠互利的原则。"[16]理查德·李继续报告说,他所研究的卡拉哈里沙漠的亢人[17](也称"布须曼人")"非常重视平均主义,他们发展出一套重要的文化实践来维持这种平等,首先挫掉骄傲自负和炫耀浮夸者的锐气,然后帮助那些不走运的同伴重新回到'赛场'。"[18]一位早期的耶稣会传教士记下了另一群狩猎采集群落:加拿大的蒙塔格奈人,"给我们许多欧洲人带来毁灭与折磨的两位暴君——我是指野心和贪婪——却无法在他们的伟大森林中称王……这里从未有任何人将自己交给魔鬼,以换取财富。"[19]

根据弗里德尔的记载,狩猎采集群落对战争方面也关注不多:

> 彼此邻近的群落在寻找食物时争夺领土的情况也曾发生……但就总体而言,狩猎采集社会中的人们,在为了作战而进行的训练上投入的精力,以及为了战争冒险而投入的时间都不多……两个群落之间的冲突,通常都会通过一方的离开而得到解决。[20]

这些证据完全驳斥了阿特里等人的谬论。阿特里等人认为,从南方古猿(历史上第一个可以直立行走的猿人)时代直至文字出现,整个人类的史前史都建立在"杀戮的必要"上,"狩猎采集群落为了争夺水坑而彼此争斗,因为在非洲炙热的烈日烘烤下,这些水坑通常很快就会消失不见";他声称,我们都是"该隐之子","出于基因上的必要性……人类的历史激发了超级武器的发展",因而所谓人类的"文明",不过是一层薄薄的虚饰,掩盖了人类"在屠杀、奴役、毁灭和残忍中得到快感"[21]这一本能。

就所有关于"人类本性"的讨论而言,弄清楚这一点可谓意义重大。因为就算真的存在这样一种"人类本性",它也是在人类漫长的狩猎采集社会发展过程中,由自然选择塑造而成。理查德·李的以下观点无疑相当正确:

> 漫长的平均分享经历,塑造了我们人类的过去。尽管我们看起来已经适应了阶级社会中的生活,尽管在世界上许多地方都曾上演过侵犯人类权利的凄惨悲剧,但却仍有迹象表明,人类对平均主义思想、对互利互惠信条的认同、对集体感的坚持,依然根深蒂固。[22]

英国前首相撒切尔夫人最为推崇的经济学家弗雷德里希·冯·哈耶克,则从一个完全不同的角度来看待这个问题,他抱怨人类就"对小部分人利益有益"拥有一种"长期隐藏的先天本能"和"原始情感",导致他们想要"讨好大人物"。[23]

事实上,"人类本性"非常多变。在当今社会,它至少使有些人沉溺在哈耶克所阐述的贪婪和竞争中。在阶级社会,它还允许最恐怖的暴行发生:严刑拷打,集体强奸,活活烧死和肆意屠杀。这些行为与狩猎采集社会中人们的行为可谓迥然不同,因为在狩猎采集社会,若要获取生计,平均主义和利他主义都是必要条件。

狩猎采集社会中的人们必须亲密无间地依靠彼此。通常,采集者会为群落提供稳定的食物来源,狩猎者则会提供较为珍贵的食物。因此,负责狩猎的人们日常果腹的食物全都仰仗采集者的慷慨,而负责采集的人们——以及那些暂时无法从事狩猎活动的人们——则要依靠狩猎者设法猎杀的动物来补充日常饮食,而这无疑非常珍贵。狩猎活动本身通常并非一名男性英雄独自前去杀死野兽的冒险,而是一群男人(有时还会有女人和孩子们的帮助)团结合作,追捕猎物并设下陷阱,最终捕获猎物。无论从哪一点来说,所有的所得都必须依靠合作和集体价值观。离开了合作和集体观,任何狩猎采集社会的群体都活不过几天。

与此相关的是,男性并没有凌驾于女性之上。通常,人们都是根据性别来进行劳动分工:男性负责大部分狩猎工作,女性则更多会去进行采集活动。这往往是因为怀孕的妇女,以及正处于哺乳期、需要照料孩子的妇女,都无法参与狩猎活动,因为那样会使其暴露在危险中,会危及整个群落的后代繁衍。但就我们所知,这样的分工并未导致男性确立对女性的统治地位。男性和女性都可以参与作出重大决定,例如,何时移动营地,或者是否离开一个群落而加入另一个。婚姻结构非常松散。在没有突然将他们自己或后代的生活置于危险境地的情况下,夫妻双方可以分开。此时完全看不到常被认定为"人类本性"的男性至上主义。[24]

最后,他们也无法产生我们今天习以为常的对私人财产的迷恋。狩猎采集社会的群落规模,通常由每天能在营地附近找到足够的食物来决定。在营地四周,群落所有成员持续不断地寻找可以采集的植物,从一个品种换到另一个品种,或者是追捕动物,然而,群落整体却不得不持续迁移,因为当地可以入口的食物终会被搜刮干净。这样不断的迁徙,使得任何群落成员都无法积累财富,因为任何拥有的东西都必须便于携带。通常,群落里的个体会拥有一根矛或弓和箭、一个背包,此外也许还会有一些小玩意儿。这里根本没有积累个人财富的概念。人类生存的恶劣物质条件,协助催生了不同的社会,以及与我们今天习以为常的思想迥然不同的想法。

总而言之,过去几千年的人类历史,就是各种迥然不同的社会及其思想的发展历史。这段历史将数不清的男人和女人的生命编织其中，人人都想为自己、为同伴、为所爱的人争取体面的生活，他们有时会黯然接受世界就是这样的现实，有时也会绝望地试图改变它，但结果却是常常失败、偶尔成功。然而，在这段冗长交织的故事中，有两件事却是显露无遗。第一，人类在自然界中谋生的能力不断增长，克服原始匮乏的物质条件是"原始共产主义社会"的组成部分。第二，各种形式的社会组织不断涌现，它们为了小部分特权人群的利益，压迫并剥削大多数人民。

如果我们循着这些并行的一系列改变一路回溯，就会明白：我们在 21 世纪之初看到的世界到底从何而来，又为何会呈现今天的面貌。今天的世界，财富的缔造以超乎我们祖辈想象的规模进行着；今天的世界，阶级统治、压迫和暴力，比以往任何历史时代都更加根深蒂固，不可撼动。十亿人民生活在绝望的贫困中，更有数十亿人民毫无安全感，地区战争和内战普遍存在，人类生活的根基正在受到无法控制的科技变革的威胁。对现今每个人来说，最重要的问题都应该是：通过去除具有压迫性的社会结构，用财富来满足最基本的人类需求，使其服从于一个以塑造了我们数百代原始共产主义祖先生活的价值观为根基的社会，是否可能？

但在这样做之前，我们首先要来回溯一下阶级统治和国家是如何形成的。

第一章
新石器时代的"革命"

人类生活和思想上出现的第一个重大变革,发生在距今只有一万年前。在这个世界上的某些地方,人们开始采用新的谋生方法,例如在中东地区著名的"新月沃土"地带。[25]那里的人们学会了种植庄稼,生活不再仅仅依靠大自然供应的蔬菜食物;他们开始驯养动物,而不再仅仅局限于捕猎动物。毋庸置疑,这是一场伟大的革命,就此改变了人们的整个生活方式。

这一变革并不一定就会使人们的生活变得比他们的祖先更加容易。但气候改变使他们中的部分人别无选择。[26]经过两三千年的发展,人们已经习惯了在充作食物的野生植物茂盛丰裕、可供捕猎的野生动物足够丰盛的地方停留生活;例如,在土耳其的东南部地区,一个"家庭群落无须太过劳累",就能在三周时间内采集到足够他们吃上一年的野生谷物。他们不需要像其他人那样不停地迁徙。[27] 他们可以年复一年地在同一个地方生活下去，将之前简陋的帐篷改造成永久的定居乡村，这样的村落可以容纳数百人，而不是数十人；他们可以在石罐或烧制的陶罐里存放食物，还能积攒一系列精心制作的石器工具。经过了一段比从古罗马建立到今天还要长的时间，他们终于能够将狩猎采集社会中典型的较少工作量，与乡村定居生活的优势结合起来。

但是，地球上的气候变化，使人们无法通过这种方式获得足够的食物以维持生计。随着"新月沃土"变得越来越干旱和寒冷，搜集野生谷物变得越来越困难，羚羊群和野鹿群的规模也越来越小。依靠采集和狩猎为生的定居乡村开始面临重大危机。然而，此时的他们已经无法按照旧有方式继续生存下去。如果不想挨饿，他们要么分成规模更小的群落，回归已被长久遗忘的游牧生活，要么就得通过自己的劳动获取更多食物，以弥补大自然提供食物的匮乏。

这条道路通往农业。在以野生植物维生的数百个世代里，人们积累了大量关于植物的知识。此时有些群落便开始利用这些掌握的知识，通过播种野生植物的种子来确保食物供应无虞。长期观察教会人们，有些植物的种子会比其他植物结出更多的果实；他们选择更加高产的种子种下去，开始培育新的作物品种，发现这样做要比采集野生植物得到的果实多得多。而且从中得到的收获，足以令他们拴住并驯养各种野生绵羊、山羊、牛、驴，进而则可繁殖驯养后性情变得温顺的牲畜。

最初的农业形式，经常是通过用斧子砍倒森林和灌木丛，放火烧净地面上剩余的残存来实现，以此清理出庄稼地，然后用锄头或挖掘棒来播种和收获。不过，通常要不了几年，这块地的地力就会被耗尽。人们就会放弃这块田地,令其归于荒野,然后重新寻找适于种植的新田地。

用这种方法来维生,导致人类的劳作和生活方式发生了巨大的改变。人们比以往任何时候都更加紧密地扎根于生活的村落定居处。从播种到收获,人们不得不毫不间断地照料庄稼,因而也就无法一次长达数月地在外游荡。人们还不得不想出办法来彼此协作,包括清理耕地,以保证日常照料耕地的活动(除草和浇水等)能够顺利进行;贮藏收获的粮食;分享储存的食物;以及养育儿女等。这些活动发展出了全新的社会生活方式,由此蕴藏着看待世界的新思想,这些新思想表现在众多神话、礼仪和宗教仪式中。

这一转变常被称为"新石器时代革命"[28],它的动力源自在其中发挥作用的逐渐精细化的新石器时代工具。"新石器时代革命"包含人类劳作和生活方式的彻底重组,虽然整个过程持续了极其漫长的岁月。

"新月沃土"的考古成果显示,居住在小村落中的人们是分开定居的,拥有各自的居所,虽然现在还无法确定分开定居的依据和基础是什么(例如,各自独立的定居点是由夫妻及其子女组成,还是由母亲与女儿及其丈夫们组成,抑或是由父亲与儿子及其妻子们组成)。[29] 至此,人类社会还是没有任何与阶级和国家权力类似的概念出现,这要等到农业出现数千年之后。在欧贝德文化(西亚铜石并用时代晚期文化,得名于20世纪初在乌尔附近发现的欧贝德遗址)晚期,也就是公元前4000年,"彼此间财富的重大区别几乎完全不存在",即使在濮文时期("原始文字时期",指苏美尔历史时期初期)(直至公元前3000年),也没有"社会分层进程快速推进"[30]的迹象。同样,也没有证据表明当时存在男性权力至上的社会风尚。有些考古学家在这里发现了陶土或石制的象征多产女性的小雕像,认为这暗示着女性拥有更高地位,进而认定当时的男性认为向女性祈祷是非常"自然的"。[31] 不过,用于战争和狩猎的武器都变得更加普遍,这是一个重要的社会进展。

看起来,这种原始社会的运作方式,与在世界上各个角落一直存活到近代、以栽培为基础的社会的运转方式十分类似——在有些情况下,这些原始的社会形态甚至一直持续到 20 世纪。这些社会彼此之间存在巨大差异,但它们的确也拥有某些共同特征。[32]

家庭住所一般都与耕地紧密相连。但据我们所知,作为私有财产的土地并不存在,而且以牺牲他人为代价来为个体或家庭囤积私人拥有的食物和货物的情况也不曾发生。相反,个体家庭通常都会被融入范围更大的社会群落中——即回溯"血统世系",拥有(或者至少传说拥有)同样祖先的一群人。对个人和家庭来说,这样的关系明确界定了他们与其直接相关、或者通过婚姻结成、或者与之同辈的人的权利和责任。这样的社会规则期待每个人都能与他人分享食物,这样就没有家庭会因庄稼歉收,或者比其他家庭需要养育更多儿女而挨饿受苦。权威并非来自个人的消费能力,而是来自帮助他人弥补不足的能力。

与我们今天视为理所应当的阶级社会的核心价值相比,此时的原始社会保留了更多狩猎采集社会的核心观念。因此,18 世纪早期一位易洛魁文明的观察者写下了这样的句子:"如果一群饥饿的易洛魁人遇到了另一群食物还没有完全耗尽的易洛魁人,不等前者开口请求,后者一定会与其分享仅存的食物,哪怕这样做会使他们也陷入与得到帮助者同样的灭顶之灾中。"[33] 对努尔人进行的一项经典研究表明:"总之,我们可以确切地说,在努尔人的村子中,没有一个人会挨饿，除非所有人一起挨饿。"[34]

需要再次强调的是，对这种"利他主义"的解释，一定是出于求生的需求。例如，我们可以确定的是，在当时的原始社会，拥有很多劳动力却无需喂养几张嘴的家庭，一定会帮助那些劳动力稀少人丁却很多的家庭，尤其是那些拥有许多年幼儿童的家庭。[35] 孩子意味着村落未来整体的劳动力补给能力。从保证整体群落免于灭绝的角度来说，这种针对困难大家庭的"重新分配"机制是十分必要的。

在狩猎采集社会中，女性必须带着孩子从事日常采集活动，而且不得不带着孩子定期跟随营地迁徙，这些活动导致人类的出生率相当低。母亲只能随身照料一个孩子，无法负担更多，因此，每隔三四年她才会生育一次（如有必要还会通过禁欲、流产乃至杀死婴儿的方法做到这一点）。而在以农业为基础的定居村落，孩子一旦长到几个月大，就不必由母亲随身照顾；而且孩子越多，未来就可以照料更多的耕地，种植更多的庄稼。因此，规模越大的家庭也就越有优势。生产方法的改变对人类的繁衍产生了深远影响。人口开始增长。虽然依照今天的标准来看，当时的人口增长率几乎不值一提（年均增长 0.1%）[36]，但是经过两千年的漫长发展，世界人口总数一路攀升，从新石器时代的一千万人，一路增长到资本主义发轫时的两亿人。

以农耕为基础的社会，与狩猎采集社会相比，还存在其他一些重大变化。在狩猎采集社会，重大争议可以通过简单的方法解决，例如群落分离或者某些个体自行离开。然而，人们清理并耕种土地之后，这种方法在农业群体中几乎无法实行。与狩猎采集社会相比，农业社会村落的规模更大，依靠人们之间更加复杂、更有组织的互动来进行维持。与此同时，它也面临着狩猎采集社会群落从未遇到过的问题——它拥有多余的储藏食物和人工制品，令村庄外的武装突袭者垂涎三尺。地方性的战争（事实上，这在狩猎采集社会中几乎不存在）在许多农耕文明群落中爆发。这为设置正规决策机制进而实现社会控制提供了进一步的推动力，例如，由每个世系中的老人组成议事会。

在一万年的时间里，世界各地的人们彼此独立地从狩猎采集文明过渡到了农耕文明：在中美洲（今墨西哥和危地马拉）、在南美洲的安第斯山脉地区、在非洲至少三个不同的地方、在印度支那、在巴布亚新几内亚中部的高地山谷，以及在中国都是如此。[37]每个地方都发生了与美索不达米亚类似的变化，然而，驯养的动植物不同，对变革的内容和程度也产生了巨大影响。研究证据还驳斥了任何声称某些"种族"或"文明"拥有独有天赋，能够引领其他人类前行的谬论。面对气候和生态环境的变化，世界各地不同的人类群落发现，必须运用新的技术才能维持凭借旧有生活方式可以得到的一切——他们发现自身的生活方式无论如何已经开始发生变化，而且是以一种他们从未期待过的方式。此时的世界各处，定居的村落生活取代了松散的群落组织，人们通过坚固的血缘亲族群落纽带、严苛的社会行为准则，以及复杂完备的宗教仪式和神话传说，紧密地组织在一起。[38]

巴布亚新几内亚的高地山谷文明，是农业独立发展的一个典型例证。这里的人们大约于公元前 7000 年开始驯养动物，耕种作物，其中包括甘蔗、某些香蕉品种、坚果果树、巨大的沼泽芋头，以及可以食用的草茎、草根和绿色蔬菜等。随着生活日益转向以农耕为重心，与世界上其他地区一样，这里的文明也从游牧或半游牧、狩猎采集生活转向村落定居生活。社会组织以平等的亲族群落为中心，并没有私有土地。在从海岸无法穿越的遥远山谷里，人们就这样一直生活着，不被外来入侵所打扰，直到他们于 1930 年代早期被西方人"发现"。

不过，许多早期社会并没有转向农业。在有些人眼中，依靠驯养动物和耕种过活是一种不必要的苦差事,在能够凭借狩猎和采摘舒适生活的情况下,他们拒绝改变。还有些人的生活环境,例如在加利福尼亚州、澳大利亚和南非,无法提供易于驯养的动物和耕种的作物。[39] 千年来,生活在这些地区的人类别无选择,只能继续通过采摘和打猎来维持生活,直到他们通过与外界接触得到易于驯养和栽培的品种。[40]

不过,一旦农业在世界各地开始确立下来,它很快就传播开来。有时,采取农业维生的社会所取得的成功,会鼓励其他人跟随效仿。因此,"新月沃土"的农作物品种传播到尼罗河谷地、印度河流域和西欧,看起来对这三地农业文明的崛起起到了关键作用。随着人口增长,有些人离开村落,在未开垦的新土地上建起新的村落;人口向外扩散,不可避免地促成了农业的传播。正是通过这种方式,讲班图语的西非人才来到了中非,并最终抵达非洲南部;东南亚的波利尼西亚人跨越大洋来到了非洲海岸的马达加斯加,跟着抵达了复活节岛(距离南美海岸只有一千五百英里),最后则到达了新西兰。

农业社会的存在,常会改变与之接触的狩猎采集社会人们的生活。狩猎采集社会的人们很快就发现,通过与附近的农业定居人群进行交换——用鱼、猎物或兽皮来交换谷物、织物或发酵的饮料,他们可以迅速改善其生活条件。这鼓励了部分狩猎采集社会的人们接纳农业社会的一面,即只驯养野生动物,却不种植庄稼。很快,在欧亚大陆、非洲和南美安第斯南部山脉地区,都出现了这类"田园牧歌群落",他们在各个农业定居点之间的土地上游走(有时与其进行交易,有时也会对其发动突袭),发展出属于他们自己的、独具特色的社会生活方式。

随着种植庄稼和驯养畜群的不断普及,最终导致社会生活发生了一个重大变化：人类历史上第一次出现了社会等级的区分。人类学家所称的"首领""酋长"或"大人物"出现了，同时有些个人或家族比其他个人和家族享有更高的威望。这种趋势的巅峰表现就是建立起世袭的首领体制，确认其传承的血统家系。但即便是这种世袭制，也与我们今天熟知的社会阶层分野（社会中的部分人可以享受他人辛苦劳作得来的成果）大相径庭。

平等主义和分享依然是当时社会普遍盛行的价值观。社会地位较高的人们必须为群落中的其他人服务，而不是依靠他人生活。就像人类学家理查德·李指出的那样，这一社会与狩猎采集社会拥有同样的"共有财产"概念："部落首领所得的大部分都会重新分配给部落民，首领的权力也受到民意和体制的制约和平衡。"[41] 因此，在南美的南比克瓦拉部落，"慷慨……是权力的重要属性"，"首领"必须时刻准备着用他管辖下的"多余食物、工具、武器和装饰品"，来满足"个人、家庭或整个群落的任何需求"。[42] 这甚至会导致部落首领在物质上陷入比其他部落民众更加困难的境地。在新几内亚的布萨玛（Busama），首领"不得不比其他人更加努力地劳作，以积攒足够的食物……大家都知道，他必须得起早贪黑——'他的双手从未离开过土地，他的额头总是在不断滴下汗水'。"[43]

"新石器时代"转向农业改变了人们的生活，村落定居变得更加普及，战争也随之蔓延开来。某种程度上，这的确称得上是一场"革命"。但当时社会仍然缺乏我们今天熟知的大部分元素：社会等级分野、建立在全职官僚和武装军队基础上的永久国家机制，以及女性处于从属地位（这几种情况依然没有发生）。这些情况直至人类历史出现第二波谋生方式的剧烈变化：在"新石器时代革命"的基础上叠加上戈登·柴尔德所说的"城市革命"，才会发生。

第二章
最初的文明

"文明"(civilisation),一如其字面上的确切意思,是指人们居住在"城市"(city)里,而这则不过是五千年前才发生的事情。文明崛起的最初迹象,就是涌现出巨大的建筑物,这些建筑物在世界上不同地区都有所发现,如埃及和中美洲的金字塔,伊拉克地区巨大的金字形神塔(古巴比伦的阶梯塔台状神庙),克里克岛上的克诺索斯宫,希腊大陆迈锡尼的堡垒,印度河流域地区拥有四千年历史、如同蛛网般盘根错节的老城哈拉帕和摩亨约达罗。出于这一原因,考古学家戈登·柴尔德将这一变革命名为"城市革命"。[44] 单是遗存本身就足以让人赞叹不已。但更让人惊奇的还是这样一个事实:建造此种奇观的人们,在数个世代之前,还是纯粹地过着相当简陋初级乡村生活的无知农人。然而,此时的他们却掌握了精细的建造技巧,能够采石、运输、竖立并雕琢巨大的石块，还能以精美的艺术手法对其进行装饰——在某些情况下，（美索不达米亚人、埃及人、埃塞俄比亚人、中国人和中美洲人）甚至能在石块上刻下他们的日常生活和心中所感。在欧亚大陆和非洲，此时的人们还学会了从富含氧化物的岩石中提取铜和锡，没过多久还学会了将铜和锡与更加坚硬的金属一起熔炼成青铜，用于装饰或制成作战的武器，正因如此人们常用"青铜"来指代这段时期。这一时期通常也被称为"青铜时代"。

如果人类谋生的方式在此之前并未发生改变（最初主要集中在农业领域发生的变化上），上述这一切也就无从发生。最初的农业，利用相当基本的技术，栽培和驯养可以在大自然中找到的动植物，随着数个世代的流逝，极其缓慢地促进了农业产量的增加，使某些人类得以在获得心满意足生活的同时，还可以享受一定程度的闲暇时光。[45] 但是，生存条件绝不会一直就像对某些"高贵的野蛮人"（指未开化原始人的善良天真不受文明罪恶的玷污）的浪漫描述那样轻松惬意，一片田园牧歌风情。很多情况下，粮食产出的增长，几乎与人口的增长持平。如果发生了超出人类控制的自然灾害，如"干旱或洪水、风暴或霜冻、作物枯萎或冰雹"，人类就会被无情地置于突如其来的饥荒之中。[46] 例如，前西班牙文明时期中美洲人的历史，就是一部交替经历轻松填饱肚子和遭受无法预计的毁灭性灾荒的历史。[47]

想要维持既定的生活，人们只有两个选择。第一个选择就是，想方设法袭击其他农业部落，以搜罗食物，因此，战争逐渐成为这一社会日益显著的特征。例如，在新石器时代后期的欧洲，石制的战斧和燧石匕首变得越来越普及。另一个选择则是，发展更加集中化和高产化的农业模式，而这势必要求进行技术创新。进行农业革命的群落可以在饥荒的威胁下生存下来，无法进行农业革命的群落最终则只能走向灭绝或分崩离析。

　　创新既可以是简单地改善现有种植的作物品种，或者是学会更加高效地喂养家畜，也可以意味着更加深刻的变革。其中之一就是在欧亚大陆和非洲，大型畜养哺乳类动物（最初是牛，后来则多为马）被用来牵拉制成某种形状的木器（犁）走过耕地，翻起土壤，这样播种无疑要比任何个人手持锄头劳作更加高效。另一项创新则是挖掘水道，筑起堤坝，保护庄稼免受洪水之灾，并将水流引至贫瘠干旱的土地上。人们还会搜集动物粪便作为肥料施于田地，避免因土壤肥力耗尽而不得不每隔几年就要清理开垦全新的耕地。在世界上不同地区，人们还开发出各种新型农业技术，包括排干沼泽里的水、掘井、在山坡上耕种梯田、对庄稼精工细作，以及插秧种稻（中国南方）等。

　　与所有的人类劳作一样，这些新技术也都有其两面性。一方面，新技术的使用，给人类提供了更多的生存方式。之前仅能维持糊口水平的群落，如今已能开始囤积粮食。但在另一方面，新的生产技术也改变了人们的社会关系。

　　新技术依靠人们彼此间不同形式的合作。例如，犁的使用加速了劳动上的性别分工，由于犁地成为一项繁重的体力活，对怀孕或喂养幼儿的女性来说显然太过困难。灌溉水渠的建造及定期维护，需要数十户甚至数百户家庭齐心合力。这项工作也需要分工，监督工程进展和实际进行建造这两种职能必须分开。囤积粮食的举动则导致负责维护和监管食物储备的群体的出现。第一次出现食物有盈余的情况，使得一些人有可能从农业劳作中解脱出来，他们可以集中心力去制造手工艺品，准备战事，或者是与他人交换本地所产。

　　戈登·柴尔德描述了在五千年至六千年前的美索不达米亚，定居在底格里斯河和幼发拉底河流域的人类社会的转变。这里的人们发现土地极为肥沃，但是庄稼种植只能通过"排水系统和灌溉工程"进行，这就需要依靠人们彼此"合作努力"。[48] 近来查尔斯·梅塞尔斯的研究表明，当时的人们发现，在河堤上凿出一些小口便可灌溉大片田地，从而可以极大地提升作物产量。但因他们无法立刻消费掉所有额外的收获，所以必须将丰收的部分储藏起来，以备灾年或歉收之需。[49]

谷物被储藏在巨大的建筑中，耸立在四周的田地间，显得格外醒目，成为社会生活保持连续性的象征。监管谷仓的人群成为社会上最有权威的人群，他们在搜集、贮藏和分配盈余食物的同时，也监管着其他人的生活。谷仓及其监管者开始爱上凌驾于社会中其他人之上的权力，而对他们来说，成功的关键则在于大众的服从和赞美。于是他们便呈现出几近超自然的神奇面貌。谷仓就是最初的神庙，它们的顶级监管官就是最初的祭司。[50] 社会上的其他群体聚集在神庙周围，从事建造工程、专业化的手工制造、为神庙人员做饭制衣、向神庙输送食物，以及组织远距离的产品交换等。数个世纪过去了，农业村落成长为村镇，村镇则又发展为历史上第一批城市，如乌鲁克城、拉伽什、尼普尔、基什和乌尔（据说圣经中的先知亚伯拉罕就来自乌尔）。

类似情况也出现在两千五百年后的中美洲。只不过灌溉系统似乎并未扮演最主要的角色（至少在最初阶段是这样），因为中美洲的玉米是一种极为高产的作物，无须灌溉就能获得丰收。[51] 但对庄稼歉收的担心，仍然敦促人们储存富余的粮食，从而使得不同气候下的不同聚居点之间达成了某种形式的合作。对该地群落整体而言，安排设置一定的人群专门协调生产十分有益，可以记录不同季节的存粮和照料谷仓。因此，随着时间流逝，这里的谷仓变成神庙，监管官变成祭司，从而相继崛起了奥尔梅克文明、特奥蒂瓦坎文明、萨巴特克文明和玛雅文明——繁盛的文明体现在巨大的雕像、宏伟的金字塔和神庙、壮观的典礼厅堂，以及精心规划的城市上（步入公元纪年的最初几个世纪里，特奥蒂瓦坎的人口可能高达十万之多）。

在中东地区和中美洲，此时还发生了其他一些极具历史意义的转变。负责搜集和分配属于神庙粮食储备的神职监管者，开始在石头或陶土上作出记号，以记录收入和支出。随着时间推移，用来描述特定物品的图画性记号日益规范化，经常用来代表它所描绘物体的发音；直到后来发明了一种方法，赋予人们的话语和思想以永久的视觉表达——人们就是这样发明了文字。神庙的守卫者既有时间也有兴趣仔细探察夜空，他们留意月球、行星、恒星的运动与太阳运动之间的关联。他们能够预测星体未来的运动轨迹和天文现象，例如日食和月食等，这使他们在众人眼中成为拥有魔力的人，几近神圣。但是，他们也学会了根据月亮和太阳的运动创造出日历，使人们在一年中的最佳时节耕种庄稼。这些努力使得数学和天文学知识在神庙中扎下根来，甚至还有披着魔力面纱的占星术。正如戈登·柴尔德所说："在神庙的宝库中——或者说谷仓中——积累了大量的社会盈余，实际上是推动文化发展的动因，我们将其认定为文明的标准。"[52]

美索不达米亚和中美洲的早期文明发展出文字后，许多与这些文明有过接触的人们便都学会了书写文字的方式，并以某种形式的变体来书写自己族群的语言。大约五千年前，文字在中东地区的传播速度十分迅猛，继而蔓延到中亚、东亚、南亚，以及东北非和欧洲地中海地区。从奥尔梅克文明开始，所有的中美洲文明都使用文字。不过，也存在着没有发展出文字书写却依然达到高度发达的文明，其中最重要的文明位于南美洲，人们用标记来帮助记忆，只是这些标记从未发展为记录言语的文字。

这里我仅提供了几个向密集农业和城市生活社会转型的例证。随着人们采取新的谋生方式，世界各地都出现了这种转型。此外还有许多至少正部分行进在这条道路上的农业社会例证，它们的文明可以达到动员和组织数百乃至数千民众，建造巨大宏伟的石制建筑的程度——比如公元前 4000 年至公元前 3000 年的马耳他石头神庙、西欧的巨石圈（其中最著名的就是史前巨石阵）、复活节岛的巨石雕像，以及塔希提岛的阶梯神庙等。[53] 某种程度上，一地迈向"文明"的步伐，常会受到其他地区发展的影响。[54] 但这些影响并不会改变如下事实：通向村镇和城市的发展进程（其间通常都会伴随着书写文字的发明），在农业发展到一定程度后，在积攒的社会内在动力推动下，已经在世界上不同的地区独立开启了。一些人宣称某些人类群体由于率先发展到"文明"阶段故在某种程度上要比其他人类群体更加"优越"，上述事实使得类似这样的无稽之谈无处遁形。

第三章
最初的阶级分野

文明的发展势必要付出代价。罗伯特·亚当斯在其描述城市社会崛起的段落中写道，在"文字出现的历史时期末期"，才有零星"记载'奴隶女孩'的痕迹"出现——此时约为公元前3000年。有关"男性奴隶"的记载则要出现得更晚些。其后，人类历史上首次出现了区分"完全且自由的公民"与"平民或从属地位"的不同词汇。[55]至此，"阶级分野的证据已经变得非常明显"。"在古代埃什努纳，沿着大道建造的大型房屋……通常占地二百平米甚至更多。另一方面，大多数房屋的占地面积则要小得多……通过蜿蜒狭窄的小巷才能通往干道……许多房屋的面积都不超过五十平米。"[56]罗伯特·亚当斯继续写道：

> 处在社会等级最底层的是奴隶，他们可以被买卖……有份历史记录上记载了二百零五名奴隶女孩和儿童，他们可能是在一家织造中心做工……其他奴隶妇女据信从事磨粉、酿造和烹煮等工作……男性奴隶常被称为"盲眼人"，显然是被用于园艺劳作。[57]

文明的出现常被视为人类历史上的巨大进步之一——事实上，这一步推动人类跨越了史前史的门槛。但无论文明在哪里出现，都不可避免地伴随着负面的变化：人类历史上第一次出现阶级分野，拥有特权的少数人凭借其他人的劳动为生，通过建立军队和秘密警察（即国家机器）来加强少数派对社会上其他群体的统治。奴隶制的存在、一部分人对另一部分人拥有所有权，是这一时期社会发展的明显证据；不仅在美索不达米亚是这样，在其他许多人类早期文明中也是如此。这充分表明，从以血亲为基础和以村落社群为组成形式的社会一路发展至此，已经产生了多么巨大的社会差异。但对美索不达米亚早期人类社会的统治阶层来说，奴隶制的意义并不十分重大。相对而言，更加重要的是对那些被迫建造神庙、为上层阶级服务的农民和其他劳工的剥削。有一个被称为"舒布戈尔"（shublugals）的群体就是其中的典型代表："[这是]一群社会地位低下、某种程度上被剥夺自由的人，据史料记载，他们在巴乌岛（Bau）私人领地上的神庙和田产上劳作，他们拖曳船只，挖掘灌溉沟渠，充当城市军队的核心力量。"作为每年四个月工役的补偿，他们可以收到赖以生存的口粮，并能"从神庙或大田庄处得到分配的小块……土地"。[58] 这些人曾经都是独立的农户，但到后来却要被迫去依附更有权势的群体，尤其是神庙。

戈登·柴尔德对公元前2500年拉伽什城发布的一份公告做了总

结，公告中描述了"受欢迎的神官对民众施加各种形式的剥削（如对葬礼索要高额费用），并将神（即社群）的土地、畜群和仆人视为自己的私人财产和私有奴隶。'高级神官进入穷人的园地并从那里拿走木材……如果一位大人物的房屋与普通民众的房屋比邻'，这位大人物就可能会吞并这幢简陋的小房子，而不付给房主任何合理的赔偿。"戈登·柴尔德得出结论："这段古代记述准确无误地使我们得以一瞥当时真正的社会阶级冲突……新的经济发展带来的盈余，实际上集中在人数很少的阶层手中。"[59]

剥削的范围和程度不断扩大，直至达到大得惊人的程度。琼斯告诉我们，在公元前2100年的拉伽什城，"十二座乃至更多的神庙负责种植大部分耕地……一半（的收成）都消耗在生产成本上（付给劳作工人的薪酬、喂养耕作中牵拉的牲畜等），四分之一的收成需以皇家税的形式缴给国王。余下的四分之一则集中在神官手中"[60]。

西里尔·加德指出，苏美尔人著名的《吉尔伽美什史诗》中曾这样描述道："英雄……望向他刚刚建起的乌鲁克城城墙，看着那些河上漂浮的尸体；这的确可能是穷困至极民众的最后归宿。"[61]

中美洲的社会形态与此十分相似。即使在最初的文明，如奥尔梅克文明中，弗里德里希·卡茨也发现了"用丰盈的礼物加以装饰的奢华坟墓"，"一名男子跪在另一名衣着华丽的男子面前……一位贵族和他的下属……标示不同的社会分层"。[62]玛雅人"有着众多房间的建筑或宫殿"，证明当时的社会已经"急剧分化为精英阶层和平民阶层"。[63]

为什么之前并没有剥削和压迫他人的少数人会突然开始这样做？为什么受到不公对待的大部分人都选择了默默忍受新出现的压迫和剥削？几十万年来狩猎采集社会留下的印记，以及数千年早期农业社会的记载都表明,"人类本性"绝不会自动激发这样的行为。[64]

对人类社会这一转变的唯一描述,来自马克思于1840年代和1850年代间作出的概述,并由恩格斯在此基础上进一步加以深入阐述。马克思将问题的重点放在"生产关系"与"生产力"发展的互动上。人类发现了生产生活必需品的新方法,运用这种新方法,似乎可以缓解物资短缺问题。但是,这些新的生产方法却开始在群落成员之间缔造了新的关系。在某种意义上,他们要么接受彼此间的新关系,要么抛弃新的生产方法——而这也就意味着抛弃随之而来比较轻松的新生活。

于是,从某些为求生计而发生的社会转变中便开始产生了阶级。采取新的生产方法,可以生产和存储超过维生标准的盈余粮食,因此群落乐于接受这种新方法。但是,新的方法要求有些人必须从时时刻刻都在田间劳作的负担中解脱出来,协调各个群体之间的活动,保证部分盈余粮食不被即刻消费,而是被安全地存储在粮仓中以备不时之需。

生产的环境依然充满了不确定性。干旱、猛烈的暴风雨或蝗灾都会无情地摧毁庄稼,将盈余变为不足,整个群落都会受到饥荒的威胁,这时人们就会想去消费之前为未来生产而储备的粮食。在这种情况下,那些脱离田间劳作转而监管生产的人们发现,能够完成任务的唯一方法就是欺压其他所有人——迫使他们在疲惫不堪和饥肠辘辘之际依然不停地劳作;强迫他们哪怕是在快要饿死的情况下,依然存留储备粮食。于是,"领袖"(leaders)开始转变成"统治者"(rulers),他们开始将其对资源的控制,视为社会整体的利益所在。即便这种掌控意味着令他人受苦,他们也会捍卫这种控制力;他们开始认为社会发展有赖于他们确保适当、良好的秩序,并避免在一定时期内降临整体群落之上的灾荒和贫瘠。总之，他们的举动已经从在某种方式上为了更广大的社会整体利益出发，发展到就像他们的小群体利益总是与社会整体利益相一致。或者我们也可以换一种方式来表述，那就是，人类历史上第一次出现了这样的情况：社会的发展鼓励了剥削和压迫他人动机的发展。

采用新的生产方法给人类社会带来了盈余，但与此同时，故事的另一面则是产生了阶级分野。在土地肥沃的地区出现了最初的耕种社群，当时并没有阶级分野的情况发生。然而，随着社群不断扩张，想要解决日益严峻的生存问题，便有赖于人们如何应对越来越艰难的客观条件——而这也就需要重新组织社会关系。[65]

在没有阶级分野的社会中享有较高声望的人们，开始着手组织扩大农业生产所需的人力，安排人手建造灌溉工程或是清理面积巨大的新耕地。他们将自己对盈余粮食的控制——以及使用部分盈余保护自己免受自然变迁之苦的权力——视为符合所有人的利益。因此，他们既成为第一批使用大范围交换来增加社会消费物品种类的群体，也成为第一批精通通过战争从其他社会群落抢夺盈余的群体。

在无阶级的农业社会中，自然灾难、土地衰竭和战争都会带来严重危机，使旧有的社会秩序无法持续下去。这就迫使社会发展依赖于新的生产技术。但是，只有部分富有的农户或血亲家族完全打破原有的义务，新的生产技术才能被广泛采用。从前送给他人以换取权威的财富，如今变成他人受苦时自己独享的财富："首领地位出现了新的发展形式……从按照他人所需将自己的生产所得分配出去，变为在某种程度上他人需要按照首领的利益奉献出其生产所得。"[66]

与此同时，有些个人和家族通过战争赢取了巨大的声望，因为他们通过抢夺在手上集聚了其他群落的众多战利品和贡品。等级社会变得越发明显,即便此时依然保留着以给予他人的能力为标准的传统等级概念。[67]

  这一进程并非是自动自发的。在世界上许多不同地区,无需诉诸集中劳动的方式(如使用重型犁或大范围浇灌),有些社会依然能够繁荣发展,直至现代。这解释了为什么在巴布亚新几内亚、太平洋岛屿,以及非洲、美洲和东南亚部分地区,直至相当现代时期,依然存在着(误称的)"原始"社会。但在其他条件下,生存着实有赖于采用新技术。统治阶级从新的生产活动组织中产生,在他们手中,城镇、国家,以及我们通常所称的文明,一一涌现。从这里开始,人类社会发展的历史就成为一部阶级斗争的历史。人类加强了对自然的控制,但为此付出的代价却是,大部分人开始臣服于拥有特权的少数人的剥削和控制。

  当整个社会都在遭受极大的艰难困苦时,拥有特权的少数人只有找到方法将自己的意志强加于他人身上,才能将盈余牢牢掌握在自己手心。这种方法就是建立起具有强制性结构的国家。掌握盈余使得他们能够这样做,他们可以雇用武装人员,投资开发昂贵的技术,如冶金锻造——这使他们得以垄断最高效的杀戮工具和技术。

  得到法律规范和意识形态支撑的武装力量,向来最为有效。这些规范和意识形态,将统治阶级的力量予以神化,使它看起来源自对民众生计的关注。例如,在美索不达米亚,"早期的国王夸耀他们的经济行动,包括开凿运河,建造神庙,从叙利亚引进木材,从阿曼引进铜和花岗岩等。他们装扮成砖瓦匠和工匠的形象,有时还会装扮成正在接受神的旨意、实施建造神庙计划的建筑师的形象,常会被刻画在纪念碑上"。[68]

  不仅统治者将自己视为社会最高价值的具体表现,在某些情况下，那些被剥削的民众很快也开始这样认为。通过吸收社会盈余、掌握社会的再分配方式，在被统治者面前，统治者将自己抬升为社会权力的化身——他们被视为神，或者至少是普通民众与神之间不可或缺的中介。因此，在埃及法老或美索不达米亚和中美洲第一批统治阶级身上，才出现了神的属性。

各种宗教概念早在阶级社会出现之前就已存在。人们将某些无法理解的神秘过程归结于神力控制，例如有些植物开花而有些就不开花、有些年份猎物丰足而有些年份就不得不忍饥挨饿，以及无法预计的突然死亡等。随着阶级和国家的出现，人们依然将社会权力的存在归结于超出他们控制的神秘力量。就在这一阶段，有组织的宗教机构出现了。祀神成为社会崇拜自身权力的一种方式，一种对社会所取得成就的异化认识。这一举动反过来也加强了那些声称对这些成就负有责任者的控制力——即那些对大众生产者发号施令、垄断社会盈余，并且可以使用武力打击任何反对他们意见的人。

一旦这样的国家结构和意识形态形成，某些群体就可以永恒地掌握社会盈余，即便他们的举动不再以推动生产为目标。为了刺激生产而出现的阶级将会持久存在，即便它已失去其原本刺激生产的目的。

最初阶级社会的特征

通常我们都会认为阶级社会建立在私有财产之上。但私有财产却并非所有分化为阶级社会的特征。马克思曾指出过一种阶级社会的"亚洲"模式，其中就根本不存在私有财产。相反，他提出，通过集中控制国家机器，统治者得以利用整个农民群体耕种所有土地，而无须提出私有制概念。马克思认为，18世纪英国征服印度的时候，印度社会就是这样一幅画面。虽然许多现代研究表明，马克思在这一点上至少部分地犯了错误[69]，但美索不达米亚、埃及、中国、印度河流域、中美洲和南美洲早期文明的历史，看起来的确符合马克思的论断。

社会盈余掌握在统治神庙的神官和居住在宫殿里的国王领导的行政机构手中。他们通过对生产活动的某些方面加以指引，如通过建造灌溉工程和防洪工事、指导依附于神庙或宫殿土地上农民的劳作，以及掌控贸易等，来掌握社会剩余价值。但不论是神官还是居于宫殿的管理者，都不曾具有私人控制或私人拥有的属性。在这一阶段，他们只是作为统治阶级整体的一分子，从阶级剥削中获得好处。

在社会的基础层面上，农民的生产似乎也并未建立在私有土地的基础上。人们组织经济生活的方式，依然保留了前阶级农业社会的特点，虽然如今已经变形为大多数人失去了对社会盈余的控制权。不过，人们的劳动依然以彼此互惠为原则，通过古老的血亲家族遗存来进行组织。因此，在美索不达米亚，是由宗族族长（由年长男性领导的血亲团体），而非神庙，掌控着土地；墨西哥直至阿兹特克时期（即15世纪），广大农业生产者依然通过"卡尔普伊"（*calpulli*）组织起来进行生产——这是一种"内部高度层级化的"[70]血亲组织，组织上层将统治阶级的需求强加于其他人身上；印加文明也通过类似的组织"阿鲁利"（*aylulli*）来实现同样的功能。[71]考古学家和人类学家常用"圆锥形氏族"（conical clans）这一术语来描述上述血亲组织群体。他们依然保留着前阶级社会血亲氏族的外观形式，将核心氏族与神话时代的某位共同祖先联系在一起[72]，但现在却是根据剥削阶级的利益来组织被剥削阶级的劳动，成为生产生活和社会控制两个层面上的主导。

在欧亚大陆和非洲的许多地区，私有财产将会既在统治阶级又在农民阶级中发展起来。但私有财产制度的发展，却是伴随着统治阶级内部的深刻分歧，以及剥削阶级与被剥削阶级之间的血腥战争和尖锐冲突，历时数个世纪。

第四章
女性受压迫

随着社会阶级的两极分化和国家的崛起,世界各地的女性都陷入了一败涂地的困境。女性地位发生了转变,恩格斯在一个多世纪之前将其描述为"女性在世界历史范围内的惨败"。女性从与男性共同作出决策的重要位置,被抛弃到附属和服从于男性的位置上。从一个阶级社会到另一个阶级社会,从同一个社会中的一个阶级到另一个阶级,这种从属的本质含义也有很大不同。但只要阶级存在,女性的从属地位就一直在全世界范围内存在。这种状况是如此普遍,以至于时至今日人们还将其视为"人类本性"自然的产物。

这一变化植根于人们与剩余生产之间的新关系之上。集中的新生产技术,第一次将男性劳动置于优于女性劳动的位置上。采集活动曾是狩猎采集社会中最主要的生计来源,如今完全可与喂养幼儿和畜养家畜同时进行。早期农业完全依靠锄头,但是使用重型犁耕地、饲养牛群和马群可是另一回事。在女性从事这些繁重劳动的社会中,出生率较低并且人口增长停滞,显然不如那些女性被排除在上述角色之外的社会。戈登·柴尔德在很久之前就曾指出,在"野蛮人"中,即纯粹的农业人群中,"尽管女性通常使用锄头锄地,但犁地的却始终是男性。即便在最古老的苏美尔和埃及文献中,也记载着拉犁者的确为男性"。[73] 他指出,"犁的使用……将女性从大部分筋疲力尽的辛苦劳作中解放出来,但与此同时也剥夺了她们对农作物耕种的垄断权,更重要的是,使她们失去了垄断耕种所带来的社会地位。"[74] 因而,男性开始独立作出关乎家庭或氏族未来的关键性决定,原因之一也来自男性必须负责实施这些决定。伴随着社会盈余增多,其他变化也带来了类似的影响。女性可以参与当地交易,在有些情况下,女性甚至也可以参与战事。但是,远距离贸易交换和重大军事行动则被男性所垄断。战士和商人几乎全为男性——而且随着他们对社会剩余价值的控制不断加强,男性开始占有更多物品,攫取更多权力,男性的特权变得日益强大。而古老部落血缘氏族的打破,更是加速了这一趋势的发展。独立的成年女性不再是更广大社会关系中的一分子,原有的地位既曾给予她如何使用生产所得的某种话语权,也曾为她提供保护免受残暴对待。相反,如今的她仅仅是一名"妻子",沦为一种奇怪的家庭关系中的附属品。[75] 统治阶级中的女性越来越被当成掌握了社会剩余价值的男性的另一件所属物,她的价值就像一件装饰品,是能够提供性愉悦和为男性繁衍后代的源泉而已。女性被保护起来,免遭困苦和外部危险,但这同时也将她们紧紧裹住,阻隔了她们与外部社会之间的互动。在以农业和工匠技艺维生的家庭中,女性的生活与从前相比也是翻天覆地。她们依然需要承担生儿育女的任务,在永无止境的辛苦劳作中忙碌不停。然而，她们的丈夫却掌握着家庭与社会的关联，将确保家庭存在延续的方法强加在妇女和儿童身上（包括妻子必须不断怀孕）。[76] 无论在剥削阶级还是在被剥削阶级中，都存在着事实上的"等级"——父亲对家庭中所有其他成员拥有绝对的统治权。这一印记很快就可以在所有地区的所有意识形态中发现。女性神灵和祭司的重要性不断下降，退居次要位置，仅作为母亲的形象或美的代表而保留下来，不再扮演积极参与缔造和组织世界的角色。

在各个社会及各个社会阶层中，女性的角色也并非就是一成不变、始终如一。农民阶层的女性遭受的压迫，与贵族阶层女性遭受的压迫，在形式上截然不同——女性奴隶所遭受的苦楚就更加迥异，因为奴隶不论男女，都不许与其家人生活在一起。由于年轻成年男性的死亡率相对较高，寡妇四处可见，她们最后通常都会负担起整个农户家庭或匠人家庭的生活，甚至承担起管理国家的重任，就像男人能够做到的那样。在某些社会，女性被剥夺了所有权利；在另一些社会里，她们则被允许拥有和继承财产，也可以提出离婚请求，并可推动离婚进程。无论哪里的女性都受到压迫这一事实，并不意味着她们所受的压迫都如出一辙，就像1980年代女权主义学者常常提出的"父权制"理论所暗示的那样。然而，无论如何，事实都证明，此时女性的社会地位比原始共产主义社会时期要低下得多。

最早的剥削阶级的壮大，进一步影响了整个社会的发展。剥削者用来稳固统治的方法，开始耗尽大部分社会资源。在仆从上的支出、在专职警察或军队上的开销，以及在建造巨大神庙、宫殿或陵墓以彰显权力上的不菲花费，促使剥削阶级必须更进一步地去剥削和压迫大众——同时也促使这种剥削和压迫进一步合理化，因为这是推动社会发展的唯一途径。此外还有一种方法也为剥削阶级提供了额外的动力，那就是对外战争——这是一种从其他社会夺取资源的方式。然而，地方性的战争给广大民众带来了更多的苦难。战争同时也在邻里百姓间催生了统治阶级和国家，因为人们开始接受下面这一观念：在战争中，只有将社会剩余集中到少数人手中，才能作出有效防御和保护民众。[77] 总之，统治集团的兴起或许曾对整个社会具有"功能性"，然而，一旦越过某条界限，它们就开始变成社会的拖累。在最初的文明崛起后的一千年至一千五百年间，中东、印度河流域和地中海东部地区发生的一系列事件，都颇具戏剧性地证明了这一点。

第五章
最初的"黑暗时代"

相信每个人在看过人类早期文明建造的金字塔、神庙、宫殿或巨型雕像后，都会对其留下不可磨灭的深刻印象。令人感到震撼的并不仅仅是这些具有纪念意义的建筑物。同样令人过目不忘的还有那些遮风避雨的石屋——有些石屋甚至还配有给水管道和下水道。最不可思议的是，在那些年代建造这些石屋的人们对硬金属还是一无所知，他们不过是使用精心打磨和制作的石制工具或木制工具（有时也会使用铜或青铜）就完成了这样的壮举。

对居住在这类城市及其周边的人们来说，这些宏伟建筑和高超的建筑技术给他们带来的冲击力恐怕只会更大。埃及吉萨金字塔或墨西哥的特奥蒂瓦坎古城，以及乌尔城或乌鲁克城巨大的阶梯塔台神庙，甚至比今天纽约的帝国大厦和巴黎的埃菲尔铁塔更加统治着地球的天空，那是人类此前从未有过的权力的象征、国家永恒与稳定的标志。它们令统治阶级相信，他们的权力将会如同太阳和恒星的运行一般永恒不朽、无可置疑，同时也使仰望它们的民众更加强化了自己弱小无力、无足轻重的感觉。

　　然而，即便金字塔、宏伟的雕像，有时也包括一些古城建筑都能存留千古，建造它们的社会却是迟早都会遭遇深刻的危机。美索不达米亚的城市国家陷入了彼此间永无休止的战争，直至公元前2300年被来自北方骁勇善战的萨尔贡所征服。萨尔贡将整个新月沃土融合为一个强大的帝国，不过在他去世后，这块肥美的土地很快就成为其他征服者觊觎的猎物。建造了伟大的吉萨和萨卡拉金字塔[78]的"古王国"埃及，也在一个半世纪的内战和巨大的社会动荡中分崩离析（前2181年至前2040年被称为"第一中间期"）。曾经繁荣一时的印度河流域城市哈拉帕和摩亨约达罗，经过千年岁月的洗礼，在公元前1500年左右沦为荒无人烟的废墟。大约一百年后，这次轮到克里特文明向厄运低头——壮美的克诺索斯宫曾是克里特的骄傲，如今却变成一抔黄土。紧接着覆灭的就是统治希腊本岛的迈锡尼文明。就像复制了上述伟大文明的崛起，中美洲文明也经历了同样的突然崩塌。人们依次抛弃了特奥蒂瓦坎古城、阿尔班山和玛雅南部的中心城市，徒留下空荡荡的城市犹然伫立，令阿兹特克人、西班牙征服者和我们迷惑不解。

　　许多历史学家都对造成上述早期文明危机的原因进行了推测。但是，所有作出这些不同解释的尝试，都依据以下一些因素。

　　首先，有记录显示，统治阶级的自身消费及其在建造纪念性丰碑建筑物上的花费越来越多。几个世纪以来，神庙、宫殿和陵墓的规模越来越庞大，上层阶级的生活方式越来越浮华奢侈，他们日益急剧地从耕种者那里攫取社会剩余价值，与此同时，贸易网络延展得越来越遥远，贸易耗时也越来越长，而带回的交易物品却是越来越稀少。

流传下来的古埃及文献记载表明，国家政府"主要关注如何促进向'宫廷'的各个中心运输物资""主要关注如何监管建造工程，而不是维护农业的生产体系"，因此给"农业生产盈余造成了巨大压力"。[79] 美索不达米亚的情形与埃及非常相似，甚至雪上加霜，还要加上不同城市国家彼此之间，以及与生活在这些城市国家文明周边的其他耕种群落之间的战争压力。

统治阶级权力和财富的增长，迫使广大民众的生活水平降低到仅能维持生存的最低限度——有时就连最低限度都无法保证。因此，虽然建造神殿和宫殿的能工巧匠发展出了新的技术，尤其是在使用黄铜和青铜方面更有重大突破，但"农民阶层（从他们的生产中……积攒起……盈余），却是几乎买不起新设备。实际上，埃及的耕种者和采石工，不得不仍然使用新石器时代的工具。苏美尔的羊毛依然要靠人手来拔，而不是用工具来剪。即使在印度河流域的城市，石刀也还是非常普遍，这表明金属工具仍然十分缺乏"。[80]

在统治阶级越来越多地榨取资源的同时，人类掌控并理解自然能力的增长速度却在大幅降低。戈登·柴尔德将人类早期历史上从相对贫苦且不开化的社会发展至"城市革命"时期取得的巨大进步，与"城市革命"后建立的大型国家所取得的进步进行了如下对照：

> 公元前3000年之前的两千年，见证了应用技术的伟大发明，这些发明直接或间接地影响了百万人类的繁荣兴盛，而且无可辩驳地进一步影响了整个人类种族在生物学上的福祉……利用沟渠进行人工灌溉；犁的发明和应用；给动

物套上挽具，利用它们的力量劳作；造船航行；有轮交通工具的发明和应用；人工培育果园；发酵；铜的生产和使用；砖；弓；上釉色；密封；以及——在"城市革命"的早期阶段——发明太阳历、书写文字、数字符号；冶炼并使用青铜……然而，在"城市革命"后的两千年里，却几乎没有什么发明对人类进步的贡献能够比得上上述发明。[81]

而且"城市革命"后人类取得的进步，如铁、水车、字母文字和纯数学的发明等，也确非发生在"伟大文明"的内部，而是由伟大文明外围的"野蛮人"所创造。[82]

布鲁斯·特里杰对比了"表现出极大创造力和发明能力"的埃及"早王朝"时期（前3000—前2800年），与其后"由书记员和官僚"控制的埃及社会，发现后者并不鼓励在生产方法上有进步举措，因此"[埃及]社会的发展便停止了"。[83]

对广大民众的剥削如此彻底——随着不断建造壮观的神庙、宫殿和陵墓，统治阶级的生活方式日益奢华，被剥削人群的比例因而不断上涨、被剥削的程度也不断加深——使得整体上的社会谋生方式发展停滞了下来。

从田间每日的辛苦劳作中解放出来的那部分人群，对进一步促进人类掌控自然不再感兴趣。"许多具有革命性的进步，如以畜力牵引帮助劳作、开发利用航行及金属工具，最初都是作为'省力装置'而出现的。但是，新的统治阶层如今却在命令民众进行几乎无限的劳作……他们觉得没有必要劳心费力去发明节省体力的装置和工具。"[84] 统治者通过推崇迷信的方法来加强自己对大多数人的统治，像苏美尔国王和埃及法老都声称他们拥有神赐的力量；对在社会中少数受到教化的祭司和全职的国家管理者人群中鼓励改进科学技术的努力并无兴趣。这一趋势表现在知识的发展也停留在"城市革命"早期阶段，其后的人们犹如崇拜宗教般对待之前的知识体系，抄录文字，传播已有的思想，不再探寻和追求新的质疑。这在历史上并非最后一次，科学退化为墨守成规的经院哲学，数个世纪过去，它又从经院哲学变为巫术。[85] 结果，受过教育的精英抑制了而不是推动了人类对自然的掌控。

从人类生产力的进步中涌现出的统治阶级，如今成为人类进一步发展的绊脚石。但是，如果社会不再进步，人类的贪婪就会耗尽社会资源，直至社会的生存方式无法满足大多数民众糊口的基本需求。到了那时，气候只要发生一丁点儿变化，人类就不得不面临饥荒，人类社会的根基无疑就会动摇。当尼罗河水位下降，无法满足灌溉庄稼的需求时，"古王国"末期的埃及就发生了上述情形。戈登·威利和德米特里·希姆金指出，同样是统治阶级类似的"过度剥削"，导致一千二百年前"古典时期"中美洲玛雅文明的陷落。

> 规模日渐庞大的上层阶级，加上各种附属的家臣，以及最初"中间阶级"的其他成员，加剧了整个社会的经济紧张状况……平民中营养不良状况不断加剧和疾病频发，进一步恶化了平民的工作能力……然而，面临这样沉重的内部压力，古典晚期的玛雅文明显然并未作出技术革新或社会调整……实际上，玛雅文明的精英阶层，始终坚持在传统的道路上行进，直至最后灭亡。[86]

最初文明中的阶级斗争

  被剥削阶级担负着养活社会上所有人的责任,但是,他们的贫困必然会导致不同阶级之间发生利益冲突。
  最基本的阶级分野在少数统治者和广大依附的农业耕作者之间产生。统治者不断地攫取,势必会在两个阶级之间造成矛盾冲突。但坦率地说,我们对此所知甚少。今天,在流传下来的描述当时民众的陵墓壁画或神殿铭文中,我们总是能够看到民众向他们的"长官"俯首鞠躬,谦卑地伺候着。这一点儿也不让人感到惊讶——有史以来,统治阶级一直乐于以这种方式来描述民众。
  然而,有些考古学家和历史学家认为,埃及"古王国"的覆灭就是一场"社会革命"的结果,他们引用后来所知的《伊普沃的警告》中的词句来证明。《伊普沃的警告》中描画了这样的场景:"女奴们篡夺了女主人的房屋,官员们被迫依照粗野下人的命令行事,王公贵族之子抵着墙壁遭到暴打。"[87]某种程度上,中美洲的特奥蒂瓦坎文明也是以类似的方式陷落,阿尔班山和玛雅南部文明的毁灭通常也都归因于农民叛乱。[88]
  但是,社会矛盾并非仅存在于统治者和被统治的农民阶层之间。所有人类早期文明都有证据表明,统治阶级内部的裂痕也在不断扩大。
  在美索不达米亚和中美洲,最初的统治阶级似乎是神庙的祭司。但在美索不达米亚则出现了国王,他们作为世俗社会的管理者,开始与祭司平行行使权力。战争开始变得异常重要,因而在神庙和皇家宫殿的田产旁边,慢慢出现了非神职的贵族拥有的田产(以及附属田产之上的农民)。中美洲也出现了类似情况,武士精英似乎开始享有越来越多的权力。[89]

在埃及，国王依靠地方祭司和总督来管理尼罗河周边900公里的地区，保证向皇家都城不间断地输送食物、物资和劳动力。数个世纪以来，国王赐予这些有权势的祭司和总督以土地来换取他们的衷心效劳，任凭他们吸走占据总生产盈余中很大一部分的财富，从而也就默许了他们在某种程度上拥有独立于中央皇权的权力。祭司和政务官权力膨胀的表现之一便是，他们开始模仿法老修建奢华的陵墓，虽然在规模上要比法老的陵墓小得多。

在旧有剥削阶级的身边兴起了新的剥削群体，这件事产生了双重影响。一方面，这代表着有越来越多的人依靠索取生产剩余价值而活，耕种者将不得不承担日益沉重的压力。另一方面，这意味着对旧有统治者拥有完整权力的挑战，这种挑战来自掌握资源、拥有武装力量或者能够传播思想的人们。因此，看起来导致埃及"古王国"崩塌危机的原因，至少部分在于地方行政长官和祭司长将自己的利益置于中央皇权的利益之上——用巴里·肯普的话来说就是，从而"在那些本性中浸满了雄心壮志的人们之间……激起了内战"[90]。

伴随着统治阶级内部的分裂，新的从属阶级生成了。由于农业生产力的提高为部分人从田地劳作中解放出来创造了条件，木匠、石匠、皮匠、织工和冶炼工等专业工匠群体开始出现。增长的生产盈余集中在统治阶级手中，则为这一群体的壮大添加了额外的推动力。祭司和国王为自己及其属臣谋求奢侈物品的欲望越来越强，他们渴求更加精致宏伟的神庙、陵墓和宫殿。这就意味着必须将这些能工巧匠们集合起来，并且始终身处宫殿、陵墓和神庙附近。于是，整个工匠阶级便出现了，他们成为新兴城市核心人口中的一部分。

那些建造埃及吉萨金字塔、在国王谷凿刻陵墓的工匠，就是工匠阶级的典型代表。"与人们普遍的认知相反",这些宏伟的建筑"并非由奴隶建造,建造完成后,这些人也不会……出于保护隐秘的皇家宝藏这一目的而被处死"。[91]大量农民劳动力被迫搬运巨型石块。公元前1500年左右,底比斯(今卢克索)的一段记载显示,石料的开采、凿刻及木工,都出自能工巧匠之手。他们住在由石屋组成的特殊村庄里,他们的劳动可以得到充足的报酬,通常以谷物、油和鱼的形式来体现,足够养活一户十个人的家庭——这份收入是在田间劳作的农民平均收入的三倍。每天劳动八个小时,使得许多人还有时间通过私下承担其他工作来获得额外收入,以改善生活,其中有些人甚至还成为极少数掌握读写能力的人。但他们并不完全是自由的。他们不得不臣服于书记员和管理他们的工头的武断压迫之下,而且在某些情况下,他们还不得不为了满足法老高官大臣的"额外"要求而被迫进行劳作。[92]但在公元前1170年,当工匠们应得的食物配比没有下发,他们的家庭面临饥饿之时,在妻子们的支持下,这些匠人掀起了人类历史上第一次有记录可查的罢工起义。[93]

此时的工匠并非现代意义上赚取薪金的工人,因为他们无法自由选择为谁工作,而且他们的报酬也是以实物形式支付,生计有赖于国家对所有物资的集中分配。这就限制了工匠阶层拥有独立于国家之外行事的能力,以及发展出挑战国家权威思想的意识。最重要的是,工匠阶层还崇拜统治阶级的神,并将国王奉为神明,视为所有人心目中最尊崇的神。然而,地理位置上的日益集中和思想上的不断开化,给予被压迫被剥削阶层以信心,令他们勇于挑战拥有一千五百年古老历史的王国统治者。这种反抗是遥远未来的预兆,在未来的世界里,壮大的工匠阶级将会拥有数百万人,成为一股不可小觑的力量。

在大多数人类早期文明中,伴随着工匠阶级的形成,商人阶级也出现了。事实上,在前阶级社会就已经出现了贸易交换:例如,在一个地方开采的燧石,可能会用在距离此地几百公里之外的地方。此时,商人阶层的地位变得越发重要,因为崛起的统治阶级一直都在不断地寻求奢华物品,以及用以建造神庙和宫殿的原材料。为了获取上述物品,个人或团体必须做好长途跋涉的准备,走上艰难而且时常充满危险的旅途。过着骄纵奢华生活的统治阶级中,可不会有人愿意从事这样辛苦冒险的工作。因此,商人要么来自被剥削的农耕者,要么来自城市之外,尤其是那些在各个城市中心外的开阔地带生活的牧民。随着贸易交换变得越来越重要,商人的地位也越来越高,他们开始积累财富,直至可以为了自身利益向统治阶级施加压力。最终,由贸易商人阶层统治的乡镇和城市发展了起来,例如"新月沃土"地带的西巴尔城。

但是,商人阶级大都是活跃在广泛的社会边缘地带,即便随着时间推移,这种边缘力量也在不断壮大。与工匠阶层一样,几乎没有迹象表明,商人发展出了按照自己的利益推动社会演化的思想。

工匠阶级和商人阶级发展不成熟的事实,导致社会在面临巨大危机时,没有一个拥有权力或者拥有对抗性体系的社会群体能够重组一切。现存的统治阶级已经无法充分发展人类控制自然的能力,以抵御广泛存在的经济贫困和饥荒灾难。但此时也没有其他任何群体能够做到这一点。规模庞大的耕种者可以反抗他们的剥削者。但是他们对抗饥荒的做法,只是消耗掉所有的收成,没有为维持文明结构的群体留下任何储备——包括城镇人群、有文化的阶层,以及照料沟渠大坝的监管者们。

我们能够在陷落的早期文明中找到这类后果的清晰证据,如克里特文明和迈锡尼文明、哈拉帕文明和摩亨约达罗文明、特奥蒂瓦坎文明、阿尔班山和玛雅文明。这些古城——被遗弃，曾经如同繁花般绚烂盛放的古老文明早已被遗忘，飘散在历史的尘烟中，人们又回归纯粹的农业生活，就像他们的祖先在五百年前乃至更早时候所过的生活一样。

马克思生活的那个时代对我们现在讨论的人类早期文明所知甚少，但是他在著名的《政治经济学批判》序言中曾经这样写道：

> 人们在自己生活的社会生产中发生一定的、必然的、不以他们的意志为转移的关系，即同他们的物质生产力的一定发展阶段相适合的生产关系。这些生产关系的总和构成社会的经济结构，即有法律的和政治的上层建筑竖立其上、并有一定的社会意识形式与之相适应的现实基础……社会的物质生产力发展到一定阶段，便同它们一直在其中运动的现存生产关系或财产关系（这只是生产关系的法律用语）发生矛盾。于是这些关系便由生产力的发展形式变成生产力的桎梏。那时社会革命的时代就到来了。[94]

但是，那样的时代将会产生不止一种结果。就像马克思在《共产党宣言》中所说，在人类历史上，每一次阶级斗争"的结局［都］是整个社会受到革命改造或者斗争的各阶级同归于尽"[95]。

早期文明覆灭的例证确认了马克思的论断。曾在发展"生产力"方面扮演过重要角色的统治阶级，在后来的发展中的确变成社会发展的束缚力量，导致整体社会进入动荡不安的时期。但因并未出现一个掌握了新的、更加进步的生产方式，通过推翻原有的统治阶级，有能力将其意志投注在社会上的新的阶级，人类面对的危机并没有带来生产力的进一步增长。相反，带来的却是"斗争的各阶级同归于尽"，以及相当确切地回归"野蛮"状态，回到没有城镇、没有文化和技术进步的社会。

征服与改变

　　埃及和美索不达米亚的历史并不完全符合马克思的模式。在这些古文明中，秩序的重建和社会生活旧有节奏的恢复，经历了长达一个世纪甚至更久的混乱无序、内战和饥荒。与统治阶级内部的权力变更（在美索不达米亚表现为从祭司转向武士，在埃及表现为从孟菲斯转向底比斯）同时发生的，还有美索不达米亚由于对外征服而流入的巨额财富，以及埃及对尼罗河的治理，这些都足以克服眼前的经济危机，推动社会基本上沿着原有道路继续行进数百年甚至更久的时间。但是，形成危机的根本原因却并未移除。社会依然缺乏"城市革命"早年的创新动力，生产速度仍旧极慢，依然无法发展出谋生的新方法，依然暴露在新的灾难和危机下。在美索不达米亚，出现了强大的征服者（要么来自已经存在的城市，要么来自城市周边的游牧地带），他们缔造了伟大的中央王国，他们的军队从一个城市中心行进到另一个中心，击溃任何胆敢反抗他们统治的力量。但是，这样的举动也进一步耗尽了社会资源，吸干了帝国的国库，直至中央统治者不得不选择允许地方贵族在其各自领地内维护"秩序"，从而使得后者吸收了当地的大部分生产盈余。此举的结果便是削弱了整个帝国的防卫，任其门户大开地面对内部叛乱军队的首领或者是帝国外的征服者。

因此,"新月沃土"历史上的一连串征服者,都在《旧约》中得到详细记录:亚摩利人、加喜特人(喀西特人)、亚述人、赫梯人、米提亚人和波斯人。

埃及周边的荒漠,曾在长达数百年的时间里保护了埃及免受外来侵略。但是,荒漠却无法阻止另一种巨大的危机于"第二中间期"(约前1700—前1600年)爆发。如今,充满复仇心的外来势力日益强大起来。埃及北部的希克索斯人(几乎可以肯定来自巴勒斯坦),建立了自己的法老王朝;埃及南部努比亚人的霸权帝国库什也是蒸蒸日上。在埃及社会的发展停滞期,巴勒斯坦和努比亚这两个地区社会的进步却是十分迅猛。最重要的是,希克索斯人利用了埃及人从未采用的新技术,尤其是轮子。公元前1582年,埃及的统治者驱逐了希克索斯人并建立了"新王国",直到这时埃及人才开始采用希克索斯人的发明(轮子等),由此看来,埃及工匠和商人阶层的发展似乎远远落后了一大截。

戈登·柴尔德断言:"美索不达米亚和埃及复苏的文明都与其先前的母文明极为不同,由商人、职业士兵、小职员、祭司和熟练工匠组成的中间阶层拥有十分显著的地位,不再依附于'大地产',而是在这些大家族旁独立生存。"[96]

当然,"古王国"晚期和"中王国"时期尤为显著的社会发展停滞,与"新王国"前期数百年间社会的活跃演进形成了鲜明对照。在这段时期,法老发起了对外征讨,向巴勒斯坦和叙利亚进发,并一路南下到非洲。征服者将新材料和奢侈品源源不断地运送回国。与此同时,国内的生产剩余价值也是富足得足以建造最精致的陵墓和最奢华的宫殿,而且不仅为法老建造,也可以为大祭司和地方官员建造。带来这种迅猛发展的基础,似乎源于生产发展的激流。青铜拥有锋利、坚硬且不易变钝的特性，日益取代了黄铜。马拉的有轮车主要应用在战争中，但在国内交通上也迅速得到普及。对农民来说，橘槔（提杆）的发明使灌溉变得容易许多，那是一种杆子和带桶杠杆的组合，可以从沟渠或溪水中将水吸到一米高的地方。[97]

外来入侵撼动了埃及的社会结构，这样的冲击足以推动社会改进谋生手段，打破停滞近千年的社会发展。这也暗示着，在某些特定环境下，即使建立在新生产关系之上的新兴社会阶层还没有强大起来，外来势力的威胁也能克服或者说至少也能暂时克服旧有上层建筑对社会生活的窒息。

第二部分

古代世界

大事年表

前 1000—前 500 年	· 冶铁技术、武器和工具在亚洲、欧洲及中西部非洲传播;中东、印度次大陆和地中海地区出现以语音为基础的文字。 · 印度恒河流域清理耕地和种植作物;新文明诞生;包含四种社会等级的种姓制度崛起,吠陀教兴起。 · 腓尼基、希腊和意大利城邦兴起;中东地区小国联合起来,发展成以美索不达米亚或尼罗河流域为基础的彼此竞争的帝国;中国步入战国时代。
前 600—前 300 年	· 经典文明处处盛开:中国的孔孟之道;印度的佛教;希腊的埃斯库罗斯、柏拉图、亚里士多德和德谟克利特;希腊的阶级斗争。 · 亚历山大大帝率领马其顿大军征服中东地区;孔雀王朝的阿育王将印度次大陆的大部分地区收入帝国领土;罗马平民阶层与贵族阶层之间的斗争;意大利大部分地方出现城邦。
前 300—前 1 年	· 印度孔雀王朝解体覆灭,但是贸易和手工业依然持续发展;印度教婆罗门僧侣反对屠牛。 · 秦始皇统一中国北方;制铁、手工业及贸易空前繁荣;修建长城、运河和四通八达的道路交通体系;农民起义推翻秦朝统治,催生了汉朝。 · 罗马人征服整个地中海地区和莱茵河以南的欧洲;奴隶制在意大利蔓延,农民的贫苦日益加重;农民支持格拉古兄弟改革,但是两人于公元前 133 年和公元前 121 年相继被害。斯巴达克斯领导西西里岛及意大利境内的奴隶暴动;内战;恺撒掌握大权;屋大维成为皇帝。

1—200 年	· 罗马帝国巅峰时期；70 年，粉碎巴勒斯坦犹太人起义；大数的保罗从犹太教中分立出新的教派：基督教。 · 中国发明生铁炼钢法；大汉帝国的疆土开拓至朝鲜半岛、中亚、中国南部及印支半岛；孔子阐明儒家思想。 · 农业和印度教在印度南部传播，继而推进到马来半岛和柬埔寨；印度商人资助大型佛教寺庙，并将佛教传播至西藏地区和锡兰。
200—500 年	· 大汉王朝分崩离析；城市经济崩塌，乡村土地碎片化，被纳入贵族田产，人们对经典文化失去兴趣；佛教在某些特定群体中传播。 · 5 世纪，笈多王朝统一大部分印度领土，艺术与科学再度繁盛。 · 罗马帝国的危机日趋严峻；技术和经济发展停滞；贸易衰退；依靠奴隶制积累剩余价值的方式转变为束缚在土地上的农民上缴赋税和地租；法国和西班牙爆发农民起义；帝国边疆遭遇越来越强有力的挑战；古埃及的奥西里斯崇拜、古波斯的密特拉教（太阳神崇拜）和基督教的兴起。 · 330 年，君士坦丁迁都希腊化城市拜占庭，将基督教立为国教；迫害异教信仰者及信仰其他教派的基督徒和犹太教徒；隐修主义兴起。罗马帝国分裂；407 年，帝国失去大不列颠；410 年，哥特人首领阿拉里克洗劫罗马。
500 年及以后	· 西欧历史上的"黑暗时代"；人口数量跌至一半；贸易、城市生活和文学艺术全面崩塌。 · 东罗马帝国存活下来，并于 530 年代—550 年代在查士丁尼大帝治下达到巅峰，建起圣索菲亚大教堂，继而衰落。 · 印度笈多王朝衰落；贸易、城镇、货币的流通和佛教都呈现衰败景象；农业和手工业贸易局限在自给自足的村庄中，只为满足地方封建领主的需求而存在；婆罗门僧侣统治着人们的思想；建立详尽完整的种姓等级制度；文学、艺术和科学衰落。 · 中国依然处于分崩离析状态，直至 581 年隋朝建立、继而 618 年唐朝建立，经济和贸易才再度复兴。

第一章

铁与帝国

　　人类文明发展史上的第二个重要阶段，源自农民和居住在伟大帝国周边开阔地带上的游牧民族，而非源于祭司和法老们统治的国家。这一阶段的发展有赖于那些从"城市革命"的成就中学以致用者的努力：广泛使用铜和青铜，采用轮子，甚至在自己的语言文字中吸收外来语和外来文字；他们没有被传统洗脑，或是甘于忍受传统的摆布而导致思想被吸干。

　　跨越广袤欧亚大陆和非洲的各种社会，开始运用"城市革命"取得的技术进步。有些社会模仿此前伟大的帝国，只是规模略小些，像《旧约》中描绘的巴勒斯坦所罗门帝国就是这样。还有些社会的负担相对较轻，最初并没有受到复杂、奢侈且毫无用处的上层建筑的困扰。人们拥有更多的创新自由，现实也给予他们更多鼓励以刺激创新。

随着采纳新技术，生产剩余价值日益集中在统治阶级手中，这与"城市革命"发生时的情况非常类似。但是，新兴的统治阶级来自土壤并不肥沃的文明周边开阔地带，而非来自早前文明。与早前文明相比，他们只有鼓励发展新技术，才有可能获取一定程度上的生产盈余。

然后，他们才能利用古老文明遭遇的危机，从外部撕裂它们；与此同时，阶级对立也从内部削弱了这些古老文明。里海地区的雅利安人，向日益衰败的印度河流域文明发起了进攻；隶属印欧语系的东南欧人，撕碎了希腊的迈锡尼文明；鲜为人知的"海上民族"袭击了埃及；赫梯人掌控了美索不达米亚；中国的周朝取代了商朝。

在美索不达米亚、埃及和中国，文明的基本连贯并未受到影响，通过采纳新技术，王国很快再次崛起并复兴。印度河流域文明和迈锡尼文明被征服，导致这两个文明的城市生活和文化完全消失。然而，即便如此，外部入侵对文明的发展而言也并非只有负面作用，而是在此期间扮演了一种矛盾的角色。一方面，征服者摧毁了原有的部分生产设施，例如，印度河流域文明城市赖以维生的灌溉工程。另一方面，征服者也带来了一些新技术，例如，以牛拉犁耕地，使得开垦印度河北部平原难耕土地成为可能。农业生产范围的扩大，最终带来了与该区域早前相比更多的生产盈余。

最重要的新技术出现在约公元前 2000 年左右的亚美尼亚群山中，几百年后这种新技术也出现在西非。[1] 那就是冶铁。冶铁技术的缓慢扩散，改变了人类的生产和战争。

自从"城市革命"的早期阶段起，人类就开始使用铜及其合金：青铜。但是，铜和青铜的生产十分昂贵，只有千辛万苦地获得来自遥远地方、相对罕见的铜矿石才能进行冶炼。而且，铜和青铜制器的边缘很快就会磨损变钝。对少数掌握财富的贵族来说，铜和青铜是制造武器和装饰品的理想原料；但对需要劳动用具的广大民众来说，它们并不适合用来制造工具。因此，即使在"城市革命"发生一千五百年后，建造金字塔、陵墓和神庙的工人仍然普遍使用石制工具，而且农民似乎也很少使用铜和青铜工具。

铁矿石的储量要比铜矿石高得多。将铁矿石冶炼成金属，需要经过十分复杂的过程。但是，一旦铁匠掌握了冶炼的秘诀，他们就能为民众制造铁制的刀、斧头、箭头、犁尖和犁尾。铁器在农业中的广泛应用，产生了巨大的效果。铁斧可以帮助耕种者砍伐并清理最茂密的林地，铁质犁尖更令他们得以破开最厚重坚硬的土层。铁矛和铁剑的制造成本相对低廉，从而在一定程度上削弱了军事贵族的绝对权力，挥舞着铁矛和铁剑的农民步兵完全能够砍倒身着全副铜甲的骑士。

到了公元前7世纪，在新技术的支持下，新的人类文明在各地崛起。亚述帝国的疆土从尼罗河流域一直延伸到美索不达米亚东部，它将所辖各个族群融入了统一文明，其统治人数之多、融合族裔之广史无前例，并为境内流传的多种语言创造了同一种书写文字。此时印度北部也出现了新文明的曙光，经过近千年的发展停滞后，这里的贸易终于开始复兴，城市重现。在中国北方，一百七十个杀伐相见的小国，经历了漫长的混战，大浪淘沙后涌现出几个实力雄厚的大国雏形。地中海周边的巴勒斯坦、黎巴嫩、小亚细亚、希腊、意大利和北非，开始兴起繁盛的城市国家，但它们并不具有古美索不达米亚帝国和埃及帝国中央集权式的政治系统和思想意识。

伴随着生产技术的跃进，科学进步和思想启蒙也加快了步伐。在青铜时代的美索不达米亚和埃及，科学知识，尤其是数学和天文学，已在某些地区得到快速发展。但是，这些科学进步的基础建立在持续的祭司制度之上；在两千年间，科学发现日益从人们的实际物质生活中剥离出来，不得不依附于复杂而抽象的宗教系统。新的科学发展必须打破这一桎梏。而这一切的转折并未发生在古老文明的中心：亚述和巴比伦等美索不达米亚城市，抑或是孟菲斯或底比斯等埃及城市，而是发生在印度北部、中国北部和地中海沿岸的新兴城市中。

除了都使用铁质工具，充满活力的新文明还有一些共同之处：它们都见证了新手工业的繁荣和扩张；长途贸易的不断增长；作为社会的一个阶层，商人的重要性得到大幅提升；大范围使用货币，就连最低下卑微的农民和手工匠人在交易时也使用货币；采用或多或少建立在读音基础上的新型字母表（中国除外），为更多的人能够读写创造了前提条件；兴起了"普世"宗教，坚信一位全能神明，拥有一套生活原则或行为准则。最后，与古老文明相同的是，所有新文明都建立在阶级分野的基础之上。除此之外，再无他法能从经常忍饥挨饿的农民身上榨取盈余。但是，新旧文明之间的差异也非常显著。物质条件（环境、气候、已被驯养的家畜品种及地理位置）影响着人们的谋生方式，以及统治者控制生产盈余的方法。而这些反过来也影响着新文明演进过程中发生的其他所有事情。

第二章
古代印度

公元前1500年左右摧毁印度河流域文明的"雅利安"入侵者，最初是游牧的牧民，以牲畜的奶和肉维生，部落由族长领导。对他们来说，河畔曾经辉煌灿烂的古老城市毫无用处，他们将其彻底洗劫之后便一走了之。与此同时，对雅利安人来说，死去文明的书写文字同样一钱不值。

这一阶段的雅利安人信奉吠陀教，这种信仰反映出他们的生活方式。吠陀崇拜仪式以动物牺牲为中心环节，包括以家畜为牺牲；婆罗门僧侣讲述着口口相传的远古传奇，内容都是战神四处征讨得胜的神话。这些神话传说同时也佐证了如下信条：社会巨额剩余价值应当纳入武士统治阶层及婆罗门僧侣阶层的腰包，因为他们是"再生的"神明，生来就超越社会上其他阶层群体。但将社会分为四个世袭种姓的印度教等级制度此时还羽翼未丰，直至人们的谋生方式发生变化，致使吠陀教在宗教实践和信仰上发生显著转变，种姓制度才进一步发展成熟。

大约公元前1000年左右，冶铁技术的缓慢传播，改变了人们的生活方式。铁斧的使用令人们开辟并耕种原本布满丛林的恒河流域土地成为可能，从而给武士统治阶层及辅助他们的僧侣阶层带来了丰富的生产盈余。统治者及僧侣阶层促进了农业发展，但同时也要求每个村落的农耕者上缴部分收成作为贡品，比例可能是总收成的三分之一甚至高达一半。与此同时，他们以武力达成所需，并以宗教种姓制度为理论支撑，将雅利安普通平民归入低级的吠舍阶层（即耕种者），被征服的族群则是种姓制度中最底层的贱民首陀罗。种姓制度源自村落生产的阶层组织（但并不以私人财产为分野标准），延续千年的种姓制度就此在印度扎根。

乡间的阶级分化导致社会被简单分为四个种姓，但是人们谋生方式上发生的深刻变化，使得这个问题进一步复杂化。新农业方法的成功，为统治者带来了越来越多的生产盈余，同时也使非乡村根基的社会群体势力大大增强。统治者想要更加新鲜的奢侈品和更加精良的武器装备，从而大力促进了木器、冶炼、纺线编织和染色等手工业技艺的发展。南亚次大陆及其周边地区的贸易也突飞猛进地发展起来。随着早期"城市革命"的推进，这一地区逐渐繁荣，大量手工工匠和贸易商聚集于此，他们开始在神庙和军营附近及贸易要道沿线定居下来，直至某些小村落发展成为城镇、某些城镇发展成为城市。有些军事统领甚至开创了自己的国家。到了公元前6世纪，印度北方崛起了十六个主要国家；其中的摩揭陀国[2]于公元前321年吞并了其他小国，缔造了壮阔的帝国，统辖印度河以东大部分印度北方领土（与亚历山大大帝开创的希腊帝国接壤，希腊帝国统治印度河以西土地）。

孔雀王朝帝国的崛起，为城市发展提供了更大的推动力。它一方面保障了前往伊朗和美索不达米亚商贸路线的安全，另一方面又开辟了前往中国北方诸国的商路。与此同时，它还进一步发展了连接阿拉伯半岛、埃及、东非和东南亚的海路航线。在世界（或者至少是"旧世界"）形成的初期，它成为连接各地商贸体系中的关键一环。曾有一位希腊特使写下文字，将摩揭陀国的首都华氏城，视为他所知世界上给人印象最深刻的城市。根据这位特使的记载，摩揭陀国的军队由六千只大象、八万名骑兵和二十万名步兵组成。[3] 这一数字无疑含有夸张成分。但这位特使提供的信息，可以让我们在某种程度上一瞥这一帝国的规模和辉煌。

伴随着"国家对工业、手工业和贸易的控制"，孔雀王朝的统治者通过"史无前例的国家经济活动扩张"，垄断了矿产资源及盐、酒和矿物贸易，收获了不可计数的丰富生产盈余。帝国能够用金属武器装备士兵，为农业和手工业提供结实耐用的工具和设备。帝国的税收足以支撑规模惊人的常备军队和"人数众多的庞大官僚体系"，该体系从中央纵向直抵村落级别，每个村落都配有"书记官，其职责在于维护边界，登记土地……进行持续的人口调查，记录牲畜数量等"，以及"对每种收入都十分关注的税务官……更有复杂的密探体系为整个国家机器提供进一步支持"。[4]

孔雀王朝帝国在创建初期也采取了一些对整个社会而言非常有益的举措。它利用巨量生产盈余中的一部分推动"乡村经济发展"：开创新的定居地，向首陀罗贱民分发土地，鼓励他们以农民的谋生方式定居下来[5]，组织灌溉工程，控制水流分布。通过防止地方贵族攫取侵占新定居地区的生产盈余，它阻止了私人土地财产的出现，控制了私人土地的规模。

定居农业的发展、贸易和城市的崛起,以及强大国家的出现,使人们的生活发生了剧烈改变。与此同时,人们对待周边世界以及彼此的态度,也必然性地发生了极大转变。旧神一直在灵性层面宣扬畜牧和战争的优势。如今开始出现了新神,它们着重强调的是农耕的种种好处。与此同时,人们对待牛(这是旧日及今日谋生方式中都无法忽视的一项中心资源)的态度也发生了转变。

此前,人们将畜养牛群视为获取肉食的来源。如今,牛成为牵犁耕种土地的唯一动力,从而必须得到保护。即便一户农民家庭人人都在挨饿,他们也绝不能杀死家养的牛,那可是耕种来年庄稼的唯一劳力、为士兵和神庙提供足够俸禄的唯一希望。出于这种新涌现的需求,经过一段宗教动荡时期之后,看似不合理性的牛崇拜及禁止屠牛的信条,就成了现代印度教的一个核心特征。

城市生活的发展,令宗教处于不断变化之中。手工艺人和商人等新的职业群体通常都是世代相传,因为学习复杂技艺的最简单方法就是从家中老人处习得。每种手艺及贸易的知识和技巧,都仰仗口口相传的传说传授,这些传说都与各自技艺的仪式紧密相连,由各自监管的神明负责。只有为各行各业找到相对应的神明,婆罗门教才能主宰所有手工业和贸易群体的思维方式。因此,随着新行业的发展,婆罗门教逐渐将新技艺的实践者归入日益严苛的四大种姓等级制度中:武士、僧侣、农民和贱民。社会行为方式的革新,使宗教信条和宗教实践的改革成为必然。来自不同社会群体的人们采用了多种方式,都在试着去面对并接受新的社会现实与旧日信仰之间的矛盾冲突。公元前6世纪,印度北部兴起许多新的教派,每一教派都以自己特定的方式重新组织传统信仰中的元素,彼此间及与权威的婆罗门僧侣间经常爆发激烈冲突。然而，就是在这些激烈冲突中，诞生了一直延续发展至今的印度宗教。

在这些教派中，最著名的莫过于摩诃毗罗开创的耆那教和乔达摩开创的佛教。这两个教派实际上还有一些相似之处。它们都反对流血牺牲和杀戮动物；它们都反对杀生，憎恶战争；它们都摈弃种姓分野——它们的创建者都不是婆罗门僧侣。它们都强调理性理解事件和进程的必要，在某些情况下，它们还会散布一些神启奇遇的古老传说，甚至到了接近唯物主义和无神论的程度。

这些信条正好符合刚刚兴起的新社会。它们保护了耕种牵犁的牲畜，表达了农民、手工业者和商人对反复无常的战乱肆意破坏的深恶痛绝。它们响应了经济上发达的社会群落成员对日益尖刻的婆罗门种姓制度歧视的愤恨。它们还得到了某些统治者的支持。（例如，前264—前227年间执政的阿育王，或许是对达成伟大军事胜利时的大屠杀感到悔恨，他甚至皈依了佛教。）否定种姓制度，可以帮助贵族阻止各地上层种姓阶层将社会生产盈余转移到自己的口袋。这些佛教或耆那教的教义还得到了国内城镇新兴社会群体的支持。甚至就连非暴力这一信条，也能帮助成功获取领地的征服者维持境内和平，安抚任何可能的挑衅者。"普救主义"的信仰体系，非常适合"普遍的"贵族阶级。

不过，帝国并未维持多长时间，在阿育王死后很快就分崩离析。规模惊人的军队和官僚体系，过多地消耗了帝国的资源。对任何一位想要永久限制地方贵族权力的国王来说，国内的交通状况依然太过原始，使得这一目标的达成困难重重。但是，帝国的解体并未导致文明崩坏，农业和商业都在持续发展。罗马钱币在印度南部依然流通无阻，货运船只在罗马世界、埃塞俄比亚、马来亚和东南亚的港口间忙碌地穿梭往来。印度商人"是供应希腊罗马世界奢侈品贸易中的野心家"[6]。手工业也兴盛繁荣起来。"织布、制丝、编织、武器制造和奢侈品生产，似乎都得到了长足进步"，"在印度历史上可能没有其他时期，会像此时这样，经济能够如此深入城镇和郊区普通人的生活中"。[7] 在最初的帝国崩塌五百年后，持续的经济扩张使另一个中央集权程度略逊的笈多王朝的崛起成为可能。

商人、行业协会及皇室都开始赞助和支持知识与艺术的发展。他们捐资建造壮美恢弘的宗教纪念碑，打造完美无瑕的洞窟造像，建起肃穆庄严的佛教寺庙。印度帝国与希腊罗马世界之间不仅进行着货物贸易，更交流着思想。恒河畔的哲学家对雅典和亚历山大城中进行的哲学辩论有所耳闻，反之亦然。许多评论家都在早期基督教的宗教理念中看到了佛教的影响，而在公元后的最初几个世纪中，基督教在印度某些靠海的城镇中也拥有少量听众。

伴随着宗教神秘主义的发展，科学研究日益兴盛起来。"次大陆取得的最高智力成就"就体现在数学领域中。[8] 到了公元前200年，几何学的成熟，使得计算弦线的角度和段数成为可能。希腊罗马世界科学的影响力的确传播到了印度南部，但印度数学家的成就远远超越了"托勒密对圆弦的认知"，"对正弦则有了进一步的认识，从而开启了对三角函数的研究"。[9] 印度数学家进而完善了小数体系；解出了某些不定方程；阿耶波多更是精确地计算出了π的数值；最迟到了公元7世纪，印度数学家已会使用数字0，而这还是希腊人和罗马人并不熟悉的知识领域。

就像印度开启了贸易的世界体系，这里也是思想世界体系的源头。随着林地被清理开垦成耕地，印度教也随之向印度南方不断拓展，继而传播到马来半岛和柬埔寨。商人带着佛教思想来到锡兰岛，接着穿越喜马拉雅山来到西藏,沿着茶马古道抵达中国,最终传到了朝鲜和日本。在此期间,印度在数学领域取得的成绩,成为阿拉伯世界知识的基础组成部分,对千年后的欧洲文艺复兴起到了关键作用。

然而,6世纪及其后的印度却失去了文化发展的动力。由于战乱纷起,南亚次大陆呈现碎片化的小邦国,摩肩接踵的入侵者更使西北印度陷入毁灭境地。印度社会的物质基础和人民谋生的生产方式还远不够先进,无法支撑帝国规模宏大且昂贵的上层建筑。面对保护领地、维护国内和平、保障道路通畅,以及为贸易者提供安全环境等诸多事务,新的贵族统治者发觉形势日益艰难。贸易水平持续下跌,商人财富不断缩水,佛教影响力也大打折扣。有些伟大的庙宇存留了下来,但佛教寺庙却从更广阔的社会生活中逐渐消失(令人遗憾的是,正是社会生活的需求催生了佛教),直至佛教在遥远中国的影响力远远超过在其源起的印度诸国。

这就是被称为"封建主义化"的社会:碎片化的地方权力不断增长为几乎自给自足的乡村经济。这种情况的产生,源自国王发觉:除了从当地农耕者处攫取部分盈余、授予负责监管清理林地开拓耕地的人们(通常是婆罗门)以土地之外,别无他法来支付官员。大多数手艺人都发现,想要谋生,便只能在乡村施展技艺,以直接换取部分当地的生产盈余。因此,为了满足本地需求而进行的生产,逐渐取代了为了市场而进行的生产。

由于农业扩展到了新的地区,因此农业产量依然有所增长;尽管农耕方法的进步速度比较缓慢,但却具有重大意义。但这一切都逐渐受到婆罗门僧侣的巨大影响,因为只有他们才占有连通各个村落民众的网络资源。这里的文化越发变成婆罗门的文化,进而"导致文化紧缩",因为"正规教育"变成"完全墨守成规"。[10]

婆罗门教实际上也采纳了一些佛教元素，尤其是将吃素视为履行神明意志的标记，而且完全禁止食用牛肉。但它也更进一步强调了对古老种姓分野的坚持，将每种职业和每个部落群体都归入精心设计并认定永世不变的社会等级体系中。来到耕种群落的外来者，成为"被遗弃的人"——他们不得不住在村庄外围地带，生活条件极为恶劣，被限制只能从事最低级、最污秽的职业；对高级种姓而言，就连碰触他们一下，都是一种污染。

　　这是一片发生了迅猛改变的土地，在接近一千年的时间里，通过内向封闭的村落、宗教迷信、土地碎片化、战乱和寄生的王国，数个世纪以来的激荡思想成为这一阶段历史发展的典型特征。印度社会的产物是完整完善的多种姓分野的社会体系，而在下一个千年里，印度社会将会遭遇穆斯林和欧洲的征服者。

第三章

最初的中华帝国

　　传统欧洲历史学家认为,世界历史始于中东地区,继而从希腊和罗马文明走向西欧文明。但在中国北方土地上崛起的文明超越了所有欧洲文明,以这样或那样的方式走过了两千年的漫长历史,并奉献出人类历史上一些最重要的技术进步和发明。

　　公元前 221 年,统一的秦帝国屹立在中国的土地上,它治下的子民比罗马帝国治下的人口更多。秦帝国境内拥有六千八百公里长的道路(罗马帝国境内的道路总长为近六千公里),道路的宽度经过统一设计,以方便战车和标准轴长的运输车通过。秦帝国还投入三十万人力筑造了绵延三千公里的长城[11],组织了最多时达到七十万人力来兴建秦始皇的陵墓,更仿造真人大小打造陪葬的兵马俑军队。秦帝国开凿运河,连通主要河流,缔造了四通八达的内河水路,这是世界上其他文明所无可匹敌的。

经过数百年的经济和社会发展，秦帝国是中华文明攀上巅峰的表现。在与美索不达米亚文明几乎同一时间，这里的人们开始转向农业生产：北方的人们开始种植谷物，驯养猪狗；生活在长江以南地区的人们则掌握了完全不同的技术，学会了种植稻米和驯养水牛。

公元前2000年后，使用新石器时代技术的人们建立了城市和国家。到了公元前17世纪末，人们开始学着在冶炼铜矿石时加入锡和铅，从而生产出青铜。贵族武士使用青铜打造的武器开疆扩土，在中国北方的黄河河畔缔造了商王朝。商王朝似乎由融合了军事、祭祀和行政功能等角色于一身的贵族来统治。这是一个等级社会，贵族死去时经常用仆人殉葬，但是私有财产在这一阶段似乎还未发展起来。[12] 从公元前11世纪的周王朝开始，周王将土地和权力分封给一百多个属地诸侯，被后人称为"分封制"（与中世纪欧洲类似）[13]，不过有些历史学家表示，周王朝的分封制只是马克思所说的"亚细亚社会"，而非标准意义上的封建主义，因为相关史料记载表明，此时的农业组织并不以农民个人的土地为基础。而且，周王朝的立法管制着"普通农民的日常生活"：不仅仅是他们的劳作，还包括他们的"婚姻、节庆和聚会"等。[14] 每年行政部门都会通告农民应当种植什么庄稼，何时播种，以及何时收获。农民可能会被命令离开冬季的家，投入土地的劳作；抑或无须在田间忙碌，而是待在家中。[15] 不过，无论如何，周王朝的历史都充满了诸侯之间连年不断的混战。

经过数百年的战乱，大量诸侯小国逐渐合并为几个大国，因为此时技术的发展已能使各国更加高效地发动战争。战车的数量不断增加，围城的新战术层出不穷，精良的剑弩使被征入伍的农民步兵第一次面对冲过来的战车也能稳稳地站立。反过来，这样的战争也刺激了统治者进一步发展军事应用技术的决心。公元前 4 世纪和前 3 世纪（战国时代），这些统治者在北方平原和河谷开辟耕地，排干沼泽地带，建起并大力推广灌溉系统，这些举措的规模通常都很大。冶铁业也飞速发展起来，其组织规模在当时的世界范围内无可匹敌，铸铁工具和武器得到大量生产，不仅包括刀剑、匕首，还包括"锹、锄、镰、犁、斧和凿"。[16]

新的农业方法：实行以牛牵引的深犁为基础的密集农业耕种；应用动物和人类的粪便作为肥料；种植小麦、大豆和谷子；栽培豆类作物以恢复地力；逐渐掌握了每年播种的最佳时机，促进了农业产量的增长。[17] 社会生产盈余的规模达到了前所未有的水平。

法国汉学家谢和耐写道："[中国]战国时代是人类技术革新史上最丰富的时期之一"，"大规模商业发展起来，涉及大众消费品（布料、粮食、食盐）、金属、木材、毛皮等。富贾巨商将这类贸易与开办大型手工工场（尤其是矿山与铸铁工厂）结合起来，雇用大量工匠与商业代理人，配备名副其实的内河船队与马车商队……大工商主已构成社会集团，以其捐税活动令国家大大富裕起来……各国京都……愈来愈成为大型商业与手工业中心……事实上公元前 3 世纪时的战争，其目标往往是夺取这类大型经济中心。"[18]

但是，统治者要想打破旧贵族手中的权力，就必须成功地采纳新的生产方法。"与农业技术革新平行发展的是……社会经济上的变化"和"在一些国家内进行的各种方式的政治改革尝试"。[19]

秦国能够最终吞并其他六国的原因在于，它最为系统化地实施了上述新生产方式带来的变化。这一切的实现，得益于以武士和官员组成的新中央集权政府，粉碎了旧有的贵族体制。作为秦朝社会基础单元的个体农民家庭，在此期间担当了农业生产中的核心角色，新政权允许他们拥有自己的土地,直接向国家而非地方贵族上缴赋税和服劳役。"正是小农形成的新兴生产力,支持了新政权的建立。"[20]

这是一次社会革命,一次新生剥削阶级从上而下取代旧有剥削阶级的权力交接。这场革命通过军队的武力推进,造成巨大的人员伤亡。史料记载表明(或许有些夸张):前364—前234年这一百五十年间,死于战乱的人数达到148.9万人。[21]在秦帝国建立前的最后几年中,"史书中写满了千篇一律的军事战役和胜利,别无其他",其中一场胜利据称砍下了十万人的头颅。[22]与帝国崛起相伴的是,不少于十二万旧有"豪强"家族的倾覆。[23]

这种剧烈转变绝非仅由几位统治者指挥强大的军队就能达成。技术和农业上的革新,为社会发展提供了动力,而这些则是统治者无法控制通常也不愿发生的事情。

随着农民积累的生产盈余不断增长,统治者(无论新君还是旧主)的欲望也在不断膨胀,他们想要更加奢华的物品、金属武器、马匹、战车,以及为军队配备更好的弓箭和装备。与此同时,农民也需要持续的农耕工具供应。所有这些需求,只能通过规模日益壮大的手工艺人施展他们自己钻研的新技术来实现,还需要商人在各个诸侯国为供需双方穿针引线、行商走贾。统一的度量衡及货币也慢慢流通起来,从而进一步鼓励了贸易的繁荣。

公元前250年,当最有实力的富商成为未来秦皇的心腹大臣时,商人的影响力得到了明确的展现,他被赐予包含十万户的广袤土地,更有三千谋士前呼后拥,为他出谋划策。[24]

许倬云的观点甚至更加激进:"在公元前5世纪到公元前3世纪的动乱年代中,始终存在着一种强大的可能性,即发展一种占主导地位的、以城市为中心的经济生活,而不是一种以农村为基础的经济。

当时,庞大繁荣的市场中心四处可见,赚钱盈利和契约互惠的市井心态也盛极一时。"[25]

对中国史研究颇有建树的德裔美籍历史学家卡尔·魏特夫(1930年代的他依然是一位马克思主义者)认为,这一时期的中国与两千年后欧洲封建主义的晚期阶段十分相似。[26]中国本可以从商业"资本主义",发展为主要以市场性的雇佣劳动生产为基础的新社会形态。然而,实际上的中国历史发展,陷入了国家官僚体系的掌控之下,官僚体系成功地从商人和旧贵族手中夺走了社会剩余价值,将其集中在自己手中。商人为了反抗贵族压迫而支持国家,但却只能眼睁睁地看着胜利果实被官僚机构夺走。

毫无疑问,不仅在秦帝国时期,就是在承接秦朝的大汉帝国(公元前 206 年至公元 220 年)时期,国家政权也在持续不断地打击商人阶层。汉朝开国皇帝汉高祖刘邦就曾发布政令,"令贾人不得衣丝乘车……市井之子孙亦不得仕宦为吏"[27]。国家掌握了两大核心行业:盐与冶铁,就像汉代文献中记载的那样,以保证"[帝国]笼天下盐、铁诸利,以排富商大贾"[28]。与农业相比,行商需要向国家上缴更高的赋税,想要逃税的商人财产将被无情地没收充公。公元前 141 年至公元前 87 年,在汉武帝统治的五十四年间,"国家政权强行掠夺了商人的财产。为了生存,商人经常不得不与官僚甚至朝廷建立关系。"[29]对商人的打击经常以保护农民作为虚伪的借口。这一时期的许多历史记载都抱怨商业和手工业摧毁了农业,造成频繁的饥荒和乡村暴乱,与此同时又给予商人威胁国家的武器。这反过来也令贫苦阶层变得愈发危险。公元 9 年,新朝皇帝王莽作出论断:"富者骄而为邪,贫者穷而为奸。"[30]

不同剥削阶层彼此倾轧谋求权力的这数百年,也见证了社会思想的空前活跃。不同社会阶层的成员看待世界的方式各有不同。彼此竞争的哲学和宗教学派，作为不同社会群体的代表，纷纷涌现出来，试图对发生在身边的变化作出合理的解释。孔子（生于公元前6世纪）及其后继者孟子（公元前4世纪）倡导尊重传统和礼仪，同时注重自身的诚实修养与自我控制。在中国历史接下来的数个世纪中，孔孟思想成为开明政府推崇的传统思想意识，推动社会沿着传统道路发展下去，求得安稳舒适的民生。然而，在孟子那个时代，这种思想也意味着对贪婪王公的批判和否定。在批判现实这一点上，墨子的思想更加深入，他活跃在孔子去世六十年后。墨子创建了属于自己的学派，试图通过官方努力，在普遍勤俭节约的基础上建立起人人平等的社会，反对自私自利、奢侈浪费和战争。相比之下，后来发展成为道教的思潮，则宣扬个人的救赎并非源于集体行动，而是需要修习技艺，帮助个体从繁乱的世界中全身而退，进而最终掌握它。在中国历史后来的发展演进中，各种版本的儒教、道教与佛教，激烈地争夺着人们的信仰；各种平等主义流派也反复频繁出现，表达穷人的悲苦。

但在公元前最后这几个世纪的思想混战中，取得暂时性胜利的却是法家思想。法家思想将重心放在国家力量和官僚机构的功能之上。它坚持认为，国家官员只应关心国家法律是否得到有效施行，而不应为孔孟之道追随者口中的个人道德而分心。

法家思想将国家官僚体系视为维护社会整体利益的体现。这一点与商人的想法相符，商人注重理性的计算，惧怕武断的政治决定——因为那将会扰乱他们赚钱的脚步。法家思想的信条得到广泛推广，例如在某些流传的赞歌中，就将官员和国家法令视为保护整体社会的重要卫士。

统治者并不仅仅依靠思想劝导来使民众接受他们的极权世界观。

他们还竭尽全力使民众别无选择。秦始皇焚书坑儒（书本就是旧传统的象征）："今诸生不师今而学古，以非当世，惑乱黔首。……如此弗禁，则主势降乎上，党与成乎下。禁之便。""有敢偶语诗书者弃市。以古非今者族。"[31]

最初，膨胀的国家权力并未阻挡贸易与手工业生产的持续发展。事实上，商人们从政府的诸多举措中还受益匪浅，例如，修建道路和运河，拓展国土直至中国南方、中亚、中印半岛及朝鲜半岛等。除此之外，此时的中国还实现了更加重要的技术进步：2世纪，中国人学会了炼钢（比钢铁出现在欧洲要早了一千五百年）；发明了世界历史上第一座水车；到了3世纪，独轮手推车得到普遍应用，可以使人们搬运达到自身体重两倍的货物（西欧于一千年后才开始使用独轮手推车）。但是，商人阶层的独立性却被大大削弱。商人无法集中力量建立起属于自己的权力中心，就像中世纪晚期欧洲城市中的商贾那样。相反，他们日益依附于国家官僚体制。

虽然国家采取了打击商人阶层的措施，但是农民的命运也并未得到改善。国家沉重的赋税给他们带来巨大的压力，丰年时还能勉强糊口，饥年时就难免挨饿。生活永远充满了看不到尽头的苦工劳作。中国北方平原的耕地，要求农民在播种和收获之间持续不断地照料庄稼：避免土地干旱，铲除杂草，或者防止病虫害侵袭等。[32] 然而，最终辛苦收获的成果中，却有三分之一甚至一半都要交到他人手中。

我们永远不要忘记，所有所谓的帝国奇观：长城、运河、帝王陵墓及宫殿，都饱含着数百万小时的辛苦劳作，都是以无情地剥夺了社会的整体利益为代价。秦始皇相信术士所言，远离人群就可长生不老，"乃令咸阳之旁二百里内宫观二百七十复道甬道相连，帷帐钟鼓美人充之……有言其处者，罪死。"[33] 有一次，秦始皇发觉在他的随从中有一名告密者，由于无从知晓是哪一个，他竟然杀死了所有四百六十名随从。[34]

无论是劳力上还是生命上的浪费，势必都要以维持对农民的高压政策为代价。古代中国的农民暴乱层出不穷。在古代美索不达米亚、古埃及、古印度或古罗马的历史中，都很少提及下级阶层反抗统治者的暴乱，而这在古代中国的历史记载中却是一再上演。

就是这样的一次暴乱诱发了秦王朝的覆灭。故事源自从前是雇农的陈胜，他带领九百名戍卒前往戍边。由于被大雨所阻，不能如期抵达目的地，情急之下，陈胜喊道："今亡亦死，举大计亦死，等死，死国可乎？"起义很快便席卷全国，"演变成了广泛的杀戮"[35]，皇廷掀起了轩然大波，皇帝的主要谋臣被诛杀，秦二世最终也被暗杀。经过四年的动乱，其中一位起义首领最终攻进首都夺取了皇权，建立了新的大汉王朝。

广大民众在这场起义暴动中起到了关键作用。但他们却并未从中获取分毫利益。新的大汉帝国与前朝几乎没有什么不同。随着时间的流逝，汉王朝不久就也开始面临着愤怒的农民起义。公元17年，洪水冲垮了黄河下游的堤防，受灾的饥民在号称"吕母"的巫女领导下，举起了起义的大旗。由于起义者均涂抹脸庞，染红眉毛，故得名"赤眉军"。"赤眉军"的起义领袖在两个地区建立起了独立的王国。

这样的农民起义为日后历史上不断揭竿而起的农民暴动提供了参考模式。帝国税收与地主的强取豪夺迫使农民不得不反。叛乱者征服了整个地区，攻占了地区都城，甚至危及帝国都城，此后更有许多不得朝廷重用的帝国军队将领、政府官员和一些地主也加入起义军行列。成功的起义拥立了新的皇帝，建立起新的王朝，然而新朝剥削农民大众的力度，却是与旧朝一样严苛。

这绝非个别统治者腐败堕落之故。农民无法建立起一种持久的中央集权体系,以实施并达成农民阶层自己的社会目标。农民以田地维生,为了维持生计,他们无法长久离开自家的耕地。离开田地的人们则不再是农民,他们依靠抢劫或受贿维生,雇主很容易就能对他们施加影响。那些依然坚守土地的农民,或许还在梦想着一个更好的世界,一个没有辛劳、困苦和饥荒的世界。但在耕地灌溉和防治洪水、提供铁制工具,以及获取他们无法自己生产的其他物品等事务上,他们不得不依靠国家行政官员。在他们设想的世界中,行政官员的行为举止要比现实中更亲善,地主也不会极力榨取他们。但无论如何,他们都无法想象一个由自己主宰的完全不同的社会。

然而,接连不断的农民起义逐渐削弱了大汉帝国。大汉帝国的存在时间,与西欧现代史的时间一样绵长。但是,汉朝越来越难以控制各地崛起的大地主。除了变本加厉地压榨农民,政府再无他法筹措维持帝国运转的各项资源。因此,间歇性的农民暴动时有发生。184年,爆发了带有宗教救世色彩的"黄巾起义"。"黄巾起义"的领袖是太平道的创始人张角,他聚集了三十六万人的起义军。汉朝派去绞杀叛军的将军们很快就自相残杀起来,致使时局变得更加动荡混乱。

在此过程中,都城被焚烧,全国上下都遭到劫掠,商贸路线被截断,城市中心迅速衰落,这些情况又进一步扰乱了乡间的生活。彼此竞争的地主们很快便各自占据一方土地,将区域内的政治和经济权力紧紧攥在手中,经营田产,接管组织农民劳工以维护运河、大坝和灌溉工程,开始补征由于连年战乱未上缴的国家赋税(至少在理论上是这样)。[36] 在新的经济安排下,农民继续在土地上耕作,许多手工业行当也得以继续发展——不过,发展的目标只在于纯粹满足地方所需,因此很难达到真正繁荣。长期的技术进步就此停滞下来,在接下来的三个世纪中,中华帝国的发展步伐也相对缓慢,而其周边小国则在此期间走向了繁盛。

某种程度上,这一时期的中国与 5 世纪的印度及大约同时代崩塌的西罗马帝国颇有相似之处。但它们之间又存在本质上的重要差异。中华文明的连贯发展并未被打破,与印度和罗马相比,这一结果来自经济和城市生活更加迅速的复兴。

无论如何,曾经极大地促进了技术进步和经济扩张的政治结构,如今已经无法发挥功效,导致旧有社会的部分崩塌。旧有官僚统治阶层已经无法使用老方法来维持统治,推动社会发展。如今,拥有土地的贵族只能监管自己呈碎片化的土地。商人阶层不愿与其他社会阶层决裂,因而他们提出了一种能够安抚反叛农民的社会转型计划,包括接受来自印度最安静祥和的佛教。彼此竞争的各个阶层并未走向毁灭,但毫无疑问,在相互之间的牵制下,他们也无法施展出其各自最大的力量。

第四章

希腊城邦国家

两千五百年前进入繁盛期的第三个伟大文明就是古希腊文明。公元前 4 世纪晚期,亚历山大大帝以武力凿刻出古希腊帝国的轮廓,大致范围包括从巴尔干半岛地区和尼罗河直抵印度河的辽阔地域,此时摩揭陀国王开始统治整个印度次大陆,秦始皇则已在中国大陆开创了新的帝国。在接下来的两个世纪间,在雅典和希腊化的亚历山大城兴起的思想观念对地中海和欧洲思想产生的深远冲击,就好比摩揭陀思想对印度的影响,或者是孔孟之道对中国的影响。

然而,在公元前 9 世纪居住在希腊沿地中海区域村落和岛屿上的人们,与欧亚大陆或非洲其他任何地方的农业居民一样,并没有太大区别。迈锡尼文明过往的荣光几乎被人们遗忘,或许只徒留几则模糊不明的神话传说,那雄壮的宫殿堡垒也土崩瓦解,堕入了历史的尘埃。各个村落彼此隔绝，也与亚洲大陆和埃及的文明断绝往来。这里的人们并不开化，制造手工艺品的技艺非常初级，具象艺术基本不存在，生存条件极为艰苦，经常发生饥荒。[37]

将这些居民融入一个新文明的力量，与在印度北部和中国北部发生作用的伟大力量十分相似：冶铁知识和技艺缓慢而稳定地传播、农业新技术的发明、贸易规模的壮大和范围的扩张、古老手工技艺的再度发掘、学习和掌握新知识，以及制定字母表。自公元前7世纪开始，希腊出现了持续稳定的经济增长，"事实上，所有人口的生活水平都有明显改善"[38]。到了公元前6世纪，这些改变带来了城邦国家的兴起，它们能够创造雅典卫城这般恢弘巍峨的伟大建筑群落，能够在各个城邦国家的联合努力下，击退波斯帝国规模惊人的军队铁蹄的入侵。不过，希腊城邦国家此时的经济发展和社会变化所处的环境，与中国的情况相比，在两个方面存在巨大差异；与印度的情况相比，也有一点迥然不同。

与中国和印度的居民相比，定居希腊沿海的人们，很快就与其他文明建立起更加直接的联系。数个世纪以来，腓尼基水手一直沿着地中海海岸线进行贸易活动，获取了美索不达米亚和埃及帝国境内流传的先进技术和知识。因而，从公元前6世纪开始，希腊城邦与中东地区承前继后的帝国之间，通过贸易达成了直接而持久的深入交流，包括中东帝国军队雇用希腊雇佣兵，允许被驱逐的流亡希腊人居住在帝国城市中等。这样的深入接触，极大地推动了希腊文明的发展。例如，希腊字母表就直接源于腓尼基人的"闪族字迹"。

中华文明和印度文明都兴起于土地肥沃的河谷和平原地带，一旦茂密的林地得到有效清理，极佳的自然条件就会带来农业的繁荣发展。相比而言，希腊农业的发展则不得不受到周边群山环绕地形的极大限制。从公元前8世纪早期起，由于采用了新技术，希腊的农业生产才开始有了盈余。但是，一旦超过某种限度，如果没有如同印度或中国那样及时调整生产方式，这种农业发展很快就会干涸枯竭。

　　土地匮乏迫使种植者将目光移向大海，并沿着地中海沿岸向土地更加肥沃的海岸地带深入：在爱琴海和爱奥尼亚岛屿、环绕黑海和小亚细亚、在意大利南部和西西里岛，甚至到了西班牙和法国南部的海岸线。移民的广泛蔓延，带来了贸易规模的扩张，反过来也鼓励了家乡手工技艺的发展，例如，雅典的陶器很快就出现在地中海各个地区。到了公元前6世纪，与世隔绝的农业和渔业群落开始发展成为新型的城邦国家联盟，彼此交战，同时也因贸易而彼此紧密联合，通过共同的字母表、可以彼此沟通交流的方言、相似的宗教实践活动和联合举行的节日（其中最广为人知的就是奥林匹克运动会），建立起新型联盟。

　　土地生产力相对低下，还产生了另一个非常重要的副作用。在喂饱一户农夫家庭及其子女之后，所剩的粮食盈余微乎其微。但是，通过利用没有后代的成年人在田间劳作（后来他们还被广泛应用在开发矿产和需要施展手工艺的大型建筑上），却可以很大程度上增加生产盈余。战争中俘获的战俘，正好可以提供这种珍贵的劳动力。[39]与剥削其他人群相比，奴役战俘是一种廉价办法：在公元前5世纪末的雅典，一名奴隶的价格还不到一名自由手艺人一年工作酬劳的一半。[40]

　　在此前那些更加古老的文明中，奴隶制早已存在相当长时间。但是，奴隶制原本对生产盈余并未发挥多大作用，大多数奴隶都被集中用来为统治者提供私人服务，与此同时，农业和手工业则被留给半自由的城市居民。此时在希腊，奴隶制成为获得生产盈余的主要手段

(其规模在罗马很快将会发展得更大)。

重要的是,最主要的希腊城邦国家斯巴达(它的确依靠剥削农奴般的农民而立国),坐落于土地相对肥沃的内陆地区。[41] 这里的统治阶级是不参与农业或手工业劳动的全权公民,他们依靠"赫洛特"(斯巴达的奴隶)奉献的贡品维生。但这里的统治阶级也推崇朴素甚至艰苦的生活方式,这或许暗示斯巴达人也意识到了获取盈余方式的局限性。[42] 这种例外情况似乎证明了其他希腊城邦国家的规则。

有时人们认为,奴隶制不可能是这些城邦国家的中心制度,因为奴隶的人口数量根本无法占据总人口的大多数。[43] 但是,克罗克斯在其卓越的研究著作《古希腊社会的阶级斗争》中指出,奴隶人口占总人口数量的比重,甚至是他们的劳动贡献占社会总产量的比重,都不重要。重要的是,奴隶劳动对于产生盈余的重要性,因为如果没有奴隶的劳动,统治阶级就无法享受游手好闲的闲逸生活,就没有作家和诗人能从繁重的体力劳动中解脱出来,也就更无法建造雅典卫城那样的建筑奇迹。统治阶级主要依靠奴隶来维持对耕地的控制权,这种依赖达到如此程度,以至于希腊的古典作家和哲学家将对奴隶的所有权视为文明生活的核心部分。因此,亚里士多德将主人与奴隶归并到一起,视为家庭生活中的重要组成部分,就像丈夫与妻子、父亲与孩子之间的关系一样;而神话中科林斯国王波吕波斯则宣称,奴隶和家畜都是一个人生活的必需品。[44]

与中国历史上的农民起义迥然不同,希腊历史并未浸泡在奴隶暴动的鲜血中。这是因为希腊人和后来的罗马人采纳的奴隶制,使身处其中的奴隶很难组织起来反抗他们的剥削者。大部分奴隶都是在席卷地中海、巴尔干半岛、小亚细亚甚至俄罗斯南部广阔地域的战争中俘获的战俘。[45] 这些战俘被驱赶至奴隶市场,有意被混杂在一起,因此共同居住和劳作的奴隶通常来自不同的文化，说着不同的语言，只能非常困难地通过主人所讲的希腊语进行交流。主人通常也依靠其他希腊人来惩戒叛乱的奴隶，追捕逃走的奴隶。因此，即便伯罗奔尼撒半岛上麦西尼亚的斯巴达"赫洛特"农奴能够组织起来，高举起义大旗并最终得到自由，但是身处希腊的奴隶却根本无法做到这一点。大多数情况下，奴隶对其所受剥削的反抗，通常只是以消极憎恨的形式表现出来。奴隶心中的愤懑和怨恨，是影响希腊历史及随后罗马历史一个非常重要的因素。它意味着，直接创造价值的生产者对改善生产技术或者提高产量和品质毫无兴趣，因此也就抑制了劳动生产力的提升和改善。而且，将奴隶禁锢在其所处位置上这一需求，也是政治家或统治者作出其他决定时必须考虑的问题之一。但是，奴隶能够真正代表自己来干预历史进程的情况，的确十分罕见。

无论如何，在古希腊阶级社会的历史中，另一种不同的阶级斗争的确占据了主要舞台。那就是富裕地主与小农场主和工匠之间的斗争，也即，以数量相对庞大的奴隶来耕种土地、自己完全脱离任何手工劳作的富裕地主，与有时会拥有一两名奴隶但是也会亲自在田地间及工场里与奴隶一同劳作的农场主和手工匠之间的斗争。

希腊城邦国家刚刚兴起的时候，依然带有过往浓重的痕迹。国王来自传统的族长家族，血亲纽带在决定人们彼此之间的义务和责任、规范彼此之间的行为上，发挥着极为重要的作用。社会依然依靠权力和责任的传统观念来维系，而非凭借正式法律。通过贸易扩张和奴隶制增长而致富的地主，越来越有力地挑战着原有的社会行为方式。他们一方面憎恨旧有统治阶级家庭拥有的特权，另一方面也厌恶他们对穷人承担的传统责任。这是"一个精英之间激烈冲突的世界……他们穷极每一个机会，为了边境互相厮杀，为了遗产你争我夺，在葬礼上上演你死我活的斗争"[46]。

在许多城邦国家，最后的结果便是废黜国王，建立起寡头政治——富人阶层统治的共和国。通过这种全新的方式，新登上历史舞台的富裕阶层，借助他们的地位，不仅解除了旧日统治阶层的权力，还向低于自己的阶层压榨尽可能多的剩余价值（生产盈余）。

他们向小地主征税，用以支付城邦的开销（如维持海军等），不过都是出于自身利益考虑。收成欠佳的情况发生颇为频繁，这就意味着许多农民在支付了赋税后，只能通过向富人举债度日，而这些富人最终则会以此为借口侵吞农民的土地，有时甚至连他们的人也会夺取过来，成为所谓的"契约奴隶"。寡头掌控的法庭，只会乐于作出不利于穷人的判决。

不过，寡头共和国的根基很快就被撼动，因为范围广泛的普通公民在这样的制度下生活在水深火热之中。许多来自上层社会的满怀野心之辈，懂得利用人民的疾苦攫取政治权力，最终成为"僭主"。僭主通过各种形式的改革来动摇和推翻富人阶层的统治，在某种程度上也帮助了大多数公民渡过难关。但是，他们不愿也不可能终结阶级分野。

在一些城邦国家，其中最著名的要数雅典，来自下层阶级的压力，甚至导致发生了更加激烈的变革：以"民主"来取代寡头政体和僭主。"民主"一词就其字面意义来说是指由"人民实施统治"。然而在现实生活中，民主中的主体从不包括所有人民，因为它排除了奴隶、女性和非公民居民："外邦人"，很多外邦人都是贸易者和手工匠。民主也并未挑战财产和奴隶集中在富裕阶层手中的现实。这一点并不让人奇怪，因为"民主"力量的领袖通常都是持有不同政见的富裕地主，通过诉诸大众的些许要求来提升自己的政治地位。但这的确给予了比较贫困的公民力量，用以保护自己、抵抗富人的强取豪夺。

因此，自梭伦时代（公元前 594 年）开始，雅典废除了债务奴隶制，制定法律的权力隶属向所有公民敞开大门的集会，法官和低级别官员都通过抽签来决定人选。

这样的权力限制令上层阶级大为光火——我们可以从当时的文学和哲学作品中发现这种厌恶且恼火态度的反映。这些作品声称，民主就是暴徒统治，有闲阶级的成员向下级阶层交出权力体现了不道德的个人野心家的主张（因此有了"蛊惑民心的政客"/"煽动家"一词），而未来的唯一希望就在于打碎民众控制的枷锁。这就是雅典剧作家阿里斯多芬的戏剧和柏拉图的政治作品的基调，或许也是苏格拉底及其追随者的信念。[47]

上层阶级可不会仅在言辞上表达愤怒这么简单。一旦时机成熟，他们就会分阶段武装攫取权力，来上一场彻底的反革命；如有必要，他们还会毫不犹豫地杀掉那些阻挡他们前行的绊脚石。他们之所以敢于进行这样的尝试，原因在于其所拥有的财富给予了他们军事力量，而普通公民则并无这方面的优势。希腊军队中的核心军事单元是"重装步兵"，他们都是拥有大面积土地的地主，因此拥有足够的财富支付必备的重装盔甲和武器。所以，许多希腊城邦的历史都是连绵不断的斗争史，通常的结局都是更加富裕的地主成功地推翻了民主统治。某种程度上，雅典是一个例外，那里的民主竟然持续存活了近二百年。这是由于雅典城邦极度依赖贸易，使得雅典海军在社会上占据了极为重要的角色，而海军则一直由较为贫穷的公民统帅。就连憎恨民主制度的富人，也常常感到不得不对比较穷困的公民进行安抚才行。雅典在伯罗奔尼撒战争中被斯巴达击败后，先后两次建立起寡头统治，不过两者都非常短命。

公元前5世纪末期发生的这场历时三十年的伯罗奔尼撒战争，与许多城邦国家内部基于民主制度之上的阶级斗争交织缠绕。这场战争因斯巴达与雅典争夺对其他城邦国家的统领权而引起。斯巴达建立了伯罗奔尼撒城邦联盟（位于希腊大陆南部）以保卫边境，保证所属"赫洛特"的服从。雅典则依赖海上贸易路线，与沿海城镇和岛屿建立联盟，定期向联盟成员索取贡奉，以此协助支持国家财政开支，尤其是维持海军开销。但是，这场战争的后果，远远超越了哪个联盟最后能够主宰希腊。这场战争同时也为应当如何组织社会的各种理念提供了激烈竞争的舞台。在雅典及其同盟国内，上层阶级中有许多人至少部分地欢迎将斯巴达赢得这场战争视为颠覆民主的一个借口。对一些人来说，斯巴达成为他们反革命热望的聚焦目标，成为得到特权的少数人如何剥夺其他所有人的所有权利的一个范例[48]，与1930年代法西斯意大利及其后纳粹德国对统治阶层的切分非常相似。

社会动荡和阶级间的紧张情绪，是这两三百年希腊文明的典型特征，在此期间，希腊文学、科学和哲学也在这样的社会背景下取得了伟大成就。在这一阶段，人们发现不得不质疑旧有的一切确定事物。诗歌的力量归功于荷马（事实上，约在公元前700年，口口相授的传奇第一次被文字记录下来），来自于那些在动荡社会中极力挣扎的人们，写下了他们与命运抗争并妥协的故事。埃斯库罗斯悲剧中的张力，来自角色无法应对和解决互相冲突碰撞的道德准则，反映了新旧社会不同的思想方式。互相竞争的古典希腊哲学学派崛起，思想家们试图找到抵达真理的客观基础、人类生活的目标，以及人类行为的准则。"智者派"和"怀疑派"得出结论，"所有的一切都是可能的"将会依次击倒每个论点。柏拉图认为，由于每个论点都会被相继击倒（这一过程被称为辩证法），真理必须依靠人类直接经验之外的领域才能达成，而且只有哲学精英才能进入真理领域，他们将会以全权主义的方式来管理社会。亚里士多德在研究了柏拉图的思想后提出了反对意见，他重视人类对存在的物质和世界的实证主义知识，他认为世界由水、火、气、土四种基本物质组成。德谟克利特于公元前5世纪、伊壁鸠鲁于公元前4世纪末则发展出了唯物主义世界观，认为万物是由不可分割的原子组成的。

希腊城邦国家并不受美索不达米亚、亚述或波斯帝国那样庞大混乱的官僚体制的桎梏，社会发展活力充沛，故在投入战争时能比其他古老帝国争取更多活跃且忠诚的民众参战。这也解释了为什么希腊城邦国家能够联合起来，于公元前5世纪早期抵挡住外来入侵的大军。一百五十年后，同样的情况令北部希腊化的马其顿帝国军队横扫天下，凯旋的战果中不仅包含诸多希腊城邦国家，而且在亚历山大大帝的统帅下，还征服了埃及和中东两个古老的帝国。亚历山大大帝死后，帝国分崩离析，但是讲希腊语的王朝依然屹立不倒，统治着暗潮涌动的埃及和中东帝国。希腊在科学和哲学方面取得的长足进步（来自这些地区古老文明的长久累积），如今更加繁荣起来。在希腊化的埃及城市亚历山大城，科学、数学和哲学的希腊学派又一次达到兴盛的巅峰。约在公元前300年，欧几里得系统地阐述了几何学的基本定理。不久之后，厄拉多塞就计算出地球的直径为2.4万英里。约在公元前150年，希帕克斯发明了计算距离的三角学，并凭此计算出了相对准确的月球与地球之间的距离。三百年后，托勒密在希帕克斯的思想上，发展出了恒星与行星的运动模式。虽然行星和恒星围绕着地球运行，但是托勒密研究出的模式却能合理准确地计算出它们的运行轨迹。总而言之，亚历山大城的科学和数学发展，为其后印度、中国及7—12世纪阿拉伯世界中科学和数学的进一步发展，作出了重要贡献。

不过，亚历山大城卓越的成绩，却在长达一千多年的时间里不为欧洲所知。

与此同时，亚历山大大帝创建的帝国在地中海地区的遗存，很快就被吸收到新帝国中：一个由罗马统治者掌控的新帝国。

第五章

罗马的崛起与衰落

"光荣属于罗马"这一旋律,在大多数西方世界的历史中一再回响。罗马的崛起被描画为古代文明的巅峰,而其最终衰落也是世界历史上的一个悲剧。因此,欧洲启蒙运动中最伟大的作品之一、爱德华·吉本所著的《罗马帝国衰亡史》,在开篇处这样写道:"在基督纪元2世纪,罗马帝国拥有世上最富饶美好的土地……法律和习俗虽然温和,却能发挥巨大的影响力,逐渐将各行省融合成为整体。享受太平岁月的居民,尽情挥霍先人遗留的财富和荣光。"[49]

罗马帝国文明给人类历史留下了极为深刻的印象。意大利的一座小城镇崛起后统治了整个地中海地区,包括阿斯旺的北部埃及、多瑙河和莱茵河以南的整个欧洲、小亚细亚和叙利亚、撒哈拉沙漠以北的非洲等。帝国的西部地区持续统治了六百余年,而东部帝国则在长达一千六百年的时间里长治久安。帝国各地的统治者们，监督着公共建筑和神庙、露天广场和高架渠、公共浴场和大道等的施工建造，为后世留下了宏阔的遗产，令数代后人仰为观止，赞叹不已。

然而，如此规模的帝国文明却丝毫没能提升人类的谋生能力，在人类科学知识和文化尝试的累积方面也是毫无建树。早期美索不达米亚文明和早期埃及文明、古典希腊文明或公元前 500 年的印度文明和中华文明都极富开创性，而罗马帝国文明与上述文明在创新方式上并不相同。克罗克斯甚至坚持认为，除了"在技术领域作出了两到三项贡献"，罗马人只在两个领域超越了他们的希腊前辈：首先是在统治实践方面，罗马人缔造了一种足以维系整个帝国的统治结构；其次，罗马人在财产权和继承权方面的"民法"理论，为后世留下了丰厚的遗产（与罗马刑法不同，希腊刑法依然专横而残暴）。[50] 当然，这样的说法或许有些夸大。因为罗马人的工程技术和建筑水平都令人印象深刻，他们建起的高架桥、圆形剧场、神庙和大道都令人叹为观止。但是，罗马帝国的主要影响和作用还是在于，将埃及、美索不达米亚和希腊早期文明的长处和优势传播到中西欧地区。实际上，罗马人在这一过程中很少添加自己的独创。而且可以说，罗马帝国的根基（也是最终导致帝国崩塌的原因）并未给西方人留下太多真材实料，只有它从其他文明那里借来的功绩留下的回忆而已。

罗马帝国的早期阶段在很多方面都与希腊城邦时期类似，他们采用了希腊的字母体系。最初，它可能就是一个农耕者社会，这个社会通过血族世系而非城邦组织起来（在远古时期，这里的人口就是依照"族缘"和"部落"等血亲形式组织起来），而世系统治阶级（贵族统治）便由此产生。罗马坐落于台伯河入海前的最后一个河湾，占据着战略性地理位置，由南向北、从东往西的贸易路线都要经过这里。由贸易而来的收入（或许是对过往商人收取过路费）极大地增加了农业生产之外的盈余，使一座最初遍布泥浆涂抹而成小木屋的鄙陋村庄，于公元前6世纪晚期发展成为一座繁荣的城镇，"城中到处是木制和砖砌房屋、宏伟的神庙、工程技术高超的排污系统，以及最精美的进口希腊阿提卡花瓶"。[51] 曾有一段时期，罗马处于北部伊特鲁里亚人治下，伊特鲁里亚文明较为开化，使用的非印欧语系语言可能源于黑海北部某地。公元前6世纪末（据罗马传统记载为公元前509年），罗马人驱逐了伊特鲁里亚人，成立了自己的共和国，就此拉开了长期军事征讨和扩张的序幕。接下来的四百年间，记录并见证着罗马人走过的各个发展阶段：与其他拉丁语系城邦结盟；将这些拉丁语系城邦并入罗马共和国；征服意大利中部地区的所有城邦；与迦太基进行了一系列波澜壮阔的伟大战争，争夺意大利南部和原属腓尼基人的北非殖民地；征服意大利北部及希腊；最后则是占领了北部直至莱茵河和多瑙河的整个欧洲，吞并了小亚细亚、叙利亚和埃及原属希腊帝国的附属地。

在上述每个阶段的领土扩张中，充当先锋的步兵都在拥有独立土地的自由农民中征得——最初来自罗马城内的农民，继而征兵规模扩展至其他意大利城邦中拥有自由土地的农民，他们也被授予了罗马市民的身份。虽然这些浴血奋战的农民承担了扩张战争的残酷冲击，但是掌握军队及分享胜利果实的阶层却不是他们。与雅典人的国体不同，罗马可绝不是一个民主国家。

罗马共和国与阶级斗争

在早期的罗马共和国，由"贵族"家族世袭的精英阶层，拥有绝对的垄断权。每年选举出来的执政官组成元老院来执行政令，负责制定法律和政令的检察官和民政官同样来自贵族阶层。广大民众拥有名义上选举地方行政官的权利，并在对外作战还是保持和平的问题上拥有决定权。但是，一百九十三票中的九十八票都给予了最高统治阶层，如果他们意见一致的话，那么来自由小农所组成的平民阶层的代表，对任何决定都毫无发言权，而没有财产的罗马人（他们被称为"无产者"）在其中则只占据一票。

占据统治地位的家族，运用其政治控制力，以牺牲农民阶级利益为代价来增加他们已然丰厚的土地，依照有利于贵族阶级的判决，迫使农民负债累累，夺走农民的土地。而且，作为军队的司令官，每次军事胜利之后，贵族阶级都会拿走绝大部分丰硕战果。这一行为导致其余社会阶层怨声载道，并激发出两次阶级斗争的巨大浪潮。

在罗马共和国成立十五年之后，就掀起了第一次阶级斗争的高潮。

古罗马历史学家萨卢斯特对阶级分野如何导致底层民众反叛，作出了形象生动的描述：

> 贵族阶层对待民众犹如奴隶，拥有对他们施加处决和鞭笞刑罚的权力，将他们从自己的土地上赶走。在这些残酷行为的驱使下、更重要的是在沉重的债务负担压迫下（民众必须上缴税赋并为连年战争服兵役），普通民众奋起反抗，他们武装起来夺取了圣山和阿文廷，设立了维护民

众利益的护民官,为自己争取到部分法律权利。[52]

萨卢斯特是在这次冲突发生四百年后才写下了上述文字,有些现代历史学家质疑其描述的准确度。但在一个多世纪的时间里,民众对抗贵族官员残暴统治的阶级斗争,无疑曾经反复出现。"脱离退出"(集体坐下、拒服兵役的方式)似乎是他们频繁采取的斗争策略,并以此赢得了选举自己的代表担任护民官的权利——护民官的责任就是保护平民免受地方行政官的压迫。[53]护民官之所以能够履行自己的职责、站在地方行政官及其意欲迫害的受害人之间[54],原因在于他知道平民已经集体起誓,将会私刑杀死任何胆敢威胁护民官的人。[55]他们"面对国家的地方行政官,就像工会代表面对公司董事",克罗克斯写道[56],随着时间推移,他们逐渐成为国家体制的一部分,甚至拥有逮捕并监禁国家官员的权力。公元前287年爆发了一次规模巨大的阶级斗争,沉重的税负和兵役令占总人口一半的民众深受其苦,最终终结了贵族的正式统治权,官员的选拔从此开始向平民开放。[57]

狄俄尼索斯和哈利卡纳苏斯等后来的罗马作家曾经褒奖罗马各阶层"在阶级斗争中显现出来的温和和节制,与希腊城邦革命性的嗜血屠杀迥然不同"[58]。不过,罗马平民阶层在胜利中的收获,并不比希腊底层阶级在同样境遇中的所得多,罗马也没有建成一座雅典式的民主共和国花园。就像布伦特指出的那样,只有极少数平民在这次斗争中获取了实质上的好处,提升了官阶。[59]本应施行的由平民大众进行"民主控制的伟大方式""被证明不过是一种幻想":

> 官员集团终于接受了平民阶层。但是通过放弃垄断权,贵族阶层永久地获取了部分权力。由此一个新的贵族阶级

诞生了，能够得到其承认的只有极少数平民，而且将会如同过往的贵族阶层一样一直占据社会上的统治地位……旧有的社会冲突和矛盾将会再次出现，但是，一旦富有平民的政治热望得到满足，对穷苦平民来说，想要找到能够代表自己说话的人就更加困难了。[60]

领导斗争的领袖与其所领导的民众实际上大为不同，这种状况决非世界历史上最后一次发生。

即便如此，穷苦大众依然能够接受这一安排的重要原因在于，罗马共和国征服了广袤的新土地。有些最贫困的农民可以在新获取的领土上安家立业，从而暂时缓解了生活困境。但是，持续的征服战争很快就使大部分农民陷入更加水深火热的境地。战争中获取的战利品，大多流入了富人的腰包："国外的巨大财富流向了意大利私人的腰包……其中的主要部分都落入了上层阶级和中层阶级之手。"[61] 富人将这笔财富中的大部分都用于奢侈消费，另有一部分则用于进一步扩张其手里掌握的土地，从而抬高了土地价格；不仅如此，富人还鼓励放债人驱逐负债累累的农民。与此同时，越来越多的农民由于扩张战争的缘故而不得不长期在军中服役，导致他们无法耕种庄稼，为了支付地租和税负，被迫背上沉重的债务。

萨卢斯特对公元前1世纪初期的罗马作出了这样的描述：

> 少数人手握和平与战争的控制权；他们可以处置财富和土地，拥有行政管理权，享受荣耀和胜利；民众则为服兵役和生存需求所迫；战争中获得的战利品，落入将军和其他少数人手中；与此同时，士兵们的父母或年幼的孩子，

却被拥有强权的邻居赶出了家门。[62]

但这还不是事情的全部。战争同时还产生了数量巨大的新劳动力群体供富人驱使剥削，作为战俘受到奴役。例如，第三次马其顿战争结束后，就有十五万名战俘被当成奴隶卖掉。[63] 大地主能以非常低廉的价格买下奴隶，让他们耕种大庄园，而且这样消耗的成本很低——"加图的奴隶每年只能得到一件及膝长袍和一条毯子，而且还不让他们吃肉"[64]。相比之下，雇用一个需要供养一家子的无地罗马农民，可要比这贵得多，因此，这些无地的罗马农民悲惨地发现，除了一些季节性的暂时工作，他们几乎无法找到任何营生。

到了公元前 1 世纪，奴隶人口已经增至一个庞大的数字：二百万，而罗马的自由人则不过三百二十五万人。实际上，这一数据还低估了奴隶对经济的重大作用，因为奴隶群体基本上都是成年人，而自由人中还包括许多未成年的孩童。除此之外，每八名成年男性罗马市民中，就有一位在军中服役。[65]

即便说奴隶成了罗马共和国的主要劳动力（或许是唯一的主要劳动力），这也并不意味着大部分罗马市民就能从中受益。奴隶劳动力的出现，导致自由劳动力的衰落和贫困，这一点可以通过罗马在日益走向强盛帝国的同时，自由人口的数字却僵持不动甚至开始下滑中得到证明。布伦特写道："穷人没有钱结婚，即便结了婚也没有能力抚养孩子。除了避孕节育之外，由于普遍存在的流产和杀婴行为，家庭规模一直受到限制。"[66] 很多被穷苦父母抛弃的孩子，最后都出现在奴隶市场中："令如此众多的意大利人陷入悲苦贫困，这就是大量输入奴隶带来的恶果。"[67] 琼斯也得出了同样的结论："大量输入奴隶加快了意大利农民陷入赤贫的速度。"[68] 这样的阶级分化孕育了新一波罗马社会内部冲突；与先前贵族与平民之间的矛盾相比，这一轮阶级冲突显得更加激烈和血腥。

公元前 133 年，提比略·格拉古当选护民官。他是一位贵族，对大部分农民日益陷入贫困的社会现状十分担忧，同时也因共和国军事安全方面面临的威胁而坐立难安。提比略·格拉古清晰地看到，作为罗马军队骨干力量的农民阶层，正在缓慢地被大量涌入的奴隶摧毁，与此同时，在西西里岛发生的可怕的奴隶暴乱，更是凸显出以奴隶为主体组织农业耕作这一方式带来的巨大危险："对于为国作战的穷苦农民的痛苦，虽然他看起来满怀激情并十分真诚地感同身受，但是国家利益或许才是他心中最重要的顾虑；正是为了国家利益，他才牺牲了本阶级的利益。"[69]

提比略·格拉古的改革虽然让贫苦农民为之兴奋激动，但却惹怒了富裕的元老院阶层中的主要群体。他的改革措施包括将大地主耕作的大片公共土地分配给穷人。于是乡间的穷人犹如潮水般涌入罗马，支持提比略·格拉古的改革提议，在城墙上贴满了关于改革的宣传告示，更一路保驾护航，确保共和国民众大会通过了提比略·格拉古的改革方案。面对这样的形势，元老院开始感到恐惧。他们一直等到农民们在收获季节不得不离开罗马回到家乡后才采取了行动。许多元老院成员坚称提比略·格拉古"背叛了宪法"，用棍棒将其击毙。他的追随者也被处决。[70]

然而，镇压根本无法平息穷苦农民心中蔓延的愤懑和不满，十年后，提比略改革的历史再次重演。提比略的弟弟盖尤斯当选护民官，在接下来的三年间控制了罗马政治，得到了农民和一些新贵富有人群（骑士阶层）的支持。元老院的贵族派向支持者分发武器，并从克里特岛征用了三千名雇佣军刺杀盖尤斯，最终杀死了盖尤斯及其三千名追随者。[71] 采用这样的暴力手段来达到目的，是罗马元老院一项"光荣"而"文明"的传统。

罗马的穷苦民众敬重格拉古兄弟，将他们视为殉道者，每日到他们的墓前吊唁纪念；而激励两兄弟推进种种改革举措的动力，也的确来自他们能够情真意切地对劳苦大众遭受的困难感同身受。[72] 不过，格拉古兄弟改革的核心目标依然是增强罗马国力，提升罗马剥削帝国其他地区的能力。他们似乎隐隐地明白，奴隶制在喂饱了大地主钱袋的同时，也削弱了罗马的经济基础。无论如何，格拉古兄弟解决奴隶问题的方案，绝不是还给他们自由，而且与此同时，他们也决无意在现有宪政体系中将穷苦农民提升到可以压榨他人的上层阶层。实际上，对罗马的城市贫民而言，他们甚至从格拉古兄弟的改革中一无收获。因此，元老院只需等待时机，就能以最血腥的方式结果掉格拉古两兄弟。

谋杀了盖尤斯，暂时压制住了穷苦阶层的民众。但是，他们之间水深火热的阶级矛盾却并未解决，这一矛盾在塑造公元前1世纪的罗马历史中，以及在罗马共和国向罗马帝国转型的过程中，都起到了决定性作用。在这段时期内，统治阶层内部的各个派系展开了血腥残酷的斗争，争夺被征服土地上的政治和财富控制权。贫苦民众的憎恨和元老院精英的穷奢极欲，常常是他们相互攻击的武器。萨卢斯特就生活在这一时期，他这样写道："这是一个充满了频繁暴乱、党派斗争，甚至最终发展为内战的混乱时期……在此期间，几位有权势者……企图伪装成元老院或人民的统领来统治罗马。"[73]

公元前108年，马略在骑士[指参加骑兵军团的贵族子弟]阶层的支持下当选执政官。他"得到工匠和农夫等所有通过双手创造财富的人们的喜爱"[74]。马略推行的进一步重新分配土地的法案，激发了更加残酷的斗争:"暴力升级到新的水平……所有有地位、受尊敬的人们都有全副武装的随从保护"[75],与此同时,被马略抛弃的同盟萨图尼努斯也被私刑杀死。二十年后,厄运降临到马略的另一个同盟索普斯头上,他曾短暂地统治过罗马,但在苏拉以伟大的元老院贵族家族的名义武装占领罗马后就被杀死;苏拉撤军后,马略的另一个同盟西拿重新控制了罗马,统治意大利达两年时间。西拿迫使元老院按照他的意愿颁行政令,导致罗马的"公共集会广场血流成河"。但他所有的政治承诺都表明"他根本不关心民众的权益",对民众日益恶化的贫困死境无动于衷。[76] 苏拉在贵族的支持下再次杀回罗马,西拿最终死在了自己士兵的刀刃下,苏拉继而对所有反抗者都施以无情的恐怖统治。就连富人阶层中的持不同政见者也都深受其苦,因为苏拉公然张贴出了公敌名单——杀死他们就可霸占他们留下的巨额财富——其中包括四十名贵族和一千六百名骑士。[77] 最后,公元前64年,苏拉的前心腹喀提林,由于即将破产,于是试图通过刺激并提升民众暴乱的程度来借机重新攫取财富。他与一群苏拉的老兵和支持苏拉的农民上街游行,而这一次则是执政官(和作家)西塞罗采取了决定性行动,他血腥地镇压了暴乱,维持了现有社会秩序,组织了一群富裕阶层的年轻人,逮捕并处决了喀提林阴谋中的主使者。

虽然喀提林叛乱是罗马共和国时期最后一次在号召穷苦农民拿起武器的基础上发动的暴动,但是贫苦阶层反抗富人的斗争依然在继续。实际上,阶级斗争的范围已经扩张到城市贫民。城市贫民的生活条件已然十分艰辛,生存环境也不安全,充满危险。他们住在一米八到二米一高的集体房屋里,其拥挤程度为现代西方城市居住密度的七八倍,他们的家时常面临崩塌或失火的危险,既没有自来水也没有下水道等排污系统。很多贫民只能在夏天找到一些在甲板上的季节性临时工作，到了冬天就面临着几近饿死的境地。[78] 过去，他们的悲惨生活处境令他们无法加入心怀不满的农民行列，他们常要依靠那些富裕的元老院长老们施舍的小恩小惠过活，因此在发生暴乱时也站在元老院一边。不过，如今这些城市贫民已经开始支持向他们提供赖以为生的谷物的政治家和极富野心的将军们。喀提林叛乱之后的十年间，到处充满了暴力冲突。公元前52年，当曾向穷人免费发送谷物的政治家克洛迪乌斯被杀害后，暴怒的人们焚毁了元老院，当街杀死了富裕的长老。

这就是公元前49年儒略·恺撒带领军队跨越意大利国境线执掌权力时的社会背景。元老院的贵族已经失去了统治帝国的能力，他们不仅对穷人毫无办法，而且对出自贵族家庭野心勃勃的将军们也束手无策，这些将军在征服高卢的过程中杀死并奴役了上百万人民。

在罗马公民之间发生剧烈社会冲突的岁月里，也爆发了古代世界历史上规模最大的奴隶暴动：由斯巴达克斯领导的奴隶起义。

罗马比希腊见证了更多的奴隶暴乱，这或许是由于罗马奴隶的集中程度更高。例如，前138—前132年，西西里岛就被奴隶暴乱所扫荡。这场暴乱涉及几万名奴隶（其中一部分从事畜牧业，一部分从事农业），但是他们也"得到了本地部分自由民的支持，这些自由民乐于见到富人受罪"。[79] 事实上，当奴隶们在田间辛苦耕作时（他们多希望耕种的是自己的土地），这些自由民却在进行劫掠战争。这样的故事在前104—前101年间不断重复上演。

斯巴达克斯起义的规模远远超过过去普通的奴隶起义，极大地危及罗马帝国统治的核心基础。公元前73年，起义最初始于七十四名角斗士逃走。随着时间推移，最后有七万名在罗马军队的不断征战中被俘的奴隶加入起义队伍，起义浪潮从意大利半岛的一端一直蔓延到另一端。一方面，他们威胁着罗马的安全，击败了罗马执政官带领的军队。但另一方面，斯巴达克斯却没有试图占领城市，而是领军长途奔袭到意大利的最南端，试图跨越西西里岛。然而，原本答应提供船只的海盗背叛了斯巴达克斯及其起义军，与此同时，起义军还受到一支罗马军队的阻击和围困，从而阻止了他们的再次北上。部分奴隶军在冲出陷阱和重围的过程中遭到毁灭性打击。斯巴达克斯壮烈牺牲，不过人们从未找到他的尸体[80]，六千名他的部众被钉在十字架上折磨而死。[81]据罗马作家记载，十万名奴隶在这场残酷的暴乱中丧生。[82]

古罗马的暴乱精神，激励了两千年来被压迫阶层的不断反抗。1789—1794年法国革命期间，格拉古兄弟就被尊为极左派的偶像人物。马克思则承认，斯巴达克斯是他最喜爱的历史人物；罗莎·卢森堡于1919年领导德国革命时，德国共产党人自称"斯巴达克同盟"。

但不论是农民起义还是奴隶暴动，都没能打破大地主阶层对罗马帝国的掌控权，究其因，则在于反叛阶层本身。

面对富人阶层的剥削和压榨，农民阶层会奋起反抗，甚至揭竿而起。他们能够聚集在一些富裕的领袖身边，这些人似乎对国家改革酝酿着某些计划。但是，农民阶层却无法达成自己的政治方案，一种除了重新分配土地、取消债务之外重新组织整体社会的政治方案。因为他们创造的剩余价值实在太少，无法维持像罗马帝国这样规模的文明。罗马的剩余价值，要么来自奴隶制，要么来自帝国的外部扩张和劫掠。做着回归以农为主社会的美梦，自然是可以理解的，但显然已无法实现。

城市民众同样没有能力在重组社会的革命中承担起领袖的角色。与小农相比，他们的生产集中度甚至更低。最穷困的城市贫民只能依靠临时的劳作机会赖以为生。其他人则是奢侈品行业中的工匠，只能依靠满足富人的奢侈需求换得口粮。罗马城内拥有许多奴隶，但城市奴隶的生存条件比农业奴隶要优越得多，而且如果他们殷勤侍奉主人，还有望获得自由身份，从而成为城市中所占人口比例极高的自由民。

最后，虽说乡间奴隶生产集中程度较高，但他们发现自己仍然无法超越史诗般英武的叛乱，形成另一种不同社会的理念。这些在田间挥汗如雨的奴隶来自地中海各个地区，彼此讲着听不懂的方言。由于被剥夺了组成家庭的权利，他们也无法将反抗的精神和传统传给下一代。他们在生产中结成联盟的方式（在奴隶主的皮鞭下拖着锁链工作），完全无法为他们提供以不同基础重新组织社会的模式和思想动力。相反，他们梦想着建起新的王国，或者像斯巴达克斯那样从罗马帝国逃往自由的土地。为什么斯巴达克斯抛弃了夺取罗马的良机，依然是历史上最重大的谜题之一。有种解释认为，或许是他无法为重组罗马社会构建一个新的蓝图，同时又不想延续原有的统治秩序。

帝国的停滞与崩塌

暴动、起义、反叛和内战，都没有带来革命性的社会重组，但确实剧烈地改变了社会上层的政治结构——改变了原有的富有地主阶层统治社会的局面。元老院的贵族们不得不依赖将军及其军队威慑穷人安于贫困不得反抗。但最强有力的将军也因此具有了左右元老院的能力。这样一来，罗马的局面就从因社会问题引起的内战，逐渐变为将军们之间的内战：马略和西拿对战苏拉；庞培对战恺撒；恺撒死后，布鲁图和卡西乌斯对战安东尼和恺撒的侄子屋大维；最终则是屋大维对抗安东尼。

最后，无论是原来掌权的富人阶层还是新涌现的富人阶层都感到，允许屋大维（今称奥古斯都）建立起事实上的君主统治，恐怕是重拾稳定政局的唯一选择。奥古斯都能够利用数十年来社会冲突的记忆达成自己的目标。他向富人阶层提供安全保护，同时则向罗马的城市贫民提供廉价乃至免费谷物（这些不过是从被征服的土地上流入帝国的海量战利品和供奉中的极小一部分），作出城市贫民之友的姿态。

罗马帝国的皇帝们关心的是避免在地方上激起公开叛乱，他们的确对贵族精英牟取暴利的个人行径进行了大力打击。他们还诉诸不时颁布的恐怖镇压法令，打击旧有地主家庭中具有独立思想的富人，继而将财富与名望赐予自己衷心的随从。

旧贵族家庭将这种行径视为对传统价值的一种野蛮践踏。随着恐怖和非理性暴力的不断升级，暴君尼禄和卡利古拉的名字就与军人君主统治紧密相连；而在反抗武断独裁统治的漫长岁月里，涌现出许多反对恺撒和奥古斯都的元老贵族，他们被视为维护人类自由、反抗暴政的伟大斗士。法国大革命初期的领袖们就特意穿着古罗马元老院的宽大长袍，将自己视为布鲁图传统的继承人。然而，实际上，此时帝国权力阶层的改变，最多不过是贵族阶层中的几位放弃了过去对待被征服人群、奴隶和罗马底层人民的野蛮传统。就像赛姆指出的那样，罗马贵族口中谈论的自由，不过是"保护现有由享受权力和财富的……个人维持的统治秩序"。[83]

穷苦人民当然不会将元老院的贵族视为自由的化身。约瑟夫斯在1世纪中期写道，罗马的富人憎恨"暴君"，厌恶自己的"臣民"地位；而穷人则认为皇帝限制了元老院贵族的"贪婪"。[84] 穷人们或许会被恺撒及其追随者发放的廉价谷物和蛊惑人心的宣传所误导和迷惑，但无论如何，他们都有足够的理由憎恨贵族阶层。不管怎样，贵族阶层对那些胆敢站出来争取自己权利的人们（无论这一过程有多么犹豫不决）一律屠戮对待。就连一向被视为贵族阶层美德典范的西塞罗，也曾实施过这样的谋杀，并将罗马的穷人称为"尘土和污垢""挨饿且卑劣的贱民"和"城市的渣滓"；当穷人们流露出暴动倾向时，西塞罗还将他们称为"邪恶的下等人"。[85]

为了实现富人口中所谈的一切"自由"，他们需要一位皇帝的震慑，否则将无法维持帝国的完整，无法将底层穷人禁锢在其原有位置上。在奥古斯都之后，富人阶层时常推翻个人君主。但在推翻君主的个人统治之后，他们并没有选择建立新的共和国，而是再选一位皇帝。[86]事实上，在罗马君主统治的前二百年间，富人阶层的繁荣和发展更胜先前。在这一时期（历史学家常称其为"古罗马早期帝政时期"，区别于后来的罗马帝国时期），东方传来的丝绸、香料和宝石等奢侈品数量极为丰富，大型庄园遍布整个意大利及其周边地区，贵族阶层从中获取了巨额地租。[87]

攫取了丰厚财富的可不仅仅是罗马的富人。地方富人也能从中分得一杯羹，他们日益融入帝国统治阶层："地方人民比起共和时期要繁荣富裕得多"[88]，虽然"地方农民能否分享帝国不断增长的财富这一点非常令人怀疑"，因为他们上缴税款的比例与富裕的地主一样。[89]伴随着地方富裕阶层新建起安全的环境和其自身财富的不断增长，全帝国范围内的文化得到飞速发展，其基础为共有的宗教信仰（包括皇帝崇拜）、崇拜仪式、语言（西罗马为拉丁语，东罗马为希腊语）和文学等。这一时期的罗马城市处于大规模重建时期，恢弘壮阔的大兴土木从帝国的一边蔓延到另一边，到处建起"献给神明的神庙、剧院、大型露天体育场、圆形剧场、体操场、浴场、市场、引水渠、喷泉，还有为国家司法部门建造的长方形大会堂和会议厅，以及地方官的办公场所等。城市以它们的建筑为傲，恢弘壮美的建筑彼此交映争辉，铺就了宽阔的大道，随处可见蜿蜒的柱廊，装饰以凯旋门"。[90]

后世的人们将会把这一时期视为罗马帝国的"黄金时期"。吉本这样写道：

> 如果要求一个人选出世界历史上人类生活得最幸福、发展得最繁荣的时期，他会毫不犹豫地选择从图密善王之死至康茂德即位这段历史时期：98—180 年。[91]

然而，这段借由上层统治阶级采取压制手段才能维持社会稳定的黄金时期，就像之前的罗马共和国时期一样，建立在对农民和奴隶的劫掠及其臣服之上。这样的剥削或许早已合法化。2 世纪阿普列乌斯所著的社会讽刺小说《金驴记》中所描画的罗马帝国生活图景，则与吉本笔下大为不同。书中描述了为面包房工作的奴隶的生活状况：

> 他们周身的皮肤布满了鞭打后的伤痕；覆盖后背的与其说是几块破布补丁，不如说是鞭痕结痂后的硬壳；有些奴隶甚至除了一小片围裙之外身无他物覆盖，而他们身上的每一件衣衫都如此褴褛，以至于从破裂处很容易就能看到他们的身体。他们的前额上有烙印，头发剃掉一半，脚上的镣铐叮当成响，他们面色灰黄，面容丑陋。[92]

阿普列乌斯讲述道，法律从不曾对"有权有势的地主"迫害他那可怜的穷苦邻居追究责任，这些迫害包括屠宰他的牲畜，偷走他的公牛，踏平他的庄稼，雇用一群暴徒将他从自己的土地上赶走。[93]

阿普列乌斯讽刺的世界并非一个繁荣而愉悦的世界，而是一个充满危险、不公、折磨、劫掠和谋杀的世界。除了所有文明的虚饰之外，皇帝的伟大权威在古罗马斗兽场的斗兽"竞技"中得到了最具代表性的展现，角斗士在那里互相残杀，囚徒们在那里被野兽撕成碎片。

此时的罗马帝国看上去显得很稳定，但是社会基层的主要问题依然没有得到解决。绝大部分国家经济依然仰仗乡间，然而，统治阶级及其创造的文明却都集中在城市："制造业和贸易在罗马帝国经济体系中所起的作用十分有限……基本行业依然是农业，帝国居民中的绝大部分都是农民，而且地租也是上层阶级财富的主要来源。"农产品收益是贸易和制造业收益的二十倍之多。[94]

不过，罗马帝国中确有几座城市的贸易或制造业占据主要角色。埃及的亚历山大城就是其中之一。埃及的谷物通过这里运往意大利，还有海上运来的阿拉伯世界和印度的奢侈品。在这座城市里，有一些行业（玻璃制造业、纺织业及纸莎草制造业）的发展相当迅猛，有些商人因此获取了巨额财富。[95] 但大多数城市都是行政机构和统治阶级消费的中心，而非贸易和制造业的中心。出于军事目的修建的道路并不适宜运输较重的货物（这与同时代中国建造的运河和大路不同），因此，通过陆路运输货物极为缓慢，而且耗资不菲。例如，一段四百八十公里的旅途，就将所运小麦的成本翻了倍。因此，长途跋涉的贸易仅限于价格最昂贵的奢侈品；内陆城市的主要供给，只能依靠周边土地及城中小工场的手艺人。

城市寄生于农村经济之上，而非提升生产力的创新来源。居住在城市中的大地主更多是通过对为其耕种的农民加大压迫力度来获取更多地租，而非投资新的生产工具，以及实施促进改善土地生产力的措施等。在某些地区，尤其是在意大利，负责大部分土地生产的奴隶，既没有动力也没有机会去尝试更富生产力和效率的生产方法，虽然他们偶尔也能将帝国其他地方的先进生产知识和技术从一地带到另一地。自耕农提升土地生产力的积极性也不强烈，因为任何提升的产量都可能会以地租形式被地主收走，或者充做赋税上交给国家。所以，尽管生产方式上有时也会有一些改进，但其力度和规模都十分有限。节省人力或劳力的创新发明的推广使用十分缓慢。水车最早出现于公元前 25 年，但在接下来两个世纪却很少使用，因为对奴隶劳力而言，用驴子甚至人力拉磨要更为容易[96]；这与同一历史时期中国水车的广泛传播形成鲜明对照。

如今，罗马帝国的经济力量一直被规模巨大的奴隶制所损毁，而同样的奴隶制则曾在帝国发展初期起到重要作用。打造了罗马帝国的征服战争已近尾声，因此新奴隶的来源渐渐枯竭，奴隶的价格也日渐昂贵。地主们不得不更加担忧他们的"财产"的生活状况。有些地主转向孕育新一代奴隶。但这意味着他们不得不为"失去生产能力的"奴隶母亲和孩子提供必备的供给，因此也就削弱了奴隶生产与自由劳动力相比生产成本极低的优势。另一些地主发现，将地产分为小块以高地租租给佃农的方式成本更低，也更容易操作，佃农的生产无须地主监管，而且他们还能承担维持自己家庭的成本。因此，这种方式导致奴隶在生产中的重要性开始大大下滑。

结果就是，富人的奢侈品消费和维持帝国运转的成本依然与从前一样巨大，但在罗马共和国体制下原本由奴隶创造出来的社会盈余却不复存在。统治阶层只能通过加大对农民的压迫来维持以往的生活水准，整个帝国都在重复这种已经摧毁意大利农民阶层的过度剥削。罗马共和国时期，农民家庭需将年产量的十分之一上缴国家，而到6世纪，税负竟然上涨到三分之一[97]；而且除此之外，农民还不得不向地主缴纳地租。

克罗克斯指出，自2世纪晚期以来，罗马帝国各个行省关于"暴乱"（有时包括大规模爆发的农民起义，有时仅限于军队逃兵日益增多的劫掠行径）的历史文献和数据证明，它们使得农民和逃亡奴隶的生活逐渐陷入绝境。从284年直至5世纪中期，高卢和西班牙都爆发了"巴考底帮"（塔拉戈纳、比利牛斯山、阿尔卑斯山地区，以及卢瓦尔河和塞纳河之间地区的农民团伙）农民起义。

关于这些叛乱的重要性，我们无从得知。但我们确知的是，这些叛乱是逐日累积的穷困不满、愤懑不安的象征，这种情绪在帝国边境地区表现得尤为明显。生活在这些地区的农民，在上缴了赋税和地租之后，所剩根本无力维持家庭生计，因此抛弃土地的情况越来越多。国家不断颁布法律，将农民与土地、或者与特定的地主紧紧地捆绑起来——这种被称为"隶农"的新佃农，其实就是一种农奴。但是，这种压迫性的法律却使这些农民更加不愿支持帝国，不愿卖命反抗"野蛮人"的入侵。

蛮族的入侵越发频繁，规模日渐壮大，迫使罗马帝国不得不耗费更多的时间和金钱来应对。罗马皇帝越来越依赖大规模且收费昂贵的雇佣军团：到了4世纪，雇佣军的人数达到了六十五万人。[98] 但是，雇佣军的开销使罗马农民背上了更加沉重的负担，带来了更加深刻的不满，逃离土地的情况越来越严重。与此同时，夺取军事胜利的司令官们利用军权攫取王位的诱惑也越来越强烈。内战削弱了帝国，可以说，是反叛的军队劫掠了罗马帝国本身。

西罗马帝国开始陷入衰落的轮回。武力攫取权力的现象日益频繁地发生，蛮族入侵的狼子野心也越来越大胆。330年，罗马帝国的中心从意大利转移到讲希腊语的城市拜占庭，统治者发现，坐落于拜占庭的权力中心很难控制西罗马帝国，很快彼此竞争的皇帝们就将罗马帝国一分为二，分治一方。与此同时，罗马帝国的边缘地带（如大不列颠）则完全脱离了罗马的控制。罗马皇帝试图通过贿赂那些已在帝国边境内定居的"野蛮人"（通常是日耳曼人），来维系对其余地区的统治。但随着蛮族首领的罗马化，他们越发渴望得到统治罗马帝国的权力，而且越来越多地诉诸传统的罗马方式：征服。哥特人的首领阿拉里克率军洗劫了罗马。法兰克国王克洛维夺取了高卢地区。东哥特王狄奥多里克成为罗马皇帝，西哥特人则在西班牙建起了罗马化的王国。

衰落的恶性循环影响到了每一种生计。战争和内战给农业带来了毁灭性的浩劫。与此同时，贸易也出现了衰退，因为商人们不敢冒险离开城市太远。税负和地租日益以实物而非货币的形式上缴，因为国家不得不通过向生产者直接征税来满足自身及其为数众多政府人员的生存需求。结果造成更进一步的贸易衰退，商人和手工业者阶层的地位日渐衰落。城市开始遭遇供给困境，城镇和乡村只能依靠自己的资源过活。农民面对强大的地主毫无还手之力，这些地主对他们施以直接的政治和军事统治。向地方霸主进贡以换取"保护"，通常是躲避贪婪的外来入侵者侵袭的唯一方法。来自北部和东部的部落民族，如今定居在罗马帝国境内，他们也采取了同样的方式。

简而言之，以奴隶制为基础的西罗马帝国的全国性整合经济，现在已经让位于一种以农奴制为基础的本地化、几乎独立自足的乡村性地方经济。然而，奴隶制并未完全灭绝。有些大型土地使用奴隶劳动力的做法一直延续到约 10 世纪[99]，那里的地主在城镇衰落的压力下，找到了一种十分高效的收益方法，那就是从耕种者身上尽可能地压榨出更多的剩余价值。但这种方法却不足以继续维持一个文明或一个帝国的根基。无论是 6 世纪中期查士丁尼一世试图重新统一东罗马和西罗马，还是几近二百五十年之后查理曼大帝创立的神圣罗马帝国，这些维持帝国往日荣光的尝试都失败了，帝国的架子很快就分崩离析。归根结底，此时的物质基础已经不再强韧，无法支撑如此庞大的上层结构。

第六章
基督教的兴起

公元400年后,在西罗马帝国的崩塌中还有一位伟大的生还者,那就是基督教。这种宗教在此前数百年间从萌芽发展成为罗马帝国的官方意识形态。到了"蛮族"入侵时期,罗马帝国的每个城镇都有自己的教堂和牧师,每个地区都有主教,都以罗马和拜占庭为中心组织起严密的等级结构,教会的权力和帝国的权力交织在一起,皇帝在教会教义的细节方面降低了标准,达成了一致。

基督教最初并不是帝国认可的意识形态。人们猜测基督教的创始人是拿撒勒的耶稣,实际上我们对耶稣所知甚少。我们甚至没有明确的证据可以证明他是一个真实存在的历史人物,而非虚构的神话人物。当然,我们同样无法在基督教的《新约》中找到明确的证据。据《新约》记载,耶稣出生于罗马帝国犹大行省的伯利恒,他的家庭在奥古斯都统治时期接受过人口调查。但实际情况是，所记载的时代并没有人口普查体制，而且犹大当时也并非罗马行省。公元7世纪实行的人口调查，也没有要求任何人必须离开所居住的地方。与此相似的矛盾之处还在于，《新约》记载耶稣之死发生于希律王统治时期，而希律王其实早在公元前4年就已离世。同时代的古希腊罗马作家的著作里都没有提及耶稣，只有犹太罗马历史作家约瑟夫斯曾在书中对耶稣作出了描述，这无疑引发了中世纪僧侣们的集体想象。[100] 塔西佗于公元100年曾经记载过当时的基督徒，这是历史上关于基督教有据可查的首次记载，但里面并未提及耶稣的名字，而只是简单地使用了希腊词汇"基督"，这一词原本用来指代任何可能的"弥赛亚"。

我们对早期基督徒的信仰所知甚少，正如我们对假定的基督教创建者的生平几乎一无所知一样。《新约》福音中充满了互相矛盾的记载。尤其是在《路加福音》中，有些描述完全是阶级仇恨的强有力表达。例如，富人直接下了地狱，而穷人拉撒路则上了"天堂"。[101] 耶稣布道道："富人进天国，比骆驼穿过针眼还难。"[102]《路加福音》中的"登山宝训"说道："穷苦的人有福了，因为天国是你们的。饥饿的人有福了，因为你们必得饱足……但是富足的人有祸了，因为你们受过安慰；饱足的人有祸了，因为你们必将饥饿。"[103] 相比之下，其他福音中的讯息则以调停富人与穷人之间关系的口吻来表达。例如，《马太福音》中的耶稣这样说道："虚心的人有福了，因为天国是他们的……饥渴慕义的人有福了，因为他们必得饱足。"[104]《马太福音》中有一则关于"塔兰特币"的寓言，讲述了一位富人奖励了一位得到一个塔兰特币并进行有效投资、获得回报的仆人，而惩罚了另一位只有一个塔兰特币却没有交给放贷人收取利息的仆人。《马太福音》这样警告道："凡有的，还要加给他，叫他有余。凡没有的，连他所有的，也要夺去。"[105]

与此类似，圣经中似乎还有许多互相矛盾的段落：有的布道鼓励反抗现有的统治者，有的布道则劝说人们服从统治，就像耶稣在谈及人们向罗马人支付税负时所说："恺撒的物当归给恺撒，神的物当归给神。"[106] 有些段落号召人们归顺犹太信仰的规则（法律），但也有一些段落则鼓励人们破坏这些规则。

大约九十多年前，卡尔·考茨基在其经典的马克思主义著作《基督教之基础》一书中写道，圣经中相互矛盾的段落，是后世的基督教作家为了贬低"无产者"群体的"共产主义"思想而刻意为之。考茨基这本书中的一些观点的确值得怀疑。[107] 不过，圣经早期福音书如《马可福音》和《路加福音》中的论调，绝对是反叛现有帝国秩序的语气，而后来的帝国则最终接纳了这一宗教。

为了理解这种转变是如何发生的，我们很有必要回溯一下基督教产生和传播的客观历史条件。

1世纪前半期的耶路撒冷是罗马帝国规模最大的城市之一，老普林尼将其描绘为"至今为止东方最卓越辉煌的城市"。但这里同时也是帝国最动荡不安的地区之一。由于地理位置靠近重要的贸易路线，耶路撒冷获得了最初的兴盛；后来更是作为宗教中心吸引了帝国各处的财富汇聚于此。但是，耶路撒冷周边地区（犹大、撒玛利亚和加利利）则十分贫困。它们就像罗马的其他行省地区一样饱受折磨，除了必须向罗马支付极高的赋税和贡奉，还得为罗马的总督官员们提供符合他们期待的财富。"到处遍布着……贫穷的迹象。"[108]

这里的民众因此普遍对罗马人产生了强烈的仇视，对与罗马人合作的犹太上层阶级也是怒气冲天。毕竟是犹太国王最先（公元前139年）邀请罗马人前来助阵，而且从此以后，在犹太人这场两败俱伤的战争中完全依靠罗马人的帮助。[109]

耶路撒冷爆发了层出不穷的暴乱，乡间还反复出现"匪患"，尤其是在加利利地区。有些时候，这些暴乱会披上宗教的外衣。在希律王濒死之际，爆发了一次规模巨大的激烈暴动，希律王的儿子亚基劳斯最终平定了这场叛乱，据说有三千名犹太人在这场暴乱中丧生，其后更有两千人被活活钉死在十字架上。还有一位自称"犹太人国王"的犹大在加利利的乡间地区领导着游击战。根据约瑟夫斯的记载，当时的罗马于公元7年曾判处两人有罪，罪名是"煽动人民叛乱……继而制造了大规模屠杀"。[110] 四十年后，又有一位预言家声称自己是弥赛亚，即希腊语中的基督，身边聚集了不少支持者，最终也被砍掉了脑袋。罗马统治者对待这些人的方法基本一样，都是将他们视为"一群邪恶之人，毫无敬神之意，使城市陷入残暴与不安全中"，因为他们"煽动民众暴乱……以神启为借口"。后来，"来自埃及的谣言迅速传开……他凭借着妖术成功地成为预言的先知者。他领导着……三万民众……从沙漠中走来，前往所谓的橄榄山，以穿过耶路撒冷，试图推翻罗马守兵的统治"。[111] "当几名巫师和杀人犯加入队伍并赢得众多支持者后……这场暴乱几乎无法平息……他们踏遍了整个犹太人的土地，劫掠富人的房屋，残杀后者后住了进去，放火焚毁村庄，劫掠土地。"[112] 在所有的暴乱冲突中，犹太穷人与犹太上层阶级之间的阶级仇恨，与他们对罗马军事占领的仇恨融为一体。

在对犹太人宗教的不同解释中，阶级分野找到了表达方式。富裕的犹太人说着希腊语，与罗马人合作，偏爱采用等级严格牧师制度的撒都该教派，根据约瑟夫斯的记载，"他们否认灵魂会永恒不朽，否认人死后就会受到任何奖罚"，而且"无论对待自己的信徒还是对待陌生人，都非常残酷严苛"。与此形成对比的是，不分等级的宗教学者有着极为不同的社会背景[113]，他们比较支持法利赛教派。该教派严格遵守犹太法（《旧约》中的礼拜仪式和饮食规定等），反对上层犹太人与罗马人合作，认为"灵魂……永恒不朽……善意之魂将会进入新的身体，邪恶之魂将会受到永恒的折磨"[114]。艾赛尼教派则是第三个教派，试图通过在乡间建立僧侣式的社会群落来逃避他们眼中的邪恶，他们在乡间的生活没有私人财产。这一教派将奴隶制视为一种不公平的制度而加以摒弃——在这方面，艾赛尼教徒比基督徒更加激进。最后一个教派是公元60—70年间反抗罗马帝国迫害、富有战斗性的犹太教奋锐党人，他们将宗教信仰与反抗罗马统治、改善社会现状的煽动性政治诉求结合了起来。

当时的耶路撒冷就像一个包罗万象的大熔炉，相互竞争的宗教信条承载了各个不同阶层对这一时期（正是据说耶稣打破了统治秩序这段时期）罗马统治秩序的感情和态度表达。但这还不是故事的全部。基督教及其支持者遍布帝国的每一个大城市，因此关于教义原则的争辩在各处都引发了强烈的回响。因为犹太人早已不在一小片土地上居住，而是散落各处。此前五百年前，来自亚述和巴比伦的征服者们，就将以色列国和犹大国的犹太人统治阶层驱逐到了美索不达米亚。当波斯王薛西斯为他们重建耶路撒冷时，很多当年离开故土的人并未回来，而是高兴地在新家享受繁荣。还有大量犹太人离开了巴勒斯坦，在地中海地区四处为家，与许多希腊人跨越重洋安家立户的原因一样——他们想要过上更好的生活而他们曾经的家乡则无法为他们提供肥沃的土地。离开故土的犹太人中还有许多是不由自主的移民；由于在故土陷入繁复战争的重重奴役，他们宁愿在任何主人愿意接纳的地方讨生活。

到了1世纪初，实际上，每一座罗马城市中都包含了大量的犹太人口,其比例"达到城市总人口数的10%—15%"[115]。亚历山大城中绝大多数人都是犹太人,因此这座位于埃及的希腊化城市,某种程度上其实更是一座犹太人的城市。他们曾在罗马历史上发挥过可圈可点的作用——恺撒曾经寻求过他们的帮助。

在这场历史大流散中,犹太人依然保持了独特的民族意识,通过坚持对不可见的唯一上帝的非偶像崇拜、严格的饮食限制,以及每日每夜的特殊礼拜仪式及安息日的规定,散居各地的犹太人保存了独立的民族身份。这些风俗习惯和礼拜方式,阻止了他们融入新定居地的人群中。他们还被期待为了耶路撒冷的运转和维持支付一定费用(耶路撒冷财富中的很大一部分就来源于此),也被欢迎在他们条件允许的情况下,在逾越节时回到耶路撒冷。犹太人关于饮食和安息日的教规颇有些繁复,某种程度上令犹太人的社交活动变得更为困难,并且很难与广大非犹太人群合作。但是,他们这个民族幸存了下来,主要集中在犹太教堂的集会地,而这或许与历史上广泛的移民群体总是聚集在教堂或清真寺的原因如出一辙。将犹太人紧紧联系在一起的宗教纽带,并不仅限于祈祷会,在饮食和行为方面也能给那些漂浮在城市碎裂化世界中的犹太人带来些许安全感——在远离故土的城市中,就连富裕的商人和工匠都感到生活十分艰难和危险,生活条件远不如他们的人们更是感到绝望。

不过,犹太人群落可不仅仅是残存下来而已,他们还吸收了新鲜血液。这一时期改宗(从异教皈依犹太教)现象非常普遍。亚历山大城的犹太人斐洛写道:"所有人都被犹太教所征服……野蛮人、希腊人……东方和西方的民族、欧洲人和亚洲人。"[116]犹太教在希腊和罗马的城市中如此流行,以至于出现了一群特殊的信仰者:"敬畏神者"。他们是一群非犹太人,他们参加犹太人的集会,但却并未做好准备接受割礼并严格遵守所有犹太教教规。

实际上,并不仅仅是统一的社群感吸引了教众。犹太教宗教思想的核心是一神教(对不可见、无所不在的唯一上帝的信仰),它非常契合定居城市犹太人的现实。异教中存在着众多神明,每种神明都与一种特定的地区或自然力紧密相连,居住在乡间的人们比较易于接受,因为本地的小村庄或部落就是他们社会活动的中心所在。但对城市商人、工匠、甚至是乞讨者而言,他们需要不断地与大量来自四面八方、从事各行各业的人们打交道,全能的、无所不包的神祇似乎可以在这样遭遇繁复的世界中为人们提供支持和保护。这就是所有古代伟大文明中都存在着一神教倾向的原因,例如,佛教在印度和中国的崛起,波斯对唯一"善神"(涉及善与恶的永恒斗争)的崇拜等。[117] 就连罗马的异教信仰,也是对太阳神的崇拜远远超过对其他神祇的崇拜。而且,犹太教在其法利赛的形式下,结合了一神教对信徒的承诺,即无论他们在这一世的现实世界中遭受了多少磨难,他们都可以期待来生过得更好。

这就是犹太教得以在罗马帝国所有的贸易中心城市聚起数百万教众的原因,犹太教为教众提供了蔓延数千公里的接触和交流网络。[118] 所有由于耶路撒冷的形势而引发的宗教争端和弥赛亚思想,都沿着这一网络快速传播。对生活在每座罗马城市中的人们而言,他们无法看到远在巴勒斯坦的犹太人的问题,而巴勒斯坦的痛苦则只不过是整个帝国底层阶级,以及被征服地区人民痛苦的一个例证而已。

因此,犹太教日益成为罗马帝国城市民众中普遍流行的宗教信仰。但是,犹太教的发展遇到了两个障碍。第一个障碍就是它关于饮食和割礼的教规。"敬畏神者"的盛行表明众多受到犹太教吸引的人们并未准备好全盘接受犹太教的所有教规。第二个障碍就是犹太教承诺信徒他们是上帝的"选民"。这一点显然与罗马帝国的统治相矛盾和冲突。巴勒斯坦的犹太人或许可以策划规模巨大的起义运动，尝试推翻罗马人的统治。但在这场大流散中的犹太人，无论身处何方，却都是少数人群体，没有反叛的能力，当公元70年巴勒斯坦犹太人揭竿而起的时候，他们能做的事情几乎很少，甚至无能为力。对那些事实上相信犹太教预言其信众终将掌控整个世界的人们而言，这次起义的失败令他们的生存变得更加艰难。犹太教的繁荣发展只能局限在如下范围：以下一世将会发生之事的承诺来取代这一世的承诺。

基督教最初作为犹太教的一个分支出现。福音书中的许多段落都表明，最初的基督教与当时许多其他预言教派几乎没有什么区别。福音书中有些部分体现了法利赛派号召教众遵守"法律"的内容，也有回应奋锐党号召众人"拿起武器"的段落，更包含了艾赛尼教派号召放弃家庭、独自走上一条超群的修行人生之路的思想。在一段今天的基督教家庭倡导者罕有引用的段落中，《路加福音》记载着耶稣说道："人到我这里来，若不爱我胜过爱自己的父母、妻子、儿女、弟兄、姐妹和自己的性命，就不能作我的门徒。"[119] 关于耶稣骑着马进入耶路撒冷受到"犹太之王"的欢呼和拥护，或者是耶稣将放债人从神庙中赶出去等段落，都与约瑟夫斯描述的其他先知故事有很大相似性。[120]

但是，基督教只是犹太人众多教派中的一支，并没有什么能够兴盛和发展下去的特殊原因。大数人扫罗（一位讲希腊语、从法利赛派转而皈依基督教的教徒）住在巴勒斯坦城外，是一位到处游荡的工匠和织帐篷者，他花了一段时间才慢慢明白，在帝国的城市中，新的宗教思想拥有数量巨大的听众。他开始有意识地接近那些已被犹太教吸引但却对苛刻严厉的教规望而却步的人们。在皈依基督教时，他将自己的希伯来名字"扫罗"改为罗马名字"保罗"。面对耶路撒冷"犹太基督徒"的抵触，保罗坚持宣扬新的宗教无须遵守古老的割礼和饮食限制，同时大力强调世界末日所有亡灵即将复活，这意味着得救不再依靠耶路撒冷屡败的犹太人最终取得的胜利。

最后，基督教从当时盛行的其他宗教教派中吸取融合了更富情感的因素。世界的救赎要通过一位神的死亡和复活来实现，这样的思想在许多流行的宗教中都存在过，例如在阿多尼斯、奥西里斯及其他各种关于繁衍的教派神话中（死去并被埋葬的神明的复生代表春天降临，就像基督徒理解复活节的意义一般）。《路加福音》和《马太福音》中记载了处女圣母玛利亚诞下耶稣的故事——马太声称通过耶稣的父亲约瑟追踪家族的血统，可以一路回溯到犹太王大卫；这一点似乎与上述观点相悖——这一说法为基督教带来了埃及地区普遍崇拜的神明奥西里斯的宗教元素，这位埃及神话中的死亡判官、冥界之神，据说是由一头未受精的母牛所生。圣母玛利亚的形象也与埃及宗教中的伊西斯女神类似，扮演着非常相似的角色，被称为"人类最神圣也最永恒的救赎者……我们的苦难之母"[121]。甚至无需太多改编，就能将伊西斯女神的形象变成基督徒口中的"圣母"。

于是，早期的基督徒就这样吸取了犹太教收获众多皈依信徒的流行元素，摒弃了令人心生疑虑的严格饮食和仪式教规，并从神秘宗教那里添加了更受欢迎的民众特色。历史证明，这种结合取得了巨大的成功。但这并不意味着早期基督徒就是一群冷血且工于心计的操纵家，对他们实际上并不相信的情感象征佯做动情。实情远非如此。对罗马帝国城市生活中的频受压迫与朝不保夕，他们的敏感更胜以往，并被其驱动着。正是出于这一原因，他们才能感受到其他宗教中的元素，并将其与原有的犹太教相结合，对终日经受的痛苦生活作出有意义的解释。《新约》称赞使徒们能够"讲方言",即在令人迷醉、欣喜若狂的布道中使用方言,更能充分表达他们内在的感情。正是在这样的状态下,早期基督徒才能从原有的宗教元素中提炼出新的宗教视野。

那么,谁是这种新宗教的听众呢?基督教的主体受众并非帝国最穷困的人们和规模巨大的农业奴隶,因为原则上早期基督教并不反对奴隶制,这一点与艾赛尼教派并不相同。圣保罗在《彼得前书》中写下这样的句子:奴隶"凡事要存敬畏的心顺服主人",即便他们"在基督面前是兄弟"。最初的基督徒也并非由农民组成,因为这种新宗教流行于巴勒斯坦外围城镇——叙述基督教早期历史的《使徒行传》中就是这样明白无误地告诉我们的。

早期基督教的受众似乎是广大城镇里中等阶层的居民。这一阶层居民的社会地位和生活条件都远远低于统治阶层的富裕家族,后者只占总人口的2‰。[122] 古代城市与我们当今世界中第三国家的城市类似,包含着数量巨大的小商人、小手艺人、小办事员和小官僚——他们是一个规模庞大的社会等级,有时甚至会与社会底层的乞丐、妓女和小偷等流氓无产者融合起来,而高高在上的则是人数极为稀少的富有商人和高官。这些中等阶层的市民或多或少会感到受到帝国的压迫,但是通常由于其自身力量过于薄弱,无法与帝国权威公开对抗。基督教带来了救赎的消息:一个从天而降的全新世界,并不涉及他们担忧的公开挑战。与此同时,新宗教宣讲道,即便这些消息还是会给个人带来苦难(如殉道者),但它同时也会加速个体得救的进程。

比较贫穷的工匠和小商人,当然会被这样的信息和福音所吸引,尤其是犹太教堂等机构的存在,能够引领他们进入一种社会氛围,帮助他们应对这一世不确定的物质条件,而无须等到下一世。甚至还有一些生活条件略好的人们也对基督教情有独钟。一份研究表明,曾有"四十个人"资助了"圣保罗的活动","他们都是开化的社会精英,拥有重要的社会地位"。[123] 这些人有财力资助使徒们的布道和演讲,为早期基督教团体提供聚会场所:他们的家。[124] 圣保罗用尽浑身解数来赞美他们:"重要的是,保罗虽然知道大部分皈依者都是穷人,但是他会亲自为来自上层社会的人们施行洗礼。"[125] 基督教可能是主要吸引穷人皈依的宗教,但最初的基督教的确试图争取富有人群的关注和加入。随着时间推移,它甚至吸引了真正拥有权力和财富的大人物的皈依——那些感到备受贵族精英歧视的人们,包括富有的商人、拥有财富的独立女性、已经发达的自由民(前奴隶或奴隶的子女们),以及拥有皇族血统但却缺乏身后背景、从较低层级爬上来的官员等。[126]

《新约》编纂于2世纪和3世纪,内容来自基督教早期文献;随着各支教派的发展壮大,《新约》表述了基督教信仰思想的变化历程。实际上,这也解释了为什么几乎在《新约》的每一页上都存在着语意矛盾的段落。不过,这样的矛盾解释却吸引了各个阶层的人群。此时,社会上弥漫着一股革命的紧迫性,人人都知道转变迫在眉睫,这一切都来自耶路撒冷陷落前巴勒斯坦的犹太起义经验。最强烈的憎恨可以在世界末日理论中找到出口,将会亲眼见证"巴比伦娼妇"(显然是指代罗马)的毁灭,继而便是"圣人"统治的来临,今天的高官权贵将被拉下神坛,将由穷苦百姓和无名小卒统治世界。然而,通过将这种巨变投向未来、投向与现实迥异的永恒领域,革命的信息被稀释了很多,足以吸引那些既深受社会压迫之苦同时又极端惧怕革命的人们。对拥有几个奴隶的小商人或小工场主而言,基督面前犹如兄弟般友爱的自由,而非在实际世界中物质上的自由,着实没有什么好惧怕的。富裕的商人也能安下心来,这一次犹太教的"针眼"似乎成为一座大门，骆驼或许恰好能够穿过。[127] 虽然富裕阶层的寡妇或者有钱且独立的罗马贵妇也会被圣经中的段落所吸引，因为圣保罗在其中坚称，在上帝眼中，男人与女人都是一样的，不过信奉基督教的丈夫可能会感到松了一口气，因为"男人是女人的头"，所以在现世中他的妻子必须要为他服务。[128]

基督教的教旨为穷苦的人们提供了慰藉。那些由于出身卑微而被鄙视和厌恶、如今颇有财富的人们，通过基督教感受到了自己的价值。基督教还为少数富人提供了一条道路，帮助他们在洗清罪恶的同时，又能保住自己的财富。

最初只是一支小教派的宗教得到了大力发展。与犹太教一样，基督教为任何造访城市的工匠或商人都提供了广泛的联系人网络。在每个星期一次的集会中，穷人能与比他们富有的人们混在一起，这使他们有了一种被尊重的感觉；而较为富有的人们也得到了与其他人交换商业信息的机会。贸易路线和城市行政中心本是罗马帝国的立国框架，但随着时间推移，却成为笼罩帝国的阴云；基督教在这一框架内不断发展，而且通过贸易路线还延展到了罗马帝国几乎不曾、甚至从未涉足的地区（即亚美尼亚、波斯美索不达米亚、埃塞俄比亚、南阿拉伯，甚至是印度南部）。

基督教的发展也伴随着其组织的官僚化。首批使徒布道时，没有任何人监管他们的言辞，当他们从一座城市走到另一座城市到处宣讲时，赖以为生的是当地信徒自愿供奉的食物和栖身之所。但是，随着布道者和支持者的人数越来越多，在每座城市的布道活动中，搜集资财并管理教士群体开始成为当务之急。而且滥用信徒好客善意的"假先知"，也对基督教的发展造成了重大危险，急需整饬。

对地方群体而言，解决方案就是执事在地方教会监察者和主教的监管下，将资金集中起来，对当地教会事务进行统一管理。查德威克在其关于基督教教会历史的书中写道："在两个世代之内"，层级分明的组织结构就稳固地建立起来，"主教、地方教会监察者和教会执事位于结构的最顶层"，而非使徒和先知。[129] 最初，选举主教的权利还掌握在普通基督徒手中。但不久之后，牧师阶层就拥有了绝对话语权。与此同时，主教开始聚在一起，决定什么才是正确的基督教信条，以及谁才有权进行宣讲。

这一进程由于基督教信条彼此之间的巨大冲突而得以加速，例如，关于"诺斯替教派"的问题。对没有宗教信仰的人来说，对"恶从何而来"这一信条的阐述，一定看起来非常模糊不清，隐晦费解。但它却产生了意义深远的实际后果。基督教神学认定只有一位神明，是它创造了世间万物。这就意味着它必定在创造善的同时也创造了恶——对那些始终相信并将"上帝"与"善"紧密联系在一起的信徒来说，这恐怕是一个令人疑惑不安的结论。正统基督教对此的回应通常是试图稀释这一问题，在上帝与恶行之间放置众多中间媒介，例如，堕落的天使、恶魔，以及忤逆的人性等。当上述这些中间媒介无法令人信服时，教会就会宣称，只有上帝才知道这个问题的答案，而我们显然无法理解上帝的无所不知和伟大。

不过，还有一个更符合逻辑性的答案。在善恶两种原则之间，存在着普遍而持久的争斗。这种答案至少部分由诺斯替教提出。在诺斯替教徒看来，精神世界是善的，物质世界和人类身体则是恶的。只有将灵魂从身体的焦虑和束缚中解脱出来，基督徒才能达到纯洁。这一结论并非全是原创思想，同样的思想在《新约》的许多段落中都有体现。但是，这一思想隐含着对教会权威的威胁。如果灵魂思想是纯净的，那么唯一的好基督徒就是那些对物质世界不屑一顾的人，像苦修者就总是将自己饿得半死，衣衫褴褛。不过凭借这样的思想，恐怕根本无法让人们接受基督教的福音布道，也根本无法为当地教会而从富人那里筹得资金。更糟的是，有些诺斯替教徒甚至得出了更加激进的结论。如果思想灵魂是纯净的，那么身体如何也就无足轻重，因为身体所做的所有举动都是不纯净的。诺斯替教的信条是，"对善而言，一切都是善的"。因此，这样的理解允许他们过着极尽奢侈的生活，掠夺他人（尤其是富人）财物，而且最令早期基督教会长老们感到恐惧的是，诺斯替教还倡导自由恋爱。

针对这一问题的争斗在基督教会肆虐数十年，最后只能通过主教坚称只有自己才是使徒的继承者，只有他们才能评判信条的正确与否，才得到了暂时性的解决。[130] 但到3世纪，当一位叙利亚人摩尼开始以基督教诺斯替教派、佛教和波斯琐罗亚斯德教（即拜火教）的思想打造新的"摩尼教"时，这一争论再次显现出来。摩尼教发展势头非常迅猛，一度还赢得了希波的奥古斯丁（日后奠定基督教主流思想的主导性人物）的支持。

在对抗这些"异端"思想的斗争中，基督教会的官僚机构从控制行政机构，发展到控制有组织教会被许可接受的信条这一层面。在这一过程中，圣经中互相矛盾的说辞很难激起集中的反叛情绪，而这一情绪很可能会令与基督教结盟的富人阶层忐忑不安。

如果说作为不同政见者的基督教是盘旋在罗马帝国头顶的一小块阴云，那么教会的圣统制则正在变成帝国的影子官僚体制——第二个全罗马帝国范围内的管理结构，与帝国的政治管理结构并存。但是，这个影子官僚体制能够向众多城市人口提供服务，其范围远远超过帝国政治范畴。在3世纪晚期的危机中，"宗教团体的强烈感觉"，保证了各个城镇依然与基督教有紧密联系。[131]"在面临瘟疫或暴动等公共危机时,基督教教士成为城中唯一能够团结起来的团体,他们为死去的人们举办葬礼,组织食物供给……在公元250年,作为一名基督徒从同伴那里得到的保护和帮助,远比作为一名罗马公民要多得多。"[132]

到此时为止,只有两种力量能够扰乱基督教会的发展和影响:来自国家的镇压和来自基督教内部的不同声音。

历史上,基督教的辩护者总是面临迫害和镇压,不得不在极为危险的困境中谋求一线生机。为了信仰而牺牲的殉道者被尊为圣人,与那些显圣的圣人一样。但在基督教的早期历史中,对教会的镇压时断时续。少数被认定的罗马基督徒,在暴君尼禄手中惨遭迫害,成为火烧罗马的替罪羔羊。但这一波对基督教的迫害,甚至没有持续到尼禄完成早期执政阶段。在充满仇视的地方官员的驱使下,其他基督徒被关进监狱,甚至被处以极刑,通常都是由于他们拒绝加入国教。但在大多数时间里,帝国的权力机构对基督教这种实际上在国家政治框架下平行发展的宗教组织还是比较宽容的,例如3世纪的罗马皇帝塞维鲁和阿拉伯人菲利普(即尤利乌斯·菲利普),他们甚至十分喜爱基督教会。

无论如何,到了3世纪末期,基督教会已经获得了一定程度的影响力,这也就意味着它不会再被忽略。罗马皇帝面临着两个选择,要么摧毁这一与政治统治平行的宗教组织,要么与之合作。罗马帝国皇帝还兼任多神崇拜的大祭司,感到是时候拔除这股深入帝国官僚机构的影响力。284年后执掌帝国的罗马皇帝戴克里先在这方面走得更远。有人向他进言,声称基督教威胁着帝国武装力量的团结,戴克里先因此采取行动,拆掉了位于尼哥底米亚其皇宫对面的天主教堂,签署了摧毁所有基督教堂的法律,下令逮捕所有教职人员,威胁处死任何不愿向众神献祭的人，从而在罗马帝国的东部掀起了一阵迫害的血雨腥风。

不过，指望这样的举措能够行之有效，为时已晚。到了西罗马帝国的统治者康士坦提乌斯掌权期，这位皇帝只是采取象征性的手段来实施戴克里先的反基督教法律；到了312年，他的儿子君士坦丁在争夺西罗马帝国霸权的战斗中，选择了争取基督教会的支持。君士坦丁开始声称自己是基督徒（他曾是太阳神的信徒），而基督徒显然也开始将其视为基督教群体的一员。基督徒们似乎并没有对君士坦丁大帝的行为感到不安，尽管他淹死了自己的一个儿子，处决了自己的妻子，并且推迟接受洗礼直至重病卧床，在临死之前为了洗清自己的"罪恶"才接受了洗礼。随着被迫害历史的终结，基督徒如今也开始迫害那些不信基督教的人，以及在基督教中持有不同意见者。

基督教最终赢得了罗马帝国的岁月，同时也是新的异端影响着基督教各个教派的岁月。但自从帝国政治将赌注压在教会官僚体制上，任何对教会官僚体制的威胁也就变成对罗马帝国政治的威胁。接受基督教后，君士坦丁大帝很快就废黜并放逐了不愿顺从其统治的主教。[133] 他的继承者遵循他的脚步，一会儿支持这一派，一会儿支持那一派，从而制造了巨大的浩劫，埃及主教达修就曾先后五次被罢免后又官复原职。只有罗马皇帝尤里安戒除了这种摇摆不定的矛盾心态。他对所有形式的基督教崇拜都予以宽容的尊重，只不过他这样做的目的在于期待竞争的各个教派会因内耗而摧毁彼此，这样他就可以复兴异教崇拜。

在基督教赢得整个罗马帝国的最后阶段中，诞生了重要的隐修主义运动。基督教会的成功发展引发了持续的异议，有些人认为当下的基督教已经抛弃了最初的纯净和贫苦特质。主教已经是有权有势的大人物，生活在宫殿中，整日混迹于驱使帝国的权要人物之间，而非与挤满教堂的底层人民为伍。于是一场基督教的革新运动开始了，这场运动最初始于埃及：一群修士感到，只有通过走上一条与现世成功的主教截然不同的道路，才能得到救赎。他们愿意离开城镇前往沙漠，隔绝孤立，只靠同情他们的人送来的面包和水维生，衣衫褴褛，同时拒绝任何性行为；他们被称为隐修者。这些隐居的修士相信，通过有意承受苦修生活，他们的罪恶会被洗清，他们终将得救，这种方式与耶稣拯救世界的方式颇为类似。隐修者的行为赢得了其他教徒的尊重，信徒们感到，与住在富丽堂皇宫殿中的主教们相比，这些隐居苦修的修士们似乎更加接近福音传递的信息。

隐修主义运动具有潜在的颠覆性。它的危险之处在于，它会诱发异端思想，催生出愤世嫉俗的先知，运用福音书中的字句来释放对罗马帝国和富人阶层的愤恨。然而，没过多久，隐修主义运动就与现有的体制融为一体。为了方便起见，有些隐修士很快就与周边的其他隐修士汇聚在一起，而且很快就接受了牺牲和苦修中应当包括在严格纪律的管理下进行集体劳作的方法。该撒里亚的巴西尔（329—379）将隐修主义发展成为思想与劳作双方面的修行行为，将个人的自我牺牲附属于更高的权威。不久之后，他的继承者便开始引导隐修者的热情，使之发展为一股实际的力量，与其他基督教派的信奉者相对抗。[134]

不过，隐修主义还产生了另一个意义深远的长期后果。由于不乏规模巨大且充满宗教狂热的劳动力，修道院得到了某种程度上的保护，免于遭受帝国西部被摧毁时的无序与混乱。当帝国在学者们的周边崩塌时，各地的修道院成为庇护所，为学者们提供了可以栖身的安全之地。世间的图书馆被焚毁，有些修道院的图书馆却幸存下来，掌管者带着庄严的宗教责任,一页页手抄下神圣的(有时也包含世俗的)文本。与此同时,修道院也成为缺乏宗教热情者度过一段避世时光的良地,由于普通农民越发承担下耕作的苦工,修士们就能自由祈祷并钻研教义学问,或者只是赋闲无事。无论是哪一种情况,最初宗教献身的孤岛、试图抵制腐败社会的清高所在,在后西罗马帝国时期的几个世纪间,成为一股强大的力量。在接下来一千年的西欧历史上,基督教宗教机构的网络(要靠剥削宗教劳动力的生产盈余来维持,并要得到各等级主教和处于金字塔顶端的教皇的协调)在争夺财富与特权的战场上,成为一个强有力的参与者。

第三部分

中 世 纪

大事年表

7—9世纪	· 欧洲进入"黑暗时代"。贸易崩坏。法兰克人重建罗马式帝国的尝试宣告失败（800—814年的查理曼大帝）。800—900年，北欧人入侵。 · 印度的封建主义。贸易衰落。婆罗门和种姓制主宰乡村。 · 拜占庭帝国遭遇危机，失去了埃及、叙利亚、美索不达米亚和巴尔干。技术和经济发展陷入停滞。630年穆罕默德夺回麦加城。640年代中期，伊斯兰教阿拉伯军队征服中东大部分地区；664年，抵达喀布尔；711年，占领西班牙。750年，阿巴斯革命给予商人部分政治影响力。贸易和手工业加速增长。伊斯兰文化抵达巅峰，大量翻译希腊经典文献，科学和数学取得长足进步，出现了伟大的伊斯兰哲学家。 · 中华文明的中心南移到长江流域的稻米种植区。工业和贸易复兴，佛教兴起，技术发展。 · 非洲东海岸地区及西非兴起了文明。
10—11世纪	· 欧洲的农业和商业逐渐恢复。采纳更加先进的技术。农奴制取代奴隶制。 · 穆斯林阿巴斯王朝失去经济发展动力，最终分崩离析。兴起了各种伊斯兰教神秘主义形式。埃及建立法蒂玛王朝。 · 拜占庭帝国收回巴尔干部分地区，但却依然深陷技术发展停滞期。 · 西非文明采纳了伊斯兰和阿拉伯字母表。 · 960—1279年，宋朝达到中华文明发展的巅峰，发明了造纸术、印刷术、火药、机械钟表和指南针。商人的影响力进一步增强。

12—13 世纪	· 伊斯兰美索不达米亚出现危机。 · 中国出现宋金并立局面。 · 蒙古游牧部落驱动战马，铁蹄踏过从波兰到朝鲜半岛的广阔欧亚大陆：1258 年洗劫巴格达，1279 年征服中国。 · 西欧发动"十字军东征"，向西进攻伊斯兰帝国，攻陷耶路撒冷（1099—1187），洗劫拜占庭帝国（1204）。 · 中亚穆斯林征服印度北方内陆地区。贸易发展，开始使用纸币。 · 欧洲农业产量增长，人口增加，贸易和手工业得到进一步发展。水车得到广泛使用，修建天主教堂，通过伊斯兰西班牙的希腊文和拉丁文文献重新发掘文明，出现了欧洲第一批大学。引入中国的技术发明。意大利城市国家兴起。生于 1265 年的但丁开始用意大利文写作。 · 奴隶士兵马穆鲁克执掌埃及军权。 · 西非马里王国崛起。廷巴克图成为伊斯兰学者聚集的中心。
14 世纪	· 欧洲封建主义面临巨大危机。饥荒、黑死病，以及佛兰德斯、法国、英格兰、威尔士和意大利北部发生暴乱。教皇彼此争斗。英法"百年战争"。 · 中国发生饥荒和瘟疫。元末爆发"红巾军"起义，建立明朝。农业复兴。 · 奥斯曼土耳其人开始征服小亚细亚。 · 大津巴布韦文明兴起。 · 阿兹特克人建立特诺奇蒂特兰城。
15 世纪	· 中国恢复经济增长，派出规模壮阔的船队航行数千公里，直至非洲东海岸。 · 阿兹特克人在墨西哥建立帝国。1438 年，印加人征服整个安第斯山区。 · 贝宁在西非崛起。 · 西欧经济缓慢恢复，人口逐渐增多。农奴制衰落。市场网络逐步扩展。印刷术四下传播。意大利北部出现"文艺复兴"。舰船建造和航行技术得到改进。葡萄牙人沿着西非海岸一路南行，抵达好望角。1492 年，西班牙君主征服摩尔人的格兰纳达。1493 年，哥伦布穿越大西洋。

第一章
混乱的世纪

        对统治欧亚大陆南部的三大帝国而言，5世纪是一段充满分裂和混乱的历史。每个帝国都遭遇了同样充满分裂与混乱的内部危机，延续千年的古老文明面临灭顶之灾时都同样困惑不已，野蛮人的铁蹄踏过边境，大军横扫而至，各路军阀以染血的战刀刻画出新的帝国，饥荒和瘟疫泛滥蔓延，贸易衰落，城市人口骤减。面对新的不安和挑战，三大帝国同样也曾诉诸统一思想，致力于获得同一的意识形态。在罗马帝国统治的北非，奥古斯丁写下了基督教信仰中最具影响力的著作《上帝之城》，试图与地上世界罗马城的堕落达成妥协。在同一时期的中国，一千年前兴盛于印度的佛教信仰得到广泛发展，开始收获大批信众，在危机四伏、身处险境的商人阶层中信徒尤多。在同样面临挑战的印度，随着印度教的影响日益稳固，兴起了诸多新教派。

由于这几大千年古老文明几乎同时面临类似危机，令一些历史学家断言，危机的起因源自全球性的气候变迁。但是，仅仅简单地将问题归因于气候，实质上忽略了数个世纪以来导致各个古老文明深陷泥潭的巨大问题——这一问题源自耕地农民赖以维生及为文明中所有人提供食物的最基本方法。这一阶段农业生产力的发展和进步，与一千年前由于铁质工具的广泛传播而带来的极速发展，完全无法同日而语。然而，富人的消费却比从前更为奢华，国家的上层建筑也比从前更加庞大。显而易见的是，社会再也无法像人类第一个"青铜时代"文明那般发展下去。

罗马世界面临的危机最为险恶。罗马文明的繁盛依靠的是看似无穷无尽的奴隶供给。罗马帝国政府和大地主们并不关心如何提高农业产量，这一点与印度或中国的统治集团非常不同，后两者对如何提高农业产量始终忧心忡忡，殚精竭虑。因此，罗马帝国的崩塌程度也就更加惨烈。

接下来的欧洲历史开始陷入我们熟知的"黑暗时代"。"黑暗时代"见证了文明和进步的坠亡，其中涵盖城镇生活、文化知识、文学和艺术等诸多方面。但这还不是全部。曾为罗马帝国的荣光而饱尝艰辛的普通人，如今为罗马帝国的灭亡付出了更加惨痛的代价。饥荒和瘟疫席卷了原本隶属帝国的土地，据统计，6世纪末7世纪初的罗马帝国人口，锐减至此前的一半。[1]日耳曼人挥舞旌旗杀过罗马帝国疆界，这第一波异族入侵的浪潮包括哥特人和法兰克人、西哥特人和东哥特人、盎格鲁人、撒克逊人和朱特人，他们开始在罗马帝国的土地上扎根定居，很快就接受了罗马人的习俗，皈依了基督教，而且不时还会说起拉丁方言。但在他们之后铁蹄相继踏入罗马帝国的征服者们，却并未受到过往辉煌的罗马文化影响，他们只是一味地烧杀抢掠,而非定居下来耕种发展。9世纪和10世纪,匈奴人和北欧人撕裂了法兰克人、哥特人和盎格鲁-撒克逊人建立的王国,将不安和恐惧四下散播,情况正如5世纪和6世纪时一样。

到了最后,所有征服者都安居下来。实际上,大部分征服者在本族的发源地都已转为农耕文明,早已开始使用铁制工具和武器,从而令他们得以在战争中击败"文明的"军队。他们的社会已经开始从原始社群社会转向阶级分化社会,酋长首领希冀成为国王,统治农民和牧民的贵族阶层依然保留了一些原始耕种社群的传统。如果罗马帝国的农业更加先进,而非以混杂的大型奴隶庄园和贫困的小型自耕农土地为基础,征服者早就可以成功地接管继承帝国的农业方式,以实质上的罗马方式进入定居文明。虽然这样的情况并未在欧洲发生,但是我们应该看到,最后塑造了中华帝国及其边界、接连不断入侵的"野蛮人",就是继承了前文明的农业方式。但当征服者闯入进来时,罗马社会已经四分五裂,外族的铁蹄践踏,只不过是加速了帝国的分崩离析。有些征服者的确想要接纳罗马的农业方式,以战争中俘获的大量战俘来耕种大型地产。有些征服者还尝试重建罗马帝国原有的中央集权统治。5世纪末,东哥特国王狄奥多里克昭告天下,宣布自己即位为西罗马帝国皇帝。8世纪末,查理曼大帝建立了新的帝国,疆土横跨今天的法国、西班牙加泰罗尼亚省、意大利和德国的大部分地区。但是,他们的帝国都在强人领袖死去后土崩瓦解,而帝国崩塌的原因则与最初罗马帝国的衰亡如出一辙。那就是,物质生产基础无法支撑庞大的帝国。

很快,城市人口大幅锐减,而且城市经常遭到废弃,任由其自生自灭。贸易衰退到如此低等水平,以至于金币已经停止流通。[2] 只有神职人员才具备文化知识,能够使用日常生活中久不流通的语言:

书面拉丁文。除了少数修道院，古典知识早已被遗忘在历史的故纸堆，而这些修道院则主要集中在欧洲边缘地带的爱尔兰地区。巡回流动的僧侣学者成为一座座文化孤岛之间唯一的联系。[3] 包含古希腊罗马世界大部分文化知识的书籍都被损毁，接二连三到来的入侵者，无情地将修道院图书馆付之一炬。

这就是六百年来西欧大部分地区的状况。然而，就在这一片混乱中，终于出现了一种新秩序。整个欧洲的农业都开始采纳新的组织方式，它吸收了罗马帝国晚期自给自足的地产经济，以及征服者的乡村群落经济这两个方面的特质。随着时间推移，人们开始采用一种比旧日罗马帝国时期更富生产力的方法种植作物。维京人等入侵者取得的成功，彰显出其农业（及海上）先进技术的胜利，尽管他们缺乏开化的文明和发达的城市手工业。与变化的农业方式紧密联系的是社会组织的新形式。拥有武装的领主随处可见，他们住在雄霸天险的城堡中，开始既剥削又保护依附自己的村民，向村民索取不付报酬的劳役或实物形式的贡奉。但是，这种形式的新秩序，需要经过漫长时间的累积，才能为新文明打下坚实的基础。

第二章
中华帝国的重生

与罗马帝国一样,中华帝国也是在内部遭遇经济崩溃和饥荒席卷、外部承受"野蛮人"铁蹄践踏之下分崩离析。4世纪时,中国遭遇接连不断的旱灾、蝗灾、饥荒和内战,分裂为彼此竞争的小国家,政治、经济和行政上一片混乱。大约一百万人民不得不背井离乡,抛家舍业,从中国北方的中心地带向南逃亡,流亡人口一直蔓延到长江以南。在他们身后被抛弃的土地上,是一片破败的景象,人口锐减,无人耕种的荒地遍布南北,原本极富生产力的农业生活转为自给自足的小规模农场生产,贸易几乎停顿下来,流通货币也几近消失。[4]

然而,对于接下来发生的事情,用"黑暗时代"一词来描绘显然并不适当。对广大农民而言,生活变得极端艰难,无法计数的民众死于饥荒和疾病。但中华文明并未就此崩塌。北部农业的衰落很快就得到了平衡和补偿：长江流域地区种植稻米的文明迸发出活力，持续不断地扩张其影响力。再次高涨的农业文明，提供了维持繁荣城市及城中有教养的精英阶层必备的生产盈余。当西欧闭关自守的时候，中国南方则敞开了大门，开发了与东南亚、印度次大陆和伊朗等地的贸易路线。在中国北方，互相竞争的"野蛮人"王朝战事不断，厮杀争夺对北方土地的掌控权。但是，这些王朝都承认并传承了中华文明，拥护中华文化。

"野蛮人"并非只是一味地学习中华文明，他们也有许多宝贵经验可以传授给这一古老文明。他们的工匠和牧民发展出了一些就连古老文明都艳羡的技术，因为"野蛮人"的社会还没有被帝国的繁重开销和千年传统压垮。这些技术如今流入了中国，包括"马匹挽具的使用方法、使用马鞍和马镫、修筑桥梁和山路的技巧、草药学和毒药学、航海技术等"[5]。这些技术发明为日益增加的社会财富和生产盈余开辟了新的道路。例如，马匹从前只在战事中使用，用于快速传递战报和运输。原来半勒的挽具无法令马匹牵拉沉重的货物或重犁，这一任务只能由速度较慢的牛来承担。由北地传来的新技术开始逐步改变这种状况。

从文化发展角度而言，中央帝国的崩塌也并非全是一件坏事。战争摧毁了图书馆和珍贵的古代文献存稿。但是，旧有文化传统的削弱，也为新文化的发展留下了空间。佛教开始获得巨大的影响力，由跨越险境的商人跋涉万里传入中国；他们沿着漫长的商贸路线穿越西藏、继而前往撒马尔罕直至伊朗，或者从中国南部出发前往印度南部。印度、伊朗和希腊文化的影响开始在中国艺术中得到明显的表达，此时有些佛像甚至展现出典型的希腊风格。谢和耐对这一历史时期中华文明的发展评价甚高，将其视为"中世纪文明的黄金时代"，

"一个充满活力的贵族世界,激荡着狂热的宗教热情,浸润在沿着中亚小路及印度洋海上贸易线路传来的商业大潮流之中"。[6]毫无疑问,这里的一切都与欧洲的"黑暗时代"迥然不同。

到了6世纪末,先是隋王朝、继而则是唐王朝再次统一了中华帝国。击溃敌人的军事胜利,使得新王朝的皇帝可以从广大民众身上汲取丰厚的生产盈余,足以进行大量公共建设。洛阳与长安这两座新都城就此屹立起来。洛阳城的城墙东西绵延九公里,南北长达八公里,墙内是一座呈矩形分布的城市,二十五条交叉相通的大街贯通连接全城,每条大街宽七十米。畅行几百公里的大运河宽四十米,将黄河、渭水和长江连接起来,使南方生产的稻米成为北方城市的口粮。政府还沿着西北边防重新修建加固了绵延起伏数百公里的长城,对外军事战争的胜利极大地扩大了帝国的影响力:向东延展至朝鲜半岛,向西直抵印度和波斯边境,向南则深入印度支那半岛。

国家行政机构完全由士大夫官员阶层掌控,其中部分官员通过科举考试选拔后加以任命。最初这种科举考试令寒门子弟也有机会走上仕途,是对地主贵族阶层垄断权力的一种平衡。国家还试图将土地分为小块的农民自耕地,以保证生产盈余能以赋税形式上缴国家,而不是以地租形式收入贵族腰包。[7]国家垄断了盐业、酒业和茶业,从而进一步增加了税款收入。

国家的力量非常强大,对城市生活的监管十分严密,官僚体系内部在思想上推崇儒教,其核心是遵守和服从。但是,随着中华文明对外贸易规模的不断增长,亚洲各地的新思想传入中国,引发了巨大反响。佛教的重要性逐渐凸显出来,"聂斯脱利派"基督教(即景教,在罗马和拜占庭被贬斥为异端信仰)在中国也有一定的影响力,摩尼教和拜火教也在这里找到了信众。南方沿海地区的贸易城市中混杂着许多外国商人，包括马来人、印度人、伊朗人、越南人、高棉人和苏门答腊岛人等。当时的广州甚至还有为什叶派和逊尼派穆斯林商人修建的清真寺。中华文明的影响也是辐射四方：佛教、汉字和文学传播到朝鲜半岛和日本，造纸术通过撒马尔罕流传到伊朗和阿拉伯世界，又经过数个世纪才最后为欧洲人所知。

唐朝在发展了三百年后，最终陷入危机。统治国家的官僚集团与皇廷之间频现裂痕，并发展成为无法妥协的针锋相对。一些统治者鼓励佛教发展，另一些统治者则坚信应当灭佛。维持统治阶层奢华生活的开销不断疯长，要求民众付出的劳役也大规模增加，一个巨型的帝国正在形成。但与此同时，国家税收却在不断缩水，因为随着佃农和雇工耕种的大地产模式的兴起，小自耕农阶层的人数必然锐减。

此时的农民陷入更加窘困悲苦的境遇。在某一地区，据报90%的农民"仅能糊口"。抢劫和"农民参与的乡间暴乱频繁发生"。[8] 870—880年间掀起了一波农民起义的高潮，危及整个帝国。[9] 880年，起义军兴兵从北向南突进，又折回占领了帝国都城长安。[10]

无论如何，这次起义并未为处于高压中的农民阶层赢得胜利。起义军中的大部分成员也并非农民（农民不愿片刻离开自己的小块土地），而是那些脱离土地的流民，起义军的领袖"部分来自乡绅集团，部分来自一无所有的贫民阶层"。起义军首领黄巢"甚至曾经通过科举考试，被选拔为当地官员候选人"。短短数日，军队与其领袖就走上了不同的道路。起义军中的普通士兵很快就与当地穷苦百姓一起洗劫了当时世界上最繁华的城市："市场上火光冲天，浓烟四起，无数人被杀……最受民众憎恨的官员被拖到街头处死。"与其形成对照的是，黄巢的野心在于建立一个稳定的政权，自己当皇帝。他恢复了帝国体制，只在国家行政体制中抹去了最高官员，旧贵族依然稳坐关键职位，对于任何胆敢抱怨的追随者，黄巢都采取暴力手段予以镇压。黄巢手下官员［尚让军败回京］，"见尚书省墙上有人写诗讽刺贼军，恼羞成怒，把宫内余存的省官和门卒皆挖眼，倒吊，加以酷杀；并搜城中会写诗的人，共杀三千多。凡会写字者，尚让也下令皆充贱役劳改。"

背叛了自己的支持者，黄巢无法守住龙椅。一年后，一位帝国将军从士气低落的叛军残部手中重新夺回了都城。但是，黄巢之乱标志着唐王朝有效统治的终结，自此之后，唐王朝对中原天下失去了实质上的控制，遍布帝国各地的藩王将军趁势崛起，彼此争斗杀戮。混战持续了半个世纪之后，中华文明进入分裂的"五代十国时期"；最终则在新的强大的宋王朝治下，天下再度统一。

在许多层面上，黄巢起义都与公元前206年击溃秦王朝的农民起义，以及184年撕裂汉王朝天下的农民起义十分相似。在中国接下来的历史上，还将会出现更多的农民起义，通常也都遵循相似的模式。初创的王朝都会野心勃勃地修建华美宫殿，开凿运河，拓展道路；为了防范北部和西部边境频繁活跃的游牧部落进犯，修建造价昂贵的加固堡垒，发动对外战争；扩张权力，但却将广大农民推向极端的贫困，以至于引发暴乱，最终打破了帝国权力；随后，某些起义领袖或拥有军权的帝国将军就会开创一个新的王朝，从而开启又一次轮回。

乡村穷苦百姓从未从胜利中获取过什么好处。脸朝黄土背朝天的农民，散布在帝国乡村的每一个角落，被束缚在各自的小块土地上，毫不开化，大字不识，对外面的世界所知甚少，他们可以反抗现有政权颁布的压迫法律，但却无法集合起来建立一个由农民阶层来统治的新国家。相反，他们寻求以即将被推翻的旧政权为模板开创一个新国家，只要能找到一个"好"皇帝，而不是一个"坏"皇帝。这就意味着，就算农民起义取得胜利，新统治者对待他们恐怕也只会像旧统治者一样糟糕。

这一过程甚至深深地融入了统治阶层的思想意识：一个王朝的合法性全凭"天命"，将会阶段性地从一个王朝传递到另一个王朝。

然而，反复出现的统一模式并不意味着中国社会就"一成不变"，而许多西方学者都曾这么认为。随着朝代更迭，岁月轮转，社会变化不断积累起来，其中包括逐渐引入的改善生产活动的新技术，更有随之而来的社会不同群体之间关系的重大变化。

引领世界

中华文明规模巨大的经济转型依然在持续推进中。拥有大型地产的地主（由佃农或雇工为之耕种庄稼）希望通过投资新的耕种工具和碾米机械，以及每年从耕地中收获不止一茬的良方来增加收入。[11] 由于北方移民持续迁徙到长江流域的稻米种植区及更南地区，农业生产力猛然间得到了极大的提高，富人可以用来购买各种奢侈品的生产盈余也相应增长。

贸易网络开始将农民与本地市场连接起来，本地市场又与主要城市连接起来——此时的城市无论是在规模上还是在重要性上都得到了很大提升。在八万公里长、星罗棋布的河道和运河中，密密麻麻地布满了全世界前所未见的大量船只，它们不仅装载着富人的奢侈品，还有大批其他货物。在社会上各个方面的交易中，金钱都起到了日益重要的作用，除了硬币，人们也开始使用纸币。经商人数也有所增加，其中有些商人更是暴富起来。城市持续发展，宋朝都城开封的占地面积是中世纪巴黎城的十二倍,拥有一百万居民[12],而据统计,长江江畔名城杭州的居民人数更是达到150万—500万之间[13]。

工业的发展势头也极为迅猛。在开封,"在军事技术飞跃发展的时代……军工厂全部为国家服务";在重新定居在"四川和长江三角洲"的工匠努力下,纺织业也逐渐腾飞;钢铁冶炼发展出"高度组织化的工场,以更加精密复杂的技术、设备、巨额投资及数量众多的工人为依托",置于政府和"铁矿私主"的双重控制之下。工场"为帝国皇室、高官及富有商人生产奢侈品",但同时也生产"建筑材料、药品、书籍和布料"。[14]

在这一历史时期,中国也催生了许多技术创新。在冶炼方面,煤炭代替了木炭,矿井中开始使用水力驱动的挖掘机械,利用炸药进行爆破。1078年,中国的铁产量超过11.4万吨——1788年英国的铁产量还只有6.8万吨。[15]中国的陶瓷制造业得到史无前例的扩张——欧洲直到七百年后才发明出烧制陶瓷的技艺;1044年,中国人已经开始使用火药——欧洲人首次提及火药这一发明还要等到二百四十年后。1132年,中国人已经可以运用火药的爆破力从竹筒中推出火箭;到了1280年,人们已能将火药投入铜铁铸成的大炮中,发射出炮弹。[16]新的航海技术:"锚、船舵、绞盘、风帆、硬席帆……水密舱、水手的罗盘",令中国船只能够一帆风顺地畅行海上,抵达阿拉伯海湾甚至更加遥远的非洲东海岸。[17]有些大型船只能够搭载千人之多,而且中国的地图绘制水平也远远领先于欧洲,甚至领先于中东阿拉伯世界。

最后,中华文明发达的书籍制作水平,在历史上第一次缔造了以一定规模的中产阶级为目标群体的文学。9世纪时中国人已经掌握了雕版印刷术。在这一阶段,社会上流传着"秘术小书、历书、佛教经文、词表、通俗小百科、启蒙课本、科举会试范文本和历史著作等",当然也包括经典著作(承谕旨印刷"九经")、佛经全集、印好的期票,以及医药实用指南图书等。[18] 到了 11 世纪,中国人发明了活字印刷术,通过将不同的活字字模排列在一起提高印刷效率,不过要到 15 世纪它才运用于大规模印刷中——或许是由于汉字数量较多,活字印刷在很长一段时间里并未比雕版印刷快多少、经济多少。不过无论如何,中国掌握印刷术的时间比欧洲要早上五百年,书写文字不再是文化精英或住在庙宇中的高僧的特权。不论是国家的公学还是私塾,都如同雨后春笋般极速增长,在国家新的经济中心长江下游地带尤其如此。当时居住在长江流域下游地区的一位作家这样写道:"每位农民、工匠和商人都教导他的儿子如何读书。就连牧人和为田间劳作的丈夫送饭的妻子们也都能背诵古代诗歌。"[19]

贸易和工业的发展使商人阶层日益壮大,他们聚集了越来越多的财富,影响力更胜以往,以至于有些历史学家甚至将此时的中国商人视为"资产阶级"。英国著名汉学家崔瑞德(又译杜希德)认为,到了宋朝晚期,"富裕、自觉且敏感的城市中产阶级,对自己的身份和本阶层的特殊文化拥有很强的认同感。"[20] 国家对待商人的态度也发生了重要改变。前朝始终将商人视为"潜在的不稳定因素",将其"置于不间断的监管之下"。[21] 宵禁令禁止城中所有人在入夜后上街,市场被限制在圈定的城市区域并受到国家监管部门的严密监视,商人家族成员禁止在国家官僚机构任职。此时,许多诸如此类的限制都被废弃。到了 11 世纪早期,高级官员或许还会抱怨"国家对商人缺乏监控这一社会现实。商人们生活奢华,锦衣玉食,高楼亭阁,车轿络绎不绝,他们的妻子和孩子身上佩戴着珍珠和玉器,就连仆役们都身着白丝织就的绸衣。早上起床,商人们思踌着如何赚钱;夜里睡下,也不忘设计压榨穷人的手段"。[22]

新的城市富人开始利用他们的经济权力对帝国官僚政治施加影响：

> 科举选拔制度如今成为一条路径，使越来越多身处高门大户之外的普通家庭子弟能够进入帝国政府的高级官僚阶层……新的官僚阶层日益来自在商业革命中受益最多的家族……富商和富裕地主。[23]

只有几百人能够通过国家的科举考试，最终拔得头筹，登科及第[24]，这几百人是登上庞大科举体系巅峰之上的幸运儿。到了13世纪，官学中的学生达到二十万人，另有数千人在私塾和佛学院就读，所有人都梦想着能够通过科举出人头地，光宗耀祖。其中数量众多的学生都是来自商人家庭。

失落的世纪

尽管商人已经形成为一个越来越重要的利益集团，但是商人阶层距离拥有统治国家的能力还相去甚远。虽然颇有利润的生意已经通过契约落入商人之手，例如经营国有船只等，但是绝大部分的大规模生产依然掌握在国家手中。国家仍然是由接受了文官教育的官僚集团统治，他们心中的理想人生是过着乡间文人雅士恬淡而清高的生活，绝非唯利是图的商人生涯。[25] 最终在官僚集团中谋得一席之地的商人后代也拥有同样的梦想。结果便是，在宋王朝日益接近巅峰之际，新的危机开始出现了。历史学家通常称为"新儒学"(即宋明理学)的思想,统治着所有中国人的意识。它强调统治者和官员遵循惯例的必要性,在相互尊重的基础上,试图避免贵族武士阶层和冷酷无情贪得无厌的商人阶层的暴力行径。这种思想为所有志在获取功名、在官僚集团中占据位置的人都设定了基调,它适合保守的既得利益者过着云淡风轻的理想人生,却无法适应残酷无情的官场倾轧和风嘶马吼的铁血战场。

这种情况的形成,与宋朝初年皇帝的思想也有很大关联。宋朝皇帝将唐朝灭亡的原因归咎于所费不菲的军事扩张政策,因此他们缩减了军队规模,依靠贿赂邻国来保障边境安全。这一理念也体现在宋朝人对自然和社会和谐的半宗教化的信仰中。但它包含着一个理性且实用的核心。这是一种在经年危机下探索出来的实用主义方法。

许多西方学者都认定,新儒学所占据的统治地位,阻碍了中国资本主义的发展。他们认为,正是新儒学对"资本主义核心精神"的仇视,导致中国社会进入了持续千年的发展停滞期。还有一些学者则强调,是"极权主义"阻碍了中国的经济发展。[26] 但就像我们看到的那样,宋朝社会的发展并未停滞。非儒家思想(佛教、道教和聂斯脱利教/景教)不仅仍然存在,而且宣传这些思想的书籍也在社会上广泛流传。理论上尊奉儒教的官员,在行动时实际上采取了与信条完全不符的方法。例如,伊沛霞曾指出,南宋袁采所著的《袁氏世范》在文人阶层广泛流传,然而书中的观点却与许多新儒学信条相矛盾。作者"认为一个人致力从商的目标便是获利",并且表达出"类似商业精神的倾向和态度",因此"全心全意信守新儒学思想的人们必须弃绝[他在书中]表述的大多数活动"。[27]

普遍流行的新儒学思想,与商人阶层的实际活动之间存在一道巨大的鸿沟。但只要经济持续增长，不同阶级就能忍受这道鸿沟；商人阶层变得日益富有、影响力也与日俱增，就像几百年后欧洲初生的资本家们做好准备与君主国首次合作一样，他们同样接受了官方思想的统领，只要这些思想并不妨碍他们赚钱。

在中国特定的社会体制下，削弱了商人和富有店主的资本主义发展趋势使他们并未转变为成熟资产阶级的原因是物质方面的，而非精神方面的。与17世纪和18世纪的欧洲相比，中国的商人更加依赖国家官僚体系机器。因为要想让重要的生产工具顺利运转，如巨大的河运网络和灌溉工程，官僚的角色是不可或缺的。[28] 这就使得中国商人没有其他选择，只能与国家机器合作[29]，哪怕国家会夺走其绝大部分盈余，并将之投入到生产之外的其他用途中去，如为皇廷购置各种奢侈品，或者用以贿赂边境民族以保证国内安宁。

对文人官僚和富商而言，这是一段繁荣的历史时期。[30] 但对广大农民而言，这却是一段极度贫穷的苦难时期。11世纪的苏洵写道：

> 富民之家地大业广，阡陌连接，募召浮客，分耕其中，鞭笞驱役，视以奴仆……而田之所入，已得其半，耕者得其半。有田者一人而耕者十人，是以田主日累其半以至于富强，耕者日食其半以至于穷饿而无告。[31]

毫无疑问，文人官僚信奉的儒家伦理思想，并没有延展到为了满足官僚享受而受苦的广大穷苦阶层。在《袁氏世范》中，袁采将"农""工"称为"小人"，谈及"婢仆有无故而自经者"，暗示可以鞭挞惩治他们，然后建议要像驯养牲畜一样对待他们。[32]

历史学家约翰·海戈尔写道："南宋末年许多乡间地带都一贫如

洗，正是点燃了最初农业革命和商业革命希望之火的同一种力量导致这一结果。"[33]

但在内部危机的迹象成熟之前，即商人阶层与官僚阶层之间的利益冲突摆上桌面之前，外部危机就已撕裂了国家。1127年，北方民族入侵中原，将大宋国土一切两半，使宋朝的实际统治区域仅限于南方，史称南宋。1271年，南宋王朝面临着第二次大规模的外族来犯。

第一次外族入侵并未从根本上改变北方的状况。征服者女真人依照中原文明的模式组建起国家，以说汉话的官员经营着治下的半壁江山：大金王朝。因而在约一百五十年的时间里，中国的土地上并立着两个施行政令的帝国。

但是，第二次外族入侵则要严重得多。蒙古人的大军从位于中亚的家乡出发，向各个方向出击，展开了波澜壮阔的征服战。他们向西抵达中欧，向南深入阿拉伯和印度，向东直指中国和朝鲜半岛。军事贵族掌握着蒙古社会的统治权，他们拥有数量庞大的游牧部众。蒙古贵族出自能骑擅射的草原民族，人人都是马背上的英雄，而且他们拥有的财富足以为其属下士兵配备最先进的武器和装备。这支势如破竹的蒙古骑兵部队几乎无人能敌，一路杀将过境，令人闻风丧胆。[34]但是，他们缺乏自己的行政机构，因此不得不依靠被征服地区人民的服役才能维持统治。

蒙古统治者在中国建立了元朝，依靠旧有的官僚机构和人员来统治中原帝国。但蒙古人并不信任汉人，他们将重要职位攥在手中，在军队武力的威慑下，经营着一桩有利可图的生意：向中亚来的穆斯林商人征收重税。这打破了由全世界前所未见的先进技术和经济进步所带来并鼓励的社会发展。宋朝积累多年的经济问题，尤其是乡村的赤贫问题，如今终于摆上了台面。1270年代后，物价开始飞涨。由于大地产的蔓延，北方农民的境况越来越糟。

然而，中国社会依然在向前发展，它的先进程度足以令外国人大吃一惊。1275年，意大利商人马可波罗来到大都（今北京），对富丽堂皇的蒙古王朝留下了极为深刻的印象。蒙古帝国从欧亚大陆的一端延展到另一端，对中国的先进技术向西方欠发达社会的扩张起到了重要且关键的作用。但是，中华文明本身却失去了经济发展的动力，农民的贫困引发了频繁的暴动和起义，通常都是由宗教教派或秘密组织领导，如"白莲教""白云教""红巾军"等。最后，到处流浪的雇工之子、"红巾军"起义领袖之一朱元璋攻占大都，并于1368年称帝。

大明王朝建立在蒙古帝国的废墟上，百废待兴，一切都在缓慢的重建中。然而，社会发展的经济动力并未得到有力的恢复。明朝早期的皇帝有意识地抑制工业和对外贸易的发展，将资源都集中在发展农业上，因此，16世纪初中国社会的发展程度甚至还不如12世纪。与此同时，欧亚大陆上的其他地区则学习了中华文明的先进技术，开始开创繁盛的城市文明，当然也包括强大的陆军和海军。

第三章
"活化石"拜占庭

西欧罗马帝国的崩塌并非罗马帝国的末日。在哥特人洗劫罗马后的一千年里，自称罗马人的皇帝们依然在君士坦丁堡（今伊斯坦布尔）统治着帝国。我们今天常称这段时期的罗马帝国为拜占庭帝国，但在那时不论皇帝还是他的臣民都自视为罗马人，尽管他们说的是希腊语。在这一千年中的大部分时间里，君士坦丁堡以其辉煌壮美脱颖而出：它那奢华闪耀的皇家宫殿，它那远近闻名的图书馆和公共浴场，它的学者们熟知古希腊罗马经典文献，它的治下包括三百座教堂和肃穆庄严的圣索菲亚天主教堂；成为反对贫穷、无知、迷信和无穷无尽战争（欧洲其他基督教土地上的主要特点）的文化堡垒。

即使到了12世纪西欧开始复兴，君士坦丁堡的人口依然多于伦敦、巴黎和罗马三座大城的总和。这座美妙的城市令邻近的穆斯林帝国精英们目眩神迷，尽管"不论是巴格达、开罗还是科尔多瓦，哪座城市的规模都比君士坦丁堡大，人口也比君士坦丁堡多"[35]。

然而，在拜占庭文明持续千年的繁荣里，它在提升人类谋生能力或知识累积方面却是贡献极小。拜占庭文明在其每个发展阶段都依赖古罗马帝国已知的技术进步，甚至是那些公元前5世纪的希腊人也耳熟能详的技术。

圣索菲亚大教堂[36]建成于6世纪中期，是当时欧洲最雄伟的建筑。但它也标志着拜占庭建筑技术进步的终结。[37]在建造这座大教堂中采用的开创性建造技法此后再未使用，后来的建筑师甚至不知道应当如何维修这座美丽的教堂。拜占庭文学以故意抛弃原创为特点，"致力于模仿经典，严谨地遵循一系列规则进行创作……内容的原创性、虚构想象的自由或选择主题的自由都与文学价值毫不相关"[38]。沉迷于模仿过往，就意味着官方语言与一千年前的古希腊"经典"别无二致，而不是城市生活中实际使用的那完全不同的版本："在发表正式演讲时，演讲者总是十分畏惧以任何常用的名称来称呼日常生活中的物品"[39]。拜占庭艺术以"连续限制过程"为特色，直到最后，无论对帝国最高权力还是对教会而言，它都不过是一种宣传手法。[40]

不过，拜占庭文明还是贡献了几项技术进步。炼金术士排除万难，步履蹒跚地钻研出冶炼金属的新方法，虽然"科学的矿物学几乎被反复的神秘实践整个摧毁"[41]。制造玻璃的方法和工艺也有了改善和进步，微型螺丝的发明使测量变得更加精准。书写材料也得到了改善，尤其是从中国学习了造纸术之后。"拜占庭文明会使用几种简单的机械装置，如杠杆、辊子、齿轮、楔子、斜面、螺丝和滑轮，主要用在绞盘、踏车、戽水机、起重机和石弩等机械中。"[42]但这些技术进步似乎只应用在了两个比较受限的领域：为统治阶层生产奢侈品（如宫廷数学家利奥制造的会唱歌的机械小鸟），和用于军事目的。但就是在军事领域，拜占庭取得的技术进步也非常有限，几乎没有超越一千年前亚历山大大帝军事征服时期掌握的军事知识。

而在科学方面，就连有限的进步也不曾发生。曾有几份流传到此时的历史手稿，详细记录了希腊亚历山大城在数学和天文学方面的发明，但却仅得到屈指可数的几位学者的重视，社会上的其他"有识之士"根本不把这当回事来严肃对待。主流思想家对物质世界的理解全凭《创世纪》，他们认为地球是扁平的，而不是一个球体。[43]

总之，对在田间挥汗如雨的广大民众而言，这一时期并没有真正意义上用于提升获取生计能力方面的技术进步。农耕的"方法和工具""与古时候相比几乎没有任何进步"。[44] 田间耕作依然要靠牛拉的轻型犁来完成，土地也没有系统施肥，直至12世纪才开始使用控制动物的挽具，此前作为负重主力的两匹马只能拖动半吨载重，这要比使用现代挽具后的载重少上好几倍。结果，无论农民如何忍饥挨饿，可以用来维持国家运转及为统治阶级提供奢侈品的生产盈余依然没有增长。这一简单事实源于拜占庭社会在其他大多数方面的发展停滞。拜占庭帝国逃过了令西罗马帝国覆亡的危机，但却没有涌现出新的生产方法，也没有出现新的阶层能够实施新的生产方法。因此，它同样无法躲避西罗马帝国曾经面对的巨大危机给它带来的压力。

东方的拜占庭帝国主要是因为这一地区的农业发展较为富足才幸存下来。330年君士坦丁堡成为帝都后，先后统领帝国的皇帝们得以保持对小亚细亚、叙利亚、巴尔干和尼罗河河谷最重要粮食产区的控制权；这些产粮区为君士坦丁堡提供所需，就像旧日向罗马输送粮食一般。帝国各省经济全都掌握在当地大地主手中，实际上以自给自足的庄园形式运营着，在埃及甚至"集结成了微型王国，配有自己的警力、法庭、私人军队及精密的邮政和运输服务"[45]。但好在帝国军队的实力依然强大，足以迫使地方向国家上缴帝国所需的资金。

事实上，在查士丁尼于6世纪作出征服西方的最后尝试，以及伟大的圣索菲亚大教堂竣工五十年后，这种统治结构就彻底崩塌了。所耗不菲的军队备战、一连串的公共建筑及奢华宫廷和教堂的建造，榨干了帝国的财富。农民的持续贫困、地方赤贫城市居民的不满，导致"在整个帝国范围内，所有城市中彼此仇视的派系之间爆发了野蛮残忍的暴力冲突"[46]。帝国与教会在强迫人民进行宗教皈依的过程中失去了大多数民心。"得到僧侣暴力支持"的主教表示，通过攻击异教神殿，"异教必定会被残忍地消灭"[47]。国家和教会屡次袭击犹太人，血腥镇压和迫害"一性论者"、阿里乌斯派信徒及聂斯脱利派基督徒（后者在当时的异端思想中得到大多数人的支持）。因而，到7世纪初，当东罗马帝国屡次被侵犯时（最初是波斯人，继而是叙利亚和埃及的阿拉伯伊斯兰军队，后来则是巴尔干半岛的斯拉夫人），帝国政府几乎没有从人民那里得到任何支持。帝国的统治范围缩水为仅包括君士坦丁堡及小亚细亚部分地区的狭小范围，只有寥寥数座城镇，首都人口锐减，文化和知识水平整体下跌。

被斩断的帝国之所以能够苟延残喘，完全是由于统治者重新组织并促进了经济发展，使其能为帝国防务提供必需的资源。他们试图拆分大型庄园，在边境地区以小自耕农形式安置整支军队。拜占庭帝国的统治者认为，通过这种方法，既能为守卫帝国提供必要的军事保障，又能夯实当地的税收基础。

拜占庭文明就是利用这样的方法保证了东罗马帝国核心的完好，甚至在10世纪还收回了部分斯拉夫人手中的巴尔干土地。但他们并无法从根基上克服这一体系的弱点，到了 11 世纪中期，君士坦丁堡再次衰落下去。帝国体制的基础存在着内在矛盾。帝国的目标是建立起独立的农民阶层，使其成为国家赋税的基础。但是，沉重的税负却不断迫使农民放弃土地，转而投靠更加富裕、更有权势者，以寻求庇护，维持生计。小自耕农面临着"收税官每年一次残忍无情的掠夺，随同他们一起前来的还有士兵……拖欠税款者被无情地鞭打，他们的所有物也被扣押"[48]。有时，交不起税的人还会被丢进监狱，惨受酷刑折磨——12 世纪时的一些收税官甚至还会放出塞浦路斯的饿狗来咬噬交不起税的农民。即便在最好的时节，农民也生活在无力偿还债务的绝境边缘。对大多数辛苦耕种一整年的农民来说，只需一场歉收，他们就不得不卖掉土地，尽快逃亡。因此，大部分农民最终的选择都是投靠有权势的大地主，寻求保护，甘心屈从。932 年爆发的农民起义，就由一位冒名顶替的骗子领导，他声称自己是一个伟大的贵族家族的后裔，这也多少佐证了当时农民的普遍想法。[49]

东罗马帝国的官僚体制的确成功地阻止了城市民众的独立发展。商人和工匠在国家的监管下组织起行会，行会严格地限制了他们的盈利。这种体制"拖延了本地资本主义的强力发展"[50]，因此当贸易终于开放时，外国商人趁机大赚了一笔，而外国商人的活动则更进一步暴露出了帝国的弱点。

自由雇工阶层同样没有发展起来，因为城市里持续存在着奴隶制。9—11 世纪，"伟大的军事胜利……令市场上充斥着廉价的人力商品。直到军事溃败的惨痛事实摆在眼前，市场封闭，财富衰落，才于 12 世纪遏止了奴隶的来源，其后奴隶制才慢慢枯竭衰亡，逐步将经济权力归还给自由劳工"[51]。

君士坦丁堡的辉煌及其统治者滔天财富的另一面则是帝国民众

的穷困潦倒。大部分百姓都是住在肮脏破落的房屋或僻陋的小屋里，即使在寒冬腊月，许多人也不得不睡在室外。但是，缺乏独立的经济基础，导致穷人无法组织起一支独立的力量。贫苦百姓可以通过暴动造成社会骚乱，但与穷人利益完全不同的群体却能轻易地利用他们的痛苦。在查士丁尼早年统治时期，曾经爆发了大型的尼卡叛乱，暴乱持续了半个月，焚毁了半座城市，最终证实是贵族集团利用了广大民众，来反对查士丁尼对他们征税。从此以后，皇帝们也学会了这一招，谨慎地向城市民众提供廉价的谷物粮食，于是民众的暴乱又变成支持皇帝对抗敌人的利器。

这一历史阶段甚至还存在一种暴乱的制度化形式，使城市民众偏离了上升成为具有独立诉求阶级的发展方向，即在竞技场里上演的各种游戏中，观众分为彼此竞争的"绿派"和"蓝派"。双方各派几百名年轻人占据特殊席位，身着代表各自派别颜色的华服，在适当的时机发出欢呼和嘘声，偶尔也会发生殴打事件，甚或引发大规模的流血冲突和暴动。竞技场上的比赛经常需要动用军队来维持秩序，但是，赞助各个派别的达官显贵（包括皇帝和皇后在内）保证了这种竞技绝不会危及帝国安全，这种程度的冲突体制只是一个用来适当缓解压力的安全阀。[52]

只有在12世纪提供廉价食物的方法失效后，体现城市平民阶级利益的暴乱才开始发酵。有趣的是，正是各种行会及工匠与商人的联盟在此时起到了关键作用。[53]

存活下来的拜占庭帝国是古希腊罗马文化的最后堡垒，因为帝国官僚体系由讲希腊语的文化阶层来运行。但是，帝国的官僚集团却依赖他人的生产维生，而对社会生产无所贡献，或者说并不组织生产。他们以远离物质世界为傲，同时惧怕任何贴近生产的阶层出现，担心那样会导致他们不得不分出部分生产盈余，放入他人腰包。这解释了拜占庭文化为何贫瘠而迂腐，甘愿墨守成规。这同时也说明了所有社会群体都偏执迷信和魔法力量的原因。通常，教士至少受过一些教化，他们的知识主要来自断章取义的圣人故事、奇迹神话，以及对神圣遗址魔力的信仰。如果说异教信仰向人们提供了本地的神明，那么基督教此时则向信徒奉上了本地的守护圣徒。对母神的信仰转变成对圣母玛利亚的信仰。生殖权成为忏悔日的狂欢和复活节仪式中的主题。

　　迷信带来了最野蛮的举动。8 世纪时，"我们发现惩治罪犯的方法中包括割舌、割手和割鼻……教会也认同这种方法，因为无法言语的罪人依然还有时间忏悔"[54]。在城市中，教会简朴的道德主义意味着"女性必须遵守严格的隔绝措施。所有受人尊敬的女士都不应当不戴面纱出现在街上"[55]。但是，范围广泛的卖淫活动却是依然存在。

　　13 世纪初，当君士坦丁堡陷入一群来自欧洲的恶棍和冒险家之手时，拜占庭文明基础上的弱点充分暴露出来。参加第四次十字军东征的野心之徒发现，与他们的目的地耶路撒冷相比，君士坦丁堡这座城市是一个更好的战利品。他们疯狂地洗劫了君士坦丁堡，然后将其充作封地国来进行统治。1261 年他们被赶出了君士坦丁堡，但重获自由的拜占庭帝国不过是过往繁华的一个苍白影子，最终于 1453 年落入奥斯曼土耳其人手中。

　　这一特定文明已经持续存在了一千年。但是，据说有教养的统治阶层与辛苦劳作的大众之间唯一的接触，还是一方通过收税官，另一方则通过几乎不识字的乡村教士。这样的文明就像一个活生生的化石，只是将前人的功绩从一个时代搬到另一个时代，却没有添上任何属于自己的火花。

　　古希腊罗马社会并未发展出任何有能力进行社会革命的阶层，也未发展出任何能为生产力的革新注入新鲜血液的阶层。其结果导致西欧陷入漫长的"黑暗时代"，而巴尔干半岛和小亚细亚则在长达一千年的贫瘠中苦苦挣扎。

第四章

伊斯兰革命

查士丁尼时代之后的拜占庭帝国陷入了发展停滞，这种发展停滞不仅为残存的罗马帝国带来荒芜颓败，还导致中东地区爆发了一系列激烈动荡；中东地区曾为人类的知识和技术发展作出过突出贡献，并曾产生了世界上最伟大的宗教之一。

让我们从让人惊异的圣城麦加这座坐落于阿拉伯半岛贫瘠土地上的贸易之城开始说起。游牧部落民族统治着这片土地，他们驾驭骆驼（他们于公元前 1000 年就开始驯养骆驼）穿越沙漠，赶着牧群从一个绿洲走向另一个绿洲，在此过程中进行一定限度的贸易，不用说有时也会做些打家劫舍的勾当。他们以氏族为组织形式，在部落中结成松散的联盟，氏族长者大会管理着部落的发展，不过部落之间经常冲突不断，兵戎相见，而且他们也常会对沙漠边缘之外的定居者展开突袭，尽情劫掠。

但在绿洲周边及一些河岸区域仍然存在不少定居的农耕者，尤其是在南方[56]，那里存在着延续了至少千年的古老文明，与红海对岸同样古老的埃塞俄比亚文明保持着密切联系。有些游牧家族积累了财富后，也开始在贸易中心定居下来，在罗马帝国和东方文明之间穿梭，使用骆驼篷车运载用于交易的奢侈品。麦加就是这样一处定居点，到7世纪初它已发展成为一座兴盛的城镇。

游牧氏族的传统价值观集中体现在个人及其氏族的勇气和荣誉上。这里没有国家的概念，每个人都要对自己的氏族部落负责，而不是在更广泛的意义上对社会承担责任。袭击、谋杀和劫掠被视为对家族或氏族部落的侵犯，需要通过复仇和血腥屠杀来解决。宗教是在部落的迁移过程中对个体神明的确认和识别，就像《旧约》中记载的"以色列之子"在穿越沙漠的过程中携带着约柜。

当有些游牧民开始进入定居生活，遭遇紧张关系和冲突矛盾时，这样的价值观并未提供任何简单有益的处理方法。早已进入农耕生活的农民和城镇民众穷困潦倒已久。基督教在阿拉伯半岛南部兴盛起来，许多在绿洲定居的农民开始皈依犹太教或基督教的某一教派。在麦加这样的城镇中，游牧民、商人、工匠和农民混杂在一起，就彼此不同的宗教观点不断争论。这些论点都拥有实用主义层面上的含义，因为旧有的价值观和旧神阻止了任何想要颠覆向氏族及部落尽忠法律的行为。

阿拉伯半岛上两大比邻帝国（拜占庭帝国和波斯帝国）间发生的事情，更进一步加剧了危机。6世纪末，波斯人从拜占庭帝国手中夺取了埃及和叙利亚，终结了当地为期九百年漫长的希腊罗马统治。但波斯社会本身已是危机四伏，拥有土地的贵族对令城市得以繁荣起来的美索不达米亚灌溉工程不屑一顾。狂暴的战争令形势变得更加糟糕。无论在拜占庭还是在波斯，都存在着普遍广泛的穷苦大众和社会暴乱。[57]整个世界似乎都处于一片混乱之中。

这就是穆罕默德生活的世界，这位麦加城的孤儿来自一个地位并不显赫的贸易家族，在成长过程中尝试着作为一名商人谋生——但却并不成功。他观察并亲历身边的混乱，思想上的动荡不安时刻激荡着人的灵魂，但在互相冲突的世界观和价值观中却似乎没有一种显得合乎情理。他感到被一种责任感驱使着，试图为自己的生活和他所在的社会带来些许内在的连贯性。穆罕默德经历了一系列宗教幻象，他相信上帝（阿拉伯语中的真主安拉）对他说的话。这种经历促使穆罕默德形成了各种宗教概念，并将其清楚地发展为新的宗教。穆罕默德向人们复述上帝的意愿，人们将其记下便成了《古兰经》；他继而逐渐拥有成群的追随者，主要是来自麦加各个商人家族的年轻成员。

穆罕默德的祈祷词与阿拉伯世界的农民和城镇平民信奉的基督教和犹太教有许多相似之处。伊斯兰教信奉单一的上帝，反对游牧部落民信奉的许多相互竞争的神明。它以无所不在的普世责任信仰，取代了对旧氏族和部落法律的信仰。通过称赞反抗一切压迫，它吸引了穷苦的信众；但与此同时，如果富人显示出慈悲心肠，它也不会把富人一脚踢开。而且与早期基督教一样，伊斯兰教对城市妇女也拥有一定的吸引力（有些追随穆罕默德的女信徒的丈夫则对伊斯兰教深恶痛绝）。伊斯兰教认为女性不如男性（例如在拜占庭帝国，女性佩戴面纱被社会广泛接受），但也劝告男人由于自己的"高级"，应当尊重而不是虐待女性，也正因此，男人获得了一定的财产权。

在纯粹的宗教层面上，伊斯兰教广泛地融合了犹太教和基督教的圣经传说和宗教实践。但在一个重要方面，伊斯兰教与同时代的基督教又大为不同。伊斯兰教的教义不仅仅是一套约束和规范道德行为的信仰或规则。它还是一套旨在改革社会的政治规划；由于部落和统治家族之间经常以武装形式爆发冲突和厮杀，伊斯兰教还意欲以建立在单一法律基础上的穆斯林共同体"乌玛"来取代这种"残暴"的竞争。

穆罕默德教义中的政治诉求，导致麦加统治家族之间的激烈冲突，以至于他不得不带领信徒迁至麦地那，但最终还是于630年带领军队返回麦加城，开始创建新的国家。穆罕默德无疑取得了成功，因为他凝聚起了信奉单一世界观的年轻人核心，与此同时又颇有策略地促使目标完全不同的各种群体结成联盟——城镇民众和农民只想要和平，商人家族希望强大的阿拉伯国家能够给其带来令人欣喜的利润，部落首领则希冀从战斗中捞取丰厚的战利品。

新兴的国家善用了伟大帝国的两次危机。632年穆罕默德去世，但他最初的两位继承者（哈里发）：阿布·伯克尔和奥马尔（来自商人家族、信奉伊斯兰教并追随穆罕默德时间十分久远的门徒），同样知道如何将宗教原则与政治规划紧密结合。他们将长久争斗不休的牧民部落和氏族的注意力转移到袭击两大帝国的富庶城市上，从而发觉这些貌似辉煌的古老帝国是多么虚弱、多么不堪一击。就这样，一座城池接着一座城池，统统落入阿拉伯军队的囊中：636年，大马士革陷落；637年，波斯帝国的都城泰西封陷落；639年，埃及城市巴比伦（今开罗的一部分）沦陷；642年，亚历山大城沦陷。十年间，穆罕默德的追随者们在中东地区历史悠久的文明土地上，缔造了如日中天的帝国。

伊斯兰文明能够取得成功的部分原因在于，它非常睿智地发挥出游牧部落的战斗潜力。伊斯兰司令官发现，极速穿过看似无法穿越的沙漠后，驱使着骆驼的骑兵可以凭借强大的军队，出其不意地一路奔袭,攻击帝国边境城市。他们利用荒漠的广袤空间,就像古老的大英帝国炮舰利用海洋一样,随意打击移动速度比他们低上好几倍的防卫军队[58],或者就像现代武装力量使用伞兵那样随意打击远程目标[59]。

但是,这些成功同时也见证了当地人民是多么憎恨旧日帝国的统治者。犹太人和"非正统"基督徒组成城市平民的大多数,他们欢迎阿拉伯军队,尤其是当穆斯林征服者并未立即寻求创建新的国家结构,或者强迫当地民众皈依伊斯兰教时,他们对伊斯兰文明就更加欣赏。相反,穆斯林征服者完整地保留了原有的行政结构,并且尊重民众对基督教、犹太教和波斯琐罗亚斯德教的信仰。征服者的全部需求就是定期上缴赋税,将原有的国家土地充公,同时没收那些持续抵抗新统治的旧贵族的土地。大多数民众都发觉,现有的生活环境比起旧帝国治下还要宽松些。一位犹太作家讲述了"造物主如何带来了以实玛利的王国(即阿拉伯人),为的是将你们从邪恶中拯救出来",而叙利亚基督教历史学家则写道:"上帝……通过阿拉伯人之手,帮助我们逃出了罗马人的统治……我们终于从罗马人的残暴和对我们的憎恨中获救。"[60]

征服最直接的受益者就是阿拉伯部落军队的领袖和麦加家族的首领。他们分享了战利品,因此几年之内就成为阿拉伯的贵族——这一阶层坐拥滔天财富但却人数极少,生活在沙漠边缘地带新建的军营城镇中,他们收取民众奉献的税收,但是依然将旧帝国的土地交给原有的地主和官员经营。

不过,夺取了胜利的军队中却是始终摩擦不断,有些阿拉伯部落感到在瓜分胜利果实时吃了亏。640年代,这种沮丧和愤懑情绪逐渐增长,引发了一场内战,这场战争在整个伊斯兰世界历史中留下了浓重的一笔。644 年,第二任哈里发奥马尔被一名奴隶杀死,统治权力传递给了奥斯曼,奥斯曼是穆罕默德早期的支持者之一,同时也是麦加最有权势的商人家族成员。混乱的局势进一步加重了民众的苦难。656 年,穆罕默德的堂弟和女婿阿里担任新的哈里发,点燃了彼此敌视的穆斯林军队之间的战火,直至阿里被他的追随者"分离派"杀害——起因是"分离派"不同意阿里与仇敌握手言和。于是,最高权力又回到奥斯曼堂弟手上,他建立起了以家族姓氏为名的世袭倭马亚王朝。

在许多人眼中,最终高唱凯歌的家族与穆罕默德曾经公开反对的许多邪恶联系紧密。对于那些梦想回到穆罕默德时代、将穆罕默德视为纯洁典范的人们来说,阿里和他的儿子侯赛因(680 年被一支倭马亚军队杀死)成为殉道圣徒,而纯洁自从穆罕默德去世后就崩坏不再。在伊斯兰教历史上,一次又一次不停地响彻着"回到阿里时代"或者是回到前两位哈里发时代的呼声,号召从一个阶层到另一个阶层的所有人联手反抗现有国家体制的统治。甚至直至今天,这种呼声依然能够激励许多伊斯兰原教旨主义教派。

然而,当时倭马亚监管着帝国的统一,在叙利亚建立了国都。阿拉伯军队再次挥刀直下,夺取了东方的喀布尔和布哈拉,向西直抵大西洋。这次远征为阿拉伯贵族(前部落首领和前商人们)带来了更多的财富。他们在驻军的城市中过着奢侈生活,大笔挥霍,修建华美的宫殿。在他们之下,军中其他职级军官都享受免税待遇,并可从战利品和被征服地的贡奉中收取年金。

城市阶层与宗教叛乱

随着广袤的土地被并入单一帝国的统辖范围，奢侈品贸易得到巨大的推动和发展。商人、店主、书记员和工匠云集驻军城市，在日益扩张的城郊地区定居下来，为阿拉伯统治者、他们的宫殿、他们的军队、他们的官员的需求提供服务。他们中大部分人都不是阿拉伯人，但却被统治者的宗教所吸引——这种宗教毕竟与曾经统治过旧帝国的一神教宗教没有太多不同。但是，阿拉伯穆斯林并不热衷于向新发展的伊斯兰教徒扩展宗教免税权，更不愿与他们分享贡奉。因此，新的皈依者被称为改宗穆斯林"麦瓦利"，不享有阿拉伯人的种种特权，阿拉伯穆斯林始终认为自己才是唯一真正的穆斯林。

当阿拉伯帝国发展了一百年后，帝国城市中的非阿拉伯穆斯林已经占据人口的大多数，他们掌握了国家工业和贸易的关键位置，因为阿拉伯商人放弃了这些职位，转而寻求成为新的贵族。与此同时，非阿拉伯穆斯林也日益成长为重要的政府官员。但他们依然备受歧视。

"异议者穆斯林"团体（Dissident Muslim）自称阿里党人，他们在广大民众间找到了听众；然而，认为阿里也曾屈从于堕落和妥协的"分离派"也一样拥有不少支持者。就像麦加的部分城市阶层曾在穆罕默德的教化中找到了一种世界观，在其武装下可以反击不当的社会秩序，如今阿拉伯帝国的城市阶层发现，同样的教化在反击穆罕默德军队建立的国家时一样有效。开创新秩序是众人的呼声，他们希冀在新秩序下，挤压城市阶层进一步发展空间的压力可以荡然无存。

有些历史学家将这些冲突视为波斯人与阿拉伯人的冲突。[61] 但事实上，波斯上层阶级支持倭马亚王朝，而在不满的人群中则包含许多阿拉伯人：

> 残存的波斯贵族与阿拉伯人缔造的国家合作，只要新政权依然承认他们的特权。在皈依一事上，他们用琐罗亚斯德教徒的身份交换了穆斯林的正统身份。而伊斯兰教化的波斯城镇居民和农民，则以琐罗亚斯德教徒的身份，交换了引领他们反抗贵族的伊斯兰教异端身份——反抗的对象不仅包括波斯贵族，也包括阿拉伯贵族。[62]

随着阶级之间的紧张状况日益严峻，由各种救世主马迪斯领导的暴乱层出不穷，马迪斯广泛宣传新的宗教和社会秩序的诞生。但是，这些暴动都以失败告终。不过，到了8世纪中期，在阿拉伯军队的领导层中又爆发了新的争端。

穆罕默德家族的后代子孙、来自哈希姆支系的阿布·阿巴斯利用了时局。他授意家族中一位得到自由的前奴隶阿布·穆斯林在波斯西南部煽动民众的宗教和社会仇恨。阿布·穆斯林依计秘密行事，逐渐获得民众支持，直至时机成熟发动起义。一座又一座波斯西部城市相继公开举起阿巴斯的旗帜：一面黑色旗帜，黑色正是代表千禧年组织的颜色。阿布·穆斯林向幼发拉底河进军，在那里扫荡了倭马亚王朝的大军。这样"广泛而成功的革命宣传"，为阿布·阿巴斯最终击溃倭马亚王朝扫平了道路，将倭马亚家族逼上绝境，并最终开创了一个新的王朝：阿巴斯王朝。[63] 不过，期待得到解放的穷人很快就感到沮丧不已。阿巴斯王朝的统治者一旦大权在握就立马背叛了他们"最忠诚的"支持者，处决了阿布·穆斯林及其几位亲密同伴。然而，这可不仅仅是一次王朝的更迭。

美国著名中东学家伯纳德·刘易斯在其撰写的伊斯兰历史中将这次王朝更迭称为"伊斯兰历史上的一次革命……其重要性堪比欧洲历史上的法国大革命或俄国十月革命"[64]。有些历史学家甚至称其为一次"资产阶级革命"[64a]。毫无疑问,阿巴斯利用人民大众的不满情绪,加速完成了帝国统治秩序的重组。帝国此前完全由阿拉伯军事贵族阶层来统治,他们自征讨战争中崛起,凭借征服收取俸禄。在阿巴斯王朝治下,伊斯兰教成为一个真正具有普遍意义的宗教,阿拉伯裔和非阿拉伯裔信徒日益得到同等对待,一个人的种族越发不是核心问题,尽管人与人之间依然存在穷富之分。"新的社会秩序在和平的农业和贸易经济基础上建立起来,官员、商人、放贷者、宗教学者乌里玛、法学家、教师及达官显贵,组成了一个包罗万象的统治阶层。"[65] 标志性的变化在于,皇廷决定将都城迁往宏大壮美的新城巴格达,巴格达位于美索不达米亚最肥沃的灌溉土地,地处通往印度的重要商路之上,距离古老的波斯帝国都城泰西封遗址只有几公里远。

阿巴斯革命开启了长达一个多世纪的经济繁荣发展。美索不达米亚河谷和尼罗河流域地区再次兴盛起来,出产小麦、大麦、稻米、乳制品和橄榄制品等。帝国统治者修复了美索不达米亚的灌溉河道,庄稼产量也节节攀升。[66] 人们从印度引进了棉花种植,一眼望不到头的棉花地从波斯东部一直蔓延到西班牙。阿拉伯帝国的贸易规模也非常庞大。商人前往印度、锡兰、东印度和中国,繁盛的贸易使得定居中国南方城市的阿拉伯商人越来越多。从事贸易买卖的阿拉伯商人还从黑海一路向北,经过伏尔加河进入俄国——考古学家甚至在瑞典发现了堆积起来的阿拉伯金币——经过埃塞俄比亚和尼罗河河谷进入非洲,货物经由犹太商人进入西欧。

伴随着贸易的四处扩张,阿拉伯帝国出现了类似我们今天银行系统的机制。银行的总部位于巴格达,在帝国其他城市设立分支机构,实施精密的支票和信用状系统[67]——鉴于商人携带大量金银从帝国的一端奔波到另一端不仅费时费力,而且风险极高,考虑周全的银行机制恰好解决了这个难题。阿拉伯商人完全可以在巴格达开具一张支票,然后前往摩洛哥兑成钱。《古兰经》禁止信徒为了收取利息而向人放贷,因此许多放贷人都是基督徒或犹太教徒——不过,就像法国东方学专家马克西姆·罗丁森指出的那样,信奉伊斯兰教的商人,很快就找到了既能赚钱又不违反教规的方法。[68]

建立在工匠基础上的手工业也兴隆起来,其中主要是纺织业,但也包括制陶业、金属制品加工业、制皂和香水业及造纸业(从中国引入了造纸术)。这一历史时期商业和城市生活的繁荣发展在文学和思想中都有所体现,当时的作品中记载着"正直诚信的商人"是"最理想的道德典范"。[69] 著名的《一千零一夜》中的故事,正是"商人和工匠市民阶级生活的写照,市民阶级的上层包括富有的商人、贩卖玉米的商人、包税农民、进口商,以及脱离土地的乡绅等人"[70]。

在这个历史阶段,宗教学者开始对穆罕默德的言行进行权威的汇集和整理,集结成了《穆罕默德训词》/《圣训》,并制定了正式的伊斯兰教法(沙里亚)。今天,这些教法经常因其据称反对"犹太教-基督教传统"的"人性"和"文明"价值,而被西方人视为彻底野蛮的象征。但在 9 世纪和 10 世纪,伊斯兰教法部分代表着贸易商人和工匠们的价值观,他们寻求从帝国官僚和拥有土地的贵族阶层的野蛮统治中解放的方法——而且他们的确通过遵循这些教法达成所愿得到解脱,因此伊斯兰教法与"基督教化"拜占庭的普遍法律形成了鲜明对比,更不用说与西欧封建制法律也迥然不同。一位精通伊斯兰历史的学者指出,伊斯兰教法建立在"相对机动的平等主义期待之上……

在反抗农业帝国的过程中保持了自治性"。商人和工匠想要"整个社会在更加开放、更加平等和更具契约性的结构上进行重建，就必须诉诸伊斯兰立法"。[71]

总之，迅猛的社会变化带来了繁荣的智性探究，这一阶段正是阿拉伯世界价值观冲突最为激烈的历史时期之一。不存在任何一派正统的伊斯兰教解释，彼此竞争的教派殊死争夺着人们的灵魂。城镇中社会地位较低的阶层被各种什叶派异端所吸引——什叶派的观点不断激起反抗帝国统治的暴乱。与此同时，诗人、学者和哲学家们从帝国的四面八方云集巴格达，希望能够得到富有廷臣、地主或大商人的资助。他们将希腊、波斯、叙利亚（古叙利亚语）和印度的哲学、医学及数学著作译成阿拉伯语。艾金迪、阿尔-法拉比和伊本西纳（西方人通常称其为阿维森纳）等哲学家，试图在柏拉图和亚里士多德思想的基础上，为阿拉伯世界提供合乎理性的阐述。花拉子密、阿布-华法和阿尔比鲁尼等数学家，齐心协力，进一步发展了希腊和印度文明的数学遗产。阿拉伯天文学家还构建了星盘和六分仪，并计算出了地球的周长。

寄生与瘫痪

毫无疑问，穆斯林帝国的繁荣昌盛不仅与"黑暗时代"的欧洲形成了鲜明对照，甚至也令停滞中的拜占庭帝国相形见绌。然而，穆斯林帝国却因犯下大错而陷入苦海，这也就意味着它终究无法与生机勃勃、极富创新精神和技术进步的中华文明相媲美。

首先，兴盛的城镇生活和文化与生产技术的发展并不匹配。阿巴斯革命为贸易扩张创造了空间，使城市中产阶级得到影响国家机构运转的机会。但真正的权力依然紧紧攥在实际上寄生于他人生产成果的群体手中。皇廷日益陷入东方君主的传统窠臼，花费巨额财富，只为喂饱统治者骄傲的自负，给臣民留下令人畏惧的深刻印象。政府官员期待通过收取贿赂积累巨额财产，将国家财富偷偷装入自己口袋。就连通过贸易致富的商人也热衷于土地投机买卖和包税制投机生意，因为投资这些生意收取的利润，要比投资改善生产条件的利润高得多。

城市手工业完全建立在个体工匠小范围生产的基础之上。除了由国家而非私人业主经营的少数几个行业，其他使用雇佣劳力的大型工场几乎没有什么发展。不久之后，国家官僚也开始从贸易所得中分走一杯羹。他们从试图控制重要食品供给的监察权，发展到自行垄断了某种商品的贸易权。

阿巴斯王朝创建后最初几十年间乡村农业取得的进步可谓有目共睹，然而到了此时，这些进步已经消散不见。一旦灌溉工程恢复到原有水平，用以维护水渠的国家资金就被挪作他用或流入他人口袋。土地日益集中到大地主手中，但他们却只对短期即时利益感兴趣，因为他们时刻需要金钱来维持其在巴格达的浮华生活。地主对农民的压榨达到前所未有的程度，还引入了奴隶劳工耕种大型田庄。就像古罗马时期一样，农民不仅丢掉了土地，而且只能眼睁睁地看着雇佣劳工抢占他们的市场。不过，即便土地肥沃，收成富足，奴隶也没能分享农民所有者的分毫利润。

日益精密细致的统治阶级"上层建筑"，在乡村发挥出越来越显著的作用——此时的乡村人口已经停止增长。一份以美索不达米亚先后交替出现文明中的农业为主题的重要研究表明，占据统治地位的城市阶层,"对农业发展进步几乎毫无兴趣。实际上,他们的注意力全部扑在宫廷阴谋和腐化堕落上,他们卷入内战的漩涡不能自拔,只知道更加猛烈地压榨农民的资源。为了保证甚至扩大税收,他们实施了掠夺性的包税制,这种短视的做法更进一步恶化了农民的生存条件。"[72]

自然条件的恶化(尤其是土壤盐碱化对耕地的破坏)意味着,即便施以最悉心的照料,想要在数百年前的水平上大大提高产量,都是非常困难的。此时,疏于照料耕地给其带来了灾难性的退化。"这里曾是伊斯兰国王治下最繁华的地区,但是如今人们已经不再在此耕种和定居。"[73] 13 世纪初,一位观察者这样写道:

> 所有的一切都处于废墟之中,所有的城市和乡村都成了高高堆起的土堆……没有任何一位苏丹对建设和建筑感兴趣。他们唯一的目的就是收税,然后将其花掉。[74]

核心地带经济的衰落,导致伊斯兰帝国政治分崩离析,政治局面的崩塌反过来又进一步恶化了经济形势。由于从土地中获得的收入锐减,阿拉伯帝国皇室日益以牺牲商人的利益为代价来聚敛钱财,将地方财政大权交给当地总督,而总督们则在行使权力的过程中私下克扣上缴的赋税。不久,总督们在其管辖地便成为事实上的独立力量。

与此同时,由于军队总是具有反叛的潜在可能,所以哈里发们试图降低对它们的依赖,不过这种尝试非但没有获得成功,反而事与愿违。越来越多的中亚土耳其人成为雇佣兵或马穆鲁克:这是一种拥有特权的奴隶群体,为帝国皇族实现军事目标而服役。随着时间推移,这些军队的首领日益强悍,拥有足以推翻哈里发并接任的实力,此时的哈里发沦为棋子，不过是发表他人决策的傀儡。

到了11世纪，阿拉伯帝国已经四分五裂。西班牙、摩洛哥和突尼斯早已是分立的王国。统治东部波斯的王朝对巴格达的哈里发只剩下徒有其表的尊重。什叶派的伊斯玛依派掀起了叛乱，创建了对抗的伊斯兰国家，国土包括埃及、叙利亚、阿拉伯半岛的西部和印度的信德地区。他们在开罗修建了新都，伫立起壮美辉煌的阿兹哈尔清真寺，在11世纪与巴格达竞争伊斯兰世界中心的地位，他们的政府非常重视从埃及到撒马尔罕的所有异议者穆斯林的革命热望——虽然当时他们正在面临着自己的伊斯玛依派异议者掀起的反叛，这次叛乱令黎巴嫩残存的德鲁兹派最终崛起。

伊斯兰世界的碎片化并未导致经济或文化在整体上的即刻崩溃。巴格达衰落了，最终于1258年被一支蒙古军队洗劫一空，但是埃及依然持续繁荣了二百年，伊斯兰教文化也兴盛地传播开来，因为学者们发现，从西方的科尔多瓦直至东方的撒马尔罕和布哈拉，彼此竞争的不同王朝都争先恐后地资助伊斯兰文化。

困扰阿拉伯帝国的许多问题，很快就令其后继王朝痛苦不堪。凭借一段时期内恢复了生产机制及从事远距离贸易，这些新国家才达到了繁盛。但这与应用新的生产方法不同，只有应用新的生产方法，整体社会才能提升到新的水平。在埃及，兴旺的行政经济、亚历山大城和开罗等贸易城市，依然寄生在尼罗河与三角洲河谷的村庄基础上。来自乡村的食物和其他原材料，是农民上缴给统治者的赋税和支付给地主的地租。但是，城市却吝于向乡村提供更加先进的生产工具和生产方法，或是任何有益于改善生产的帮助，乡村生活与一千年前几乎没有什么不同。最后，这种寄生状态必定会逐渐损毁城市经济。到了12世纪，部分埃及领土的实力已经非常虚弱，面对东征的十字军毫无还手之力——虽然这群受到宗教狂热驱动而聚集起来的西欧暴徒来自远比伊斯兰帝国水平低下的文明，但是埃及却也没能逃脱沦为猎物的悲惨命运。十字军的胜利证明了西欧在经历了漫长的黑暗后退后，终于步入了初次的发展期，而与此同时，中东社会却陷入停滞。在接下来的百年间，幸有土耳其军事奴隶马穆鲁克的领袖们攫取了权力，才阻止了埃及落得如同波斯那样的灭亡下场，得以在蒙古人的铁蹄下生还。

截至此时，伊斯兰文化和科学的伟大发展时期已经终结。随着伊斯兰教逐渐渗入乡村（在此前几个世纪的发展中，伊斯兰教一直是以城市为主的宗教），它越来越依赖禁欲苦行者和神秘主义者推动的苏菲派运动，该派别有些领袖在去世后被尊为"圣人"。实际上，富有魔力和奇迹色彩较弱的神明层级，被再次引入本应是一神教的宗教。理性辩论已经成为过眼云烟，伊斯兰教的宗教学校玛德拉萨只传授单一的正统论（尤其反对什叶派的异端思想），而且还广设宗教机构，试图将正统论强加于整体社会。知识变成理解《古兰经》和《圣训》，而不是理解这个世界，这越发窒息了思想和科学自由独立的发展。12世纪初，诗人和数学家奥马尔·海亚姆抱怨道："富有学识的人几乎消失殆尽，只余下寥寥几位，数量虽少但是贡献巨大"[75]——然而，自13世纪始，西班牙的阿拉伯城市依然是欧洲学者们学识精进的引路灯塔，而且就是在这里，伊本·赫勒敦于14世纪发展出的思想，点燃了18世纪启蒙运动中法国和苏格兰思想家手中的火炬。[76]

7世纪和8世纪伊斯兰文明的崛起，主要源于阿拉伯军队的征讨战争，以及其后的阿巴斯革命，将从大西洋到印度河流域的广袤地域融合起来，而且遵循了将商人和工匠的重要性提升到与地主和将军同等地位的信条。这促使生产发展、技术革新、工艺进步和科学知识从亚欧大陆的一端传播到另一端，并在美索不达米亚、埃及、希腊和罗马等古老帝国，以及传统的印度和同时期的中国等文明遗产的基础上，为人类文明添加了浓重而独特的一笔。但出于同样原因，伊斯兰文明自 10 世纪以来的衰落，也源于阿巴斯革命的局限性。实际上，这场革命只能算作半场革命。它允许商人和工匠阶层获得了影响国家的权力，但却并未给予他们控制国家的权力。

国家机器在城市阶层与大地主阶层之间保持了平衡，变得史无前例的强大。它向所有阶层征税，以大型田庄奖赏将军和官僚，吸收了本应用于发展和提高社会生产力的生产盈余，最后迫使大量农业生产者在低于生存必需标准的环境下苦苦挣扎，因此社会生产总量锐减。这反过来则限制了贸易商和制造商的市场，令他们毫无动力从对手工生产的依赖，发展到建起基本的工厂体系。技术进步也受到束缚（穆斯林世界甚至没有引进印刷术，尽管去过中国的商人无疑非常了解中国的印刷术），民众依然生活在极度贫困和高度压迫中。文明局限在相对人数极少的群体中，随着他们的经济状况陷入恶化，文明也开始萎缩凋谢。

伊斯兰帝国时常被各种暴乱颠覆：叛乱的领导者假托自己是被谋杀的革命领袖阿布·穆斯林，声称自己是阿里的后代子孙；此外还包括以被哈里发腐蚀了的纯粹伊斯兰教的名义发起的暴乱，城镇平民挑起的叛乱，以及农民阶层的起义等。9 世纪，在美索不达米亚南部的盐地沼泽中，爆发了历时十六年的伟大黑人奴隶暴动"辛吉起义"[77]；更有发生在埃及的伊斯玛里叛乱，它将与当权政府敌对的哈里发送上了权力的王座。

然而，在这些叛乱和起义中，没有任何一起能比古罗马的暴动或中国的农民革命更加有效地为民众指出走出死局的道路。它们通常都是以宗教的形式充分展现出民众对社会的巨大不满。但它们既没有也无法提出在新基础上重组社会的方案。民众赖以为生的方式还不够先进和发达，无法实现这一可能性。

就像中国唐宋文明，伊斯兰文明也为社会的进一步发展埋下了种子，它在这个层面上发挥了重要的历史价值。但是，旧日上层建筑坍塌的沉重负荷，阻碍了种子的生根萌芽——直至它被移植到欧亚大陆较为原始的地区，那里几乎不存在上层建筑这回事儿。

第五章
非洲文明

19世纪和20世纪初期的欧洲殖民者将非洲描述为"黑暗的大陆"。在他们眼中,这片土地上没有文明,没有历史;而在牛津大学教授埃杰顿看来,这里的生活"一片空白,毫无趣味,乏善可陈,残忍野蛮"[78]。他们抱有的偏见如此强烈,以至于亲身考察12世纪大津巴布韦遗址的首批欧洲人之一、地理学家卡尔·毛奇认为,这座遗址绝无可能出自当地人之手,而是由来自北方的非黑人族裔,模仿耶路撒冷的所罗门神庙建造而成。[79] 托利党历史学家休·特维罗伯于1965年写道:"在非洲,只有欧洲人的历史。其余的历史就是一片黑暗。"[80]

然而,所有导致欧亚大陆和美洲文明崛起的过程,也都曾在非洲萌发,而且还不止一次,而是数次。埃及就是最显著的例证。虽然埃及文明的某些方面或许受到了美索不达米亚文明的影响，但它实际上植根于南部埃及的独立发展，在从西部和南部前往尼罗河河谷定居的民众中开花结果。[81] 希腊历史学家希罗多德曾提及努比亚的库施文明（来自阿斯旺以北的尼罗河河谷），早在公元前 1000 年就征服了埃及，并且发展出了自己的注音字母。罗马人知道埃塞俄比亚的阿克苏姆文明，在文明崛起的初期就接受了基督教，与阿拉伯半岛的南部地区交流频繁（穆罕默德的一些早期追随者曾逃亡于此，以躲避麦加的迫害），也发展出了自己的字母表。沿着东非海岸向南直达莫桑比克这一区域的城市，曾与来自印度、穆斯林帝国甚至中国的商人都建立了紧密联系。1331 年旅行家伊本·白图泰描述基尔瓦岛（位于今坦桑尼亚）为"世界上最美丽、建筑最精美的城市之一"[82]。哈桑·阿尔 – 瓦赞（更为人知的是其意大利语名字利奥·阿非利加努斯）是被格拉纳达驱逐的摩尔人，他于 15 世纪初从摩洛哥穿越撒哈拉沙漠，沿着尼日尔河一路前行，他记下了沿途所见二十几个国家的景象。他写道，谭波（廷巴克图）是一座拥有数千居民的城市，"城中有许多法官、有学识的医生和传教者"，"这里有一个从柏柏尔人的国家传来的手稿书籍市场，卖书收获的利润比售卖任何其他商品都要高"。[83] 西非沿海的森林地带还崛起了其他文明，恢弘的贝宁城令第一批抵达非洲的葡萄牙人震惊不已；这些文明跨越中非的广袤土地，从北部安哥拉的班图国一直延伸到今天乌干达的布甘达。

很重要的是，非洲文明崛起的顺序，与欧亚大陆和美洲文明崛起的顺序几乎一致。在一些特定地区，由于农耕为当地人民带来了丰富的生产盈余，在主要氏族与其他世系的旧有部群结构中开始出现两极分化的情况。继而，这些主要世系氏族中的一些开始转变为统治阶层，剥削社会中的其余阶层；与此同时，随着大批农民和牧民的发展，出现了具有特殊技艺的工匠和商人。

有时非洲社会的发展也会受到其他文明影响的外来推动。埃及无疑影响了努比亚；阿拉伯南部地区（自公元前 1000 年起就已出现城镇）与红海对面的埃塞俄比亚接触频繁；来自印度和阿拉伯的商人则影响了非洲东海岸地区。但实际上，这些影响都建立在下述条件之上：非洲各地已经独立崛起了文明，能够最大化地利用外来影响进一步发展壮大。商人们只会前往非洲东海岸等类似区域，因为那里已经存在着可以进行商贸买卖的复杂社会。

非洲人民谋生手段中最重要的变化完全独立于任何外部影响，那就是从本地野生植物中选取种植作物，这可能是由于欧亚大陆和尼罗河河谷地区的古代文明种植的作物，无法在撒哈拉以南非洲的热带和亚热带气候中存活。非洲人民发展出独具特色的农业模式。过了很久之后，他们也开始使用铁。公元前 1000 年左右，当冶铁技术在欧亚大陆广泛流传的时候，西非的铁匠几乎在同一时间学会了融化铁矿石。但他们的冶铁术与欧亚大陆的冶铁术完全不同，这表明非洲的冶铁术完全是独立发展出来的。[84]

农业的发展与铁的使用联合起来改变了撒哈拉以南非洲的面貌。从西非来的讲班图语的居民日益增多，他们最早采用了这些先进的生产方法，经过数个世纪的发展，最终于公元前 2000 年至公元 500 年之间取代了非洲中部和南部大部分人口赖以为生的采集狩猎谋生方式。大约在公元 500 年后，非洲社会拥有相当殷实的农业盈余，抑或由于发达的贸易而积累了不少盈余，开始向阶级分化和城市生活社会转化。非洲东海岸的城镇通过贸易开始与印度洋的其他文明频繁接触。西非城镇成为一方面延展至尼罗河河谷地带和埃及、另一方面从撒哈拉沙漠深入马格里布的广阔贸易网络中的一部分。这样的深入接触令非洲文明引进了阿拉伯字母表，从而缩短了发展自有文字的漫长旅程；与此同时也接受了伊斯兰教，相比古老的"异教"信仰而言，伊斯兰教显然更适合此时非洲的城市生活氛围。

本地化的发展依次催生了埃及、努比亚和埃塞俄比亚文明。到了15世纪，从非洲大陆的一端到另一端，星罗棋布着许多其他文明，尽管其间也时常点缀着依然处于前阶级社会的"原始"社群。在欧洲人踏上非洲海岸之前很久，非洲文明就已通过伊斯兰教融入全球贸易体系；实际上，古老的非洲津巴布韦文明衰落的一个解释，正是由于15世纪的出口黄金在国际市场上的价格猛跌所致。[85]

非洲人民最终的确沦为崛起的新世界秩序的受害者：种族主义者将非洲文明从世界历史上抹去，并将非洲黑人视为"下等种族"。但这其中更深层次的原因，恐怕来自偶然的地理布局。

欧亚大陆从西向东绵延。广袤的土地拥有相同的气候条件，因此适合种植同一种作物：小麦、大麦和黑麦，从爱尔兰到中国北京都是如此，而且从朝鲜半岛、日本直到印度洋地区都种植稻米。与此同时，鲜有自然屏障阻止驯养家畜品种的传播。除了在某些荒漠地区，马、牛、绵羊和山羊几乎可以在欧亚大陆上的任何地方繁殖兴盛。农业耕作技术非常发达，传播速度也非常迅猛，人们很快就可以从邻居那里学会如何在同样的气候条件下种植同样的作物。接二连三的强人部族从欧亚大陆的一端扫荡到另一端，虽然带来了毁灭（好比匈奴人和蒙古人），但同时也带来了新的技术和知识。

与欧亚大陆相比，非洲大陆呈南北走向，拥有几个不同的气候带。在马格里布或埃及繁殖旺盛的作物，在萨瓦纳地区就不易生长，而在萨瓦纳地区生长的作物，对非洲靠近赤道的热带地区也是毫无用处。[86] 因此，一个地区的农业技术发展只具有地区性的意义，直到具有革命性的交通运输新方法帮助非洲人跨越气候的鸿沟。不仅如此，畜牧业的向南发展也遭遇了自然界的巨大阻碍：在非洲中部地区飞舞的舌蝇。虽然非洲南部地区拥有发展畜牧业的理想条件，但是驱赶着家养奶牛的农业人口却很难抵达那里。在 15 世纪之前，从非洲西海岸出发进行深海航行还是一件无法想象的事情，因为当时在全世界范围内还没有发展出能够应对盛行风的航海技术。非洲东海岸比较容易抵达，但是继续前往内陆高地的旅程却是充满艰辛，随时都有可能与死神照面。此外还有广袤的撒哈拉沙漠将非洲大陆从大西洋到尼罗河切割成两半，即便在公元 500 年引入家养骆驼之后，除了意志极其坚定的少数行者之外，大部分人都无法逾越这道无情的屏障。

  对其社会发展陷入停滞甚至后退的欧洲人（如大不列颠人、德意志人或斯堪的纳维亚人）来说，即便身处"黑暗时代"，最后依然可以从中国、印度或中东地区获得推动技术进步和农业发展的知识。欧洲人可以从这个地球上最广袤的土地上汲取进步力量，从而最终获益。然而在很大程度上，撒哈拉以南的非洲文明只能依靠自有资源。他们的地理位置相对隔绝，身处只有欧亚大陆一半面积的土地上，人口是欧亚大陆总人口的六分之一。对社会发展而言，这并非一个无法克服的困难，就像连续不断的文明记录所显示的那样。但是，自然条件依然是非洲文明的致命弱点，尤其是在他们最终面对来自西欧社会发展后退期的贪婪造访者时，相比而言，那些西欧人更容易从亚洲的另一端去学习和发展先进的生产技术。

第六章
欧洲封建主义

一千年前,来自开罗和科尔多瓦等大型伊斯兰城市的坐贾行商周游世界。[87] 每一位克服了沿途恶劣的自然条件、历尽千辛万苦最终觐见北欧皇室的商人,都会为眼中所见的景象大吃一惊。

土地被厮杀不停的爵爷们分割得七零八落,每位贵族通常都会以防卫的森林或沼泽地作为屏障,彼此隔绝。一个地区就是一个自给自足的经济体系,人民几乎全部依靠自己土地上的所出。对农民而言,这意味着每天的食物就以面包和燕麦粥为主,穿着自家由粗羊毛和亚麻纺织而成的衣服。同时这也意味着,农民要将五分之二的精力花在为领主免费劳作上,或者将实物粮食上缴领主。耕种土地的农民实际上是一种农奴,他们没有离开土地或领主的自由。

与农民相比,领主家的生活水平要高得多,但也不得不受限于农民的产量。领主的城堡十分粗糙原始，用木头建造而成，周边围绕着茂密的树林和尖桩栅栏，对恶劣天气和自然环境毫无防御能力。领主家族的衣着品质当然高于农民，不过质料也谈不上丝滑精致，而且领主几乎没有什么文化。他们需要掌握骑马和使用武器的技艺，来保卫土地免于落入其他领主之手，惩罚桀骜不驯的农民；他们根本不需要能读会写，因此，大多数领主根本不屑费力去学习如何读写。当拥有大规模土地的领主希望保存书写记录时，他们就会转向一小群依然掌握读写知识和技能的人：为数不多的僧侣和书记官。

有些产品来自商人，如盐、犁尖上的铁、刀子和领主的武器等。但此时的欧洲商人与东部文明富裕的商人阶层迥然不同，他们类似于小商贩或修理匠，穿越蹒跚难行的森林小道，踏过几乎无法辨认的泥泞小路。

中世纪欧洲几乎没有几座城镇，"整个国家，例如英格兰和几乎所有德意志人的土地上都看不到一座城镇"[88]。仅有的几座城镇也不过是大领主的行政中心或宗教机构的所在地，几乎只是由一座城堡、修道院或大型教堂组成，周边简单围着几栋房屋。

然而，在这片发展步伐极端落后的欧亚大陆上，将会诞生最终统治全世界的新文明。

关于欧洲文明发生的巨大转变，历史学家已经给出了各种各样的解释，包括各种不可思议、荒诞不经甚至骇人听闻的理由。有些人将其归结为犹太-基督教传统，虽然在罗马帝国最后的岁月、"黑暗时代"的欧洲或拜占庭帝国的发展停滞中，所谓的犹太-基督教传统显然没有发挥多少作用。还有些人认为这一转变源于气候，声称是气候激发了人们努力"工作"的"进取心"[89]；不过，这种观点不禁令人疑惑，最初的伟大文明是如何兴盛起来的。关于欧洲文明发生转变最骇人听闻的解释是，欧洲人这一"种族"比其他人种更具优越性——这一观点显然完全站不住脚，否则如何解释欧洲在黑暗的中世纪挣扎良久？另一条回答欧洲转变问题的线索将其崛起归结于"依情况而定"的因素；换句话说，这是一个意外。传统主流史学认为，是偶然间出现的一系列伟大人物促成了欧洲文明的巨变；德国社会学家马克斯·韦伯则指出，加尔文主义和新教伦理的兴起十分幸运；某些北美历史学家也认定，在 15 世纪的英格兰，由于农民与领主之间的冲突碰巧导致双方都沦为失败者，新的文明契机才露出了曙光。[90]

倒退的文明开始前行

所有这些分析和解释都忽略了非常明显的一点。社会的倒退激励欧洲人从他处借鉴采纳新的谋生方式。经过数个世纪的漫长发展，他们开始应用起在中国、印度、埃及、美索不达米亚和西班牙南部早已非常成熟的技术。社会关系作为一个整体也在缓慢地发生着相应的变化，就像中国的宋朝或阿巴斯王朝的哈里发国家，这种变化日积月累就会发生质变。但是，这次转变无需背负古老帝国上层建筑的重负，这种压力已经数次令持续的社会发展窒息在摇篮中。极速后退的欧洲终于如同蛙跳般，在伟大帝国的头顶一跃而过。

经济发展和技术发展并非自行发生或通行无阻。旧制度一次次地阻碍、有时甚至是粉碎了新的生产方式。与世界上其他地方一样，欧洲也爆发了许多伟大的起义和暴动（最后都被镇压粉碎），但那些许诺一个新社会的运动，最终却不过是复制了旧社会。土地肥沃的地区最终陷入一片荒芜，繁荣的城市成为荒凉的废墟。这段历史中遍布令人胆寒且毫无意义的战争、野蛮的折磨和对大众的奴役。然而，最后，终于涌现出一种生产和社会的新组织形式，与人类历史上曾经存在过的任何文明都大为不同。

变化首先出现在农耕领域。"黑暗时代"以土地维生的农民或许没有什么文化，满心迷信，对更加宽广的世界一无所知，但他们却深知赖以维生的土地的重要性，慢慢做好了准备，迎接采纳新的生产方法——如果运用得当，他们就可以更容易填饱肚子。6 世纪时，农民发明了一种新型犁："沉重的轮式犁"，这种犁可以翻起难耕但却肥沃的土地，它首先出现在东欧斯拉夫人的庄稼地，继而在接下来三百年间逐渐向西传播。[91] 随之而来的还有新的畜牧方法，可以利用牲畜的粪便给耕地施肥。通过将这些方法结合到一起使用，每户农民的年产量都增加了 50%，"这种农业运作方式能比以往带来更多的肉类、乳制品、兽皮和羊毛，与此同时还促进了谷物丰收"[92]。一位经济历史学家声称："就投入的人力而言，这种农牧结合的生产方法被证明是到那时为止世界上出现过的最高效的农业耕作方法。"[93]

在接下来的数个世纪中，欧洲农业还涌现出更多的新技术，例如模仿中亚地区给马匹带上了挽具：带上挽具的马匹取代了速度缓慢得多的牛，成为牵引犁的主要动力；以及使用豆子和其他豆类植物来恢复地力。法国著名历史学家乔治·杜比专门研究中世纪时期的农民，他认为这些创新举措的效果积累到 12 世纪，终于使得谷物的产量翻了倍。[94]

这样的变化非常缓慢。美国中世纪史教授西尔维娅·瑟拉普指出："中世纪时期最佳的总体经济增长率……或许能够达到 0.5%。"[95] 不过，经过三百年到四百年的缓慢积累，这些增长终于改变了社会的经济生活。

这样的进步在很大程度上依赖于生产者的聪明才智。但它同时也需要一些其他方面的支持：为了提升和改善农业，封建领主允许投入部分生产盈余，而不是将其尽数收入私囊。领主们都是粗野之徒，而且胆大妄为。他们通过武力夺取土地，并同样以武力守护着它。他们的财富来自直接强迫和压榨他人，而非通过贸易积累；他们还在奢侈品消费和发动战争上大肆铺张。但是，欧洲封建领主依然居住在自己的庄园中，他们与罗马共和国晚期或阿巴斯哈里发王朝最后岁月中的不在地地主显然不同。就连最愚蠢的欧洲地主都明白，如果继续从农民那里偷走更多收成，明年就没人会去播种庄稼，他们也就无以维生，更别提供养军队去打仗。德国经济历史学家彼得·克里特指出，"领主必须不惜一切代价保护农民租种的土地"，"因此……在收成不好或其他危机来临时，领主必须帮助农民"。[96] 鉴于农民使用改良的犁意味着可以产出更多的生产盈余，也就意味着增加了可用于奢侈消费和战争的支出，有些领主"将铁制农具、尤其是犁，置于自己的保护之下"[97]。在整个中世纪封建时代，个体封建领主组织并资助新土地的开垦和清理。他们是最早也是长期推广水车这一中世纪农业最重要机械装置的最大动力。

与其他统治阶层一样，封建领主最关心的还是如何进行剥削。他们驱使农民免费付出劳力来建造磨坊，强迫农民在磨坊中碾磨玉米并借此向他们收取费用。但在历史上某些特定时期，由于剥削日益加重，某些领主也会鼓励改善生产方式的努力。

封建统治阶层并不仅仅包括武士贵族。许多土地都落入宗教机构手中，如修道院和大教堂。"就财富、权力和领导力而言……修道院院长、主教和大主教……与那些从事军事征服的伟大贵族一样。……

主教们或修道院院长拥有巨大的财富。"[98] 有文化的教士常能从古希腊罗马文明及拜占庭和阿拉伯帝国流传下来的著作中找到技术进步的灵感："如果找寻最早的磨坊、水车风车或者任何农业技术进步，我们常能在这些技术先锋中看到带有宗教身份的色彩。"[99]

新技术被完全采纳还得益于贵族领主（不管是武士集团还是宗教集团）与农民之间关系的变化。拥有广袤土地的欧洲大领主，最终不得不放弃罗马帝国时期常见的奴隶劳工——直到 10 世纪，奴隶劳工才慢慢绝迹。领主们继而开始发现"农奴制"的好处：可以将土地划分成小块出租给农户，农户必须上缴部分生产盈余作为回报。农奴耕种庄稼非常有动力，他们还可以在自己负责的土地上使用新的农耕技术。随着总产量得到提升，领主的收入也大大增加，尤其是考虑到他们很可能还会动用武力迫使原本的自由农民沦为农奴。法国中世纪史学家居伊·布瓦口中"公元 1000 年的转变"，就是意指农业奴隶劳工最后的终结，而这也意味着封建农奴制的最终确立，这是一种比古罗马农业体系更有活力的生产方式。[100]

作为早已习惯从超市购买食物的现代人，我们恐怕严重低估了公元 1000—1300 年间乡村发生之事的重要性。每家农户生产的食物都翻了倍，这完全改变了整个欧洲生活的可能性。不论是谁控制着多余的食物，都会用它们来交换游走四方的商人手中的其他货物，或者工匠生产出来的其他商品。

谷物可以通过交换变成供领主家族享用的丝绸华服、制造武器的铁、装饰城堡的精美家具，或者是令领主的每一餐变得更加完美的葡萄酒和香料。这些生产盈余还能改善耕种工具，提升生产力，例如，配上铁质犁尖的木质犁、刀、镰刀，有时还包括装备好鞍具、嚼子和马蹄铁的马匹。

通过在普通市场上提供这些商品,卑微的小贩也能很快变成令人尊敬的买卖人,而令人尊敬的买卖人无疑更可摇身一变,晋升为富甲一方的大商人。城镇繁荣起来,手工业者和商人都开始在城中定居,他们在城堡和教堂附近开设商店和工场。贸易网络不断扩大成熟,将城镇外围原本孤立的村庄紧紧联系在一起,从而在更广阔的地域范围内影响着人们的生活。[101] 为了获取购买奢侈品和武器的财富,领主们鼓励农奴种植市场利润高的作物,用现金地租取代了农户的无偿劳务和实物地租。有些领主还发现了额外的生财之道:向在其土地上进行贸易的商人征收税费。

城镇生活与乡村生活大相径庭。商人和工匠是自由人,不受任何领主的直接管辖。有句德意志谚语说得好,"城镇的空气令人自由"。城镇阶层越来越难以忍受贵族阶层的高压统治。需要额外劳动力的商人和手工业者也乐于雇用从附近土地上逃脱地租束缚来到城中的农奴。随着城镇的规模和财富日益升级,城镇阶层掌握了保卫独立和自由的方式,他们建起城墙,武装起城市军队。

13 世纪的文明

此时,社会的每个方面都发生了变化。法国历史学家马克·布洛赫对欧洲封建主义作出了经典评述,他将其称为"第二个封建时代",在这个时代,封建领主的内部关系经历着转型和变化。国王的影响力日益增强,能够正式将权力置于封建贵族等级金字塔的最顶端。通过在城市设立各种自治政府,国王可以利用它们来制约武士贵族。国王还试图建立起覆盖全国的司法网络，由法官们而非贵族们管理评判社会"公平"——虽然贵族们在与土地相关的事情上总是试图掌握所有权力。

文化生活也发生了巨变。出于生意考虑，商人需要以一种此前封建领主不曾用过的方式记账和签订合同。他们非常希望能够颁布正式的书面法律，而不是村中流传的领主们的特定判决。有些人开始努力学习读写，并以他们的方言进行读写。文化不再局限于教士阶层，拉丁文也不再是唯一的书面语言。知识从教士阶层流向巴黎、牛津、布拉格等城市新建的大学，学者可以通过教书谋生，远离教会权威的直接控制。他们对古希腊罗马世界非宗教作品的严肃研究展现出新的兴趣，不惜长途跋涉到西西里岛、摩尔人的西班牙或叙利亚，以获得阿拉伯语译本的古希腊罗马著作。[102] 他们开始就柏拉图和亚里士多德的论点孰优孰劣进行辩论，并热衷于探讨伊斯兰亚里士多德主义者阿维洛伊的贡献。

我们知道，中世纪思想经常与"经院哲学"（对思想基于文本上的毫厘之差进行争辩）联系紧密。但实际上，新思想在最初阶段远远不是这样墨守成规的死板学问，而是试图利用长久被人遗忘的文字来产生新思想。因此在 12 世纪早期主宰巴黎大学思想生活的阿伯拉尔坚持认为："富有学识的人，是有能力掌握并深思事物背后隐藏因缘的人。所谓隐藏的因缘，是指事物真正的起源，应该通过理性而非感性经验进行调查研究。"[103] 但是，阿伯拉尔受到了神秘主义者〔光明谷〕修道院的圣伯纳德的攻击，后者认为："仅凭人类的理性就能完全理解上帝的意图"纯属无稽之谈。[104]

对理性的依赖并不意味着新的学问必须远离实践活动。正是学者罗吉尔·培根在西方历史上第一次写下了火药的方程式，探索了用于放大的镜面和透镜的多种用法。另一位学者，马里孔特的彼得则研究了磁铁的属性，并在此基础上发明了磁力装置。[105]

随着翻译文本的传入，一千多年前古希腊罗马或亚历山大城的各种技术发明，以及地中海和中亚地区的伊斯兰社会从中国获取的技术信息，全都涌入了欧洲社会。这些引进的技术，加上当地磨坊技师、铁匠和石瓦匠在工具和设备方面已经作出的改进，大大提升了生产力，带来了"任何人类文明都不曾见过的对工业机械化的激情"[106]。

水磨开始为铁匠手中怒吼的巨锤和往复的缩绒织布机提供动力。曲柄和复合曲柄上下翻动，进行旋转运动（反之亦然），飞轮则始终以匀速旋转。纺车和指南针于12世纪从远东地区传来，到了13世纪，船舵取代了舵桨，极大地提升了海洋运输的安全性。眼镜的发明延长了视力日益下降的书记员和学者的职业生涯。马刺、盔甲制造上的进步、弓箭、投石器，以及接下来的火药和大炮（最初于1320年使用），彻底改变了战争的面貌。最谦卑的独轮手推车，不起眼得几乎没有人注意，却大大缓解了累断背、累折腰的陆地运输工作重负。

这些技术进步撑起了13世纪晚期和14世纪早期中世纪欧洲社会和文化的全面繁荣。到那时为止，"自治城市国家"主宰着意大利北部和佛兰德斯的政治地貌。[107]薄伽丘、乔叟及最重要的但丁等作家，通过用本地方言写就的世俗文学而声名大噪——在此过程中，这些方言也开始荣耀地向着"全国性"语言转变。在中世纪城镇天际线上出现的塔楼（默然耸立的巨大天主教教堂）是其文化的纪念碑。如果没有此前在农业、技术和思想方面数个世纪的积累带来的转变，这些建筑和艺术方面的杰作根本无法想象。

14 世纪的危机

然而,经济增长和技术进步这一时期并没有持续很久。因为它依然发生在一个由封建领主阶级统治的社会里,他们的生活始终都是以奢侈消费、疯狂备战、追逐军功荣耀为中心,随着时间推移,统治者的热望成为社会进步的排水沟,而非一种激励。非常典型的事实是,在中世纪时期的传奇中,英王"狮心查理"或法王"圣人"路易十五等国王被称为"好国王",他们都不吝花费巨资,指挥狂暴勇猛的骑兵队伍踏过欧洲和小亚细亚,试图在"十字军东征"中取代耶路撒冷的穆斯林。铁蹄践踏过的土地上,留下了一片荒芜和黑烟升腾的废墟,场面犹如诺曼国王尝试征服苏格兰、威尔士及大部分法国、爱尔兰和英格兰而发起的战争,或如 13 世纪德意志"神圣罗马帝国"的皇帝们与法王及教皇联盟在意大利进行的战争。[108] 在这样的情况下,最多只有 1% 或 2% 的收入投到了提升生产力中。[109]

贵族领主们离生产他们所挥霍财富的实践活动越来越遥远。曾经住在简陋堡垒的武士子孙们,如今栖身精致华美的城堡中,身着昂贵奢侈的丝绸衣服,遵循繁复的宫廷和骑士礼仪,并以此彰显自己比其他社会群体更加优越的社会地位。领主们自视与众不同,神圣的宗教仪式赋予他们合法的世袭权力。在这一阶层中,细致复杂的等级制度将伟大的贵族与普通的骑士区分开来,骑士通常在法律上依附于贵族。但是,所有等级都越来越厌恶和鄙视亲身参与实际产生财富活动的人,不论他们是富裕的商人、卑微的手工艺人还是贫苦不堪的农民。

教皇、修道院院长和主教们也是统治阶层的一部分,其思想态度与统治贵族如出一辙,同时还拥有自己独特的利益需求。11 世纪晚期，一系列"改革派"教皇试图将修道院与主教辖区的网络集中起来，继而凌驾整个欧洲，缔造出一个接近于实施神权政治的权威机构。此举的结果之一便是，教会试图在彼此厮杀的领主之间缔结和平，进而在社会层面发挥决定性影响。另一结果则是"十字军东征"带来的荒芜、废弃和毁灭。教皇利用从"异教徒"穆斯林（他们从未停止过对基督徒的劫掠）手中"解放"耶路撒冷的号召和丰富战利品的诱惑，吸引国王、贵族领主及骑士们加入了挥舞着教会旗帜的十字军大军。十字军残忍地突袭城市，屠杀妇女儿童，烧杀奸淫，抢劫屠杀犹太人、穆斯林和非天主教基督徒，并于 1204 年征服君士坦丁堡，将这座伟大城市洗劫一空，而这一切并未给他们带来任何宗教情感上的心理负担。[110] 教皇（与法王结成同盟）与皇帝之间的连年战乱，使得 13 世纪的意大利沦为一片废墟，这也是教皇野心的另一个结果。

教皇、主教和修道院院长们支持与贵族领主们共同分享广泛的价值观。大教堂及这一时期伟大的艺术创造，都是统治阶级权力的无上象征，突出强调社会的神定属性；宗教中天使、圣人和人类的等级，分别对应着地上的国王、贵族、修道院院长、主教，以及骑士和普通人。

教会掌握民众的思想，凭借的是民众对神圣遗址或奇迹信仰的迷信，而这种迷信通常只有在人的寿命很短、生活极度不安全的社会中才会繁盛起来。因此，教会领袖非常恐惧新思想在城市中传播。阿伯拉尔和培根等理性宣传者的信仰会逐渐瓦解迷信的基础；四处游走宣讲贫穷和卑微福音的教士会鼓励"异端"思想；"神圣的穷人"可能会向"腐败的富人"发起战争。教会越来越强行压制新思想的传播。教会认可了温和派的方济各会，但对"极端主义"的弗拉泰利派则毫不留情地进行迫害。1277 年，教会宣布学者宣讲中严禁 219 处

"极为恶劣的谬误"(其中不少观点都来自中世纪晚期伟大的教义辩护文作者托马斯·阿奎那)。罗吉尔·培根形同被软禁,阿维洛伊的追随者被迫离开巴黎,前往帕多瓦。最后,终于于 14 世纪出现了宗教裁判所,它不断作出烧死异教徒的裁决。在新的形势和氛围下,学者们开始远离"危险的讨论"。当托马斯·阿奎那在亚里士多德思想的基础上重铸了基督教神学理论后——在此过程中为贵族、骑士、商人、手工业者和农民的等级社会体制正名,论证了等级社会的合理合法——中世纪思想进入了彻底经院哲学、教条贫瘠的时期,对教会信条的根基或者在其解释下的物质世界的基本原理不再提出任何质疑。

1300 年,在欧洲社会的中心,产生了巨大的矛盾冲突。物质和文化生活抵达了发展的巅峰,就是与古罗马文明的极盛时期相比也毫不逊色。社会在缓慢地进步,虽然步履蹒跚,但却似乎逐渐摆脱了贫困、缺乏安全和迷信。然而,社会中的上层阶级实际上日益僵化,封建贵族领主在身边设下越来越严苛的屏障,将贵族阶层与社会上其他群体严格区分开来;与此同时,教会也越发严厉地打击持有不同意见者和理性思想,而规模前所未有的巨大生产盈余则被用来购置奢侈品、发动战争和举办各种仪式。

冲突终于显现出来,饥荒开始在欧陆大部分地区蔓延,瘟疫也强力抬头,更因人民普遍营养不良而更显猖獗。在 14 世纪这场前所未有的大危机面前,半数人口被消灭,无数村庄被废弃,百万公顷良田沦为荒地。就像居伊·布瓦所说:"在一个多世纪的时间里……欧洲大陆的大部分地区……人口大范围锐减,生产力大踏步衰退。这场危机的规模和持久时间,在历史上绝无仅有。这场人类的大灾难发生在这样的氛围下:无穷无尽的时疫、地区性战争及其带来的一连串毁灭、精神失序,以及社会和政治上的不安。"[111]

当这些危机将人类文明拖入"黑暗时代"时，有人试图从自然的角度来解释这一切发生的原因。有些历史学家将其归咎于假想中的欧洲气候变冷。但这却无法解释为什么人们没有通过数十年的生活来调整适应新气候，转而耕种更加耐寒的新型作物；例如，在原本种植小麦的地方改种大麦，在原本盘架葡萄藤的地方改为栽培小麦。还有些人认为，人口的增长用光了所有能够开发的土地。但有证据表明，当时的民众并未利用所有废弃的耕地，实际上，无论如何，都很难解释为什么庄稼的产量不再如同之前几个世纪那样一再增长。

　　危机真正的原因来自为了满足封建统治阶级奢侈腐化的生活方式而变得日益沉重的社会负担。另一方面，就像乔治·杜比指出的那样："在最先进的国家……由于贵族和城市生活标准的逐渐提升，以及对奢侈品需求的日益增长，农业谷物集中制开始变得无法应对。"[112] 另一方面，社会对技术革新的投入也是少之又少。罗德尼·希尔顿指出："社会结构和土地贵族的生活习惯，根本不许可人们进行生产投资方面的累积。"[113]

阶级斗争和千年运动

　　危机的巨大规模撼动了整个社会，就连统治阶级也面临困境。从行将饿死的农民那里继续压榨生产盈余而未果，引爆了"庄园领主的收入危机"[114]，继而饥荒和瘟疫导致的农业劳动力锐减，更是令这场危机雪上加霜。经济形势恶化使领主变得更加好斗，时刻准备着彼此搏杀；例如，英国和法国的贵族就在此时进行了一场看似没有尽头的"百年战争"。他们还试图通过进一步压榨比他们低下的社会阶层：农夫和市民，来补充收入。经济危机导致更加激烈的阶级斗争。

贵族领主与农民之间的战争并不新鲜。例如，对被迫贬为农奴的激烈反抗，导致10世纪时在法国北部出现了规模巨大的社会暴动。后来的一首诗这样描述道：

> 农奴和农民……
> 建起了几个议会。
> 他们把命令传扬：
> 那些高贵的人，就是敌人……
> 其中有些人发誓
> 他们永不会承认
> 有个领主或主人。[115]

一旦封建主义成熟地确立起来，农民就会发觉，要想挑战领主的权威变得越发困难。领主的武装远胜农民，农民还不得不依靠领主供应部分生产工具，遇上庄稼歉收还需领主提供养家糊口的粮食，而且领主身后还有来自教会力量的强大支持。但是，如果领主的需求超越了能够忍受的水平，依然会激起农民的抵抗。农民的信心源自每片大庄园土地上数目远超领主及其仆人的一股力量：同一村庄中由于世代居住和通婚而建立起的紧密纽带的强大力量。

在许多地区，长久以来饱受的痛苦突然以前所未有的程度爆发出来。1325年，西佛兰德斯的自由农民拿起了武器，拒绝向教会支付什一税和向封建领主上缴赋税。直至1328年法王出手干预，这场农民起义才被镇压下去。1358年，爆发了伟大的扎克雷起义，这场在法国北部塞纳河谷地区发生的乡间农民暴动，向贵族发起攻击，焚烧了城堡庄园。1381 年 6 月爆发了英国农民起义，在瓦特·泰勒的领导下，手持武器的起义村民占领了伦敦；不过由于误信了国王，起义者最终都被吊死。这场起义见证了整个农民阶层开始团结起来，反抗封建领主的压迫，发出自由的呼声："废除封建束缚和农奴制，是农民设计的社会体制的首要原则。"[116] 深受人民欢迎的前牧师约翰·鲍尔激励了这次起义，他在布道中无情地攻击了贵族的特权："当亚当在耕地、夏娃在纺织的时候，谁是绅士？"

部分城市民众也积极支持 1320 年的佛兰德斯农民起义，以及 1381 年的英国农民起义。正是城镇人民为起义农民打开了伦敦的大门，伦敦市内的穷人还加入了起义军的行列。14 世纪，城市贫民自己掀起的反叛旧秩序的暴动也非常普遍，可谓层出不穷。

有些暴动代表之前城镇市民反抗当地领主、争取独立权益斗争的延续。在佛兰德斯，这样的斗争反复上演。1350 年代末，巴黎一些富裕市民利用英国人监禁了国王的机会，试图夺取城市的控制权。埃蒂安·马塞尔出身富有的商人家庭，带领三千名手工工匠前往皇宫，强迫国王的继承人王太子支持暴动。在意大利北部的佛罗伦萨，暴动于 1378 年更上一层楼，毛纺行业的普通手工艺人掀起了梳毛工起义，掉头反抗统治性的商业行会领袖，有效地控制了城市达两个月之久。[117]

这样直接的阶级斗争并非人们对生活被毁的唯一反应和表达。在中世纪欧洲，"千年运动"的历史十分漫长，充分体现出穷苦民众与富人之间的尖锐矛盾，结合了基督再世的宗教期待，通常还有对外来者的痛恨和仇视。由教皇正式组建的十字军，也敦促群众组成非正式的十字军，包括"人民十字军""儿童十字军""牧羊人十字军"

等。不过,异教牧师通过宣称自己是耶稣的继承者,也获得了不少支持。于是,狂热的军队从一个城镇开拔到另一个城镇,四处劫掠同时到处收获民心,成为十字军讨伐中的一种常见景象。然而,他们的剑锋所指并非封建统治阶层,而是腐败的牧师集团,尤其是对犹太人深恶痛绝。犹太人是一个很好找的靶子,在这个基督教是最普遍宗教的社会上,犹太人是唯一一个非基督教群体。由于被教会排除在农业相关事务之外,中世纪的犹太人不得不从事处于社会边缘的商人及放贷人职业;尽管如此,他们与真正的富裕阶层仍是迥然不同,缺乏保护自己的实际权力。犹太人必须在立即皈依基督教和即刻赴死之间作出选择。但是,民众也会拖行腐败的牧师数条街,劫掠他们的教堂。

危机激发了一系列混乱的类宗教运动。1309 年,在佛兰德斯和法国北部,

> 出现了全副武装的军队,这些军队由悲苦的穷人工匠和劳工组成,间或夹杂着挥霍财富的贵族。这些人一路祈祷和抢劫,扫荡全国,杀死犹太人,同时也如同暴雨般……攻击堡垒……最后他们袭击了布拉特班公爵的城堡……公爵曾于三年前镇压了路过其土地的一支由织布工人组成的起义军,据说还活埋了起义军的首领。[118]

1520 年,一贫如洗者和流离失所者组成的军队再次走上征途,其领袖是一位被解除圣职的牧师、一位异教教士和几位先知,他们声称流血将会引领人们迎接新时代的曙光。经过猛烈的进攻,他们夺取了巴黎的监狱,在前往图卢兹和波尔多之前,冲进了夏特莱宫。他们一路杀气腾腾,屠戮犹太人。[119] 但同时他们也严厉怒斥教士是

"抢劫牧群的邪恶牧人,开始谈论如何剥夺教士阶层的财产"。最后,居住在阿维尼翁的教皇派军前来镇压,一次就吊死了20—30名与军者。[120]

1340年代末肆虐欧洲的黑死病带来了史无前例的恐慌,促使宗教歇斯底里症进一步爆发:出现了鞭笞派教徒。在教会宣言的鼓励下,五百多名教徒身穿独特而统一的长袍,唱着赞美诗向城市进军,在那里围成一个圈,用嵌满铁钉的皮带有节奏地抽打后背,直到后背遍布流血不止的伤口。他们相信,通过模仿基督在十字架上承受的痛苦,就可以净化自己的罪恶——正是这些罪恶令世界变成当下模样——从而确保他们最终可以升上天堂。这种宗教极乐狂喜状态结合了我们今天所说的"道德恐慌"——鞭笞派教徒认为,突然出现的黑死病背后一定存在着不可告人的阴谋。他们屠杀犹太人,指控犹太人通过向井水下毒来传播瘟疫;事实上,犹太人在瘟疫面前遭到的打击与基督徒一样惨痛。与此同时,他们还攻击教士,计划夺取教会的财富,敦促教皇和各种世俗权力机构吊死或斩首不愿遵从者。[121]

15世纪初,波西米亚兴起了另一种宗教运动[122],呈现出佛兰德斯、法国和意大利早期城市暴动的些许特质,同时也是一百年后伟大清教改革运动的预演。波西米亚地区经历了快速的经济发展,拥有欧洲最富庶的银矿和(德意志)神圣罗马帝国最重要的最高学府。但是,大部分财富依然掌握在教会手中——教会拥有一半的土地。这为教会招来了普遍的仇视,不仅是身处城市和乡村的穷人,就连许多讲捷克语而非德语的骑士,也都憎恶教士。

民众对扬·胡斯观点的巨大支持,充分暴露了他们的仇恨情绪。作为教士和大学教授的胡斯,强有力地激起了民众反抗腐败教会的热情,挑战"教皇是上帝意愿唯一阐释者"的观点。胡斯甚至还在一定程度上得到了波西米亚国王温塞斯拉斯的支持。1415年皇帝在教皇的授意下在火刑柱上烧死了胡斯，整个波西米亚捷克地区的人民闻讯纷纷揭竿而起，暴乱的民众最终控制了教会及其财产。

国王此时开始反对这场人民运动，贵族和富商越来越担心农民会反抗所有人，而不仅仅是来自教会的剥削。手工工匠在这场运动中隶属激进的"塔波尔派"，他们控制了布拉格长达四个月，直至最终被想要与教皇和皇帝达成和解的商人驱逐出去。皇帝和教皇粉碎波西米亚暴乱的战争持续了十年之久。捷克贵族和布拉格市民在此期间反复犹豫不决，这迫使众多"塔博瑞特派"的思想越发激进，提出了平等主义的口号，例如"人人都应生如兄弟无间，没有人应臣服他人""领主可以统治，王国却应归于土地上的人民"，以及"所有领主、贵族和骑士都应如同法外狂徒般在树林中被灭绝"。[123] 直至1434年5月，在一名"塔博瑞特"将军临阵逃脱的情况下，由两万五千名士兵组成的贵族军队才最后击溃了"塔博瑞特"军队。最终，一万三千多名"塔博瑞特党人"被屠杀。

在佛兰德斯、意大利北部、法国北部、大不列颠及波西米亚，封建制的危机引发了一系列规模巨大的叛乱。然而，封建领主手里的权力依然完整无损。并没有涌现出新的阶级，具有团结其他社会群体对现有体制发起猛攻的能力。

数个世纪以来，城镇市民始终在抵抗着领主的权力。但是，管理城镇事务的议事会却是趋于寡头统治，由大商人统领，对封建领主的反抗半推半就，并不尽心竭力。生活在封建体制下，商人倾向于接受大部分的封建思想。大多数时候，他们的野心并不是击溃封建领主，而是加入其行列；将从贸易中所得的财富转化为看起来更加永恒的财富：土地，并以农奴制来耕种打理。在每一个关键转折点，他们都犹豫不决，试图与领主妥协和解，最糟糕的时候他们还会加入领主阵营，掉头攻击起义民众。意大利北部发生的历史就非常典型。这里可能是14世纪初欧洲经济最发达的地区，也是受到危机残害最小的地区。著名的商业家族梅第奇家族开始凭借其控制的规模巨大的布料贸易，统治最重要的城市佛罗伦萨。但到15世纪，梅第奇家族并未利用自己的力量击溃封建主义，而是在贵族和皇室的权谋计策中占据了关键角色，使该地区持续碎片化发展为彼此兵戎相见的小国，最终造成该地区经济衰退。[124]

城镇的手工业者则较为激进。许多手工业者家庭距离逃脱农奴制只有一两代的时间，而且他们与周围的农民一样，在庄稼歉收时也面临着饥荒。在这一时期的历史上，反复出现手工业者击溃城镇寡头政治的例子，有时他们的暴动还伴随着乡间农民的起义。然而，这一群体本质上并不具有同种属性。有些手工业者相对富庶，通过家庭劳力，或许还包括几名受雇劳工（即帮工）和学徒，来经营属于自己的工场。其他手工业者则贫困得多，而且十分恐惧那些被迫从乡间跻身城镇的农民，因为这些绝望的人无论找到怎样报酬微薄和期限短暂的工作，都会迫于生计挣扎着去做。这就是为什么有时城镇手工业者的暴动与乡间农民起义紧密相连，有时有些手工业者又会加入商人行列的原因。同时这也解释了，为什么部分城市民众会支持"人民十字军"和狂热鞭笞派。

最后我们要说一说农民。农民起义可以震颤整个社会，但是农民本身由于没有文化、散布乡间、只关注自己的村庄和土地，也就无法构想出任何重组社会的现实方案。重组计划应当结合对封建领主权力的革命性攻击，使用城镇技术发展来提升乡间的农业产量。经济发展的力度还不足以造就一个能够提出这样社会重组计划的新阶层，无论是在城市还是在乡间，无论是以多么混乱的方式。不过已经存在的胚胎总有一天会发展壮大，假以时日，终会缔造出一个新的阶层。在有些城镇，部分商人和手工业者对技术发明和生产投资很感兴趣。在一些乡村，情况较好的农民也希望通过摆脱领主剥削的重负、用更具生产效率的方法耕种土地，达到进一步繁荣。但是，充满希望的萌芽并不等同于一个有能力终结危机的阶层，更不要说去终结一场正在造成社会整体崩塌的巨大危机。

市场封建主义的诞生

然而，欧洲的封建主义危机在一个非常重要的方面，却与击溃了古罗马帝国、中国宋朝或中东阿拉伯帝国的危机有着巨大的区别。相比之下，面临危机，欧洲封建主义复苏得非常迅速。

到 15 世纪中期，欧洲经济已恢复到一定规模，人口也呈增长趋势。[125] 人们从饥荒和瘟疫中死里逃生，生活水平也得到了提升，尽管不多的人口只能耕种少量耕地，幸而依然是最肥沃的土地。粮食产量也下跌了不少，因为没有那么多张口需要填饱。有些城镇的重要性实际上大大加强。部分乡村人口、尤其是领主们，过度依赖城镇为社会出产的货品，来恢复自给自足的田庄生产体制。随着对货品依赖的逐日增长，他们对现金的需求也日益旺盛，而现金只能通过越来越多地出售农产品而获得。市场网络持续深入贯穿乡村地带，将每座村庄和每家农户都与城镇的贸易商紧密连接起来。

市场网络壮大的速度虽然缓慢，但却无疑明确地改变了封建社会。有些商人由于从事奢侈品的国际贸易而发达起来，他们从印度、东南亚和中国购进奢侈品，销往欧洲。[126] 他们拥有的滔天财富足以令其成为国王和皇帝们的银行家，资助战争，从而在政治和经济上获得丰厚的回报。即使那些无法企及如此高度的商人，也可以统治当地城镇的政治生活，使自己成为国王试图扩张权力时的重要盟友。

反过来，国王们也开始不再局限于通过彼此之间的战争，或者是各大家族之间的联姻来获取土地，而更致力于通过贸易获取商业上的巨额利润。葡萄牙君主鼓励商人利用最先进技术打造的航船，寻找一条绕过非洲通往富庶亚洲的海上航路；西班牙的"天主教君主"则资助了哥伦布向西跨越大西洋的冒险航程。

当时大多数欧洲商人并没有这么富裕，他们的实际情况不过是比小店主略强一些。但若幸运的话，他们也能找到封建社会体制上的缝隙，通过缓慢地扩大这条缝隙来扩张自身的影响力和财富。屠夫或许是一种低贱的职业，但他可以向当地农夫提供诱人的现金，说服他们专门畜养某种有利可图的家畜；这也就是说，屠夫开始在某种程度上对畜牧经济拥有一定的控制权。到了 15 世纪，"每座城镇都有自己的屠夫，他们中的每一位都生意兴隆、颇为发达，成为畜牧经济及其主人的新宠"。[127]

城市商人通常是以另一种方式影响乡间生活，他们鼓励手头不宽裕的农民在乡间从事手工业行当，以避开城市手工业行会的管制。"分包制"就这样逐渐发展起来。商人会向农村的劳工提供原材料，劳工们就在家中将其加工为成品；在报酬方面他们别无选择，只能接受商人愿意支付的价格。

这一变化的重要性，我们可以从纺织业的发展中窥得一二。14 世纪中叶，英格兰最重要的出口产品羊毛中的 96%，都在国外纺织成布，主要集中在佛兰德斯的城镇。一个世纪之后，50%的出口产品都是已经织好的成品布。商人通过削弱佛兰德斯手工业者在生意中的重要性，增加了利润。但事情还不仅如此。商人还掌握了一些原本为封建领主服役的乡村劳动力。长期来看，这是以一种形式的剥削取代了另一种。一种新体制取代了对农民劳动成果的直接抢劫，在这种新体制下，个体工人自愿接受低于其劳动真正价值的报酬，以换取商人向他们提供原材料或生产工具。

不过，这还不是我们所知的完全意义上的资本主义生产。直接置于企业家控制之下的大型工场生产仅局限在几个行业中，主要是采矿业。"分包制"的基础在于，接受委托的劳工依然视自己为主人。但此时距离发展成熟的资本主义体制，已经只有一步之遥。商人已从简单买卖货物发展到忧心他们的生产，而且直接生产者只有将部分产出交付商人作为利润，才能维持生计。

更重要的是，商人和生产劳工都越来越臣服于市场的指令，而对于市场，他们却是毫无控制权。散布各处的乡村生产者，缺少城镇行会的力量来限制产量、控制价格。他们别无选择，只能紧紧跟随其他生产者可能应用的、能够削减成本的全新技术。封建生产组织让位给迥然不同的新生产组织，其间竞争带来了新的投资，而新的投资又加剧了竞争的激烈程度。在这个阶段，这一切不过发生在旧体制的几条裂缝中，但它们就像腐蚀一切的酸性物质，终会逐渐占据并改变周边世界。

这些改变也影响了一些领主的行为方式。他们绝望地想要增加手中的现金来源，而要想达到这一目标，有两种方法。第一种方法是利用封建权力，以有组织的暴力来加强农奴制，逼迫农民在领主的大庄园中进行更多额外的强制劳动。农奴自负糊口成本，无须领主多花一分钱，这就保证了领主能以高价将生产盈余出售给商人。

另一种方法是，领主将土地分为大块，长期出租给生产效率最高、最有进取心的农民，对其收取固定地租；这些农民可以召集其他拥有少量土地、或者没有土地的农民为他们工作。实际上，这种方法意味着，领主接受了发展中的市场体制的全部含义，选择在资本主义的生产方法下收取地租。

接纳了资本主义生产方式的地域，大都处于紧密地覆盖着某种向资本主义农业方向努力发展的城镇网络中，其他地域则更趋向于加强农奴制。在三百年的时间里，英格兰、荷兰、法国部分地区、德国西部及波西米亚地区向着前一个方向挺进，东欧和意大利南部地区则朝着后一个方向发展。但这两种转变都并非自然而然且毫无抱怨地发生着。不同领主的发展速度不同，整个过程又与社会上其他方面的改变紧紧纠缠在一起。有些国王寻求在城市富人的帮助下扩张自己的权力范围，但是遭到了大领主们的集体抵抗。国王间彼此凶猛厮杀。城市化鼓励人们采用新视角去看待世界，这跟与封建秩序及教会布道紧密相关的看待世界的旧方式发生了激烈冲突。农民揭竿而起反抗领主对他们的剥削——城市中则爆发了富人与穷人之间的阶级斗争。

经历了一个多世纪的战争、革命和意识形态动荡之后，直到另一场巨大的经济危机引发了灾荒和瘟疫，遍布四处无法解决的问题才慢慢得到缓解。

第四部分
伟大的转变

大事年表

15 世纪	・1453 年，奥斯曼土耳其人征服君士坦丁堡。 ・1450—1520 年，意大利文艺复兴达到巅峰，代表人物：达·芬奇、米开朗基罗和马基雅维利。 ・1490 年代，法国、西班牙和英国的君主权力都得到增强。 ・1493 年，西班牙君主征服格拉纳达。 ・1492 年，哥伦布在加勒比海海岸地带登陆。
16 世纪	・1510 年，葡萄牙人占领果阿。 ・奥斯曼土耳其人于 1517 年征服开罗，1529 年征服阿尔及尔，1529 年围困维也纳。 ・文艺复兴运动在西欧广泛蔓延，代表人物：荷兰的伊拉斯谟、德国的丢勒和法国的拉伯雷。 ・1518—1525 年，路德宗教改革席卷德国南部。 ・1519—1521 年，科尔特斯征服阿兹特克帝国。 ・1525 年，德国农民战争爆发。 ・1529 年，莫卧儿王朝征服印度北部。 ・1532 年，皮萨罗征服印加帝国。 ・1534—1539 年，英格兰发生了由上至下的宗教革命，关闭了修道院。 ・英格兰发生了第一次农业圈地运动。 ・哥白尼于 1540 年延迟三十年发表了其宇宙学说。 ・伊凡雷帝在俄国实行中央集权，1544—1584 年间开始征服西伯利亚。 ・1550、1560 年代，法国宗教战争爆发。 ・1560 年代，特伦特会议掀起了反宗教改革运动。 ・1560—1630 年，掀起了烧死女巫的浪潮。 ・1540 年代到 1560 年代，老彼得·勃鲁盖尔在佛兰德斯展开绘画生活。 ・1560 年代和 1570 年代，低地国家爆发了反抗西班牙统治的首批起义。 ・1590 年代，莎士比亚写出了第一批伟大的戏剧。

17世纪	· 1600 年，布鲁诺被宗教裁判所烧死在火刑柱上。 · 1609 年，布拉格的开普勒准确计算出行星的轨道。 · 1609 年，伽利略用望远镜来观察月球。 · 1618 年，"三十年战争"在波西米亚爆发。 · 1620 年代和 1630 年代，英国人在北美建立了第一批殖民地。 · 美洲农作物（马铃薯、玉米、地瓜和烟草）风靡欧亚大陆和非洲。 · 1628 年，哈维描述了血液循环。 · 1632 年，伽利略驳斥了亚里士多德的物理学理论，1637 年受到宗教裁判所的严厉谴责。 · 1637 年，笛卡尔的《方法论》开启了"理性主义"哲学流派。 · 1630 年代，荷兰接管了许多原属葡萄牙帝国的土地。 · 1630 年代至 1660 年代，伦勃朗在阿姆斯特丹创作绘画作品。 · 1641—1642 年，英国内战爆发。 · 印度建立沙贾汗王朝，并于 1643 年开始建造泰姬陵。 · 1644 年，满族人征服中原地区，明朝覆灭。 · 印度向欧洲出口的棉质货物越来越多。 · 1648 年，"三十年战争"结束。 · 1649 年，英国国王被砍头。 · "第二次农奴制"主宰东欧。 · 1651 年，霍布斯出版《利维坦》——保守主义政治的唯物主义辩护。 · 美洲开始出现奴隶制种植园，1653 年在巴巴多斯种植园中工作的黑人奴隶达到 2 万人。 · 中国丝绸和瓷器在欧洲和拉美的市场需求日益旺盛。 · 1655 年，英国击败荷兰夺取牙买加。 · 1658 年奥朗则布夺取莫卧儿王朝王冠，1662 年与马拉塔族人爆发了战争。 · 波义耳发现气体定律，1662 年捍卫了原子理论。 · 1687 年，牛顿完成了物理学革命。 · 1688 年的"光荣革命"，确立了英国的统治权归于以市场为导向的贵族/上流社会人士。 · 1690 年，洛克创建了实证主义（经验主义）哲学学派。 · 1687 年，在弗吉尼亚的培根叛乱中，黑人与白人团结一心，迫使立法机构于 1691 年颁布了禁止黑人与白人通婚的法律。

第一章
征服新西班牙

> 看到如此众多的城市和村庄傍水而居，其他城镇则坐落于干燥的陆地，还有那直平蔓延的绵长堤道……我们感到非常惊奇，将其视为孕育了阿玛迪斯[16世纪欧洲骑士小说中的游侠，英雄之象征]的土地上的魔法，那些恢弘壮美的高塔和金字塔，从水面上拔起的高耸建筑，所有这一切都以巨大的石块筑成。我们有些士兵甚至充满怯意地问起，眼前所见是否是一场梦。[1]

> 神庙比塞维利亚的天主教堂还要高……主要的露天广场坐落于城市中心，规模是萨拉曼卡广场的两倍，四周环绕着柱子。日复一日，六万民众聚集在这里买卖货物，好不热闹。来自帝国各地的各类商品在这里都能找到，食物、

衣服、金银铜制品……宝石、皮革、骨头、贝壳、珊瑚、棉花和羽毛饰品，应有尽有……[2]

这里如此美丽，建筑极为精致，就是在西班牙也非常罕见……在印加帝国，许多房屋都有巨大而宽敞的大厅，长一百八十三米、宽四十五到五十四米……面积最大的大厅可以轻松容纳四千人。[3]

1520年代和1530年代，第一批跨越重洋发现墨西哥阿兹特克文明和秘鲁印加文明的欧洲人，被眼中壮美辉煌的建筑和拉美帝国的惊人财富震惊得说不出话来。阿兹特克文明的特诺奇蒂特兰城，堪与欧洲任何一座伟大的城市相媲美。印加帝国的首都库斯科，规模虽然略小，但其道路体系极为发达，星罗密布的交通网对欧洲人而言可谓闻所未闻。四通八达的道路绵延四千八百公里，贯穿整个帝国——这一数字比整个欧洲的道路总长还要长，甚至也超越了明朝时的中国。

拉美帝国的文明建立在先进的谋生手段上，其灌溉体系复杂而精密。他们已经发展出揽收和运输货物的诸多方法，长路迢迢运载数百甚至数千公里抵达首都。伴随着农业进步，艺术和科学也在向前迈进，包括建筑、视觉艺术、数学及日历运算——将月亮的运行规律（以月为基础）与太阳的运行规律（以年为基础）联系起来。

然而，短短几个月内，西班牙人科尔特斯和皮萨罗（这两个人不过是流氓和冒险家，皮萨罗甚至是个文盲）带领一小股军事力量，就征服了这两个庞大而辉煌的帝国。

他们追寻着早期探险家哥伦布的脚步。这位来自热那亚的海军上校，劝服了西班牙的联合统治者（阿拉贡国王斐迪南和卡斯蒂利亚女王伊丽莎白）赞助他的远航，跨越大西洋一路向西航行，寻找传说中的中华文明及"香料群岛"（东印度群岛）的财富。

广为流传的说法是，哥伦布对地球的认知建立在一些全新的科学理解之上，与迷信"扁平地球"的观点截然相反。但事实上，到15世纪时，地球是圆的这一观点已经得到不少人的认可。哥伦布将非正统科学、古希腊罗马经典作家的语录和宗教神秘主义思想混合在一起。[4] 他开始相信，在末日启示来临之前，上帝派遣他来拯救基督教。[5] 不过，他低估了地球的周长，在10世纪阿拉伯地理学家阿尔－法甘尼（正确的）计算结果上少算了25%。1492年8月3日，哥伦布带领三艘小船起航出发，希望能在数周内抵达中国或日本，亲眼见到马可波罗时代（二百年前）"大汗"治下的华夏臣民。实际上，哥伦布在10月第二个星期抵达的是加勒比海上的一座小岛，继而又航行到了今天隶属古巴和海地的一些岛屿。

生活在这些岛屿上的人们，既没有发展出国家，也没有私有财产的概念，他们对神秘的陌生来客非常友好热情。"他们温柔、和平而且十分朴实"，西班牙人这样描述当地居民，将他们称为泰诺族。"当西班牙人划着小船上岸索要淡水时，印第安人非常友好地指给他们在哪里能够找到淡水，并帮他们把水装满桶，抬上小船。"[6]

但是，哥伦布的目标可不是与当地居民做朋友。令他无限着迷的是他们鼻子上佩戴的黄金垂饰。哥伦布做着发大财的美梦，希冀能向西班牙君主证明这次远航丰富而奇幻的收获。他不停地向当地人打探哪里可以找到黄金，尽管他对当地语言一窍不通，而当地人也完全听不懂西班牙语！

哥伦布后来写道："黄金是最美妙的……谁拥有了黄金，谁就可以在这个世界上为所欲为，灵魂也可以成功地飞升天堂。"[7]

哥伦布在寄给皇室赞助者的信中写道，当地居民"如此深情且慷慨，无比温顺，在这个世界上再也没有比他们更好的人，也没有比这里更好的土地。他们深爱着邻居，如同爱护他们自己，他们的话语是世界上最甜美、最温柔的语言，因为他们说话的时候总是面带微笑"[8]。尽管通篇都是溢美之词，哥伦布却致力于捕获和奴役这些温良的人们。哥伦布的儿子写道："他下令将这座岛上的一些人抓为俘虏……基督徒抓住了十二个人，其中包括男人、女人和孩子。"[9] 哥伦布计划建造一座堡垒，"只要在堡垒中配备五十个人，他们［当地居民］就会被迫臣服，去做我们期望的一切"[10]。

并非所有岛民都愚蠢到容忍这样的侵略行为。哥伦布很快就写道，在生性平和的泰诺族人身边，还生活着一群好战的加勒比人；加勒比人必须被镇压和征服，因为他们是"食人者"。然而无论是当时还是现在，从未有任何明确证据表明加勒比人曾食人血肉。哥伦布从未踏足任何一座加勒比岛屿，他唯一亲见的加勒比人都是船员抓获的加勒比妇女和儿童俘虏。但哥伦布给加勒比人扣上"食人族"的帽子，为西班牙人拿起枪支威胁当地土著，举起铁剑和弓箭砍杀射倒这些土著居民，找到了正当理由。直至 20 世纪，在"野蛮人"中存在"食人族"的讹传，依然为殖民主义提供了潜在的正当理由。[11]

虽然采用了极端野蛮的方法，但是哥伦布找到的黄金却很少。1493 年，哥伦布再次远航，这次航行也不比上次成功多少，尽管得到了国王更多的资助，而且舰队的规模也更大，其中包括一千五百名未来的殖民地定居者——"包括将在那片土地上劳作的各种工匠、劳工和农民、骑士、绅士及被这片土地上的奇观和黄金诱惑而来的其他人"[12]，另外还有许多士兵和三位牧师。哥伦布在伊斯帕尼奥拉岛（海地）附近地带建起七个定居点，每个定居点都建造有一座堡垒和几座绞刑架，同时制定法令，要求所有 14 岁以上的"印第安人"都必须每三个月上缴一定数额的黄金。不遵守这项规定者将会惨遭剁手酷刑，并任由其流血致死。[13] 尽管颁布了如此野蛮的法令，原住民依然无法上缴规定的黄金，原因很简单，这座岛上根本不曾有人发现过哪怕些微大量的黄金。

失望之余，哥伦布决定用另一种资源：奴隶，来弥补黄金财富的不足。1495 年 2 月，哥伦布围捕了一千六百名泰诺人（正是两年半前西班牙人遇到的那些"温柔""平和"且乐于帮助他们的土著），将其中五百人用镣铐连串锁起，赶上开往塞维利亚的船只，打算把他们卖为奴隶。在跨越大西洋的漫漫航程中，其中二百人命丧黄泉。哥伦布继而还创建了"监护征赋制"（恩科米恩达，又译大授地制），指定的殖民者可以利用这一制度强迫印第安人提供免费劳役。

对哥伦布口里一直所称的"印第安人"而言，他的种种殖民政策给他们带来了灭顶之灾。在哥伦布初次抵达伊斯帕尼奥拉岛时，该岛拥有一百多万人，准确的数字或许更高[14]；然而，仅仅时隔二十年，岛上人口就只剩下两万八千人，到了 1542 年，竟然只剩下二百人。致力于转化原住民的多明我会教士拉斯·卡萨斯斥责殖民者采取残忍的方法，"对当地人民作出了最凶狠的暴行和屠杀"[15]。除此之外，近来学界还常提及另一个导致伊斯帕尼奥拉岛人口锐减的重要原因："印第安人"对欧洲人带来的疾病毫无免疫抵抗力。麻疹、流感、伤寒、肺炎、肺结核和白喉，最重要的还有天花，这些疾病会对从未遭遇过的人们造成恐怖的致命打击。然而，仅仅由于疾病就导致岛上原住民被彻底消灭干净，这很难令人信服。因为在美洲大陆的许多地方，还幸存着些许"印第安人"。早期西班牙殖民地中原住民的大规模死亡，势必与哥伦布及其殖民者采取的野蛮殖民方法脱不了干系。

然而，野蛮统治本身并无法向哥伦布、殖民者及其皇室赞助者提供他们希求的财富。首批殖民地到处都是问题。定居下来的绅士们发现，这里的生活比他们想象中的要更加艰难。印第安劳工不断死去，导致殖民地劳动力极度匮乏，无法维持规划出的大型田庄。来自社会底层阶级的殖民者，很快就对上层阶级强压下来的劳作压力十分厌烦。哥伦布担任伊斯帕尼奥拉岛总督时，民众反抗其统治的浪潮始终汹涌澎湃。对此，哥伦布采取了与对待土著印第安人同样野蛮的方式，强行镇压民众暴动。在第三次远航即将结束时，被剥夺总督头衔的哥伦布镣铐加身将被押回西班牙（这引发了伊斯帕尼奥拉岛殖民者对他的嘲笑），他惊恐地发现，七名西班牙人被吊死在圣多明各镇广场的绞刑架上。[16] 在西班牙被监禁了一段时间后，哥伦布才被释放出来。但他的第四次航行可谓一场悲剧。皇室禁止他靠近伊斯帕尼奥拉岛上的定居点，这场冒险以海难告终，哥伦布最终心灰意冷，抱着破灭的希望回到西班牙，渐渐被人遗忘。赞助哥伦布航海事业的西班牙王室，显然对与法国在战场上争夺对意大利的统治权更感兴趣，对遥远的海岛则不甚上心。只有当其他冒险发现了更加令人咋舌的财富后，他们的态度才又发生了转变。[17]

征服阿兹特克

1517 年，墨西哥阿兹特克帝国的皇帝蒙特祖玛第一次收到外来者抵达的讯息，他的手下人声称："在水中运动的许多小山"中出现了一群肤色苍白的人，他们即将登陆。[18]这些船只属于一支勘察探险队。两年后，一支来自西班牙古巴殖民地的五百人队伍，在军人科尔特斯的带领下抵达阿兹特克。科尔特斯听说这里有一个伟大的帝国，下定决心要将其征服。科尔特斯的手下都觉得他的野心简直是不可理喻的疯癫，因此他不得不在上岸后将自己的船只焚毁，以防他的手下私自坐船撤回古巴。然而，在不到两年时间里，科尔特斯就不可思议地征服了一支人数超出自己部队数百倍的庞大军队。

科尔特斯的成功源于多种因素。蒙特祖玛非但没有在滩头地带摧毁科尔特斯的小分队（他原本有大把的机会这样去做），反而还向这支部队提供了许多装备和便利条件，帮助他们从海岸行进到墨西哥谷。科尔特斯为人极为狡诈，到达阿兹特克都城特诺奇蒂特兰后，在大肆抓捕俘虏之前，一直假意向蒙特祖玛示好。后来在西班牙人围城的关键时刻，他们无意间携带的天花病毒横扫了特诺奇蒂特兰，令城中人口大幅锐减。最后，西班牙人通过武力夺取了城市的统治权。然而，西班牙人的胜利并非主要源自他们携带的枪支，这些枪支射击并不精准，而且子弹上膛发射往往需要很长时间。他们得胜的最主要原因来自其所装备的铁质盔甲和宝剑，能够轻而易举地劈开阿兹特克人仅由厚布料制成的盔甲。在争夺特诺奇蒂特兰城的最后战役中，西班牙人高超的海上技术令其牢牢控制了城市周边的大湖，赶走了阿兹特克人运载维生口粮的独木舟。

西班牙看似不可思议的胜利，在某些方面具有偶然性。如果是蒙特祖玛的兄弟库伊特拉华克统治阿兹特克的话，他绝不会友好地带领科尔特斯来到都城参观游览，因而也就不会给予西班牙人诱拐绑架国王的机会。科尔特斯的军队当然不是无敌的。在战斗中，科尔特斯一度不得不逃离特诺奇蒂特兰城，并且失去了大部分兵力。如果西班牙人遭遇的抵抗再久一些，或许西班牙人自己的军队就会结束这场战争——实际上又有一支西班牙军队已经抵达墨西哥，携带着抓捕叛徒科尔特斯的命令。

无论如何，如果一直强调科尔特斯得胜的偶然因素，那么对西班牙人这场胜利征服的解释未免也就太过流于表面。科尔特斯面对的是一个与西班牙帝国类似的强大帝国，这个帝国具有剥削性和压迫性，但其当时的技术发展水平却是远远落后于欧洲。

阿兹特克最初只是一些采集狩猎社群，农业知识水平有限，于13世纪中期来到墨西哥谷。当时的墨西哥谷地已经存在着几个城市国家，继承了古老的特奥蒂瓦坎文明和玛雅文明（第二部分介绍过）的遗存，他们打败了阿兹特克人，只给阿兹特克人留下了最贫瘠的土地用以耕种谋生。然而，阿兹特克人并没有屈服多久。他们很快就取得技术突破：发明了"浮园耕作法"，使农作物产量得到巨幅增长；向集中农业的转型，伴随着贵族阶层的兴起，这些特权阶层强迫社会上其余阶层为他们劳动服役。然而，贵族阶层并不满足于仅仅压榨和剥削阿兹特克的下层民众。阿兹特克很快就与其他城市国家开战，争夺墨西哥谷地的霸权地位，继而迈出了缔造伟大帝国的第一步——帝国遗存在今危地马拉以南绵延几百公里。随着新军事统治阶级的崛起，与之匹配的军事思想也逐渐发展成熟。它以阿兹特克古老的部落神灵太阳神维齐洛波奇特利崇拜为中心，这种蜂鸟可令在暴力中死去的人得到永生，但是需要在白天不停地浸泡在人类的鲜血中才能维持。这种宗教的中心仪式是战俘献祭——也包含本国臣民的献祭，除了向帝国献上一定数量的物质贡奉，还必须交出一定数量的女性和儿童作为祭品。这种宗教使阿兹特克的武士阶层抱着必死的决心不停厮杀，打造出一个巨大帝国。它还令那些时常忍饥挨饿的下层阶级愿意碰碰运气，赌一赌自己的命运，其刺激作用就像罗马斗兽场和凯旋庆典（庆典的高潮是勒死被俘虏的敌国王公）的功用一样。但随着帝国不断壮大，献祭在阿兹特克社会中制造了越来越严峻的紧张气氛，有些统治阶层将其提升到史无前例的高规格，据说有一次曾在九十六个小时内，在特诺奇蒂特兰的神庙献祭台上竟然屠杀了八万名人祭。[19] 尽管这血流成河、人间炼狱般的恐怖气氛令被征服者不敢掀起叛乱，但同时也大大增加了帝国的压迫感。被征服者因此越来越被较为平和的宗教所吸引。甚至就连阿兹特克的贵族也普遍相信，总有一天，和平的羽蛇神魁札尔科亚特尔将会重返人间。

西班牙征服者到来的时候，恰巧是这些社会矛盾最为尖锐的时期。1505 年，一场史无前例的大饥荒席卷了阿兹特克的下层阶级，迫使许多人卖身为奴。征服战争中劫掠的战利品越来越少，蒙特祖玛在统治阶层内部使用血祭宗教来增强自己的权力。然而，对这种信仰的挑战和反抗是如此强烈，以至于他十分恐惧科尔特斯就是那回归人间的羽蛇神魁札尔科亚特尔，才不得不对科尔特斯表示欢迎。更重要的或许是，被阿兹特克帝国征服的人们蜂拥而至，支持入侵者。在最后夺取特诺奇蒂特兰的战役中，站在西班牙人一边协助作战的本地人，比支持阿兹特克军队的本地人还要多。

阿兹特克帝国与西班牙帝国都以贡奉为基础，用血腥惩罚来恐吓想要叛乱者。这两个帝国同样信奉最残忍的宗教，西班牙人时刻准备着在火刑柱上烧死异端，而阿兹特克人则为了平息神明的愤怒而使用人祭。征服阿兹特克后，西班牙人在特诺奇蒂特兰城的市场中设立了一个永久性的刑场，用以烧死异端。[20] 西班牙能够利用此前两千年间在欧亚大陆和北非发展起来的冶铁术，而阿兹特克则依然要靠石器和木器，即便在石器和木器的制造方面，阿兹特克人比世界上其他任何地方的族群都要先进和熟练。至于金属，阿兹特克人只知道黄金和铜——铜非常罕见，仅用于装饰。他们的武器以黑曜石制成，那是一种能够打磨出刀锋般锐利的石头，但同时也非常容易破损。

缺乏金属导致阿兹特克在其他技术发展方面也陷入迟滞。例如，阿兹特克没有有轮运输工具。戈登·柴尔德指出，这是由于轮子需要用锯来制造，而如果没有比铜更加坚硬的金属，就很难制造出锯。[21]

阿兹特克人为什么没有学会冶铁术？美国演化生物学家贾雷德·戴蒙德认为，这与非洲落后的原因相似，都在一定程度上包含了地理因素的不利作用。墨西哥人无法利用几千公里之远的伟大发明。中美洲的热带地区将墨西哥与其他安第斯山脉的伟大拉美文明隔开——那些文明在冶金方面相对发达，但依然未能达到掌握冶铁术的地步。[22] 而且与此同时，墨西哥人在社会发展的过程中并未遭遇任何巨大刺激，以至于无法掌握冶铁术。他们在没有冶铁术的情况下发展出了提升作物产量的复杂方法，建造了令人惊叹的大规模城市。如果说他们不时遭遇阶段性的饥荒，那么实际上以使用铁器为基础的亚洲文明和欧洲文明同样难逃饥荒的侵扰。只有当他们突然面对铁制武器装备的欧洲人时，未能掌握冶铁术才变成一个致命缺陷，导致阿兹特克人最终被一个在其他方面并不那么"先进"的民族所征服。

征服秘鲁

历史很少会在极短的时间内重复上演。不过，这一次却是一个例外。另一个科尔特斯——皮萨罗于1530年代初从巴拿马起航，沿着南美洲的太平洋海岸一路南下,这次航行就发生在西班牙人征服墨西哥十年之后。

在此次扬帆远航之前,皮萨罗已经进行过两次调查性的冒险,因此知道在前方南美洲内陆某处存在着一个伟大的帝国。这一次,他率领一百零六名陆军士兵和六十二名骑兵,在海岸城镇通贝斯登陆。在那里,他得知伟大的印加帝国正在进行内战,同父异母的两兄弟——北部的阿塔瓦尔帕与南部的瓦斯卡鲁——为了争夺其父伟大的印加王瓦伊纳·卡帕克的继承权而大打出手,兵戎相见。皮萨罗很快就与阿塔瓦尔帕的代表建立了联系,在展现出友好的姿态后收到阿塔瓦尔帕的邀请,双方将在安第斯的卡哈马卡城举行会面。对这群西班牙代表团而言,如果没有印加向导,前往内陆并攀爬安第斯山的行程根本无法成行。印加向导带领他们翻山越岭,并在每天跋涉的最后都安排好了休息和补充给养的场所。

到达卡哈马卡城后,西班牙人安置驻扎在城墙内,大多数人都藏起了他们的枪支和马匹。阿塔瓦尔帕将大批印加军队留在身后,只带领五六千人进入城内,安排欢迎仪式,根本没有进行战斗的准备。皮萨罗的兄弟赫尔南多后来这样描述当天的状况:

> 他坐着轿子前来,三四百名身着制服的印第安人为其开路,他们清理道路上的垃圾,并且唱着歌。然后,阿塔瓦尔帕就来了,四周环绕着官员和酋长,其中的位高权重者也坐着属下抬着的轿子。[23]

与西班牙人同行的多明我会修士开始向阿塔瓦尔帕进言,试图劝说他皈依基督教并向西班牙国王进贡——其依据是,教皇已将这部

分拉美领土划归西班牙。据说,印加人是如此回复的:

> 我不会向任何人进贡……至于你说的教皇,他一定是疯了,才会说什么将本不属于他的国家赠予他人。至于我的信仰,我不会改变。你们的上帝,据你所说,已被他所创造的人类杀死。但我的神明依然住在天堂,照料着他的孩子们。[24]

他将修士刚刚递给他的圣经扔到了地上。修士对皮萨罗说:"你难道没有看到,我们站在这里,不过是在浪费生命与这条狗对话,这片土地上全都是印第安人。立刻对他们发起进攻,我会赦免你的罪。"[25] 于是,皮萨罗挥舞起白色的头巾,躲在暗处的西班牙军队立刻开火,喧嚣和烟火在密集的印加人群中制造了恐慌,骑兵向他们冲去。印加人无处可逃。据西班牙人估计,在这场战役中有两千名印加人被杀,而印加人的记录则显示这个数字是一万人。[26]

阿塔瓦尔帕成了西班牙人的阶下囚,并在西班牙人夺取帝国中心时不得不出面为他们传言。他原本以为可以用金钱收买侵略者,因为他发现入侵者对黄金有着莫名的迷恋,因此搜集了堆成山的黄金双手奉上。不过,阿塔瓦尔帕犯下了致命的错误。皮萨罗收下了黄金,却在一场拙劣的审判后处死了阿塔瓦尔帕,罪名是"通奸和多妻""偶像崇拜""煽动反抗西班牙人的暴乱"等。阿塔瓦尔帕被带到城市广场,在被绑在火刑柱上烧死之前,他表示愿意皈依基督教——他认为西班牙人不会烧死一个皈依的基督徒,希望借此可以侥幸逃脱一死。他是对的。在他皈依之后,皮萨罗下令勒死了阿塔瓦尔帕。[27]

血腥屠杀和谋杀阿塔瓦尔帕,为征服印加帝国其余的土地树立了榜样。随着数百名西班牙士兵在黄金的诱惑下加入军队，皮萨罗扶植阿塔瓦尔帕的一个兄弟登上王位，成为西班牙人的傀儡；西班牙军队启程开拔，前去劫掠印加首都库斯科，并活活烧死了另一个试图反抗他的印加王储卡里库奇玛。一旦接收了城市，西班牙人就从房屋和神庙中盗取黄金，奸淫印加皇室的公主和王妃。56岁的皮萨罗甚至无耻地到处宣扬，一个只有15岁大的公主被他强暴后诞下了他的孩子，事后皮萨罗却将这名公主赐给了自己的随从。一位陪伴西班牙人南下智利的教士克里斯托瓦尔·多莫利纳，后来记录下了西班牙人如何对待普通印加民众：

> 任何不愿陪伴西班牙人的本地人都镣铐加身。每个晚上，西班牙人都将他们关进条件极为恶劣的监狱；每个白天，西班牙人都令其背负沉重的负荷，他们几乎被饿死。在这次探险中，一个西班牙人将十二名印第安人锁在一起，后来还向他人吹嘘，这十二人最后都因此而毙命。[28]

西班牙征服者的目标是大发横财，在诉诸奴隶制的同时，不忘不遗余力地劫掠黄金。他们将印加分为多个监护征赋区，根据1512—1513年颁布的《布尔戈斯法》（其中规定印第安人在一年中必须为西班牙人劳作九个月），被选取的殖民者有权在辖区内实行强迫劳动。西班牙人向印第安人大声宣读这条法律，他们被告知，谁要敢违背该法，他的妻儿子女都将成为奴隶，他们的财产将被充公。[29] 印第安人还必须向教士上缴贡奉，在某些情况下，教士"可以保留牲畜、战俘、锁链和船只，以惩罚不敬神者"[30]。

事情并不总像西班牙人盘算得那么如意。他们遇上了接连不断的反抗，皮萨罗的一个兄弟在库斯科甚至被围困数月。直至1572年，西班牙人处死了最后一位印加皇帝图帕克·阿马鲁，印加人的抵抗才被彻底粉碎。其实与墨西哥阿兹特克帝国类似，印加帝国的悲惨命运早已注定。印加人虽然有铜，但是没有铁；他们使用的是驼马，而不是强壮得多的马和骡子。青铜时代的文明，无论它多么精致，都无法与玄铁时代的文明对峙，无论后者多么粗糙。正如海明斯所说，马匹是"征服者的坦克"[31]。只有当智利最南方的印第安人懂得如何驾驭马匹后，征服者的优势才大大减弱。

几名帝国家族的成员设法在新形势下存活下来，并融入西班牙人的上层社会。海明斯写道："他们与所有西班牙下级贵族骑兵伊达尔戈一样，十分渴望得到功名头衔、战袍族徽、精美的西班牙服饰，以及还未收入腰包的收入。"[32]但对生活在印加帝国的广大民众而言，生活却是变得无法比拟的糟糕。1535年，一名西班牙贵族在写给国王的信中表示，"我走过了这个国家的许多地方，看到了可怕的毁灭"[33]。另一名贵族对比了印加帝国被征服前后的情况："此前整个国家非常平静繁荣，但是如今，在道路两旁，我们只能看到望不到尽头的废弃村庄，遍布全境。"[34]

由于每位新统治者都想竭力攫取更多财富，征服者对这片土地造成的伤害日益升级，民众的生活更加水深火热。彼此竞争的西班牙司令官之间掀起了激烈的内战，新兴的富裕殖民者崛起，反对西班牙王室代表。敌对的军队烧杀抢掠，对农业来说极为重要的灌溉水渠和山间梯田全部陷入荒芜，驼马牧群全被屠杀，为了应对灾年而准备的食物储备也被吃光。在加勒比海地区造成巨大损失的同一种欧洲疾病席卷印加帝国，其规模甚至比14世纪肆虐欧洲的黑死病还要猖獗，同时饥荒又令民众的生活雪上加霜。在1540年代的利马谷，两万五千人中最后只有两千人残存下来。印加帝国的人口锐减了一半至四分之三。

这片土地遭到如此令人绝望的打击，就连西班牙王室也开始感到忧虑。西班牙王室需要一个能够提供财富的拉美帝国，而非一个劳动力全被剥夺的拉美帝国。16世纪中期，西班牙屡次探讨方案，试图限制殖民者对殖民地的毁灭行径，控制对当地印第安人的剥削程度。正是在那时，拉斯·卡萨斯等教士因严厉谴责殖民者而变得声名卓著。然而，他们的努力并未给前印加帝国带来多少改变，因为到此时为止，强迫劳动对西班牙皇室获取利润依然非常重要：他们想要从波托西（一座拥有十五万人口的城市，是当时世界上最大的都市之一）的银矿和水银矿中大发横财。1570年，以罗伊扎大主教为首的委员会同意，鉴于矿藏关乎公共利益，因此强迫劳动可被允许。[35]

第二章
从文艺复兴到宗教改革

　　哥伦布并没有"发现"美洲。"印第安人"至少在一万四千年前穿越白令海峡、从西伯利亚前往阿拉斯加时就发现了美洲的存在。实际上,哥伦布甚至都不是第一个抵达美洲的欧洲人——在哥伦布到达那里五百年前,维京人就曾出现在北美洲的东北海岸。但是,1493年的确是世界历史的一个转折点。欧亚大陆大西洋沿岸地区此前一直处于落后状态的社会,在世界历史上第一次展现出对世界上其他地区施加统治性影响的能力。因此,虽然西班牙人在美洲的所作所为,与三四个世纪前十字军在中东地区的行径同样野蛮残忍,但其结果却是迥然不同。十字军来了,看了,征服并摧毁了——然后他们被赶了出去,除了几座废弃的堡垒,中东地区几乎没有留下什么欧洲人来过的痕迹。西班牙人也来了,看了,征服并摧毁了——但最后却留下来缔造了一片全新且持久的领土。

虽然这一切都发生在大西洋的对岸，但欧洲自身也在经历同样重要并最终撼动整个世界的巨大变化——孕育于政治发展、思想生活和意识形态中的变化，更重要的是数百万民众谋生方式的改变。

许多主流史学都沉迷于探究王朝如何代代更迭。其中包含的不过是一连串国王、王后和大臣的名字，伴随着廷臣谋略、王族残杀、血腥战斗和运筹帷幄的故事。15世纪末开始初现端倪的政治变化，与上述琐碎的历史记载极为不同。它们引领着一种新型国家的兴起，这种形式的国家将会统治全世界。

说起古代或中世纪世界时，我们经常使用"国家"一词。但实际上，当时统治一方的国家，与今天现代意义上的国家，完全是两回事。

今天，我们认为一个国家是在固定的国界内，拥有地理上接连不断的领土。我们期待一个国家拥有单一的行政结构、单一的税务体制（有时各地也会略有不同），以及在同一个国家的不同地区不存在关税壁垒。我们认为，国家需要"公民"的忠诚，作为回报，国家给予公民一定且有限的权利。现代人竭尽全力避免陷入"无家无国"的窘境。我们还公认，一个国家拥有同一的语言（或者有时是一系列语言），不论是统治者还是被统治者，都使用同一种语言。

中世纪欧洲的君主国很少具有上述特征。它们的领土犹如大杂烩，既切断不同语言分野的人们，又跨越地理上的障碍。"德意志神圣罗马帝国"的皇帝，通常将波西米亚视为一个国家来加以统治，并宣布在所有讲德语的土地上及部分意大利的土地上都拥有主权。多年来，英格兰的多位国王忙于一系列征战，意在夺取一大块讲法语土地的主权。法王竭力控制阿尔卑斯山另一边、今天属于意大利的领土，但却对法国东部（属于竞争的勃艮第公爵国的部分土地）、法国西南部和诺曼底（由英王统治）或布列塔尼几乎没有统治权。国家边界也会发生大范围变动，因为皇室的联姻和继承可能会给予某位国王一片遥远土地的主权，也可能会因战争而夺走原属于他的土地。在一个国家内，罕有单一统一的行政结构。通常它都是由封邑公国、公爵领地、男爵领地及独立的自治市镇组成，拥有各自的统治者、独立法庭和本地法律、独立税收结构、独立关卡及独立武装——因此，各地领主向君主宣誓效忠不过是名义上的事情，如果敌对的国王向他们伸出条件更加优渥的橄榄枝，他们无疑会把之前的效忠誓言抛在脑后，忘得一干二净。君主通常并不讲其治下民众的语言，官方记录和法律文书也很少使用那些臣民看得懂的语言。

到了15世纪末，在欧洲一些重要地区，这一切开始发生变化，此时西班牙已经征服了拉丁美洲。法国的查理七世和路易十四、英格兰的亨利七世和亨利八世，以及西班牙的联合君主伊莎贝拉与斐迪南，都成功加强了君主制的权威，打压了封建大领主的气焰，在我们今天所说的民族国家的边界内，推广了某种遍及全国范围的政策和秩序。

这种变化十分重要，因为它们形成了封建制国家向现代体制国家迈进的第一步。但此时的转变距离真正完成还有很长的路要走。就连西班牙这一最强大的"新"君主制国家，在其管辖内的加泰罗尼亚、瓦伦西亚、阿拉贡和卡斯提尔的行政结构依然分散；它的君主们还会为了保住其在意大利和低地国家的领土而进行一百五十年的战争。法王不得不又经历一系列对内和对外战争，才令地方领主向"绝对"统治屈服——尽管其后境内关卡和当地法律都基本上原样未变。虽然1066年的诺曼征服曾在英格兰缔造了一个世界上最统一的封建制国家，但是北部的伯爵们依然保有很大权力，而君主们也不曾放弃他们在"法国"的权利。

无论如何,后来在法国和西班牙萌发的"新君主制"与"专制主义",代表着某些与旧封建秩序不同的新秩序。它们是建立在封建主义基础上的国家,但是统治它们的君主却学会了利用与市场机制及城市发展紧密联系的新力量,来与封建领主们相抗衡。[36] 他们的政策依然部分导向传统的封建主义目标,即通过武力或联姻来获取更多土地。但另一个目标也变得日益重要,那就是建立贸易,以及本地化的生产体系。因此,伊莎贝拉与斐迪南虽然征服了摩尔人的王国格拉纳达,并为意大利的土地而征战多年,但却同时也资助哥伦布及其后继者进行世界冒险,以期扩大西班牙的贸易规模。亨利八世利用联姻建立了与其他君主联系紧密的王朝,但他也同样鼓励英国的羊毛相关产业及海军的大力发展。

当然,这并不意味着这些君主就比他们的前任仁慈许多。他们已经准备好利用所有手段增强权力,打击对手,压迫臣民。阴谋、谋杀、诱拐和酷刑是他们的惯用手法。他们的理念在马基雅维利的名著中表现得淋漓尽致——这位来自佛罗伦萨的官员,终其一生都希望意大利能够成为一个统一的国家,并为此撰写了指导手册,书中表示这一伟大目标最终将会由一位"王公"来实现。然而,马基雅维利的希望却是屡屡受挫。但即便如此,他的著作却明确地指出了实现国家统一所需要的一系列技能——这些技能可能都直接来自西班牙君主或亨利八世的技能列表。

伊莎贝拉与斐迪南在征服了格拉纳达后,做了一些伊斯兰国家从不曾对基督徒做过的事情——他们利用宗教裁判所,残忍屠杀那些拒绝改宗皈依基督教者和试图逃离国家的人。到了17世纪初,已在格拉纳达生活了九百年的穆斯林被逐出自己的土地。在伊斯兰治下已经平静度过八个世纪悠长岁月的犹太人也被迫迁出，颠沛流离到北非、土耳其统治的巴尔干地区（讲西班牙语的犹太人社群依然生活在萨罗尼加，直至希特勒的军队在第二次世界大战中践踏了这座城市）及东欧地区重新建立生活。甚至就连那些改宗皈依基督教者也并不安全。1570年代，掀起了一阵迫害皈依者的风潮。

亨利七世、亨利八世及英格兰的后继国王所反对的，不止是旧日封建王公的权力。他们同时也意在压榨最穷苦的广大民众——由于贵族解散了家臣和地主的旧军队，导致大批流民流离失所，没有生计；古老的共有土地被圈起，剥夺了农民原本拥有的小块土地。后继的君主们将他们视为"自愿故意的罪犯"（voluntary criminals）。[37] 1530年的一道法令这样规定：

> 鞭笞并监禁身体强壮的流浪汉。将他们绑在车轮辐条上予以鞭打，直至鲜血从身上喷涌而出，然后令其发誓回到出生地或者他们过往三年的居住地，"让他们回归劳动"。

这道法令后来又修改为：

> 如有发现再次犯下流浪罪行的罪犯，将再次受到鞭笞，削去半只耳朵；如果第三次发现犯下流浪罪，罪犯将被视为犯下重罪而遭到处决。[38]

新思想

"发现"美洲和"新君主制"崛起的时期,同时也是文艺复兴思想广泛传播的时期——思想与艺术生活从意大利城市开始得到"重生",在一个多世纪的时间里,传播到西欧的每个角落。在整个欧洲大陆,人们重新发掘经典古迹和古典知识,并以此打破狭隘的世界观、令人窒息的旧俗及宗教迷信(这些都是欧洲中世纪时代的特色)。结果便带来了文学和艺术的全面盛开,以及欧洲世界自柏拉图、亚里士多德和欧几里得时代之后就不曾出现的科学迅猛进步。

这并非人类历史上第一次作出这样的突破尝试,尽管有些史书上如此声称。两个世纪前就曾发生过一次重大突破,西班牙托莱多城的思想家们,包括阿伯拉尔、罗吉尔·培根、薄伽丘、乔叟和但丁等人在内,不遗余力地致力于翻译拉丁文、希腊文和阿拉伯文的经典著作。但是,这场运动却随着14世纪出现的巨大危机戛然而止,教会和国家联手全力铲除所有可能会在城市和国家内部激起阶级斗争的思想。作为人类探索思想的核心机构,大学越来越偏向学术争论,而争论的议题则似乎与现实没有任何关联。

文艺复兴标志着人类在13世纪的思想、文化和科学探求的回归,但它达到了更高的水准,基础也更加广泛。文艺复兴发源于意大利城市国家,并没有马上就挑战中世纪晚期僵化的世界观。这些国家被寡头大商人所统治,他们令人艳羡的巨额财富通过非封建制方式积累而来,将旧日封建贵族撇在一边,但他们却利用其财富和权力,在已经建起的封建主义框架内寻求安全的位置。例如,统治佛罗伦萨的梅第奇家族,最初以商人和银行家发迹,但其家族中有两位成员最终却担任了教皇这一圣职，还有一位成为法国皇后。梅第奇家族宣传的文化，反映了他们矛盾的社会位置。他们委托平民背景的工匠创作绘画和雕塑作品，这些工匠为从旧世界中渐渐显露雏形的新社会提供了绝佳的视觉表达。米开朗基罗的名画《创造亚当》和他在西斯廷教堂的不朽壁画《最后的审判》，都是歌颂人性的宗教作品。在米开朗基罗最伟大的作品中，包括一系列展现奴隶或囚徒的巨型雕塑，活灵活现地刻画出人们试图从禁锢他们的石头上挣脱开去。而另一方面，得到寡头商人鼓励的文学，却在某种程度上从13世纪和14世纪初的传统基础上后撤了一步。革命的意大利人葛兰西大约在七十年前说过，当但丁以佛罗伦萨当地的意大利方言进行写作时，文艺复兴的"人文主义"语言还是一种只有少数文化精英才懂的语言：拉丁语。文艺复兴为整个欧洲的学者提供了沟通的渠道，但却无法为佛罗伦萨、米兰或威尼斯的广大民众所享用。此时依然存在着一种对古文字迷信般的尊崇，援引古希腊罗马著名作家的观点依然是辩论中最可靠的论据。

随着文艺复兴的浪潮席卷整个欧洲，它的内容也开始发生变化。越来越多的作品将希腊语和拉丁语著作译成日常语言。而且，社会上兴起了一股不简单满足于阅读古典著作、还要挑战古典作家发现的趋势，这方面最好的例证就是哥白尼、开普勒和伽利略取得的科学进步。16世纪伊始就发生了两千年古老思想的回流，但只过了一百多年，就呈现出用大众语言写作的爆炸性井喷——其中的翘楚当属法国的拉伯雷；英国的莎士比亚、马洛和本·琼森；西班牙的塞万提斯。这不仅仅是讲故事、编戏剧或将许多新思想写在纸上那么简单。它还为数以百万计普通人的日常言语提供了新的形式。"新君主制"的时代也是民族国家语言初次兴起的时代。

新宗教

在西班牙军队占领格拉纳达、哥伦布登陆西印度群岛二十五年后，一位 34 岁的天主教修士和神学教师马丁·路德，在德国南部威登堡教堂的大门上订了一张纸。在这份著名的《九十五条》中，路德抗议天主教会发行"赎罪券"：一种宽恕人们的罪过并承诺其可以升入天堂的文书。路德的举动造成了自一千二百年前君士坦丁皈依基督教后西方教会最大的分裂。教会或神圣罗马帝国的任何回应，似乎都无法阻止路德教受到民众的热烈支持并迅速传播开去。德国南部及瑞士城市：巴塞尔、苏黎世、斯特拉斯堡和美因茨，一齐站在路德身后为他摇旗呐喊，甚至有些最具影响力的德意志王公，如萨克森、黑森及勃兰登堡的王公，也是他的支持者。很快，在尼德兰和法国也有越来越多的人皈依路德教——尽管政府对此采取了惩罚措施，例如，1546 年在莫市的市镇广场上活活烧死十四名信奉路德教的工匠。[39] 在教皇（及西班牙王室）不愿支持英王亨利八世与西班牙公主阿拉贡的凯瑟琳离婚后，亨利八世与天主教会便彻底决裂。

路德对教会的攻击始于神学观点上的争论：关于"赎罪券"、关于教会的仪式、关于教士作为信徒与上帝中间人的角色，以及关于教皇约束教士的权力等。但因天主教会一直是中世纪社会的核心机构，讨论宗教问题也就不得不涉及社会问题和政治问题。因此，路德的举动就是对现有制度的挑战，而这一制度则代表整个封建统治秩序控制着社会思想。从思想禁锢中获益的人们势必要进行反击。接下来一百二十五年间，这些问题引起的争论，将大部分欧洲都推入了接连不断的内外战争中：德国的施马尔卡尔登战争、法国的宗教内战、尼德兰谋求摆脱西班牙的漫长独立战争、摧毁德意志大部分土地的"三十年战争"及英国内战。

路德是一位卓越的善辩者，不断发行小册子阐明自己的观点，更是翻译了圣经，对发展中的德语产生了决定性影响。然而，这些并不足以解释路德行动的巨大影响。反抗罗马天主教会的传统源远流长，这种传统的思想基础与路德所阐述的思想非常类似。曾经存在一个地下的"瓦勒度派"教会，其教徒群体在欧洲各个主要城市已经活跃了二百年之久。一个世纪之前，波西米亚反抗天主教会的胡斯教派的思想，也与路德教的思想非常相似，而且在英格兰依然存在许多追随14世纪晚期掀起反抗风潮的改革者威克里夫的信徒。但是，所有这些反抗运动都没能成功地将教会与其根植的社会分开。而路德则做到了这一点，另有其他与路德持有不同原则的宗教改革家也做到了这一点，如苏黎世的茨温利和日内瓦的加尔文。

为了理解这一切的发生，就有必要探求14世纪危机后在更加宽广的经济和社会层面上发生的变化，这些变化为新宗教打下了基础，就像它们为新君主制、征服新世界及文艺复兴的新知识提供了根基。封建经济和封建社会催生了一些全新事物，新教主义就是初生婴儿之一。

转变中的经济

西欧社会经过数百年的发展，经历了缓慢但却不断积累的变化，生活其间的人们甚至很难察觉这些变化。首先是缓慢而间歇但却持久不断的生产技术进步，因为工匠、造船工人和军事工程师吸取了来自欧亚大陆其他地区及北非的发明创新，并加上了自己的技术改进。因此，到了16世纪初，出现了许多在12世纪甚至14世纪都闻所未闻的设备和装置——欧洲每个重要城市都有机械钟表、风车和水车，能够生产铸铁的鼓风高炉，建造和装备船只的新方法及确认船只位置的新设备，发动战争的枪支和大炮，以及为大众提供量产经典著作印刷品的印刷厂——此前这些极为珍贵的手稿只能珍藏在少数几座图书馆中。

这些技术发明无疑为更大范围的变化提供了前提。如果没有阿拉伯的星盘和中国的指南针，哥伦布或许依然能够找到通往美洲之路（在哥伦布之前的其他人很可能就这样做过），但却无法绘制常规的海上路线，使重返航程及西班牙人的征服成为可能。如果没有改进的弓箭和火器，君主国的军队或许也能取胜，但却无法击败全副武装的骑兵，扫平领主的城堡或者击败农民长枪兵。如果没有印刷厂，意大利北部的文艺复兴思想家或许依然可以激发对古希腊罗马经典著作感兴趣的风潮，从而使其再度复兴，但若没有数千册的印刷复制版本，这些著作的影响力就无法跨越欧洲大部分地区，蔓延到欧洲每个角落。同样，如果没有印刷厂，路德对教皇权威的挑战也不可能找到如此大规模的听众。实际上，印刷厂保证了路德的思想得以呈现的外部客观条件。例如，在英格兰，印刷厂确保了威克里夫的作品、朗格兰的《农夫皮尔斯》和乔叟的作品中反教会的观点（乔叟的作品在这方面的程度略轻），"虽然延迟呈现但却依然释放出的最大力量"，从而使"14世纪入侵了16世纪"。[40]

但是，技术本身并不能实现任何目标。它们必须得到应用，有时还所耗不菲。武器必须要生产，矿藏要开采，印刷厂要资助，舰船要建造，军队要供给。这些事情不仅要做，还要达到要求的规模，因为生产的社会组织和技术组织都在经历巨大的变化。

在封建主义早期阶段,生产是为了即刻的使用:为了维持农民家庭的生计,为了满足领主的奢华生活等。重要的是亚当·斯密和马克思后来所称的"使用价值":农民家庭生存的必需品及满足封建领主穷奢极欲品位的奢侈品。若要扩大生产,要么通过农民更加拼命地劳作,要么通过采用新技术;而扩大生产的压力则只能源于农民希望活得更好的自主意愿,或者是领主的消费变得更加奢华。正如马克思所说,剥削农民的程度受到"封建领主胃口大小"的限制。在这样的社会中,贸易和金钱扮演了边缘性的角色。如果想攫取财富,就该夺取土地,而不是囤积黄金。

到了 15 世纪初,形势已经变得迥然不同。生产商品来销售(交换金银,然后再用金银交换其他产品)变得越来越普遍。亚当·斯密和马克思所称的"交换价值"变得越来越重要。农民家庭维持生计的粮食和衣物或许依然大部分由自家生产,但是如今需要金钱来支付地租和购买农具;遇上收成欠佳,还需要用金钱去购买食物来糊口。领主和君主需要金钱的地方也越来越多。长途贸易意味着只要肯花钱,充满异域风情的奢侈品就可以从世界的另一端穿越万水千山,摆在眼前。如果能够获得足够多的钱财,他(有时也会是她)就能组建军队征服他人(军队日益由雇佣士兵组成);或者买下船只,雇用水手,开启探险、贸易甚至海盗劫掠的航程。总而言之,金钱开始变成我们今天所知的模样。

随着时间推移,这将会彻底改变生产的世界,生产不再只为满足人类的需求,而是成为一种简单的方式,一种有钱人可以凭此挣到更多钱的方式。16 世纪初这一进程还远未完成。大多数工匠依然希望收到订制作品的佣金,并拥有在节日和圣人纪念日不工作的自由;大多数农民依然认为自己的劳作与四季气候等自然条件联系紧密,而不是由单调的商品市场所控制。然而，生产的变化已经发生，这种变化将会历时几个世纪。连接城市和国家的市场网络缓慢蔓延，越来越多地影响着人们的生活。在大城市、港口、运河周围，整个乡村地区都开始转而生产"行业化作物"：种植亚麻是为了生产亚麻布，种植葡萄是为了酿造葡萄酒，种植橄榄是为了压榨橄榄油，种植靛蓝或藏红花是为了染布，放牧是为了满足城市及上层阶级不断增长的肉食需求。商人们越来越多地采用"包买制"向手工业工人施加压力，迫使他们接受以供需关系为基础的更低工资，而非过往订制作品支付的较高佣金——同时鼓励以乡村为基础的新兴工业的发展，因为城市手工业者通常拒绝牺牲自己的生活来迎合商人获取更高利润的目标。在德国南部高地地区、波西米亚及特兰西瓦尼亚等地区，富格家族等大金融家（富格家族资助了西班牙与神圣罗马帝国皇帝之间的战争）就是以工资劳工为劳力进行采矿。

正是"为市场而生产"所扮演的角色，令14世纪社会危机的后果，与罗马帝国于5世纪及中国于3世纪和13世纪陷入的那些危机导致的后果相比迥然相异。在上述巨大的社会危机中，饥荒、内战和外族入侵导致大田产越发碎片化，经济从更宽广的社会层面上被切割开来。相比之下，14世纪出现的危机过后，市场关系在欧洲大规模蔓延。即便在封建农奴制复兴的地区，农奴也只生产那些领主能够卖给大贸易商从而获得丰厚利润的作物。

危机并未摧毁城市。即便饥荒和瘟疫席卷而去，无数村庄被废弃，大多数城市依然保持完整。到15世纪中叶，城市成为新经济扩张的最前沿，鼓励使用如印刷业和航海业等行业新技术。然而，并非所有城市都能从新形势中获利。市场的扩展、为了交换而非即刻使用进行的生产，意味着各个城市能否积累财富多少带有一些偶然因素和侥幸色彩。有些城市在之前阶段表现优异，运气不错，如今却因市场受到生产上某些不可预见变化的影响、或是遥远土地上某些政治事件的牵连，而陷入厄运。有些城市之前被远远甩在后面，如今却能大步赶上并超前领跑。到了16世纪，巴塞罗那、佛罗伦萨、北欧伟大的汉萨同盟贸易城市及波罗的海地区都在一定程度上衰落了，然而，北部低地国家（今荷兰）的其他城市、西班牙南部地区、德国东南部地区及英格兰则开始繁荣起来。

市场还造成了另一方面的影响。它改变了数百万民众生活的条件。15世纪中期以后，物价开始上涨，民众的生活水准不断下跌。在黑死病爆发后的那个世纪里，实际工资翻了一倍，但从15世纪中期到16世纪末，工资又下跌了一半甚至三分之二[41]，农民向领主支付各种赋税的压力日益沉重。

无论在城市还是在乡间，富人们都掀起了狂热的赚钱浪潮。哥伦布、科尔特斯和皮萨罗对黄金的痴迷就是其中一例。另一例便是教会出售的赎罪券，路德正是因此而愤然在教堂大门上贴出了《九十五条》。其他例子还包括东欧的新型农奴制，以及西欧部分地区初次出现的资本主义农场。金钱开始成为衡量所有事物的标准。然而，社会的官方价值依然依附在旧有的封建主义等级体制中。

在中世纪时期的社会价值体系中，教会居于绝对的中心位置。教会的仪式表达出对各个不同阶层的期待，这些不同期待经常在教堂的雕刻作品和彩色玻璃窗上明确呈现出来。然而，教会本身也深受"淘金热"之苦。梅第奇家族及博尔吉亚家族等著名的商业家族成员成为教皇，意在增加其自身财富，期待能将财富传给其私生子们。十几岁的男孩子就被任命担当利润极为丰厚的主教职位。教士只管从几个教堂收取费用，却希望不必出现在任何一座教堂为民众服务。依靠什一税的贵族则需向教会上缴几近一半的收入。通过发放高利贷，牧师和僧侣压榨一贫如洗的农民，即便明知高利贷是上帝厌恶的罪恶之一。

历史学家耗费了大量时间，争论资本主义与新教之间的关系。受到社会学家（及德意志民主主义者）马克斯·韦伯影响的学派认为新教价值缔造了资本主义，但却并未解释所谓的"新教伦理精神"来自何方。[42] 其他学派则认为，资本主义与新教根本就没有任何联系，因为许多早期的新教徒并非资本家，而且在德国最坚定的清教徒活跃地区还曾实行过"第二次农奴制"。[43]

然而，资本主义与新教之间的联系还是轻而易举就能看到。技术变革的影响、在封建主义下人们彼此的新市场关系，带来了一个"混杂的社会"："市场封建主义"，其间资本主义和封建主义的行为和思考方式彼此交织缠绕，也彼此冲突。

在封建主义基础上叠加市场机制，导致广大民众遭受两者缺陷的双重苦楚。市场的起起落落反复危及人们的生计；而农业的封建主义方式依然在欧洲东部和南部大部分地区广泛流行，农民的产量无法在养活自己的同时，又能满足领主的奢侈生活需求，以及供养君主的军队。[44] 统治阶层越来越庞大的消费侵蚀了农民生产的根基——随着 16 世纪的发展，社会日益面临新的危机，到底是向前走，还是向后撤。

每个社会阶层都因此而感到困惑，每个社会阶层都将希望寄托在诉诸古老的宗教信仰上，却发现就连教会自己都深陷迷茫。如果找不到方法彻底重塑从旧封建主义那里继承的思想，人们也就只能与现状达成妥协。路德、茨温利、加尔文、约翰·诺克斯，以及其他人（其中甚至包括创建了耶稣会的依纳爵，他引领了天主教的反宗教革命运动），为人们提供了这样的方法。

德国宗教革命

马丁·路德和加尔文并无意开启一场革命运动,甚至是社会改革运动。他们只是准备向现有的宗教秩序提出激进的挑战。但对他们而言,所有观点都仅仅集中在神学上:天主教会如何歪曲了圣经中耶稣和圣徒的教义。他们坚持强调个人的"信仰",强调信仰的重心绝非是人与上帝之间的中间人牧师,向教会付款的行为尤其令人发指。他们坚持认为,通过雕像和圣殿来崇拜天主教圣人的一套仪式,完全是对掺假的圣经信息的盲目崇拜。加尔文在这方面甚至更加激进,他认为圣餐礼这一仪式亵渎神明,崇拜者在某种程度上是在消费耶稣的血肉——他因此而无法与路德的追随者达成一致,更别说与罗马教会达成一致。正是在这些问题上,早期新教徒冒着巨大的个人风险,敦促同道坚定信仰——即便为此要面临被视为异端将遭受的血腥惩罚,这种惩罚在整个欧洲依然适用,那就是在公共场合被活活烧死。

然而,不论是路德还是加尔文,他们在社会问题上都持保守态度。1521年,当帝国政府下令悬赏其项上人头时,路德表示,人们应当在非宗教事务上遵从政府的法律:

> 暴乱不是证明自己有理的方法,不论它的理由看起来多么正当……世俗政府挥舞宝剑授领圣意、惩罚邪恶、保护圣意……但当……普通人崛起,他并没有能力分辨善恶,他将会不加区别地猛烈打击,难免造成残酷的不公平事件。因此,他们应当留心听从政府行事。[45]

加尔文的观点与之类似,被描述为"大众遵从的原则"。因为是"上帝授意"世间应有统治者来维持社会秩序,"因为人类背负原罪,所以这种统治是一种必要的压制手段"。[46]

但这并没有阻止他们的信仰分歧引发社会斗争,不过,在这场斗争中,他们不得不选择自己的阵营。

路德由天主教修士转为神学教授,是席卷整个欧洲的文艺复兴运动中坚定的"人文主义者",无疑可以凭借这一背景劝服众人。路德还赢得了萨克森选帝侯[47]腓特烈等权威人物的支持和保护,这位大人物与教会有些私人纷争。然而,路德思想在1520年代的德国南部得到迅速传播的真正原因在于,它对那些心存不满的社会阶层极有吸引力,但路德实际上并不信任这一阶层。二十五年后,加尔文的教义在法国的广泛流传,也是出于同样的原因。

今天研究德国宗教改革的历史学家,将其发展分为不同阶段,包括"城市(或市民)宗教改革""农民宗教改革""贵族宗教改革"[48]。1521年,路德在著名的沃姆斯国会严厉谴责皇帝,成为众所周知的公众人物,此后城市宗教改革横扫德国南部和瑞士的城市。这些城市由古老的寡头政权统治,由富商和少数贵族家族把持。即便存在着正式的民主机构,他们依然数代掌控着议事会和议院。许多寡头都与教会结怨颇深(例如,由于教士拥有税收豁免权,迫使其他人上缴更多税金),对当地贵族的权力也颇为忌惮。但是,他们与现存的社会和宗教秩序也存在着千丝万缕的联系。他们依靠城外的封建主义地租过活,他们在教会中为儿子们寻求收入丰厚的教职,他们想尽一切办法从教会的什一税中分得一杯羹。因此,这些人既为宗教改革所吸引,又对其抱有一些排斥心理。他们期待能有一些小规模的改变,能让他们更多掌控城市的宗教生活,能在不引起动乱的情况下让他们在更大程度上利用教会的资金。

但位于这一社会阶层之下的是小商人和小手工业者（有时还包括来自工匠家庭的牧师、修女和僧侣），他们对于不得不向教会支付税金感到非常厌烦，因为教会甚至时常连承诺提供的宗教抚慰也不曾实现。正是这些人的焦虑，推动宗教革命在一个又一个城市取得成功。在埃尔福特，路德于1521年路过这座城市后，"学生与工匠"参加了"攻击教士"和"摧毁教会房屋"的运动。[49] 在巴塞尔，纺织工人要求"不仅要从精神上而且要从实际行动上"掌握福音的真义，坚称"我们应当以爱和真正的信仰来照看我们的兄弟"，应当将装饰教堂的资金转而用在"冬天缺少柴火、蜡烛和其他生活必备品的穷人身上"。[50] 在布伦瑞克、汉堡、汉诺威、莱姆戈、吕贝、马格德堡、米尔豪森及韦斯玛，手工业者和贸易商委员会强迫城市的统治阶层进行带来改变的宗教改革。[51] 威登堡"被冲突驱使，到处都是偶像破坏者"，直到市政府向路德求助，要求他实施有秩序的改革。[52] 在斯特拉斯堡，"在下层民众的迫使下，治安官们开始在宗教实践方面作出改革，与此同时，治安官们也希望皇帝、帝国国会或教会委员会能将他们从要求加大改革力度的如山压力下解脱出来"[53]。通过这种方法，"通常是在下层民众的敦促、手工业行会的压力下，而非市政府的主导下"[54]，三分之二的德国城市转向了新宗教。路德将其信条取得的成功归功于上帝的旨意。他写道："这全都是上帝之道所为。""当我与菲利普和安姆斯多夫一起坐着喝啤酒时，上帝给了教皇狠狠一击。"[55] 实际上，是地方性经济危机带来的阶级感受，促使人们对路德的教义作出如此积极的响应。

不过，统治城市的议事会和议院，通常都能作出适当改变，以平息下层民众的愤怒之情："一旦议事会规定采用基督教福音派的教义而废除其他,吸收新教牧师成为市民,那么在对城市教会生活做决定时,从狂暴的街头回到安稳的议事厅也就是顺理成章之事。"[56]

农民战争

1524 年下半年,又一场更加激烈的运动爆发了。这场运动史称"农民战争"(今天有些历史学家还称其为"平民革命"),被描述为"近代欧洲最重要的民众起义"。[57] 在之前的半个世纪里,德国南部的乡村起义层出不穷。城镇中宗教暴动的消息(通常由参与乡村工业的新兴手工业者传播),成为不安全感日益加深的岁月里的焦点,刺激了暴动的发生,这种暴动既含有宗教意义,又含有社会意义。

数千甚至数万人的大军,将农民运动的浪潮从一地推进到另一地,横扫帝国整个南部和中部地区,军队劫掠修道院,攻击城堡,并试图占领城市。[58] 封建领主和主教们对此极为震惊,试图通过和谈来平息起义者的怒火,同时则乞求大王公协助剿灭起义。统治城市的寡头贵族则不知如何是好。一方面,他们与乡村地区的领主、主教和修道院素有积怨,加之迫于穷苦市民的压力,不得不参与反叛。另一方面,他们又基本上由地主组成,所拥有的土地在暴乱中无疑也都受到了威胁。他们受到了不小的惊吓,都远远躲开暴乱,希望能够通过某种协商达致和平。[59]

农民暴动的确设法夺取了一些城市,并为自己的阵营争取了新生力量。在萨尔茨堡,"矿工、小矿场主和农民都加入了"反叛行列。[60] "在海尔布隆,城市治安官在市民、'尤其是女性市民'的压力下，不得不对叛乱者打开大门"，叛乱者占领了所有女修道院和教会建筑物。[61] 通过这种方法，农民大军夺取了梅明根、考夫博伊伦、温伯格、贝尔马廷根、诺伊施塔特、斯图加特和米尔豪森等多座城市。

各地的叛乱者都列举出令其不满乃至奋起反抗的悲苦现状，并经常将其合并到本地区的改革计划中。其中一份陈述由梅明根地区的农民起草，在同情他们的一位工匠和一位反叛牧师的帮助下，清晰地阐明了十二条意见——后来这几乎成为全国范围内农民暴动的宣言，因为它被反复印刷，广为流传。[62]

这份宣言从对广大民众而言最重要的宗教需求开始，其中包括当地社群任命本教区牧师的权力，以及决定如何使用什一税的权力。宣言进而提出了对农民生计也非常重要的其他需求：废除农奴制，废除领主各种巧立名目的收费，停止继续侵占公有土地，废除领主对农民狩猎、渔业和伐木业的禁令，以及停止武断的司法裁决等。

这并不是一份革命计划。它假设贵族和王公会被劝服，从而接受农民的诉求。当然，在农民运动初期，大多数参与者都相信，只有迫使领主按照农民自己的方法进行改革，一切才能好起来。"总体而言，农民依然倾向于接受贵族统治，只要贵族愿意听从（反叛农民的）集体协会、联盟或基督教联合会等组织的意见。"[63] 保守派历史学家杰弗里·埃尔顿论述道："农民总体上……是在受到极大束缚的情况下行动。"[64] 恩格斯的观点则与之对立，他认为："在对待贵族和征服的态度方面……他们显得非常缺乏决心。这样的决心只会在战争过程中出现，在农民亲身经历了敌人的为所欲为之后。"[65] 农民的"中庸立场"使其总是天真地相信，他们与领主之间的分歧将会得到仁慈宽厚的处理和解决。

然而，农民最基础的要求却对王公贵族旧日的统治根基提出了严峻挑战。在农民的宗教语言中，存在一种比法庭实施的法律更高等的法。在一次乡村集会上，曾有农民发言表示，"除了上帝、我们的造物主之外，没有人……可以拥有债务奴隶"[66]。代表农民利益的"上帝的法律"，将会取代逼迫农民臣服于领主和教会的"庄严法律"。

贵族阶层无法作出损害本阶级地位的让步。在假意作出妥协的同时，贵族领主开始偷偷组织雇佣军。1525年4月，事态开始向暴力升级。正如杰弗里·埃尔顿承认的那样：

> 统治阶层从根基上被动摇，他们的反应比其惧怕的威胁要野蛮得多……数千（有人估计为十万）农民被杀，伤亡主要发生在所谓的战役中（实则是毫无军事经验的农民暴动），贵族王公训练有素的武装军队在将四处逃窜的农民冲撞得一溃千里时好不得意。[67]

路德却被农民叛乱的规模吓得心惊。最初他与统治城市的寡头一样，谴责领主激起农民的不满。然而，一旦农民军队开始收获战果，路德就彻底倒向了领主。他写下一份小册子，"反对施行谋杀和盗窃暴行的成群结队的农民"，敦促领主采取最极端的报复手段来镇压农民暴动："他们必须被撕成碎片，秘密地和公开地被绞死或刺死，每个人都应当这样对待他们，就像必须杀死一条疯狗那样。"[68] 路德写道，王公"不应袖手旁观……而应将其彻底毁灭、屠杀，有权力的人应当使用他的权力"[69]。路德在一封信中写道："所有农民死去，要好过王公和治安官们死去。"[70]

在这一点上，路德并不孤单：

就像领主们将农民暴动视为犯下反对国家的叛国罪，宗教改革家们则将其解释为对福音的背叛。1515 年，马丁·路德、菲利普·梅兰希顿、约翰尼斯·布伦茨、乌尔班·雷吉斯及茨温利，都没有选择与民众站在一起。[71]

不过，还是有一些新教牧师支持农民起义，其中最广为人知的就是托马斯·闵采尔。这位受过大学教育的成功教士，在路德与教皇和皇帝初次发生冲突时就在旁协助。但是过了三四年后，闵采尔开始对路德的妥协感到失望，并提出严厉批评。闵采尔的作品和布道开始逐渐超越宗教事务，挑战对人民大众的压迫行径。在他看来，基督教理想的实现，就意味着这个世界要发生革命性的改变：

> 世界上最令人厌恶的事情就是无人帮助穷人获取维持生活的必需品……我们的君主和统治者是所有高利贷、盗窃和抢劫的根源……他们压迫贫穷的农夫和手艺人……这些穷伙伴哪怕只违背了一丁点儿法律，都必须为此付出代价。对于所有这些不公，骗子牧师［路德］却这样说道："阿门。"[72]

闵采尔的言论令当局无比震怒，1524 年的大部分时间他都在东躲西藏，在全国范围内建起小型的秘密支持者组织。路德敦促王公对闵采尔采取行动。即便在今天，许多主流历史学家依然将闵采尔视为完全的疯子。杰弗里·埃尔顿认为，闵采尔是"宗教改革初期恶魔般的天才""一位毫不受限的幻想家"和"危险的疯子"。[73] 但事实上，闵采尔做过的唯一一件疯狂的事情，却不过是使用当时几乎所有思想家都耳熟能详的圣经语言,极力反对而非支持阶级统治。

当农民起义爆发时,闵采尔正在前往图林根州的矿区米尔豪森的路上。他在这里全心投入到与激进市民[在前僧侣帕菲弗的领导下]合作的工作中,保卫作为革命堡垒的城市。在弗兰肯豪森,农民起义军被路德教的黑森王子和天主教的萨克逊公爵击溃,闵采尔被捕,在绞刑架上受尽酷刑折磨,最后被斩首,享年28岁。

粉碎农民起义对整个德国社会而言具有极为重大的意义。它极大地增强了大王公的社会地位。憎恨王公不断滋生的力量、梦想有朝一日迫使王公归顺德意志联合帝国麾下的骑士越来越少,过去他们经常就宗教问题兵戎相见,甚至对初期的农民暴乱表示同情。[74] 如今他们却转而拥护王公贵族,成为后者持续剥削农民的保证人。与此同时,统治城市的寡头也在最初的犹豫摇摆过后,将王公贵族视为抵抗农民暴动的最后保障。甚至越来越多的市民也无法说服自己去支持一场他们太过胆怯以至于无法支持的暴乱。

但在接受王公全新提升的巨大权力的同时,城市上层和中层阶级也接受了如下观念:他们的利益不应该影响德国社会未来的模式。封建主义内部发展出来的资本主义因素导致的社会危机,掀起了革命性的暴乱。但是暴乱被镇压,就像14世纪面临巨大危机掀起的暴乱一样,在全欧洲范围内被击溃。城市中层阶级即便拥护全新的新教宗教思想,却也没有准备好在一场旧秩序的猛攻中利用新教来团结最受剥削的阶层。因此,在王公贵族不断增强的巨大力量面前,农民起义被粉碎,城市中层阶级变得软弱无力。

德国新教主义是这种怯懦的牺牲品。路德教敦促王公壮大势力,使自己沦为王公历史的囚徒。路德最初的信条强调信仰上的平等权,损害了教会对教区居民的控制权。但路德主义者对农民暴乱的恐惧,又导致他们重新依附旧秩序。路德最亲密的同伴之一梅兰希顿这样评价1525年革命的后果："对狂野粗鲁的德意志人来说，给予他们比现在少些的自由是很有必要的。"[75] 王公将会维持这样的统治秩序。对王公而言，农民暴乱被击溃后，路德教成了一件双面武器。一方面，王公可以挥舞路德教的利刃对抗试图侵犯其权力的天主教国王，另一方面又可以利用路德教控制被剥削阶层的思想意识。由此，最初应对德意志封建主义危机而兴起的宗教，如今却成了德国北部和东部地区的官方信仰，该地区的农民被迫重回农奴制——就像基督教最初在反抗罗马帝国的危机中诞生发展，最后却转变为罗马帝国的思想意识一样。与此同时，德国南部和中部地区的农民则放弃拥护和信仰新教，因为在1525年的农民革命中，新教与他们的压迫者站在了同一阵线。

因而，国王和统治该地区的天主教王公不断施加压力，逼迫德国南部城镇放弃新宗教。城市寡头本希望信仰新教的王公能够保护他们，结果却使自己陷入了王公贵族之间具有封建性质的王朝战争。1546年在施马尔卡尔登爆发的与国王的战役，证明了这一联盟的成色——信仰新教的王公根本没有做好严整的战斗准备，独留新教城市去面对凶残暴怒的天主教大军。从此以后，新教仅在德国南部城市隐忍存活，它的衰落反映出城市中间阶层丧失了其独立地位。

法国宗教战争

法国宗教革命的故事，听起来就像是德国宗教革命三十年后的轮回。经济危机使农民、手工业者和赚取工资的雇工陷入赤贫，反复席卷的饥荒、不断爆发的瘟疫，再加上 1557 年的银行破产危机，更令形势雪上加霜。所有社会阶层都转而反对教会及几家贵族——教会是社会财产的最大拥有者。[76] 新教拥有跨越阶级的吸引力。但就像亨利·海勒指出的那样："至今为止，新教依然是一场民众运动，小规模制造商、小型商人和小型手工业者组成了新教大军。"[77]

一个半世纪之前，法国著名小说家巴尔扎克也表达了同样的观点：

> 宗教改革……主要在开始思考的低下阶层中找到同党。大贵族鼓励农民运动，只是为了服务于与宗教质询完全不沾边的利益……但在手工业者和贸易行业从业者的心中，信仰是真挚的，建立在真正的思想层面上。[78]

加尔文出身法国中产家庭，但因受到迫害不得不在日内瓦生活，因此造就了甚至比路德更加适合这一阶层的世界观。路德最初挑战教会既定规则，后来又向王公统治屈服。相比之下，加尔文强调一种新型教会理念，这种教会由城市中间阶层自行管理运转。加尔文令信徒们感到他们被上帝之手选中，通过比同伴更加冷静、自制和节制的表现来证明这一点。这样的态度，完美地吸引了体面的手工业和商店主家庭，他们与贵族的奢华世界划清界限，但同时也蔑视并恐惧"道德沦丧"的低下贫苦阶层。

正如亨利·海勒所说：

> 有些城镇居民……能够看出民众再次跌回贫困的深谷，一个世纪的物质和文化发展再次陷入了危机。他们恰当地判断出，错误出在教会和封建秩序在战争、奢侈品和壮美

奇观上浪费了太多社会财富。他们的反叛是一种对自己的保护，既保卫自己免受那些控制教会和封建体系之人的压迫，又保卫自己免受那些最激烈反抗现有秩序之人的冲击。这样做的其中一种方法就是，践行一种倡导工作、禁欲和纪律的思想。[79]

加尔文在社会问题层面上是一个保守主义者，他认为是上帝授意了现存的社会秩序。但是，他的宗教革命号召无疑拥有社会改革层面的含义。它"为城市资产阶级带来了巨大的发展，不止简单地包含一定程度上的经济自由，还囊括了宗教领域话语权向他们的转换"[80]。这并非号召对国家进行革命性重建：要完成这一目标，城市中间阶层的力量尚显太弱。但它的确意味着需要进行一些基本层面的改革，而且将会在社会危机中保护他们的利益。

加尔文温和的社会改革计划并未实现，即便在1550年代晚期社会矛盾最为激烈的时候也是如此。部分贵族开始攻击教会的特权阶层，波旁和蒙莫朗西两大贵族家族在狂热的天主教伪装下，与第三大家族因王位传承问题而掀起了血腥的战争。

中间阶层本有可能利用贵族的分裂来团结农民和城市贫民，争取革命成果。农民无疑早就受够了苦，长期积攒的不满情绪使其长久以来一直拥有反教会的传统。但在加尔文的建议下，中间阶层的激进派决定将命运寄托在持不同政见的贵族身上。面对1550年代越来越严重的贫困，农民们举行宗教游行，包括"在礼拜圣人的仪式上吟唱"和鞭笞自己，而城市中间阶层则竭尽全力将他们清除出城镇。"加尔文主义者对农村人无知、迷信及令人难以置信的耽于声色感到震惊"，而农民们虽则排斥"加尔文禁欲主义"但却"依然与他们的圣人、奇迹和会众保持紧密联系，依然离不开他们的舞蹈、节庆和酒精"。[81]

1560年代爆发了一系列血腥的宗教战争，危机达到了巅峰，其中包括著名的巴黎圣巴塞洛缪日屠杀新教重要人士这一事件。[82]加尔文主义者依赖贵族的策略，意味着这变成一场"大部分由贵族领导和组成的军队"进行的封建战争[83]，社会问题被遗忘。战争成为旧秩序的卫道士玩弄于股掌之上的游戏，因为天主教贵族的人数是新教贵族人数的两倍。

对参加内战的许多人来说，基本问题很快就被掩盖——对许多并未在其中看到任何阶级冲突因素的历史学家而言也是一样。[84]加尔文教王公的行为：他们与天主教仇敌一样贪婪无度、放纵荒淫、道德沦丧，只能令许多中产阶级加尔文主义者[85]灰心丧气，而加尔文主义者对贫苦阶层的蔑视态度，则令天主教徒得以利用时机，在巴黎组织暴乱。这种事情在历史上一再重演：反抗运动的领袖相信，将其信仰与旧日统治者联系在一起是"切实可行的政纲"，但结果却常常因此而被彻底击溃，一泻千里。

加尔文主义者选择的靠山纳瓦拉的亨利（亨利四世）最终夺取了皇冠，但亨利却背弃了新教：新教被限制在特定几座城市中，并在一个世纪后被彻底赶出法国。法国中间阶层的失败，并不像德国中间阶层的失败那么彻底并引发巨大灾难。工业和贸易依然有一定程度的发展，成功的商人事业依然繁荣。有些人还通过各种收买手段，在新贵族（长袍贵族）中谋得一席之地，或者安排儿女与旧贵族成员联姻。但在接下来二百五十年间，他们不得不生活在一个被迫接受贵族的压迫、奢侈浪费及装腔作势的社会中。就像历史上经常发生的那样，"温和""体面""务实"的价值观都被击败了。

第三章
新秩序诞生的剧痛

　　加尔文主义并非在所有地方都遭遇失败。加尔文本人就受到日内瓦城市国家市民的热烈欢迎，加尔文教成为城市中占据统治地位的思想和政治力量，奠定了全新的宗教正统思想，实际上与旧日宗教一样偏执固执。1547年，一个名叫雅克·格律耶的人，由于"亵渎神明"和坚持"无神论"而被处决；1553年，一位西班牙难民，神学家塞维塔斯，由于犯下"异端罪"而被活活烧死。加尔文还以声讨警告、驱逐出境、鞭打等方式，在民众中广泛推行他严格遵守的努力工作信条。法律禁止通奸和亵渎神明，强制实施义务教育。这种制度令许多体面的市民都感到厌烦。但它的确为赚取钱财提供了非常理想的环境。

　　日内瓦的例子激励了欧洲其他地区。就连在苏格兰这样经济落后、城市中间阶层力量相对弱小的地方，对那些希望社会能在某种程度上向前推进的人而言，加尔文主义也能产生思想上的吸引力。牧师约翰·诺克斯将毫不相干、迥然不同的贵族阶层与虚弱的市民阶层联合起来，以对抗天主教女王玛丽·斯图亚特。最重要的是，加尔文教为尼德兰提供了一面旗帜，繁荣城镇的市民与当地王公贵族在这面旗帜下联合起来，展开了反抗西班牙统治的革命。

尼德兰叛乱

15世纪，今天属于比利时和荷兰的部分土地落入了西班牙王室手中。最初这并没有在当地人中引起多么严重的仇恨，因为这一切还发生在现代国家主义兴起之前。1555年前，封建领主由于为伟大的皇帝（在佛兰德出生的查理五世）服役而获得了这片土地。城市中间阶层也获利匪浅，在纺织业中使用西班牙羊毛，通过将制造品出口到西班牙所属的美洲帝国而赚得盆满钵满。金银从殖民地源源不断地流入国内，经由西班牙皇室的国库，最后流入低地国家商人的腰包。西班牙的心脏卡斯提尔在15世纪原本非常富裕且极富权力，此时却陷入了长达一个世纪的经济发展停滞，而尼德兰则成为欧洲最具经济活力的地区。

1490年代，西班牙皇室利用对天主教、尤其是宗教裁判所的控制，来打击意图反抗其统治的起义。自1550年代中期开始统治西班牙的菲利普二世非常激进，他将在全欧洲范围内打击异端和新教视为己任，在各地加强天主教思想统治，恰与日益落后的卡斯提尔经济相匹配。在西班牙，这意味着攻击加泰罗尼亚的自治和压迫残余的少数民族摩尔人。在低地国家，这则意味着吹响了向本地贵族和日益壮大的城市新教少数派发动攻击的号角。在遭遇经济危机和时世日艰的时期，这一切还伴随着越来越沉重的民众税负。

第一波反叛浪潮始于1560年代晚期，几乎与法国宗教战争同时发生。加尔文主义从南部城市传播到北部城市，伴随着"圣像破坏运动"（摧毁宗教偶像，洗劫教堂）。西班牙的阿尔巴公爵击溃了叛乱，带领一支万人军队向布鲁塞尔进军，在此过程中屠杀了数千名叛军（其中包括天主教的埃格蒙特伯爵，与其他当地贵族一样，他也不愿支持武装平叛）。十年后又爆发了第二次起义，这次起义在北方取得了成功，得到一些贵族的支持，其中最重要的一位是奥兰治亲王，他建立了独立的国家"尼德兰联邦"（即后来的荷兰共和国）。城镇和贸易都极速繁荣起来。在超过一个世纪的时间里，尼德兰联盟是欧洲经济最为活跃的国家，在东印度殖民地取代了葡萄牙的统治地位，甚至危及葡萄牙对巴西的统治。相比之下，南部贵族则放弃斗争，任由西班牙军队征服城镇。根特、布鲁日和安特卫普等地，在此前三百年间一直处于经济发展的前沿位置，如今则陷入了长期的发展停滞期。

"三十年战争"

1609年，尼德兰与西班牙之间的战争进入了十二年的休战期。但在休战协议过期之前，几百公里外的东部爆发了另一场伟大的宗教战争。这场战争历时三十年，席卷了莱茵河和波罗的海之间的大部分地区，造成了极大的物质破坏和巨大的人员伤亡。战争结束后，德意志的人口与战前相比减少了三分之一。

今天，任何读到这段战争历史的人们都会被其千变万化的特质所迷惑。联盟结成又解散。某一天战斗在欧洲的一端打响，第二天，距离此地几百公里远的地方也会爆发战斗。一个问题还未解决，另一个问题就冒了出来。整支军队不停地改变立场。数千士兵为了可以誓死捍卫的宗教信条而作战，然而这一边信奉新教的王公支持天主教国王，另一边教会和天主教法国却支持瑞典信奉新教的国王。战争中最善战的司令官被同一阵营的将军刺杀，而这位将军却是依照统治者的命令行事。在这场战争中，唯一持久不变的图景似乎是狂暴的雇佣军、被洗劫的村庄、忍饥挨饿的农民和燃烧的城市——德国剧作家布莱希特在其史诗般壮美的反战剧《大胆妈妈和她的孩子们》中精彩地描绘了这样的惨烈图景。"三十年战争"在历史学家中激起争论，这一点儿也不令人感到奇怪。[86] 然而，穿过历史的迷雾，我们还是可以发现一些特定的模式。

1610年代，西班牙依然是欧洲最强大的国家。它的统治者是哈布斯堡家族的一支，依然寻求残酷无情地传播天主教信条，将其作为一种在所有国土增加影响力的重要方法——不仅是在卡斯提尔，也包括在阿拉贡其他伊比利亚王国（尤其是加泰罗尼亚）和葡萄牙（他们努力设法夺取的地区）、美洲（由于智利爆发了强有力的"印第安人"叛乱，西班牙在当地的统治基本上陷入被动防守状态）、意大利的大部分地区（包括米兰公国和那不勒斯王国）、尼德兰南部地区等。此外他们还在为征服尼德兰北部地区而做着战前准备。

与西班牙王室结成紧密同盟的是哈布斯堡家族的另一支："德意志神圣罗马帝国"的皇帝们。他们梦想着将自己的帝国发展成为中央集权的庞大君主国，疆土从大西洋一直蔓延到与奥斯曼土耳其交界的整个广袤欧洲。但就此时的情况而言，神圣罗马帝国的大部分领土都由强势而独立的王公贵族统治。皇帝唯一真正的权力只局限于自己拥有的奥地利土地上，而且就是在奥地利，皇帝也被"议会"所限制。"议会"由领主、骑士和城市寡头的代表组成，这些人坚持他们制定基本政策的权利，声称在奥地利最大的一块土地上：波西米亚王国，拥有选举一位或许并不属于哈布斯堡家族国王的权力。由于帝国政府内部派系斗争不断加剧，也出现了一种西班牙式的宗教统治形式，作为一种手段，用以击溃反抗帝国统治的暴乱。

1560年代的"反宗教革命"运动，强化了天主教信仰及其组织。教会的特伦托会议最终达成同一信条，所有天主教教士都必须被反复灌输这些信条。新的宗教团体：耶稣会，建立在自律和狂热的宗教热情，以及严谨的知识体系基础上，与过往教会极为突出的腐败和放纵大相径庭。耶稣会在打击新教主义的战斗中成为急先锋，尤其是在欧洲上层社会中，在每一座其触角能够抵达的城市，都建立了广泛的贵族支持者网络。

天主教反宗教改革运动非常符合西班牙统治者的心意。通过耶稣会实现的欧洲统治阶级殖民化，同时也是一种以思想力量来补充西班牙军事力量的方法。一旦这种方法开始启动，就会拥有自己的一套逻辑。16世纪早期教皇的放纵无度，是教会等级制度表现出来的弊端，但也为社会思想提供了培育的沃土，使文艺复兴思想和艺术得以繁荣。第一代耶稣会继承了些许文艺复兴传统，在教育方面尽心竭力，获得了不俗的声望，而且在慈善事业上也颇为用心。[87]然而，反宗教革命，尤其是耶稣会，很快就发展为不仅对"异端"进行彻底打击，更对任何批判思想都严加镇压。教皇查禁伟大的宗教学者伊拉斯谟的所有著作，同时严禁将圣经译为当代语言。很快，就连托莱多的大主教（特伦托会议中的领导角色）也被宗教裁判所以"异端"罪名处决。[88] 耶稣会变得臭名昭著，时刻准备着为所有贵族信徒实施的政策合理性和正当性进行辩解，依据是拯救人类的"目标"使得任何"手段"都合理合法。"非理性且权力单一的教派在耶稣会内部取得了胜利，使人的个性屈服于畸形的组织。"[89]

反宗教改革运动，以及哈布斯堡王朝的两派，拥有一个共同的强大敌人，那就是持自由主义立场、反哈布斯堡家族力量、信奉新教的北部尼德兰人。就像捷克历史学家波利申斯基指出的那样："欧洲从内部撕裂了自己……一边是自由的尼德兰人，另一边是西班牙人，成为影响整个欧陆的两个力量聚焦点。"[90]

然而，战争并未在尼德兰边境爆发，而是在离尼德兰六百四十公里外的波西米亚爆发。波西米亚王国包括今捷克共和国和西里西亚，对神圣罗马帝国而言具有非常重要的意义。它是帝国境内最大的独立国家，也是16世纪后半叶大部分时间里帝国政府的所在地。但在受到来自西班牙日益横扫各地的反宗教改革思想影响的帝国内，波西米亚却是一个异类，在这里，国王权力的荣光及其对任何异议的恐惧显得格格不入。波西米亚并非王权繁盛之地，议会的力量不容小觑，而且自从一百七十年前的胡斯战争以来，多种宗教团体就在这里和平共处。除了天主教，这里还同时存在着"胡斯派"[91]、路德教和加尔文教。这是对反宗教改革运动思想的侮辱，就像议会的权力对建立西班牙政权般中央集权的德意志帝国梦想来说是一种侮辱一样。

战争的直接导火索是当局试图打压国内的宗教自由。帝国政府开始打击新教教会，逮捕著名的新教成员，对印刷品进行严格审查，同时禁止非天主教徒（占人口比例的90%）在政府担任公职。当新教主义势力代表开始抱怨的时候，国王拒不理睬他们的反抗，宣布聚集地方性等级议会为非法。议会暴怒地进行报复，发生了著名的1618年"布拉格抛出窗外事件"——他们将皇帝委任的帝国官员从十八米高的窗户里扔了下去（好在下面是个粪堆，他们才得以保全性命）——并废黜哈布斯堡家族的波西米亚国王斐迪南，代之以来自德意志的新教王公巴拉丁的腓特烈。

哈布斯堡将其与波西米亚地方性等级议会的冲突，视为与北部尼德兰人及其同盟更大规模战役中的第一轮。但实则在这背后还有更深层次的矛盾：由于市场改变了旧有封建主义使欧洲发生了一系列变化，在应对所有变化的过程中，两种不同方式之间发生的冲突。

这并不意味着波西米亚地方性等级议会就是反对封建主义的"资本主义"或"中产阶级"的初级形态。地方性等级议会代表社会的三个层次：不仅包括市民，还包括大领主和骑士这两个封建团体。就连市民代表也不完全属于资产阶级，因为这些代表大都拥有按照封建主义来管理的土地。但正如波利申斯基指出的那样，发生的改变逐渐摧毁了波西米亚乡间地区的封建主义性质。许多地主、贵族和市民以固定的货币地租取代农奴制生产或实物地租，越来越多地种植经济作物，鼓励小城镇发展，并在其所属土地上进行小型手工业的发展。在这一阶段，社会拥有改善农业和工业生产方法的动力，"自由"劳工广泛传播。一个农民必须要提供的非自由劳役已被压缩到一年也就一天。就波西米亚全境而言，封建主义远未终结。但在封建主义与新萌芽的资本主义生产形式之间还是达成了妥协。正如波利申斯基所说："封建义务的高楼大厦，不论是从个人角度还是从行业角度来说，都被一系列以不同方式解放束缚生产枷锁的压力所损毁。"[92]结果为波西米亚的经济注入了活力，至少在1590年代之前，并没有沦落到邻近的德意志土地上经济发展停滞和农民贫困潦倒的困境中。

议会体制小心翼翼地平衡不同的利益和宗教宽容程度，为社会发展提供了一个适宜的结构框架，经济变化可以在其基础上缓慢而平和地发生。因而，来自三个社会阶层的议会成员都能清晰地感到，保卫令其和平共存且获利颇丰的体制，是件非常有必要的事情。甚至某些势力最大的封建巨头，也反对使欧洲彻底倒退回封建主义的企图。

然而，战争的进程显示，这并非故事的结局。有些大贵族在战争的准备阶段就转而支持帝国政府和反宗教改革派，为耶稣会提供改宗皈依者。就连那些与波西米亚人结成坚定同盟的贵族，也站在自己的阶级利益基础上思考这场战争，与市民产生了意见冲突，从而削弱了备战的力度。新教国王政府的观察者"对腓特烈及其廷臣对待'可怜农民'的冷漠和残忍感到十分吃惊"[93]。只有一位运动领袖，那就是奥地利人特斯奇内比力争道："只有废除农奴制农奴得到自由……普通民众才会愿为他们的国家而战。"[94]然而，他的诉求却被上面直接给驳回了。

虽然波西米亚军队先后两次向帝国首都维也纳进军，但却连着两次都不得不撤退，因为敌军在突破波西米亚土地时几乎没有遇到什么阻碍。最终，波西米亚军于1620年在白山战役中惨败而归，清教徒国王和贵族将军逃离了国家，没有回到布拉格领导更加深入的反抗运动。他们之所以会输掉这场战争，并非由于波西米亚议会缺少击败帝国的手段，而是由于战争领袖的阶级利益阻止了他们采用这些手段。

波西米亚的领袖们原本指望欧洲各地的新教统治者迅速赶来增援，然而，最终他们感到非常失望。德意志王公贵族组成的新教联盟，在白山战役之前就已从战争中抽身而退。尼德兰和英格兰政府（波西米亚国王腓特烈娶了英王詹姆斯一世的女儿）拒绝进一步升级其与西班牙的冲突。随着商业力量的日益成功，他们将贸易之战置于所谓的宗教责任之上。然而，置身波西米亚战争之外，并不能令德意志新教王公或尼德兰人免受战争影响。西班牙王室受到胜利的鼓舞，继续征服巴拉丁领地，后者地处所属领地和下一个征服目标尼德兰之间。这迫使尼德兰和英格兰不得不采取行动：资助巴拉丁领地的反抗组织，并为其提供武装。这样的变故同时也改变了欧洲权力的均衡，危害了德意志王公及法国和瑞典君主的利益。因此，到了1630年代末期，天主教法国和路德教瑞典与加尔文教尼德兰结为联盟，联盟得到了教皇的支持，因为教皇惧怕意大利国内日益增强的西班牙势力危及教皇的领地。

在波西米亚强人华伦斯坦的统领下，帝国眼看就要取胜——这位元帅改宗信奉了天主教。但是，憎恨华伦斯坦的不单是那些视其为叛徒的波西米亚新教徒。华伦斯坦的所作所为也令德意志的天主教王公感到恐惧，因为他看似想要建立一个将会废除王公独立权力的帝国，他对抗整个帝国天主教化的主要倡导者，抵制他们希望退回二百年前社会的需求。他与波西米亚和其他地方议会打交道的经验（在尼德兰新教银行家德维特的部分协助下[95]），使他对经济组织新形式的重要和强大，与此同时还有一定程度上的宗教宽容度，留下了极为深刻的印象。[96]虽然并非全心全意，但他还是对极端分子的要求作出了抵抗，结果被从军队领袖的职务上两次解职，最终则被国王派出的杀手除掉。[97]正如波利申斯基所说："对华伦斯坦陨落的最后分析显示，这超越了个人仇恨……根本问题在于他支持的经济体系与封建专制主义极端支持者之间的矛盾。"[98]

但是，极端主义者的方法并未能带来战争中的胜利。华伦斯坦死后，战争又拖延了十四年，不断变化的联盟组合日益集中在以西班牙和法国绝对君主制为核心的两大阵营。战争结束时，几乎没有哪个活跃的参战国能记起当初为何要开战，甚至几乎无法记起最初挑起战争的原始问题还有哪些遗留没有解决。能够看到的，只是德意志的衰落毁灭和经济层面上到处可见的惨烈代价。所有参战国的社会和政治状况都极不安定：西班牙帝国内部爆发了加泰罗尼亚和葡萄牙叛乱，奥兰治大公与北部尼德兰商人之间爆发了冲突，法国开始了被称为"投石党之乱"的政治叛乱；在这样的背景下，1648年签订的《威斯特伐利亚和约》，终于给交战双方都带来了和平。

这场战争对双方最初的参战国都造成了巨大损失。波西米亚被迫沦入毁灭窒息的封建专制主义统治魔掌。土地如今落入领主手中，他们只关心如何最大限度地攫取利益，而不管实际生产力的高低。作为16世纪特色的新技术带来的利益和经济增长如今也归于沉寂，因为农民被迫将一半工作时间都献给无工资的免费劳役。[99]城镇人口由于战乱而锐减，经济由于债务和实际上的物质损失而停滞不前。曾经的欧洲文化中心如今变成地区性的一潭死水。这种变化的一个明显象征就是：捷克语在其后二百年间的地位变得晦暗低微，只局限在乡间使用，德语则占据了城市。[100]旧制度极端暴力地摧毁了新生力量，谋生的新方法与旧日那套社会关系之间的冲突在波西米亚得到了解决。在战争初期，革命主动权的丧失付出了惨痛的代价。

西班牙王室也损失良多。还在战前，卡斯提尔就已显露出经济衰退的迹象。但是，强大的军事力量似乎将其暂时掩盖住了。然而，到了1648年，情况已经不容忽视。西班牙王室失去了葡萄牙。它依然在竭力维持其在加泰罗尼亚、拉美帝国、菲律宾、部分意大利及南部尼德兰等地区的统治。但是，西班牙帝国的财富如同手中细沙，流散的速度越来越快，伊比利亚半岛成为欧洲最落后的地区之一。

德意志王公是战争中的胜利者，因此战后能够比战前更加有力地施行独立权力。但是，德意志人民却为这场战争付出了血的代价。碎片分布的公国领土被各种关税哨卡切割开来，依然处于王朝政治你争我夺的战场之中，根本不具备恢复战争造成的经济和社会极端混乱的基础。16世纪初期，南部德意志曾是整个欧洲城市化最发达、经济最昌盛的地区——到了17世纪末，显然它已不再拥有昨日的荣光。[101]

法国在"三十年战争"后脱颖而出，就像它从之前百年的宗教战争中脱颖而出一样：君主制得到了加强（尽管爆发了短暂的投石党之乱），经济中心化缓慢地发展，打破旧封建主义的新经济组织形式也在悄悄地萌芽中。但是，法国统治者从战争中并没有得到太多好处，广大民众更是一无所获。

唯一从这场战争中得到真正"收获"的，便是独立的荷兰共和国及其新统治阶层的存活，新国家建立在资本主义生产方式之上，国力日渐兴旺。穿过一个世纪的硝烟、宗教改革的血腥，以及战争和内战的毁灭，欧洲的这一小部分终于建起了一个以全新方式组织经济生活的新国家。就像《威斯特伐利亚和约》所表明的那样，暴力方法推动着类似的转变，不过在跨越北海的对面，为这一切付出的代价则要小得多。

英国革命

1649年1月，英格兰和苏格兰国王查理一世的脑袋滚落在刀斧手的脚下。这件事震惊了整个欧洲。[102] 欧陆的所有统治者，不论其信奉天主教、路德教还是加尔文教,都与英格兰政府断绝了外交关系。[103] 因为这一行为亵渎了他们共同认可的一项原则:出身贵胄就享有统治他人的权力。

下令斩首国王的这群人,远非极端的共和党派。仅仅在二十个月前,他们的领袖奥利弗·克伦威尔还在竭力保卫君主制原则,他曾说过:"如果国王没有享有其权利,没有人能够安静地享受生命及其田庄。"[104] 不久之后,克伦威尔下面这句话更加广为流传:"我们将会让他戴着皇冠,砍掉他的头。"尽管只有一己之力,克伦威尔还是开启了通往新时代的大门——一个质疑少部分人拥有神授权力统治他人的时代。

关于英国革命的某些流行说法,将其视为一群社会地位类似但却彼此竞争的"贵族"精英们谋求更高地位的产物。这种描述清晰地呈现出,参与者及其家族置身于上层阶层彼此缠绕的纽带关系之中,将战役和斩首解释为彼此之间在政治权谋和反倾轧角力后的结果。

不过这样的解释未能看出,1649 年革命并非什么历史上发生的怪事。它是一百五十年来一直撕扯着欧洲的同一种社会力量彼此冲突的产物——释放出来的市场关系的强大力量改变了旧有的封建秩序。投入这场革命中的利益方,不仅包括彼此争斗的上层阶级贵族、廷臣和政治家,也包括与尼德兰革命中卓越人物利益相近的大商人;包括如同在德意志南部传播宗教革命、或者在法国被绑在火刑柱上烧死的手工业者和小贸易商人同样的人;还包括农民的叛乱,虽然规模要小得多,但与 1525 年德国农民战争的性质并无不同。将英国内战中的各方绑在一起的因素,便是欧洲宗教改革匆匆建起的宗教信条彼此间的冲突和竞争。

和平的序曲

英格兰的宗教改革类似于德意志部分地区的"王公宗教改革",都是通过皇室法律来实行的。亨利八世出于外交原因,与罗马天主教会关系破裂,通过低价出售前修道院的土地,将统治阶层的大部分人团结在一起。

但是,除了照顾王公利益并且满足上层阶级的贪婪,英格兰的宗教改革还具有更多意义。它在那些拥有全新世界观、认为社会变化确有深意的部分人心中种下了种子,尤其是在贸易商和手工业者阶层,但也包括一些拥有土地的贵族阶层。

16世纪后半期,分离英国上层宗教改革和下层宗教改革的鸿沟变得越来越模糊。玛丽·都铎嫁给了西班牙的菲利普二世,试图通过暴力重新恢复旧日天主教传统,这场血雨腥风迫使接收了教会土地的贵族与清教徒市民肩并肩站在一起,支持玛丽女王的竞争者和继任者:信仰新教的伊丽莎白一世女王。

政治变故得到了缓慢但却持久的经济变化的鼓励,虽然英格兰依然是欧洲经济较为落后的国家之一。1500—1650年,英格兰的人口增长了一倍多。[105]这段时期结束后,每十二名英国人就有一名以上生活在城镇中。手工业的产量(尤其是纺织业)一路飞涨,采矿业和制铁业同样如此。与城市工业一样,坐落于乡村的工业也雇用了数千名工人,直至60%的亚登森林家庭都从事织布产业,十万名乡村人口从事织袜业。[106]"自耕农"通过雇用工资劳工来补充家庭劳动力的情况也极速增加。少数贵族开始发现:比起将小农逼迫到生存线之下,将土地以长期租约的方式租给自耕农,可以得到更好也更加安全的长期收入，因为自耕农会雇用工资劳工并会自发改善土地地力，极力增加产量。

但此时的社会依然显现出诸多封建特质，许多贵族几乎将农民的血汗榨干。虽然在黑死病流行时农奴制已基本消失不见，但农民仍然不得不上缴巨额的封建赋税。大片土地依然由小型和中型的农民耕种，而非由那些雇用工资劳工以资本主义方式运作的农民耕作。手工业者而非工资劳工，依然主宰着大多数行业。贵族仍然寻求从皇室的施舍（无疑来自国家税收）以及提高土地产出下手，来补充自己的腰包。最有势力的商人还是依靠君主赋予的特许垄断经营权，从而提高其他人的成本价，打击竞争对手。然而，1550年代中期到1610年代的社会发展与"三十年战争"之前的波西米亚十分类似，从而为经济的缓慢进步创造了环境，随之逐步发展的还有新兴的资本主义生产方式。

在这一时期，宗教争论伴随着政治的弦外之音。在伊丽莎白女王统治的最后时期，部分"清教徒"加尔文主义者受到迫害并被驱逐出境；苏格兰的詹姆斯六世戴上了英格兰的皇冠；詹姆斯一世亲眼见证了部分信奉天主教的大地主参与了中途流产的"火药阴谋"（1605年英国天主教徒在国会地下室放置炸药企图炸死国王）。但是，到了最后，国王、大地主、贵族、各级教会和商人之间的意见达成了高度统一。最终这一意愿表达为起草的宪法，国王委任官员来制定政策，但政策的实施和财政支持则要依靠议会"两院"：由大贵族和主教们构成的上议院，由每个郡拥有土地的"贵族"代表及城镇市民代表构成的下议院。

英格兰的国家机器比起法国或卡斯提尔的国家机器要弱得多。它既没有常规军，也没有国家警察体系，只有非常初级的民兵服役制度。每个地方的真正权力都掌握在当地贵族手中，他们掌管法律，对劳工阶层施加惩罚，保证能够收上大部分税收，并在需要时供养军队。国王的权力有赖于其说服或哄骗贵族依照自己意愿办事的能力。不过，这很容易办到，只要他们能就追求的政策达成宽泛的协议。

通往战争的道路

17世纪头十年，在詹姆斯一世治下，事态开始脱离控制，走向分崩离析。国王对钱财的需求与议会贵族和商人阶层通过交税来满足国王欲望的鸿沟越来越大。国王寻求控制范围外的收入来源：制定新的税收和关税，出售贵族头衔和某种贸易的垄断权；此举挑战了议会权威。议会威胁将会否决任何无法控制的常规资金，王室则试图摆脱议会的掌控独自侵吞这部分收入，并动用"星室法庭"等特殊地下法庭来惩罚那些违背皇室意愿的人。这反过来更是增加了人们对皇室的不信任——或者说，至少对像17世纪头二十年间的白金汉公爵及1630年代的斯特拉福德这样的"财务顾问"来说是如此。

争端日益被涂抹上宗教色彩。某种程度上，新贵族和商人在思考"三十年战争"中新教力量的时候，将其与激情深厚的宗教信仰和粗略的经济计算划为等号。商人认为，西班牙影响力的削弱，意味着进入美洲和东印度群岛的市场变得更加容易。詹姆斯和查理则被拉扯到了另一个方向，与强大的天主教君主联盟：查理娶了法国的公主，她的父亲在拉罗谢尔城攻击新教徒。查理的坎特伯雷大主教劳德迫害加尔文教的教士，利用宗教法庭打击宗教异己，命令教士宣布不上缴国王的赋税是一种漠视宗教信仰的行为。实际上，等级教会开始发挥作用，就像它是管理民政的政府的一部分，一种代表国王的"道德"政策力量。

部分新贵族和商人开始惧怕自身会遭遇许多欧洲新教徒的悲惨命运，会在横扫欧陆的保皇主义反宗教改革运动浪潮中溺毙。1620年代晚期，随着下议院与国王的冲突日益加剧，这种恐惧进一步加深了。国王拘捕了五名经国会批准具有免税权因而拒绝上税的骑士。在来自法国的王后及其耶稣会顾问身边，聚起了强有力的天主教团体，对政务产生了巨大影响，国王最喜爱的廷臣斯特拉福德还建立了一支由天主教徒组成的爱尔兰常规军。

国王的强硬手段似乎发挥了功用。于是在1637年，他跨过了界限。国王试图在苏格兰推行新的非加尔文教祈祷书——处在其治下的苏格兰是拥有自己的政治制度、司法结构和教会体系的独立国家。此举导致苏格兰贵族、律师、加尔文教派教士和市民们揭竿而起。国王自信满满地想要派出大军剿灭叛乱，却发现自己的资金并不足以完成这一目标。

随着苏格兰军队不断向英格兰北部压进，国王被迫在十一年间第一次召开议会。

聚集在威斯敏斯特宫的贵族、市民代表，甚至包括许多大领主，已经不会再简单地听凭国王予取予求，却得不到令人满意的回报。他们中的大多数人都是政治上的保守派。但对他们而言，保守主义意味着维持自己现有的地方统治者地位，而这一地位在十一年间始终受到强大王权的威胁。约翰·皮姆等人成为主流派的领袖，致力于打破西班牙对拉美和加勒比海地区贸易的垄断和禁锢。他们要求对他们所受之苦作出赔偿：废除新税，宽恕不交税者；解散特殊法庭；废除国王未经议会同意擅自解散议会的权力；审判并处决皇室主要顾问斯特拉福德；从上议院驱逐主教们；与苏格兰的加尔文教徒和平共处。

国王作出了些许让步，例如，审判斯特拉福德。但他无法接受整个提议。这一提议意味着君主放弃数百年来掌握在其手上的大部分权力。在整个欧洲的其他君主不断壮大而非削弱手中权力的时代，如果英王失去这些权力，相形之下就会变成一文不名的小头目。

随着时间推移，国王发现他的地位得到了改善。许多下议院议员和大部分上议院议员都不愿作出与国王激烈对抗的姿态，唯恐这样的举动将会刺激民众挑战他们自己的权力。一群上流社会人士和贵族组成了"国王党"，尤其是在英格兰的北部和西部地区，由于伦敦市场的影响鞭长莫及，这里的封建体制相对牢固。即便在经济相对发达的地区，国王也拥有不少支持力量，主要包括从皇室捞到不少好处的贵族和上流社会人士、从皇室特许垄断经营权（如东印度公司）中获利匪浅的大商人，以及各个社会阶层的民众——他们在长达数个时代的漫长时间里被反复灌输了顺从王权的思想。

直至 1642 年 1 月，国王感到自身力量已经强大到可以通过发动一场政变来夺取大权。他带领四百名武装支持者冲进国会，想要逮捕最重要的五名议会领袖。但是，那些人已经逃离了一英里远，躲在了商人、贸易商和伦敦市内的学徒们提供的安全藏身处。

当国王第二天进城搜查追捕时，有目击者声称："国王恐怕在伦敦城度过了有生以来最糟糕的一天，数千人……关上了他们的商店，手持利剑和戟站在家门口，齐声高喊'议会万岁'。"[107] 有传言称国王将会带领武装"骑士"再度回到伦敦城，"使得大量民众手持能够找到的任何可以用作武器的东西涌上街道；妇女们提供热水泼向入侵者；凳子、条凳和空盆都被丢到街上，以'阻止马匹前行'"[108]。

事态的发展令人吃惊。国王无法通过简单的政治行动来建立绝对权威。一周后，他离开伦敦，试图组织军队再次反攻。政治争端终于演化成了内战。

第一次内战

聚集在国王身边的队伍包括王子、北部封地的领主家臣和贵族、军事冒险家、无主受雇的雇佣军、皇室贵族中的富有年轻人，以及一群衣着华丽的匪徒组成的骑士核心队伍，这支队伍在经过的每一片土地上都留下了贪婪抢劫的名声。除此之外，那些衷心相信西班牙和法国式的绝对君主专制主义才是社会运行应有模式的人们也支持国王，包括反宗教革命运动中重要的天主教少数派信徒。统治阶层的议会派如今只能通过自己组建军队来保护其人身和财产安全。然而，事态发展将统治阶层之外的广大民众也拉进了冲突之中。

通过鼓动普通商人和学徒掀起示威反抗，反对经营垄断权持有者的商人夺取了伦敦的控制权。但是，人民运动一旦爆发，就无法如同煽动发起时那样简单地说停就停，尤其是在骑士军官对运动参与者发起攻击之后。数百甚至数千名学徒走上街头。"机械师牧师"由于鼓励民众"忽略他们的运动号召，一个星期交易两到三天"而受到责备。[109] 这种情况的发生，多少也源于圈地运动和排干低地沼泽（剥夺了东安格利亚农民的部分生计）导致的经济困顿，促使英格兰许多地区同时爆发了动乱。

对统治阶层议会派而言，民众的愤怒是一把双刃剑。它可以使议会派面对国王发动的政变保住性命。但若民众运动脱离控制，对他们的阶级利益也会产生巨大威胁。当市民的怒火几乎冲破伦敦政府国王支持者的阵线时，议会派也忙着终结这场运动。许多人都相信，只有推行一种新形式的宗教教规，才能抑制下层民众的暴乱，掌控局势。他们试图逼迫国王接受其要求，同时也希望尽快结束敌对状态。

这些人迅速组成了议会温和派。由于坚信宗教信条应当归于统一体系并应由来自统治阶层的教会长老将其施加于每一位教众，因而他们被称为"长老派"。

然而，此时此刻，战争已经无法避免。就连温和的长老派贵族也惧怕无限制皇权带来的可怕后果，因此不得不予以抵抗。但在战争的最初两年，与真正的革命方式相比，这种抵抗是一种撤退性的抵抗，就像1619年波西米亚议会对抗哈布斯堡王朝。

并不存在一支国会军队，能够遵循前后一致的全国作战策略，而是一系列地区军队的集合，每支军队都由一位领主将军统领，由当地贵族担任军官。士兵都是应召参军，经常被迫违背自己的意愿作战，并非是充满激情的革命分子。贵族不愿为军队提供给养，迫使议会军不得不通过抢劫土地来维持——在这一点上他们与皇家骑士一样，从而更进一步恶化了他们与乡间农民和城市手工匠之间的关系。

议会军取得了一系列胜利。1642年年末，伦敦的小商人和小手工业者联合起来，阻止了国王的军队向都城特楠格林进军，议会与苏格兰的联合军于1644年夏天在马斯顿荒原击溃了皇家军队。但是，1642年至1644年的大部分战役都不具有决定性意义。更糟的是，到了1645年年初，形势看起来似乎显露出灾难的迹象。国王的军队依然驻扎在牛津，距离伦敦只有九十公里。议会军则筋疲力尽，士兵们没有得到饷银，道德败坏，常常掀起暴动。开小差逃兵的范围越来越大，苏格兰军队似乎与国王单独缔结了协议，这为议会军的未来笼上了黑暗的阴云。除非马上采取行动，否则就将重蹈白山战役的覆辙，而失去所有。

在整个战争进程的图景中有一处亮点。议会军的一支骑兵队、东部联盟的"铁甲军"，在马斯顿荒原击溃皇室军队的作战中起到了关键作用。骑兵队系由各种不同方式从其余部队中征召组成，其领袖是剑桥郡的地主和议员克伦威尔。克伦威尔有意避免选取贵族担任军官，避开征召不情愿入伍、一文不名的士兵。相反，他主要依靠来自"中间阶层"的志愿者：其中大多数人都是经济情况较好、可以脱离劳作的"自耕农"，他们既富得能拥有马匹又穷得必须坚信努力工作的信条——通常都是具有宗教奉献精神的清教徒。一位观察家后来写道，这些人大都是"自由土地所有者及其后代，在这场争斗中本着良心作战"[110]。在克伦威尔眼里，这样的军队与"绅士的后代"和为国王作战的雇佣军同样善战，但在战斗中却要更加自律，因为他们在初尝胜利果实时不会因忙于掠夺战利品而溃不成军。克伦威尔说道："我宁愿选择知道为何而战并热爱他所知的一切的身着普通黄褐色上衣的上尉，也不会选择你们口中所谓的'绅士'，他们一无是处。"[111]

克伦威尔同时也意识到，除非允许他们自由表达价值观并将他们与贵族区别对待，否则便无法吸引并留住这些人。他不允许议会长老派清洗军队中不同宗教派别的追随者，这部分人的目标在于武力拯救社会地位较为低下的中间阶层。具有激进思想的牧师与军队随行，其中最出名的是休·彼得，他谈及"正义的社会秩序应当以对病人和穷人照料得当、得到改进的司法体系为特色……废除债务监禁"[112]。克伦威尔甚至为了非宗教激进派的约翰·利尔本而对抗他的司令官曼彻斯特伯爵。伯爵散布谣言说克伦威尔希望"英格兰一个贵族也不剩""那些人由于不爱贵族"而深得克伦威尔的喜爱。[113] 当时的克伦威尔也许说过这样的话，也许不曾。但他过往确曾为农民说话，反对排干低地沼泽，从而在剑桥郡建立起了威望；在对抗国王的战斗中如果有需要，克伦威尔无疑也已做好了为中间阶层发声、扮演其保护者的准备。这意味着他已准备好展现出自己的决心——这是众多新教领袖在遍及欧陆每个角落的战斗中所缺乏的决心。

"新模范军"

1645 年春天，克伦威尔成为众多议员和军官中的关键人物，大家公认只有一条道路能够避免被击败，那就是重建整支军队，集中中央管理权，部队不再由总是想从战争中脱身的贵族领导，不再由业余贵族担当军官。只有通过依靠日益激进的伦敦手工业者和反垄断经营权的商人才能实现这一目标，对抗下议院的抵抗和上议院的反对。夺取革命胜利的工具"新模范军"，就在这危在旦夕的时刻建立了。

"新模范军"的许多步兵都是按照原有方式征召而来，这些并无意愿作战的士兵对战争的关键问题毫不关心。但是，新建的骑兵部队与克伦威尔的"铁甲军"一样，由被政治和宗教热情激荡的志愿者组成。而且，即便在步兵部队，也存在一小部分狂热分子能够在战役的关键时刻激励队伍中的其他战友。实际上，"新模范军"具有革命性的军魂，而且在休·彼得等人的布道、广泛分发的小册子和只有几页的小报、非正式的圣经阅读，以及数不清的宗教和政治讨论的激发下，这种精神还在不断得到加强。

1645年6月，在内兹比战役（又译"纳西比战役"）中，这种革命性方法的效果得到了极佳的体现。在国王的骑兵部队最初成功冲锋后，议会军依然能够坚定地团结在一起，继而发动反击横扫敌军。数日后，国王军队在牛津的司令部就落到了议会手中，国王不得不逃走，并最终在纽瓦克向苏格兰军队投降。

这是内战中的决定性战役。然而，它却并非革命的终点。

国王造成的威胁一经解除，对民众的恐惧就成为大多数贵族的心头大患。他们立刻施压，要求解散"新模范军"，削减宗教自由，镇压宗教异己派别和世俗革命。

但是，此时又有一股新力量崛起，贵族们感到非常不好对付。军队的士兵们对没有得到军饷就被解散的前景、甚至会被派往爱尔兰再打一场凄凉战争的更糟糕前景非常不满。骑兵部队中的"中间分子"为了守卫原则而战，此时勃然大怒，被怂恿着采取更加激进的手段。应征士兵面对毫无希望的未来非常沮丧，虽然原本只是偶尔发声表达对君主制的痛恨，但是很快就被他们之中富有责任感的激情少数派的言论所吸引。

从八个骑兵团中，每个团选出两名代表（被称为"宣传鼓动员"）来表达他们的意见。其他兵团很快也如法炮制。"宣传鼓动员"开始以军队士兵的名义提出需求，此举不仅挑战了国王的权力，还挑战了贵族的权力。一份谴责下议院贵族的请愿书中这样写道，"曾经尝过专制滋味的部分人开始转变为暴君"[114]。军团会议的气氛非常火爆，他们攻击下议院的选举方法，要求每年召开议会，号召对长老派教士进行报复，反对法庭采取晦涩难懂的沟通语言。[115] "宣传鼓动员"的会议开始转变为士兵表达意愿的自治组织——他们组织一群作者来撰写宣传册，坚持要求军官为他们提供一座印刷厂，派出代表煽动鼓励非"模范军"的军团,并开始在全国范围内广泛接触"十分有影响力的朋友"(其他激进力量)。

平等派与革命派

激进的民主团体平等派由理查德·奥弗顿、约翰·魏德曼、威廉·沃尔温和约翰·利尔本等人领导,影响力日益增强。1647年10月,平等派的支持达到了巅峰,以至于克伦威尔和其他军队领袖不得不在普特尼与受其影响的士兵们进行了一场辩论。就在这里,最激进的军官托马斯·雷恩巴勒上校提出观点,挑战了贵族和商人阶层统治的根基:"我认为,在英格兰,最贫贱的人与最伟大的人同样拥有生活的权利……从严格意义上来说,最贫贱的人对并不为其发声却将其压迫在下的政府不具有任何责任和义务。"[116] 在回复这一观点的时候,克伦威尔的亲密同盟亨利·埃尔顿表达出依然激励着独立派的阶级观点:"没有任何人有权……哪怕是部分权利……决定国家事务……如果他在国家并不拥有固定的永恒利益……也就是说,并非所有土地归属之人,以及所有贸易合作施行之人。"[117]

正如经常被指出的那样,平等派并非志在实行普遍的男性公民选举权。在受到压力的时候,他们已经做好准备将"仆人"(受雇于他人之人)从争取选举权的计划中剔除,以增加被允许投票的人数。这样做的一部分原因在于,平等派害怕领主和贵族会以武力迫害和强压仆人、劳工及家臣为他们投票;另一部分原因在于,军队激进派影响的核心并非招募的穷苦士兵,而是那些拥有少量财产的志愿者,他们认为其社会地位要高于为他们工作的劳工或裁缝工匠。

平等派领袖利尔本表示，为小土地所有者争取政治权利，并不包含攻击私有财产制的内容。他写道，他们"是自由和财产最真实持久的维护者"，在他们的著作和宣言中，没有任何

> ……一丁点儿摧毁自由或财产的趋势，以及建立普遍平等或者任何与之类似的意图……这种财产和地方行政的平等幻想如此荒谬和愚蠢，任何有脑子、有理性、诚实的人都无法想象自己能够提出这种原则。[118]

然而，"鼓动员"的选举，以及小土地所有者应当与大土地所有者拥有同样权利的倡导，足以令已心存恐惧的温和派长老惶恐万分。贵族和商人阶层代表的权力，受到军队里中等和较低社会阶层成员新代表的挑战。这些人组成了截至当时英格兰最强大的军队组织。部分统治阶层与国王的冲突开始转变为一场革命。

议会温和派召唤三位"鼓动员"前来，并威胁要狠狠惩罚他们。长老派领袖登奇尔·霍勒斯后来表示，他们当时就应拿出勇气，吊死其中一个，作为对其余人的警告。但实际上他们却任由其安全离开了。在拥有可靠的武装力量之前，长老派无法采取进一步动作。其后，长老派试图召集军队，安排伦敦市的寡头首领在军队中清洗激进派，建立"安全委员会"，在每个郡组织力量，置于贵族控制之下，尽力确保军火武器也在他们的掌控之中，与掌管着苏格兰军队的同盟长老派协商，将军队开赴英格兰。他们开始相信，此时应当团结所有保皇派贵族，在旧君主制的基础上恢复一个略经改革的新制度。

在议会眼中，克伦威尔身边的独立派十分虚弱。但他们意识到

可以利用"鼓动员"运动来保护自己，掌控事态发展。独立派建立了"军队委员会"，其中一半成员来自军队士兵，另一半则来自军官。许多步兵依然对社会地位高于他们的"较好者"表示恭顺，因而军官也就能将士兵的痛苦转化为对自己有利的砝码。

最初，独立派的目标是迫使国王与他们进行谈判。为了达成这一目标，他们甚至同意派出分遣队从长老派手中抓住国王。克伦威尔及其身边的军官们试图清楚地表明，他们已经赢得了内战，国王必须接受他们提出的条件，其中包括国王曾经多次拒绝实施的改革措施。但是，他们的条件依然保证和维持了君主制和无须选举的上议院，依然将议会选举权限制在上层阶层中。

第二次内战和伟大的处决

然而，查理国王丝毫无意让步，他认为这些要求违背了君主制的根本原则。他决定再燃内战烽火，并于1647年11月设法逃走。克伦威尔此时意识到，试图与国王协商的想法恐怕是错误的，于是便利用"新模范军"迫使议会投票支持主战派的策略。1648年夏天，英国爆发了第二次内战。原来的议会支持者与皇家骑士并肩作战，在南威尔士、肯特郡和埃塞克斯也爆发了保皇党人的暴动，苏格兰大军也侵入英格兰。

这一次，反保皇党革命军并没有抱着宽大为怀的心态，也不再打算与国王协商解决争端。克伦威尔宣布，"他们顽固不化，不停地在这片土地上制造麻烦，从而加速了其毁灭"；"新模范军"的军官要求对查理国王及其主要顾问判处死刑。明知在议员中作为多数派的长老派绝不会投票同意这一主张，革命军占领了伦敦。一小支部队在普莱德上校的带领下阻止长老派领袖进入下议院，其他军队则从寡头手中接管了伦敦的控制权。在1月底的怀特霍尔，查理一世的脑袋就在围观民众的眼前滚落在地。

最终导致处死国王的一系列事件，伴随着"新模范军"及市民支持者的狂热。如果没有军队的革命运动，克伦威尔和独立派就无法控制伦敦并击退长老派和国王的军队。面对反革命的威胁，克伦威尔一度做好准备维护平等派，反对长老派的迫害。他甚至还亲自去见了囚禁在伦敦塔中的利尔本，试图达成协议。但是，随着第二次内战的爆发，克伦威尔也将命运诉诸武力。他以战争为借口重组了激进派的军团，从而隔离了激进派的影响，镇压了一次未果的兵变（处决了声称为叛乱领袖之一的理查德·阿诺德），并监禁了伦敦的平等派。与此同时，在临近处决国王及其后的一段时间里，克伦威尔继续依靠受到平等派影响的军队士兵，只有这样他才能拥有足够的信心和力量去粉碎强调阶级差异之人。克伦威尔在国务委员会上严厉斥责同伴："先生们，我告诉你们，对付这些人，你们别无选择，只有击溃他们，否则他们就会击溃你们。"[119]1649年春天，伦敦的平等派领袖被监禁在伦敦塔中，5月，一场千人兵变被镇压，四名领导者在牛津郡伯福德的教堂院子里被处决。

英格兰不再需要"新模范军"打败国王和长老派。除掉了"鼓动员"的"新模范军"被派到爱尔兰，其间平等派的宣传小册子上这样向士兵提问：

你们愿意继续杀死、屠戮和谋杀，以令[你们的长官]

成为爱尔兰的专制贵族和主人,就像你们在英格兰对其所做的那样?或者是,你们想要毁掉爱尔兰人的幸福,令其陷入什一税……在贸易中被迫受关税和经营垄断权的盘剥?还是你们想要用身体残废、一无所有的囚徒填满他们的监狱,令衣衫褴褛的乞丐布满他们的土地?[120]

小册子上的话正是一种警告,指出了英格兰统治阶层在爱尔兰将要做的事情。但它却无法阻止一贫如洗的人们接受军事训练,这是他们的领袖被射杀后摆在他们面前唯一的生路。

平等派运动的基础并非源于贫困的社会民众,而是"中间阶层",包括手工业者、不那么富裕的贸易商人、状况较好的农民,以及从这些阶层中入伍的士兵。他们是最激进、最有勇气的一群人,他们推行的制度如果成功,与当下发生的转变相比,将会带来更加伟大的革命改变。他们的作为,源于这样的社会阶级角度:希望从资本主义生产方式带来的财富增长中获利——这些人经过接下来的百年发展,日益成为具有自我意识的"中产阶级"。但是,他们在实践过程中也开始挑战传统观念,这种观念认为社会上的一部分人拥有神授天命,可以统治其他人。与闵采尔及其在德国农民战争中的追随者一样,他们协助树立了一种反抗阶级统治的不驯服传统。

平等派虽然失败了,但这并不表示之前多年的暴动和抗争就一无所得。克伦威尔及其支持者只能通过革命手段取得胜利,即便范围有限。从1649年开始,英格兰政府(很快苏格兰也一样)就由军队军官管理,其中许多人便来自"中间阶层"。

英国马克思主义历史学家克里斯托弗·希尔这样描述第二次内战后的情景:

> 如今掌控局势的人，虽然不是平等派……但却是一群相对而言社会地位较为低下的群体（与之前相比）……尤尔上校从前是一名仆从；托马斯·哈里森上校……则是放牧人或者屠夫的儿子……普莱德……曾是一名车夫或受雇于啤酒厂……奥凯上校是一名杂货店主，休森是一名制鞋匠，戈夫是一名制盐匠，巴科斯塔德是一名金匠或者顶针工匠，贝里是与制铁相关的书记员，克莱西则是一名制纽扣工匠……1648年12月攫取了权力的一群人，与应对处决查理一世负责的一群人，其社会地位都比英格兰传统的统治者低下很多。[121]

这些人推行了一系列措施，打破了会将英格兰社会彻底拉回封建主义桎梏的那群人的统治。通过这种方法，英国革命扫清了社会发展的道路，走上了以市场关系和资本主义剥削方式为基础的发展道路。

克伦威尔本人并非来自新"资产阶级"的剥削阶层，尽管他的家族也与某些商人关系匪浅。但是，如果不依靠从"资产阶级"中崛起的这些群体，克伦威尔就不可能成功。他的天资在于能够一眼明了这样一个事实：如果不采取新的方法并且转向新人，英格兰社会的危机就不可能得到解决。认识到这一点足以使英国革命免遭法国加尔文教徒或波西米亚议会那样的悲惨命运。贵族家庭成员不得不接受和帮助完成这场革命，一场保证社会基本上依照资本主义方法运行的革命。

克伦威尔作为独裁者统治了英格兰十年。他的政权基于其军事力量。但是，如果得不到更加广泛的社会支持，军事政权就无法永远持久。克伦威尔也意识到了这一点，并试图建立支持他的议会，但却发现在1640年代使长老派反对独立派的意见分歧再次出现了。每个地区的贵族都希望终结革命暴动产生的不稳定状态,对进一步改革畏缩不前。部分"中间阶层"倡导进行更加激进的改革,军队军官也非常支持这一立场。但这意味着更加深刻的社会动乱,而他们实际上并没有做好准备去面对,因为在过去十年间,他们与部分贵族阶层(曾经的内战仇敌,视君主制为维持社会秩序的基本前提)联系日益紧密。这一过程在1660年克伦威尔死后达到了巅峰。部分军队力量与议会余下的议员达成了协议,邀请被处决的国王之子重返英格兰,加冕皇冠。

虽然革命最终以复辟收尾,但其间的许多改变却永久保存了下来。君主的存在如今有赖于通过议会表达意愿、拥有财产的阶层——1688年他们将詹姆斯二世逼上"不流血的"光荣革命便是例证。拥有财产阶层的财富则前所未有地依赖于他们掌握市场力量的技巧成功与否。大地主日益采纳农业资本主义的运作方法。城市人口逐渐增长,人们要么雇用他人工作,要么受雇为他人工作。行会已经无法阻止生产技术上的创新——到了1689年,行会已经在四分之三的英格兰城镇消失无踪。[122] 政府政策受到扩大贸易意愿的驱使,而并不像过往那样,受到封建王朝政治倾轧的支配。

这些变化合起来在世界历史上刻下了深刻的烙印,代表着未来激进的新景象。这意味着人们以团体为单位谋生,而团体的生存则依靠那些能够运作整个团体、使其成本低于其他团体的人。大农场主、中等规模的铁匠铺,甚至是独立的手工织工,都只能通过留在行业中才能养活自己,这就意味着只有采用新的生产方法才能降低成本。

为了竞争而竞争,而不是为了满足富人或穷人即刻的需求,日益成为经济活动的动力。由此带来的增长通常都是混乱的,以忽高忽低忽涨忽落为特点。这对逐渐增长的人口来说并没有什么好处,人们的存活越来越依赖于向他人出卖劳动力的能力高低。但这却改变了英国经济的形势,以及那些控制英国经济的人。曾经是欧洲最贫穷的一隅,如今却摇身变为欧洲经济最发达的地区,从而为其统治者提供了建立世界帝国的可能——而且,在此过程中,还帮助新生的资本主义生产方式茁壮成长,并最终取代了之前所有的生产方式。

第四章

亚洲帝国最后的繁盛

今天回望历史，我们可以说，16世纪和17世纪欧洲发生的一切改变了整个世界。它令欧洲几大强权创立了不同的帝国，这些帝国横跨亚非两大洲，引领整个世界都卷入一种全新的生产组织形式：工业资本主义。

但对生活在世界上其他地区的六分之五的人口而言，历史并未静止不前。墨西哥和秘鲁帝国几乎是在一夜之间就沦入欧洲殖民者手中。不过美洲其他地区的情况就并非如此。在美洲北部，到17世纪末，只有几处狭窄的东部沿海地区被殖民。至于非洲和亚洲，在这些大陆上的欧洲殖民者，比起"三十年战争"时期流连在贸易点的欧洲人并没多多少，其后也几乎一直保持这个规模。荷兰殖民者征服非洲最南端克瓦桑的狩猎采集社会的人民（被称为霍屯督族或布须曼人）的行动则以失败告终。但这几乎是发生在欧洲人击败农耕者（欧洲人掌握的制铁技术为他们提供了极高效的武器）终于能够开始向北移动的二百年之前。葡萄牙人于16世纪夺取了果阿（印度西南海岸边一块被包围的领土），并在那里建起了一座城市[123]，以欧洲当时的标准来看令人印象非常深刻；同时还在靠近中国南部海岸的澳门岛经营一座贸易城镇。但是，他们的努力与邻近的帝国相比显得微不足道。第一个拜访印度南部四大王国之一都城的葡萄牙人维查耶纳伽尔[124]于1522年写道，这座城市如同罗马那样庞大，拥有十万座房屋，就其食物供给体系而言，"是世界上最富足的城市"[125]。当然，这里的城市覆盖范围比16世纪早期欧洲任何一座城市的规模都要大得多。更北方的莫卧儿王朝皇帝于1525年开始征服次大陆，建起或重建了一系列城市：拉合尔、德里和阿格拉，欧洲人简直无法想象这些城市的规模。中国皇帝则几乎忽略了身处南部海岸的欧洲人。对他们的巨大城市而言，唯一的威胁来自北方游牧部落民族。在此期间，崛起的奥斯曼土耳其成为活跃在西欧门阶上的一支伟大力量。在1453年征服了君士坦丁堡之后，奥斯曼土耳其于1517年继续占领了开罗，1528年占领了阿尔及尔，1526年占领了匈牙利，1529年围困维也纳，并于1683年再次围困维也纳。奥斯曼帝国是宗教改革时期欧洲外交游戏和军事连横中持久且重要的角色之一，当时的文学非常崇拜奥斯曼文化。在奥斯曼帝国和印度的莫卧儿帝国之间坐落着伊朗萨法维帝国，该帝国以新首都伊斯法罕为中心，这座都城以其壮阔华美震惊了欧洲来者。日本岛位于亚洲东部海岸，这个小岛国从中华文明那里借鉴良多，利用中华文化和技术建立起发达的文明，具有部分欧洲封建主义的特征，贵族领主之间经常爆发战争，利用铁质武器和火药互相厮杀，试图征服对方建立霸权。[126]即使在欧洲，在文艺复兴、宗教革命和宗教战争影响之外的地区也出现了强大的国家。在欧洲东部，承前继后的统治者开始将古老的莫斯科公国转变为中央集权的俄罗斯国家，继而发展成为绵延整个亚洲北部、西部直抵波兰的庞大帝国。

与 19 世纪末的欧洲相比，这些帝国并未呈现出经济发展滞后状态。有些曾经推动欧洲从 10 世纪的封建社会发展到 16 世纪迥然不同的新社会的技术进步，在这些帝国都能找到。它们都在某种程度上使用火药武器——1526 年莫卧儿王朝的第一位皇帝巴布尔在印度北部击溃了规模比其军队大得多的军事力量，就是依靠大炮来补充极度高效的骑兵部队。这些社会彼此借鉴建筑技术和手工产业技能，以至于例如整个亚洲和欧洲的工匠都前来为莫卧儿皇帝沙贾汗建造泰姬陵。在所有这些帝国中，伴随着美洲新作物的广泛传播，农业和饮食也都发生了非常大的变化：印度开始种植辣椒、灯笼椒、马铃薯、烟草和玉米；中国则开始种植地瓜、花生、玉米和烟草。

中华文明绚烂的日落

到了 15 世纪初，中国已经从 14 世纪的危机中复苏，其中一个证据便是展开了一系列波澜壮阔的海上冒险。大型舰队搭载两万多名船员驶向印度西海岸、亚丁，继而抵达非洲东部海岸，更曾无须靠岸补给一次航行九千公里。这一切都发生在西班牙或葡萄牙舰队挑战类似航程七十五年之前。

谢和耐将 16 世纪称为"新时代的开始"[127]。他写道，在农业方面,耕地、灌溉、播种和处理农产品都采用了新机械,更伴随着改良土壤和挑选新品种的新方法。在工业方面,带有三四个卷筒的丝织机普遍应用,棉织机也得到了改进,印刷术也从能印刷三种到四种颜色的木块字模,发展为使用铅铜合金铸造出活字字模,更有制造白糖和冰糖的新方法。[128] 17世纪初"出版的科技著作甚多",这些书中讨论的问题十分广泛,从农艺、纺织、陶瓷、冶铸、河运、兵器、纸墨到水力设施等。[129] 这显然不是一段技术发展的停滞期,也不是从过往历史中简单重复知识和经验的阶段。谢和耐讲述了曾经做过制盐工人的王艮经过自我教育成为思想家的故事,王艮对历史人物的著名观点提出质疑,挑战时代和传统道德的伪善,并为"较低的社会阶层、妇女和少数民族"进行辩护。[130]

谢和耐继而说道:

> 16世纪末和17世纪前半段,是戏剧、短篇故事和小说繁荣发展的时期,随着城市中产阶层对严肃阅读和娱乐阅读的渴求,半经院半市井性质的文化兴起了。图书业从未如此繁盛,其作品也从未展现出如此之高的品质。[131]

"消遣文学获得前所未有的蓬勃发展""这种文学运用更接近口语方言的语言而距离古文较远。它面向都市大众,此类读者追求娱乐,文化修养不高,但不受传统教育所灌输的思想约束"。[132] 如果谢和耐的描述是准确的话,那么中国正在经历一场技术上和思想上的复兴,而这则与欧洲的文艺复兴恰好处于同一时期。[133]

此时发生的社会变化也与欧洲十分类似。国家逐渐将农民和手工业者的旧有劳役转化为金钱税负。农产品商业化导致民众广泛耕种经济作物,如棉花、靛蓝、植物油、甘蔗和烟草等。被地主剥夺土地的贫困农民只能通过其他方式寻找生计,如参与走私活动和海盗活动,移居矿山,或者在城镇里搜寻工作机会。贸易和手工业繁荣起来,尤其是在东南沿海地带。与欧洲的情况一样,大部分产品仍然出自手工业者的小作坊。但偶尔也有一些近似于完全的工业资本主义例证出现。小工场发展成为大手工企业,其中有些企业甚至雇用了好几百名工人。在上海西南面的松江,农妇受雇于棉纺工厂。[134]16世纪末,江西三十家造纸厂雇用了五万名工人。[135]若干手工业部门已经开始为世界市场而非仅限于本地市场生产产品。丝绸和瓷器大批出口日本。[136]过了不久,"在京都和利马的街头就能看到人们穿着中国丝绸,菲律宾和墨西哥市场上出售中国制造的棉制品,从酒井到伦敦,时髦的家庭都拥有并摆放着中国瓷器"[137]。

这是一段经济增长的时期,尽管较低下的社会阶层依然持续贫困。14世纪的中国人口跌至此前人口总数的一半,只有七千万人;但到16世纪晚期,人口就增长到了一亿三千万人;到了1650年代,更是飙升到一亿七千万人。[138]中华帝国此后遭遇了具有毁灭性的危机,在许多方面与4世纪和14世纪时面临的危机十分类似——与17世纪欧洲同步发生的大部分危机也几乎相同。一连串的传染病、洪水、干旱和其他灾难接连不断。饥荒摧毁了整个地区。人口不再增长,有些地区甚至出现了人口下降的情况。[139]曾经繁荣的工业如今关门倒闭。到了1640年代,来自浙江北部的报告中谈及"巨大的饥荒,乞丐成群,还出现了杀婴和吃人的现象"[140]。

到了1642年,长江下游地区的大城市苏州明显衰落,许多房屋空置无人,沦为废墟,曾经富裕的乡间地区成为荒芜的无主土地，只有武装者才敢进入。[141]

历史学家经常以与之前危机一样的原因来解释这一次的危机：由于人口过度膨胀，或是由于全球气候变化导致粮食歉收。[142] 但"即使在 1640 年代初'饥荒'最严重的时期，长江三角洲收获的稻米也不少……人们只是没有钱去买"[143]。

实际上，危机的根源在于中国社会的组织结构。在 14 世纪发生的危机过后，国家和垄断了官员位置的官僚阶层便鼓励扩张经济规模。但是他们很快就开始害怕由此带来的一些副作用，尤其是商人影响力的壮大。1433 年，前往印度和非洲的伟大航行突然终结（终止的时间如此之长，以至于是欧洲的航船"发现"了中国，而不是中国的航船"发现"了欧洲）[144]。"明朝政府的主要担忧在于如何控制海岸贸易，使其不会打扰农耕社会的生活。"[145] 但是统治者却无法阻止所有的跨海贸易。今天所称的"黑市经济"在沿海地区迅速发展起来，政府军队还与控制这些地区的"海盗"发生了激烈的武装冲突。但是，国家政策打击了这种新生产形式的发展。

在此期间，国家非生产性的开销以前所未有的速度快速增长，成为耗尽国家财力的重要原因。例如，明朝万历年间，四十五位一等王公每人一年的收入就等于六百吨谷物，除此之外，还有次一等的两万三千名贵族从国库领取俸禄。山西省和湖南省年税收的一多半都被用来支付这些年金。为了争夺朝鲜而与日本爆发的战争，虽以得胜而结束，"但国库却为之耗尽"[146]。

民生面临严峻的挑战，导致普遍的社会不满。1596—1626 年间，在国内大多数经济发达地区，几乎每年都会爆发"工人"的城市暴动。[147]1603 年，煤矿工人从私人矿厂向北京进发；1620 年代，西南地区爆发了少数民族暴乱；1630年代，中国北部地区又爆发了农民起义。在居于社会金字塔顶层的帝国知识分子和朝中失势的达官贵人中也出现了一种反抗情绪，但是被秘密警察系统所镇压。[148]

1644年，明朝政权崩塌。明朝末代皇帝吊死了自己，前农民军领袖宣称建立了一个新的王朝。然而，一个月后，来自北方的满族人就攻克了北京。

这段时期的中国在政治经济上遭遇的危机，与同时期的欧洲有许多相似之处。但是两者之间依然存在许多差异。商人和手工业者阶层并没有摒弃旧秩序，作出自己的选择。他们甚至都没有作出任何加尔文教商人和法国市民在对不满政局的贵族施加影响时的举措。他们从来没有过以自己的图景重塑社会的想法，如同尼德兰北部的商人资本家和英格兰的"中间阶层"所做的那样。与中国社会之前遭遇巨大危机时一样，贸易和手工业者阶层始终都太过依赖国家官僚来提供选择。

混乱只持续了几年。掌握了形势的满族人在很久之前就已在全方位吸收中华文明，通过重建帝国金融的和平与稳定，他们为经济复苏创建了基础结构——不过是在一段时期之内。清朝出现了农业的进一步发展，因为美洲作物充分发挥了作用，经济作物也得到广泛种植。农民的"总体状况比路易十五治下的法国农民要更好也更幸福"，条件较好的农民甚至能让其子女接受正规教育。[149]贸易和手工业生产复苏，后来更是以前所未有的速度飞速发展。上海西南地区出现了二十万全职纺织工人，数万名从事瓷器生产的手工业者为朝廷及出口欧洲市场制作精美的瓷器。茶叶产量迅速增长，出现了无数雇用数百名工资劳工的工厂处理茶叶，并通过海运出口。粗略估计，1571—1821年间由拉美输入欧洲的白银有一半最终都支付给了中国，用以购买各种精美商品。此时中国的人口大幅增长，民众似乎看到了未来的希望，有可能 1812 年的人口就达到了两亿六千万人。[150] 中国成为"世界上最富裕最强大的国家"[151]。

帝国的强大力量孕育了统治阶层圈子内的自满情绪，这种自满情绪导致知识和文化的停滞发展。清朝初期，对思想的探寻十分热烈，掀起了一波"自由思想及对专制主义帝国的制度和思想基础进行激进批判和质疑"[152] 的运动。这一时期的艺术、文学、哲学和历史，都遍布着这种活力的烙印。对中国这段时期的描述，令人想起欧洲的"启蒙运动"[153]。但是，其中的核心精神仍然是"受过教化的阶层竞争新政权"[154]。面向城市中产阶层的通俗文学衰落了[155]，政府颁布禁令，禁止一切对政权哪怕是温和的批判。1774—1789 年，一万本著作被列为禁书，两千三百二十本被毁。不同政见作者及其亲属面临着流放、强行劳役、财产充公甚至被处决的惩罚。[156] 知识分子若想飞黄腾达，只能避免碰触实际问题。繁荣的文学"以人们难以读懂的经典方式写就，充满了文学上的怀旧和种种暗指……小说变得充满微妙的嘲讽、心理上的暗示……或者典故"[157]。

造成 17 世纪中国社会危机的根本原因从来没有得到处理，旧日衰败的特征很快就再次出现：帝国朝廷的巨额开销、整个政府的腐败、边界战争的巨大花费、遭受地方行政官员和税收官员不断压榨的农民、维持堤坝和日常水渠管理的失败，以及不断卷土重来的洪水大灾难。[158] 新一波农民起义随着 1795 年的"白莲教"崛起再次展开，在接下来的五十年间，将会出现中国历史上规模最大的起义之一。

莫卧儿王朝的印度

莫卧儿王朝治下的印度与中国是截然不同的两种社会。它没有大型的运河和灌溉渠道[159]，没有拥有两千年历史传统的中央集权官僚体制和大地主阶层，也没有在当地市场上购买和销售产品的农民。

从13世纪开始，接连不断的伊斯兰教统治者掌控着印度北方大部分地区，对印度中世纪时期的地方农民经济施加中央集中管理。莫卧儿王朝的皇帝发展了这一体制，通过等级制的官员来进行管理，这些官员在特定地区有权征收土地税，并必须以此维持对国家军事功能而言十分重要的骑兵建制。他们并不是地主，然而他们却从盘剥农民中致富。印度社会还存在另一个地主阶层（柴明达尔），该阶层在每个地区都有。他们通常是来自前莫卧儿王朝协助政府征税并从中攫取好处的剥削阶级、居于种姓制度上层的印度教徒。[160]

乡间民众依然生活在自给自足的乡村中。世代传承的农民为村庄中世代传承的铁匠、木匠、织工和理发师供应食物，以食物换取某种形式的劳动，这里并不涉及金钱交易。中世纪种姓制度的所有因素在这里依然牢固。

但是农民的确需要金钱来上缴税款，因此不得不将其生产的三分之一至一半的粮食拿出去售卖以换取钱财。1620年代的一位观察者记载，未能支付税款者会"被抓走，拷上沉重的锁链，被带到各种市场和集市"卖身为奴，"跟在他们身后的是其穷苦愁苦的妻子们，怀里还抱着年幼的孩子，高声哭喊悲叹遭受的不幸劫掠"。[161]

通过这种方式从农民身上汲取的剩余价值流入了帝国朝廷、国家官僚机构和军队中。就像印度历史学家伊尔·凡哈比解释的那样，国家"不仅为剥削阶层提供保护，而且其本身就是剥削的主要工具"[162]。这些收入几乎不曾回流到乡村。国家将这些钱都投到了帝国的城市和城镇中。

结果促进了贸易和城市手工业的发展，这种体制绝非经济僵化。莫卧儿王朝时期见证了"工业和商业史无前例的繁荣，整体上反映出城市化的发展"[163]。"手工业表现出强化、扩散和增加"的趋势，国内和国际贸易都是如此。"出现了二十个大型城市"[164]，"拉合尔、德里和阿格拉的人口、生产和消费高度集中，勒克瑙、贝那拉斯和阿拉哈巴德相比之下略显逊色"[165]。当时的观察者将拉合尔视为"东部最伟大的城市"[166]。一位欧洲造访者估计阿格拉的人口为六十五万人[167]，德里据说与欧洲最大的城市巴黎一样大[168]。

最大的工业是棉纺业，直至17世纪一直在向欧洲输出产品："多达三十二座城市专注于大量生产棉纺织品"[169]；"似乎没有哪座城市、城镇或乡村不从事这一行业"[170]；"几乎每座村庄的每间房屋里都有纺车"[171]。与此同时，"商业信用、保险和初级抵押贷款等体系也令我们想起了文艺复兴时期欧洲的状况"[172]。

但是，维持经济持续发展却缺少一个因素——在城镇如此发达的工业却没有回馈乡村。当时的观察家写道："农民的烦恼和痛苦如此之多，就连干面包也很少能够留下，可以用来填饱他们的胃。"[173]他们根本负担不起购买改进后的劳动工具。"没有证据显示，乡村以任何一种形式依靠城市工业"[174]，因此在城市贸易规模不断增长的同时，伴随而来的却是乡村的贫困和发展停滞。总体而言，城市"不是生产为社会所用的商品的城市，而是吞噬地方生产、摧毁乡间的城市"[175]。

这样做的长期效应便是摧毁了实为帝国根基的农民生产力。[176]

在沙贾汗利用税收财富为拉合尔、德里和阿格拉铸就举世荣光、大肆修建泰姬陵的同时,当时的目击者声称:"通过贿赂和农业税收得来的土地荒芜废弃,造成这一结果的原因在于农民被洗劫一空。"[177] 大量农民开始逃离土地。伊尔·哈比布讲述道:"饥荒逼迫人口大批流动……但是,人为体制比任何其他因素都更加是导致流民问题的根源所在。"[178]

城市发展的部分原因在于无地劳工蜂拥而至,绝望地寻找工作机会。但这根本无法治愈对乡村过度征税造成的毁灭性效应。就像帝国看似处于辉煌的巅峰,实则却正在步入衰退,并最终被证明是帝国的终结。

在沙贾汗的儿子奥朗则布(他将他的父亲关了起来)的治下,衰退变得日益明显。[179] 将奥朗则布治下的莫卧儿王朝伊斯兰狂热主义、反印度教的行径及永无休止的战争,与一个世纪之前阿克巴显然更加开明的统治相比较,许多历史学家都认为后者胜在宗教宽容和对地方官员贪婪的有效控制上。毫无疑问,这些差异与这两位皇帝的个性有关。但更重要的是,他们面对的实际上是两个不同的历史时期:一个是在无须损害农耕基础的前提下,帝国依然能够扩张的时代;另一个则是想要推行这种避免损害根基的做法已无任何可能的时代。

最终,城市工业和城镇发展因农业衰落而受到巨大影响,可能只有孟加拉除外。1712 年后的阿格拉,"只有被废弃的城市及其残存的旧日光辉"[180]。

起初,很少有农民敢于挑战莫卧儿王朝至高无上的权力。"人们耐心地忍受着生活的痛苦,表示他们不愿妄想得到更好的东西",一位欧洲造访者在 1620 年代的笔记中记录道。[181] 此时的不满在新兴的宗教教派中找到了表达的出口。它们使用大众方言而非死语言梵语,它们的先知和僧侣主要来自下层阶层，包括一名织工、一名梳绵工、一名奴隶，以及谷物商人、锡克教的创建者古鲁·那纳克。[182] 新教派挑战了传统的以婆罗门为基础的宗教意识形态，以"不妥协的一神教、抛弃崇拜形式的仪式、否认种姓屏障及社会差异"为特点。[183] 但是，它们也避免使用直接的叛乱语言。它们教诲人们要讲求"人性与顺从"，而非进行"军事上或实质上的争斗"。[184]

随着信徒自身状况的不断恶化，这些观点也开始发生改变："新教派不能永远躲在古老的神秘主义保护壳内……它们为反抗莫卧儿王朝的两次最重大的起义提供了精神动力，那就是萨特纳姆教起义和锡克教起义"[185]。到了奥朗则布统治末期，"几被粉碎的锡克教暴乱"已经成为拉合尔内地的一个重要问题。[186] 在阿格拉和德里之间的地区，爆发了贾特农民起义（当时有人夸张地记录，一次镇压起义就屠杀了"一万名看起来像人一样的野兽"）[187]，1709年爆发了声势浩大的锡克教起义[188]，更有规模宏大的马拉塔族起义，这是对"帝国覆灭起到最大作用的一次起义"[189]。

正是农民的痛苦为这些起义提供了无穷无尽的战斗力。但是，起义领袖通常来自柴明达尔或其他地方剥削阶级，他们痛恨收入中的绝大部分不得不填入莫卧儿王朝统治阶级的血盆大口中。"被压迫阶级的崛起"与"两个压迫阶级之间的战争"相互融合。[190]

商人和手工业者并未在这些起义中占据重要角色。他们需要依靠莫卧儿王朝统治者带来的奢侈品市场才能存活，而且缺乏那种欧洲部分地区的城市阶层能够影响农民的本地市场网络。旧社会处于危机之中，但"资产阶级"却还未做好准备，在转变社会的战斗中扮演好独立的角色。[191] 这令柴明达尔得以放开手脚利用农民起义达到自己的目的——而他们的目的显然不是带领社会向前发展。

正如伊尔·凡哈比总结的那样：

> 莫卧儿帝国就这样被摧毁了。然而，击溃旧秩序的力量却没有、也没有能力缔造新秩序……大门向无穷无尽的劫掠、混乱和对外征服敞开。可以说，莫卧儿帝国是它自己的掘墓人。[192]

西欧军队在印度建立帝国的道路就此敞开，而且在他们这样做的时候，还得到了印度资产阶级商人的支持。

第五部分

新秩序的传播

大事年表

18 世纪	・中国的工农业历时半个世纪得到恢复。
	・锡克教起义和马拉塔族起义导致印度莫卧儿王朝覆灭。
	・东欧和南欧大部分地区经济发展停滞。
	・1703 年，彼得大帝开始建造圣彼得堡，试图将西欧的科技引入俄罗斯。
	・1707 年，英格兰和苏格兰合并。
	・1716 年，斯图亚特王朝复辟的企图被击溃。大不列颠爆发农业革命，"圈地运动"几乎蔓延到所有土地。
	・英国经济先后超越法国和荷兰。
	・1734 年，伏尔泰出版第一部哲学作品，赞颂英国体制。
	・巴赫发展出复调音乐和赋格形式。
	・1746 年爆发的卡洛登战役血腥地摧毁了苏格兰高地的封建主义残余，斯图亚特王朝在大不列颠复辟的最后尝试被粉碎。
	・1751 年，狄德罗开始出版《百科全书》，宣传"启蒙"思想。
	・1757 年，英国东印度公司掌控孟加拉。
	・1755 年，卢梭出版《论人类不平等的起源》；1762 年出版《社会契约论》。

- 1759 年，伏尔泰出版讽刺小说《老实人》，严厉谴责乐观主义。同年政府查禁《百科全书》。
- 1761 年和 1766 年，法国处死了两名新教徒。
- 普鲁士、俄罗斯、葡萄牙和奥地利的君主（"开明的暴君"）试图改革，但最终失败。
- 格拉斯哥迅速成长为重要的商业和工业城市。
- 大卫·休谟、亚当·弗格森和亚当·斯密引领的"苏格兰启蒙运动"。
- 1763 年，在争夺新殖民地土地控制权的战争中，英国战胜法国。
- 奴隶贸易达到巅峰，布里斯托尔、利物浦、波尔多、南特等城市快速发展。
- 1770 年，北美洲奴隶人口达到三百四十万人。
- 1771 年，阿克莱特在德比郡的克罗姆福德创建了第一家纺纱工厂。
- 1774 年，朗出版《牙买加史》试图为种族主义作出"科学"辩解。
- 1775 年，瓦特和博尔顿发明了世界上第一台可以实际使用的蒸汽机。
- 1776 年，亚当·斯密的《国富论》倡导在"自由劳动""自由贸易"基础上建立社会秩序。
- 北美殖民地爆发反抗英国统治的革命，托马斯·潘恩的《常识》令启蒙思想传播到广大北美民众心中。
- 1776 年，北美《独立宣言》宣称"人人生而平等"（但对奴隶制问题却只字未提）。
- 1783 年，亨利·科特发明了使用煤炭炼铁更加先进的方法。
- 英国"工业革命"开始——40% 的民众不再依靠土地维生。
- 莫扎特创作出伟大的交响乐和歌剧，包括 1786 年的《费加罗的婚礼》和 1787 年的《唐璜》。

第一章
社会和平的时光

与 1650 年之前的一百二十五年相比,1650 年之后的一百二十五年间,欧洲大部分地区都发生了极大变化。宗教战争、农民起义、内战和革命似乎都已成为过眼云烟。

欧洲强权国家间依然爆发了残酷激烈的战争,例如,18 世纪初的西班牙王位继承战和 18 世纪中期的"七年战争"。在丹麦、瑞典、波兰和葡萄牙等国家,居于社会顶层阶级的国王与贵族之间也就权力的分配展开激烈争夺。1690、1715、1745 年,甚至有斯图亚特王朝的支持者试图武力推翻大不列颠的宪政秩序。但是,曾经激烈撼动欧洲的热情,如今只在欧洲边缘地带残存。对生活在 1750 年代中期的人来说,环顾四周,很容易得出如下结论:革命年代早已逝去,尽管留下了荒谬和野蛮——伏尔泰在讽刺小说《老实人》中对此有过出色的刻画和描绘。

然而，这段历史时期的中心特征，恰是此前动荡革命的后果。曾经的反革命堡垒哈布斯堡王朝已成落日余晖，遗失的西班牙王冠如今戴到了波旁皇族一支的头上。相比之下，荷兰共和国和英格兰这两个革命力量攻克的国家则变得日益重要起来：荷兰接收了原葡萄牙殖民帝国的大部分领土，英格兰则继而对荷兰提出了挑战。

17世纪后五十年常被称为"荷兰的黄金时代"。围海造田和采用新方法种植新作物品种，为荷兰带来了繁盛的农业。[1] 工业更是达到"繁荣的巅峰"，"阿姆斯特丹北部平坦而多水域的赞斯塔德地区"，可能是"整个欧洲……工业现代化最为发达的地区"，一百二十八座为工业生产提供动力的风车，使得"从纸张制造到稻米去壳的各种生产机械化"成为可能。[2] 内战结束后，英国开启了一场"农业革命"。农业越来越商业化，萝卜、马铃薯、玉米等新作物被广泛引入。资本主义化农场广泛传播，掀起了一股"圈地运动"的热潮：地主和资本主义农场主将原有的共有牧地圈起来，大量穷苦农民沦为赚取薪水的雇佣劳工。

工业产量也得到提升：据估算，1710—1760年间的年增长率是0.7%；1760—1780年间的年增长率是1.3%；1780—1800年间的年增长率是2%。城镇居民在人口中所占的比重也从1650年的9%上升到1800年的20%。[3] 最初，苏格兰人普遍激烈反对1707年与英格兰合并，但这一合并却带来了工业和贸易巨大而稳定的增长。1722年，小说家丹尼尔·笛福造访格拉斯哥，将其描绘为一座"商业之城；这是一座国外与本土的贸易之城……国外与本土的贸易都得到了极大的增长和改善"[4]。

在如今的联合王国，工业创新的势头开始崛起，从而为18世纪最后二十五年间的"工业革命"打下坚实基础。世界上第一台能够工作的蒸汽发动机出现于 1705 年（不过，要再过六十年，瓦特改良的蒸汽机才能在除了矿山外的其他地方有效地发挥功用）。1709 年，人们开始用焦炭而不是木炭来熔炼铁（不过，要到四十年后，经过改良的冶炼方法才能达到令人满意的高效高质，从而得到普遍应用）。1730—1769 年间，层出不穷的发明家不断努力突破纺织机的机械化难关：哈格瑞福斯发明了珍妮纺纱机（1766），阿克莱特发明了水力纺纱机（1769），康普顿发明了走锭精纺机（1779）。[5] 伴随着大型工业技术的巨大变化，许多以手工业为基础的古老行业的变化却是越来越小，越来越零碎：织袜机的普及、纺织价格相对低廉的"新布料"、飞梭的引入使手摇纺织机的产量提升了一倍、距离地表更深的煤矿采用更加先进的设备（1650 年的煤产量是五十万吨，1750 年增长到五百万吨，1800 年更是达到一千五百万吨）。[6]

　　面对国外贸易激烈竞争的新环境，技术创新不再是一种偶然，需要几十年甚至几百年才能被广泛接受，而是一种追求成功的必要条件。

　　荷兰和英格兰都不是现代工业社会。两国的主要人口依然居住在乡间地带，恶劣的道路交通条件意味着，从地方城镇到首府城市，依然需要经历数天极不舒适的旅途劳顿。两国也绝非现代民主国家。拥有大地产的贵族掌控英国政府，通常能够决定众议员们如何投票，而荷兰的大商人在国内也拥有类似的地位。

　　然而，无论是英国还是荷兰，都与一两个世纪之前大为不同，也与它们的欧洲邻居迥然相异。农民对个体领主在法律上臣服的时代早已消逝远去。这里存在着真正的国家市场，既不像德国和意大利非常普遍的小国林立，也不似纵横交错的法国那样内部关税壁垒重重。大部分民众都已在某种程度上过上了城市生活：17 世纪末，英格兰总人口的六分之一都曾在伦敦生活过一段时间。乡村工业甚至吸收了许多来自农业地区的劳动力，港口和航队雇用大量仰仗贸易而非农业维生的下层阶级。伦敦取代巴黎成为欧洲第一大城市。虽然大部分生产依然依靠个体手工业者在家中或自营小作坊里的劳动，但他们的工作却是越来越与商人或其他更加富裕的工匠密切互动，协调合作。在英格兰西部，此时出现了雇用十万零四百名工人（甚至包括一千名织工和精整工）的"服装制造"企业家，他们的收入比许多上流社会的绅士贵族都要高得多。[7]

控制政府的大家族非常谨慎，在满足大商人利益的同时，也注意采用同时能让"中等"贸易商、生产商和采用资本主义经营方式的农场主满意的政策。1760年代及1770年代早期，伦敦市民掀起了一场反对控制议会和政府的贵族及上层阶层的激进运动，虽然他们的代言人约翰·威尔克斯被投进监狱，但是这场运动却得到了一些大家族的支持，并最终设法在无须经历武力革命的基础上达成了政治愿望。事实上，发生在16世纪及17世纪初的伟大的思想意识和政治斗争，意味着他们早已在最重要的战役中获胜。

在欧洲其他国家，高涨的革命势头一直受到遏制，形势大为不同。对大多数欧洲国家来说，17世纪是经济衰退的百年：由于死亡率超过出生率，导致人口数量减少；城市手工业规模缩水；由于贵族领主和国家夺取了所有生产盈余，导致对农业的投入持续降低，农民在看不到出路的穷困潦倒中挣扎（有些地方甚至出现了"二次农奴制"）。在18世纪的波兰、西西里岛或卡斯提尔，农业总产量可能还没有两个世纪之前高。在波西米亚，十分之一的人口在1770—1772年的大饥荒中死去；这就是反革命胜利的代价。

相比之下，法国、德国西南部及意大利北部的情况则较为适中。

它们并未遭受卡斯提尔、意大利南部及东欧那样的经济衰退。但与英格兰和荷兰相比，它们的农业和工业平均水平都要较为落后。创新的农业技术和资本主义生产关系仅存在于某些大城镇周边地区。手工业产量有所增加，在某些情况下甚至还建起了更大规模的矿场或工业企业。有些向大西洋航海贸易开放的港口生意还相当兴盛，尤其是在法国西海岸。到了1780年代，20%的法国人口主要受雇于小型工业——英格兰的这一比例达到40%。欧洲大部分地区都在朝着工业资本主义这同一个方向发展，只是在具体速度快慢上有所不同。

第二章

从迷信到科学

欧洲不同地区形成鲜明对比的经济形势，与各个地区不同的智识探寻相匹配。

文艺复兴和宗教改革打破了一个在各个层面上充斥着迷信的世界——相信宗教显圣，相信"狡诡之人"提供的魔药和护身符，相信魔鬼附体和驱魔除妖，相信"巫婆"有能力施加致命死咒，相信国王的触摸可以治疗疾病。[8] 这些迷信并非仅存在于没有受过教育的不开化民众中。无论是在统治集团还是在广大农民中，这种迷信思想都非常普遍。国王也会搜集神圣遗物。从哥伦布、克伦威尔到牛顿，都会非常严肃地从《启示录》中汲取预言。科尔特斯和皮萨罗会将战斗的胜利归因于神明的干预，甚至就连一位国王（苏格兰的詹姆斯六世，很快就会成为英格兰的詹姆斯一世）都能就魔法巫术写出厚厚的研究专著来。

与这些迷信思想相伴而来的是，对令民众痛苦的疾病的真正根源却是熟视无睹。对大多数人而言，生命非常短暂。突然的死亡十分常见，由于当时知识水平所限，这种猝死现象常常无法解释。医生的无知导致其治疗方案经常令病状加剧，而非快速治愈。一场瘟疫或天花袭来，通常都会带走一座城镇四分之一人口甚至更多人的性命。人们对庄稼颗粒无收及突如其来的饥荒，通常都是早已做好了心理准备，十年间总是要发生至少一两次。一场火灾就能烧毁整条街道，或者情况更糟，就像1666年一场大火烧毁了伦敦整座城市。

面对这些问题，唯一的长期解决方案就是去理解隐藏在看似非自然事件背后的自然原因。但此时的科学还无法与迷信完全分割开。如何分离和融合自然物质的知识（化学），与将基本的金属变成金子的信念（炼金术）混杂在一起。有关行星和恒星运动的知识（天文学）——对计算日期和绘制海洋航行的海图非常重要——仍与据说能够预测未来的信仰紧密相连（占星学）。对数学的极感兴趣，依然与相信数字序列具有魔力的信仰密不可分。尽管如此，抛弃大多数这样的混乱而相信科学知识可以简单地通过学习古希腊、拉丁和阿拉伯文献而获得，也是可能的。

这是一个恶性循环。没有科学的进步，魔力信仰就无法摒除。但是，科学又被魔力信仰体系紧紧束缚，无法施展。事实上，那时科学信仰体系与非科学信仰体系之间的差异，也不像今天这样明显。

相信行星、太阳和其他恒星绕着地球旋转，这一认识建立在亚里士多德的观点基础之上，亚里士多德死后又由托勒密进一步发展修订。[9] 然而，长期以来还存在另一种截然不同的观点，认为是地球在绕着太阳旋转。古希腊罗马世界中的赫拉克利特、中世纪时期的尼克尔·奥里斯姆（1320—1382）和库萨的尼古拉（1401—1464）都发展了这一学说。但让今人困惑不解的是，一千五百年来，最有学识最开明的头脑却是一直拒绝承认"地动说"，只因它与亚里士多德其他不容置疑的运动物体原则相抵触。1543年，波兰僧侣哥白尼提出了地球与行星都绕着太阳转的新观点，但却依旧无法解决与亚里士多德运动定律的冲突。"日心说"远未被世人接受，就连那些为了某种实际目的而接受"日心说"的人，也只不过是承认它的功用性。例如，就连弗朗西斯·培根（他强调在经验中观察检视的必要性，在从迷信中解放科学的过程中被公认为功不可没）也拒不承认哥白尼学说，因为"作为提倡现代经验主义方法的教师，他并没有看到这种颠覆性想象的需求所在"[10]。当人们在哥白尼对行星运动的计算中发现了失误时，这种怀疑主义更是得到进一步加强。一百五十年后，开普勒解决了数学计算上的问题：如果行星运动的轨道是椭圆形而非圆形，计算结果就会完美无瑕。但在今日的我们看来，开普勒的信仰显得颇有魔力色彩。他认为行星彼此间的距离及其与太阳的距离，是数值序列本身内在特质的表达，而非物理力量作用的结果。他将亚里士多德的宇宙观回溯到更加古老也更加神秘的柏拉图主义甚或是毕达哥拉斯的世界图景，不同的现实世界存在着统一的形式。这样的信念既为占星学的预测做了辩护，也为天文学的计算做了合理解释，因为在一部分现实世界发生的事情被认为遵循着其他地区所发生之事的同一种形式。开普勒对进行占星术式的预测做好了充分准备。1618年，他在布拉格预测："5月将会遇到极大的麻烦。"这一预测后来被证实准确无误，因为"三十年战争"恰于5月爆发——只不过这一事件恐怕很难归因于行星的运行。

绝非仅有开普勒一人相信这种神秘的魔力。直至17世纪下半叶,"新柏拉图主义"在剑桥大学依然有着巨大的影响力,使人们相信对一把伤过人的刀施加治疗,可以帮助患者伤口痊愈——就像一块磁铁可以在隔着一定距离的情况下吸引一块铁石。[11]

在争取世人接受哥白尼宇宙观的过程中,要数伽利略作出的贡献最大。1609年,他使用新发明的望远镜,发现了月球上的火山口和山脉。这表明月球并非像亚里士多德-托勒密所认定的那样,由与地球迥然不同的物质所组成。伽利略还发展出新物理学的元素,描述了物体运动的新理论,挑战了亚里士多德的旧观念。但是,伽利略的发现和理论依然不是全面突破。[12]例如,伽利略认为宇宙是有限的,他也不同意开普勒关于行星沿着椭圆形轨道运行的观点。在这一点上,伽利略还是旧思想观念的囚徒。很快,伽利略就成为真正意义上的囚徒:他受到宗教裁判所的审判,被迫当众贬斥哥白尼的理论,并终其余生被软禁家中。

关于物理学和天文学的争论,与这一历史时期总体上的思想争论交缠在一起。1543年,哥白尼不惧其所属天主教会的迫害,公开发表了他的观点。事实上,他的观点受到了路德教信徒梅兰希顿最猛烈的攻击,不过,天主教会的教历改革最后依靠的还是哥白尼理论缔造的模型去进行计算。

但在反宗教革命运动上,事情开始变得不一样了。它的支持者聚集在亚里士多德主义模式的旗帜下,就像二百五十年前神学家阿奎那凭借亚里士多德主义模式解决了13世纪的哲学争端——这也是当时新生的宗教裁判所用来对付怀疑者的一个模式。亚里士多德(和阿奎那)认为,每一样东西和每一个人都在万物设计中占有自己独特的一席之地。宇宙星体的等级是固定的、相对应的,地球上的人类等级也是固定的、相对应的。对国王及那些试图摧毁宗教改革、试图强迫叛乱的中低社会阶层向旧有封建秩序屈服的阶层而言，这种世界观几近完美。从这一角度出发，哥白尼的世界观与路德教或加尔文教的世界观一样具有颠覆性。1600 年，布鲁诺由于坚持世界是无限的而被烧死在火刑柱上。天主教国家的思想氛围更加仇视科学调查和研究。听闻伽利略受到审判，法国数学家和哲学家笛卡尔放弃了公开自己的发现，这一发现引导了牛顿后来的研究成果。[13] 科学发展的中心转移到荷兰共和国和"光荣革命"后的英格兰，这一点儿也不令人感到惊讶；这一中心转移到了波义耳、胡克、惠更斯，以及最重要的牛顿身上，牛顿提出的物理学新定律，解决了那些令哥白尼、开普勒和伽利略的宇宙描述痛苦不堪的问题。

这并不是由于新教领袖就比天主教领袖开明到哪里去。就像基思·托马斯指出的那样，"所有教派的神学家们"都支持巫术/魔法这一现实。[14] 但是，新教主义的民众基础落于社会团体之上——工匠和不那么富裕的商人——他们想要学习更加先进的知识，哪怕只是读写的知识，以便能够看懂圣经。新教主义的传播伴随着鼓励人们接受教化的努力，一旦人们能够读写，新思想的世界就向他们敞开了。而且单是挑战旧有正统思想这一事实，就足以开启人们的思维，鼓励他们发起更多挑战。这种情况在英国革命期间体现得淋漓尽致。若不是审查制度日益式微，挑战主教和国王的长老会成员也无法有所作为。但这种做法反过来也为许多拥有其他信仰观点的人们自由表达［自己的观点］提供了环境。在各种宗教预言和圣经解释的声音中，人们第一次发现，似乎可以公开对所有一切表示怀疑。如今，喝醉了的"新模范军"士兵或许可以问："为什么桌子上的锡罐不是上帝？"保守派政治理论家托马斯·霍布斯出版了一本带有十足唯物主义色彩的著作《利维坦》，其中就包含有抨击宗教奇迹的内容。"新模范军"从保皇党人手中夺回牛津后，一群思想一致的科学家聚集在牛津，在那里自由的氛围下，建立了促进科学发展的学会。

在复辟时期，霍布斯曾经非常害怕自己会被视为异端而命丧火刑柱。但让他没有想到的是，他却收到了皇室赐予的年金；学会也发展成为"皇家学会"。科学逐渐开始成为控制自然世界的同义词，对提升农业、工业、贸易和军事等诸多方面的效率起到了关键作用。

然而，这并不意味着科学在与迷信的较量中就大获全胜。在今天发达的工业国家，依然有大量民众坚信占星师和魔力，不论是宗教性的，还是所谓"魔法"。而且这部分人也并非都是假想中"未受过教育"的人们。像美国前总统罗纳德·里根、印度前总理英迪拉·甘地、法国前总理克瑞松夫人等"世界领袖"都曾向占星师占卜吉凶。不消说，在18世纪，魔法的影响力就更加巨大了。

但是，变化的确发生了。在1640年代中期的英格兰东部郡县，在悬而未决的内战造成的一片混乱中，专业猎巫者马修·霍普金斯将二百名女巫送上了法庭。这一数字比此前任何时期的数字都要高出许多。[15] 相比之下，"新模范军"占领苏格兰后，暂时遏止了迫害女巫的行为[16]；到了1668年，当时的社会评论家已经可以写下："大部分散漫的贵族和一小部分假装精通哲学和智慧的仿冒者，通常都是巫术信仰愚弄的对象。"[17] 1685年，英格兰最后一次处死女巫，不过，施行巫术被视为一种犯罪，依然在法律条款中持续存留了五十年。"思想"的整体变化，来自之前百年积累的经济、社会和政治上的变化。

第三章
启蒙运动

在人类阶级社会崛起之后,向普遍接受的思想提出最激烈的挑战,发生在尼德兰革命和英国革命之后。欧洲其他地区的中层阶级、甚至是上层阶级也都开始意识到他们的社会存在缺陷,因此寻求通过改变思想带来变化。这种思路带来了比文艺复兴和宗教革命时期更加深入和广泛的对偏见和迷信的攻击。结果便是我们如今所知的启蒙运动思潮。

在这场涉及范围广泛的运动中,活跃着一系列伟大的思想家和作家:自然科学家、哲学家、讽刺作家、经济学家、历史学家、散文家、小说家、政治理论家,甚至还有莫扎特等音乐家。他们并非持有同样的一套观点。有些人甚至在主要问题上还针锋相对。[18]

他们共有的是在经验主义知识的基础上信仰理性理解的巨大力

量。这种理性理解必须应用于这个世界,哪怕为此需要挑战现有的神话,创造新的信仰。这就意味着要对欧洲社会现存的许多机构和大部分既有思想提出挑战。

法国的笛卡尔、荷兰的斯宾诺莎、德国西南部的莱布尼兹等哲学家,在启蒙运动中发挥了极大的影响力。他们坚信,对世界的彻底理解,可由几条无可辩驳的理性原则推演而出;这一18世纪的信念,以牛顿成功建立起物理学的基本原理为基础。[19] 这些"理性主义"哲学家不必非得是政治上的激进派。莱布尼兹就曾公开宣称,宇宙根据预先设定好的和谐来运行,"现实世界是所有可能世界中最好的"——伏尔泰在《老实人》中绝妙地讽刺了这一备受关注的观点。但是,理性主义方法在其他人的手中却能成为革命武器,因为它暗示着,所有机构或实践如果并非来自第一原则,就应该被抛弃。

除此之外,约翰·洛克在英格兰缔造了完全不同的启蒙运动传统。他坚称,知识并非来自理性主义者"内在的思想",而是来自对现存一切的经验主义观察。洛克与莱布尼兹一样,都是政治上的保守派,他是英国地主乡绅和商人的立场代言人。一旦英王同意通过由上层阶层组成的议会来统治国家,他们的目标就达成了。然而,随着18世纪的推进,英格兰经验主义方法在法国和德国得出了越来越激进的结论。因此,法国的伏尔泰和孟德斯鸠对洛克推崇备至,他们从他的著作中得出结论,欧陆国家应当沿袭英国改革的路线。在英格兰显得保守的信条,跨过海峡后就可能变成具有颠覆性的思想。

启蒙运动思想家并非革命者。他们是持有不同意见的知识分子,向上层社会寻求赞助。他们并未将希望寄托在彻底推翻社会上,而是致力于推行社会改革,方法则是通过赢得思想阵线上战役的胜利。狄德罗在造访俄国的叶卡捷琳娜女皇时,并未感到与女皇的目标有任何矛盾之处；伏尔泰在与普鲁士国王腓特烈大帝合作时，也并未感到有何不妥。他们定期参加两周一次、由霍尔巴赫的妻子组织的"沙龙"，在活跃的氛围中畅所欲言——在那里，狄德罗、休谟、卢梭、美国未来的领袖本杰明·富兰克林、激进的化学家约瑟夫·普利斯特里等人与那不勒斯大使、谢尔本勋爵、法国未来的公使内克尔及布伦瑞克王公打成一片。[20]伏尔泰坚称："应该受教育的不是劳工，而是优秀的资产阶级和贸易商。"还有新思想最热情的宣传者法国百科全书派，他们将精力完全投注于书籍上——不过那些书籍的价格远远超出了普通大众的购买力（狄德罗和达朗贝尔出版的《百科全书》的最初版本分为十七卷，一共只售出了四千册）——通过友好贵族开办的沙龙或者参加共济会（其半宗教性质的秘密仪式将中上层阶级的"启蒙主义"精英聚到了一起）的机会宣传新思想。

至于启蒙运动在抨击现有制度和思想上的力度有多大，大部分启蒙运动思想家都存在局限性，至少他们在公共场合的表现并不激进。因此，伏尔泰可以对宗教迷信大发雷霆（"消灭耻辱[指天主教会]"是他的口号），猛烈抨击圣经的奇迹解读，但当霍尔巴赫（以化名）出版了一部真正的伦理著作《自然的体系》时，伏尔泰就感到非常不安。伏尔泰写道："这本书令哲学在国王和整个宫廷的眼中变得厌恶可憎。"[21]英格兰的爱德华·吉本写出了极具先锋精神的历史作品《罗马帝国衰亡史》，书中对基督教会影响的攻击非常有杀伤力，但这本书却并无意去撼动民众的信仰。苏格兰人大卫·休谟猛烈抨击宗教的作品，直到他去世后才出版。伏尔泰十分反对卢梭在其著名作品《社会契约论》中对现有社会制度的负面态度；卢梭对伏尔泰对待宗教的"消极"态度同样多有不满。

不过，不管他们有多么不情愿站到激进的立场上，启蒙运动的思想家们还是挑战了他们所在社会中的一些基本支撑理念。强大的利益集团对于温和改革还没那么开明,任何质疑在他们眼里都是极具威胁的颠覆行径。许多思想家最终都受到了迫害。伏尔泰被一位贵族雇用的歹徒狠揍了一顿,后来被关进巴士底狱,释放后不得不在远离巴黎的地方生活多年。狄德罗也在巴黎附近的万塞讷被监禁了一段时间。卢梭的后半生都在法瑞边界地带度过,法国政府的黑手在那里鞭长莫及。博马舍的戏剧[他的作品《费加罗的婚礼》是莫扎特著名歌剧的蓝本]在几个国家被禁,只因戏中表达出仆人可以忤逆主人的意愿。

教会尤其仇视任何对既有思想的质疑。直至18世纪下半叶,南欧的反宗教革命一直在无情地打击所有反对力量。有记载显示,1700—1746年间,在西班牙,宗教裁判所将异教徒烧死在火刑柱上的案例达到七百宗。[22]在法国,新教徒依然会被宣判遣至大型帆船上沦为奴隶;在1761年的图卢兹和1766年的阿布维尔,两个新教徒在被吊死之前,承受了惨无人道的轮斩之刑。[23]

为了挑战这种极端不公的情况,启蒙运动思想家们就应当如何组织社会提出了基本的疑问,虽然他们对给出完整的答案抱持逃避态度。伏尔泰的《老实人》暗示,在欧洲没有任何一个国家能够满足人民的需求。卢梭在《社会契约论》中以革命性的思想作为开篇,"人生来自由,但却又无处不在枷锁之中",尽管如此,卢梭似乎对民众并不抱太大希望。哲学家霍尔巴赫和赫尔维修试图对自然界和社会作出彻底的唯物主义分析,抛弃所有神学观点。[24]自然主义者布冯提出了一个非常接近动物物种进化论的观点(他坚持宣扬人类作为同一物种的统一性,将不同种族之间的差异归结于气候条件上的差异)。[25]苏格兰人亚当·弗格森和亚当·斯密认为,人类社会通过不同阶段不断进行着演进发展,包括猎取、放牧和农耕等各个阶段,从而为社发展的唯物主义解释提供了理论基础。启蒙运动思想家比前辈走得更远，他们想要使人类本身和社会制度变得更好。

他们的思想慢慢变成"霸权"，统治了整个欧洲思想界的讨论主题，有力地冲击着持有其他观点的辩护者。启蒙思想家的支持者范围甚广，甚至还包括一些处于社会最上层的阶层，后者渴求某种"现代的"、在英格兰出现的经济发达社会，反对"古老的"、经济发展停滞的欧陆国家社会。

奥地利、俄罗斯、葡萄牙和波兰都在某种程度上试图推行与启蒙思想相关的社会改革（这些国家的君主因此也被历史学家称为"启蒙暴君"）。1759—1765年间，葡萄牙、法国、西班牙、那不勒斯和帕尔马的统治者驱逐了天主教耶稣会教徒——继而，在天主教国王的压力下，教皇在欧洲取消了这道命令。[26] 最杰出的重农主义启蒙经济学家杜尔哥，于1774年出任法王路易十六的财政大臣。但是，上述各国的改革最终都归于失败。面对统治阶层（其财富完全依靠残余的封建制剥削形式）的强烈抵制，就连"开明"君主也无法推行启蒙思想的改革措施。

狄德罗在《百科全书》中写道，出版《百科全书》的目的是"改变社会整体的思维方式"[27]。启蒙运动思想家的确非常成功地挑战了知识分子（包括统治阶层中的知识分子）的思想，就这一点而言，它比两个世纪之前的宗教改革运动的影响范围和力度都要大得多。到了1780年代，伏尔泰和卢梭的作品"的确收获了巨大的社会影响"[28]，廉价的（通常都是盗版的）《百科全书》售出的数量，比狄德罗当初设想的数字多出许多。"通过旧体制下的资产阶级传播"，"进步的思想……渗入社会结构中最为老旧腐朽的部分。"[29] 然而，启蒙思想家们在实质性地达到社会改革目标方面却做得并非那么高效。1778年，离世前夕的伏尔泰显然已是心灰意冷。[30] 六年后，康德写下，虽然他"生活在启蒙运动的时代……但这个时代本身却并不那么开明"[31]。

改变思想与改变社会是两回事。社会的变革和发展，尚需另一轮革命和内战才能实现。

第四章
奴隶制与工资奴隶

启蒙思想并非简单和偶然地从某些思想家的头脑中蹦出来。它至少是对人类社会发展中各种关系变化进行的部分反思——在不列颠和尼德兰,这些变化更加深刻,影响也更加深远。

16 世纪和 17 世纪的动荡带来的主要社会变化是,在人们的谋生方式中,通过市场进行交换日益占据统治地位。教会可以烧死异教徒,哈布斯堡王朝的军队可以洗劫那些反抗其统治的城市中心,但不论是教皇、皇帝、王公还是贵族,都需要钱财来支撑其所采取的所有行动;这就意味着,在试图保存旧秩序的同时,他们的做法也会帮助传播市场的力量,而这种力量最终则会慢慢摧毁旧秩序。

征服美洲后,这一点表现得越发明显。美洲矿山出产的白银是资助反宗教革命军队的关键。但是,这些白银的流通却成为崭新洲际市场网络的一部分。大部分白银通过西北欧的中间人引入,继而流向中国、东印度群岛、印度,用以购买奢侈品。新的国际海上商贸路线:从菲律宾的马尼拉到墨西哥的阿卡普尔科,从葡萄牙的韦拉克鲁斯到塞维利亚,从阿姆斯特丹到巴达维亚(今雅加达)[32],从巴达维亚再到广州,开始将世界上不同地区的人们紧密地联系在一起。

市场关系建立在下面这一假设之上:无论交易双方的社会地位有多么不平等,他们都拥有接受或放弃特定交易的同样平等权利。买家可以自由出价,卖家则拥有拒绝该出价的权利。高级官吏和商人、男爵和市民、地主和佃户,他们在市场交易这方面都拥有同样平等的权利。就这一历史时期市场蔓延的程度而言,建立在统治和顺从基础上的旧日偏见,遭到了一切都用金钱进行计算这一行事规范的围攻。

启蒙运动是现实世界中已经发生的变化在思想领域的再次确认。它描画了一个人人平等的世界图景(尽管也有一些启蒙运动思想家提出过关于女性平等权利的问题),这是对下面这样一个世界的抽象:在这个世界里,人们应当拥有同样平等的权利,可以同意、也可以拒绝购买某物或出售其所有物。"合乎理性"的状态是,在这种状态下,所有事物都不会遭遇专横的阻碍,便可自然而然地形成。

然而,启蒙运动描画的 18 世纪世界图景中却存在两个巨大的黑洞;这两大缺陷并非只针对卡斯蒂利亚、西西里岛或东欧等"比较落后的"地区,对伏尔泰等人心中的模范国家大不列颠来说也是如此。一个黑洞是美洲殖民地的动产奴隶(一个人成为另一个人的财产),另一个黑洞则是母国无财产的工资奴隶。

第五章

奴隶制与种族主义

18世纪欧洲财富的增长来自一种体制,那就是强迫性的奴隶制,这种体制的基础完全违背了买卖双方拥有平等权利的原则。哲学家们可能会在欧洲的咖啡馆里高谈阔论所谓平等权利。但是,他们可能没有意识到,或者是意识到了却不去多想,他们饮下的美味咖啡就是由可怜的西非奴隶制造而成,这些西非人被枪口指着成群地被驱赶上船,在令人发指的环境下跨越大西洋(十分之一的奴隶在航程中命丧黄泉),继而在拍卖市场上被卖掉,然后在皮鞭的呼啸声中被迫每天工作十五、十六甚至十八个小时,直至生命的最后一天。

一千二百万人惨遭此运。[33] 其中一百五十万人都死在了茫无边际的大西洋中。在种植园劳作的奴隶死亡人数非常惊人,因为种植园主发现,驱使奴隶拼命工作致死然后再买一个填补空缺这种方法能够保证他的利润最大化。18世纪，共有一千六百万名奴隶被带到英属加勒比岛屿，而到18世纪末，活下来的奴隶人口只有六十万。北美洲的条件（气候更温和、更容易获得新鲜食物）使得奴隶人口快速增长，通过本地奴隶的繁衍和引进外来奴隶，19世纪初的五十万奴隶发展到19世纪末壮大为三百万，在1860年代更是达到六百万的巅峰。但是，奴隶的死亡率依然比非奴隶人群要高得多。就像帕特里克·曼宁指出的那样，"1820年代，共计一千万非洲人移居新世界，相比之下，只有二百万欧洲人来到新大陆。但是，新世界的白人人口为一千二百万，差不多是黑人人口的两倍。"[34]

奴隶制当然不是17世纪和18世纪的发明。从中世纪时期开始，欧洲的不同地区及中东地区就一直存在着小规模的奴隶制，例如，地中海国家就曾利用奴隶劳动来协助驱动舰船划艇。但当时的奴隶制只是一种非常边缘化的现象，农奴制是主要的剥削形式，而且奴隶制对受奴役者的种族也没有特殊偏好，奴隶人种与黑人并没有太多联系。白人也可能沦为帆船上的奴隶，而且"奴隶"一词来自"Slav"。帕特里克·曼宁写道："1500年，非洲人或拥有非裔血统的人无疑是世界奴隶人口中的少数；但到1700年，他们就变成了多数。"[35]

这一变化始于西班牙征服美洲。哥伦布将部分阿拉瓦克族人（最先欢迎他造访美洲的当地土著人）当成奴隶卖到塞维利亚，并试图在加勒比海地区使用美洲印第安人作为奴隶劳工。但这一尝试并不成功。由于遭到野蛮对待并且极易染上传染病，印第安人人口骤降90%。西班牙征服者发现，通过收取贡金和强制劳动，而不是诉诸即刻实行的奴隶制，对他们来说似乎更为有利。西班牙王室担心印第安人将会完全灭绝，那样就会没人种植庄稼，因此听取了教士们对印第安人奴隶制的批评；教士们认为，此时的首要目标应当是将印第安人转化为基督徒。

因而，西班牙王室和殖民地都越来越倾向于引进另一种劳工来源：从西非海岸地区购买奴隶。科尔特斯创建了以非洲奴隶为劳动力的种植园，甚至就连西班牙印第安人政策最著名的批判者教士拉斯·卡萨斯也曾推荐采用非洲奴隶制（但是后来他对自己提出这样的建议感到无比后悔）。

当葡萄牙、荷兰、英国和法国开始在其各自的殖民地种植商用烟草和蔗糖时，奴隶制就开始大规模蔓延开来。这些作物需要巨大的人力投入，从欧洲来的自由移民根本无法满足这样的要求。

最初，种植园主采用的是欧洲来的非自由劳动力："契约佣工"，实际上就是债务奴隶。契约佣工与种植园主签订契约，为种植园工作三年、五年或七年时间，其间不收取工资，用以抵充跨越大西洋航程的花费。其中不少人实际上都是被诱拐到美洲——被一些为美洲种植园主在本土寻找契约佣工的中介哄骗上船。[36] 其他契约佣工则大多是欧洲各国内战和宗教战争中的罪犯或囚徒。1638年，巴巴多斯的蔗糖种植园拥有两千名契约佣工和二百名非洲奴隶：每名契约佣工的成本是十二英镑，每名奴隶的成本是二十五英镑。[37] 由于无论是契约佣工还是奴隶都很难活过四到五年，对种植园主来说，契约佣工相比之下似乎要比奴隶的"性价比更高"。

商人和统治者在这方面完全不受什么道德和良心的谴责。毕竟，英国海军的船只就由"被压迫的"奴隶们驱动前进，这些奴隶都是从大街上拐来的可怜人，在离开港口前被"监禁在不比黑人奴隶处境好多少的条件下"[38]，在茫茫大海中一命呜呼的几率也不比他们护航的奴隶"货船"低多少。[39] 英国议会还通过法令授权船长处死那些胆敢反抗长官者，就连守望时偷懒睡觉者，船长也有权将其处死。[40]

但是，来自欧洲的契约佣工数量太少，无法满足种植园主的劳工需求；加之烟草和蔗糖市场飞速增长，他们不得不日益频繁地往返非洲。1653 年，在巴巴多斯，非洲奴隶已达两万名，远远超过契约佣工的八千名。[41] 1700 年，北美洲的南部殖民地只有两万多名黑人奴隶；到了 1770 年，这个数字猛增到近四十一万。

最初，种植园主基本上是以同样的方式对待契约佣工和非洲奴隶。在弗吉尼亚，逃跑的契约佣工会受到服役时间翻倍的惩罚，若再次逃跑，他们的脸上就会被烙上"R"字。巴巴多斯种植园主还曾杀死那些因身体过分衰弱而无法继续工作的契约佣工。[42] 契约佣工与奴隶并肩劳作，而且在弗吉尼亚还至少发现了一宗双方通婚的案例（这在接下来三百年间几乎是无法想象的）。

契约佣工与奴隶一起工作，一起生活，当然也会一起对不公的境遇发起反击。许多契约佣工和奴隶彼此帮助成功逃离种植园的案例，令种植园主非常忧心。他们的担心在 1676 年弗吉尼亚的培根叛乱中达到巅峰，总督和富有种植园主的对手向契约佣工和奴隶承诺，如果他们做好准备帮助夺取殖民地的控制权，就会给予他们自由。这场叛乱的目的十分混杂，其中之一则是发动从印第安人那里夺取更多土地的战争。[43] 但是，他们的行动显示出，白人与黑人联合起来对抗种植园主的效果有多么可怕。殖民地种植园主迅速采取了应对办法，推行了一系列分化契约佣工与黑人奴隶阵营的措施。

就像罗宾·布莱克本在其论述北美殖民地奴隶制历史的书中所记载的那样，弗吉尼亚下议院（殖民地时期弗吉尼亚的民选政府）市民会议制定政策，加强了英国契约佣工与非洲奴隶之间的种族壁垒。1680 年，当地法律规定："任何黑奴或其他奴隶胆敢举手反对任何基督徒"，就要受到赤裸背部鞭打三十下的惩罚。1691 年的弗吉尼亚法令规定,"可以杀死或毁掉任何无故不向主人或女主人服役的黑人、混血儿和其他奴隶"。法令还规定,任何"与黑人、混血儿或印第安人"通婚的白人男性或女性,都将会被驱逐出殖民地。[44]换句话说,种植园主意识到,白人和黑人并不会自动自发地憎恶彼此,有些白人与黑人奴隶之间还建立起了十分亲密的关系——殖民地当局决定通过给予奴隶主对奴隶的生杀大权来遏制这种趋势。从此时开始,种族主义才开始作为一种意识形态发展起来。

今天普遍存在的种族主义让人们误以为它是一种古老的遗存,来自不同种族背景的人们彼此之间存在着内在的、自发的疏离和厌恶。进而奴隶制也就被视为种族主义的一个副产品,但实则是奴隶制催生了种族主义。

在古代和中世纪世界,人们对肤色并没有那么敏感,对肤色的认知几乎与对身高、头发颜色或眼睛颜色的认知没有什么不同。古埃及的墓葬壁画上,相当随机地混杂着浅肤色、棕肤色和黑肤色的人物形象。在罗马历史上,许多重要的大人物都来自北非,其中至少包括一位皇帝;也没有记载特殊说明他们的肤色是深是浅。在16世纪早期的荷兰绘画中,黑人与白人自由地混杂在一起,例如,在雅各布·约丹斯的名画《摩西与西坡拉》中,摩西的妻子就是一名黑人。[45]

在中世纪欧洲,倒是通常显现出对犹太人的深恶痛绝。但这种仇视主要源于宗教分歧,因为犹太人是当时基督教社会中唯一一个非天主教群体,而非建立在所谓身体或思想上的内在不同而导致的厌恶基础上。如果犹太人放弃自身宗教信仰,迫害者可能就会放过他们。他们之间的仇恨是一种非理性的宗教仇恨,而非非理性的生物种族主义仇恨。种族主义的仇恨,完全是由奴隶贸易所引起。

早期的奴隶贸易者和奴隶主并未用种族差异来为自己的行为开

脱。相反，他们转而在古希腊罗马的记载中寻找借口，以奴役战犯（至少是在正义战争中俘获的战犯）由来已久为由，为当下的奴隶制正名。由于奴隶主通过合法途径获取了奴隶，奴隶也就成为其私人财产，可以任其处置。因此，约翰·洛克（他是伏尔泰无限崇拜的英国哲学家）为1690年代奴隶制的存在找到了合理性；他本人也通过持有皇家非洲公司的股票，成为奴隶贸易的受惠者[46]。不过，即便如此，他也拒绝承认非洲人与欧洲人天生就不同的观点。[47]

但是，旧日之争似乎并不适合用来解释截止18世纪中期大规模的大西洋奴隶经济。恐怕很难宣称奴隶都是"正义战争"中俘获的战犯。人们知道，他们是从非洲商人手中买下的奴隶，或者生来就是奴隶的后代。[48] 而且，奴隶贸易者和奴隶主总是需要一些必要的理由来搪塞并不拥有奴隶的大部分白人。在殖民地，奴隶主攫取了最肥沃的土地，使用成本极低的奴隶劳作，从而给小农场主们造成巨大压力，大多数小农场主都因此而对奴隶非常反感和厌恶。在伦敦等港口城市，逃亡奴隶经常被人发现躲藏在穷苦的贫民区里。奴隶贸易商和奴隶主需要一种方式，好让人们鄙视厌恶、不再信任甚至恐惧奴隶。"战犯"的借口很难做到这一点。相比之下，非裔天生不如欧洲裔的思想，则更加完美地符合贸易商和种植园主的需求。

支持奴隶制的基督徒声称，他们在圣经中找到了奴隶制存在的合理证明：诺亚的一个儿子含的后代的命运。与此同时也出现了一些所谓"科学"证据，表明非洲人具有"低于人类水平的野蛮性"，例如，爱德华·朗在其1774年出版的《牙买加史》中就曾这样表述。这样的观点使得一些受到启蒙运动影响的思想家也继续支持奴隶制。[49] 他们大声疾呼"所有人生而平等"，但同时也不忘加上一句，非白人并不包含在内。

种族主义并非从一开始便是一种完整的意识形态。它经过了三个世纪的漫长演化。例如，欧洲人对北美洲原住民的早期态度，不过是感到他们与欧洲人不同，因为他们生活在完全不同的环境中。实际上，弗吉尼亚詹姆斯敦的总督们登陆后必须面对的一个主要问题就是，印第安人的生活对白人移民非常有吸引力，"他们不得不制定法律，将那些逃去与印第安人同住的移民处以死刑"[50]。"数千名欧洲移民"对"印第安人生活方式"的热爱，与卢梭等人极具影响力的著作中提到的"自然状态"的积极观点产生了回响。[51]即使到了18世纪中期，"'红人'（red men）一词也没有什么影响力……人们并不把肤色视为一个特殊特征"[52]。但是，随着18世纪晚期欧洲移民与印第安人之间的土地争端变得日益突出和频繁，欧洲人对待种族的态度发生了转变。人们越来越多地将印第安人形容为"嗜血的野兽"，"他们日益被描画为黄褐色的异教徒、黑皮肤的腓力斯人、黄铜色的恶棍，到了18世纪末，他们开始被称为'红人'"。[53]就此，种族主义从对非洲奴隶制的一种辩护，发展成为一整套信仰体系，地球上的所有人类都应当被贴上"白色""黑色""棕色""红色"或"黄色"的标签，即便许多欧洲人实际上肤色粉红，许多非洲人实际上肤色偏棕，许多南亚人实际上与许多欧洲人肤色一样，美洲印第安人的肤色实际上并非红色，日本人和中国人的肤色也不是黄色的！

六十多年前，马克思主义者 C. L. R. 詹姆斯与加勒比民族主义者艾瑞克·威廉斯提醒世人关注奴隶制在人类历史发展中的重要性，这种重要作用既体现在缔造种族主义方面，又蕴含于发展西欧经济中。在研究的过程中，他们依照马克思主义观点提出了一种全新的联系：新世界的动产奴隶与旧世界的工资奴隶之间的联系。

他们的观点自从提出以来，一直饱受质疑。批评者认为，无论如何，许多奴隶制的利润并未投资到工业发展中，而是由大商人和在外种植园主投入到模仿古老贵族生活方式而建造的豪华庄园中；欧洲西北部经济的所得则被消耗巨大的战争吞噬得半点不剩，而那些战争就是为了争夺奴隶制殖民地贸易的掌控权。[54] 1960 年代的一本经济史教科书中这样评价：

> 外贸利润并没有为工业投资进而为拯救工业命运作出巨大贡献……估测奴隶贸易利润的尝试，对贸易和投资的总体流向而言，几乎没有产生有意义的价值。[55]

但这只是以奴隶制为基础的生产对 18 世纪西欧（尤其是大不列颠）经济生活所产生的实际效果的梗概结论。我们通常所称的"三角贸易"，为其蓬勃发展的手工业和包买制工业提供了出路。欧洲出售铁器、枪支和纺织品，从非洲海岸的商人那里换回大批奴隶；奴隶在令人发指的恶劣环境中被转运到美洲卖掉（从经济角度来讲，商人宁可承受 10% 的死亡率，也比配备能够保证 100% 奴隶存活率的运输条件更加划算）；再利用得到的货款购买烟草和蔗糖（后来则是生棉花）运回欧洲销售。[56]

相对而言，蔗糖种植园需要更加先进的设备来研磨甘蔗，精炼提纯甘蔗汁，因此种植园大都是从欧洲的生产商手中购买生产设备。贸易推动了航海业和造船业的大力发展，这些行业日益成为技术工人和非技术工人的重要雇主。部分通过利物浦、布里斯托尔及格拉斯哥等贸易港口流转的利润，被投入到与殖民地生产紧密相关的生产环节中，或者是资助建设连接英国内陆市场的新交通方式（运河或收费公路）中。

奴隶制并未导致资本主义的崛起，而是资本主义的崛起带来了奴隶制。17世纪晚期，英国的工农业就已展现出非凡的活力，当时西印度群岛和北美殖民地的种植园生产还仅处于萌芽状态。正是由于国内工农业充满活力的发展，奴隶制才得以兴起。对殖民地生产的需求之所以存在，完全是由于活力四射的英国经济带来了烟草和蔗糖的大规模消费风潮，从上层阶级到城市市民、甚至在乡村民众中都拥有巨大的市场。劫掠殖民地和奴役其他种族并不能创造出这样繁盛的国内经济活力——西班牙和葡萄牙的殖民帝国虽然庞大，但其国内经济却陷入发展停滞中。英国经济得以增长的原因在于，在本土越来越多地使用自由劳动力，使它能在美洲以一种全新的方式剥削奴隶的劳动。

国内经济的蓬勃发展越来越依靠雇佣劳工的情况，迫使英国（以及程度相对而言略逊一筹的法国）奴隶主试图从非洲获得劳力。大部分奴隶都购买于非洲海岸国家的上层阶级手中，因为这些奴隶贸易商对非洲内陆一无所知，只是简单地从非洲内陆诱拐数百万非洲人，然后长途运输到海岸边。非洲商人和统治者这样做的回报便是，欧洲人为他们提供其他渠道无法获得的高品质货物。但非洲人绝非"一无所知的野蛮人"，虽然种族主义者总是不断强调这一谣言。非洲人生活的社会结构实际上相当精致复杂，与中世纪末大部分欧洲国家相比开化文明的程度通常更高。只是由于英国经济带来的资本主义的最初发展，才令欧洲超越了非洲。18世纪欧洲商业飞速发展，这种规模的商业在利奥·阿非利加努斯时代（16世纪早期）是不可想象的，当时大多数非洲国家与西欧国家的经济发展水平基本相当。

种植园奴隶制是如下事实的产物：荷兰和英国已经展开了资本主义扩张。但是，奴隶制同时也反哺资本主义，为它提供了强有力的推动力。

第五章　奴隶制与种族主义

在这一过程中，奴隶制在塑造世界体系中发挥了重要作用，资本主义则在这一世界体系中发展成熟。它为英格兰提供了合并苏格兰的动力［在苏格兰统治阶层试图在巴拿马建立殖民地的"达伦计划"（又译"达瑞恩计划"）流产后］；并在18世纪下半叶，通过东印度公司征服孟加拉，开始在东方缔造一个全新的帝国。

大不列颠统治阶层崛起的另一面便是大部分非洲的衰弱无力。奴隶贸易为非洲海岸地区的统治者和大商人提供了相对先进的消费品和武器，因此无须发展自己的工业；事实上，进口货物"削弱了非洲的工业"[57]。成功的国家能够对外发动战争并奴役被征服国家的人民。即便统治阶层意欲保持和平，也只能变得军国主义化才能存活。卓洛夫、贝宁和刚果等国家试图阻止它们的商人对外提供奴隶，但却发现其他国家的统治者通过这种方法获得了财富和权力[58]；然而，除非出现新的军事统治阶层，否则前阶级社会就要面临崩溃和毁灭。非洲海岸地区国家通过抢劫内陆国家而做到了这一点。

有些历史学家声称，由此导致的"非洲国家中心化"发展是一种"进步"的表现。然而，随之而来的却是社会的物质基础受到极大削弱。非洲人口在即将超越欧洲和北美洲人口时停止了增长。[59]1750—1850年间，西非的人口数量甚至出现了衰减。[60]反过来这也使得非洲国家无力更好地备战，抵抗19世纪末欧洲的殖民入侵。当西欧经济大步向前时，非洲却处于不断的衰落中。

第六章
"自由劳工"经济

　　1771年,曾当过理发师和假发工的阿克莱特,在德比郡的克罗姆福德创建了世界上第一个水力纺纱工厂。他雇用了六百名工人,其中主要是童工,产量为同等规模手工纺纱产量的十倍。1775年,苏格兰教学仪器制造工瓦特与伯明翰的工程师博尔顿共同生产出能够带动机器、拖行巨大负重并最终驱动轮船和陆上交通工具达到此前人类无法想象速度的蒸汽发动机。1783—1784年间,亨利·柯特设计出卓越的搅炼炼铁法,并设立了一间轧机厂来进行实践。

　　通过整合上述发明及其他各项发明,以雇用数百甚至数千工人的蒸汽机动力工厂为基础,开拓生产发展的新道路畅行无阻。到了18世纪末,仅在曼彻斯特地区就出现了五十家这样的工厂。很快,欧洲其他地方及大西洋对岸的许多企业家也都开始模仿采用这种新方法。城市工匠及乡村包买制的新发展，正在赋予工业城市以新生。

就在这些变化开始缓缓呈现在世人眼前时，一位苏格兰教授论述了他眼中新经济体系的基本原则。今天，亚当·斯密的《国富论》常被视为保守主义的圣经。但这本名著最初出现时，却对欧洲盛行的秩序、对大不列颠依旧向往这种秩序的人们，提出了激进的挑战。

亚当·斯密是"苏格兰启蒙运动"中的活跃分子，这个团体中还包括亚当·弗格森和大卫·休谟等思想家。斯图亚特王朝试图利用封建主义的苏格兰高地来重新在英格兰实现绝对君主制，令这些思想家极为惶恐，他们决心取缔建立在偏见基础上的旧秩序。因此，与当时其他英国思想家相比，苏格兰思想家与欧洲启蒙运动的关系显得更加亲密。亚当·斯密是《百科全书》的忠实拥趸，并与伏尔泰、霍尔巴赫、赫尔维修和卢梭建立起坚固的友情。[61]《国富论》是启蒙运动试图清理封建"非理性"世界的行动之一。

《国富论》将生产商品以提升人民生活（"国家财富"）的各种现代方法，与阻碍现代方法实施的旧制度和旧方法做了对比，即以"欧洲富有国家"为特色和以"古老普遍的封建政府"为特色的社会之间的比较。[62] 全书开篇便描述了一家生产别针的现代"工厂"，劳动生产力的巨大提升来自劳动的精细分工：每名工人只负责一项非常细微的任务。

亚当·斯密彻底颠覆了财富来源的传统观点。中世纪早期，人们认为财富源于土地。自16世纪起，"重商主义"认为财富源于金银的理念日益被世人所接受。

亚当·斯密对这两种观点都不认同，他坚持认为，人类的劳动是财富的源泉。他写道："一国国民每年的劳动，本来就是供给他们每年消费的一切生活必需品和便利品的源泉"，"劳动是所有商品可交换价值的真正评判方法"。[63]

劳动可以应用在两个方面:"生产性的"或"非生产性的"。生产性的劳动能够缔造持久可销售的产品,可以被从事其他劳动者所消费,或者作为"资本"投入到生产更多产品的过程中。无论是在哪个方面,劳动的产出都会创造出更多的产出,使"国家"的"财富"迅速膨胀起来。

如果劳动在没有创造任何新商品的情况下被立即消费,它就是"非生产性的"。这一性质的劳动就是服侍主人的"无须技巧的仆人"劳动。一旦提供之后,他们的劳动便会就此结束。只有雇用许多生产性的劳动力才能致富,而"维持大量的无技巧仆人,将会使人贫穷"。斯密补充道:

> 有些社会上等阶级人士的劳动……不生产价值……例如,君主以及他的官吏和海陆军,都是不生产的劳动者。他们……的生计由他人劳动年产物的一部分来维持。……在这一类中,当然包含着各种职业,有些是很尊贵很重要的,有些却可说是最不重要的。前者如牧师、律师、医师、文人;后者如演员、歌手、舞蹈家。[64]

18世纪的欧洲各国都提供一系列领取干薪的挂名职位(这些职位薪俸极高又无须担当任何实际责任),使政府和宫廷养了许多游手好闲又过着穷奢极欲生活的官员。亚当·斯密的信条是对这种蛀虫的无情攻击;与此同时,亚当·斯密的理论也打击了依靠地租生活又不投资农业的地主。发展中的市场体系要求摆脱向后拖拽的束缚。市场机制为英国的改革做好了准备,也可以轻易地被阐释为给欧洲革命做好了准备。

亚当·斯密进一步论述道，反对任何国家控制贸易或征服其他土地的企图。亚当·斯密表示，顺其自然，人们总是会以本国劳动力生产的商品，来交换其他国家劳动力生产的一系列品质最佳、价格最低廉的商品。每个国家都会将精力集中在自己最擅长完成的任务上，试图以最高效的方式实践，没有人会生产别人不想要的商品。因此，市场将会以最佳的可能方式来协调人们的经济活动。

政府帮助本国生产商的举动，只会令人们超出必要程度地扩大劳动规模。这样的政府管控可能会令某些利益团体受益，但亚当·斯密坚称，这种行为最终将会减少"国家的财富"。自由贸易是经济发展唯一理性的道路。

与此类似，亚当·斯密也为"自由"劳动力的益处高歌。奴隶制或许看起来是获利的简单方式。但因它使奴隶在劳动中失去了创造力，故从长远来看，奴隶制势必比自由劳动力的成本更加昂贵。"对无法获取私人财产的人来说，除了尽量多吃少做，别无他趣"，亚当·斯密说道。[65]

亚当·斯密歌颂纯粹市场体系的种种好处，批判从中萌发了市场体系的封建主义和专制主义体制。就像经济思想史家埃里克·罗尔解释的那样，亚当·斯密的著作"代表了一个独立阶级的利益……他原本可以不抱幻想地明确指出其主要攻击目标，就是那些对工业资本主义未来成长而言最可怕的障碍：特权阶层"[66]。

亚当·斯密对新市场体系的描述只是一个方面。英国资本主义并非仅仅通过和平的市场竞争就一跃远远超越欧洲其他国家。奴隶制为英国提供了部分资金，殖民地则为英国提供了市场。整整一个世纪，国家的开销都非常巨大，如果没有这样的刺激，利润丰厚且极具竞争性的新型工业也就无法出现。殖民地化、奴隶制及商业主义的支柱，对工业资本主义的崛起都是非常必要的，即便工业资本主义在最初阶段感到似乎不再需要它们。

那些无法提供这种支柱的国家就要受苦了。这种情况正在爱尔兰发生，当威斯敏斯特的国会对爱尔兰的贸易设下限制时，爱尔兰的资本家受到了重创。印度发生的状况也日益印证了这一结论：英国东印度公司劫掠了孟加拉，却没有留下任何回报的东西。一旦英国的资本主义确立了统治地位，其他地方的资本家阶层就会需要得到来自国家的支持，如果这些地方处于萌芽状态的工业没有一出生就被窒息而死的话。

当亚当·斯密写下《国富论》时，工业资本主义依然处于幼小的启蒙状态，他还无法看到纯粹的市场制度本身也存在非理性的一面。生产商之间彼此竞争，导致他们并非根据需求自发调整产量，而是猛然增产，其后又因害怕商品卖不出去无法获利而锐减产量。直到四十五年后，亚当·斯密最重要的后继者大卫·李嘉图才在其《政治经济学原理》一书中添加了一个章节，承认生产机械化令工人的状况变得更加糟糕。若想让亚当·斯密在当时就意识到这一点，势必需要他超越其所在社会的历史局限。然而，对今天依然试图将亚当·斯密的著作视为为资本主义盖棺定论的解读观点的现代人而言，可没有同样的借口。

最后，亚当·斯密意义重大的劳动力和价值的观点也存在相互矛盾之处。几乎与所有启蒙运动思想家一样，亚当·斯密也曾假定，拥有不等财富的人们在市场上是平等的。不过，他后来的一些观点已开始挑战这一原有看法，开始质疑"自由"劳动力与奴隶劳动力相比，享有的自由度到底有多高。

第六章 "自由劳工"经济

亚当·斯密确信劳动是所有价值的源泉,这令其得出结论:地主或工厂主收获的地租或利润,来自即时的劳动生产。

> 土地一旦成为私有财产,地主就要求劳动者从土地生产出来或采集到的几乎所有物品中分给他一定份额。因此,地主的地租,便成为要以用在土地上的劳动的生产物中扣除的第一个项目。……其实,利润的扣除,不仅农业生产物为然,一切其他劳动的生产物亦莫不如是。在一切工艺和制造业中,大部分劳动者在作业完成以前都需要雇主给他们垫付原材料、工资与生活费。雇主分享他们的劳动生产物……而这一分享的份额便是他的利润。[67]

其中的利益并不和谐,而是雇主与劳动者之间的利益冲突:

> 这两方的利害关系绝不一致。劳动者盼望多得,雇主盼望少给。劳动者都想为提高工资而结合,雇主却想为减低工资而联合。但在一般的争议情况下,要预知劳资两方谁占有利地位,谁能迫使对方接受自己提出的条件,决非难事。雇主的人数较少,团结较易。加之,他们的结合为法律所公认,至少不受法律禁止。但劳动者的结合却为法律所禁止。……在争议当中,雇主总比劳动者较能持久。地主、农业家、制造者或商人,纵使不雇用一个劳动者,亦往往能靠既经蓄得的资本维持一两年生活;失业劳动者,能支持一星期生活的已不多见,能支持一月的更少,能支持一年的简直没有。[68]

亚当·斯密的理论逻辑，在批判"封建主义"非生产性后遗症的基础上更进一步，从工业资本家的角度发展到批判资本家本身——将资本家视为非生产性的寄生虫，依靠工人劳动创造的利润过活。这是一种逻辑上的转换，它在李嘉图的著作（从工业资本主义角度批判了地主）中进一步得到发扬光大，其后影响了1820年代和1830年代的首批社会主义经济学家，以及马克思的观点。最伟大的启蒙运动政治经济学家用以对抗旧秩序的武器，如今被用来对抗新秩序。

不过，亚当·斯密本人则逃避了得出上述结论的责任。他将其价值来自劳动的观点与另一个相矛盾的观点融合起来。亚当·斯密认为商品的价值有赖于地主、资本家和工人的联合收益。虽然这一观点似乎落入了令人不解的无限循环（收益有赖于价值，而价值又是收益的总和），但这一观点却被马尔萨斯及广受欢迎的让·巴蒂斯特·萨伊所继承，在李嘉图去世后成为经济学中的主流正统思想。

无论如何，亚当·斯密都是第一个对新涌现的经济体系的中心概念作出概况描画的人。亚当·斯密描画的图景令英国资本家明白了前进的方向，也给予其他国家将会成为资本家的人们一些模仿的思路。在他的著作出版一百二十五年后，相对的社会和平就让位于颠覆性的革命新时代。而他的思想则塑造了许多新时代关键人物的头脑和精神。

Chris Harman

A PEOPLE'S HISTORY OF THE WORLD

From the Stone Age
to the New Millennium

世界人民的历史

从石器时代到新千年

[英] 克里斯·哈曼 —— 著　　潘洋 —— 译

下

北京大学出版社
PEKING UNIVERSITY PRESS

目录

（下册）

第六部分　天翻地覆的世界 337
  大事年表 338
  第一章　美洲序曲 340
  第二章　法国大革命 355
  第三章　国外的雅各宾派 385
  第四章　理性的退却 400
  第五章　工业革命 404
  第六章　马克思主义的诞生 414
  第七章　1848 年 426
  第八章　美国内战 438
  第九章　征服东方 450
  第十章　作为一个例外的日本 462
  第十一章　刺破青天：巴黎公社 466

第七部分　希望与恐怖并存的世纪 475
  大事年表 476
  第一章　资本的世界 480
  第二章　世界大战与世界革命 511

第三章 动荡中的欧洲 541
第四章 殖民地世界的叛乱 563
第五章 "黄金二十年代" 580
第六章 大萧条 587
第七章 被抑制的希望：1934—1936 年 614
第八章 世纪的午夜 637
第九章 "冷战" 675
第十章 无序的新世界 716

结论　新纪元的幻象 744

注释 763

第六部分

天翻地覆的世界

大事年表

1773 年	"波士顿茶党"。
1775 年	莱克星顿和班克山的战斗。
1776 年	美国《独立宣言》。
1781 年	英国人在约克镇投降。
1780 年代—1830 年代	英国采矿业普遍采取工厂制。
1789 年	攻占巴士底狱,法国革命开始。
1791 年	圣多明各爆发奴隶起义。
1792 年	法国革命战争,瓦尔密战役,处死国王。
1793—1794 年	雅各宾派统治法国,封建义务终结,恐怖统治。
1794 年	雅各宾派陷落,热月政变。
1793—1798 年	英国占领圣多明各,被前奴隶大军击败。
1797 年	英国海军哗变。
1798 年	爱尔兰爆发反对英国统治的暴动,当地新教徒组建"橙带党"反对暴动。
1799 年	英国制定各种法律禁止工会联盟。拿破仑掌握法国大权。
1801—1803 年	拿破仑试图在海地恢复奴隶制,杜桑·卢维杜尔被监禁并死于狱中,德萨林领导前奴隶军夺取胜利。
1804 年	贝多芬创作《英雄交响曲》。
1805 年	拿破仑称帝。
1807 年	黑格尔出版《精神现象学》。
1807 年	英国禁止奴隶贸易。
1810 年	墨西哥和委内瑞拉爆发反抗西班牙殖民统治的初次起义。
1810—1816 年	英国北部的卢德分子攻击工厂,破坏机器。
1814—1815 年	拿破仑兵败,旧日君主制复辟,滑铁卢战役。
1811—1818 年	简·奥斯汀和沃尔特·司各特的小说出版。
1819 年	工人阶级游行示威遭遇彼得卢屠杀。
1830 年	巴黎革命以新君主取代了旧君主。
1830 年代	司汤达和巴尔扎克的小说出版。

1830 年	世界上第一条载客铁路建成。
1831 年	法拉第发现电磁感应现象。
1832 年	英国中产阶级赢得选举权。
1834 年	《济贫法修正案》在英国建起了济贫院。
1838—1839 年	宪章运动要求工人享有选举权。
1839—1842 年	"鸦片战争"爆发。
1842 年	兰开夏郡爆发大罢工。
1840 年代—1860 年代	狄更斯、乔治·艾略特和夏洛蒂·勃朗特的小说出版。
1840 年代中期	太平天国起义控制了几近半个中国。
1846—1849 年	爱尔兰大饥荒。
1847 年	《共产党宣言》发表。
1848 年春	欧洲革命,爱尔兰失败的起义,伦敦最后一次大宪章示威游行。
1848 年 6 月	法国资产阶级粉碎了工人运动。
1848—1849 年	整个欧洲范围内的君主制复辟。
1850 年代和 1860 年代	工业革命传播到德国和法国。
1843—1856 年	英国彻底征服印度北部。
1857 年	印度兵变。
1857—1860 年	第二次"鸦片战争",中国各大城市都划出了列强占领的"租界地"。
1859 年	达尔文出版《物种起源》。
1859—1871 年	在国王的名义下,意大利实现统一。
1861 年	美国内战爆发,沙皇终结了俄罗斯的农奴制。
1863 年	林肯宣布废除奴隶制。
1865 年	美国南部战败。
1864 年	太平天国农民起义最终被以英国为首的列强军队击溃。
1866 年	诺贝尔发明了甘油炸药。
1867 年	自上而下的明治维新终结了德川幕府在日本的封建统治。
1867 年	马克思出版《资本论》。
1870 年	普法战争爆发,路易·波拿巴溃败。
1871 年	巴黎公社,工人控制城市,紧接着共和政府攻打城市,杀死数千人。
1871 年	俾斯麦在普鲁士国王的领导下建立了德意志帝国。
1873 年	发明了世界上第一台电机。
1870 年代中期	联邦军队从美国南部撤出,种族隔离兴起。

第一章
美洲序曲

当英国军队于 1781 年从约克镇撤离时,美军军乐队吹奏起"世界翻天覆地"(又译"天翻地覆")。对那些随军一并离开的数千名忠于乔治国王的托利党人来说,这个世界的确发生了翻天覆地的变化。所有伴随他们成长的天经地义和"自然而然"形成的社会秩序都乱了套,被一场成功的叛乱践踏足下。然而,事实上,不过是在八年前,99% 的叛乱者才刚开始思考那些引发最终巨变的设想。

最著名的北美叛乱者之一、受人尊敬的活动家和政治家本杰明·富兰克林在 1760 年代还这样写道:"我们如今有幸置身史上最好的国王治下,心生幸福。"[1] 在 1774 年之前,读到这篇文章和阅读他的《穷理查年鉴》的数千名美洲人都赞同富兰克林的说法。在富兰克林的故乡宾夕法尼亚殖民地,"不存在有意识的革命传统"[2]。弗吉尼亚殖民地的领袖托马斯·杰斐逊在1776年年初依然坚称，美洲人对从母国"分离出去"既不"希望也不感兴趣"。[3]

既然如此，为什么到了1776年夏天，十三个殖民地的代表就聚集到一起召开了"大陆会议"，采纳同一个杰斐逊起草的《独立宣言》，并在宣言中明确宣布"人人生而平等"？这是一份公开的革命宣言，在它出现的那个时代，对国王和贵族的尊崇在欧洲依然十分普遍。

英国的美洲殖民地建立于一百五十年前，得到了英国皇室的支持。每个殖民地的最高政治权力都掌握在伦敦任命的总督手中。但实际上，每个殖民地的有效权力则分散在不同群体之间：在新英格兰，权力掌握在农村的独立农民，以及新英格兰沿海城镇的商人和手工业者手中；在纽约，权力掌握在彼此竞争的大地主手中（这些大地主以一种几近封建主义的方式来对待佃户），掌握在纽约城中与不列颠大西洋贸易联系紧密的商人手中；在宾夕法尼亚，权力掌握在佩恩家族（拥有任命总督的权力）和少数富裕的贵格会教徒家庭手中；在弗吉尼亚和南北卡罗莱纳，权力掌握在拥有奴隶的种植园主手中，他们在其势力范围内驱逐穷苦的白人。与此同时，殖民地内部也存在激烈的社会冲突：地主与佃农之间的矛盾导致1766年纽约哈德逊谷发动暴乱；费城精英与宾夕法尼亚西部定居者之间冲突不断；卡罗莱纳小农"监管者"与种植园主"大公"之间也是矛盾重重。在所有这些纷繁复杂的矛盾和冲突之上，南部殖民地的种植园主们始终惧怕奴隶爆发叛乱，例如，1739年南卡罗莱纳就爆发了奴隶暴动。1750年代初期，这些涌动的暗流使得各个殖民地之间联合一体的尝试流于失败。

在每个美洲殖民地，人们都自视为"英国人"而非"美洲人"。毕竟，美洲殖民地的发展和繁荣都遵循着英国人的"大西洋"经济轨道。随着时间推移，殖民地人口稳步增长，直至达到三百万之多，这个数字是英国人口的三分之一。美洲的地主和商人家底都相当殷实，农民和手工业者的境况也比大西洋彼岸的前辈要好得多。看上去似乎没有人对推翻既定秩序感兴趣。

从裂痕到鸿沟

然而，经济增长促使大西洋两岸的贸易商、地主和制造商形成各自不同的利益，随之而来的便是迥然不同的态度。[4] 在伦敦，人们越来越恐惧殖民地会采取危害英国商业利益的政策。殖民地对英国政府忽略其需求的疑虑也日益加深。直至1770年代中期，富兰克林（作为几个殖民地的代表数次前往伦敦谈判）认为这些恐惧和疑虑都是彼此的误解。但不论是哪一方，都不是完全没有根据的臆想。某种程度上，殖民地与英国之间的冲突是无法避免的。

世界市场体系的出现，就像亚当·斯密及其追随者暗示的那样（直至今天依然如此），并不意味着国家就不必在其间充当经济意义上的角色。贸易网络蔓延整个世界市场体系，但主要是围绕一些城市集中发展，那些城市里的贸易商、金融家和制造商不仅进行着买卖，而且社会交往活动非常活跃，并会对政治权威施加压力。处于竞争关系中的国家不断发展，为其自身利益服务；此时每个国家都拥有比封建主义时期更加紧密的政治结构，并辅以更加明确的国家语言。很难想象，英国的资本家会不向掌管国会的贵族施加压力以实施有利自身利益的政策；同样无法想象，美洲殖民地的资本家会不以相应的政治策略来加以应对。

无论在经济上还是在政治上，特殊事件经常使得其引发的长期趋势备受关注。1760年代和1770年代就是如此。1756—1763年英法之间爆发了"七年战争"，这场战争的目标就是两国争夺对殖民地（尤其是美洲殖民地）及殖民地贸易的控制权。英国在西印度群岛击败法国，夺取了孟加拉，征服了加拿大，为英国成长为世界帝国打下了坚实基础。但是，这些动作也意味着需要支付巨额账单。

　　英国官员顺其自然地想到，何不要求美洲殖民地支付部分战争开销。他们认为，由于法国密谋夺取密西西比河谷并阻止英国殖民地向西发展的诡计因战争而被击破，殖民地毕竟从中获得了极大的利益。

　　因而，英国对美洲殖民地开征了一系列税收：1764年宣布收取糖浆税（制造朗姆酒用的生糖）；1765年颁布了针对一系列交易收取"印花税"的法律，公布了《驻营条例》（《驻营法案》），使殖民地必须支付维持驻扎美洲英军的开销；1767年则颁布了进口税。

　　每项新税都引发了殖民地民众的巨大仇恨。在经济萧条时期，人们口袋里没有钱，如此重税极大地危及某些行业的发展。由于法国不再是军事上的威胁，英国政府希望得到额外收入，以降低本土大地主的负税压力。总之，美洲殖民地如今不得不为那些他们没有发言权的政策支付税金。

　　美洲殖民地了解到，在英国本土，下议院可以就政府的任何金融提议进行投票表决。因此，各个美洲殖民地代表大会应当拥有同等权力。否则，殖民地人民的基本"自由"也就受到了践踏。此时殖民地的反抗语言还不具有革命性质。殖民地民众依然将这种行为视为在保卫其作为"英国人"应有的"自由"。但这却使北美殖民地第一次团结在一起，为了反抗母国征税而全员动员起来。

　　动员遍布不同社会层面。在最高的社会阶层中，各个殖民地的代表们集结起来组成"大陆会议",号召美洲人抵制对英贸易,直至英国人撤销不合理的税收。这种方法使得所有行动都必须依靠小部分掌握了贸易的商人。

但与此同时,其他力量也活跃起来。1765年和1766年,各个殖民地都兴起了名为"自由之子"的组织。[5] 他们并非由富裕的种植园主、大地主、甚至富裕商人组成,而是由"介于精英与真正平民之间"的人们组成:"持有不同政见的知识分子,游走在殖民地间的小商人和手工业者"。[6] 他们与英国革命时期"新模范军"中起到关键作用的"中间阶层"十分类似。殖民地城镇拥有民众示威和暴动的悠久传统。"自由之子"几乎就是一个政党,它领导"传统的民众活动来质疑英国",致力于"在许多普通美洲人心中产生新的政治意识"。[7]

民众活动很快就跨越了被动地进行贸易抵制的界限。在波士顿,人们捣毁了一栋被认为出售印花的办公楼,攻击了印花发行商的房屋。[8] 在纽约,人们摧毁了他们眼中叛徒的房屋,与城中驻军发生了冲突。[9] 对英国人的愤怒,与对在艰难时世还炫耀财富的社会精英们的怨愤交织在一起。民众攻击了一家社会精英经常光顾的剧院。"纽约最激进的报纸《纽约日报》在绘声绘色地描绘英国问题的同时,也刊载了多篇攻击高房租、物价上涨和失业等问题的报道。"[10]

任何反抗运动一旦爆发,其行动就会改变人们的思想,而思想上的改变又会引致更多的行动。在1760年代的波士顿和纽约,这一点无疑是真理。在纽约,人们竖起了"自由旗杆"来反抗英国人。每次士兵们捣毁"自由旗杆",就会有新的旗杆竖起。英国政府建立税收官新体制的尝试,只起到了令美洲人更加感到被外来力量强压的效果。1770年3月,波士顿人民尤感悲愤:当时一群士兵朝着向他们投掷雪球的人群开枪,打死了五名民众,史称"波士顿惨案"。

英国政府迫于压力作出了妥协姿态,这些压力来自许多伦敦商人及追随约翰·威尔克斯的伦敦民众掀起的暴动。几经波折,英国政府终于撤销了几乎所有对美洲殖民地的税收,只留下了茶税,直到这时美洲人的愤怒才渐渐平息下去。

然而,这并非事情的终结。对在波士顿和其他地方有过被压迫经历的人们来说,任何试图强行征税的做法都会给其带来前所未有的愤怒。在英国统治阶层内部,恐惧殖民地不顾英国意愿只顾追求自己利益的情绪,也以前所未有的速度扩散开来。英国政府越来越觉得,如果不给北美殖民地一点教训,违背和不服从就会变成一种无法破除的习惯,那样一来殖民地存在的意义也就消失了。

从雪球到子弹

历史上经常会有这样的景象发生:一个微小的举动却造成了爆炸式的影响,就像用小小的针一刺气球就会炸了一样。1773年11月,这样的微小举动就发生在波士顿港口。一艘东印度公司的船只满载茶叶抵达港口,这是总督的儿子们不顾抵制对英贸易运动(美洲人为了反对余下的不合理税收而发起的贸易抵制运动)的偷偷所为。在岸上数千名示威者的声援下,一百名活跃分子扮成印第安人的样子登上船只,将茶叶统统扔进海中。

令人尊敬的殖民地意见领袖得知此事后大为惊恐。本杰明·富兰克林愤怒地批判道,这是一种"非正义的暴力行为"[11]。但这一举动在那些深受英国政府之苦的北美移民中却产生了强大的回声,而对英国政府来说这则是激怒它的最后一根稻草。英国政府任命盖奇将军出任马萨诸塞总督,命令他此次务必让北美殖民地彻底服从;紧接着又派遣军队奔赴波士顿,通过了《不可容忍法令》,宣布违背法律的殖民地民众将被押至英国接受审判。

如今的问题已经超出了税收的范围,而转化为殖民地居民是否对统治他们的法律拥有发言权,就像杰斐逊所说:"大不列颠的十六万选举人能否为四百万美洲人民制定法律"[12](他十分权宜地忽视了在他的故乡弗吉尼亚,黑人奴隶和许多贫苦白人同样没有这一权利)。所有殖民地都受到了威胁。美洲民众怒火万丈,涌现出委员会来表达这一愤怒之情。抵制茶叶运动得到广泛传播,十三个殖民地大会都同意派出代表参加"大陆会议"。

总体上,参加"大陆会议"的代表都是受人尊敬的财产所有者。他们在大英帝国的体制内飞黄腾达,因此并无意推翻它。如果可以选择,他们更愿按照现有方式生活下去。但他们根本没有得到选择这一选项的机会。出席"大陆会议"的代表们号召进行一次新的贸易抵制运动。但是,英国政府采取的严厉措施意味着,抵制运动不能只停留在商人层面,而必须通过民众抵抗组织来加强力量。在每个"县、城市和城镇",人们必须选举委员会,鼓动大家反对购买或消费英国产品。[13]

这对弗吉尼亚的种植园主来说并不是问题,他们加入了马萨诸塞的行列,积极响应抵制英货运动。种植园主控制了除总督外的弗吉尼亚所有行政机构。他们无须斗争就可强行达成意愿。但在其他北美殖民地却出现了不少问题。

在马萨诸塞,民众几乎一致反对英国的政策。但伍斯特县等地的法官却决定实行英国颁布的新法律。该怎么办？在纽约，许多商人都因从与英帝国的贸易中获利而不愿坚持抵制运动，与此同时强有力的大地主家族也听从于英国总督。该怎么办？在宾夕法尼亚，尽管大部分殖民地民众都号召抵制对英贸易，但大部分贵格会商人精英却依然忠于英国。该怎么办？

委员会号召实施对英抵制运动意味着，新制度将会革命性地取代旧制度，不论"大陆会议"是否认识到这一事实。

阶级与冲突

在伍斯特县，武装起来的农民不得不防备法庭，尽管这意味着不仅要对抗英国官员，还要面对志在延续成功职业生涯的当地法官。[14]在纽约城，"提出并通过那些导致独立的决定，意味着除去……旧权力……犹如与英国议会和国王决裂"。此举的动力"来自'人民'，既包括广大民众，也包括革命委员会"。"机械工人"（手工业者）每周都会召开全员大会，从而推动了"正式"委员会的成立，继而以"机械工人、贸易商和较贫困的职业人员"取代了委员会中的保皇党成员。[15]在费城，一千二百名机械工人聚到一起，敦促年轻的商业精英召集数千民众开会，建立委员会。

从"和平"的抵制运动发展到战争，是如下行动的直接后果。当英军在马萨诸塞的莱克星顿向列队的美洲民兵开火时，手工匠保罗·里维尔进行了那趟有名的骑行，他快马加鞭赶去通知当地的武装农民：有一队英军正在前往波士顿附近康科德的路上，试图拿到藏在那里的武器。而也正是在莱克星顿与英军英勇作战的同一批农民前往波士顿，在班克山围困住了英军兵营。在这两场战斗中，美洲社会的中间阶级和低层阶级，不得不推开与英国政府联系紧密的上层阶级。

爱德华·康特里曼在两本关于美国革命的经典著作中强调，斗争得以发展的原因在于，人们建起了对抗旧精英的新制度："从1774年至1776年夏天，委员会在纽约的举措，与1789—1792年间类似组织在巴黎及1917年在俄国的所作所为非常相似。"[16]

这样的骚动对1776年发生的事件来说十分重要。在纽约，与大西洋贸易联系密切的富裕商人、依靠总督的官员及一些大地主，对任何反抗英国的行动都充满仇视。在费城，宾夕法尼亚大会的大部分代表都坚定地反对独立。如果没有这两座大城市的支持，对抗英国的战争必然无以为继。然而，只有挑战旧有经济和政治精英，才能获得独立运动所需的支持。因而，主要来自手工业者或小商人的新人，而非富裕商人和地主，也就必须夺取委员会的控制权——委员会掌握着货物进出口权，对城市生活施加着巨大的影响。

作为武器的小册子

旧有上层阶级的政治机构并未完全消失。他们依靠数个世代积累下来的思维习惯，来维持民众对他们的遵从，削弱反英行动的力量。

打破这种思维习惯和对旧制度的尊崇，不仅需要大规模的骚动，也需要大规模的宣传。大规模骚动的形式包括宣传抵制运动，游行反对破坏抵制运动者，焚烧总督和英国官员的画像，洗劫建筑物等。大规模的宣传则包括撕裂支持旧思维的理论观点。仅在1776年一年，就出现了四百多本宣传小册子，另有数十份报纸和杂志。但在这里面起到决定性作用的则是一本只有四十页的小册子，这本小册子出自新近移民美洲的英国人托马斯·潘恩之手。

潘恩于1775年初抵达费城，随身带有一份来自本杰明·富兰克林的推荐信。他是典型的手工业者和小商人"中间"阶层代表，当时这一阶层正在社会上崛起，在政治生活中日益占据主要角色。潘恩在英国曾做过多种工作，包括熟练的制衣匠、教员、海员、税吏和店员。潘恩抵达美洲时已年过四十，他在一家新成立的杂志社任职，这份杂志的读者与潘恩本人的背景较为相似。与他的读者一样，潘恩也狂热地支持抵制对英贸易运动，但他还不是一位革命者。潘恩后来写道："与英国有联系很是棘手，在当时反对抵制对英贸易就是叛国。"[17] 1775年发生的事件（尤其是英国加大对殖民地的镇压力度）改变了他的想法，使他最终相信此时的形势逼迫美洲必须成为独立的共和国。他在名为《常识》的小册子中表明了这一思想，这本小册子于1776年初印刷出版。

小册子写得非常通俗，采用的是手工业者和小商人常用的语言，而非只有政府官员和委员会高官才能看懂的文绉绉的语言。但它却并非一部简单的鼓动性作品。《常识》试图提供一种大局观，为社会骚动的缘由正名。它以普通人能够理解的方式，叙述了此前一百二十五年间流传甚广的部分思想，其中包括来自霍布斯、洛克、伏尔泰或许还有卢梭的思想。通过在英格兰期间参加面向民众的科学演讲和辩论俱乐部，潘恩了解到一些启蒙运动思想。如今他将这些思想转化为市井语言，坚称"一个对社会诚实的人，比所有曾经活过的戴着王冠的恶棍都更有价值"。他严厉谴责乔治三世所谓血统赋予的"统治权",认为他的世袭不过是源自一个带着一队武装"土匪"的"法国的野杂种"。

《常识》产生了惊人的效果。它售出了十五万册。宾夕法尼亚政治家本杰明·拉什后来这样说道:

> 它对美洲思想的影响是突然而广泛的。公众人物在俱乐部中反复朗诵它;学校师生对它热议不断;甚至有一次,牧师在布道时没有宣讲例行内容,而是读了这本书。[18]

这就是历史上的那种转折点之:一些观点突然之间就扭转了人们的视角,令他们看到了不同的事物。宾夕法尼亚的激进主义运动获取了动力,做好了采取革命性措施的准备。

许多富裕商人和大地主仍然效忠于英王,最初两年他们依然对那些尚未被拖进战斗的人们产生着影响。富商和大地主在控制宾夕法尼亚大会席位的选举中赢得了四分之三的席位,看起来似乎任何获取宾夕法尼亚支持《独立宣言》的计划都要注定失败。然而,宾夕法尼亚支持独立的立场,对其他殖民地来说却是意义重大。

支持独立的激进派意识到,此时摆在他们面前的只有一个选择,即英国革命中"新模范军"作出的选择,以及一百五十年后俄国革命作出的选择。他们不得不在宾夕法尼亚大会之外掀起了激进派运动,推翻宾夕法尼亚大会的决定。四千人的代表大会决定了殖民地的未来,这一号召得到了由殖民地民兵代表组成的士兵委员会的声援。原来的宾夕法尼亚大会的权力突然就被掏空,他们也没有武装力量来应对这一情况。因而,宾夕法尼亚大会于6月14日休会后再也没有重新召开,6月18日新成立的民众大会起草了宪法,这是一部当时无论在哪里都堪称最为激进的宪法。新宪法给予90%男性公民选举权，那些不愿宣誓放弃效忠国王者除外。几天后，大陆会议扫清了《独立宣言》通过的障碍。

全新的美利坚合众国最终得以成立的原因在于，部分支持独立的宾夕法尼亚人民采取了"独裁性"措施，打压了那些效忠君主者。

革命中的内战

美国革命通常给人留下一种流血牺牲相对较少的印象，对垒的两军之间似乎只打了几场零星的战斗。实际上这是一场"内战"，换句话说就是，在某些地方，双方的厮杀十分血腥激烈。纽约的特隆恩谷地区掌握在强大的保皇主义地主约翰逊家族手中，该家族竭尽全力想要粉碎所有反抗英王的举动。"战争结束后，据统计，有七百座建筑被焚，一万两千座农场被废，数十万蒲式耳的谷物被毁，近四百名妇女成为寡妇，两千名儿童沦为革命孤儿。"[19]在革命势力较为强大的地区，为了阻止保皇党人协助英军，不得不采取危害人们正常"权利"的极端措施。委员会严格审查保皇党人的出版物，没收加入保皇党军队者的土地，废除亏欠保皇党商人和银行家的债务；民众在保皇党法官身上涂抹焦油、粘上羽毛，拉扯着他们游街示众，满大街驱赶追逐赤身裸体的托利党人（保皇党人）。纽约城在独立战争的大部分时间里都被英军占领，等到起义军重新回到纽约，他们组织民众严惩了那些曾帮过英军的人。1783年，当英军撤退时，两万多名保皇党人跟随英军离开了纽约。[20]这场纷争或许是由茶党之争所开启，但到终结时显然已经不是那么简单。

随着战事拖延下去，食物短缺现象日益严重，委员会不得不采取措施，以防商人向保皇主义地区输送粮食，与此同时则要确保支持独立运动的广大民众能够填饱肚子。他们对富人施加重税，控制物价，没收叛徒的土地。想要赢得战争，这些都是必要之举。但是，这些措施以牺牲富人的利益为代价，也就产生了有利于穷人的结果。因而，这场暴乱除了具有国家独立的性质之外，必然也会具有社会层面上的意义。

不过，除此之外，别无他法可以取得胜利。英国的策略是通过控制纽约来分隔各个殖民地，以阻挡海岸贸易的方式来制造困难，继而派出强大的军队夺取具有重大战略意义的据点和城镇。英国人期待他们的雇佣军能够轻而易举地击败毫无作战经验的美洲民兵；他们认为，一旦最初的叛乱热情烟消云散，就可以轻松地给叛军造成重大打击。他们还期望，随着英军不断取胜，商人和地主会离开叛军队伍，重新回到英国的统治秩序之下。

英国人的策略并非全是天方夜谭。随着战事逐步加剧，革命队伍的热情的确有所减弱。纽约城里确实有许多配合英国统治秩序的当地居民，而当英军夺下费城后，这样的人更是变得越来越多。在装备上佳、更有军纪的英军面前，革命军的确在独立战争的大部分时间里都在撤退。他们甚至不得不在被占领的费城外扎营，度过了一个凄苦的冬天。不过，英国人的必然失败只源于一个原因：革命委员会和革命宣传，使民众参与革命事业的力量大大增强。只要民众抵抗持续下去，大陆军就可以通过先撤退继而选择时机发起出其不意的反攻来击溃英军。

战争从不应当仅仅简化为阶级问题。在弗吉尼亚，最富裕的种植园主积极参与独立战争：种植园主华盛顿更是出任大陆军总司令，另一位奴隶主杰斐逊则起草了《独立宣言》。在纽约，有些地主和商人支持英国人，但其他人则站在了反对英军的一边。即便在费城，像本杰明·富兰克林这样的富人最终也与地方政治体制内的旧友决裂，成为美国独立运动的热情讴歌者。

而且，最终的胜利也有赖于这些能人与法王建立反英同盟的能力。法国顾问协助华盛顿领导大陆军，法国海军为大陆军提供武器，帮助削弱英军的封锁线。

尽管北美殖民地部分上层阶级支持独立革命，但许多下层和中层阶级却对美国的独立不感兴趣。这通常是由于他们感到，英国强加的税收侵犯自己权利的程度，尚不足以令其打破对自出生以来便视为神圣不可侵犯的君权的效忠；有时甚至是因为最积极响应革命的那些人，是曾令他们饱尝苦楚之人。因此，纽约的许多佃户反而支持英军，因为他们痛恨的一名地主反对英国人。与此类似，在南北卡罗莱纳的部分地区，穷苦的农民组成了托利党保卫队，因为他们深恶痛绝的种植园主支持美国独立，结果双方之间展开了血腥的火并。

与革命军相比，英国人甚至成功地从北美受压迫最深的两大群体：黑人奴隶和印第安人中收获了更多的支持。弗吉尼亚的保皇党总督向愿为英军作战的奴隶许诺了自由。独立战争结束后，确有为数不少的黑人奴隶随着英军一同撤走。[21] 相比之下，当大陆会议于 1779 年建议颁布法令，宣布如果卡罗莱纳和佐治亚的黑人奴隶加入革命军就可重获自由时，各个地方政府却根本不愿予以考虑。[22] 不过，这并不意味着整个独立运动就是支持奴隶制的。在新英格兰，许多激进派极度憎恶奴隶制，在地方民兵队伍中，有许多黑人与白人并肩作战。马萨诸塞和佛蒙特于 1780 年代就废除了奴隶制，费城也投票制定了逐步废除奴隶制的计划。在马里兰，穷苦的白人和黑人谈论着共同的事业目标；即便在弗吉尼亚，也有一些种植园主开始思考能否摒弃奴隶制而维持生产。[23]

英国人发现，比起美洲殖民地，他们更容易与印第安人建立同盟，因为北美移民和投机商人长久以来一直都在觊觎夺取印第安人的土地，有些在反英战斗中表现最勇猛的移民，对印第安人也常常是深恶痛绝。

然而，美国革命可不仅仅是殖民地脱离母国这么简单。战争的动乱造就了一个新社会，破除了所有重新退回前资本主义状态的障碍。纽约大地主的封建权力消失了。人们对"伟大家族"的崇敬也开始动摇。北部和中部殖民地的数十万民众认同受压迫者也应当拥有自由和平等的思想，他们认为自由和平等应当像施加于白人一样施加于黑人。对欧洲启蒙运动的众多追随者来说，《独立宣言》的表述似乎是他们理想的实现。

对推进革命贡献良多的激进派并未将权力攥在手中。在宾夕法尼亚等地，激进派能够暂时实施对中层和底层民众有益的政策。有些州宪法的步子迈得很大：给予所有男性公民选举权，允许年度集会，保护农民免于落入债务陷阱，采取措施控制物价等。但在1788年各州批准了联邦宪法之后，缔造所有美国人的自由市场这一力量夺取了各州议会的控制权。此举在无法想象的范围和程度上扫清了经济变革的障碍，但同时也导致压迫和剥削的新旧形式得到更加广泛的传播和加强。

第二章
法国大革命

法国大革命大事年表

1787—1788 年	贵族反对向大地产征税，国王同意召开"三级会议"。
1789 年 4 月	在凡尔赛宫召开"三级会议"。
1789 年 6 月	第三等级代表宣布成立"国民议会"。
1789 年 7 月	巴黎民众攻占巴士底狱。
1789 年 10 月	妇女向凡尔赛进军，国王被拖回巴黎，拉法耶特的国民军、开始控制城市，建立立宪君主制。
1790 年 7 月	巴黎举办"联盟庆典"庆祝国王与人民之间达成"团结"。
1791 年春天	国王试图逃离巴黎。
1791 年 7 月	国民军在战神广场屠杀民众。
1791 年 8 月	海地的圣多明各开始出现奴隶制。
1791 年 9 月	宪法对选举权规定了严格的财产资格。
1792 年 1 月	巴黎爆发"食物骚乱"。
1792 年 4 月	吉伦特派政府宣布对奥地利和普鲁士开战，却在军事上遭到惨败。

1792 年 8 月	巴黎爆发起义,逮捕了国王,丹东入阁政府。
1792 年 9 月	瓦尔密战役取得胜利,成年男性公民选举出了议会。
1793 年 1 月	国王被处决。
1793 年 2 月	英国参战。
1793 年春天	外国侵略军向巴黎进军,保皇党人在法国西部(旺代省)举行暴动。
1793 年 5—6 月	巴黎起义,罗伯斯庇尔和丹东领导的雅各宾派政府掌握权力,内战爆发。
1793 年夏天	马拉被暗杀,封建赋税义务终结,保皇党人将土伦港交给英国人。
1793 年 9 月	巴黎立法规定最高物价,雅各宾派开始实行恐怖统治。
1793 年 10—12 月	保皇党人被打败,吉伦特派叛乱被肃清。
1794 年 2 月	雅各宾派在整个法国帝国体系内废除了奴隶制。
1794 年 3—4 月	雅各宾派首先处死了雅克·埃贝尔,继而处死了丹东,革命军在所有前线阵地都取得了胜利。
1794 年 6—7 月	大恐慌时期。
1794 年 7 月	"热月政变"爆发,处决了罗伯斯庇尔和其他雅各宾派领袖。
1794 年 11—12 月	雅各宾俱乐部被查封,废除了最高物价法。
1795 年 3—5 月	最后的起义被镇压,一千二百人被捕,三十六人被处决。
1795 年 9 月	颁布了有限选举权的新宪法,政府依靠拿破仑来镇压保皇党人暴乱,五人执政团掌握了实权。
1799 年 11 月	拿破仑攫取最高权力,成为"第一执政官"。
1804 年	拿破仑称帝,自称拿破仑一世。

1792 年夏天,德国启蒙运动最杰出的代表歌德写道:"今天和此地,开启了世界历史的新纪元。"

而就在一年之前,荷兰保守党贵族范·哈根多普已经睿智地看出了事态的发展走向。他写道,"所有国家"都正在形成两大派别。一派是教会与国家,相信"血统神圣、得到教会支持的一人或几人能够超越民众,拥有掌控政府的正当权利"。另一派则否认政府的所有权利,"除非它是由其治下所有人按照其自由意愿选举出来的政府",并认为"所有政府人员都应当对自己的行为负责"。[24]

令歌德感到兴奋的是,两大"派别"在法国北部的瓦尔密展开了激战,最终第二大派别夺取了胜利。法国革命军击败了欧洲半数君主国的军队。

对十年前明达世事的人们来说,再没有什么比法国革命这一想法更加荒谬的事情了,更别提仅凭法国一国就能点燃整个欧洲。法王统治这片土地已超过千年,享有至高无上、无可挑战的绝对君权也已长达一百四十年。太阳王路易十四及其在凡尔赛的华美宫殿都象征着"专制主义"的永恒和稳固,他使法国成为欧洲最强大的国家之一,并为他的后继者路易十五和路易十六留下了恢弘伟大的遗产。

然而,就在1789年的夏天,绝对专制主义君权突然间便在一夕之间崩塌。国王召开代表覆盖整个法国社会的三级会议(包括教士、贵族和第三等级的广大民众)讨论征税事宜。但是,第三等级的代表拒绝向贵族卑躬屈膝,拒绝按照国王的驱使行事。第三等级代表成立了"国民议会",在国王关闭"三级会议"议事厅的大门后聚集在网球场,发誓不通过宪法绝不离去。国王召集了一支两万人的军队来回应他们的行动,并洗劫了据说同情改革呼唤的首席大臣内克尔的家。

第三等级代表来自中间阶层的各个行业,他们中的大多数人都比较富裕。半数代表是律师,其余人主要是制造商、银行家、贸易商和富裕的中产阶级地主,没有一个人是工匠或农民。他们几乎无一例外都拥护君主制,只是希求建立一个"君主立宪制"国家,以及对选民实行严格的财产资格限制。第三等级不会就这样被击溃,凡尔赛传来的消息令巴黎大多数民众群情激奋,这些人此前从未思考过政治为何物。此时巴黎社会涌现出各种各样的俱乐部,这些俱乐部最初由中间阶层的富裕成员组成，人们在俱乐部里讨论正在发生的政治事件。与此同时，还出现了许多小报和宣传册。巴黎中产阶层的四百名代表聚集在市政厅，宣布成立市议会，或称"公社"。

巴士底狱的陷落及其后

即将发生军事政变的谣言，以前所未有的激情搅动着广大市民。7月12日，巴黎的贫苦市民爆发了示威游行，抢走了所有能够找到的滑膛枪。两天后，众多市民向皇权统治的标志性建筑巴士底狱（监狱高三十米，四周围着二十四米深的壕沟）进军。这可不是一次简单的示威游行。监狱里存有大量火药，还有数不清的政权反对者被囚禁其内。民众决意夺取巴士底狱。监狱的守卫向市民开炮，紧接着是连续三个小时的射击，造成八十三人死亡。暴动的市民拖出了他们从巴黎荣军院夺来的自己的大炮。直到威胁要炸飞堡垒和周围居民区后，巴士底狱的司令官才向民众投降。革命者控制了首都，全国各个城镇很快都以同样的暴力模式展开了控制权的更迭。

巴士底狱的陷落是法国大革命的第一个重大转折点。巴黎市民的行动，激励国民议会制定法律废除封建主义（尽管它希望农民为终结封建义务支付补偿金）并通过了《人权宣言》，其具体内容与美国的《独立宣言》比较相像。往纵深发展的群众运动，阻挠了国王想要发动军事政变的企图。巴黎贫民区的妇女行进到凡尔赛，身后是两万名身负武装的男人。他们闯进宫殿，迫使国王与他们一同回到巴黎，将国王置于民众的监视之下。

此时的群众运动依然缺乏彻底推翻君主制的特质。就围攻巴士底狱的民众和进军凡尔赛的妇女而言，他们的行动大多出自自发的意愿，并受到贫民区食物短缺及对国王贵族朋友憎恨的激发。但他们依然接受第三等级的官方代表领导，这些代表属于中间阶层中的上层分子，他们只希望作出有限的改变。这令巴黎的武装力量逐步集中在新的国民军手中，大多数国民军成员都是来自比较富裕的中间阶层。主掌国民军的是前将军和贵族拉法耶特，他的"民主"资质来自其作为法国官方顾问参与了美国独立战争。在拉法耶特的领导下，议会开始制定宪法，设定极高的财产资格限制，将选举权赋予所谓的活跃市民，致使国王有权拖延新法通过长达两年之久。民众被期望会对国王和议会、富人和穷人建立在"团结"基础上的新秩序感到欢欣雀跃。许多民众也确实有这样的感觉。当国王、前贵族、中间阶层和巴黎市民举办了一场宏大的"联盟庆典"庆祝巴士底狱陷落一周年时，人民普遍感到自由来临，兴高采烈。

然而，这种团结并未持续很久。尽管保留了财产，贵族依然对失去古老的特权而耿耿于怀，愤愤不平。许多贵族移居国外，暗中则仍在与国内之人密谋推翻革命。国王与皇后则向其他国家的君主发去密函，敦促他们出兵入侵法国。

与此同时，由于物质条件并未得到改善，不论在乡间还是在城市，人民的日子都越来越陷入水深火热之中。1789年夏天，爆发了声势浩大的农民起义。起义引发了"巨大的恐慌"，起义者闯进贵族庄园，焚烧封建地契。在城市和贸易城镇中，食物短缺、物价飞涨和失业不断引发了民众骚动，人民对贵族和投机商人的憎恨与日俱增。激增的报纸（仅1789年下半年就冒出二百五十家报纸）散布着狂热的思想；政治俱乐部的作用也日益增强，人们聚集在此探讨正在发生的政治事件。其中最有名的就是巴黎的雅各宾俱乐部,该俱乐部由来自北部城镇阿拉斯的律师罗伯斯庇尔主持,它与当时法国境内存在的许多类似政治俱乐部声气相通。律师丹东则主持着著名的科德利埃俱乐部,这家俱乐部的会费相对便宜,因此非常贴近大众,其成员大都受到马拉主笔的《人民之友报》的影响。

然而,有两年多时间,都是拉法耶特的"温和"宪政君主制主宰着法国的政治生活。1791年6月,国王试图逃离巴黎,加入境外反革命军的阵营,但是一位乡村邮政局局长迅速召唤当地民兵,阻挠了国王的出逃。议会主流派拒绝对君主制提出任何挑战。"革命已经结束了",他们如此声称,并散布国王被诱拐的消息。其中一位领袖安托万·巴纳夫说道:"君主制的倾覆"将会成为"最大的危险",因为那将意味着"财产概念被毁灭"。[25] 马拉被追捕,不得不四处躲藏,并最终被判流放英格兰。议会颁布《谢普雷法》,禁止民众集会和工人罢工。国民军在战神广场向数千名排队签署共和请愿书的民众开枪,而就在约十二个月前,这里正是举行联盟庆典的所在地。这场屠杀导致五十人丧生,而那些为皇后玛丽·安托瓦内特即将到来的悲催命运落下热泪的人们,却很少提及这场屠杀。

然而,镇压并不能阻止民众暴动。食物短缺、物价飞涨、居高不下的失业率,将手工业者、小商人(被称为"无套裤汉",因为他们身着长裤,而富裕阶层则流行身着紧身短套裤,膝盖以下穿长筒袜)和劳工逼到了绝望的边缘。1792年1月和2月,巴黎爆发了"食物骚乱";在农村,贫穷农民突袭市场,对玉米和面包强行减价。雅各宾派成员埃贝尔发行《杜薛斯涅神甫报》,尤其针对无套裤汉读者群。在法国最贫困地区广为人知的牧师雅克·卢克斯组织起信众(他被敌人称为"疯子"),明确地表达出穷人对贵族和富人的憎恨。越来越多的无套裤汉加入政治俱乐部，云集在巴黎各个地区召开日常"派别"集会。前演员克莱尔·拉科姆创立了革命妇女组织，在参与了"食物骚乱"和凡尔赛进军的妇女中得到了许多支持。

　　镇压也无法掩盖上层社会的分歧。国王和皇后依然与境外的反革命军队密谋推翻革命。掌握政府的"温和派"手足无措，他们被国王密谋推翻革命和下层人民暴乱的双重恐惧撕扯着。在雅各宾派俱乐部中，崛起了布里索派（得名于该派的领导人之一布里索）或称吉伦特派，他们自视没有罗伯斯庇尔和丹东那样激进，开始着手准备取代拉法耶特政府。

　　每个相互竞争的势力派别都坚信，所有问题都可以通过一个简单的办法得到解决，那就是抵御聚集在法国北部边境的外国侵略军。国王坚信外国军队势必得胜，他将会恢复往日的绝对权力。拉法耶特相信，这场卫国战争将会使他成为法国事实上的独裁者。吉伦特派相信，他们将会从这一波爱国主义热情中获利匪浅。罗伯斯庇尔对这场战争抱持的立场最为坚定，不过，历史学家和通俗小说家经常将他描写成一个嗜血冷酷的野兽恶魔。罗伯斯庇尔在雅各宾俱乐部中表示，战争将会开启反革命的大门。但他却无力阻止吉伦特派同意国王组建政府并于1792年4月向奥地利和普鲁士宣战。

革命战争

　　战争伊始便带来了灾难性的后果。法军受到了沉重打击（部分原因在于统军将领总想投降），国王试图利用这场混乱来除掉吉伦特派。布伦斯威克公爵代表外国侵略军发声，宣称胜利后将会施以"严厉的复仇"，"将巴黎整个城市交给军队管理，并严惩叛徒，使其得到应有的下场"。[26]

反革命力量的威胁产生了适得其反的效果，激起了下层人民的激烈反抗。民众间普遍存在这样的共识：敌军入侵将会危及此前三年内获取的所有革命成果。数千人民（在政府眼中穷得没有资格拥有选举权的"消极市民"）犹如潮水般涌向巴黎各个地区的政府部门和民众集会地。国民大会号召志愿者反击反革命军的入侵，仅在巴黎就有1.5万名志愿者报名参军。活跃的革命分子从各省城镇向巴黎进发，其中最著名的援军来自马赛，他们走在路上引吭高歌的"马赛曲"成为革命的圣歌。四十八个区只有一区缺席巴黎会议，最终会议提出了建立共和国的诉求。与此同时，驻扎在贫苦地区的当地国民军也越来越受到革命激情的影响。

不仅穷人对反革命军队的入侵感到恐慌，罗伯斯庇尔、丹东和马拉等人领导下的中间阶层激进派对此也十分恐惧。他们日益明确地意识到，除非推动革命进一步往纵深发展，否则失败将会无孔不入。1792年8月10日，他们采取了行动，这一天成为法国大革命历史上第二个伟大的转折点。来自四面八方的数万名无套裤汉加入革命军，向杜伊勒里宫进发。本应保护国王的国民军士兵们也加入了起义军的队伍，在战斗中击败了皇家军队。在这场战役中，六百名贵族和三百七十名起义者命丧黄泉。

巴黎市民再次控制了城市。根据不到一年前制定的财产限制选举权而选出的市民议会由"温和派"代表组成，他们决定向新的权力低头。议会投票暂停国王的权力，承认由巴黎各派人士组成的新的革命公社，组织在普遍男性公民选举权基础上进行新的选举。吉伦特派又回来管理政府，但却不得不向雅各宾派让出三个政府要员位置，其中最重要的职位给予了丹东，由他出任当局的司法部长。

这些变化本身并不足以击败来自外部的威胁。法军持续战败，入侵的外国军队逐渐向首都巴黎推进（拉法耶特等人如今也加入了外国侵略军）。巴黎还有许多贵族和保皇党人，其中不少人都被囚禁在疏于守卫的监狱里，等待进行报复的时机，好洗刷其在过去三年里受到的屈辱。军队军官和政府官员中也到处都是保皇主义者。

只有两件事可以应对反革命势力的威胁：派出大量热切的革命志愿者冲上前线奋勇杀敌；与此同时采取果断行动，阻止国王和贵族在后方发动军事政变。掌握政府的吉伦特派无力完成上述任务。但是，丹东却在此时展现出其激励民众斗志的极大潜能。他提出了"勇敢，勇敢，再勇敢"的口号，用来点燃巴黎贫穷地区革命分子的激情，鼓励他们加入前线作战军队，给其注入新的生机。

巴黎市民也采取了果断行动。在马拉的激励下，他们击溃了国内的反革命力量，将命运掌握在自己手中。他们突袭监狱，迅速处决了那些他们心中认定的保皇党人，制造了"九月大屠杀"。

作出上述举动的巴黎市民明白，一旦敌人攻陷巴黎，他们势必会被送上绞刑架或断头台；而且他们心里很清楚，许多位高权重者都做好了协助敌人的准备。他们早已看过朋友和邻居流血受苦：在战神广场遭受大屠杀、军官帮助敌人在战争前线血腥屠杀人民、在因面包短缺而导致的饥荒中饿死。因此，他们必须做些什么。不幸的是，在没有组织引领的情况下，一片恐慌的民众很容易陷入不加区别的滥杀中，因此许多普通囚犯也被连累成了反革命分子的陪葬。不过，这一举动却起到了恐吓和镇压巴黎皇家第五军团的效用。

9月20日，革命军在瓦尔密阻挡住了侵略军的脚步。第二天，新的议会（世界历史上领先所有国家第一个由所有男性公民选举出的立法机构）废除了君主制，宣布法国成为"一个不可分割的共和国"。

被废除的不仅仅是国王，还有三年前仍被视为不可改变的许多特征。封建制度的残余如今被清扫一空，人民为主教和修道院院长们维持奢侈生活而被迫支付的什一税也被废除。宏大的国家不再支撑教会的迷信。政府出台了鼓励教育、拓展科学知识传播等计划，将启蒙思想散布到日常生活的每个角落。设立在贸易线路上阻碍自由流通、为本地贵族谋取福利的关税哨卡也消失了。在前线作战的自愿兵军团中，普通士兵可以选举身边的伙伴担任军官。

因此，歌德认为此时开启了一个新的时代，一点儿也不令人感到惊讶。

然而，革命还远未终结。接下来两年，无论是政府还是社会基层民众，都展现出更加激进的面目。1794年夏天，革命浪潮突然回落，在一种新君主制的雏形阶段，再度出现了新的不平等和一些旧日特权痕迹。在这一过程中，经历了著名的"恐怖"时期，导致理解和同情革命的人们陷入困惑的浓雾中。在国民议会极其微弱的多数票支持下，砍掉了国王的脑袋，继而又处决了许多其他贵族和皇后。接下来，雅各宾派将吉伦特派送上了断头台；随后，罗伯斯庇尔和圣茹斯特将丹东和埃贝尔送上了断头台；最后，罗伯斯庇尔和圣茹斯特自己也被热月党人送上了断头台——热月党是一个由吉伦特派、丹东和埃贝尔过去的支持者组成的联盟。断头台上前仆后继的景象令人毛骨悚然，令坊间流传着这样一句话："革命总是会吞噬自己的孩子"[27]，这句话无疑还隐含着革命总是伴随着徒劳无功和血腥四溅的意思。

不过，这句话是一个错误的总结。英国革命就没有吞噬其革命领导者（杀死革命领袖的工作留给了复辟王朝的刽子手），美国革命同样没有杀死其革命领袖。只看到法国革命血腥一面的观察，并未能真正看到法国革命背后发挥作用的真正力量。

革命的根源

对革命事件进行简要描述，不可避免地会将目光集中在那些夺人眼球的大事件和众所周知的大人物身上。但事实上，革命远远不止这些内容。它包括在社会力量的平衡中突然发生的改变，这种改变源于长期以来缓慢得几乎无法察觉的发展。因此，想要理解革命，就必须首先了解引发革命的这些发展。

在古老社会（通常所说的古代政权）的顶端，坐落着君主和贵族。在法国，封建佩剑贵族的古老传统始终占据重要地位，而反观大不列颠，这一传统早已消失在历史的尘烟中。法王在几百年间不断削减几位大贵族的独立力量。国王采用的方法，正是利用城镇及新近获得财富的"资产阶级"来与大贵族对抗。16、17世纪的法王向富裕资产阶级的后代出售国家政府和皇廷中的职位，给予资产阶级体制上的承认，而这些人很快就发展成为新贵族："长袍贵族"。这群贵族垄断了实施皇家政令的司法法庭（对英语母语者来说，这类法庭的专有称呼"高等法院"令人疑惑）。

最后，还存在着另一种形式的贵族，这种贵族由教会的"王公们"即主教与修道院院长们组成。他们拥有的财富堪与大贵族媲美，而广大教士的生活则几乎与农民一样窘迫。上层教士阶层为了保住位置，有赖于皇室的赞助和支持，而这反过来也就意味着，他们不得不依靠其在朝廷的影响力来维持权威。这就使得像夏尔·莫里斯·德·塔列朗（旧贵族大家庭成员之一，他"缺少所有使徒的美德"[28]，甚至都没有完成圣职）这样的人，在年仅 21 岁时就获得了重要的修道院院长职务。与贵族一样，上层教士无须缴税，同时还可从大规模田庄及什一税中收取地租和封建赋税。

没有任何贵族显现出任何一点儿倾向，想要放弃这样的特权。实际上，随着维持奢华生活的费用不断飙升，贵族开始千方百计地增加收入：加大封建赋税的力度，将部分村庄中的公有财产收入囊中，垄断国家、军队和教会中最有利可图的职位。这段时期显现出"贵族激烈反应"的特质。[29]

此时的法国正在经历大跨步的工业发展，乡村手工业的发展尤为显著。据估算，整个 18 世纪，法国的年均经济增长率达到 1.9%。[30] 纺织业的产量增长了 250%，煤炭产量翻了七八倍，钢铁产量从四万吨激增到十四万吨。到了 1789 年，五分之一的法国人口都受雇于工业或手工业。[31]

采用外包制的大商人阶层（尤其是那些与西印度蔗糖殖民地联系紧密的大西洋港口商人）赚得盆满钵满，还有一些制造商（如垄断印刷业的几位大商人）不论在经营规模上还是在财富上，都实现了激增。此时，富裕资产阶级的社会地位比较特殊。从立法角度来说，他们的地位逊于所有贵族。但是，他们财力雄厚，能用金钱对君主制施加强有力的影响。而且，他们还能购买土地，收取农民的封建地租，通过成为国王的包税人而获取利润。在富裕商人之下，是无法对社会产生影响的较为低下的资产阶级。但他们同样可以将通过贸易、小商店或奢侈手工艺品销售等渠道积累的财富，投入到购买土地或购买政府官职上。这两种资产阶级都非常仇恨贵族对他们的歧视，但他们绝不会自发地站在专制君权的对立面上。实际上,他们依然对封建制度抱有希望,希望君主制能够保护他们免受贵族的伤害。

在资产阶级和城市贫民之间,存在着众多小商人和手工业者。传统上,国家支持的行会通过管理贸易商品的价格,来保护小商人和手工业者的收益。但是,随着市场规模不断扩大,行会这种形式越来越无法保证他们的收入。市场条件的一个突然变化,或许立刻就会剥夺他们的进账,而在歉收时节之后面包的价格总是高不可攀(就像1780年代晚期及1790年代初那样),令他们几乎陷入饿死的绝境。而且,越来越多的手工业者和小商人都开始雇用雇工(那些永远也别想期待自己拥有生意的人)。这部分雇工与那些依然保有保守主义行会思想的手工业者和小商人之间,几乎没有共通之处。

渴望"一朝功成名就"的投机者也越来越多,这些人总是随时做好准备,寻求任何出头的机会,包括一次有利可图的贸易、为政治服务的资财奖励,或者是利用先进的新生产技术。虽然这些人对旧秩序的"非理性"深恶痛绝(对启蒙思想的通俗表达则常是趋之若鹜),但他们绝不是革命者。

农民阶层在法国社会中占据很大比例,而且每个地区的农民状况都迥然不同。在少数几个地区,发生了类似英格兰的生产变化,出现了使用创新技术的资本主义农民。有相当数量农民都是以市场为导向进行生产(通过种植葡萄等经济作物或者将农业与纺织业结合起来),但是他们的规模还很小。还有数量众多的农民从地主那里租赁土地,上缴地租或者与地主就一年的收成分成,沉重的负担令他们没有资金提升农业技术,即便他们中有些人还能雇用少数劳工。最后,就是众多条件几乎与中世纪农民没有差别的广大贫苦农民,唯一差别只是不再有中世纪的正式农奴制。然而,几乎所有农民都有一个共性。他们感到土地属于自己,但却不得不向地主支付封建税费,向教会支付最高达到每年收成 9% 的什一税,以及最高比例的地租。此外,他们还必须向国家上缴封建赋税,而贵族和教士则取得了豁免权,无须承担这一重负。这就意味着,一旦遇上歉收或物价上涨,他们的日子就会极为难过。

国王、贵族、不同的资产阶级群体、各个农民阶层之间的复杂关系,令一些"修正主义"历史学家声称,法国大革命不能用阶级理论来解释。[32] 他们认为,资产阶级更愿从国家职务、地主身份甚至是封建地租中获取收入,而非利用现代工业获取利润。因此,此时的资产阶级绝不是代表了资本主义这一全新生产方式、与建立在封建主义基础上的国王和贵族对抗的阶层。这些历史学家认为,如下事实再次证实了他们的观点:在这场革命中,少数大工业家支持革命,而数量众多的商人却支持国王。

他们列举的一些例证无疑准确无误。资产阶级作为一个整体,的确没有坚持不懈地站在反对旧秩序的革命力量一边。他们与旧秩序共同发展了数百年,与旧秩序有着千丝万缕的紧密联系,不论在思想意识上还是在实际财富上都是如此。革命的领袖人物既不是金融家也不是工业资本家,而是如同丹东和罗伯斯庇尔般的律师、卡米尔·德穆兰般的记者,甚至还有马拉等曾为上流社会服务的医生。但是,"修正主义"历史学家得出的结论,从基础层面上就是错误的。贵族与资产阶级之间交缠难分的联系,并没有阻止他们被相反的法国社会愿景所吸引。一方回溯过往,拒绝所有改变,保卫贵族特权和封建义务。另一方则期待社会建立在市场平等的基础之上,在这样的社会里,没有高贵血统并不会成为"功成名就"的阻碍。大部分资产阶级在面对推动这样的社会模式得以实现所需要的措施时,都是反复踌躇,犹豫不决。但当新秩序取胜时，他们也绝不会像大多数贵族那样，出于厌恶新社会而远走他乡，自我放逐。

围绕竞争的两极而产生的社会分野，首先主要由贵族的反应引起，而非由资产阶级带来。就像在英国革命和美国革命中显示出的那样，并不是希求新事物的人民引发了最初的动荡，而是旧秩序的守卫者试图令社会倒退回过去才引发了暴乱。

1780年代，金钱成为法王的当务之急。法国在与英国和普鲁士的七年战争中耗费了巨额财富，又在参与对抗英国的美国独立战争中所费不菲。如果法王不能设法增加税收，就将面临破产的威胁。但国王很快就发现，再要增税几乎是一件不可能完成的事情。贵族和教士拥有免税权，这就意味着所有税负都压在了社会低下阶层的肩上，而当下的状况则是，社会低下阶层已经到了无法多付一分钱的临界点。农村地区的平均生活水平一直在下跌，城镇的工资虽然增长了22%，但物价却上涨了65%。[33] 而且，提高税收的方法也令人绝望地毫无效用，大部分钱财都被征税的包税人中饱私囊。

国王很快就明白，形势已经发展到了多么险恶的地步。他于1786年任命了一位"改革"大臣，后者提出合理改革税收体制的计划，并将贵族和教会的大田产也纳入征税范围。贵族闻听此言，出离愤怒。国王选取的"贵族"议会成员愤怒地否决了这一计划。改革在进一步推行的过程中，各省高等法院的长袍贵族也拒绝实施新计划；当政府官员试图不顾他们的反对强行推进计划时，他们就组织民众示威抗议，在一些地区抗议还演化成了暴乱。在这些抗议活动中，贵族发现他们的立场居然可以赢得其他社会阶层的大力支持。毕竟，谈及收取更高的税金，对部分资产阶级和农民来说，似乎也是一种威胁。

贵族自视为社会天生的领导者，幻想着可以利用民众的支持，迫使政府向他们的意愿屈服折腰。他们的核心需求是召开三级会议——上一次召开三级会议还是在 1614 年。1789 年 5 月，国王最终同意了他们的要求，但国王是向贵族的激进需求、而非资产阶级或更低下社会阶层的进步主义运动作出了让步。

然而，国王对贵族的让步，令其他社会阶层也开始组织起来。他们需要为第三等级选取参会代表。在城镇中，民众需要集会选取"投票人"，投票人再选出参会代表。在乡间，村民需要决定派谁去参加选举第三等级代表的地区会议。大部分民众从未经历过这样的事情，通常都会信任那些最善言辞者。因此，第三等级代表就被律师和其他富裕的中产阶级成员所占据。但是，选举代表的过程鼓励了数百万人民第一次开始思考，他们到底想要一个什么样的社会。在全国范围内的乡村和城镇中，人民开始广泛起草陈情书：列出他们的需求，希望三级会议予以满足。这场讨论引导巴黎贫民开始在激进团体中清晰地表述思想，这些思想带来了 7 月围攻巴士底狱的风暴和 10 月激昂的凡尔赛进军。激进思想还激发了农民的反叛热情，并最终于 1789 年夏天沸腾为反对当地贵族的暴动。

"三级会议"召开时，贵族不得民心的反动冒犯之举激怒了中间阶层，令第三等级代表们产生了坚持己见、一意孤行的强烈想法。他们原本无意革命。他们依然迷恋君主制，并没有废除它的意愿，而只是希望能够限制贵族的权力范围，希望借此终结贵族的武断特权和强势欺压。但是，他们也不会接受权威命令、任由宰割，在全社会群情激昂的情绪渲染下，第三等级代表们壮起了胆子。因此，在公然作出挑衅姿态后（宣称尊重"人权"，宣布终结封建主义），第三等级接下来便作出妥协，让国王依然保留巨大权利，贵族依然存留巨额财产。

但是，贵族的反动之举可不会那么快就终结。只要贵族还掌握着财富、田产和军官职位，他们就会不断尝试恢复其旧日享有的特权。

改革家、革命者和无套裤汉

1789年夏天，法国社会爆发了在中间阶层支持下的人民运动，低下社会阶层第一次开始质疑和挑战自身一贯悲惨的命运。他们开始看到，少数人的极端富有与多数人的赤贫是同一枚硬币的两面。最初，他们将财富与血统高贵的贵族等同起来。但在不久之后他们便发现，效仿贵族或通过承担包税人、地主和投机家角色而致富的资产阶级，成了新的贵族。

1789年暴动在中间阶层造就了数千名新生的政治活跃分子。他们参加政治俱乐部，阅读广泛传播的政治宣传册和报纸，参加选举会议。刚开始的时候，人人欢欣鼓舞。似乎历史向他们提供了一个实现启蒙运动梦想的机会，一个改正伏尔泰严厉谴责的错误的机会，一个引进卢梭理想社会的机会。他们以英雄的姿态，幻想着自己化身为古罗马的布鲁图。

但是，中间阶层陷入了两面夹击的危险中：一方面是贵族对失势的激烈反抗，另一方面则是民众如火如荼的革命热情。虽然1789年发生的事件的确显示出民众动乱能够击败贵族，但与此同时，农民并未停止焚烧资产阶级地主的地契，城镇居民也没有停止攻击资产阶级食品投机商。

正是这样的局面，导致中间阶层的政治立场频繁分裂。大多数中间阶层都倾向于保障自身安全和财产，因此愿与国王和贵族合作。只有少部分激进的中间阶层做好了激起民众热情的冒险准备。不过，在国王和贵族作出让步的鼓励下，激进情绪将会演化为威胁大多数人的行动，尽管部分中间阶层站在了激进分子身后，但也有部分人分离出来，加入了反革命力量。

这就是 1791 年和 1792 年发生的事情。1793 年，这一切将会再次发生。

1792 年危机以宣布成立共和国和处决国王为巅峰，还包括雅各宾派和巴黎市民组织起来推翻了拉法耶特政府。吉伦特派在运动中一直保持跟随状态，但却依然不愿进行更加深入的革命，他们反对处决国王。他们惧怕"暴徒"——布里索称其为"无法无天的祸患"[34]。虽然城镇和乡村的饥荒日益扩散，但他们依然拒绝巴黎市民提出的控制物价、定量供给谷物帮助人民果腹、采取严厉手段打击"囤积商和投机商"的诉求。

他们反而以与前任政府几乎一样的方式攻击人民。"你们的财产受到了威胁，"吉伦特派的一位领袖在 4 月如此警告坐拥财富的资产阶级，"你们对危险视而不见。……应该将这些丑恶的家伙赶回他们的老窝。"[35] 国民议会以压倒性票数通过决议，将马拉遭送革命法庭，罪名是从事颠覆活动，但是马拉最终却被宣判无罪。埃贝尔被捕，国民议会主席宣布（以与布伦斯威克公爵相似的臭名昭著的言辞），除非城中停止"反复暴动"，否则"巴黎将会毁灭"。[36] 由于司令官杜穆里埃投降叛敌，军队遭到一系列新的溃败。在法国西部的旺代，不满的农民加入了拥护君主制的血腥暴动。

最终在 5 月 29 日，"温和派"和保皇党人联手夺取了里昂，囚禁了该市的雅各宾派市长沙利耶，继而于 7 月处决了他。

罗伯斯庇尔的雅各宾派与吉伦特派同属中间阶层，尽管许多历史学家认为，大部分雅各宾派都来自社会地位较为低下的中间阶层。他们对财产"权利"的满腔渴望，就像他们在宣言中反复重申的那样。罗伯斯庇尔本人非常廉洁，但他的许多支持者对利用革命中饱私囊却是毫无愧疚之感——毕竟他们都是或者是立志成为资产阶级。丹东在革命中敛财有道，甚至还接受过国王的贿赂。马拉和埃贝尔的确在巴黎市民中极好地激起了革命情绪，但从那些小手艺人和小商人的角度来说，他们也并不反对自身可以从中获利。

然而，到了1793年初夏，他们发现，如果不革命，那么不论是他们还是此前四年获得的成果都将无法存活。他们还看出：推进革命继续向前发展的唯一办法就是，与巴黎市民再度联合起来，向农民妥协，即便这意味着要采取违背资产阶级利益的措施。罗伯斯庇尔在日记中写道："危险来自中间阶层，要想打败它们，就必须与人民联合起来。"[37] 换句话说，雅各宾俱乐部的激进资产阶级，不得不与巴黎革命的无套裤汉市民团结起来，以对抗温和的吉伦特派资产阶级。法国大革命历史上的第三个重大转折点就此到来。

1793年5月26日，罗伯斯庇尔颁布正式宣言，激励人民起来造反。5月29日，三十三名来自各区的巴黎市民代表举行集会，选举了九名代表组成起义委员会，组织新的起义。5月31日和6月2日，长鸣的警钟和隆隆的炮声将市民召唤到了大街上。八万名武装民众保卫了国民议会，强迫议会签署逮捕二十九名吉伦特派代表的命令。巴黎各区如今成为首都权力的中心，雅各宾派则在事实上成为法国政府的领袖。

被击败的吉伦特派逃离城市，在各地掀起暴动。他们与军官为友，与大商人结盟，得到惧怕农民暴动的中间阶层地主的同情，团结了所有将任何"暴徒"都视为威胁的人们——当然，他们还得到了贵族的支持，反革命的胜利总是能令贵族深感欣喜。数周之内，法国南部和西部的许多地区就都落入了吉伦特派手中。旺代被保皇党人控制，反雅各宾派将土伦南部的港口和地中海海军的舰船送给了英国人，外国侵略军依然在向巴黎进军。反革命力量甚至在城内也拥有强大的力量——一名来自吉伦特派统治下的康城的年轻女子：夏洛特·柯黛，声称需要马拉的帮助，却在马拉坐在浴缸中时将其刺死。

  巴黎无套裤汉群众敦促雅各宾派领袖采取更加深入的革命措施，以防形势进一步恶化，但雅各宾派很快就发现已经别无选择。公共安全委员会（一周至少向议会汇报一次、每个月重选一次）得到授权，可以在危急时刻采取任何适当的措施。"最高法律"对面包价格进行了控制，饥荒中的投机行为将被视为重罪。富人被迫支付战争贷款和累进税，税率从最初的10%涨到50%，收税金额包括去除维持家庭最低生活标准之外的所有收入。[38] 经济权力日益集中到中央机构手中，重要的全国性部门都在生产战争补给。从逃亡国外者和教会手中夺取的土地被划为小块分给农民，以安抚他们的愤怒。革命志愿军和旧军队在前线重新混编，这样志愿者就能激发出普通士兵的战斗热情，同时还可以从他们身上学到军事技能，两部分人还联合起来选出自己的军官。政府各个部门都展开了清洗有嫌疑官员的运动。革命委员会的委员们被赋予全权，扑灭乡间的反革命暴动。18—25岁间的所有单身男性都必须到军队服役，取缔了过去富人可以付钱找人代为服役的豁免权。经过9月更加深入的起义之后，议会和公安委员会一致同意采取更加严厉的镇压政策：实行恐怖统治。

雅各宾派及其恐怖统治

　　恐怖统治的动力来自下层,来自在旧政权下受苦受难的民众,他们知道,一旦王权复辟,他们就会受到更加严苛的对待;由于腐败投机者和背叛者的破坏,他们的亲朋好友在前线的每一天都会陷入奄奄一息的绝境。激情复仇与理智理解交织在一起,他们知道,在内战中,革命政权的敌人将会抓住一切机会进行打击报复和破坏活动。然而,监狱并未能阻止和吓倒革命政权的敌人,因为敌人心里也很明白,阴谋一旦得逞,自己就会被释放。埃贝尔等雅各宾派的边缘"恐怖主义者"不断煽动民众的情绪。但主流雅各宾派领袖对于激发这种激情却是迟疑不决。与传说中"冷酷无情的屠夫"形象相差甚远,号召在革命早期废除死刑的几乎始终只有罗伯斯庇尔一人。相比之下,吉伦特派支持对低下社会阶层的普通"罪犯"实施恐怖手段,但在将同样的标准加诸国王身上时,却感到了良心上的谴责。

　　1793年9月之前,在二百六十人中只有四分之一也就是六十六人,被带上革命法庭判处死刑。从10月开始,这一进度明显加快。革命法庭在处决了法国皇后玛丽·安托瓦内特之后,宣告吉伦特派和奥尔良公爵(他试图通过炫耀自己的雅各宾派身份来达到个人目的)有罪。1793年的最后三个月中,三百九十五名被告被判死刑,到了12月,巴黎监狱囚徒的人数上升到四千五百二十五名——而在8月,这个数字还不足一千五百名。不过,这一历史时期处决的实际人数,比起小说和电影中广为接受的描述(每天都有数十人命丧断头台)要少得多。

　　二百年来,对恐怖时期处决贵族和保皇党人的冗长抱怨始终存在，但是我们必须对其进行客观的审视。在旧政权下，处决犯人的情况一直持续发生。穷人可能只因偷了一块布就会被吊死。就像小说家马克·吐温说过的那样，"存在着两种恐怖统治：一种持续几个月，另一种持续一千年。"从北方开赴巴黎的军队如果夺取了巴黎，一定也会实行恐怖统治，其统治手段恐怕远比雅各宾派更加残暴，保皇党人和贵族会立刻指证"革命领袖"，将他们即刻处死。夺取了里昂、马赛和土伦的"温和派"和保皇党人建起了法庭，"吊死爱国者或砍掉他们的脑袋"。结果"极其凄惨"[39]，据说仅在里昂就有八百人赴死。[40]在旺代，一名保皇党牧师报告道，"每天都会发生针对共和同情者进行的血腥征伐"。就连参加接受共和思想的牧师布道的信众，也会"先被囚禁，继而被谋杀或枪杀，因为监狱早已人满为患"[41]。在马什库勒，枪杀了五百二十四名共和党人。[42]除此之外，法国北部边境爆发的一系列战争也造成了巨大的人员伤亡，这场战争最初在各国君主与吉伦特派之间展开，来自国内外的革命的敌人也先后热情高涨地加入反革命战争中——在这场战争中，法军军官对敌人的同情可能会蓄意让数千名士兵命丧黄泉。

　　描述革命的通俗小说，甚至是狄更斯的《双城记》，都不是以反革命和战争中的受害者为主角。对这些作家而言，受人尊敬的绅士或淑女的死是一场悲剧，而信仰共和的工匠或女裁缝的死则无足轻重。

　　1793年9月末，罗伯斯庇尔在国民议会上坚持惩罚共和军将军乌沙尔：乌沙尔在毫无必要的情况下从战场上撤退，造成了巨大的军事灾难。"两年内，共计十万士兵因叛国和胆怯而被屠杀，"罗伯斯庇尔说道，"叛徒的胆怯正在摧毁我们。"[43]对于是否支持雅各宾派的恐怖统治手段，许多代表原本都是摇摆不定，但是这一次，罗伯斯庇尔的观点赢得了他们的认同。

革命期间最残酷的屠杀并非发生在巴黎（巴黎的革命进程从未失控），而是发生在重新征服反革命敌人占领区的战斗中。革命军在一系列事件中也实施了血腥报复：在里昂，革命军委员会宣判了一千六百六十七名反革命分子的死刑；在旺代，手持武器的叛乱分子被关进监狱并被处死；在南特，两三千名叛乱支持者被扔进卢瓦尔河淹死；在土伦，因将城市控制权交给英国人而饱受非议的叛徒被集体处决。[44]

我们还必须检视恐怖统治的另一个方面：1793—1794 年间，它在两派革命领袖的领导下发生。这场恐怖源自吉伦特派和雅各宾派相互之间的仇视和敌对。吉伦特派已经在针对马拉的控告中表明，他们将会采用暴力镇压来扑灭革命。然而，吉伦特派早期领袖早已处于被软禁状态，雅各宾派政府建立后他们就立即被捕。此后，吉伦特派离开巴黎，在全国各地掀起叛乱高潮，用行动证明了吉伦特派与雅各宾派之间的意见争端无法仅凭言语就可平息。罗伯斯庇尔和丹东开始感到，所有自由离开的吉伦特派都会同样行事。激烈镇压（在内战中也就意味着处死），是阻止吉伦特派的唯一方法。

但对中产阶层雅各宾派而言，在内战中镇压打击吉伦特派的逻辑，同样适用于对付其他某些共和党人。至于自己的盟军：巴黎的无套裤汉，罗伯斯庇尔意识到，他们开始成为一个棘手的问题。无套裤汉曾在街头的人民革命中创造了奇迹。但他们也引起了罗伯斯庇尔和其他雅各宾派领袖出身的社会群体（对是否要为共和而战举棋不定的拥有财富的阶层）的仇视。自从采纳了无套裤汉实行恐怖统治的提议后，罗伯斯庇尔就开始瓦解无套裤汉组织：9 月中旬，雅克·卢克斯被捕；10 月，克莱尔·拉科姆创建的共和国妇女革命协会被强行解散；最后则是在来年 3 月，埃贝尔和其他几位领袖被送上了断头台。

不断提出深入革命要求的"极端分子"只会吓到受人尊敬、拥有财富的中产阶级,但这还不是罗伯斯庇尔遇到的所有问题。他还惧怕某些人将个人利益和喜好置于革命此时的需求之上,从而摧毁革命。这种担心尤其指向丹东身边的某些人——丹东拥有无限的革命热情和勇气,但同时也乐于与令人将信将疑的有钱人厮混,从而获取私利。丹东的朋友卷入了一场与法国东印度公司有关的腐败案中,出现这一情况并非偶然。1794年1月和2月间,丹东开始在身边聚集非正式的"放纵"群体时,罗伯斯庇尔开始害怕丹东会走上吉伦特派九个月前的老路。因而,就在处决了埃贝尔五天之后,丹东、德穆兰和其他领袖便也被逮捕,随后被带到革命法庭受审并被处决。

罗伯斯庇尔及其亲密同盟如今四面楚歌。他们自己所处的阶层中有半数人被反革命力量所吸引。以获取利润为根基的阶层,其成员必然持续不断地臣服于贿赂和腐败之下。只有对极端暴力的恐惧,才能让中产阶级走上争取革命胜利的道路。罗伯斯庇尔相信他创造了一种新型社会,中产阶级的核心价值将会在其中得到实现。他将其目标视为"美德"来表达这种情感。但若不对中产阶级本身进行规范(时常必须是严苛恐怖的规范),就无法达成这一目标。就像罗伯斯庇尔在1794年2月说过的,"没有美德的恐怖是无用的,没有恐怖的美德是无力的。"

而且,恐怖统治使得全国人民都将注意力集中到革命感情和行动上。对中产阶级来说,恐怖统治可以将无套裤汉大众从充满危险的道路上引开,那是一条越来越将革命的领导权置于更加低下阶层手中的道路。对中产阶级政治家来说,无套裤汉一边跳着卡马尼奥拉舞一边看着断头台上人头不断落地,要比无套裤汉为自己的利益进行争辩和行动起来好得多。恐怖统治不仅可以保卫革命,还可以成为一种象征：统治国家的中央政治群体在人民大众和资产阶级之间不断调整着平衡，达成和解。

到了1794年的春天，以罗伯斯庇尔为核心的雅各宾派开始实施专制统治，极速瓦解巴黎的民众组织：清洗公社，解散派别，废除调查食品囤积的委员会。政府权力达到空前的中央集权化，集中在紧密团结的小群体手中，不再受到或左或右的派系影响。但是，这样的集权统治无法永久地实施镇压。就像索布尔解释的那样：

> 迄今为止，恐怖统治……打击了革命的敌人。但如今，打击对象开始扩展到反对政府委员会之人身上。革命委员会利用恐怖统治来加强他们对政治生活的掌控力。[45]

恐怖的集中化创造了自己的发展动力。雅各宾派核心开始感到，不与他们站在一起的人就是敌人——某种程度上，他们的感觉可以说准确无误。他们自身所属的中产阶级对雅各宾派的仇视日积月累，因为雅各宾派极大地限制了中产阶级的自由；与此同时，许多追随卢克斯和埃贝尔的无套裤汉也越来越憎恨雅各宾派。而以日益升级的恐怖统治来应对仇视，只会进一步使雅各宾派的统治核心陷入孤立。但若放弃恐怖统治，就要甘冒将权力悉数送入意图对雅各宾派核心进行血腥报复之人手中的危险。

罗伯斯庇尔对下一步到底该何去何从犹豫不决。他试着在某些省份控制恐怖的规模和程度，例如，将在南特溺毙众人的负责人召回巴黎。但他继而又于1794年5月允许恐怖统治的暴力升级，在接下来的三个月间，处死的人数与之前一整年一样多。而且有史以来第一次，当局剥夺了被告为自己辩护的权利，陪审团仅凭简单的一句"道德过错"就可随意定罪,而且相互之间根本毫无关联的两个人也一并受审,理由是他们可能在狱中达成"共犯"。正是在此时,美国革命和英国平民激进派运动的宣传家潘恩将将躲过了被处决的厄运——他的罪名是:与某些吉伦特派成员交往过密的"外国人"(当然,这里所说的吉伦特派都曾身居雅各宾派的领导阵营)。

"热月政变"及其后

雅各宾派的方法获得了成功,因为吉伦特派并没有保卫革命政权。到了1794年夏天,革命军已充分显露出,他们或许堪称欧洲有史以来最强大的军队。各地叛乱都被粉碎剿灭,法国军队占领了布鲁塞尔而且依然在向北方推进,共和看似的确"统一不可分割"。

然而,这些伟大的胜利却给雅各宾派造成了无法克服的困难。雅各宾派一直在平衡左派和右派的过程中崛起发展(在此过程中采取了非常严苛恐怖的手段来对付本阶层内部的派系斗争),因为中产阶级的大派别在几个月之前别无选择。这就是为什么国民议会数月来始终投票给予公安委员会更多权力的原因。但是,军事上的胜利令众人感到,独裁统治不再必需。

罗伯斯庇尔在此前数月中已经树敌无数,其中包括丹东"被纵容的"同情者、从外省召回的实施极端恐怖手段的使节、埃贝尔之前的联盟,以及那些从未与吉伦特派断绝关系但却不敢明言的人们。1794年7月27日,这些人联手在国民议会的辩论中伏击了罗伯斯庇尔。一名代表提议对罗伯斯庇尔及其同盟签发逮捕证,这一提议立刻得到国民议会的一致批准。

雅各宾派作出了最后的垂死挣扎，召集民众掀起起义。但是他们已经解散了委员会、查封了无套裤汉的报纸，因此根本无法组织起人民起义。仅在四天之前，雅各宾派还取消了禁止食品投机的法律，规定了最高工资限额，此举大大减少了许多手工匠的收入。结果，巴黎的四十八个区只有十六个区派人参加了雅各宾派组织的起义，而且在被冲散之前，起义者数小时被晾在一边站着，根本没有人来领导和指挥。7 月 28 日，罗伯斯庇尔及其二十一名同盟被处死，第二天又处死了七十一人——这是法国大革命历史上规模最大的一次集体处决。

罗伯斯庇尔在国民议会中大声疾呼："共和失败了！强盗们获胜了！"过往五年间的伟大运动走向了终结，罗伯斯庇尔在这一点上无疑是正确的。热月（在共和革命年历中罗伯斯庇尔政权被推翻的这个月的名称）自此成为内部反革命的标志。

不过，推翻了罗伯斯庇尔统治的力量也没能当权多久。接下来的数月间，憎恨革命的人们重获自信。一群富裕而年轻的纨绔子弟暴徒开始接管巴黎街头，攻击任何试图保卫革命理想或是对"较高社会阶层者"缺乏敬意之人。他们迫使雅各宾俱乐部关门，与此同时，宪法修正案提出了拥有选举权所必需的新的财产限额规定。"白色恐怖"来袭，掀起了处死前革命者的浪潮，开启了迫害其他许多人的运动。1795 年 4 月和 5 月，两场简短的无套裤汉起义展现出，如果穷苦人得到机会，会比那些纨绔子弟更加厉害，但他们最终被忠于热月党人的力量击溃。此前逃往国外的流亡者开始回到法国，吹嘘君主专制很快就将复辟。王冠的觊觎者、未来的路易十八在流亡中坚称，他将会恢复旧政权，辅以三级会议，严惩所有参与革命者，包括热月党人。

因而，1795年10月，巴黎的保皇党人掀起了暴动。热月党人惶恐万分，开始重新武装雅各宾派，号召无套裤汉在军队准备好之前协助抗敌——此时崭露头角的军官、曾经的雅各宾派成员拿破仑登上了历史舞台。由于惧怕嗜血的君主制复辟，热月党人同意将权力集中在五人执政团手中。接下来的四年中，五人执政团时而被扯向一个方向，时而又被扯向另一个方向，结果赋予了拿破仑越来越多的权力。拿破仑在军队的根基很深，从而为其在对抗保皇党人和任何颇受欢迎的新生雅各宾派的斗争中提供了坚强的支持后盾，直至1799年拿破仑发动政变，成为法国事实上的独裁者。1804年，拿破仑在教皇的加冕下成为法国皇帝，得到了部分前雅各宾派和部分结束流亡回国的贵族的支持。拿破仑最后于1814年和1815年兵败，欧洲其他国家重新扶持波旁王朝在法国复辟。罗伯斯庇尔最后绝望的警告由此似乎得到了证实。

然而，罗伯斯庇尔在两个方面却是错误的。虽然1794年"热月政变"后革命就已结束，但它带来的许多变化依然保留了下来。拿破仑政权建立在许多这类变化的坚实基础之上：终结了封建义务，出现了独立的农民阶层，打破了国内关税壁垒，设立了统一的全国行政机构，以及最重要的，政府决策以资产阶级目标而非皇权贵族目标为依据。拿破仑之所以能在很短时间内征服大部分欧洲，正是由于这支军队根本不是旧政权的军队。这是一支革命期间（尤其是在雅各宾派统治时期）成立的以革命方式组织和动员起来的军队。这支军队最善战的将军们出自士兵阶层，在革命时期以优异战绩脱颖而出——拿破仑甚至依赖一位前雅各宾派"恐怖分子"来管理他的警察局。

与此前发生的荷兰革命、英国革命和美国革命一样，法国大革命切除了历史向完全的市场社会发展过程中的巨大阻碍。1792—1794年间的事件发生后，没有任何贵族暴动和复辟能够重新带回旧政权和旧秩序。

时隔二十年，回望法国大革命，小说家司汤达写道："在两千年有记载的世界历史中，大概从来没有发生过在习俗、思想和信仰方面如此激烈的一场革命。"[46]革命可能会失败，但是诸多革命遗产都保留了下来，从而塑造了今天的世界。

罗伯斯庇尔的第二个错误在于，革命并非仅由崛起的中产阶级政治群体组织发展；随着时间推进，革命变得越发激进。革命还意味着数以百万计的城镇和乡村人民开始参与国家政治生活，而在数千年的岁月里，他们从不曾得到如此塑造历史的机会。他们学会了为自己的利益斗争，学会了彼此争辩什么才是他们真正的利益。1789年和1792年焚烧了贵族地契的农民们，绝不会让后继政府从他们手上再次夺走土地。在巴黎和其他城市，低下的社会阶层已在为自己的利益而崛起奋战，历史上从未出现过如此规模的人民运动——而这样的起义还将会于1830、1848、1871、1936、1968年多次发生。

关于这场革命对世界历史整体影响的描述，似乎总是存在低估在战场、在巴黎狭窄的街道和拥挤的贫民区发生的一切的嫌疑。人们就是在这里阅读和争论马拉和埃贝尔的著作，花费数个小时参加其认可的政治派别"永远无法结束的会议"，追捕无良的谷物囤积商，搜寻皇室的间谍，削尖长矛冲向巴士底狱，组织并掀起起义（先是吉伦特派推翻君主制，接着是雅各宾派推翻吉伦特派），数千名志愿者奔赴前线或是在乡间地带推广革命。

城市的人民运动规模比较有限，这源于当时的法国社会结构。大部分城市民众依然集中在小型工场，主人及其家庭与几名雇工一起工作，他们的生活水平差别并不大。他们会一起走上街头，或者参加地区和俱乐部的集会。但在占用了大部分时间的生产过程中，他们彼此之间并没有建立起有组织的联系。大部分城市民众的理想都是保持以父亲为首领的个体家庭单位,而不是集体的社会组织。他们能够愤而起义反抗过去侮辱他们的贵族和眼睁睁看着他们挨饿的投机商,展现出巨大的勇气和创新才能——就像克鲁泡特金和盖林[47]所著的革命史中所展现的那样。当他们崛起时,他们能够抛弃许多固有偏见,例如,许多妇女在抗议斗争中担当了重要的保卫角色、有些革命者号召给予妇女选举权,以及革命妇女俱乐部的出现等。然而,在1793—1794年的革命危机时刻,他们发现很难提出自己的计划,走向胜利。

正如索布尔所说,城市民众的生存状态意味着他们能够推动雅各宾派采取必要的激进措施,但其自身却无法形成集体的阶级回应,解决革命遇到的问题。他们能够为最高定价而奋战,但却无法在生产过程中占据决定性因素。就连他们对恐怖统治的热切期待,也成为力量虚弱的象征。他们不得不将注意力集中在阻止蓄意破坏革命的人们身上,因为他们无法对自己的命运采取直接和集中的掌控。

然而,正是他们自身的行动和进取心,同时也是在丹东鼓舞人心的话语和罗伯斯庇尔钢铁般意志的鼓励下,推翻了法国的旧政权,颠覆了旧秩序,激励或恐吓了整个欧洲,其影响甚至波及下个世纪。在法国大革命的人民运动被摧毁后,涌现出一群以格拉古·巴贝夫(1796年被处决)为核心的革命者,他们强调社会平等和经济平等,从而为19世纪和20世纪的社会运动打下了坚实的基础。

第三章
国外的雅各宾派

1792年，吉伦特派领导的国民议会许下承诺，"救助所有想要恢复自由的人们"。布里索宣称，他所赞颂的反欧洲君主专制的战争，并不是一场老式的征服战，而是一场解放战争。法国国外当然存在许多对任何革命进展都感到欢欣鼓舞之人：

> 这是一次壮丽的日出。一切能思维的生物都分享到了这个新纪元的欢欣。一种性质崇高的情绪激动着当时的人心……全世界都浸透了一种精神的热忱。[48]

年迈的德国哲学家黑格尔，回忆了法国发生的一系列事件对他年轻时生活的那个世界所造成的巨大影响和冲击。黑格尔的记忆并没有欺骗他。革命的讯息中，回荡着启蒙思想在世界各地对人们的影响。

英国诗人华兹华斯、骚塞和柯勒律治热衷于描述巴士底狱的风暴。柯尔律治写道："从人类宽宏的心中，升起了希望，如同一位神祇。"诗人兼雕塑家威廉·布莱克曾在与一位士兵的争论中因坚守革命原则而差点被捕。先驱化学家约瑟夫·普利斯特里的家遭到保皇党暴徒的袭击。德国哲学家康德和费希特与年轻的黑格尔一样充满热情。即便在"热月政变"之后，康德依然写道："雅各宾派的错误不能与过去时代暴君的罪行相提并论。"[49] 贝多芬将革命歌曲的旋律融入音乐创作，在其伟大的第三交响乐《英雄交响曲》中，充满激情地展现了革命军队的精神（虽然贝多芬在得知拿破仑称帝后，厌恶地抹去了献给拿破仑的题词）。在爱尔兰，还有贝尔法斯特中产阶级的伍尔夫·托恩和爱德华·菲茨杰拉德伯爵（出身旧贵族家庭），前往巴黎与革命政府建立联系。在拉丁美洲，来自卡拉卡斯的16岁少年西蒙·玻利瓦尔（同样出身旧贵族家庭），1799年在与巴拿马的西班牙总督争论时竭力捍卫革命理念；而另一位墨西哥牧师米格尔·伊达尔戈宣传的革命理想，则赢得了何塞·玛丽亚·莫雷洛斯等学生的支持和信仰。

刀尖上的革命

这样的热情意味着不断推进的法军找到了许多当地同盟，这些同盟首先就出现在他们跨越边界进入比利时、荷兰和意大利北部及德国南部的时候。君主和寡头政府的中产阶级对手自称"雅各宾派"——即便已经跌下权力的巅峰，"雅各宾派"依然是革命支持者们认可且常用的名字。不论法国军队何时进军,这些力量都与战争步调相配合,推行自上而下的改革,与法国自下而上的革命非常相似:废除农奴制和封建赋税义务,政教分离,没收教会土地,废除国内关税,以及建立一定程度上的民主议会等。但问题很快就开始浮现出来。

罗伯斯庇尔反对布里索的一个有力观点在于:其他国家的人民永远都不会欢迎外国侵略者,不论后者的意图有多么良善。事情的发展很快就证明罗伯斯庇尔的看法是正确的,尽管国内许多知识分子和部分中产阶层最初都热情高涨。得胜的法军只能通过抢劫和对被征服土地收取贡奉来维持。解放战争经历了保卫革命战争的痛苦阶段,最终演化为一场帝国征服战。拿破仑引领着战争的进程,推动着事态的发展,吞并了比利时、萨沃伊和莱茵河南部的德意志小邦国,以君主制取代民主议会,直至将自己的兄弟们分封为意大利、威斯特法利亚、荷兰和西班牙的国王。

即便是处在拿破仑的治下,法军也推平了封建主义的残余,而且至少在某些情况下,为资本主义生产的发展准备好了土壤。但若没有法国如此重要的无套裤汉和农民起义,当地联盟在民众中就会缺乏真正的基础。农民和城市低等社会阶层从法国占领军那里几乎毫无所获,因而无法使他们认同新秩序,而且支付给法国的贡奉及维持法军的花费,造成了与旧有封建租税制同样沉重的负担。只要法军被迫撤离,当地的"雅各宾派"就会立刻陷入孤立无援的困境。1812—1814年间,这样的情况十分普遍。拿破仑在两条战线上过度扩张帝国,一方面试图为其兄弟戴上西班牙的皇冠,另一方面意欲跨越北欧平原,率军直捣莫斯科。这是一种酿成悲剧的策略。拿破仑的军队在马德里设法扑灭了一次民众起义,但是从此以后,却受到了惠灵顿领导的英军游击队不胜其烦的侵扰,后者一路战斗,跨越了整个伊比利亚半岛。在此期间，占领荒芜的莫斯科很快就变成一场灾难，敌人的军队和严酷的冬季环境摧毁了拿破仑长达一千英里的补给线。被占领地区的人民憎恨法军，西班牙和普鲁士的自由主义者甚至与当地皇室势力联合起来将入侵者赶出了国境，这一举动使得这场战争看起来就像是一系列的"民族解放"战争——但结果却发现被得胜的国王背叛，被抛入戈雅在绘画作品《黑暗时代》中表现的压迫和衰退的深渊。

拿破仑的战败（或者说他的两次战败；在第二次滑铁卢战败前他曾于1815年不可思议地上演了百日复辟）令所有国王、王公和贵族趾高气扬地归来，缔造了奇特的半个世界：18世纪古老政权的上层建筑强加到此时已经发生巨变的社会结构之上——至少在法国、意大利北部和德国西部是这样。司汤达（曾为拿破仑的军队供应军需食品）在小说《红与黑》《帕尔马修道院》中，以及大仲马（他的父亲是黑人奴隶的儿子，曾是拿破仑手下的将军）在小说《基督山伯爵》中，都精彩地描述了当时的世界。

大不列颠：传统的诞生

法国大革命不单是对欧陆的政治生活产生了极为深远的影响。它对大不列颠岛的影响也非常巨大。部分资产阶级通过1789年之前的一系列政治事件已经获取了重要的影响力，因而感到并无必要进行激进的革命。但是，法国发生的事件极大地激励了迅速扩张的城市和城镇中的民众——包括不断增长的手工业者、雇工和小店主，与他们并肩的，还有部分来自工厂的新产业工人。

潘恩在《人的权利》一书中为革命辩护，并倡议大不列颠也应采用相似的宪法原则，这本书售出了十万册之多。在1791年底的谢菲尔德，"五六名机械工人……讨论生活供给品不可思议的高昂价格"和政府的腐败，组成了谢菲尔德宪法协会，致力于宣传普选权和倡议年度召开的议会。到了1792年3月，协会会员已经达到两千多人，并在当年秋天当革命在瓦尔密取得胜利后，组织了一场街头庆典活动，有六千多人踊跃参加。[50]类似的协会也出现在曼彻斯特、斯托克波特、伯明翰、考文垂和诺维奇，并都取得了不同程度的成功。[51]伦敦通信协会由制鞋匠托马斯·哈迪于1792年初创建而成，很快便发展壮大，在四十八个分支机构中拥有五千名会员[52]，并建起了沟通各省各地协会的全国性通信网络。

运动的规模大得足以令英国政府感到担忧，1792年末的英国正在准备反击法国革命的战争。伯明翰的当地大亨谋划了一起暴动，袭击了参加1791年巴士底狱陷落纪念晚宴活动的当地改革者，洗劫商店，焚烧住宅，将化学家约瑟夫·普利斯特里等人赶出城市。[53]如今，英国政府在全国范围内鼓励反雅各宾派运动的发展。各地都成立了保皇党协会，煽动全国性的战争狂热。

除此之外，英国政府还对任何宣传民主思想的尝试都予以严厉打击。潘恩由于撰写了《人的权利》而被判犯下叛国罪，不得不逃离英国。"苏格兰人民之友"的两位领袖：年轻的律师托马斯·缪尔和英国一神教牧师托马斯·帕尔默，经过臭名昭著充满偏见的审判后，被判处流放[54]，一同被流放的还有三位"苏格兰立宪会议"的代表。托马斯·哈迪及其他十几位伦敦革命运动领袖都因犯下叛国罪而被审判，哈迪的妻子在暴徒袭击住宅时不幸死亡。当陪审团宣告被告无罪时，议会终止了人身保护令，从而使革命者被告无须经过陪审团审判就可直接被监禁。

某种程度上,英国和苏格兰雅各宾派造成的骚动不安,在城市阶层引起巨大反响。数千市民聚集在广场,1797年撼动英国海军的海军哗变的部分组织者,无疑在此时受到了这些思想的影响。但是广大中间阶层也已做好准备与土地拥有者阶层团结起来,保护有利可图的现状,致使政府能够放开手脚安心对付革命运动。到了1790年代末,作出同情革命思想之举,已经是一件非常危险和困难的事情。

然而,谢菲尔德宪法协会、伦敦通信委员会、"苏格兰人民之友"及其他组织的活动也并非全无效果。爱德华·汤普森在其著作《英国工人阶级的形成》中表示,革命组织的活动缔造了一种传统,对1815—1848年间的革命运动产生了巨大的影响。

爱尔兰共和党人的崛起

法国的例子对爱尔兰(大不列颠最古老的殖民地)的影响则要更加直接,它为这片土地赋予了革命的民族主义传统,这一传统一直延续至今。

1650年代,英国政府粉碎了爱尔兰人民的反抗起义,将清教农民(主要来自苏格兰)安置在从阿尔斯特当地天主教徒手中夺取的土地上,从而进一步加强了其在爱尔兰的统治。这些农民移民的后代一直害怕天主教起义会重新夺走土地,这种恐惧迫使他们在共同利益的驱使下与同为清教徒的盎格鲁-爱尔兰裔地主们站在了一起。他们不敢挑战英国政府的爱尔兰政策,惧怕任何反抗行动都会刺激被剥夺了财产的天主教徒。直至 1770 年代，都柏林的清教议会始终承担着伦敦政府在爱尔兰实施傀儡统治的工具。

18 世纪最后二十五年间，事态开始发生改变。美国独立战争令都柏林议会有了更多讨价还价的权力，因为英国政府需要爱尔兰志愿军的支持，以防法国袭击。曾有一段时期，爱尔兰议会似乎能够做到从爱尔兰地主和商人的利益出发制定法律。但在英美战争结束后，这些看似颇有希望的前景都轰然倒塌，由此爆发了极为激烈的反英运动，其中贝尔法斯特不断成长的清教中产阶级商人群体尤具代表性。

这些感情在对法国大革命的激情回应中爆发出来。志愿者开始操练起来，提出成立制宪会议，支持天主教解放。1792 年，"贝尔法斯特成为民主之战的最前线，以宏大的游行和庆典来纪念法国大革命一周年……共和精神在这里得到广泛传播"。四处张贴的海报上对宗教教派主义发起了攻击："因迷信而形成的嫉妒，是塑造爱尔兰'巴士底狱'的原因：让我们团结起来捣毁它！"[55] 纪念运动的组织者之一、年轻的律师沃尔夫·托恩在贝尔法斯特与十几人共进午餐时，成立了新的激进革命组织："爱尔兰人联合会"，这些参与者大多是小商人（包括一位布店老板、一位亚麻生产商、一位鞣皮匠、一位职员、一位药剂师、一位钟表匠和三位贸易商）。[56]

爱尔兰与英国一样，都试图用镇压手段摧毁新兴的雅各宾主义运动。英国统治者通过爱尔兰上层阶级颁布法律，禁止爱尔兰人民携带武器，宣布"爱尔兰人联合会"为非法组织。"爱尔兰人联合会"被迫转向地下活动，革命主张也越来越激进。它的目标发展为推翻英国统治，因为英国的统治使爱尔兰的经济持续落后，使爱尔兰社会因宗教分歧而四分五裂；它提出必须掀起一场犹如法国革命般的剧烈革命运动，缔造一个新的现代国家。"爱尔兰人联合会"认为这将是一个资本主义新国家,一个甩掉外国统治和国内贵族沉重包袱的新国家。为了达成这些目标,托恩进一步看到,必须依靠中间阶层、主要是"爱尔兰人联合会"的清教成员来激起天主教农民的革命激情——爱尔兰的天主教徒一直拥有通过秘密武装的"抵抗组织"反抗地主的历史传统。

支持起义的人数日渐壮大(达到十万人),远远超出英国政府能够派出的武装人员(六万五千人)。[57] 但是,爱尔兰志愿军缺乏系统的训练和武装,要想取胜似乎还有赖于从法国获得军事支援。

1798年爆发了爱尔兰起义。但是法国提供的支持微乎其微,而且姗姗来迟——迟至8月,一千一百名士兵组成的法国援军才抵达梅奥。而此时当局已经逮捕了起义领袖,从而将武装起来但却并未成熟的起义军逼到了死角。韦克斯福德和安特里姆的起义被镇压下去。接下来的血腥屠杀令法国大革命的恐怖时期如同儿戏。当局对疑似支持起义者进行了残忍的报复,屠杀了近三万人。[58]

然而,这还不是最终的结局。社会冲突在起义之前的三年间已经达到了巅峰,当局故意鼓励清教团体憎恨革命运动,憎恨天主教徒。1795年秋,安特里姆的戴蒙德村爆发了清教农民与天主教徒之间的冲突,此后出现了半秘密的清教组织"橙色骑士团"(橙带党)。盎格鲁-爱尔兰裔地主厌恶所有农民,最初并未加入这一新组织。但他们很快就看出,"橙色骑士团"是熄灭叛乱威胁的极有价值的工具:

> 1796—1797年间……"橙色骑士团"逐渐从一个小型分散、不被社会接受、被统治阶层鄙视的边缘性组织,发展成为一个强大有力的地方性协会,得到了英国和爱尔兰社会部分最高权要人物的首肯和积极支持。[59]

军队司令雷克将军主持"橙色骑士团"队伍，武装的"橙色骑士团"越来越与政府军和民兵站在同一阵线，惩处"爱尔兰人联合会"的支持者。他们给清教徒叛逆提供了选项：要么遭受打击和折磨，要么加入"橙色骑士团"，打击和折磨其他叛逆。[60]通过这样的方法，英国当局和盎格鲁－爱尔兰裔的地主不仅镇压了革命起义，还极大地推动了宗教宗派主义情感。

过往二百年间主宰爱尔兰政治的两大传统：共和主义和"橙带党"主义，从其发源之日起就是整个欧洲范围内的革命力量与反革命力量斗争的支流。

然而，就当时的状况而言，这根本不是英国政府"文明"议员焦虑的事情。在成功地分化和统治"爱尔兰人联合会"两年后，他们劝服爱尔兰议会投票取缔该联合会。由于被排除在英国控制的市场体系之外，爱尔兰的工农业早已受到了重创。如今，他们又在政治上被剥夺了所有保护自己的方式，而盎格鲁－爱尔兰裔地主却能攫取巨额地租，继而到英格兰不事生产，游手好闲地花掉。英国政府相信，通过这样的方式已经解决了"爱尔兰问题"——这种想法每隔上三四十年就会浮出水面，直至今天。

海地的黑人雅各宾派

反革命力量也并非处处得胜。在跨越大西洋、远隔三千英里之外的海岛海地，革命的结果与爱尔兰革命迥然不同。但是，海地革命经历了十年连续不断的激烈起义、战争和内战，才最终取得成功。

圣多明各地处伊斯帕尼奥拉岛西端,是法国殖民地帝国中最富庶的明珠。这里的种植园生产的蔗糖,比其他欧洲国家的加勒比及美洲殖民地的蔗糖总产量加起来还高,从而将泼天的财富倾倒入种植园主及南特和波尔多等法国港口的商业资本家的口袋里。

这些财富来自对五十万黑人奴隶的残酷剥削,黑奴被迫没命地劳作,身体完全被摧毁,只有通过从非洲持续不断地引进奴隶才能维持劳动奴隶的人数。统治五十万黑人奴隶的是三万名白人奴隶主(这比北美大陆任何地区奴隶主与奴隶人口的比例都要小得多);与此同时,还有三万名左右的自由混血儿,其中有些人拥有不少财富,甚至自己也变成奴隶主。

白人人数虽然相对较少,但是他们的野心可不小。他们认为殖民地的财富全是自己努力所得,因此憎恨母国专有权强加在殖民地贸易上的霸王规则:法国版的重商主义。与其相应,由于受到母国社会状况良好的中间阶层于1789年春夏之际爆发革命的激发,他们也感到必须提出自己的"自由"需求。巴士底狱风暴的消息传来,立即引发了移民针对皇家总督发起的武装暴动——尽管殖民地起义并无意在黑人奴隶甚至自由混血儿身上使用革命的"自由""平等"口号。

虽然只占总人口的7%,但是白人内部却是分化严重。"一小部分白人"或许只拥有三四个奴隶,但却会与身处贵族压迫下的法国中间阶层一样,感到在当地白人大种植园主的手下遭受了屈辱和痛苦。急于自由选择贸易伙伴的种植园主,可不会让这"一小部分白人"掌握政治权力。当革命热情高涨的法国人组织起议会,立法赋予所有自由人(包括混血人和自由黑人,尽管法国大革命中谨慎地避免提及任何关于奴隶制的字眼)平等权利的时候,不论是只拥有几个奴隶的小部分白人还是大种植园主,都感到异常愤怒。很快,自由人群的四大群体（总督的支持者、拥有巨额财富的白人、拥有少量财产的白人和混血儿）就结成不断发生变化的同盟关系，局势发展到几近爆发内战的地步。

上述所有群体都希望黑人奴隶能够继续工作，继续受苦，就像什么都没有发生过一样继续接受奴隶主的惩罚，继续奄奄一息地活着。然而，他们这种想法无疑是大错特错。奴隶们抓住机会掀起了暴乱，他们在种植园纵火、杀死奴隶主、组织武装与白人民兵作战、将暴乱扩展到各地，并在紧迫的形势下选出了自己的领袖。曾做过牲畜管理员的杰出的杜桑·卢维杜尔，很快就颇有技巧地掌控了白人群体、混血儿、从岛屿另一半入侵的西班牙军队，以及法国吉伦特派先后派来的代表之间彼此竞争的关系。继而，就在无套裤汉横扫雅各宾派登上法国权力巅峰之时，英国军队登陆了圣多明各。

接下来发生的事情具有更加广泛的含义，而不单单是只关乎圣多明各的未来。英国统治阶层的重要派系在亚当·斯密观点的影响下，得出奴隶制时代已经过去的结论。毕竟，英国已经失去了北美的蔗糖种植园，而他们在西印度群岛的蔗糖种植园与法国在当地的种植园相比几乎不值一提。威廉·皮特政府原本支持威廉·威伯福斯的反奴隶制运动。但是，接管圣多明各这个最重要的奴隶制经济中心，改变了英国政府的想法，使他们转而积极地拥抱奴隶制，与此同时则为全世界奴隶制的蔓延提供了新的推动力。

法国大革命的深入发展推动雅各宾派登上了权力巅峰，对奴隶起义而言，这件事具有同样重要的意义。许多吉伦特派领袖都积极地反对奴隶制，并且是1788年成立的"黑人之友"协会成员。他们主要是一些受到启蒙思想激励的新闻记者和律师。但他们最重要的政治基础则是坐落于法国西部港口的商业资产阶级，他们激烈反对任何可能破坏其利润的政府举措。虽然对反奴隶制的思想进行了宣传，但吉伦特派并未准备好将其付诸实现。相比之下，横扫雅各宾派的民众力量在奴隶制中没有实质上的利益，因此将奴隶遭受的苦难等同于自己遭逢的不幸。与此同时，中产阶级的雅各宾派领袖，由于惧怕包括英国在内的联合军队的攻击，希望通过鼓励英属加勒比海岛屿的奴隶暴动来缓解法国的压力。

1794年2月4日，雅各宾派控制的国民议会立法废除了所有法属岛屿上的奴隶制，给予来自圣多明各的黑人和混血儿使节们一个兄弟之吻。两大革命力量组成同盟，粉碎了皮特试图在奴隶制框架下扩张英国资本主义的希望。六万人的英国远征军在这里遭到惨败，死伤人数远超十年后惠灵顿将军在半岛战争中的死伤人数。英国议会的平衡又被打破，这使奴隶贸易的反对者能够再次召开听证会，并于1807年投票废止了奴隶贸易。

然而不幸的是，对圣多明各的前奴隶们而言，这却并非最终的结局。"热月政变"后法国政权的右转，给旧日奴隶主及其商业同盟造成了新的影响。拿破仑在为登基做准备的同时，还计划着在殖民地帝国中再次推广奴隶制。拿破仑派遣舰队携带1.2万名士兵，从卢维杜尔的手中夺取了圣多明各的控制权。接下来的战争变得与对英战争一样残酷。就在法军快要取胜的时刻，卢维杜尔错误地试图与敌人达成和解，结果却被绑架并最终死在法国的监狱中。接下来，他的副官德萨林组织黑人抵抗运动，最终击败了拿破仑的军队，就像卢维杜尔曾经击败英国军队那样。

圣多明各成为一个独立的黑人国家：海地共和国。这是一个贫穷的国家，持续十五年的战乱给其造成巨大破坏。曾为少数人带来滔天财富的蔗糖经济失去了奴隶制，如今已然无法恢复——虽然德萨林的继任者克里斯托弗试图再度强行实施奴隶制，但是人民拒绝接受。他们或许是很贫穷，但是他们却比牙买加、古巴、巴西或北美洲的黑人伙伴们都要自由。

拉丁美洲的首轮革命

自由的海地于 1815 年吸引了一位委内瑞拉人前来造访，那就是从 16 岁就开始为革命原则大声疾呼的玻利瓦尔。他如今是委内瑞拉的革命领袖之一，在整个拉丁美洲范围内挑战西班牙的统治秩序。

与海地革命一样，委内瑞拉的革命也是由欧洲发生的一系列革命所触发。在虚弱无力的波旁国王退位后，拿破仑于 1808 年将其兄弟约瑟夫扶上了西班牙王位，史称查理四世。这激起了马德里的人民起义和农村活跃的游击队活动，以及得到英国支持的西班牙残余军队展开的精心部署的系列战斗。起义的大部分动力来自具有深刻宗教情感的农民，在惧怕任何对贵族和教会封建主义提出挑战的牧师领导下，致力于扶植查理的儿子费迪南重登王位，重新恢复君主专制，并重新设立宗教裁判所为辅助。但是，加迪斯的自由资产阶级议会一度成为全国叛乱的中心力量，即便他们的思想对在国内大部分地区战斗的力量来说是个可恶的东西。

结果导致不仅在西班牙本土，而且在整个西班牙帝国境内，长达六年的时间里都没有一个统一连贯的政府实施统治。因而，从加利福尼亚到合恩角的美洲，突然间出现了一个权力真空。各种政治力量都开始尝试填补这一真空，从而不可避免地引发了彼此间的残酷混战。

就像英国人在北美和法国人在圣多明各，最初的西班牙移民在此前三百多年间也发展出了自己的利益，与帝国统治者的利益相冲突。西班牙的政治危机似乎给他们提供了一个维护这些利益的机会。

殖民地总督忠于西班牙国王，决意抵制这些要求，他调度手上掌握的军队，并从教会那里得到了更多支持。除此之外，拥护总督的力量还有很多——拉美殖民地社会的分裂状况比北美殖民地的分歧要大得多。拉美广袤的土地由大地主掌控，实际上对当地人民实施封建统治。与此同时，在那些商人财富来自与西班牙而非拉美其他地区贸易的城市中，信仰皇权、依附地主的中产阶层束缚了经济进步，压制了众多工匠、工人及某些地区黑人奴隶的发展。

这就是来自大地主家庭的玻利瓦尔于1810年参加委内瑞拉反抗西班牙统治的第一次起义时的形势——就在两千英里外，具有革命思想的牧师伊达尔戈正在墨西哥的瓜达拉哈拉领导一场起义。起义伊始取得了成功，但很快就被击溃。伊达尔戈被处决，玻利瓦尔被迫逃走。玻利瓦尔在加拉加斯再度领导起义时依然采用原有的方式，同样又被击溃（并向海地寻求支援），而莫雷洛斯接过伊达尔戈的旗帜继续革命，其后也惨遭被处决的命运。玻利瓦尔的第三次尝试终于成功：军队从委内瑞拉出发，经过努埃瓦和格拉纳达（今哥伦比亚）进入玻利维亚，与阿根廷的"解放者"圣马丁会师，此后继续进军，与智利的"解放者"奥伊金斯会合，将秘鲁的西班牙国王赶下王座。在此期间，在墨西哥爆发的第三次起义终于迫使西班牙人承认了墨西哥的独立。然而，对那些受到玻利瓦尔和伊达尔戈理想激励的人们来说，最终的胜利却变了味道。他们拥护法国革命的价值观，不仅提出废黜国王，还致力于废止封建制度，解放奴隶，建立完全的资产阶级共和国。伊达尔戈走得甚至更远，他提出划分土地来激发农民的热情；而玻利瓦尔则在胜利后在巴拿马召集"大陆会议"，倡议在拉丁美洲建立"联合国"。

　　统治这片大陆的大地主此前对上述举措并不感兴趣。正是由于他们反对如此激进的革命，才导致玻利瓦尔初期的惨败和伊达尔戈的被处决。虽然大地主最后为玻利瓦尔和伊达尔戈的后继者欢呼，称其为"解放者"，但他们也需要确保国家的独立建立在大地主阶层的理解和语境中。因而，土地改革从未实施，权力依然掌握在地区寡头手中，建立统一的拉美共和国、与美利坚合众国对抗的计划同样胎死腹中。虽然玻利瓦尔的革命获得了成功，委内瑞拉的每个城镇都竖起了他的雕像，人们对他极为崇拜，但最终他依然是在沮丧中离开了人世。

　　此时的拉丁美洲与独立前几乎没有什么差别：这片大陆拥有几座出众的殖民地城市，展现出17世纪和18世纪的壮美，足以媲美任何欧洲城市，城市周边环绕着大型庄园，近乎农奴般的人们在此间劳作。拉美"国家"逃离了西班牙的统治，得到了自由，但或多或少依然要靠外国势力才能维持。19世纪，美国和法国入侵墨西哥，而英国则在长达数个世纪的时间里对阿根廷和智利等国家施加了统治性的影响。在每一个拉美国家都是寡头团体彼此倾轧斗争，政变不断上演，"自由党"和"保守党"彼此竞争，保守的社会结构一方面以极端的特权为特色，另一方面则又呈现出大范围的发展停滞和贫困。

第四章
理性的退却

1789年，革命热情激荡了许多受到启蒙思想影响的知识分子圈子。但是，这种情感并非普遍现象。对于正在发生的一切，社会上也发出了仇视和抵触的声音，将其视为一场对文明的攻击。这部分人的抱怨并非针对大革命期间的恐怖统治，那段历史发生在三年后。在当时的法国，拉法耶特的国民军依然对巴黎保持着严密控制，国王依然有权任命政府官员（尽管他们要对议会负责），罗伯斯庇尔依然严厉谴责死刑。这里所说的仇视针对的是人民拥有行使国家事务发言权的提议。

英国人埃德蒙·伯克认为，"粗鄙的大众"逐渐腐蚀了文明的根基，他的言辞成为（此后也一直是）反革命的圣经语录：

> 欧洲的光荣永远消逝了。我们永远、永远也不会再看到那种对显贵和异性的极大忠诚，那种高尚的谦恭态度，那种尊贵的温顺神情，那种由衷的服从品质，这些品质甚至在受人奴役之中还保持一种高贵的自由精神。[61]

此前伯克并未被视为一个彻头彻尾的保守主义者。他反对英国的美洲政策，咒骂英国的孟加拉征服者实施的残暴行为。潘恩于1780年代末从美洲回到伦敦，更是将伯克视为挚友。然而，凡是涉及人民参与政治生活的哪怕一点蛛丝马迹，伯克却都无法承受。伯克在1790年发表的《法国大革命之反思》中对此进行了公开指责，他在书中号召拥有土地的地主、拥有财富的银行家和"文明阶层"团结起来，反对任何工匠和农夫应当统治社会的思想，更不用说"仆人"和劳工统治社会了。伯克曾经同情废奴主义，如今却严词谴责废奴主义是"雅各宾主义编织的一张可恶的网"[62]。在后来的著作中，伯克坚称潘恩应当"在刑事法庭前被驳倒"[63]。

《法国大革命之反思》在社会上层阶层中立时获得成功：英国售出五万本，几年间还被译为多种语言。乔治三世非常喜爱这本书，凯瑟琳大帝（叶卡捷琳娜二世）对这本书充满激情，波兰的末代皇帝斯坦尼斯拉夫也对这本书褒奖有加。当然，他们中的任何一位都不曾有过"任人驱使"的体验，或者做过任何促进"高贵的自由精神"之举。

伯克在英国的著述，很快就在欧陆得到德迈斯特作品的回应。德迈斯特不仅坚持认为，统治阶级应当"与人民永远要依靠血统或财富来分开，因为一旦人民普遍失去对权威的尊敬，整个政府就会垮台"[64]，还将其观点扩展至攻击整个启蒙运动的根基。"一个贵族所能犯下的最大罪行，"德迈斯特写道，"就是攻击基督教的信条。"[65]

对旧有偏见的挑战将会引发被剥削阶层对主人的挑战,德迈斯特并非唯一一位作出这种警告之人。吉本如今看到了他在《罗马帝国衰亡史》中猛烈抨击的荒谬的基督教信仰。他提及"将古老的迷信暴露在盲目且无知的大众蔑视之下的危险"[66]。

不仅是革命,就连启蒙运动的基础都遭到攻击——随着革命军不断前行,整个欧洲的皇室和贵族惧怕得瑟瑟发抖,对启蒙运动的攻击也日益加强。他们转向反启蒙主义信仰,将其作为在民众中反理性传播的堡垒,采用最残酷的手段来镇压那些试图延续启蒙主义传统的人们。

反理性运动浪潮在革命理想逐步破灭的过程中得到了进一步加强:1789年带来的希望被第二波恐怖统治所打击,在"热月政变"后变了味道,更于拿破仑称帝后绝望地彻底坍塌。失望的人们变得愤世嫉俗,甚至暴躁不安。柯勒律治于1797年写道:"所有时代和所有形式政府下的统治者都是一丘之貉。"德国诗人荷尔德林暗示道,会有一个更好的世界这一希望本身就是一种罪恶:"将国家变为地狱的正是那些企图将它变为天堂的人们"[67]。就连那些拒绝背叛1789年希望的人们也基本上放弃了与旧秩序的直接冲突。对那些提倡盲目信仰宗教神话和君主制幻想的人们来说,他们的阵线越来越开放。

然而,仅仅是在五十年前,休谟还只能公开发表略表怀疑的观点;雪莱由于为无神论辩护,18岁就被赶出牛津大学。伏尔泰揭露了《旧约》中的荒谬之处,但是直至1840年代,大卫·施特劳斯等人才重新开始对圣经进行批判。18世纪,法国的布封和拉马克及英国的伊拉斯谟斯·达尔文,开始发展物种或许发生着不断进化的理论。但直至1830年代和1840年代,伊拉斯谟斯·达尔文的孙子查尔斯·达尔文推迟了二十年,才向世界公开宣布自己也相信物种进化,并提出一种物种进化的新理论，借此可以说明物种演进的过程。[68] 苏格兰启蒙思想家亚当·斯密和亚当·弗格森，对人类社会从狩猎采集社会如何发展至今给出了复杂精密的系统解释。但是，那些将人类社会视为神赐、只是简单重复《国富论》只言片语的人们显然已经忘记了这些。看上去就像是，人类思想的精华在长达五十年的时间里突然被冰封了一样。

不过，从启蒙运动发展到反启蒙运动的蒙昧主义，并不是事情的全部。数学、物理和化学领域依然取得了许多进展，这是由于受到广泛蔓延的工业和战争需求的刺激和鼓励。工业家寻求利润的方法，与地主从高额地租中获取财富的方法相冲突，这令英国的大卫·李嘉图进一步发展了亚当·斯密对资本主义的理解。德国哲学家黑格尔综合研究了许多启蒙思想的真知灼见，梳理出一部人类知识发展的概论，虽然他将人类知识的发展与支撑这种发展的物质基础完全割裂开来。沃尔特·司各特、巴尔扎克、司汤达和简·奥斯汀，将小说这种文艺形式发展为一种文学的理想工具，用来表达中产阶级在崛起的资产阶级世界中的困境。文学、音乐和艺术中的"浪漫主义"，重在歌颂人类的情感，而非理性。这常常导致对所谓的"黄金"蒙昧主义过往的赞美，但在还未彻底抛弃封建残余的社会中，这也会带来对人民反对专制和压迫传统的颂扬。圣西门、傅立叶及英国成功的工业家罗伯特·欧文等几位"乌托邦"思想家，勾绘了如何更好地组织社会的蓝图，虽然他们无法指出有哪个阶层能将这些蓝图转化为现实。这需要新一代——诞生于1810年代末和1820年代初的人们——在启蒙思想和早年革命岁月中积累的遗产基础上去加以构建。但在此期间，尽管君主制不断尝试复辟，想要回归18世纪的生活模式，这个世界依然发生了剧烈的变化。

第五章
工业革命

1815年，工业家和未来的社会主义者罗伯特·欧文曾这样写道："在我位于新拉纳克的工厂，由两千名年轻人和成年人监管着的机械动力操作……如今能够完成六十年前需要苏格兰整个国家的工人去做的工作。"[69]

欧文或许在某种程度上略有夸张，但他大声说出了一个重要事实。自从一万年前人类社会从狩猎采集社会初次转入农业生产以来，人类生产的规模和方式从未像此时这样，发生着如此重大的变化。最初，变化集中发生在英格兰的北部、苏格兰的低地地带和比利时的部分地区。然而，巨变很快就传播到了各地。

与这些重大变化相伴而来的是一系列联系紧密的发明和创新，包括复杂机械的使用；用硬质钢代替木头、容易弯曲的黄铜或容易折断的铸铁来制造工具；用煤炉代替炭炉来熔断炼钢，因为当地的森林几乎被砍伐殆尽，所以必须取缔炭炉炼钢；燃烧煤炭，通过蒸汽发动机来提供新型的巨大动力，转动机器。

新机器、新冶金技术和新能量来源的结合，不可估量地大大提升了人类的生产力。它们还极大地缩小了从一地旅行到另一地的时间和货物运输的时间。

18世纪末，从波士顿到费城需要耗费两周时间才能抵达，轮船有时不得不在港口停靠两周甚至更长时间，只为等待风向转变，以利于航行；依然时常发生饥荒，因为粮食从一地运到另一地总是会遇到很多困难。早在三千年前，有轮交通工具就已出现在欧亚大陆和非洲，但却无法将其应用在崎岖不平和松软潮湿的地势上。与马车相比，骡队是更加重要的运输货物方式。在欧洲泥泞的道路上，中间都筑起矮石墙，令骡子和马匹更容易通过，但对车厢来说就行不通了。在莫卧儿印度，大宗货物的陆路运输依靠大量公牛群，每只公牛背上都绑着包裹。[70]

劳工大军使用相对便宜的钢镐和铁铲，开凿运河，修建连接主要城镇的第一批结实平整的大路。煤矿主发现，借助在轨道上运行的槽轮，能够加快运煤的速度——最初使用的是木质槽轮，但很快就改造成铁质槽轮。工程师们使用蒸汽发动机为轮船、铁路和工厂提供动力。1830年代，第一辆载客火车从曼彻斯特开往利物浦。[71]人类突然之间就能以过去无法想象的速度移动。一座城市生产的货物，只需几个小时而不是几天，就能出现在另一座城市。将军队在一夜之间就从国家的一端开拨到另一端，已经是一件非常可能的事情。

农业也处在加速变化之中，大不列颠通过圈地运动最终消灭了农民，普遍采用上个世纪的新作物和新种植方法：萝卜、马铃薯、小麦（取代了大麦或燕麦）及新禾本科植物，以及更加高效的犁和改进的作物轮种。其结果，在促进食物产量增长的同时，也迫使空前众多的人民不得不作为雇佣劳工去寻找工作机会，他们不是在资本主义农场中辛苦劳作，就是在新产业中挥汗如雨。

新型阶级

数以百万计人民的工作和生活都发生了巨大的转变。他们开始以历史上前所未有的规模，蜂拥进入城市和乡镇。只要工业依赖木炭为燃料、以水和风作为动力，那么大部分工业也就只能局限在乡村地区。是煤炭和蒸汽机改变了这一切。拥有巨大烟囱的现代工厂开始统治兰开夏郡的曼彻斯特周边，以及苏格兰的格拉斯哥的天际线。到1830年代，英国成为当时世界上城市化程度最高的国家。1750年，只有伦敦和爱丁堡这两座城市的居民人口超过五万人。1851年，人口超过五万的城市达到二十九座，而且大部分民众都生活在城镇中。[72]

向现代工业化生产的转变并非即时发生。就像在当今许多第三世界国家，主要的工业增长伴随着以"血汗劳工"为根基的小型工业的大规模发展。英国工业革命最初根植于纺织业和采矿业。但在纺织业中，棉纺主要集中在工厂，大量雇用妇女和儿童，而编织则依然由乡间地区的手织机工人完成。他们的数量大幅激增，许多前工业化城市贸易中的雇佣者也是急剧增加。与此同时，采矿业的劳动大军日益膨胀，他们通常集中在河道、运河或铁路线旁的乡村，而非城镇中。

随着人们日益依赖与资本家阶层建立金钱关系来谋生，人们的生活发生了翻天覆地的变化。独立手织机纺织工人在 1790 年代人数不断增长，但是到了 1840 年代，在使用动力织布机的新工厂竞争下，他们已经成为一群茕茕独立、几乎难以维持生计的群体。

长期以来，经济史学家围绕人类的"生活水平"问题：人们进入工业社会和城市生活后其生活状况是否反而发生了恶化，一直争论不休。然而，大部分探讨都没有触及问题的关键。人们之所以会搬到城市生活，就像今天搬到第三世界国家城市孟买或雅加达的人们那样，是因为这看起来是在乡间生活的可怜人唯一的选择。然而，城市却无法给人们提供一个安全舒适的未来。今天的人们或许还能幸运地拥有某种技能，可以靠出卖劳动力换取生活，但他们很快就会发现，这些技能到了第二天就会变得过时多余，不再被需要——就像昔日手织机工人的悲惨遭遇。18 世纪早期的乡村经济变化相对缓慢而痛苦。但在 19 世纪的城市经济中，变化却是无比迅猛且具有灾难性。生产是为了满足市场需求，而市场则能以令人惊讶的速度扩张和收缩。在经济繁荣期，人们会抛弃旧行当和乡村的家，被城市里看上去"容易赚取的快钱"所诱惑。在经济衰败期，人们会发现自己举步维艰，再没有丁点儿哪怕贫瘠的土地傍身，一旦失去工作，就会再也没有食物来源。

部分新产业工人的确能够获取技能，暂时稳定住其社会地位。但即便这样，他们也不得不与雇主恶化工人生存条件的企图进行激烈斗争，尤其是在经济衰退时期，或者是可利用的新技术涌现出来的时候。而且总是会有相当数量的城市人口处于"赤贫"状态——由于体弱多病、年纪太老或毫无技能，他们甚至无法进行半持久性的工作。

新劳动力是巨额财富的来源。但这都是别人的财富。即便统计学家声称大多数劳工的生活水平有所提升，但他们也认同：劳工生活水平的提升根本无法与巨大的生产进步相匹配。新工人阶层的生活仅能维持在生存线上下浮动，他们不得不在某种程度上与简·奥斯汀小说中那些大享珍馐美酒、打猎聚会、在美丽的花园里啜饮一杯茶的人物抗争。1815 年后的饥饿岁月，令全国总产量的 12% 都流入了国债持有者的腰包。

而那些依靠剥削"血汗工人"维生之人发现，面对新涌现的劳动力大军，持续存在着一个难以解决的问题：怎样才能让工人按照雇主的意愿工作？乡间劳工习惯于按照季节节奏安排劳动，短时间高强度的劳动与长时间的休憩机会相结合。如果可以的话，他们不仅要在星期日休息，而且星期一（在英国被称为"懒散星期一"，在德国被称为"忧郁星期一"）也不愿工作。对工厂主来说，如何打破这种习惯的确令人困扰。机器必须从日出到日落始终转动，当煤气灯被发明出来后，夜里的时间也开始用来工作。工厂里的钟每一下摆动都在说着："时间就是金钱。"[73] 人类的天性必须改变，直至人们开始认为在一间看不到太阳、树木、花草，听不到鸟鸣虫叫的封闭房间里度过整个白天，也没有什么奇怪的。

拥有财产的阶层认为，所有试图减轻贫困的举措，都会给新行业和新规则造成破坏。如果穷人不工作就能获得收入，他们就会变得"游手好闲，拖沓懒散，满嘴胡言，毫无价值"，失去"所有的谨慎、自尊和自持"，发展出"懒惰和不顺从的精神"。[74]

托马斯·马尔萨斯非常便利地给出了"证据"，证明穷人的生活水平无法得到改善。马尔萨斯认为，穷人孩子的增多导致其生活条件日益恶化。让－巴蒂斯特·萨伊将亚当·斯密的思想写成通俗读物，也"证明"了失业在真正的自由市场中是不可能发生的事情。如果一个人无法找到工作，那就说明他索要的工资高于市场能够承受的水平。贫穷救济成为缓冲贫困的工具，只是鼓励了这种灾难性的做法。唯一能够对付贫困的办法就是，让穷人更穷！条件是这些"身体强壮"的失业者必须去做任何事，而不是申请救济。1834 年，大不列颠通过的《济贫法修正案》开始确立这些标准，对那些准备待在如同监狱一般的济贫院（昵称"巴士底狱"）里的人们实行限制救济政策。

随着工业化的发展，不仅劳动大军的实际生活发生了剧烈的改变，他们的心态和思想也发生了剧变。在拥挤的卫星城中心的生活，缔造了与隔绝乡村中截然不同的心态。这种心态带来了孤独绝望，还有贫穷。但是，随着人们发现自己史无前例地与其他遇到同样问题、处于同样境地的伙伴生活和工作在一起，同等的生活境遇催生了同一阶级群体之间的新情感。而且，这样的生活方式令人们能够认识更加宽广的世界，而非仅仅将眼光局限在狭隘的农村。与农民前辈相比，工人更加希望能够掌握读写技能，通过读写来了解遥远的地方和那里发生的事情。

工作的新世界开启了家庭的新模式，女性的地位也因此发生了剧烈的变化。农夫的妻子始终承担着生产的角色，但是通常都要屈从于丈夫，丈夫在家庭外与社会的交流过程中担当主要角色。相比之下，工业革命的第一波潮流则由几十万聚集在工厂里的女性（和儿童）推动完成。生产条件非常恶劣——恶劣得以至于许多女性都梦想着可以早点找到一个男人，能将她从满头大汗的体力劳作和照顾孩子的双重剥削中解放出来。但在人类历史上，第一次，女性也拥有了属于自己的金钱财产，以及独立于丈夫和情人之外的一定独立权利。兰开夏郡的"磨坊女孩"由于敢于维护自己的权利而名声大噪，巴黎东端的女工由于常常嘲笑和挑战士兵而变得人人皆知。在发生了彻底改变的生产中，资本主义也开始推翻数千年来压迫女性的思想。

客体与主体

工业领域的新工人阶层并非只会默默地忍受痛苦。事实表明，很快他们就会予以反击。17 世纪和 18 世纪，城镇和城市中的某些手工业贸易呈现集中化发展，通过英国革命中的学徒和雇工、美国革命中纽约和宾夕法尼亚的"技工"，以及最重要的法国大革命中的无套裤汉等角色，新工人阶层表达出了自己的意愿。如今人们以前所未有的集中程度聚集在工作场所，从而为他们发展出比历史上所有反抗剥削的行为都规模更大、力度更强的抵抗行动，提供了可能性——这种抵抗鼓励反对现存整体社会的思想的发展。

1796 年，激进派活动家约翰·塞沃尔凭借观察，预测出了未来的样子：

> 垄断，及少数几个人手中积累骇人听闻的资本……使这些罪恶内部孕育出消除罪恶的种子……不管什么把人们聚集在一起……虽然有可能滋生堕落，但它却有助于传播知识，并最终能促进人类的自由。因此，每一个大工场和制造厂都是一个政治协会，议会的法案不能使它沉默，地方的官员不能将它解散。[75]

他的预言在二十年内就得到了证实。在大不列颠，新一波骚动断断续续地兴起，一直持续到拿破仑战争末期。这场运动比此前任何一次示威浪潮波及的范围都要更大，并维持了更长的一段时间。这场运动源于多种思潮，参与者包括继承了 1790 年代社会运动的伦敦激进派手工业者；强烈反对提高机械化水平的"卢德分子"制袜工和织工，由于引入机械制作，他们的工资被迫下滑；还有熟练技术工人、棉纺织工和农场劳工工会（其"托尔普德尔殉道者"领袖被驱逐至澳大利亚）。斗争先后经历了不同的阶段：破坏机器、展开与1819年曼彻斯特被上流社会军队攻击的"彼得卢事件"般的示众游行、大型罢工、1830—1832年间与中产阶级一起为选举权举行起义、1834年后进攻济贫院、在控制工人阶级社区的警局门前示威。这些反抗运动锻炼了一系列前仆后继的工人领袖，那些领袖组织、煽动和宣传工人运动，在某些情况下还将亚当·斯密和大卫·李嘉图的部分思想转化为反对资本家的武器。工人运动还拥有自己的报纸，如《黑侏儒》和《穷人卫报》，这些报纸的创办人不断鼓励反抗运动，挑战资本家和地主，并因此而反复身陷囹圄。

宪章派

1830年代，反抗运动的各个支流汇集成河，掀起了宪章运动。这是世界历史上从未有过的一幕：在这场人民运动中，劳工维持着社会的发展，运动由下层民众组织，不是一次性的暴乱或暴动，而是一个持久性的组织，拥有自己的民主结构。宪章运动的主要报纸《北极星报》于1837年在利兹正式发行，其发行量很快就与统治阶层的主流报纸《泰晤士报》相媲美，每个工业区的工厂和酒吧里，都有人把《北极星报》上的文章大声念给不识字的工人听。

英国学校里讲授的英国史，经常是将宪章运动视为一个小型运动,并咒骂它最终的失败。但实际上,宪章运动是英国19世纪规模最大的人民运动。它成功地三次迫使统治阶层陷入恐慌。1838—1839年,几十万人参加民众集会,倾听和探讨宪章计划;数万人开始操练,期待民众起义;政府非常担忧,向工业区派出了军队;南威尔士的纽波特还筹划举行武装起义。[76] 1842年,历史上第一次工人大罢工发生在兰开夏郡,工人们从一家工厂开进到另一家工厂,扑灭熔炉,运动迅速蔓延开来。[77]在英国工业衰退、爱尔兰饥荒及整个欧洲革命形势的激励下,工人运动终于在1848年掀起了高潮,广大工人做好了再次反击的准备。然而,他们的希望破灭了。国家机器依然坚固,社会地位较为低下的中间阶层成为国家政权的支撑力量,宪章运动的领袖摇摆不定,令伦敦南部肯宁顿聚起的十万名工人的愤怒情绪消散了——不过这发生在政府将半个伦敦都变成武装军营之后。[78]

与历史上所有活跃的政治运动一样,宪章运动也混合了各种持有不同思想的群体。宪章运动的正式章程《大宪章》,是建立在实现普遍男性公民选举权和每年召开议会这两项权利诉求基础之上具有深远意义的民主改革之一,而非仅仅是经济层面上的社会重组。宪章运动的领袖也分为不同派别,有些派别相信用"道德力量"争取统治当局,有些派别信仰用"实际武力"征服现存统治者。但即便是武力派,也不知道如何才能实现目标。历时十多年的宪章运动发展史,表现出非常激进的特点。资产阶级还没有完成在欧洲大部分地区彻底清除封建主义残余势力的战斗。但它已经创造出一个新的被剥削阶级,这一被剥削阶级将法国大革命的革命语言,转变为反对资产阶级的号角。

对世界历史而言,这一转变与已经发生的法国革命和工业革命同等重要。英国工业资本家的成功,激发全世界纷纷效仿。还在1789

年前，法国和德国南部就已出现了一些新工厂。如今，不仅这两个国家浮现出工业之岛，在意大利北部、加泰罗尼亚、波西米亚、美国北部，甚至是在俄国乌拉尔和尼罗河流域也出现了工业发展的迹象。到处都在竖起新工厂的烟囱，滚滚浓烟喷吐而出，工厂里汗流浃背劳作的工人们的愤怒也同时迸发出来。时隔三十五年之后，巴黎民众于1830年再次涌上街道。波旁王朝国王查理十世的顾问觉得只有一种方法能够阻止革命，那就是劝说国王自我流放，将王位禅让给"资产阶级君主"：奥尔良的路易·菲利普。这一方法后来被证明是成功的，但是社会地位低下阶层展现出的强大力量，促使欧洲其他地区也都迅速掀起了起义浪潮——然而，除了比利时逃脱了荷兰的控制、在英国的保护下得以独立之外，其余的起义尝试都以失败告终。

  法国诗人兼历史学家拉马丁评论道："如果社会和政府不去探索和解决无产阶级问题，就会使这个问题成为当今社会中最可怕的爆炸性问题。"[79] 十八年后，拉马丁的预言被证明准确无误，整个欧洲都被革命的激情所撼动，拉马丁本人也享受到了短暂的荣光。

第六章

马克思主义的诞生

"一个幽灵,一个共产主义的幽灵,在欧洲游荡。"历史上最具影响力的小册子的前言就是如此开篇的。两名被流放到巴黎的德国人于1847年底完成了这篇《共产党宣言》。它预测革命会立即爆发,而第一版《共产党宣言》的墨迹还未干,欧洲革命就如火如荼地现形于世。但是,仅凭这一点还不能彻底解释这部很快就被译成各种欧洲语言作品的巨大影响力。令当时读者着迷和惊叹(直至今天依然如此)的,正是作者如何在区区四十页的篇幅内,将新工业资本主义社会的兴起,置于整个人类历史的发展进程中进行考察。这篇宣言指出,资本主义社会与此前出现的其他社会形态一样都是短暂的,解释了在资本主义社会中始终激烈纠缠的阶级冲突,自从资产阶级还没有完全消灭旧封建秩序之时便已开始。

《共产党宣言》的作者恩格斯和马克思都是极具能力之人。但是，他们并非仅仅依靠自身的天赋才华（凭借犹如柏拉图或亚里士多德、孔子或佛、大数人扫罗或先知穆罕默德、伏尔泰或卢梭般非凡的能力，确保他们在人类历史上拥有属于自己位置的才华），就完成了这部对人类历史产生了巨大影响的作品。他们生活的地方和所处的时代，正是这一历史发展时期所有矛盾冲突集中之处，通过利用他人无法利用的工具（借助思想传统和科学进步），使得他们不仅能够感受，还能解释这些社会矛盾冲突。

　　马克思和恩格斯都来自普鲁士莱茵兰地区的中产阶级家庭。马克思的父亲是一位经济宽裕的政府官员，笃信新教，但拥有犹太血统并以犹太人的方式教育子女。恩格斯的父亲是一位生意兴隆的制造商，在莱茵兰地区和英国曼彻斯特都拥有工厂。在1830年代和1840年代的莱茵兰地区，这样的背景并不意味着对社会规则的顺从。当地资本主义的发展比德国其他地区更加发达，在此前被法国占领的几年间，已经彻底扫清了封建社会的残余力量。但是，统治这片土地的普鲁士君主制力量依然强劲。即便如此，就是在年纪较大的中产阶级人士中，也都心存"改革"欲望，希望借助改革甩掉沉重的负担，而在年轻一代中产阶级人士心中，这种欲望则转变成了激进主义思想。

　　与欧洲大部分地区一样，整体上，德国在19世纪最初十年间也经历了一段思想上的激荡期。德国最著名的哲学家黑格尔为其通过历史演进的人类精神的旧有信仰裹上了神秘主义的宗教外衣，颂扬普鲁士国家的美德（至少赞美了1820年代建立在"等级"社会基础上的宪法）。但在1830年代和1840年代初进入大学接受教育的新一代群体中，则产生了向启蒙思想甚至是法国大革命早期思想回归的潮流。布鲁诺·鲍威尔等"青年黑格尔派"，将黑格尔万事万物通过矛盾发生改变的观点，转变为对德国社会现状的自由主义批判。大卫·施特劳斯深入发展了伏尔泰对《旧约》的批判，向《新约》提出质疑。费尔巴哈接受了霍尔巴赫和爱尔维修八十年前详细阐述的唯物主义哲学。卡尔·格律恩号召所有阶级的开明人士、"真正的社会主义者"团结在一起，创建一个比封建主义和资本主义都更好的社会，并赢得了众多信徒。

身处试图与陷入过去和现在之间的社会达成和解的时代，马克思和恩格斯是这一时代不可或缺的人物。他们研究黑格尔，探索费尔巴哈的观点，钻研爱尔维修和霍尔巴赫的思想，琢磨施特劳斯对宗教的批判。但是，他们的思想要更进一步。马克思和恩格斯还与新生的工业资本主义（正在对社会进行初次且有限的侵袭）发生了正面冲突。恩格斯被父亲派到曼彻斯特协助管理工厂，因此亲身经历了德国自由主义思想承诺的光明未来，与英国工业革命中工人实际艰难生活之间的冲突——他在《英国工人阶级状况》中详细记载了这些亲身见闻。恩格斯还与那些正在与痛苦现实奋力抗争的工人们会面。1842年大罢工后，恩格斯来到曼彻斯特加入了宪章运动。[80] 这令他能直接接触到罗伯特·欧文著作中对资本主义的"乌托邦社会主义"批判，并对用以证明现存体制合理性的"政治经济"进行批判研究。[81]

在完成了以古希腊原子论哲学为题目的博士论文之后，24岁的马克思成为一家新近创建的自由主义报纸《莱茵报》的编辑。这份工作直面普鲁士新闻审查体制造成的冲突（六个月后《莱茵报》就被政府查封），令马克思第一次开始思考（就像他后来解释的那样）"物质问题／唯物主义问题"。他写道，贵族将农夫从森林中搜集柴火的传统视为"盗窃"，这令他开始深思何为财产及财产从何而来。马克思被放逐到巴黎，他在那里批判阅读了黑格尔的《法哲学原理》，书中将君主制的强迫视为团结原子论社会的唯一方法，这令马克思认识到，仅仅凭借一部自由主义宪法根本无法为人民带来真正的自由。马克思开始对政治经济学进行深入严肃的研究，尤其是钻研了亚当·斯密和大卫·李嘉图的思想，并在一篇未发表的手稿中总结了资本主义的性质。[82]

异化

马克思写道，亚当·斯密、大卫·李嘉图及其后继者们描述的体制，令人民的生活依赖市场的运作。但是，市场本身就是人民劳动力产品之间的相互作用。换句话说，人民成了自己过往行动的囚徒。费尔巴哈曾经描述过，人们崇拜上帝，不过是创造出自己本质的"异化"。马克思将同样的词汇"异化"，应用到了对资本主义市场的分析之中：

> 劳动所生产的对象，即劳动的产品，作为一种异己的存在物，作为不依赖于生产者的力量同劳动相对立。劳动的产品就是固定在某个对象中、物化为对象的劳动，这就是劳动的对象化。劳动的实现就是劳动的对象化。在被国民经济学作为前提的那种状态下，劳动的这种实现表现为工人的失去现实性，对象化表现为对象的丧失和被对象奴役……
>
> 工人生产得越多，他能够消费的就越少。他创造的价

值越多，他自己就越没有价值、越低贱……机器代替了手工劳动，但是使一部分工人回到野蛮的劳动，并使另一部分工人变成机器……劳动生产了智慧，但是给工人带来了愚钝和痴呆……劳动为富人生产了奇迹般的东西，但是为工人生产了赤贫。劳动创造了宫殿，但是给工人创造了贫民窟。劳动创造了美，但是使工人变成畸形……工人只有在劳动之外才感到自在，而在劳动中则感到不自在；他在不劳动时觉得舒畅，而在劳动时就觉得不舒畅。[83]

马克思的结论是，工人只能通过"共产主义"团结起来，夺取生产过程的控制权，才能克服这种不符合人性的生活。人类的自由不能只靠区区几次政治革命推翻封建主义残余（自由民主派人士经常这样说），而是需要发动社会革命来建立"共产主义"社会。

马克思和恩格斯共同努力，通过在巴黎和布鲁塞尔参加被放逐的德国社会主义者群体活动，为他们新形成的思想填充实践内容。加入被放逐的技工组织"正义者同盟"后，他们的活动达到巅峰，该组织很快就更名为"共产主义者同盟"——两人接受委托为其撰写了《共产党宣言》。

在此期间，马克思和恩格斯一直都在发展共产主义思想。在《神圣家族》和一篇未曾公开发表的手稿《德意志意识形态》中，他们批判了黑格尔左派：后者从启蒙运动中继承思想，相信通过理性对抗迷信，就能带来社会变革。两人利用费尔巴哈的唯物主义思想工具来达到这一目标，但在这一过程中又超越了费尔巴哈。费尔巴哈将宗教视为人性"异化"的表达，但他并没有提出疑问：为何会发生这种异化？马克思和恩格斯将这种"异化"追溯到人类世代的不断努力，与自然角力谋求生路，以及由此带来的人类彼此关系的变化。他们认为，费尔巴哈的唯物主义忽略了人类在不断变化的外部世界中担当的角色，以及由于外部世界而发生的不断变化。他们认为，这种"辩证的"相互作用，提供了一种历史唯物主义阐释。他们将辩证方法与对政治经济的批判结合起来，在《共产党宣言》中考察了历史和社会的全貌。

这里不是我们对马克思和恩格斯的思想详加讨论之处，尤其是考虑到整本书都尝试以他们的思想为基础来阐释人类的历史发展。但是，一些特定的重要论点依然有必要在此明确一下。

新的世界体系

马克思的思想经常被认为已经过时，因为他的著作都成书于一百五十多年前——尤其是对那些简单读过亚当·斯密的《国富论》（出版于马克思出生四十多年前）就将其视为马克思思想基础的人们而言。然而，《国富论》写就时，工业资本主义还仅仅局限在欧亚大陆西部边缘的小部分区域，而《共产党宣言》则作出了资本主义将会传播到全世界的预言——我们今天所称的"全球化"：

> 不断扩大产品销路的需要，驱使资产阶级奔走于全球各地。它必须到处落户，到处开发，到处建立联系……资产阶级，由于开拓了世界市场，使一切国家的生产和消费都成为世界性的。使反动派大为惋惜的是，资产阶级挖掉

了工业脚下的民族基础……过去那种地方的和民族的自给自足和闭关自守状态,被各民族各方面的互相往来和各方面的互相依赖所代替了……

> 资产阶级,由于一切生产工具的迅速改进,由于交通的极其便利,把一切民族甚至最野蛮的民族都卷到文明中来了。它的商品的低廉价格,是它用来摧毁一切万里长城、征服野蛮人最顽强的仇外心理的重炮……它迫使一切民族——如果它们不想灭亡的话——采用资产阶级的生产方式……一句话,它按照自己的面貌为自己创造出一个世界。

如果上述段落受到批判的话,并非由于它们已经过时,而是由于马克思描述的这一过程在他写下这些文字时尚处于萌芽状态。今天的世界,要比1847年的世界更像马克思描绘的图景。

马克思和恩格斯继而开始讨论"异化"这一主题,并以更加简明的语言呈现如下:

> 在资本主义社会,活生生的劳动力只是增加积累的劳动的工具……过去主宰着现在……资本是独立的并且拥有特性,而劳动力则是依附的,失去了特性。

这注定了资本主义社会本身的

> 生产关系和交换关系,资产阶级的所有制关系,这个曾经仿佛用法术创造了如此庞大的生产资料和交换手段的现代资产阶级社会,现在像一个魔法师一样不能再支配

自己用法术呼唤出来的魔鬼了……只要指出在周期性的重复中越来越危及整个资产阶级社会生存的商业危机就够了。……在危机期间，发生一种在过去一切时代看来都好像是荒唐现象的社会瘟疫，即生产过剩的瘟疫……仿佛是一次饥荒、一场普遍的毁灭性战争，使社会失去了全部生活资料；仿佛是工业和商业全被毁灭了。这是什么缘故呢？因为社会上生活资料太多，工业和商业太发达……资产阶级用什么办法来克服这种危机呢？一方面不得不消灭大量生产力，另一方面夺取新的市场，更加彻底地利用旧的市场。这究竟是怎样的一种办法呢？这不过是资产阶级准备更全面更猛烈的危机的办法，不过是使防止危机的手段越来越少的办法。

马克思和恩格斯在《共产党宣言》中只能粗略地概述资本主义的危机及其长远命运。马克思审慎严谨地阅读了资产阶级政治经济学著作，并对世界上第一个实现工业资本主义社会的英国进行了集中的实证研究，将余生大部分时间都奉献给了详细阐释资本主义的逻辑，阐释一个建立在异化劳动循环和积累之上的世界是如何运行的。[84]

马克思和恩格斯将资本主义和人类此前的社会形态做了重要对比。之前的统治阶级寻求实施保守主义政策来推进统治。但无论资产阶级如何将保守主义措施视为政治和思想上的选项，资本主义社会的经济发展动力都在不断削弱保守主义：

资产阶级如果不使生产工具经常发生变革，从而不使生产关系，亦即不使全部社会关系经常发生变革，就不能生存下去……生产中经常不断的变革,一切社会关系的接连不断的震荡,恒久的不安定和变动——这就是资产阶级时代不同于过去各个时代的地方。一切陈旧生锈的关系以及与之相适应的素被尊崇的见解和观点,都垮了;而一切新产生的关系,也都等不到固定下来就变为陈旧了。一切等级制的和停滞的东西都消散了,一切神圣的东西都被亵渎了,于是人们[85]最后也就只好用冷静的眼光来看待自己的生活处境和自己的相互关系了。

工人与新体系

除了资本主义之外,《共产党宣言》中也强调了其他内容,包括从资本主义社会中崛起的工人阶级:

> 随着资产阶级即资本的发展,无产阶级即现代工人阶级也在同一程度上得到发展;现代的工人只有当他们找到工作的时候才能生存,而且只有当他们的劳动增值资本的时候才能找到工作。这些不得不把自己零星出卖的工人,像其他任何货物一样,也是一种商品,所以他们同样地受到竞争的一切变化、市场的一切波动的影响。

由于资本主义本身的持续发展,工人阶级团结起来成为能够反击资本主义的一股力量:

> 随着工业的发展，无产阶级不仅人数增加了，而且它结合成更大的集体，它的力量日益增长，它越来越感觉到自己的力量。机器使劳动的差别越来越小，使工资几乎到处都降到同样低的水平，因而无产阶级内部的利益、生活状况也越来越趋于一致……资产者彼此间日益加剧的竞争以及由此引起的商业危机，使工人的工资越来越不稳定；机器的日益迅速的和继续不断的改良，使工人的整个生活地位越来越没有保障。

在这种形势下发展出的"联合"：工会，开始将工人们组织为一个阶级。即便

> ……资产阶级生存和统治的根本条件，是财富在私人手里的积累，是资本的形成和增值；资本的条件是雇佣劳动。雇佣劳动完全是建立在工人的自相竞争之上的。资产阶级无意中造成而又无力抵抗的工业进步，使工人通过结社而达到的革命联合代替了他们由于竞争而造成的分散状态。于是，随着大工业的发展，资产阶级赖以生产和占有产品的基础本身也就从它的脚下被挖掉了。它首先生产的是它自身的掘墓人。

这些谈及大规模工业和世界市场发展的段落，是对未来发展趋势的一种预测，而非建立在对1847年欧洲准确实证研究基础上的描述——更别提非洲、亚洲和美洲了。在法国和德国，工人阶级依然是占人口总比例较小的群体，而非"为绝大多数人谋利益的绝大多数

人"（就像另一段落中所说）。即便是 1870 年的德国，在工厂工作的工人也只占总劳动人口的 10%。在 1848 年的英国，虽然工人的数量远远多于这个数字，但却依然存在着数量众多的劳动力在土地上耕种、在小型工场中流汗或充当仆人。不过，马克思和恩格斯能够清晰地看到，随着资本征服全球，工人阶级将会迅速壮大起来。

他们描绘的图景经常受到批判，因为他们假设这种增长将会是一种大工业的"无产阶级"老套路。我在本书后面的章节中，在讨论 20 世纪最后二十五年间历史的时候会谈到这一问题。应该说，尽管这可能是恩格斯在曼彻斯特及参加宪章运动的经验基础上作出的假设，但却并未铸入马克思和恩格斯的思想逻辑中。赚取工资的雇工越来越多地取代了农民或手工业者进行生产，这并不代表特殊形式的工资工人就是必需的。它所有隐含的意思，不过是前所未有的高比例的社会劳动力将不得不依靠出卖工作能力（马克思后来所称的他们的"劳动力"）来谋求生计。他们的工作条件和工资，一方面由资本的竞争动力决定，一方面则由他们反抗资本的力度决定。无论他们在工厂、办公室还是在电话中心工作，无论他们身着工装、白领制服还是牛仔服，这都不重要。看看这些观点，在一个所有类型的工人都被告知，他们的生计完全仰仗公司或国家在"全球化竞争"中取得成功的时代，我们很难从马克思和恩格斯的逻辑中挑出错误。

马克思和恩格斯在《共产党宣言》中也承认，全球资本主义依然存在着未充分发展的特性。他们写道："共产党人把自己的主要注意力集中在德国，因为德国正处在资产阶级革命的前夜。"《共产党宣言》继续写道："因为同 17 世纪的英国和 18 世纪的法国相比，德国将在整个欧洲文明更进步的条件下，拥有发达得多的无产阶级去实现这一变革，因而，德国的资产阶级革命只能是无产阶级革命的直接序幕。"

马克思和恩格斯预见到革命很快就会发生，被证明完全正确；他们预测：在即将发生的革命中，工人将会担当起比在此前任何一次革命中都重要许多的角色，这一观点也被证明完全正确。不过，他们无法预见的是，资产阶级如何应对工人这一愈发重要的角色。

第七章
1848 年

这天下午,我在巴黎市内到处游荡。这一天发生的事情里,有两件事给我留下了深刻的印象。第一件,是在革命中体现出来的民众性和革命带给真正的人民(即依靠自己的双手生存的人)的压倒其他阶级的绝对权力;第二件,是革命中摇身一变掌握了政权的下层平民表现出仇恨的激情……

在这一天里,我没有遇到一位旧权力机构的工作人员,也就是说,我不仅没有遇到警察和宪兵,连国民自卫军士兵也没有遇到。在公共场合站岗的是拿着武器的普通群众,他们既承担了保卫工作,也承担了指挥和实施处罚的工作。巴黎这座拥有巨大财富的城市落到了一无所有的人手中。[86]

这是法国历史学家阿历克西·德·托克维尔大约写于1848年2月25日左右的文字。法王路易·菲利普刚被废黜并逃离法国。共和党学生和部分中产阶级发起示威游行，在外交部门外与警察发生了冲突，点燃了巴黎东部地区更加贫苦民众的革命热情——这里是五十年前大革命中无套裤汉起义的中心。人群高歌着"革命万岁"冲进军队行列，将宫殿和议会大楼挤得水泄不通。反对派政治家勉强凑成了以拉马丁为首的政府。为了确保获取民众支持，他们将社会主义改革家路易·勃朗吸收到内阁中，并在人类历史上第一次在内阁中吸收了一名体力劳动者：工人阿尔贝。

法国发生的革命向欧洲所有君主的统治丢下了一颗炸弹。瑞典已于1847年12月爆发了一场为时不长的内战，西西里岛也于1848年1月掀起了起义。继而，维也纳、米兰、威尼斯、布拉格、柏林和几乎每一座德意志公国的工业城镇和都城，都成功地举行了起义。

在每座城市中，反抗都是从自由主义中产阶级聚集起来击溃军队和警察的进攻开始，他们占领了王宫和政府大楼。1814年和1815年反革命运动的策划者梅特涅等反动派政客，如今都飞奔逃命。君主和贵族依然留守后方，不过只能在首肯自由主义宪法的前提下才能保住他们的位置。专制主义似乎在所有地方都彻底死去。激进的民主改革仿佛达成了目标：普遍的男性公民选举权、新闻自由、经由陪审团审判的权利，以及废止贵族特权和封建赋税。

但是，事情并非就此命中注定。到了夏天，君主和贵族们重拾信心。他们开始攻击民主运动，而不是向其卑躬屈膝；到了晚秋，柏林、维也纳和米兰等重要革命中心的革命运动也都相继被粉碎。1849年夏天，反革命势力再度夺取了整个欧陆。

2月和3月发动的革命之所以能够取得成功，原因在于由小商人、手工业者和工人掀起的起义，击退了君主和贵族的军队和警察武装。但是，政府和议会主要由拥有财富的中产阶级组成。在全德意志范围内（包括讲德语的奥地利）选举出来的议会，于5月在法兰克福召开会议，包含不少于四百三十六名国家官员（以行政和司法官员为首）、一百名商人和地主、一百名律师和五十名职员。[87] 这些人还没有准备好将他们的生命、哪怕是其职业生涯，投入到反抗旧势力的革命冒险中。而且他们将赋予其权力的民众视为"难以驾驭的乌合之众"，与旧有统治阶级同样可怕。

就像英国革命中的"长老派"、美国革命中纽约和宾夕法尼亚的"温和派"，以及法国革命中的吉伦特派，此时的新政府和国会议员遭遇了同样的恐惧。但是，这种恐惧的规模要大得多。没有任何一种革命的中产阶级力量，能与"独立派"或雅各宾派强迫社会其他群体按其意愿行事的力度相媲美。

整个西欧的工业发展意味着，1848年的资产阶级，要比法国革命时期的资产阶级规模更大，力量也更加强大。伴随着工业的发展，知识分子、教授、教师和公务员等中产阶级也在不断壮大，他们将英国视为经济发展的典范，将法国大革命建起的团结的民族国家视为政治典范。在匈牙利和波兰，甚至有部分贵族掀起了反抗奥地利和俄罗斯统治的国家独立运动。

但是，伴随着以宪法思想为根基、甚至具有共和意识的中产阶级发展的另一面，则是工人阶级的壮大。尽管大多数产品可能依然出自手工匠雇用几个雇工的小型工场，或者是为"外包"商人在家劳作的织工和纺纱工，但就连他们也越来越受到资本主义市场的不断削弱和征服。例如，在巴黎，

> 在手工业生产的大部分领域，对生产的有效控制都转到了组织销售和控制信贷的商人手中。置身这些贸易行业中的工人、甚至是雇用他们的工艺大师，以及工厂工人，都日益意识到外部力量在主宰着他们的生活，都在不遗余力地迫使他们变得更加高效。这些力量通常等同于"资本主义"或"金融封建主义"。[88]

在柏林、维也纳和莱茵兰地区的工业城镇中，也或多或少地发生了类似的状况。

1845年后，人民生活的痛苦进一步加剧，庄稼歉收与市场经济的高低起伏纠缠在一起，制造了一场蔓延整个欧洲的巨大经济危机：从欧洲西部的爱尔兰（由于需要出口粮食以支付租金，一百万爱尔兰人被饿死）到欧洲东部的普鲁士。饥荒、物价飞涨、大规模失业引发人民的极度不满，点燃了曾于1848年2月和3月间引发革命的星星之火。手工业者和工人加入了由中产阶级宪政派和共和党人组织的街头抗议活动，继而改变了运动的性质。德国黑森林地区等地的农民爆发起义，反抗封建赋税和贵族地主，自从1525年爆发德国农民战争之后就再也不曾出现过这种规模的起义。

这场大规模的民众暴动，令每一位资本家（不论大小）都感到不寒而栗。因为工人和农民此时已经不单是只关心民主宪法或封建特权。他们要求提高生活水平，改善生活条件，这挑战了资本家维护利润和财产的决心。拥有财富的自由主义者将会与他们的传统敌人（拥有财富的贵族和君主）握手言和，合力抵挡民众革命。

还在战斗的血迹未干之前，德国和奥地利就已出现这样的迹象。新政府将进入国民军效力的资格限定在中产阶级之列，并没有染指军官团和旧军队的改造，它与旧君主国官僚和解，命令农民停止反抗封建赋税的暴乱。柏林的普鲁士议会起草了与普鲁士国王签订的宪法协议，而号称代表全德意志的法兰克福议会此时还在为议事规则而纠结。议会既没有为人民的革命热情提供焦点中心，也没有阻止贵族的重新集结和重新武装。

六月之战

然而，决定性的转折性事件发生在巴黎。

工人和手工业者在2月推翻旧秩序的战斗中起到了关键作用，政府提出的自由民主派改革计划远远无法平息他们在经济和社会方面的愤懑不满。他们尤其提出：所有工作都必须设立最低生活保障金。

他们绝非一群毫无组织的民众。自从1830年后，致力于社会改革的俱乐部（由路易·勃朗等人领导），以及将社会需求与雅各宾派暴动主义相结合的秘密协会（由奥古斯特·布朗基领导），收获了不少追随者。人们在咖啡馆和工场里讨论他们的思想。"共和主义和社会主义报纸强调应当建立代议制政府，只有代议制政府才是结束当下不安全和贫穷的方式，这一观点越来越受到民众的吸引，因为1840年代初的繁荣已经过去，此时是一段激烈的危机时期。"[89]

2月24日至25日，在武装民众中形成的政府，无法忽视他们提出的需求。政府"在人民的压力下、就在人民的眼前"举行会议，伴随着没完没了的"游行队伍、代表团和公开声明"。[90]因此，政府制定法律，工作日时间减免一个半小时，并且承诺保障所有市民的工作机会。政府建起了"国家工场"为失业者提供工作,担任劳工部部长的路易·勃朗在卢森堡宫建立了"劳工委员会",成员"介于六百到八百人之间,包括雇主代表、工人代表、各个学派的经济学家",从而成为"一个真正意义上的议会"。[91]

最初,拥有财富的阶层不敢提出任何抱怨和意见。但是,2月24日至25日的震惊期过后,舆论风向就发生了转变。金融家、商人和工业家开始引导中产阶级舆论,将其转变为对抗"社会共和主义"。他们指责说,向工人妥协和设立国家工场(尽管国家工场实际上不比英国的劳动救济所好多少)加深了经济危机。

政府中的资产阶级共和党人也持有同样的意见。他们急匆匆地通过承认旧政权的债务来安抚金融家,向农民加税想要以此平衡财政。他们确保国民军由中产阶级掌握,征召数千名失业的年轻人加入机动的军事力量"近卫队",并将其置于自己的控制之下。他们还于4月底号召进行制宪议会的选举。这使巴黎的手工业者和工人没有时间将消息传出首都,致使那些指责向"红色"巴黎征收新税的地主、律师和牧师能够掌控农民选民。结果导致新制宪议会由几乎不加伪装的皇室支持者[92]主宰,后者随即便将两位社会主义内阁部长踢出了政府。

紧接着,政府便于6月21日宣布关闭国家工场,向失业者提供两个选择:要么分散到各个省,要么参军入伍。

至此,工人和手工业者在二月革命中取得的所有成果都被可耻地盗窃一空。他们别无选择,只能再次拿起武器。第二天,人民在整个巴黎东部地区设起了路障,竭尽全力向市中心推进。共和政府驱使军队火力全开,向反抗的市民发起了凶残的镇压——包括三万名士兵、六万到八万名国民军士兵,以及两万五千名机动近卫队[93],都置于克韦格诺将军的统领下。在四天的时间里,内战席卷了整个城市,呈现出经济状况较好、社会地位较高的西部地区对抗比较贫困的东部地区的态势。

一边是"共和政府"的支持者,包括两代王朝的君主、地主、商人、银行家、律师和中产阶级共和派学生等人。[94]

另一边是四万名起义者,"主要来自小规模城市手工贸易行业——来自建筑、冶金、制衣、制鞋和家具制造等行业,还有更多的工人来自铁路机械工厂等现代工业,以及更多无技能劳工和数量不少的小商人"[95]。每个抵抗运动的中心都被特定行业所控制:赶运马车的车夫控制了一地,码头工人掌握了另一地,木匠们则守护着第三地。正如恩格斯所说,加入战斗的不仅仅是男人。七名防御者守护在克莱里路上的路障旁,包括"两位年轻美丽的巴黎女工",其中一位身扛红旗,在独自向国民军冲去时被射杀。[96]

起义以最血腥的方式遭到镇压。国民军的军官、艺术家让-路易·欧内斯特·梅索尼埃记录道:

> 当马泰莱尔路上的路障被攻下时,我意识到这种战争的所有恐怖。我看到守卫者被射杀倒下,从窗户里坠落下来,地上布满死尸,土地被鲜血染红。[97]

死亡人数并不确定,但是有一万两千人被捕,数千人被流放到法属圭亚那。

旧秩序的回归

巴黎工人起义的失败令各地的革命敌人欢欣鼓舞。德国容克贵族俾斯麦对普鲁士国家议会说，这是"全欧洲最幸运的事情之一"[98]。在德意志王国及其公国，政府当局开始瓦解左翼势力和共和俱乐部，迫害进步报纸，逮捕起义者。在意大利，奥地利人将皮埃蒙特军打得落花流水，重新控制了米兰；而那不勒斯的国王则实行了军事统治。在与捷克中产阶级、学生和工人战斗了五天之后，奥地利将军阿尔弗雷德·温迪施格雷茨下令围困布拉格。他于10月底镇压了激烈的民众起义，占领了维也纳，杀死了两千多人，继而向匈牙利进军。一周后，普鲁士国王解散了柏林的立宪会议。法兰克福议会中的"温和"多数派对这一公开的反革命举措的反应，居然是于3月宣布普鲁士国王为德意志皇帝——在派遣军队深入南部德意志镇压正在深入发展的革命运动之前，普鲁士国王拒绝了这一提议。

1848年春天的巨大希望，到了1849年年初已被绝望所代替。然而，革命的浪潮并未就此平息。与保守派和"温和派"组织相比，民主联合会和工人俱乐部拥有的活跃会员要多得多。春天，莱茵兰地区、巴拉丁领地、德累斯顿、巴登和符滕堡的部分地区起义取得了成功，统治者仓皇逃窜，就像上年3月被赶走时那样。但是，许多人依然将法兰克福议会视为领导，而该议会则显然并未做好承担这一重任的准备。南部革命军（恩格斯是该革命军的顾问之一）在强大的武装压迫下陷入不利的防守境地，在与普鲁士军队的战斗中被击败，不得不越过边境，逃到了瑞典。奥地利皇帝得到俄国沙皇的军事支援，最终粉碎了拉约什·科苏特领导的匈牙利起义。那不勒斯国王于5月再次征服了西西里岛；在法国共和军围困三个月后，曾经控制了罗马并将教皇赶出去的革命民族主义者无法继续坚守，被迫放弃了城市。

在欧洲革命的发源地法国，中产阶级共和党人发现，击溃了工人阶级后，再也没有人来保护他们，抵抗君主专制的进攻。然而，在到底是波旁王朝继承人还是路易·菲利普的继承人应当登上王位一事上，欧洲各国君主分为两派，谁也无法说服彼此确立最后的国王人选。就在争执不下的空档期，拿破仑的侄子路易·波拿巴登上了历史舞台。路易·波拿巴于1848年末凭借五百五十万张选票登上权力顶峰——击败了只获得区区四十万张选票的中产阶级共和党领袖赖德律·洛兰和获得四万张选票的左翼革命党人拉斯帕伊。1851年，由于惧怕在进一步的选举中失利，路易·波拿巴发动了政变。第二年，他称帝登基。

马克思于1851年底得出如下结论：

> 从3月到12月……整个德意志资产阶级的历史……显示出……纯粹的资产阶级革命……在德国是不可能的……可能的，要么是封建专制的反革命体制，要么是社会共和主义革命。[99]

资本主义的发展

不管怎样，这场革命还是给欧洲带来了一些改变。在德国和奥地利，革命确保了封建赋税和农奴制的彻底终结——虽然容克地主转变成了农业资本家,而且革命几乎没有给农民的生计带来任何改善。大多数德意志公国的君主都承认宪法,保留了君主任命政府的权力,虽然议会代表大多是拥有财富的阶层,但在某些淡化处理的情况下也包括工人和农民。资本主义发展的道路已被清理干净,即便它是在君主制下的发展,后者阻止了资产阶级直接掌控国家政权。

德国也开始进行工业革命。工业以每年4.8%的速度增长,铁路工业的增速更是达到了14%。1850年后三十年间的投资,是三十年前规模的四倍。二十五年间,普鲁士的煤炭产量翻了四番,生铁产量飙升十四倍,钢铁产量的增幅更是达到惊人的五十四倍。蒸汽动力机械的增长比例达到1800%。1836年,阿尔弗雷德·克鲁伯只雇用了六十名工人;而到1873年,他雇用的工人已达到一万六千名。虽然德国的工业化起步比英国晚六十年,但却很快就追赶了上来。[100] 鲁尔区的煤矿比英国南威尔士的煤矿规模更大,范围更广;德国的化学工业发明出了合成染料,远远早于英国同行。

在这一历史时期,法国大规模工业的增长也在加速;奥匈帝国部分地区的工业增长速度相比之下虽然缓慢,但也始终处于增长之中。1860年代末的资产阶级回溯过往,虽然或许会反思为何会在1848年输掉了政治战争,但是他们在没有硝烟的经济战中却是大获全胜。在法国,他们将信任赋予了路易·波拿巴。在德国,俾斯麦在普鲁士与丹麦、奥地利和法国的战争中施行几近独裁的铁腕政策,借此建起了全新统一的德意志帝国,成为西欧最强大的国家,他们对此感到欢欣鼓舞。

意大利和匈牙利的资产阶级也从1848—1849年间的民族运动失败中恢复过来。最初,奥地利皇室继续统治着米兰、威尼斯、布达佩斯、布拉格、克拉科夫和萨格勒布。但是,民族运动远远没有被彻底摧毁。部分意大利中产阶级对民族统一展现出持续的热情,虽然罕有农民和城市贫民拥有同样的情感(只有不到4%的人口讲托斯卡纳方言,后者将要成为意大利的语言),爆发了无数次反抗那不勒斯国王和伦巴第的奥地利统治者的激烈抗争。1850年代末,皮埃蒙特国王的大臣加富尔伺机利用这种情绪。他一方面与激进的民族主义者马志尼和革命共和党人加里波第达成协议,另一方面则与英国政府和法国政府谈妥。加里波第带领一千名革命的"红衫军"登陆西西里岛,掀起了推翻那不勒斯国王统治的起义[101],并在起义成功后继续北进。皮埃蒙特国王派出一支军队向南进发,他们粉碎了被挤在其间的那不勒斯军队,而与此同时,法军则迫使奥地利军队从伦巴第撤退。加富尔和皮埃蒙特国王继而通过解除加里波第军队的武装,迫使他流亡国外;他们完善了谋略,获取了意大利南部贵族不情愿的支持——这些贵族意识到:"若想维持原状,事情必须有所改变。"[102]皮埃蒙特地区的国王成为整个意大利的国王,虽然联合王国长久以来始终处于南北撕扯的破碎状态:北方的现代资本主义不断壮大,而南部的地主则继续以一种近乎封建主义的方式盘剥农民,再加上黑手党的抢劫日盛,南部越来越陷入贫困之中。

  匈牙利的情况也差不多,它通过以上层军事力量吞并下层叛乱力量的自上而下的方式,赢得了国家独立。1860年代,在与法国和普鲁士爆发战争冲突之后,奥地利王国重建了国家体制。它组织了两套平行的管理架构:第一套政府由讲德语的人组成,对维也纳的议会部分负责,统治着奥地利、捷克、克拉科夫周边的波兰人聚集地,以及斯洛文尼亚讲斯拉夫语的人民。第二套政府由布达佩斯讲匈牙利语的人组成,统治着匈牙利、斯洛伐克、部分地处特兰西瓦尼亚地区讲罗马语系的人民、克罗地亚讲塞尔维亚-克罗地亚语的人民,以及

（与土耳其爆发战争后的）波斯尼亚。这样的政府设置令奥地利国王稳定统治长达半个世纪。

然而，欧洲两大古老的民族运动却依然完全没有取得令人满意的结果。1840年代末，爱尔兰人民看到1798年法国大革命如何兴起又破碎，激起了民族主义的复兴热情。这些年来，大饥荒迫使爱尔兰不得不从属于英国统治阶级，从而给爱尔兰经济造成毁灭性打击。一百万人民死去，又有一百万人民不得不背井离乡，导致爱尔兰人口锐减一半。就连终生致力于在"联合王国"中为爱尔兰天主教徒争取权利的著名宪政政治家丹尼尔·奥康奈尔，都不得不提出了独立问题——新一代中产阶级激进派看到了继续革命的必要性，为了独立共和国而奋战。他们试图于1848年掀起起义，但是计划被粉碎。不过从此刻起，"爱尔兰问题"就成了英国政治生活中的一个核心问题。

在欧洲的这一端，爱尔兰问题没有得到很好解决；与此同时，欧洲大陆另一端的波兰民族主义运动则在如火如荼地持续进行着。波兰贵族从不承认1790年代在俄罗斯、普鲁士和奥地利之间划分出来的波兰王国，他们在1830年代掀起了反抗俄国统治的暴动，1860年代再次起义。波兰贵族是封建主义地主，不仅包括波兰人，还包括白俄罗斯人、乌克兰人和社会阶层较低的犹太人。然而，反抗俄国沙皇的斗争导致他们与1814年后及1848年后树立的反革命统治秩序为敌，他们发现自己与整个欧洲的革命者和民主主义者有着共同的目标。对英国宪章运动的支持者、法国共和党人和德国共产党来说，波兰的战斗就是他们自己的战斗；而从贵族家庭中被放逐的波兰人，也在意大利、德意志南部、匈牙利和巴黎持续战斗着。

第八章
美国内战

1861 年 4 月 12 日，南卡罗莱纳州的志愿军在正对查尔斯顿港口的萨姆特堡向美国联邦军队开火，以最激烈的方式表达了南方蓄奴州拒绝接受林肯当选美国联邦总统和新近成立的共和党。

截至那时，几乎没有人预料到，这场意见争端竟会引发一场战争。林肯在一个月前才就任总统，而且反复重申他唯一关注的问题就是保护新近开发的西北部领土向"自由劳工"开放。林肯对奴隶制的个人厌恶，并不意味着他就支持在南部各州废除奴隶制。在 1858 年的一次辩论中，林肯坚称，"我无意干涉已经存在奴隶制的各州"[103]。他在 1861 年的竞选运动中再次重申这一观点。[104] 在南方各州组织起来试图脱离美国联邦时，大部分美国国会议员都致力于寻求一种妥协的方式，保留南部奴隶制。不论在国会中还是在北部各州的民众中，废奴主义者都只占很小的比例。充满恶意的民众驱散废奴主义集会是一件十分常见的事情，就是在废奴主义的要塞波士顿也是如此。

就在炮轰萨姆特堡三天前，废奴主义领袖还认为内战不会爆发，政府将会对蓄奴州的要求作出让步。黑人废奴主义者弗雷德里克·道格拉斯写道："所有通过武力剿灭叛乱的话语，都是喝醉了的娘们掉到沟里时的疯言疯语。触动奴隶制，就触动了我们的政府。"[105] 然而，萨姆特堡的枪声开启了美国历史上最血腥的战争——没有之一，因为就美国人的死亡率而言，这场内战的死亡人数比独立战争、第一次世界大战、第二次世界大战、朝鲜战争和越南战争加起来还要多。

不可逾越的鸿沟

这可不仅仅是误解那么简单，实际上这是一个生死攸关的大问题，是社会基本组织层面上的矛盾冲突。[106]

从反抗英国统治的美国革命开始，美国兴起了两种不同的经济组织形式，每种都是为了更好地适应不断成长的世界市场。在北方，小农、手工业者、在小工场里劳作的雇工等"自由劳工"的存在十分普遍。南部则主要是奴隶主拥有的种植园，尽管南方白人人口中的大多数仍为并不拥有奴隶的小农、手工业者或雇工。

"奴隶"地区与"自由"地区之间的对照，对美国建国初期的政治领袖来说，并非一个无法逾越的问题。这条分界线是地理上的，甚至是像杰斐逊（起草《独立宣言》并于 1800 年就任美国总统）那样的南方奴隶主也为奴隶制感到羞愧，认为奴隶制正走在灭亡的道路上。毕竟亚当·斯密早已证明，"自由"劳动力总是要比奴隶劳动力更加高效，更加有利可图。

然而，这一切都是在为了满足兰开夏郡胃口巨大的工厂而兴起的大规模棉花种植风潮到来之前的事情。1790年代，美国南方的棉花年产量只有一千吨。1860年代，这个数字已经增长到了一百万吨。成群结队的奴隶在成群结队的主人的皮鞭下劳作，成为大范围种植和采摘棉花的高效方式。截止1860年，奴隶人数达到四百万人。

然而，种植园主想要的可不仅仅是奴隶。他们还想要更多的土地，来喂饱外国市场巨大的棉花需求。当美国政府从西班牙手中买下佛罗里达、从法国手中买下路易斯安那之后，美国人得到了些许土地。他们从某些印第安部落（后者在极为凄苦的环境下被向西部驱赶了一千英里）手中强取豪夺土地，还通过美墨战争夺取了大量土地。即便如此，这些土地仍然不够。如今，他们将目光转向了密西西比河与太平洋之间的未开发土地：一片面积远远大于现有各州全部加起来的土地。

19世纪中叶，北方各州也经历了一场重大改变。欧洲贫穷土地上来的移民一波又一波，导致北方人口迅速膨胀，他们希望在这片肥沃的土地上成为小农或收入不错的雇工。反过来，不断增长的人口则为制造商和贸易商创造了不断增长的市场。新英格兰地区纺织业的产量从1817年的四百万码猛增到1837年的三亿八千万码。1860年美国的工业产量已位居全球第二，紧跟英国，但同时正在以迅猛的发展势头大步赶超。北部各州的自由人口都将西部领土视为实现他们拥有土地梦想的乐土，北部的资本家也将其视为利润巨大的潜在市场。

"交通革命"给当时的社会造成了巨大影响。运河将纽约与大湖区及中西部连接起来；通过定时往返俄亥俄、密西西比和密苏里的蒸汽轮船，中西部与墨西哥湾也连到了一起。1860 年，美国拥有三万英里铁路，超过了当时世界上所有其他国家铁路建设的总和。在美国的每个角落，从事农业生产的人们与市场建立起日益紧密的联系。过去各州之间的隔离、南北方的各司其政，很快就成为过去。

毫无疑问，到底谁才能主宰密西西比以西的土地，如今已经成为一个无法绕开的重要问题。与此同时，许多与之相关的问题也浮出水面。北方重要的工业资本家希望设立关税来保护市场和产品免受英国资本家的侵袭。然而，南部因其棉花经济与英国的棉纺业联系十分密切，故对任何自由贸易的威胁都深恶痛绝。既然如此，在联邦政府未来的政策中，到底应当保护哪一方的利益呢？

种植园主在近五十年中的最好时间里，按照自己的方法获利匪浅。1820 年的密苏里和 1840 年代的德克萨斯，都以奴隶州的身份加入联邦。1850 年代，联邦士兵以武力实施一项打击逃跑奴隶的新法律，在波士顿等北方城市抓捕逃亡奴隶，并将他们押送回南方的奴隶主人处。因而，1854 年，民主党总统和国会决定在堪萨斯和其他西部土地上（如果大多数白人定居者投票支持的话）实施奴隶制；换句话说，如果南方来的奴隶制支持者能够赶在东北部的自由人口到来之前，利用财富在这些新的土地上建起基地的话，新土地就可以成为奴隶制的乐园。

这一决定引发的震怒，并不仅仅局限在白人人道主义者和自由黑人推动的废奴运动中：此前他们已经在新英格兰得到了实质性且为数不少的支持，新英格兰地区从未出现过任何形式的奴隶制。这一决定令所有北方人都怒发冲冠（无论他们是否被种族主义思想浸染过），因为无主的西部代表着"自由土地"，承载着将土地划分为小农场、分发给新来自由移民的美好设想。不论是废奴主义者还是其他北方人都惧怕，控制了总统、国会和最高法院的种植园主，会将西部沃土收入腰包。这无疑会彻底摧毁所有希望成为小农的定居者的梦想，将工业资本主义局限在少数几个北部州内，从而令种植园主完全掌控美国政府，带来一种可以想见的可怕未来。

堪萨斯问题成为一场小型内战的背景，"自由劳工"移民与奴隶制的倡导者越过密苏里边境，展开了对抗。整个美国的意见呈现两极分化。在北方，到底是推行自由劳动力还是奴隶制的辩论，催生出了一个新政党：共和党，该党派的代表林肯于1860年参选美国总统。

对共和党的支持，跨越了阶级壁垒。由于拥有保卫西部土地成为自由劳动力天堂的共同坚定梦想，部分大商人、农民、手工业者和工人紧紧团结在一起。但这并不意味着他们就普遍反对种族主义。废奴主义者在北方拥有坚定的追随者，包括约翰·布朗的许多公开崇拜者——约翰·布朗于1859年被处死，他领导了一场既有黑人也有白人参与的起义（意在解放当地奴隶），夺取了弗吉尼亚哈珀渡口的一座联邦军械库大楼。但与此同时，也有数量不少的人们依旧持有种族主义根深蒂固的偏见。有些"自由劳动力州"否认黑人拥有选举权，还有些州甚至不许黑人在州内生活。在1860年的纽约，大多数人都把票投给了林肯，但却在公投中以2∶1的比例否决了黑人与白人拥有同样的选举权。

共和党在北方的成功，来自于他们一直把自由劳工而非种族主义甚至是奴隶制列为中心问题。林肯本人制定了这一策略，并借此在北方各州赢取了54%的选票，在全国则赢得40%的选票。在堪萨斯问题上，北方民主党人与南方民主党人的意见分歧很大，给了林肯可趁之机，最终使其得以入主白宫。

不论林肯的态度如何中立，种植园主都将林肯当选总统视为一个不得不予以还击的重大威胁。在他们看来，整个社会都陷入了危机。林肯当选总统，令这种绝望情绪命中注定般地迅速扩散开来。考虑到南方三分之二的白人并不拥有奴隶，他们或许会被在北方赢得了胜利的自由思想所俘获，奴隶主们对此更加惶恐，感到除非掀起一场暴风骤雨，否则便难以维系南方作为一个整体的利益和发展。

七个从事棉花生产的最南端的州（这些地方的奴隶人口几乎占到这些州人口的半数）宣布脱离美国联邦，并开始组建独立武装。1860年4月，他们发动了战争，攻击了萨姆特堡。他们相信（事后也被证明正确无误），战争的爆发会令其他蓄奴州加入他们的行列（七个蓄奴州中的确有四个加入了战争）。但他们还以为（事后被证明是错误的），只有一万六千人的军队可以调配的林肯政府，将会向他们的需求低头。

长期僵局

内战总是从非常规力量的小规模冲突，升级为大规模的军事战争。美国内战也不例外。

萨姆特堡受到攻击后，"北方人立刻被这一事件引发的爱国主义热情所激荡……每一座北部的小村落都召开了战争动员会"[107]。各州都争相向联邦政府允诺派出民兵军团，并征召志愿者组成新的军队。废奴主义者突然发现，他们的集会被热情洋溢的民众挤得水泄不通。"整个北部成为一个整体"，一位波士顿的废奴主义者这样报道当时的状况。"不论年轻人还是老年人，不论男人还是女人，不论男孩还是女孩,都被这种神圣的爱国激情所鼓动着……自由主义的军队向邦联各州开拔的时机已经成熟。"[108] 此时的国民情绪,犹如美国革命时期,对新思想突然萌发了兴趣。刊登废奴运动领袖兼宣传家温德尔·菲利普斯声明的报纸,售出了二十万份。[109] 弗雷德里克·道格拉斯等演说家不论走到哪里,都能遇到无数热情洋溢的听众。[110] 数量众多的听众,其中许多人此前一直认为女性参与政治讨论是一件令人愤慨的荒谬之举,如今却在入迷地聆听着只有19岁的废奴主义者安娜·迪金森激情澎湃的演讲。[111]

然而,在长达十八个月的时间里,北方在战争中的实际表现却与民众的革命热情截然相反。林肯相信,不论是错是对,面对战争,让北方人团结起来的唯一方法就是向后撤,与中庸意见达成和解。他在北方民主党人(这些北方民主党人并不反对奴隶制,但他们想要一个统一的国家)与马里兰、特拉华和肯塔基这三个边境州(这三个州奴隶主的人数相对较少,选择依然留在联邦中)进行调停。林肯在政府中任命中间温和派担任主要职务。在夏天的牛奔河战役北方军队遭遇惨败之后,林肯将统领北方军队的大权给予民主党人、南方奴隶制的支持者麦克莱伦。林肯废除了西部前线司令官弗莱蒙特曾经下达的解放密苏里所有奴隶的命令。林肯甚至还曾表示,逃到联邦军队的奴隶(被称为战时"违禁品")应当被遣返回邦联主人处——只要他们的主人并未参与任何与南方军队相关的劳作和行动。

推行温和中立的措施并无法赢得战争,这一点很快就变得非常明显。麦克莱伦的策略过分谨慎,他集中力量在华盛顿地区建起规模庞大的军队,试图直接攻破邻近的南部邦联都城里士满。这种策略只适合那种希望迫使脱离联邦的各州重回联邦怀抱,而不对南部的社会体制进行任何更改的政治图景。而就军事策略而言,这一做法却是彻底失败。战争爆发十八个月后,战线依然与战争初期几乎一样维持原地:北方军队除了在密西西比河沿岸取得些许胜利,几乎毫无进展;南方军队依然控制着如同法国那么大的大片领土。北方军队的风纪日下,绝望情绪蔓延,就连最热情的支持者也出现了胜利恐怕无望的绝望想法。[112]

但是,战争陷入僵局却为废奴主义者创造了新的听众。他们指出,南方拥有四百万奴隶为其辛苦劳作,因此才能动员更多的自由男性公民投入战争。相比之下,北方征召人员入伍却是越来越困难。他们强烈建议林肯应当通过宣布解放南方奴隶来打击南方的经济,通过招募黑人士兵来加强北方军队的力量。

废奴主义者温德尔·菲利普斯在一场著名的讲演中抨击了林肯的政策:

> 我并不是说麦克莱伦是一个叛徒;我想说的是,如果他是一个叛徒的话,他的表现就会像现在这样。里士满不用害怕,麦克莱伦不会夺取它。如果这场战争依然以这种方式进行下去,没有一个理性的目标,那它就将沦为一场鲜血与金钱的无用挥霍……林肯……是一个一流的二流货色。[113]

不情愿的革命

这番演讲引致群情激愤,人们纷纷激烈攻击菲利普斯。不过,这篇演讲清晰地展现出一种正在变得越来越强烈的情感,那就是只有采取革命手段才能在战争中奏效。虽然麦克莱伦采用的是保守主义方法，但是激进的军队司令官已经开始诉诸以下部分方法：在军营中欢迎逃亡奴隶，没收北方军队占领地区"叛逆"的财产（包括奴隶在内）。因而，在关键的决定性时刻，林肯实施了一系列激进措施：组建了第一个黑人军团，宣布解放所有叛乱州的奴隶为自由人，以及解除了麦克莱伦的司令职务。

将会带来胜利的新方法清理了前进的道路，虽然在接下来的两年中暂时仍未看到胜利的曙光。1863年夏天，南方邦联军队在葛底斯堡遭遇惨败，但是南部依然掌控着广袤的领土。格兰特和谢尔曼等联邦军队将军预见到，只有通过一场全力以赴的战争才能达成最后的胜利——不仅要从军事上狠狠打击邦联军队，还要对维持南方军队的社会结构予以重击。直到谢尔曼的军队穿越佐治亚，抢劫、焚烧了种植园，解放了奴隶，在这次著名的远征之后，邦联才最后确定了败局。

内战的第一年，采取了麦克莱伦的方法；到了战争中段，转向了格兰特的方法；在战争的最后时期，得到首肯的是谢尔曼的方法——这些转变犹如法国从吉伦特派的方针转为雅各宾派的方针一样伟大。林肯本人的性格和方法都与罗伯斯庇尔大为不同，而格兰特和谢尔曼也都是思想保守的职业军人。然而，他们日益感到，北部已经存在的社会制度若要扩张发展，就必须在南部进行一场革命。

马克思指出了林肯如何在他自己都没有意识到的情况下，被敦促着采取了革命的举措：

> 林肯在历史上是一位独一无二的角色。他并非在理想主义的推动下积极主动地采取行动，但也不会落入历史的陷阱。他以最普通的形式传递最重要的言辞。有些人声称

"为理想而战"，实则却只着眼于他们足下的土地。而林肯，即便在理想的驱动下，却也只谈论着脚下的寸土……林肯并非民众革命的产物。那些并未意识到伟大问题的普选力量的交互作用，令这位心存善意者登上了权力的巅峰。新世界从未达成如此伟大的胜利，考虑到其社会和政治组织，心怀理想的普通民众能够取得在旧世界只有英雄才能取得的成功。[114]

重建与背叛

然而，北方成熟资本主义社会中存在的深刻的阶级仇恨和矛盾，给南方带来了革命性的变革。这在1865年春天北方取得胜利以及林肯遇刺后便立刻显现出来。政府的意见呈现两极分化。林肯的副总统和继位者安德鲁·约翰逊采取了与战败各州和解的政策。约翰逊力图争取南方各州重新回到联邦（并允诺在国会中给予它们重要位置），承诺除了正式废除奴隶制外，并不改变南方的社会结构。由于种植园主拥有巨额财富，而大多数前奴隶根本没有土地，结果便是内战后的南方社会注定要重新回到战前的状况。

约翰逊的做法立刻遭到北方黑人和废奴主义者的激烈反对，遭到受到战争激发出的革命民主情感影响的激进共和党议员的激烈反对，遭到占领南方的部分军队军官的激烈反对。反对意见很快便也得到共和党主流政治家的支持，他们不想几近百分之百的民主党议员回归国会，工业资本家依然决心雄霸西部土地，而"想发横财"的商人

（所谓"投机客"）则跟着北方军队也来到了南方。这种联盟强大得足以击溃约翰逊的计划（国会发起的对约翰逊总统的弹劾只差一票就可通过），共和党人格兰特在1868年大选中获胜，当选美利坚合众国总统，在南方展开了几近十年的"重建"。

在重建岁月中，北方军队禁止曾经的种植园主控制州政府或当地政府。南方共和党人占据了他们的位置，这其中既有黑人也有白人。奴隶在获得自由的同时也获得了选举权，他们当然也积极地行使了这项权利。不少黑人担任了法官的职务，并在州政府任职。共有二十名黑人联邦国会众议员和两名黑人参议员。南方立法机构第一次严肃考虑教育事宜，既向贫苦的白人儿童也向贫苦的黑人儿童开放学校。大庄园主对不利形势予以回击，鼓励三K党向那些积极利用新近获得权力的黑人和帮助他们的白人发起恐怖袭击。屠杀事件不断发生，例如，1866年5月，单在田纳西州的孟菲斯，就有四十六名黑人和两名同情黑人的白人被杀。但是，只要北方军队占领了南方，恐怖活动就无法摧毁黑人决意获取的胜利果实。毕竟有二十万黑人加入了联邦军队，而他们心里则很清楚地知道该如何作战。

然而，正因这是一支资产阶级占领军，他们才无法做到一件事：没收土地，由此向获得自由的奴隶提供一条独立于旧日主人的生路。谢尔曼曾坚持提出这样的重建方案，向四万名前奴隶提供土地，但这一提议却被约翰逊推翻。从此以后，唯一可以提供给前奴隶的土地就是政府所有的土地，这些土地往往都是土质贫瘠。因而，大多数刚刚获取自由的奴隶，不得不依靠从前的奴隶主，充当他们的佃农或雇工。过去受压迫受剥削的奴隶阶层，如今大都变成受压迫受剥削的农民和劳工阶层。

这还不是最糟糕的事情。到了1870年代中叶，北方资产阶级感到他们已经在南方完成了既定目标。激进的重建阻止了种植园主势力的复兴,避免了向工业力量提出挑战。北方工业高速扩张壮大,很快就会超越英国。北方的铁路如今向各个角落蔓延,直抵太平洋海岸。南部统治西部土地的希望破灭了,北方感到占领军已经不必继续留守南方。

北方军队的撤离为三K党和其他种族暴力团体留下了自由空间。大地主一方面采取种族恐怖袭击,另一方面则又利用经济力量,在当地重新建立起政治控制。在美国南部的大部分地区,他们先是限制继而则是废除了黑人(常常也包括贫穷白人)的选举权,在社会生活的方方面面都设立了正式的种族隔离壁垒,营造出一种种族对抗仇视的氛围,以防贫穷白人(占白人人口的大多数)与黑人在社会、经济和政治斗争中联合起来。有时命运的苦楚也会激发一些贫穷白人打破种族主义思想的限制:1880、1890年代的"民粹运动"和1930、1940年代工会主义的兴起就是例证。但是,每一次白人寡头统治者都知道如何释放种族仇恨,屡屡成功离间白人与黑人阵营。1863年1月《解放黑人奴隶宣言》发表九十年后,黑人行使民权依然受到无数阻碍——而华盛顿的联邦政府也依然对此毫无兴趣,无动于衷。

北方资本主义从这场内战中获益匪浅。获得自由的奴隶似乎也一度从中得利。但在协助摧毁了一种形式的压迫之后,现代工业资本主义却展现出建立另一种压迫的极大兴趣。而且在这一过程中还融入了种族主义,前奴隶主的种族主义显然也都保存完好,未受打击,而工业资本主义的主要政党共和党,很快就忘记了它在1860年代曾经高呼的口号。

第九章
征服东方

1776年亚当·斯密出版《国富论》时，东方的壮美对西欧人而言依然诱惑无限。从印度和中国传来的纺织品、瓷器和茶叶受到西方人的追捧，伏尔泰[115]等知识分子将东方文明视为与大不列颠、法兰西和德意志文明不相上下的伟大文明。亚当·斯密称中国为"世界上最富裕……最文明、最勤勉的国家……虽然它或许站在原地没动，但它绝没有后退"[116]。一个世纪之后的图景显然已是迥然不同。西方人在非洲和北美洲当地人民身上施加的种族偏见，如今也被用在了印度、中国和中东地区的人们身上。[117]英国人夺取了整个印度，使其沦为殖民地，并在两次鸦片战争中羞辱了中国；法国征服了阿尔及利亚；俄国和奥匈帝国从奥斯曼帝国身上撕扯下来大块血肉。资本主义的发展完全改变了西欧社会和美国社会，此时则允许这些社会的统治者攫取对世界上其他地方的统治权。

大不列颠的印度帝国

印度是第一个落入西方手中的伟大古老帝国。这既非一朝一夕之事，亦非直接军事征服的后果，同样也不能简单地归因于西方的科技霸权使然。

19世纪中叶的西方评论家（包括马克思在内）都误认为印度文明以"年代久远"的发展停滞为特色。实际上，即便在莫卧儿王朝陷落后，印度依然表现出持续的经济发展，"商人、放贷人和包税人的财富不断增长"[118]。但是，印度的经济发展始终处于六国战乱不断的阴影下，商业力量无论在哪个国家都无法取得决定性的影响，甚至于哪个国家都无法保证他们的财产安全。这便为英国东印度公司干预印度事务敞开了大门，随之而来的无疑还有军队和武器。尽管印度统治者将这种行为视为外敌入侵，但许多商人却终于找到了能够保护他们利益的方式。

18世纪初，东印度公司在次大陆依然是一股边缘化的力量。它必须得到印度统治者的许可，才能在沿海地区设立贸易点。但是，随着时间推移，东印度公司与印度商人之间的纽带越发坚韧，这些商人将境内的纺织品和其他货物出售给英国人。到了1750年代，东印度公司的官员罗伯特·克莱夫在孟加拉击败了一支法国军队，并夺取了对该地区（当时莫卧儿帝国最富庶的地区）的控制权。东印度公司在当地征税并组建政府管理机构，依然以印度地方行政长官纳瓦布为傀儡，组成官方的统治机构。几乎是不费吹灰之力，英国在印度的新殖民帝国便这样开始崛起，不过与此同时他们也丢掉了在北美的旧殖民帝国。东印度公司的目的在于用印度人上缴的税款来平衡其所有开销，其统治则依靠一支主要由印度士兵构成的印度军队。

孟加拉的成功经验被复制到了其他各地。其他印度统治者将东印度公司视为有利可图的联盟，利用后者训练军队、规范行政管理机构。面对东印度公司日益强大的影响力，印度商人表示欢迎，因为公司从他们手中购买的纺织品越来越多，并且保证印度商人的财产可以免受印度统治者的侵犯。东印度公司还通过创造出一个新的阶级进一步增强了其自身权力，那就是在部分旧地主柴明达尔中诞生了新的大地主阶级。

必要的时候，英国人也会通过剥夺冥顽不灵的当地统治者的权力，建立起公司的直接管辖，从而进一步稳固了其在印度的统治秩序，而且这一过程一点儿也不困难。

到了1850年，在整个次大陆的英国势力范围内，开始推行征服部分当地统治者、用金钱来贿赂和收买其他统治者的政策。1818年，英国人征服了马拉塔族人；1843年征服了信德；1849年征服了锡克人；1856年征服了奥德。英国官员鼓吹东印度公司采取的方法是以罗马文明"分而治之"的原则为范例。通过在一些地方使用金钱贿赂，在另一些地方使用武力征服，东印度公司挑拨各个地方统治者彼此抗争、几个国家相互厮杀、特权阶层彼此对抗，激起各个种姓和各个宗教彼此之间的矛盾，而且不论走到哪里，都会积极寻求当地的同盟。通过这种手段，东印度公司仅凭"由英国人担任军官的二十万本地军队"，就征服了一个拥有两亿人口的恢弘帝国，而"维持统治秩序的英国军队人数则只有四万人"。[119]

巨额财富源源不断地流入东印度公司的经理人手中。克莱夫离开印度时带走了价值二十三万四千英镑（折合今天的数百万英镑）的战利品，印度总督沃伦·黑斯廷斯因收取巨额贿赂而臭名昭著。这些财富都由广大农民的辛勤劳动创造。孟加拉和比哈尔的农民每年要支付二百万英镑的税金。东印度公司称其官员为"收税人",他们采取了与莫卧儿王朝时期收税官同样残暴的方法,但却更加高效,而且带来的后果也更加具有毁灭性。

这样一来,也就使得在莫卧儿王朝晚期本就因贫困而遭受巨大痛苦的人民的生活状况更是雪上加霜。1769年的庄稼歉收导致发生饥荒,时疫泛滥带走了一千万人的性命。这片美丽的土地,仅在半个世纪前还以其耀眼的财富令欧洲人震惊不已,如今却正走在成为世界上最贫困地区的路上。

不过,上述所有疾苦都无法令印度地方行政长官纳瓦布、印度各邦的邦主、商人或柴明达尔为其担忧,他们依然与东印度公司欢聚一堂,乐享美食。随着东印度公司利润的剧增,他们的腰包也随之鼓了起来。但他们很快就发现,与英国人合伙的道路充满艰辛,并不平等。东印度公司既能将当地统治者抬到天上,也能不假思索地将他们狠狠摜在地上。

公司的统治权虽然掌握在英国人手中,但许多印度商人却都可以从与英国人的贸易联系中获利。这种情况在19世纪最初几十年间表现得十分明显。兰开夏郡的棉纺工厂实施机械化生产,突然之间就能以比印度手工业更加低廉的价格生产棉布。因此,印度生产的棉布并未在英国市场占据主要位置,反而是英国生产的棉布占领了印度市场,从而极大地摧毁了印度本土纺织业,毁掉了印度数以百万计纺织工人的生计,也极大地损害了印度商人的利润。由于没有自己的政府,印度商人根本无法保护自己的利益,整个印度依然处于去工业化的时期,在造船业和银行业等获取巨额利润的行业领域,英国资本家取代了他们。与此同时,人数极少、拥有极高特权的英国官员阶层,开始变得更加傲慢无礼、仗势欺人，表现出居高临下的优越感，也变得更加贪婪，更加瞧不起印度人种族。

1857年，他们的傲慢遭到了报应。当英国军官不顾印度士兵的宗教信仰，命令他们使用牛脂（这对印度教教徒是一种亵渎）和猪油（这对伊斯兰教徒是一种亵渎）润滑的子弹时，东印度公司的印度士兵爆发了反抗军官的起义。这场暴动激发了印度全境人民对白人老爷们过往暴行的愤慨。短短数周，起义军官就控制了印度北部的大片地区，杀死了所有能够找到的英国军官和官员，包围了几座孤立无援的英国人城堡据点，英国残余势力就躲在城堡中。印度教教徒和锡克教教徒与穆斯林教徒冰释前嫌，在历史都城德里拥戴莫卧儿王朝的继承人登上了皇帝宝座。

但是，这场兵变最终还是被镇压了下去。受到惊吓的政府匆忙调配英军前往次大陆，军官们成功地劝服马德拉斯和孟买的印度士兵前往北方平定叛乱。此后，当局采取了最野蛮的手段来恐吓任何潜在的叛乱威胁。

然而，政府明白，单靠武力并无法彻底平息印度的纷乱形势。若想让印度社会保持安定，必须控制英国商业力量的贪婪（想要金蛋，就不能杀死下蛋的鹅），必须在"分而治之"方面下更大力气：实行社群制度化管理和进行宗教划分，即便这意味着要使印度社会的行为与资产阶级理念保持一致。英国的直接统治取代了东印度公司在印度的统治，维多利亚女王成为印度女王，英国作出一切努力，将印度当地统治者及当地地主纳入大英帝国的体系中。

尽管重新规范了政府管理，但是人民依然持续处于贫苦之中。依靠农业维持生计的人口比例从50%上升到75%。[120] 25%的税收用以支付镇压印度人的军队开销，而教育、公共健康和农业等每一基础领域则只分得1%的税收。[121] 饥荒席卷全国。1860年代，一百多万人死去；1870年代，这一数字上升到三百五十万；到了1890年代，甚至达到一千万。[122]

在动荡的印度社会中，有一种既安全又安稳的职业，可以收取农民上缴的税金，其成员大都是由英国中产阶级中地位较高者的儿子们担当——印度军队中的高级军官和新组建政府中的文官。他们将妻子带到印度，缔造了吉卜林的《山中故事》、福斯特的《印度之行》、奥威尔的《缅甸岁月》、保罗·斯科特的《皇冠上的宝石》等作品中描画的充满势利小人的种族主义飞地。

生活在印度的英国大老爷们，十分鄙视他们称为"土著人"的印度人。但他们却又不得不依靠其中部分"土著人"来控制印度民众。过去的邦主和王公依然住在宫殿里，那里以更加奢华的风格进行了重建，印度老爷们身边环绕着为数众多的妻妾和仆人，成群的马匹、大象和猎狗在宫殿里游荡——他们的统治者身份通常仅限于名义上（这一点在海德拉巴地区表现得尤为显著），实际上都要听从英国"顾问"的命令。在印度北部的乡村中，柴明达尔星罗棋布地居住在相对而言没有那么奢华的住所中，统治着当地农民；在依赖英国人的同时，他们也时常悲叹自己的命运。在有些村庄，婆罗门和头领帮助英国人收取税金，帮助柴明达尔收取地租。这些人操纵旧日种姓（或宗教）分野，在与较高种姓地位阶层的协商中牟利，帮助后者剥削社会地位较低的阶层；因此，到了19世纪末，种姓纽带比初创时变得更加系统化。与此同时，新的中产阶级也出现了，其成员希望在英国的统治框架下成为律师、职员或文官，不过他们很快就发现，这种希望不断受到种族壁垒的挫败和打击。

中国的臣服

中国避免了像印度那样被欧洲帝国吞并的下场。然而，其民众的命运相比而言就没那么值得羡慕了。

从13世纪的马可波罗时代开始，中国的财富就令贪婪的西方商人艳羡不已。然而，他们遇到了一个问题。虽然中国出产许多欧洲人梦寐以求的产品，但欧洲却没有什么产品是中国人想要的。英国东印度公司通过在印度新征服的广袤土地上种植一种能够自身产生需求的商品：鸦片，来矫正和解决这一问题。到了1810年，广州每年消化32.5万公斤鸦片，很快就将中国数个世纪以来积累的贸易盈余转为赤字。当中国官员试图遏制鸦片的流入时，英国于1839年为了在中国继续倾销这种上瘾毒品而挑起了战争。

中国的官僚体系统治着一个比世界上其他任何国家都更加古老、人口更加稠密的帝国。在中华文明史上，帝国只被北部的游牧民族征服过。面对一个距离华夏大陆七千多英里之外海上民族的挑战，清朝统治者认为自己必将取胜。他们并没有意识到，欧亚大陆另一端的经济发展——这种发展在很大程度上有赖于中国在数个世纪之前的发明创造——已经令一个国家获得了任何人都想象不到的巨大力量。

清朝政府的首席大臣在一份上呈皇帝的备忘录中预测，这场战争将会轻松取胜：

> 来自英格兰的蛮夷无足轻重，是一个令人厌恶的种族，坚信他们的坚船利炮；他们横越的巨大距离令合理补给几乎无法到达，他们的士兵，只消一次战败……就会士气全消，一败涂地。[123]

然而，经过三年时打时停的战争和协商之后，却是中国人首先向英国人的条件低头——向鸦片贸易开放一系列港口，割让香港岛，作出赔偿，授予英国公民治外法权。但是没过多久，英国人就感到中国作出的让步还远远不够。英国人于1857年挑起了第二次鸦片战争，五千名士兵围困广州，迫使中国进一步开放贸易港口。即便这样，列强仍不满足，两万名士兵组成的英法联军冲进了帝都北京，烧毁了圆明园。

中国学者对英国人轻易就能取胜的原因始终不能达成一致意见。有些学者将其归因于英国人先进的武器和战舰（发达工业文明的产物）。[124] 另一些学者则强调清王朝内部的腐败和虚弱才是英国人轻易取胜的原因，声称两国工业水平的差距并不足以解释轻易取得的胜利。[125] 但对这场战争的结果，大家却是没有任何争议。英国人迫使中国作出的妥协，削弱了中国控制贸易的能力及其防止白银外流的能力。不论是工业还是农业，自此都显示出逐步升级的虚弱和衰败。中国在鸦片战争中战败，被迫打开国门，面对列强的类似强取豪夺毫无还手之力，直至欧洲各国在中国沿海地区遍布拥有治外法权的飞地或"租界"（实际上就是小型殖民地）。

清王朝的腐败本就令农民的生活苦不堪言，如今外国的入侵更使他们的生活雪上加霜。生存环境变得越来越让人无法容忍，尤其是在各省之间土地贫瘠的山区地带。中国农民对此的反应，与在漫长的历史中遭遇类似情况时的反应一样。他们组成对社会持有不同意见的宗教派别，愤而起义反抗他们的主人。两次鸦片战争过后，中国爆发了太平天国起义。事实上，这是一次对国家权力血腥的革命袭击。

太平天国运动起源于1840年代中叶南部中国的农民、雇工和几位贫苦知识分子间。太平天国运动领袖洪秀全出身农民家庭，是一名教员,在幻觉中看到自己是耶稣的兄弟,接受上帝的命令消灭地上的魔鬼,建立"太平天国"。他信仰人与人之间完全平等的信条,均分土地,财产共有,并采用了一种古老的社会分野方法,包括女性臣服于男性等。他的追随者目标明确,纪律严明,从而得到更多民众的支持,并打败了前来剿灭他们的军队。1853年,声势浩大的太平天国运动发展到二百万人之多,他们占领了前朝都城南京,将清朝40%的土地收归旗下。

然而,太平天国的平等主义思想并未能一直持续下去。最高司令官的举动很快就像一个新的皇帝,洪秀全开始"穷奢极欲地生活——他过着奢侈淫荡的生活,还有许多小妾"[126]。在农村,几乎被饿死的贫困农民依然必须交税,虽然上缴的税金与从前相比略少了一些。

太平天国的领袖抛弃了理想,选择了历史上中国农民起义一贯的模式。星罗棋布地分散在广袤土地上耕作的农民没有教化,力量不够集中,无法对军队和他们的领袖施加有力的控制。这些领袖很快就发现,实现诸多美妙理想的物质资源根本就不存在。比较容易的选择就是遵循传统的统治方法,随之便也产生了传统的特权。

但在太平天国运动的最后阶段的确出现了一些新气象。有效领导权传到了洪秀全的堂兄手中,他着手设计一种暗含打破传统方式意图的体制,但却并非回归平均主义思想。他采用西方技术:开设银行,建设铁路,建造轮船,开凿矿山,鼓励科技发展,推动中国经济的"现代化"发展。这意味着太平天国运动内部存在着或许能够打破历史上中国农民起义固有模式的力量,能够扫清国家贫穷背后顽固的社会障碍。但是,这种动力没能争取到充分发展的时间。在商人的资助下,重新组织起来的帝国军队,配备了英法提供的现代化武器,在戈登上校带领的外国军队的协助下,开始向长江流域反扑。南京最终于 1864 年陷落,帝国军队杀死了十万太平天国叛军。[127]

  西方资本主义国家帮助中国稳定了古老的前资本主义秩序,使其在风雨飘摇中又苟延残喘了五十年。在此过程中,他们的协助还确保了在西欧和北美经济发展迅猛前进之时,中国的经济则在大踏步后退。

东方问题

  第三大古老的东方帝国奥斯曼帝国内发生的事情,与印度和中国非常相似。这个地域辽阔的多国帝国,维持其庞大的疆界已达四百年之久,包括全部北非、埃及、今天的苏丹、阿拉伯半岛、巴勒斯坦、叙利亚和伊拉克、小亚细亚、整个巴尔干半岛,有时还包括匈牙利和斯洛伐克在内的欧洲的大片领土。土耳其皇帝在伊斯坦布尔统治着这个庞大的帝国,在小亚细亚和巴尔干半岛部分地区则存在着土耳其地主阶级。但是,奥斯曼帝国的大部分地区都由被征服地区的非土耳其裔上层阶级统治:位于巴尔干半岛大部分地区的希腊人、位于中东地区的阿拉伯人,以及位于埃及的前奥斯曼马穆鲁克王朝统治者的后裔等。在伊斯坦布尔,各种宗教团体(正统派基督徒、叙利亚基督徒及犹太教徒等)拥有自治政府,在苏丹的统治下和平共处。就连军队也并非全由土耳其裔组成。军队的核心力量由苏丹近卫军组成:从巴尔干的基督教家庭中挑选年幼的孩子带到伊斯坦布尔,名为奴隶,实则被训练为铁血战士。

  奥斯曼帝国的财富,就像当时所有社会的财富一样,主要来自农业。但是,奥斯曼帝国拥有与西欧(通过汇入黑海和里海的河流穿越俄国和斯堪的纳维亚半岛,通过威尼斯和热那亚的贸易线路穿越南欧)、印度和中国(通过延伸到阿富汗北方的"丝绸之路"等陆路及红海和波斯湾上的港口)进行贸易的悠久历史传统。直至18世纪中叶,无论是农业(咖啡和棉花等新作物的普及)还是手工业,都在某种程度上发生了缓慢但却稳定的进步。

然而,到了19世纪初,奥斯曼帝国日益感受到来自外部的强大压力。拿破仑征服了埃及,后又被英国军队赶出埃及。1830年,法王击败了当地人民的激烈反抗,夺取了阿尔及利亚。俄国军队征服了高加索大部分地区和黑海沿岸地区,将目光投向了伊斯坦布尔。塞尔维亚人奋起反抗土耳其人的统治,于1815年建立了自治政权;希腊人于1820年代在英俄的帮助下建起了独立国家。俄国沙皇到处鼓动类似的运动,作出愿意成为与俄国讲着相似语言、同属正统基督教派各个民族的"保护者"姿态。

俄国的举动令西欧各国统治者感到惶恐,即便是在他们依然依赖(就像奥地利和普鲁士那样)俄国的军队来粉碎自己土地上的革命时。西欧各国希望维持奥斯曼帝国,作为阻挡俄国扩张的屏障,这一思想主宰了直至1914年第一次世界大战爆发前的欧洲外交思想,成为著名的"东方问题"。

英国政府处于这一系列努力中的最前线。英国支持奥斯曼帝国统治者的策略,不仅能够控制俄国势力的发展(他们将俄国视为英国在印度北部进行统治的威胁),还能保证英国货物自由进入中东地区和巴尔干半岛的市场。

这一策略的重要性在埃及得到了极为明显的体现。1805年,农村地区(加上叙利亚、黎巴嫩和巴勒斯坦毗邻地区)的权力已经转到了阿尔巴尼亚裔的"帕夏"穆罕默德·阿里手上。他以奥斯曼苏丹的名义实行着统治,但实际上在1840年之前,他完全是大权独揽的独裁统治。他发现工业越来越成为攫取权力的关键,遂开始在埃及实行工业革命。他建立了国家垄断体制,从欧洲购买现代化的纺织机器,雇用成熟的欧洲技工传授埃及人如何使用纺织机。他还建起了钢铁厂,竖起了熔炉,从马穆鲁克地主手中夺取土地,种植利润丰厚的经济作物用于出口。如此一来,到了1830年代,埃及的人均棉锭数升至世界第五大国,七万人在现代化的工厂中工作。[128]

但是,穆罕默德·阿里的现代化实验于1840年被迫突然中止。英国人派出海军协助奥斯曼帝国重新夺回了对埃及的控制权,军队炮轰黎巴嫩海岸线散布的埃及人控制的港口,并在叙利亚登陆。穆罕默德·阿里不得不削减军队(军队为治下的纺织厂提供了一个受到保护的市场),解除自己的独裁统治,接受英国人强加的"自由贸易政策"。愤世嫉俗的帕默斯顿勋爵承认,"强迫穆罕默德·阿里向大不列颠低头,或许是错误且偏颇的。但是,我们是有原因的;为了确保欧洲的重要利益,我们必须这么做。"[129]工业最发达的欧洲国家统治者非常乐于看到对世界上其他地方实施阻止工业资本主义发展的政策。埃及在接下来的数十年里经历了去工业化的发展,就像同一时期的中国和印度一样——紧接着,当穆罕默德·阿里的后继者无法偿还债务时,埃及就被英国军队所占领。

不管怎么说,埃及至少还曾尝试过工业化。而在奥斯曼帝国的其他地方,则连这样的尝试都很少出现;廉价商品毫无阻碍地自由进入当地市场,导致当地人根本没有机会进行工业化的努力。在伊朗帝国,一个夹在奥斯曼帝国、英国统治的印度、沙皇统治的俄国之间的帝国,这里的工业化尝试也是由于同样的原因而失败流产。

第十章

作为一个例外的日本

19 世纪的欧洲世界之外,亚洲、非洲、拉丁美洲和东欧的大部分地区都陷入了发展停滞和衰退,只有一个地方设法逃脱了困境,那就是日本。

此前一千年间,中国古老的伟大文明深刻地影响着日本的发展:它的技术、文字、文学,以及最主要的宗教,都来自中国。但是,日本在一个重要方面与中国大为不同。它既没有中国那样宏伟的运河和灌溉工程,也没有强大的中央集权政府。直至约 1600 年,日本的政治和经济体制还基本上如同中世纪的欧洲。天皇的权力十分虚弱,各地领主拥有强大的地方势力,每位领主都拥有武装的武士(基本上与中世纪欧洲的骑士类似),日本武士直接剥削农民,为了他们的领主而与其他武士作战。

17世纪初，日本最伟大的贵族德川家族击败所有对手，成功一统日本。德川家康成为幕府将军、日本真正的统治者，不过天皇依然是日本名义上的主人。其他领主被迫大部分时间待在德川幕府的首都江户（今东京），以家人为人质，从而保证按照德川幕府的意愿行事。幕府将军严禁配枪，而枪炮在此前的伟大战争中则担当了毁灭性的角色（虽然武士依然存在而且可以携带武器，但是农民、手工艺者和商人就没有这种权利）。幕府同时防止任何外国势力对本国的影响，惧怕因此会削弱他们的统治。与此同时，除了荷兰和中国的商船可以在严格监管下进入某一指定港口，幕府还禁止了一切外国贸易。他们禁止所有外国书籍流入，野蛮地清洗了数千名皈依天主教的信徒。

这些措施成功地终结了此前的血腥战争。但是，幕府将军却无法阻止社会的持续变化。领主及其家庭聚集在江户，使得稻米产量不得不大幅增长，以满足领主及其家臣的需求，城市手工业者和商人也因此云集于此。有些日本城市开始发展为世界规模的大城市。商人阶层虽然社会地位非常低下，但却逐渐拥有越来越重要的位置；在诗歌、戏剧和小说领域，一种新型的民众城市文化开始发展起来，这种文化在许多方面都与官方文化截然不同。1720年后，政府放松了对引进西方书籍的管制，使得一些日本知识分子对西方思想产生兴趣，出现了"兰学派"，开始对科学、农业经济及哥白尼的天文学进行研究。随着货币变得日益重要，许多武士陷入贫困，不得不卖掉自己的武器，从事农业或手工业行当，以偿还债务。与此同时，频繁不断的饥荒则摧毁了农民的生活：1732年，近一百万人死去（日本当时的总人口为两千六百万人）；1775年，二十万人被饿死；1780年代，又有几十万人死于饥荒；以至于各地农民起义不断。[130] 德川幕府政治的上层建筑依然保持完好。但是，其下社会力量的发展，则与文艺复兴时期欧洲的状况非常类似。

　　这就是 1853 年，当美国海军舰队司令官马修·佩里率领四艘战舰抵达日本海岸，以炮火敲开日本国门，强行要求日本对外通商时的情况。日本整个统治阶层陷入了绝望的恐慌之中。德川幕府政府看到与外国军事武器发展的巨大差距带来的可怕后果，决心不能再走老路——要想避免重蹈中国在鸦片战争中遭到惨败的覆辙，就必须作出让步。但在其他统治阶层眼中，旧秩序神圣不可侵犯，任何对外国人的妥协都是对最高理想的亵渎和背叛。在这两种极端意见之间，夹着一群社会地位相对低下的武士，他们组织起来，致力于以武力甚至是革命手段来实现"尊天皇驱蛮夷"[131]的理想。某种程度上，他们的要求深深根植于传统：他们寻求重新加强天皇的权力，而天皇数百年来显然早已失去实权。但也另有一些武士认为，如果想要与"蛮夷"的经济和军事力量相抗衡，日本社会就必须作出彻头彻尾的改变。

　　1860 年代的明治维新，就是他们实现梦想的机会——两大封建领主在武士集团的支持下，向德川幕府发起了进攻，最终以天皇的名义组建了新政府。

　　这是一次自上而下的革命。革命的口号来自传统主义，然而，民众的生活状况却并未因此而得到哪怕些许的改善。革命领袖明白，若想维持旧日生活，日本就必须走资本主义道路。新政府废除了彼此争斗的封建领主的权力，令他们的特权完全依附于国家。他们取消了旧日武士、农民、商人和手工业者等社会等级分野。武士过去由剥削农民而获取的收入，如今直接收归国库；每位武士若要谋生，就必须受雇于国家或私人。最重要的是，国家开始主导开创新工业，并辅以财税支持。当新工业强大到足以自持时，政府就会将这些工业移交与政府关系紧密的商人或银行家族。

"明治维新"对资本主义未来的发展产生了双倍的重要作用，这种重要作用并非仅只针对日本而言，而是更加具有全球范围上的广泛意义。它证明了，推动社会向血腥的资本主义生产关系开放的动力，并非一定来自资产阶级。英国革命的"温和派"或法国革命的雅各宾派"资产阶级"的所作所为，在日本则由前剥削阶级中的部分人完成了。

"明治维新"还显示出，在创建工业、实施劳动的新资本主义形式时，国家能够代替缺失的工业资产阶级阶层做到这一切。日本的确有发展成熟的工业资产阶级企业家，但那是在国家利用现代工厂中雇佣工人的劳动成功地建立起工业体系之后的事情。与英国或法国相比，在接下来的一百年中，日本通往资本主义的道路，更多地成为世界上其他地区学习的典型代表。

"明治维新"二十七年之后，新生的日本资本主义就通过发动对华战争彰显了自己的力量。外国入侵的受害者摇身一变，成了入侵他国的列强。

第十一章

刺破青天：巴黎公社

1870 年代初，新的资本主义秩序在全球发展蔓延，呈现出统治全世界的强硬态势。它在美国和大部分西欧国家发展到了极致——这些国家反过来则对世界上其余国家发号施令。就连俄国沙皇也于 1861 年感到不得不废除农奴制，尽管他将半数土地都赐予了旧日封建阶层，并在实际上将农民留给他们随意摆布。在世界上的每一个角落，所有的一切都发生了翻天覆地的变化。

但是，巴黎发生的事件很快就显示出，即便资本主义权力登顶，社会变化也不会停歇。马克思和恩格斯曾在《共产党宣言》中写道："资产阶级催生了自己的掘墓人。"1871 年 3 月 18 日，法国资产阶级就亲身体会到了这句话的真切含义。

四年前，路易·波拿巴在"大博览会"期间，向欧洲各国君主展现了帝国的伟大实力："大博览会"高达四百八十二米的巨大椭圆形玻璃建筑气势恢宏,穹顶如此之高,以至于"人们不得不乘坐机械装置才能够到它"。[132]

他的确有庆祝的理由。自从 1851 年推翻共和后,法国经历了资本主义的快速发展。随着现代化工业的增长,工业产量翻番;在分包制资本家的控制下,旧日手工业比从前任何时候都更加迅猛地衰落下去,分包制资本家将手工业者与工厂工人同等对待。

但是,法国皇帝的权力并不像看上去那么安全。他的权力依赖于保持平衡的政治策略。他在统治阶层挑起派别对抗,试图通过效仿先祖拿破仑在意大利和墨西哥的军事行动来加强自己的地位——在墨西哥他试图提名马克西米利安作为皇帝候选人。但是,所有这些做法都无法压制反抗其统治力量的日益增强。部分资产阶级的生活苦不堪言,投机行为损害了他们的利益,填满了与皇帝关系亲密的一小圈银行家的口袋。墨西哥的战争冒险最终变成一场惨败,马克西米利安被行刑队乱枪射杀。巴黎工人依然记得 1848 年的大屠杀,对现政府治下的生活成本远远高于工资极为不满。路易·波拿巴政府的最高长官奥斯曼写道,即使每天工作十一个小时,巴黎半数以上的人口依然生活在"几近毁灭边缘的贫困之中"[133]。

1869 年,作为反对派的共和党人横扫巴黎及其他大城市的市政选举。因而,1870 年 7 月,路易·波拿巴允许普鲁士领袖俾斯麦激怒他,并借机宣布对后者开战。

法国军队在色当战役中惨败。路易·波拿巴彻底名誉扫地,自行退位。权力落在了反对派资产阶级共和党人手中。但是,普鲁士的军队很快就围攻了巴黎,俾斯麦坚持对法国施加惩罚性的条款:支付巨额战争赔款,向普鲁士割让阿尔萨斯 - 洛林地区。

巴黎人民在极端困难的情况下挨过了五个月的大军围城,为了生存不得不吃掉狗和老鼠,在零摄氏度以下的寒冷天气里没有任何东西可以烧火取暖。与此同时,工人、手工业者和他们的家庭还不得不承受物价飞涨的残酷现实。[134] 除此之外,他们还必须承担起保卫这座城市的责任。众多市民蜂拥到国民军,使国民军队伍的人数一下子扩充到三十五万人,他们通过自己的组织选出自己的军官,摒除了军官的中产阶级特质。市民的反抗很快就令共和政府感到忧心,其程度不亚于当局对普鲁士人的惶恐。1792年无套裤汉的后代们和1848年革命斗士的儿子们再次武装起来。"红色"俱乐部和革命报纸如雨后春笋般涌现,提醒着工人和手工业者,资产阶级共和党人在1848年是如何对待他们的。正如马克思所写,"武装的巴黎就是武装的革命"。

共和政府于10月31日成功地扑灭了一场左翼力量试图推翻政府的起义。1月22日,当局试图镇压另一场起义,调来布列塔尼的常规军向贝勒维尔地区的工人阶级群众扫射。政府感到十分恐惧,害怕无法成功剿灭下一次起义。副总统法弗尔看到,"内战就在几码处的前方,我们距离饥荒只有几个小时"[135],因此决定只有一个办法可以保护现政府。1月23日晚,他秘密穿越普鲁士阵地,前去商谈法国投降事宜。

法弗尔向普鲁士投降一事在巴黎穷苦百姓中激起了愤怒的狂潮。他们搏命隐忍了五个月,如今却变成一种毫无意义的举动,所有希望都化为一场空。此时共和政府号召进行选举,只留下八天时间来确认投降决定。与1848年一样,巴黎没有时间在农村选区进行选举宣传,而大部分选民依然居住在乡间,因此牧师和富裕地主得以对当地选票施加决定性的影响。在返回的六百七十五名代表中,有四百人拥护君主制。巴黎人民的痛苦变得日益剧烈。首先是在围城战中遭受共和政府的背叛,继而又在共和政府选举中再度被背叛。接下来竟然还有第三次背叛，那就是当局任命 71 岁的奥古斯特·梯也尔担任政府首脑。如今的梯也尔自称"温和共和党人"，但他最初则因在 1834 年镇压了一场共和党人的起义而闻名。

此时，巴黎民众手持武器，常规军则根据与普鲁士签订的协议被解散。大量富裕中产阶级利用机会逃离巴黎，使得国民军几乎全由工人阶级组成。

梯也尔明白，与巴黎市民的冲突已是在所难免。他知道巴黎群众控制着国民军的武器，其中包括二百门大炮，因此他首先派遣士兵前往蒙马特尔高地夺取大炮。当士兵们在等待马匹拖走大炮时，当地民众开始与他们辩论。利萨加雷记载道："妇女们……没有坐等男人们到来。她们围住机关枪，说道：'真是羞耻啊，你们在做什么？'"[136] 在士兵们不知如何回应、手足无措地定在那里的时候，三百名国民军士兵列队行进路过，敲响战鼓，激起民众反抗。在国民军、妇女和孩子们围住士兵的时候，其中一位将军勒孔特三次下令开枪射杀群众。"但是，士兵们全都站着没动。民众上前与士兵们亲和地表示友爱，勒孔特及其手下军官都被逮捕。"[137]

当天（3 月 18 日）下午 3 点，梯也尔及其政府就逃离了首都。武装的工人掌握了世界上最伟大的城市之一，这一次，他们绝不会将它交给中产阶级政治家。

新型权力

武装民众最初通过选举出的国民军领袖：中央委员会，来行使权力。但是，这些委员被赋予的权力，决不能被解释为行使独裁。他们组织选举，在各区普遍的男性选举权基础上，组建了一个全新的政治组织："人民公社"。与普通代议制议会不同的是，这些被选举出来的委员，服从于选民拥有的立即撤回他们的权力，领取的工资也绝不高于一名熟练工人的平均工资。而且，被选举出来的代表并非简单地通过法律（就像高薪官僚曾经实施的那样），而是要确保他们的方法的确可行，并要付诸实施。

实际上，正如马克思在《法兰西内战》一文中为巴黎公社辩护时所说，他们瓦解了旧国家，以一种自创的全新结构取代了它，其社会制度比阶级社会兴起后所有曾经存在的制度都要更加民主：

> 普遍选举权不是为了每三年或六年决定一次由统治阶级中什么人在议会里当人民的假代表，而是为了服务于组织在公社里的人民……公社体制会把靠社会供养而又阻碍社会自由发展的国家这个寄生赘瘤迄今所夺去的一切力量，归还给社会……
>
> 公社的真正秘密就在于：它实质上是工人阶级的政府，是生产者阶级同非法占有者阶级斗争的产物，是终于发现的可以使劳动在经济上获得解放的政治形式。[138]

马克思指出，作为这座城市工人的代表，巴黎公社实施了展现其利益的措施：禁止面包厂在夜间工作，禁止雇主对雇员强制罚款，工场或工厂由于主人原因关闭后转交给工人协会，为寡妇提供养老金，为每个孩子提供免费教育，解除巴黎围城期间欠下的债务和未付的租金。巴黎公社展现出国际主义精神，拖倒了军国主义的纪念碑，任命一名德国工人担任劳工部部长。[139]

然而,令人遗憾的是,由于存在时间有限,再没有机会看到工人执政的政府将会深入实行何种措施。共和政府立即开始组织军队镇压巴黎公社,并与普鲁士"敌人"合谋此事。巴黎共和政府劝说俾斯麦释放了去年秋天囚禁的法国战犯,后者还未被巴黎的激进思想所感染。共和政府将武装聚集在凡尔赛,又从乡间地区征召新兵入伍,领军的军官都是毫不伪装的保皇党人或同情皇权者。到了4月底,巴黎外围聚集了众多立志剿灭巴黎公社的武装力量,俾斯麦与法国签订协议,同意军队穿越普鲁士防线。巴黎公社面临着巨大的威胁。与此同时还存在着另一个问题。被选出的代表对他们追求的事业拥有英雄般悲壮的决心;但对应该如何应对聚集起来反对他们的力量,却缺乏政治理解力。

1830年代以来,法国工人运动内部兴起了两大主要政治潮流。首先是布朗基引领的思想风潮。在1793年雅各宾派思想的基础上,布朗基构想的工人运动更加激进,也更具社会意识。布朗基主义强调代表工人阶级意愿的少数派进行高度有组织的密谋活动的重要性。因此,布朗基的一生中充满了史诗般悲壮的起义尝试,而大多数工人通常都还没有做好起义的准备;之后他便被长时间监禁(包括在整个巴黎公社期间被共和政府监禁),而工人则在没有他的情况下采取行动。第二股政治流派来自蒲鲁东的思想。他的追随者激烈反对雅各宾主义经验,抛弃政治行动。他们认为,工人应当通过"互助"(建立合作生意协会)来解决问题,无需担心国家事务。

马克思认为这两种思想都不明智,颇为危险。他赞同工人阶级应当从法国大革命的历史中学习经验教训,但他也相信,工人阶级必须超越法国大革命。必须作出具有决定性的政治行动,就像布朗基分子所说，但是这种行动必须以有组织的群众活动为基础，而非小群体的英雄主义冒险。必须重新组织经济生产，就像蒲鲁东分子所说，但是这种重组没有政治革命就无法发生。然而，马克思的思想并未能影响巴黎发生的事件。巴黎公社中的布朗基英雄主义者准备与马克思合作，但是公社中却没有人完全接受马克思的思想。不论是国民军中央委员会，还是巴黎公社，都不是由马克思主义者组成，而是由布朗基分子和蒲鲁东分子组成，因而，他们的决策也就受到这两种思想传统缺陷的困扰。

共和政府在3月18日逃离巴黎时，并没有可以调配的军队。国民军本应立即开赴凡尔赛，这样不发一枪就能驱散共和政府的势力。但是，"不提倡政治行动"的蒲鲁东主义传统，令巴黎公社错过了解决问题的最佳时机，同时也令梯也尔等人顺利逃出巴黎，得到喘息的机会后重整军队进行反扑。直到4月2日梯也尔等人表现出围攻巴黎的意图时，巴黎公社才号召武装力量向凡尔赛进军。但是，他们并未做好充分准备，派遣的国民军缺乏适当的组织，没有配备大炮来回应敌人猛烈的炮火攻击。他们向凡尔赛依然虚弱的反革命力量双手奉上了一场毫无必要的胜利，浪费了所有轻易驱逐敌人的机会。

在巴黎，他们犯下了同样的错误。全国的黄金都保存在法国银行的金库中。巴黎公社原本可以夺取金库，截断梯也尔政府的资金来源，确保公社对全国经济的绝对掌控。然而，不论是布朗基主义者还是蒲鲁东主义者，都不愿采取攻击"财产权"的举动。结果，梯也尔政府轻而易举地得到了资金。

资产阶级的复仇

　　梯也尔把握机会组建了规模庞大的军队。军队从外围堡垒开始有计划地对巴黎进行轰炸，在一系列遭遇战中击败公社武装并于5月21日突进城中。如果梯也尔期待着摆在他面前的将会是一场轻松的征服战，他肯定会大失所望。战场一条街挨着一条街、一个街区连着一个街区、一栋楼接着一栋楼，巴黎工人顽强地将巴黎的每个角落都变成了战场。梯也尔的军队用了一周时间，才将工人武装从巴黎西部的富裕地带驱赶到巴黎东部公社的根据地，直到圣灵降临节星期日的凌晨，才粉碎了最后一波抵抗。

　　巴黎公社失败后，发生了几乎在现代历史上史无前例的无度屠杀。资产阶级报纸《费加罗报》鼓吹道："过去二十五年来，从未有过这样治疗巴黎道德腐坏的良机。"[140] 在战争中获胜的凡尔赛军队的司令官抓住了这个机会。

　　所有为巴黎公社战斗的工人都被当场射杀——仅从圣灵降临节星期日的凌晨到圣灵降临节星期一的凌晨，就有一千九百人被杀（一天杀死的巴黎人比1793—1794年整个"大恐慌时期"杀死的巴黎人还要多）。军队踏过巴黎街道，随意抓捕穷人，只因他们看上去像巴黎公社分子，然后经过三十秒审判就对其宣判死刑。一名牧师讲述他曾亲眼看到处决了二十五名妇女，罪名是她们朝街上行进的军队泼开水。《伦敦泰晤士报》对此评论道：

>　　……凡尔赛军队实行了惨无人道的报复，他们开枪扫射，用刺刀刺死囚犯、妇女和孩子……根据我们的回忆，

还没有在历史上看到任何类似的场景……凡尔赛士兵这种大规模的屠杀行径令人作呕，玷污灵魂。[141]

今天的法国历史学家计算得出，巴黎公社失败后被屠杀的总人数介于两万到三万之间。[142] 还有四万名巴黎公社分子在接受审判前被关在狱中长达一年，其中五千人被判驱逐出境；另有五千人则受到相对较轻的惩罚。

巴黎公社中领导妇女战斗的著名领袖路易斯·米歇尔是其中一位被驱逐者。她在法庭上庄严地表示："我不会为自己辩护，我也不需要律师辩护。我把自己全身心奉献给社会革命。如果你们让我活下去，我永远不会停止复仇的怒吼。"[143] 由于受到所处时代偏见的影响，巴黎公社并未给予妇女选举权。尽管如此，工人阶级妇女依然将巴黎公社的覆灭视为她们自己的覆灭。

镇压对巴黎工人阶级产生了可怕的影响。阿里斯泰尔·霍恩评论道："几年间，巴黎的面貌以一种奇怪的方式发生了改变：一半的粉刷匠、水暖工、瓦工、制鞋匠和镀锌工都消失了。"[144] 在法国工人阶级重新崛起之前，还需要几近二十年的恢复。新崛起的工人阶级牢记巴黎公社惨遭"共和"政府镇压的悲剧，但是依然决心为建设一个更好的世界而奋斗下去。

然而，马克思对巴黎公社还有最后几句评价。他将巴黎公社视为资本主义社会遭遇过的最严峻的一次挑战——而对资本主义催生的且反抗它的新工人阶级来说，这则是一次最伟大的激励。马克思在写给朋友库格曼的信中表示，巴黎公社社员"刺破青天"[145]，提供了一个"具有全球意义的新起点"[146]。

第七部分

希望与恐怖并存的世纪

大事年表

1880 年代	英国占领埃及。瓜分非洲。电话、留声机、发电机和电灯商业用途的发展。
1890—1900 年	日本入侵中国,夺取了台湾。美西战争爆发。发明汽车和电影。
1899—1902 年	布尔战争爆发——英国人建立了第一批集中营。
1900 年	孟德尔去世 16 年后,其遗传学理论公布于世。
1903 年	出现了第一架飞机。
1904 年	日俄战争中俄国战败。
1905 年	俄国革命。世界产业工会成立。爱因斯坦提出狭义相对论。
1910—1914 年	英国进入"大动荡"时期,爱尔兰"橙带党"党员武装起来。
1911 年	中华民国成立。墨西哥革命。
1912—1914 年	俄国爆发罢工,路障锁街。都柏林封锁。"面包和玫瑰"罢工。
1912—1913 年	巴尔干战争。
1913 年	福特建造量产车工厂。
1914 年	第一次世界大战爆发,"第二国际"解散。
1916 年	都柏林爆发"复活节起义"。
1917 年	俄国"二月革命""十月革命",法军和德军哗变,美国参战。
1918 年	德国和奥匈帝国革命。
1919 年	共产国际成立,罗莎·卢森堡被杀害,德国爆发内战,巴伐利亚和匈牙利苏维埃共和国成立,爱尔兰展开游击战,印度发生阿姆利则惨案,中国爆发"五四运动",《凡尔赛和约》签署。
1920 年	德国工人击溃"卡普暴动"。意大利爆发占领工厂运动。
1921 年	爱尔兰脱离英国分治。俄国发生喀琅施塔得起义。
1922 年	意大利法西斯上台。
1923 年	法国占领鲁尔区,严重的通货膨胀,共产党人放弃起义,纳粹武力夺取政权。

1925 年	海森堡提出量子理论。
1926 年	英国大罢工失败。
1927 年	上海工人大屠杀。列夫·托洛茨基被驱逐。
1928—1929 年	斯大林掌权,第一个"五年计划",农业集体化,大规模逮捕群众。
1929 年	华尔街大崩盘。
1931 年	西班牙革命。
1933 年	希特勒执掌德国最高权力,乌克兰和哈萨克斯坦爆发饥荒。
1934 年	维也纳反法西斯起义,法国反法西斯游行,西班牙阿斯图里亚斯起义,美国爆发罢工。
1936 年	"人民阵线"在法国和西班牙的选举中获胜,占领法国工厂,西班牙的军事政变和革命起义,美国产业工会联合会成立,通用汽车公司的工人静坐抗议。莫斯科审判。
1938 年	希特勒占领奥地利,签署《慕尼黑协议》。
1939 年	西班牙法西斯取得胜利,德国入侵波兰,第二次世界大战爆发。
1940 年	法国陷落,意大利参战。
1941 年	希特勒进攻俄国。日本攻击美国舰队。
1942 年	纳粹制定了大屠杀计划,德军在斯大林格勒被击败。孟加拉饥荒,"退出印度"运动。
1943 年	都灵罢工,盟军登陆意大利南部。
1944 年	盟军登陆诺曼底,起义解放巴黎,华沙起义,英国镇压希腊反抗运动。
1945 年	抵抗组织解放意大利北部城市,美国和英国攻占德国西部、苏联攻占德国东部。广岛与长崎。法国在越南重建统治秩序。东欧出现一批共产党领导下的国家政府。
1947 年	英国撤离印度,分治带来流血屠杀。联合国支持以色列在巴勒斯坦建国。出现了世界上第一台计算机。

1947—1949 年	"冷战"开始。"马歇尔计划"、布拉格政变、柏林空投,南斯拉夫脱离苏联,美国麦卡锡主义盛行。中国人民解放军进驻北京。
1950 年	朝鲜战争爆发。印度尼西亚从荷兰的殖民统治中独立。
1952—1957 年	肯尼亚爆发反抗英国殖民统治的"茅茅"起义。
1953 年	纳赛尔推翻埃及的君主统治。斯大林去世。 美国研制的氢弹成功爆炸。
1954 年	《日内瓦协议》结束了朝鲜战争,分裂了越南。美国中情局推翻了危地马拉政府。阿尔及利亚人民爆发起义,反抗法国统治。
1955—1956 年	在美国,蒙哥马利公交车抵制运动开启了"民权运动"。
1956 年	埃及将苏伊士运河收归国有,遭到英国、法国和以色列攻击。 赫鲁晓夫谴责斯大林。匈牙利爆发革命。
1957 年	加纳赢得国家独立。
1958 年	伊拉克的民族主义者革命。中国"大跃进"运动。戴高乐执掌法国。
1959 年	卡斯特罗起义接管哈瓦那。
1960 年	尼日利亚赢得国家独立。
1961 年	中情局入侵古巴计划失败。苏中关系第一次破裂。 美国向越南派遣"顾问"。
1962 年	古巴导弹危机。
1964 年	阿尔及利亚赢得国家独立。美军登陆多米尼加共和国。
1965 年	印度尼西亚发生军事政变,五十万民众被屠杀。
1967 年	"六日战争"后,以色列占领西岸地区。底特律黑人暴动。 "黑豹党"成立。希腊极右军官哗变。
1968 年	越南爆发"春节攻势"。学生暴动遍布欧洲。法国五月事件。 "布拉格之春"。
1969 年	意大利经历"火热的秋天"。阿根廷科尔多瓦起义。 北爱尔兰争端。
1970 年	波兰工人起义将哥穆尔卡拉下权力神坛。智利大选阿连德胜出。 美军入侵柬埔寨,肯特州立大学学生被枪杀。
1973 年	智利政变,中东战争,希腊雅典理工学院爆发学生运动。

1974 年	世界经济大衰退，英国爆发第二次矿工大罢工，英国希思政府垮台。葡萄牙革命，希腊军政府陷落。
1975 年	意大利的"历史妥协"。葡萄牙殖民地独立。葡萄牙革命左翼力量溃败。罗得西亚的游击战争。
1976 年	西班牙反对派合法化。南非学生起义。美国中情局资助安哥拉内战。
1976—1977 年	中国第一次市场改革。
1979 年	伊朗革命，成立"伊斯兰共和国"。桑蒂诺主义者掌握尼加拉瓜。英国撒切尔政府上台。苏联入侵阿富汗。
1980 年	波兰船厂占领运动，"团结工会"工人运动。土耳其军事政变。伊拉克在美国支持下与伊朗开战。津巴布韦白人统治终结。出现使用硅片的第一批个人电脑。
1981 年	欧洲的巡航导弹。第二次"冷战"。萨尔瓦多内战，美国反对尼加拉瓜的孔特拉恐怖主义。波兰武力粉碎"团结工会"。
1982 年	福克兰群岛战争。
1983 年	美国入侵格林纳达。
1984—1985 年	英国矿工大罢工。
1987 年	"开放"政治改革使得苏联六十年来首次允许展开自由辩论。
1988 年	苏联内部非俄罗斯共和国举行示威游行。波兰矿工大罢工。南斯拉夫和南韩爆发罢工浪潮。阿尔及利亚险些爆发起义。
1989 年	波兰非共产党政府执政，俄罗斯矿工大罢工，整个东欧的政治革命。塞尔维亚米洛舍维奇上台。美国入侵巴拿马。科学家开始对"温室效应"发出警告。
1991 年	美国领导下的伊拉克战争。俄国政变失败，苏联解体。南斯拉夫和阿尔及利亚爆发内战。
1992 年	索马里发生饥荒和内战。塔吉克斯坦发生内战。俄国经济衰退。
1994 年	南非开启黑人统治时代。
1995 年	罢工撼动法国政府。
1998 年	整个东亚爆发经济危机，印尼苏哈托政府倒台。
1999 年	美国领导下的塞尔维亚战争。

第一章
资本的世界

自 1900 年以来，资本的力量在世界上的每一个角落都打上了烙印。每个群体的生活都因受其影响而发生了转变；只有南极洲的荒凉冰原、亚马逊流域最人迹罕至的原始森林，以及新几内亚高原深谷，还依然在等待着资本主义使徒的到来，这些使徒也就是欧洲探险家，他们带着他们的便宜货物、圣经、细菌和不劳而获夺取巨额财富的希望，奔赴世界各地。

资本对世界各地产生了程度不同的冲击。在世界上许多地方，这仍然意味着，从以世代血汗劳作为主，开始向满足遥远的资本家需求进而获利转变，而非面向当地消费进行生产。而在西欧和北美，机械化则以前所未有的深度和广度渗透进工业、交通运输业，甚至是农业的骨血之中。

一个世纪之前的英国工业革命主要集中在纺织业的一个分支上：棉纺业。如今，几乎每一种生产形式，包括制皂业、印刷业、印染业、造船业、制靴业和造纸业等在内，都发生了无数次的革命性变革。发电和白炽灯泡的发明，为人类找到了制造人造光的新方法，从而延长了工作时间（孟买第一次纺织工人大罢工就是对此项举措的反抗）。电机的发明，使以蒸汽机等即时能源驱动机器行驶一段距离成为可能。打字机为商业交流带来了革命性的程序进步，打破了多年来男性职员垄断办公室的局面。电报及1880年代末电话的发明，令远距离生产甚至作战沟通都变得更加快捷和方便——同时也使人们可以更加容易频繁地保持联系（就在1895年去世前不久恩格斯还在他位于伦敦的家中安装了一部电话）。工厂的崛起与铁路的迅猛蔓延相得益彰，令遥远地区能与中心城市建立紧密联系。煤矿业空前繁荣，以满足铁路、工厂和蒸汽轮船前所未有的巨大能源需求。有如小型城镇般规模的钢铁厂，如同雨后春笋般层出不穷，周边围绕的小城镇则住满了在钢铁厂上班的工人。

一个行业的增长刺激了另一个行业的发展。城市、矿区乡村及炼钢厂城镇的居民都必须穿衣吃饭。于是出现了第一批农业产业化操作模式：美国中西部地区"未开发的"大草原出产的粮食、阿根廷潘帕斯草原的牛肉和澳大利亚的羊毛，都能被运往数千英里之外的地方。这反过来则鼓励了储藏和保存食物的新方法的发展。随着城市不断向外扩张，人们需要从居住地前往工作场所。资本家们认为，通过运营马拉的"公共马车"、建造有轨电车轨道、甚至是挖掘地下铁路可以满足这一需求从而获利，他们确实也是这么做的——而在那些资本家无意进行上述投资的地区，通常都是由当地市政当局采取行动。19世纪中叶的穷人一直生存在污秽不堪、过度拥挤的恶劣环境下，时刻受到疾病或饥荒的死亡威胁，中产阶级对此往往熟视无睹。但到19世纪末，由于明白了疾病会从穷人区传染到富人区，中产阶级开始敦促建设污水处理系统，清理市中心人口过度密集区域，提供干净的饮用水，供电点亮街灯，为住宅提供热力保障。众多资本家都开始从这类公共服务中获利，进而也就雇用了更多工人建设公共事业。

城市化的步伐加快了。1880年代，超过三分之一的伦敦人口都是这座城市的新移民。[1] 到了1900年，英国四分之三的人口都居住在城镇或城市中，只有大约十分之一的人口依然从事农业劳作。[2] 英国的例子比较极端。相比之下，在20世纪之初的德国，三分之一的人口依然在田间挥汗如雨，许多产业工人住在小城镇或者工业化的小村落，而非城市中。直至1950年，法国依然拥有30%的农业人口；而在日本，这个数字高达38%。[3] 就连美国也拥有众多农业人口（虽然机械化生产已在开始转变大草原的农业），直至1940年代，生活在小镇中的居民远比居住在大型密集城市中的人口多。不过，在所有上述国家中，都产生了效仿英国式发展的趋势：农业人口日益萎缩。拥有自己教堂、牧师、乡绅或学校教师的乡村正在成为历史。人们生活的整体方式都在发生剧烈转变。

对资本而言，这既带来了机会，同时也提出了挑战。机会现身于非物质产品的供给中。除了物质需求，人们还有其他方面的需求。他们需要休闲放松、社交娱乐，从身体的疲乏和单调僵化的工作中解脱恢复。工厂生产和城市生活剔除了大部分满足这些需求的古老方式，那些方法的基础是乡村生活，从而为非正式聚会提供了季节性的节奏和机会。资本通过为社交提供新方式而获利。酿酒商掌握着小酒吧网络，从中获利。第一批报业显贵发现，趣闻和娱乐拥有数目巨大的读者群［英国报业百万富翁艾尔弗雷德·哈姆斯沃思就是从一份成功的周报《趣闻》中攫得第一桶金]。娱乐业开启了与音乐厅合作的初次尝试，接下来又因 1890 年代的留声机（电唱机的前身）和"电影"的出现而日新月异。

有组织的体育运动也从资本主义工业新世界中涌现出来。非正式的球类运动已经拥有数千年的历史。但是，组织球队按照规则进行比赛（这反映出资本主义工业竞争的精神气质），则是 19 世纪英国的典型新特征之一，而且这一特征很快就传遍全球。工业城镇、甚至连工厂都组织了许多球队［因此这些球队拥有诸如"兵工厂"（Arsenal，阿森纳）或者"莫斯科发电机"（Moscow Dynamo，莫斯科迪纳摩）等队名］，当地商人主掌球队——他们发现球队在跨越阶级、以共同的地域身份认同来团结本地人方面，可以起到不小的作用。

资本主义最初的崛起源于利用此前社会形态下人民的部分生命来谋利——迫使他们一天中长达十二、十四甚至十六个小时持续在工厂车间像奴隶般劳作。然而，如今的资本主义则能通过包办人民的全部生活来谋利——从睡觉的床、保持干燥的屋顶，到人们吃下的食物、抵达工作场所搭载的交通工具，以及令其分散注意力、忘记枯燥劳动的娱乐项目。这组成了一整套体系。

不过，这同时也产生了一个问题。资本主义再也无法从体系之外补充新鲜的劳动力。它不得不想方设法保证劳动力供给始终存在，而这也就意味着必须培养新一代的劳动者。在英国工业革命初期，资本家几乎不曾为此担忧，其他国家的工业资本家对这一问题同样无动于衷。蜂拥而至的妇女和儿童为棉纺厂提供了最廉价、最便利、最适宜的劳动力，却根本没有考虑过这项工作会对他们的健康及养育年幼孩子带来什么样的巨大影响。如果资本积累需要摧毁工人阶级家庭的话，那就随它去吧！

但是到了 1850 年代，部分更有远见的资本家开始担心未来的劳动力储备将会耗尽。1871 年，英国《济贫法》的检查员报告称："众所周知，城镇穷苦阶层出身的 15 岁男孩，尤其是生活在伦敦者，几乎没有人的身高能够达到……1.48 米高，几乎没有人的胸宽能够达到 0.7 米。这是普遍的发育特点。"[4] 1893 年，伦敦市政委员会得出结论："显而易见的补救措施……就是改善伦敦工人阶级的耐力、体力和道德水平。"[5]

出台的一系列法律，限制了童工的工作时间，严禁在可能会影响成功怀孕几率的工业领域雇用妇女劳工。几位资本家建起了"模范乡村"，例如，肥皂制造商利弗在利物浦附近的莫西建造的"阳光港"，以及巧克力生产商吉百利在伯明翰附近的伯恩维尔建起的乡村，那里能够保证劳工居住在有利于维持长期生产力的舒适环境中（在禁酒条例的协助下）。但是，政府在改善工人身体状况方面的努力，一直到 20 世纪过去了十年之后才开始。"体质下降的跨部门委员会"（Interdepartmental Committee on Physical Deterioration），对 1899 年至 1902 年布尔战争中入伍的新兵进行体检，发现新兵的体质普遍很差，因而对英国未来发动战争的能力表示担忧，自由党政府对此作出的回应是引进免费的学校餐食——这是政府采取的第一步规模有限的举措，后来则演变成为一项普遍的国家福利。除此之外，政府还注重提高工人阶级的"道德水平"：对"浪费""放荡""醉酒"，以及"由于不加区分的施舍……而导致的自暴自弃"，发起道德舆论进攻。[6]

为了对抗上文所述的缺陷，慈善家、教堂和议院的法规专家掀起了一场运动，他们宣扬中产阶级家庭理想：一夫一妻制的稳定核心家庭，由勤奋工作的丈夫、忠诚的妻子和守规矩的孩子们组成。他们声称，只有这样的家庭才能培养出具有责任心且服从管理的下一代。妇女的位置就在家中，这与"人类的本性"相一致。挑战模范家庭规范的实践，不论过去曾经多么普遍流行，都被打上"不道德""非自然"的标签。因此，在这种清教主义的官方氛围下，关于婚前和婚外性关系、离婚、避孕，以及性卫生和性愉悦的讨论，都受到了惩戒。同为男性发生性关系在英国历史上第一次被明确界定为犯罪行为。

与这种模范家庭紧密相连的是"家庭工资"这一概念：丈夫赚取的薪水足以令妻子待在家中，养育子女。然而，除了极少数工人之外，对大多数工人阶级而言，这从未变成现实。在经济繁荣时期，资本家考虑到罢工和劳工人手不足必定会损害其利益，就会给工人涨工资，但在经济萧条时期，他们随时会将此前涨上去的工资降下来。许多婚后及产子后放弃工作待在家中的妇女，也以各种不同的形式参与到赚取薪水的工作中（在家办公或者从事清洁工作）。但与"赚取面包的"男性工作相比，女性的工作似乎显得没有那么重要，这令资本家向妇女支付极低薪水的做法变得不受质疑。

在对工人"道德"层面上的问题感到焦虑的同时，资产阶级越来越迷恋效率。工业革命早期的资本家，竭尽所能地延长工人的工作时间，以此攫取利润——马克思所说的"绝对剩余价值"。随着两班倒或三班倒工作制度的建立，实际上达到了生产不停歇一分钟的长期运转，资本家的注意力开始转向加大劳动强度，消灭所有强化劳动中的间歇和暂停上。美国人弗雷德里克·泰勒发明了"科学管理体系"——生产监督者使用秒表分解计算一个工人每个生产动作所需的时间，从而得出一个工人在一个工作日内能够实现的最大产能，然后依据实现这一最高数值来制定发放工资的标准。机器不再是工人的附属品，工人反而成了机器的附属品。

最后，对生产力的关注，还意味着对教育和文化的需求。在前工业社会，对农民和农场工人而言，掌握读写算的能力并非必需。这就是在前资本主义社会或早期资本主义社会，凡是关于文化的讨论，都是关于上层和中层阶级文化的原因。但是，如今，资本主义生产复杂的互动过程，需要新的文化动力——仅从阅读机器操作指南和货箱上的标签说明的角度而言也是如此——需要基础的算术技能，以及另外两项非常重要的能力，那就是养成根深蒂固的遵守生产时间表的习惯和彻底的服从。即便是在没有养成上述能力之前就完成了工业革命的英国资本主义，也于1870年代迫于形势，对10岁以下儿童进行义务教育，以保证未来的工人符合需求——不过，英国中上阶层的教育大多是在私人"文法学校"（grammar school）或"公共学校"（public school，此名为一种误读）完成。其他后起的资本主义国家，需要具备足够竞争力的劳动力来挑战英国已经占有的市场，通常从一开始就推行严格的公共教育计划，不止将目标锁定为培养未来的工人，还致力于从技术上装备部分中产阶级。

在封建专制主义时期依然是婴儿的资本主义，已于18世纪末19世纪初成长为青少年。20世纪初期，西欧和北美的资本主义开始进入成熟期。此时的资本主义社会，呈现出许多我们今天社会的特征。由此带来的一个结果便是，人们开始将这些资本主义社会特征，视为理所应当而坦然接受。在工业革命早期，人们一直对从乡村生活向工业劳动力的转变感到震惊。他们常常回溯过往，寻求解决当下问题的方法；例如，宪章运动就曾制定出建立小型农场的发展计划。到了20世纪初，这种震惊感显然已经过去。人们可能依然会对工业时代的许多发明如汽车或电灯惊奇不已。但对建立在竞争、守时和贪婪基础上的社会，他们已是见怪不怪。资本主义社会的面貌就是人们知道的社会的样子。它的典型行为规范似乎出自"人类天性"。人们再也意识不到，他们的行为在前辈眼中有多么奇异。

进步主义意识形态

工业资本主义新世界的卫道士相信，他们正站在解决所有人类问题的临界点上。这一乐观主义情绪同样感染了知识分子的生活。每一年，都会涌现出人类创造力的新奇迹。对资产阶级和中产阶级而言，生活变得前所未有地舒适，就连部分工人的生活条件也得到了改善。似乎过往数代的梦想都得到了实现，事情只需继续沿着既定方向发展下去。

科技发展更是增强了这一信仰。物理学家汤姆森［开尔文勋爵］利用牛顿力学原理建造了整个宇宙（从最小的原子到最大的星系）的力学模型，麦克斯韦试图将法拉第关于电磁的实验性发现融入这一模型之中。[7] 与此同时，自然主义者达尔文和华莱士描述了物种如何通过自然选择进行进化，达尔文继而提出人类由类人猿哺乳动物进化而来。化学家也成功地用无机物制造出生物体中的有机物。

宗教和迷信的旧势力试图抵抗知识的发展和进步，但是，科学与工业获利之间的联系意味着，他们的抵抗势必虚弱无力。牛津的圣公会主教可以驳斥达尔文是赫胥黎的信徒，就像教会曾经斥责伽利略那样；但是，牧师已经失去了控制人们思想的能力。在与非理性力量的长期战斗中，启蒙运动似乎终于获得了最终的胜利。

对无法阻挡的进步的新信仰，被称为"实证主义"［法国思想家孔德提出了这一名词〕或"科学主义"。它为埃米尔·左拉的小说提供了基本依据，左拉在小说中试图将人类的行为描绘为物质条件和遗传激情之间盲目的相互作用；西奥多·德莱塞则在其小说中谈论大商业，将资本主义行为方式视为"最适合生存的方法"。H. G. 威尔斯的早期科幻小说，洋溢着科学主义基础上的乐观情绪，描绘了人类登陆月球的胜利景象；英国剧作家萧伯纳的戏剧《人与超人》和《巴巴拉少校》中也表达了这种新思想。实证主义/科学主义还体现在西格蒙特·弗洛伊德依据人类思想中的力量来解释非理性的情感和行为——本我、自我和超我——它们之间的相互作用，仿佛开尔文的宇宙模型各个部分之间的相互作用。[8]这同时也为伯特兰·罗素的哲学提供了背景，并成为韦伯夫妇（西德尼·韦伯和比阿特丽斯·韦伯）创办的英国费边社等组织的指导原则：相信通过心存仁爱的公务员的小范围改革和努力，社会就能变得更加美好。

　　就连此前依赖宗教反启蒙主义的反动派也号称遵循科学方法。达尔文的自然科学理论被融入"社会达尔文主义"，后者声称，某些阶级、国家或种族之所以能够统治其他阶级、国家或种族，是由于他们"内在的优越性"令其在这场社会生存之战中获胜使然。"优良血统"的偏见，如今转换成了显然更富科学特性的现代术语。为了遏止"亚当所受诅咒"的"原罪"中的邪恶，强权国家的存在是否必要，是圣奥古斯丁及路德和加尔文的古老疑惑，如今也以同样的方式，根据控制人民"兽性天性"的必要性，重新组织了言辞。尽管教会竭力索要监管民众行为的权力，但"优生学"理论的支持者如今却认为，国家应当运用可能影响"天生"智力和"犯罪"秉性的科学方法，来限制一些民众的生育能力。这一论调与"种族"命运的讨论结合到了一起，因为穷人总是比富人的家庭成员多——年轻的约翰·梅纳德·凯恩斯等中产阶级改革家，以及许多上层阶级反动派，都对此感到忧虑。

然而，就总体而言，"科学主义"和"实证主义"都与未来一定会比现在好的理想相随，相信现代化本身就意味着人类的自我改进。到了1914年，对未来的信仰正走在取代对上帝的信仰之路上——尽管当时也还存在许多试图将这两者结合起来的捍卫者。

资本主义民主的兴起

对19世纪中期的统治阶层而言，"民主"无疑是他们最为厌恶的词汇。他们依然将"民主"贬斥为埃德蒙·伯克口中"粗鲁卑鄙的大多数"的"群氓统治"。英国辉格党历史学家托马斯·麦考莱的态度与任何一位托利党人一样坚定。他说道，"从政府存在的所有目的考虑，普选权都将是致命的"，"终将无法与文明共存"。[9] 即便统治阶级迫于人民的压力交出了选举权，他们依然在选举权上附加了财产资格，以此稀释下层阶级的权力。1832年英国的《改革法案》令男性公民选民从二十万扩张到一百万——这一数字还不足英国成年男性公民的五分之一。1867年的法案在群情激愤中通过[10]，增加了拥有选举权的民众，但却依然有一半英国成年男性公民没有选举权。"无论是自由党还是保守党领袖，都不希望通过这项法案建立民主宪法。"[11] 在普鲁士和其他一些德意志邦国，三级投票机制令议会的大多数席位都落入少数极富裕人群手中。除此之外，几乎所有统治阶层都坚持要求建立一个未经选举而成立的第二议院：贵族院或上议院，对决议拥有否决权,君主拥有任命政府领袖的权力。难怪马克思在巴黎公社期间曾表示,与民主共和国相比,路易·波拿巴的独裁统治与资本家统治阶层的意愿更加和谐:"这就是现代阶级统治的国家形式,至少在欧洲大陆就是如此。"[12]

然而,随着百年的进步,有些统治阶层人物发现,民主并不一定就会成为他们的威胁,前提条件是由他们来制定民主实践的规则。路易·波拿巴本人早已发现如何去操控建立在男性公民普选权基础上的投票结果,1851年他就是凭此攫取了法国大权。法国选民的主体是农民,依靠乡村牧师和学校教师来获取政治事件的相关知识。如果路易·波拿巴能在很大程度上控制信息的流通,足以凭借他所希望的城市中正在发生的事件描述来恐吓选民,就能获取他们的选票,证明自己比其他共和党人"更加民主"。当俾斯麦将普鲁士国王推上德意志帝国王座时,他也很高兴地遵循了路易·波拿巴的先例——建立在男性公民普选权基础上的帝国议会权力十分有限,国家选举依然采取以财产为基础的体制。

英国统治阶层发现,在小范围内扩大选举权,并不会损毁他们的权力进而影响国家政策,因为许多国家权力都不在议会掌控范围之内。这些权力被置于未经选举的军事、警察和司法及民事机构中。他们在议会通常操作的规范之内,能以"不符合宪法"为由拒绝任何他们不喜欢的措施——1912年,当下议院就《爱尔兰自治法案》举行投票时就是如此。在这样的条件下,本应成为实现民众对统治阶层施加压力的机制的议会,就变成了统治阶层驯服民众情感的机制——迫使民众调整自己的需求,以适应统治阶层提供的狭窄空间。早在1867年,英国主要资产阶级政党自由党的领袖格拉德斯通就感到:"议会有必要鼓励更大范围的民众去感受议会政治关注的中心议题。"[13]

就像拉尔夫·米利班所写：

> 政治家对"民主"的调配应用，并不意味着他们皈依了民主：实际上，这一举动更是一种驱逐民主效果的尝试……施加了谨慎限制和适当控制的民主方法是可以接受的，即便从某些意愿的角度考虑也是如此。但是，任何超越这一界限的举措都是不可想象的。整个政治体制就依据这种观点在运作。[14]

在各地，选举权的扩展都伴随着统治阶层政治家有意识地对较为低下阶层的思想和心灵施加影响的努力。在英国，保守党在1867年的《改革法案》中，初次尝试在议会成员之外创建"全国工会"。通过与当地协会和饮酒俱乐部建立广泛联系，它的首要目标在于，"将信奉保守主义的工人阶级团结起来"[15]；"全国工会早期工作中最引人注目的特征，就是其吸引工人阶级的保守主义的直接性和紧迫性。"[16] 这种吸引力建立在工人对更好阶层的尊重基础上，建立在某些工人对另一些人的宗教或种族仇视基础上［在英格兰北部和苏格兰的某些城镇中，成为一名保守党党员，同时意味着成为反对爱尔兰移民的"橙带党"党员］，建立在大英帝国全球扩张的荣耀基础之上，建立在选举时期向穷人进行慈善救济的基础之上。[17] 并非只有保守党作出了试图吸收中低阶层及工人阶层的努力，自由党也采取了同样的措施。他们建立了集合各地协会的全国网络。直到1905年之后，才出现寥寥几位"独立"工党候选人打败两大主要资产阶级政党的情况——这两大政党独占工人阶级政治权力长达四十年之久——不过，工党领袖与他们成熟的对手一样，也遵守现存的既有体制。

其他地方的模式也基本相同。在美国，工人阶级分为共和党和民主党，基本上遵循着本土出生的美国人对抗移民的模式（加之民主党支持南部，令形势更加复杂）。在法国，保守的天主教教徒在与中产阶级反教会的共和党人的斗争中，鼓动反犹太人的情绪。在德国，东部的容克地主发现，确保乡村地区工人按照自己的意愿投票，是一件很容易的事情；支持俾斯麦的"国家自由党"工业资本家自组了新政党；南部的天主教会能够控制当地人民的政治思维，就是在许多矿区也是如此。

上层阶级政党向民众施加影响的努力，得到了大众报刊增长的帮助。1820年代和1830年代，英国统治阶级一直试图防止煽动性思想在新工人阶级中的传播，他们将报纸的价格订得极高，令工人阶级无法负担。但自1850年代起，一批新生的资产阶级企业家看到了从大众报纸中赚取利润的可能性。到了20世纪初，哈姆斯沃思和麦克斯·艾特肯（后来的比弗布鲁克勋爵）等人将报纸视为一种政治宣传的武器。这些人能让布尔战争中的一小幕"马弗京围城战"（"梅富根城战役"），成为所有阶层人民关注的焦点。法国报纸也通过类似的方法，凭借"德雷福斯上尉"被误认为德国间谍而身陷囹圄的报道，激起了民众歇斯底里的反犹情绪；在1907年的大选中，德国报纸则是利用战争的恐怖来回击社会主义者。

新型民族主义/国家主义的发展，是控制资本主义民主进程的一部分。19世纪中叶典型的民族主义，主要出现在那些遭受分裂和压迫之苦的人民中，这些分裂和压迫是国家体系强加于欧洲的，意在重新恢复1814—1815年的欧洲旧秩序。民族主义是重新聚合为自由而战的呼声，与对民主和共和主义的需求紧密相连。在世纪之末，受到俄国、奥匈帝国和奥斯曼土耳其帝国压迫的民族，自下而上广泛蔓延着这样的民族主义情绪。市场的扩张鼓励了民族主义的发展。讲述当地语言的中产阶级从农民中涌现，他们开始为民族独立、建立政权而斗争，至少也要在现有的统治体系中实行民族自治，以进一步实现他们的利益诉求。

另一种与此迥然不同的民族主义也逐渐崛起，它的传播来自旧日君主和新兴资产阶级统治者。俾斯麦拥护德意志民族主义；俄国沙皇试图对其治下讲芬兰语、乌克兰语、波兰语和土耳其语的臣民实行"俄语化"措施；法国上层阶层试图引导人民向德国"复仇"，激起民众对征服北非和印度支那的热情；英国统治者不断宣传他们负有"统治海洋""教化原住民"的任务。[18] 政府、报纸、工业家和金融家都在这种民族主义宣传背后极尽能事，宣传每个国家的统治阶级和被剥削阶级都拥有共同的身份——坚持认为彼此是血浓于水的血亲，尽管有些人过着穷奢极欲的生活，有些人却是几乎食不果腹。对部分中产阶级而言，管理帝国所提供的职业机会，加快了他们融入新民族主义的步伐，鼓励他们在各个层级的工人群体中扩展影响——例如，通过组织中产阶级和工人阶级年轻人，组建半军事化的民众组织"童子军"。这些组织自我宣称为"非政治性组织"，但却恪守统治阶级君主思想，"国家"和"帝国"的概念从未受到怀疑。

这些方法取得的整体效果，便是将 1840 年代时被视为致命威胁的普选权，在 20 世纪初转变成了一种平息各种工人代表组织怒火的方式。这种变化并非发生在一夕之间，也并非没有经历过摩擦和矛盾。上层阶层的抵抗时有发生。从 1832 年接受中产阶级应当拥有选举权，到向成年人的普选权作出让步，英国统治阶层用了九十五年的时间来接受这一改变。在比利时，两次大规模罢工才带来了选举权的扩展。在德国，20 世纪初就选举权问题在街头爆发了大规模暴力冲突，直至1918年革命才迫使统治阶层作出妥协，同意赋予人民普选权。

在拒绝赋予工人选举权的同时，统治阶层也拒绝赋予女性选举权。市场关系的广泛蔓延意味着越来越多的中产阶级和工人阶级妇女加入了领薪劳动力大军。然而，在道德家的模范家庭中，为了"正确地"培育下一代，女性的角色被限制在家中，并以女性能力的局限及女性"价值观"作为相应的理论支持。对中世纪从事重体力劳动的农妇而言，这样的评判简直是无稽之谈，也无法匹配兰开夏郡工厂里的女工。但对20世纪最初十年间的中产阶级男性成员（以及受到报纸影响的工人阶级男性成员）来说，女性的选举权要求实在是荒谬。

自相矛盾的是，即便被否决了选举权，人民依然与资本主义民主体制紧密相连。大多数斗争都旨在加入既有体制之内，而非超越既有体制之外。1914年之前，争取选举权运动令中上阶层妇女采取直接行动，反对财产和国家。但当战争来临，英国妇女选举权运动的著名领袖艾米琳·潘克赫斯特和克里斯塔贝尔·潘克赫斯特，就暂时放下了妇女权利运动，投身到招募军队前往西线的屠杀之中。而反对这场大屠杀的西尔维娅·潘克赫斯特，则开始将议会看作社会进步的阻碍。

社会民主

随着工业的迅速扩张，以及工人阶级的迅猛壮大，曾于1848年和1871年受到重创的社会主义组织，为其宣扬的思想找到了全新的听众。但是，这些社会主义组织都还没有强大到足以挑战现有国家制度，掀起革命的程度。相反，它们遵循了一条德国社会主义者发展出的策略。它们利用新选举制度带来的开放机遇（无论多么有限并且偏向上层阶级），组建了工会、社会福利组织、运动团体，甚至是歌唱俱乐部等合法工人组织。

德国社会民主党在某些方面取得了巨大的成功。通过一场竞选接着一场竞选的努力，社会民主党积累了众多选票，其影响力已经超越了大地主执掌的政党和工业资本家控制的政党。在"反社会主义"法律下，社会民主党经过长达十二年的非法存在，赢得了一百万党员的支持，经营着九十家地方日报。该党辅助机构的广泛网络（工会及福利社等），成为许多工业地区民众生活的重要组成部分。社会民主党想方设法达成目标，尽管它的报纸编辑、组织领导和议会代表总是反复被捕入狱。似乎资本主义民主可以用来对抗资本主义——恩格斯在一篇又一篇文章中反复提及这一观点。

德国的例子很快就被其他政党效仿。恩格斯敦促朱尔斯·盖德和保罗·拉法格领导的法国工人党学习的榜样正是德国社会民主党。在西班牙，马德里工人巴勃罗·伊格莱夏斯开始按照德国社会民主党的方式组建社会主义政党"社会劳动党"。意大利的社会主义活跃分子也如法炮制。甚至在英国（二十年来为熟练工人提升生活水准的努力已令英国工人接受了格拉德斯通领导的自由党传递的讯息）也出现了一群激进的民主主义者，他们于1883年转向左翼，效仿德国社会民主党，在英国着手组建小型的类似党派"社会民主联盟"。当国际工人组织联盟"第二国际"于1889年成立时，德国社会民主党同样是该组织内部的指路明灯。

但是，这些党派信奉的理论，与他们对发动革命推翻资本主义的承诺，以及他们每天的日常活动（在资本主义制度内部谨慎施加压力，促成改革）之间却存在着矛盾。这一矛盾于1890年代中期凸现出来。

德国社会民主党的领袖之一是爱德华·伯恩斯坦。他曾是恩格斯的朋友,曾在该党非法存在时期为了免予使得本党派被驱逐上发挥了重要作用。1890 年代中期,伯恩斯坦宣布,马克思和恩格斯的基本理念是错误的。他认为产生经济危机不再是资本主义固有的特质,并认为马克思和恩格斯的预言"阶级之间将会爆发更大规模的两极分化"也是谬论:

> 在所有的先进国家中,我们都看到资产阶级正在致力于一步步建立民主组织……权力中的共同利益日益增长到足以反抗私人利益的规模,经济力量在基础层面上的摇摆不定已经停止。[19]

伯恩斯坦认为,无需等到马克思在论及巴黎公社时提出的"现代国家制度的解体"[20],这一过程自然就会开花结果。唯一所需的就是更加深入地推广议会主义,社会主义者彻底拥抱"自由主义"[21],在现有体制内采取小规模修补的改良模式。

卡尔·考茨基是社会民主党内最主要的理论家,他坚定地驳斥了伯恩斯坦的观点。他坚称,资本主义无法通过改革存在——某种程度上,必然存在着"权力斗争"和"社会改革"。但他实际的结论却是与伯恩斯坦的差别并不大。考茨基认为,社会主义改革将会随着社会主义者选票不可避免的增长而自然到来。最终,政党将会赢得大多数选民的支持,从而能够合法地扑灭资本主义试图推翻社会主义政府的任何企图。在此之前,应当尽量避免可能会引起暴力性报复行为的举动。与伯恩斯坦不同的是,考茨基依然保存着社会改革的遥远目标。但是他对社会主义者日常活动的描述,与伯恩斯坦几乎并无二致。

无论是伯恩斯坦主义还是考茨基主义，都信奉中产阶级知识分子乐观的"科学主义"或"实证主义"，相信不可避免的机械化必然会带来社会进步。对伯恩斯坦而言，科学、技术和日益扩展的民主，正在将资本主义转化为社会主义。考茨基则认为这一过程将会发生在未来，而不是现在，但对其发生的确定性，则与伯恩斯坦持有相同的态度。纵观人类历史，生产力发生的变化总是引领着生产关系中的变化，这一次也不例外，考茨基认为，如果人们拥有足够的耐心等待，社会主义就可自然达成。然而，27岁的德裔波兰革命者罗莎·卢森堡则独自奋起，挑战了这种自鸣得意的观点和情绪。

社会民主党的组织者一直将所有精力投入到争取选票、维持党派附属组织上，他们公开谴责伯恩斯坦的思想，但仍继续致力于在现存体制内追求温和改良的道路。工会领袖也显示出类似的态度，他们只关心如何将雇主拉到谈判桌前坐下。伯恩斯坦失去了党内的选票，但他的思想实际上却取得了成功。

然而，社会主义政党在资本主义体制内扩展影响的能力，最终取决于资本主义本身的稳定性。伯恩斯坦将资本主义体制已经不再制造危机的特性作为其中心论点的时候，就意识到了这一点。1890年代德国资本主义的确经历了一段似乎克服了任何危机趋势的时期，伯恩斯坦就将这段历史时期的经验移植到了未来。

相比之下，罗莎·卢森堡坚持认为，导致1890年代资本主义社会看似稳定发展的进程，将会在未来带来更大规模的不稳定。[22]卢森堡还掌握了英国自由主义经济学家J. A.霍布森当时已经隐约明白的事实，这一事实将会于1916年在尼古拉·布哈林和弗拉基米尔·列宁领导的俄国"十月革命"中公布于众——资本主义的急速发展期，与列强的全球帝国扩张有着千丝万缕的紧密关联。

帝国主义

1876年时，只有不足10%的非洲领土处于欧洲的统治之下。然而到了1900年，90%以上的非洲领土都已沦为欧洲的殖民地。英国、法国和比利时瓜分了非洲大陆的大部分疆土，只给德国和意大利留下了小块土地。同一时期，英国、法国、俄国和德国在中国租界肆无忌惮地扩展其各自的影响力；日本占领了朝鲜和中国台湾；法国征服了整个印度支那；美国从西班牙手中攫取了波多黎各和菲律宾；英国和俄国就正式分治伊朗达成协议。就连太平洋和印度洋上的小岛屿也被划归伦敦或巴黎治下。此时在欧洲和美洲之外，世界上依然独立的国家，一只手就数得过来——只余下奥斯曼土耳其帝国的残余、泰国、埃塞俄比亚和阿富汗。

儿童读物和小说中传播着一种神话，在那些书中，孩子们的父母是无所畏惧的白人探险者，开拓教化了后来又感激不尽的无知"土著人"："半是魔鬼半是孩童"的人们，就像英国小说家兼诗人吉卜林在诗中敦促美国人效仿英国开拓殖民地的荣光时所说的那样。这种神话将非洲、印度洋和太平洋岛屿上的人们统统描述为"原始人"，茹毛饮血，巫术盛行。

实际上，1790年代和1800年代初的蒙哥·帕克，1850年代和1860年代的利文斯通，以及斯坦利等欧洲"探险家"，之所以能够完成著名的穿越非洲之旅，正是由于当地存在着已经十分发达的社会结构和成熟国家。这些国家本可轻松地击溃欧洲人的首次征服企图。1880年是一个值得纪念的年份，西欧人与非洲海岸地区建立定期的航海联系已经长达四百年之久——印度人、阿拉伯人和土耳其人与整个非洲内陆建立紧密商贸联系的时间则更加久远。然而，欧洲人只对非洲海岸的几座孤岛建立了直接控制。正如布鲁斯·范德沃特所写："至少在现代初期，除了在航海方面之外，欧洲很少显示出占有重要的技术优势。当地人很快就追赶上了欧洲人的发明脚步。"[23]

第一批试图在非洲开拓殖民地的欧洲人经常陷入浴血苦战之中，但却以失败告终。法国不得不一直战斗，经历了极为惨烈的战争才征服了阿尔及利亚和塞内加尔。1870年代早期，英国人输给了非洲阿散提人的军队，1884年在喀土穆输给了马赫迪领导的苏丹军队〔曾在中国协助粉碎太平天国运动的乔治·戈登在此役中命丧黄泉，正是报应不爽〕，1879年在伊桑德尔瓦纳又输给了祖鲁人。1896年，意大利人在阿杜瓦的埃塞俄比亚军队手中遭遇毁灭性的惨败，"白人征服者大摇大摆、志得意满的形象被彻底摔得粉碎"[24]。

但是到了1880年代，不断加速发展的工业化，日益决定性地改变了志在成为殖民者的西欧人。新武器（后膛填装式步枪、能够逆流而上的钢板轮船，以及最臭名昭著的加特林机枪）在绝大多数作战中第一次给予了欧洲军队决定性的技术优势。而且，西欧工业产品在全球无孔不入的蔓延，令欧洲人收买雇佣军为他们在非洲作战也变得相对容易。驻扎在阿杜瓦的"意大利"军队中，有一半士兵都是厄立特里亚人或苏丹人。英国统治者在印度的"分而治之"策略如此成功，以至于他们开始将其向更广阔的非洲推广。

欧洲人号称自己是在与"野蛮人"抗争作战，但是他们采取的手段却要比后者更加残忍。当基钦纳勋爵率领的英军于1898年在恩图曼战役中最终击败苏丹人时，机枪手射杀了一万名苏丹士兵，最后只有四十八人活下来。"数千名马赫迪统帅的士兵躺在战场上身受重伤，奄奄一息，但英军并未施以援手，而是决然地转身扬长而去。"[25] "他们向我们讨水和请求帮助,但我们的军官对此却是不理不睬",一名英军士兵在日记里这样记载。基钦纳勋爵甚至将他们的领袖马赫迪的头骨做成了墨水瓶架。[26] 卢吉勋爵在对尼日利亚萨蒂鲁起义军的远征行动中显示出同样的残酷无情。据他估计,军队在未失一人的情况下杀死了两千名起义军。被抓住的起义者受到处决,他们的头颅被成串地穿在长矛上。[27] 在西方的新十字军开拔非洲一事上,比利时国王利奥波德堪称急先锋。他声称,远征将会为非洲带去"文明",扑灭奴隶制。利奥波德采用了就是与其他殖民列强相比都更显龌龊的手段,将刚果的广袤领土划归自己的帝国。在一份呈交英国外务局的官方报告中,罗杰·凯斯门特谈起一次前往劫掠四起的地区的经历:"过去我很熟悉并造访过的繁荣的村庄和地区……如今早已不见人烟。"他得知,比利时军队士兵抢劫并焚烧了村庄,然后剁下受害村民的手,搜集装篮带回军中,以此证明他们并没有在战斗中浪费军火。[28]

资本主义力量当然不会出于慈善目的而去花费大把银子、付出时间和精力,来征服世界上的其他地方。但是,他们也并非只是在种族主义的推动下才作出了这样的举动,尽管他们中的很多人都将其视为最正当的使命。他们的真实动机,是利益。

就殖民的西方列强相信帝国会令他们更加富裕这一观念是否正确,历史学家向来争议颇多。但就像对 18 世纪奴隶贸易经济的争论一样,这个问题本身就问错了。西方列强认为帝国将会给他们带来无尽的财富。那些置身帝国扩张前线的人们厚颜无耻,毫无同情心,在他们心中,只有金钱才是令世界转动的理由。比利时国王利奥波德或英国冒险家塞西尔·罗兹那样的人物或许自视为理想主义者,但他们实际上追求的还是发家致富。正如利奥波德在其写给驻伦敦比利时大使的信中所说:"我不想错过任何一个瓜分哪怕一小块儿壮阔的非洲蛋糕的机会。"[29]

我们必须回溯这一历史时期西方资本主义的历程，才能理解此时瓜分世界的真相。1870年代和1880年代常被称为"大萧条时期"，这段时期市场低迷、物价滑落、利润和红利走低，英国的状况尤其恶化。对英国投资者而言，似乎只有一种方法才能保证他们的收入，那就是向海外投资。1883年，海外市场的股票总投资额为九千五百万英镑；1889年，这个数字飙升到近四亿英镑。这笔投入很快就占到英国国民生产总值的8%，吸收了国民50%的存款。[30]流入海外的投资大多采用"股票"形式，即投资铁路、桥梁、港口、渡口、水道建设或是资助政府实体所取得的固定利率。无论这些投资投向何处，允诺收回的利息都要远高于国内投资。同时还为国内的工业品输出（例如，钢轨、火车头、桥梁等）提供了新的市场，价格便宜的原材料则源源不断地涌入国内。通过这种方法，英国资本主义进入一个新的扩张阶段。[31]这样的投资需要采取措施防止国外债主拖欠债务不还。殖民主义通过向当地输送武装力量来解决这一问题。

因此，当埃及统治者于1876年无法偿还债务时，英国和法国便联合接管了埃及的财政。1880年代初，英国政府使用武力建立了"受保护国"——实则是将埃及并入大英帝国，确保可以得到苏伊士运河公司的股票分红，守卫着比在印度更大的投资收益由此流入英国。

南非的德兰士瓦地区原由讲布尔语的荷兰人统治，当这里发现了黄金和钻石矿床后，英国试图用类似的方法夺取控制权。经过一场苦战，南非成为英国商业利益稳定的保护者。

并非所有投资都转向了殖民地。许多英国投资还流入了美国，另有不少则流入阿根廷等拉丁美洲国家。有人据此认为，海外投资与帝国主义扩张并无关联。然而，问题的关键在于，殖民地向列强国资本家提供了受到保护的投资出路。它们还提供军事基地以保护其他地区的投资路线。对英国而言，马耳他、塞浦路斯、埃及、南也门和开普角等属地的重要性，不仅来自它们是帝国利润的来源，还在于它们是前往印度的中转站；而"大英帝国皇冠上的珍宝"印度，又是前往新加坡、拥有锡和橡胶的马来半岛、新近开放的中国市场，以及澳大利亚和新西兰富裕领地的中转站。大英帝国就像一件温暖的毛织大衣，能够避免让英国资本主义患上感冒：这件大衣上的每一条线看似无足轻重，但要是一个线头崩开，很快其他线头就会跟着崩开，导致这件衣服松垮坠地。至少，这就是那些执掌大英帝国者、他们在伦敦市政厅的同僚，以及在英国工业领域的好朋友的眼中所见。

　　英国并非唯一的帝国力量。法国掌控的世界几乎与英国一样大，荷兰拥有我们今天所称的印度尼西亚群岛，比利时占据非洲中部重要的大块领土，沙皇实际上控制着俄国边境以东、以西、以南的广阔疆土，其影响力一路直抵印度边境和太平洋港口海参崴。

　　但是，工业发展最快的德国，实际上并没有组成帝国。德国的重工业越来越通过"托拉斯"来进行组织，"托拉斯"是一种容纳了控制从汲取原材料到处理最终产品所有生产环节的公司的联合协会。托拉斯与国家共同成长，没有过去许多英国小资本家身上典型的对国家力量的不信任。他们寄望于国家通过关税（进口税）保护国内市场，帮助他们瓜分海外市场。

　　德国向四个方向展开行动：在中国攫取了属于自己的通商口岸；在非洲夺取了坦噶尼喀、卢旺达－布隆迪和西南非洲；在马格里布挑战法国和西班牙对摩洛哥的控制权；通过柏林－巴格达铁路打开穿过欧洲东南部和土耳其抵达美索不达米亚和波斯湾的通道。但是，德国资本家和帝国缔造者无论在哪个方向上的努力，都遭遇了其他业已成熟的帝国主义列强经营的网络、基地和属国的阻挠。德国人不得不在巴尔干半岛与俄国人周旋，在北非与法国人智斗，在中东和东非与英国人较量，在中国则与所有欧洲列强争锋。

简单来讲，利润的增长令生产从"大萧条"中得到了恢复，迫使资本主义作出部分让步，改善工人的生活条件，而这些动力则有赖于帝国扩张的速度。但是，随着帝国的膨胀，帝国之间的冲突开始变得不可避免。

掌控帝国者明白，帝国彼此间角力的结果，完全取决于各自的军事实力。因此，德国开始建造战舰，挑战英国独一无二的制海权；英国则通过建造"无畏舰"来进行回击。法国将军事服役期从两年增加到三年，以与德国军队的相应规定相抗衡。沙俄建起国家经营的军工厂，在设计铁路体系时以德国、奥匈帝国和土耳其帝国为假想敌。通往战争的动力，是帝国主义为资本主义带来稳定的幻象的另一面，这一幻象给伯恩斯坦等社会主义改革家留下了极为深刻的印象。

工团主义和革命

这一时期的阶级斗争并未停止。在某些时期和某些地方，阶级斗争减弱或偏离为纯粹针对选举领域。这种情况在社会主义政党势力最为强大的德国等国家表现得尤为明显。但在其他地方，阶级斗争仍然相当尖锐。1880年代中期，美国工人因对工作日规定不满而爆发了一波声势浩大的起义，广泛涉及钢铁业（1892年霍姆斯特德罢工）、铁路业（1894年普尔曼罢工）和采矿业（1902年宾夕法尼亚无烟煤工人大罢工)。但是，美国资本家启用武装警察和平克顿全国侦探事务所的私家侦探射杀起义者，最终扑灭了起义的烈火。

1880年代后期，英国经济得到恢复，与此同时伴随着一系列非熟练工人的起义和工会化运动——从1889年最著名的伦敦最东端的"火柴女孩"大罢工和码头工人大罢工开始。资本家雇主利用1890年代初新的经济衰退来摧毁许多新兴的工会组织，他们的手段包括破坏罢工（例如，在赫尔，利用专门代替罢工者工作的工贼，来威胁工人让步）、用饥饿逼迫工人回来工作（例如，在布拉福德爆发的主要由磨坊女工掀起的长期罢工斗争中）、封锁工厂，以及其他合法攫取工会资金的行动（例如，在塔夫河谷铁路工人大罢工中）。1880年代和1890年代的法国，也爆发了一系列尖锐的阶级斗争。1886年初，戴卡斯维尔的两千名矿工掀起了长达六个月的大罢工，导致当局出动军队逮捕起义者；1891年5月1日，法国北部富尔米的纺织工人举行罢工，军队士兵向罢工人群开火，导致十名工人丧命，三十多名工人受伤，其中还包括儿童。[32]

有人认为，西欧和北美的帝国主义，从对殖民地的"极度剥削"产生的利益中分出一杯羹，用以"贿赂"本土的工人阶级——或者至少用来"贿赂"被称为拥有一定特权的"工人贵族阶层"：熟练技术工人——这解释了伯恩斯坦等改良社会主义者为何拥有如此巨大的影响。但即使在殖民主义的巅峰时期，当西欧资本外流最为鼎盛之时，依然有许多工人群体遭到重击。这些遭受打击的工人群体绝不都是非熟练工人。在当时帝国主义力量最为强大的英国，1890年代爆发的许多罢工和停工中，都有熟练技术工程师、印刷工人和制鞋工人的身影，他们为了工资被削减和恶劣的生存环境而抗争。描写20世纪初工人阶级的经典小说、罗伯特·特莱塞尔所著的《穿破裤子的慈善家》，就是关于熟练印刷工和油漆工的。在这一历史时期，西欧和北美资本主义社会享受的稳定，并非来自贿赂本土的工人群体，而是来自帝国主义减少了体制内爆发危机的趋势，制造了改革看似可能且"可行"的氛围。

无论如何，随着新世纪的到来，阶级斗争相对和平的时期开始终结。资本主义生产关系的广泛蔓延，需要工人阶级的发展和转型。制鞋、印刷、排字、造船和机械等旧日手工业，都根据最新的资本主义方式和准则，重新调整了结构。矿产开发和钢铁生产遍布各地，化学和电力制造等新工业开始涌现。除了代表英国工业革命典型力量的纺织工人，如今数百万工人在全球各地的重工业中就业。这一阶段还出现了人类首次大规模生产的尝试，其基础是数量众多的半熟练工人，按照装配线的节奏配合生产。1909年，亨利·福特向大众市场推出了第一款汽车：著名的T型车（或称"铁皮车"）。1913年，福特在底特律开设了高地公园工厂，招募了数万名工人。在二十年内，十多个国家的数百万工人都将在类似的地方工作。与此同时，这一体系在整体上体现出新经济的稳定性。20世纪初，大多数工业国家的实际工资都开始下跌。伯恩斯坦口中一去不回、成为历史的经济危机，如今挟着仇恨卷土重来。

这引发了新一波的国际工人运动，大多数国家都爆发了尖锐的罢工斗争。新的运动活跃分子开始组建新的组织，与业已存在的社会主义政党采取了完全不同的路线。已经发展的社会主义政党议会化倾向严重，而已经成熟的工会领袖也倾向于与雇主协商解决阶级冲突。

1905年，世界产业工人联盟在美国创立，领导在矿产业、伐木业、码头运输业和纺织业中发生的激进罢工，并将被现存"温和"的美国劳工联盟忽视的黑人、妇女和非技术工人组织起来。法国总工会（CGT）也采取了同样激进的方法，坚称工会斗争将会实现工人革命，抛弃任何参与议会政治的提议。这种方式在国际上被广泛地称为"工团主义"（syndicalism），其命名来自"工会"的法语称谓。西班牙无政府主义者创建了全国工人联盟（CNT），取代既有的社会主义政党西班牙总工会（UGT），为革命提供新选择。英国码头工人联合会的激进派领袖之一吉米·拉金，于1907年在爱尔兰领导了一场贝尔法斯特大罢工，罢工团结了天主教徒和新教徒，甚至还在警察队伍中点燃了对当局不满的火花。拉金继而创建了新的工会组织：爱尔兰运输与普通工人联合会。让我们把视线转回英国，世界产业工人工会（IWW）尝试设立分支，曾在1889年码头工人大罢工中担任领导的技工汤姆·曼从澳大利亚和南非回来，试图实现以现有工会中的普通成员为基础的工团主义。

除了议会改良之外，社会主义还有其他选择，这种感受由于俄国爆发的1905年革命而得到巨大的推动和加强。自从1814年至1815年在其推动下西欧实现皇朝复辟以来，俄国沙皇始终是反社会主义革命的中心人物。就连温和派自由主义者也都认为沙皇厌恶可憎。1905年，沙皇专制终于走向灭亡。俄国工人在首都圣彼得堡举行示威游行，结果军队向游行群众开火，导致全国境内爆发了一波又一波的工人起义。这场示威运动由加彭神父领导，他运转着一家与秘密警察关系紧密、得到国家资助的组织，示威的目的不过是呼吁沙皇不要听从"邪恶顾问"的建议。但在圣彼得堡枪杀事件之后，罢工运动显现出日益增强的革命性。社会主义者公开发行革命报纸。在战舰"波将金号"的领导下，黑海舰队发生兵变。12月，社会民主党的激进派"布尔什维克"试图在莫斯科掀起起义，这场起义的领袖是列宁。一种由主要工厂选举代表组成的新型领导组织诞生了，该组织由26岁的托洛茨基主持,成为圣彼得堡革命力量的核心。这种新组织"苏维埃",就是俄语中"委员会"的意思,只不过当时的苏维埃还没有完全显露出其真正的重要性。但是,苏维埃代表了一种组织革命力量的新方法,与建立在街头起义基础上的法国革命并不相同,甚至有别于巴黎公社。巴黎公社的基础是工人阶级居住区的代表们——这种组织形式适合依然主要由小工场组成的城市。苏维埃则适合经历了三十年工业化转变遍布众多大规模工厂的大城市。

圣彼得堡正是这样一座城市,尽管整体上俄国的工业经济还相对落后。大部分俄国人民都是农民,依然采用自从中世纪以来就鲜有变化的方法在土地上辛勤耕耘。沙皇专制以贵族制度为基础,而非俄国的中产阶级力量,因此1905年革命的许多目标,与17世纪的英国革命和18世纪晚期的法国大革命的目标十分相似。但是,沙皇俄国长久以来被迫鼓励大规模资本主义的发展,生产武器和铁路装备,因此已将数百万人民变成产业工人。他们的出现改变了这场革命的本质——这场革命本应只是简单呈现为法国式资产阶级革命的面貌。不过,大多数俄国社会主义者还没有意识到这一点。许多人都相信,俄国的发展完全可以避免经历资本主义阶段,直接跳跃到以乡村为基础的社会主义发展形式中。所需的不过是武装打破现有政权力量。这些社会主义者被称为"民粹派"("人民之友"),他们组建了"社会革命党"。虽然马克思主义者已经看到资本主义正处于发展之中,但是许多人依然秉承社会民主党的"孟什维克"倾向,相信工人只需协助资产阶级完成革命。就连列宁的布尔什维克党人也在谈论"资产阶级民主革命"。但托洛茨基走得更远,他表示,工人的参与将会令革命"持存",这是马克思在1848年后首先使用的一个词汇。他们十分必要地将革命运动,从简单地提出民主化需求,转化为提出社会主义需求。[33]

在西欧，罗莎·卢森堡最能理解 1905 年革命的重要性，在沙俄占领的华沙的生活经历，给予了她第一手的资料。在她撰写的小册子《群众罢工》[34] 中，卢森堡指出，这场革命证明了罢工运动能够在提出政治问题的同时，开启一种寻求改变的非议会化策略。不过她的观点并未得到德国社会主义运动内部阵营的重视，在沙皇镇压了革命之后，在他们眼中，这场革命也就更加谈不上有什么意义。

然而，在 1910 年之后的北美和西欧，规模越来越庞大的罢工层出不穷。在世界产业工人工会（IWW）伊丽莎白·格利·弗林和大比尔·赫伍德的领导下，美国马萨诸塞州来自十几个民族的两万名女工掀起了著名的劳伦斯罢工。英国也爆发了"大动荡"，主要体现在铁路、港口和矿场举行的大型罢工上，但其影响也扩展至十几个行业领域，参与罢工运动者常常还包括非熟练工人和非工会工人。1913年的爱尔兰，爆发了长达五个月的都柏林交通罢工停摆运动和其他工人起义。在意大利安科纳的一场反军国主义示威游行中，工人和警察之间爆发了暴力冲突，酿成了"红色星期"流血事件；都灵爆发了五万钢铁工人大罢工（运动期间有两名工人被士兵杀死）；北部意大利掀起了此起彼伏的暴动，当局动用十万军队才将其镇压下去。[35] 就是在工人运动的活跃度低于欧洲整体水平之下的德国，也爆发了激烈的鲁尔区矿业工人大罢工。最后在俄国，1912 年的勒拿金矿工人大罢工，引发了惨无人道的大屠杀，这导致俄国工人群情激愤，工人运动再度活跃起来，使得社会民主党内两大主要互相对立的派别发行半合法的报纸，并在 1914 年夏天的圣彼得堡街头战斗中达到巅峰。

依靠帝国主义在殖民地的血腥冒险来稳定资本主义体制的核心这一时代正在成为历史。但在任何人有机会弄明白未来将走向何方之前，整个欧洲将会史无前例地浸泡在鲜血中。

通往战争之路

早在 1904 年,当俄国试图企及太平洋向东扩张势力,日本企图穿越朝鲜半岛向西发展,两者在中国北部遭遇时,帝国主义成为殖民力量之间,以及被殖民国家受到奴役的人民之间的战争这一事实,就已明确无误地显现出来。俄国在日俄战争中的失败,加速了 1905 年革命的发生。1906 年和 1911 年,法国和德国在摩洛哥的类似利益争端,两次几近演变成战争。

但是,真正危险的地区是欧洲东南部的巴尔干半岛,每一个欧洲列强都将半岛上的国家视为自己的附属国。1912 年和 1913 年,巴尔干半岛国家之间爆发战争。塞尔维亚、希腊、黑山和保加利亚首先发难,向马其顿和色雷斯地区依然隶属土耳其的土地发起进攻,令土耳其只剩下伊斯坦布尔和东部色雷斯的一窄条领土。继而在西欧列强的鼓动下,希腊、塞尔维亚和罗马尼亚又向保加利亚开战。这些混战充斥着各方的暴行。城市中产阶级各派试图创建并扩张一个建立在统一"现代"语言体系基础上的国家。但是,巴尔干各地的乡村人口却几乎包含了所有民族,人们讲着不同的方言,使用不同的书写文字。唯一能够保证建立"纯粹民族"国家的方法,就是通过战争驱逐甚至灭绝那些不符合必要规则的居民。随着《伦敦条约》的签订,第一次巴尔干战争结束了;第二次巴尔干战争也在《布加勒斯特条约》的签订下终结。但是,这对降低战争风险的压力毫无作用,与奥斯曼土耳其曾经治下的土地一样,奥匈帝国统治的东欧的大部分地区,也显现出一模一样的战争压力。整个地区成为一个巨大的火药桶。

1914 年 7 月,当奥地利大公弗朗茨·斐迪南造访波斯尼亚首府萨拉热窝时,这个火药桶终于爆发了。斐迪南大公被一个致力于驱逐奥地利人、倡导波斯尼亚与邻近的塞尔维亚合并的民族主义者刺杀。

接下来发生的事情如今早已是众人皆知:奥地利政府向塞尔维亚宣战;俄国政府害怕奥地利此举会威胁到自己的位置,因此对奥地利宣战;德国与奥地利是利益共同体,因此也对俄宣战;法国感到自己必须阻止德国击败俄国从而晋升为占据统治地位的欧洲强国;英国支持法国,从而以德军穿越比利时为借口对德宣战。一周之内,西欧长达四十四年的和平就被打破了——这是人们记忆中欧洲历史上维持和平最长的一段时期——所有主要欧洲国家都加入了战团。

战争与革命一样,看上去似乎都是被一些小事件所引发。这常常令人感到战争是一场偶然事件,一种误解和误判带来的偶然结果。但实际上,这些小事件极为重要,因为它们象征着伟大的社会或政治力量之间的均衡被破坏了。火花塞是汽车上最便宜的部件,单凭其自身,根本无法移动任何物体,但它却能点燃发动机中的爆燃性气体从而产生动力。与此相同,一次刺杀,或者一次提高税款,本身并没有多么重要的含义,但却能在国家之间或社会力量之间引发巨大的冲突。

1914年夏天一长串外交活动的背后隐藏着一个简单的事实。各国资本主义试图通过跨越国境线解决自身问题的企图,导致互相竞争的帝国主义在全球范围内产生了利益冲突。经济上的竞争发展为领土上的竞争,而最终结果则取决于军事能力上的强弱。萨拉热窝刺杀引发了一系列国际冲突之后,没有哪个国家能够承受得了退回到过去所付出的代价,因为没有哪个国家敢于冒险削弱自己在全球的力量。曾经刺激了经济发展、带来人类不可避免的进步的帝国主义,如今正在撕开欧洲的心脏。

第二章
世界大战与世界革命

1914 年 8 月 4 日

几乎所有参战国都以为,这场战争不会历时长久。德国王公将这场战争称为"明快的战争"。他期待可以看到一场 1870 年普法战争的翻版,当时法军在数周之内就被击溃。法国士兵在将他们运到前线的火车车厢上涂写着"杀往柏林"。英国人常挂嘴边的一句话就是,"一切都将在圣诞节到来前终结"。

最初,这场世界大战得到民众的极大关注。身处柏林的罗莎·卢森堡,亲眼见证"疯狂而错乱的景象……爱国者成群结队上街游行示威……一路歌唱，在咖啡馆里高唱爱国歌曲……暴徒兴奋疯狂地回应着每个狂野谣言，随时准备好召集人手……火车上塞满了预备役军人……在热情少女的欢呼声中开拔。"[36] 托洛茨基写道："奥匈帝国民众的爱国热情尤其令人惊讶……我走在旧日熟悉的维也纳主街上，看到令人惊异的人群挤满大街……其中包括脚夫、洗衣女工、制鞋匠、学徒和郊区来的年轻人等。"[37] 8月4日的伦敦，"数量巨大、热情癫狂的人群"聚集在白金汉宫门外。[38] 当时仍然置身法国监狱的维克多·谢尔盖，形容当时"在火车站送别军队开拔的民众激动地高歌'马赛曲'，歌声远扬，甚至飘到了我们所在的监狱。我们能够听到他们高喊着'杀到柏林！杀到柏林！'"[39] 在圣彼得堡，甚至几天前的罢工和封锁似乎都已被遗忘。英国大使布坎南后来也曾谈起"俄国似乎彻底改变"的"8月初那些奇妙的日子"[40]。

不过，热情的游行和高歌爱国歌曲，并不代表战争就拥有根深蒂固的民众性。历史学家大卫·布莱克本在谈及德国时写道："参与7月末爱国游行活动的群体相对较小，大多是学生和年轻的售货员。平素工人阶级活跃的鲁尔区等地实际上非常安静……上些岁数曾经亲眼见证1870年历史的人们，能够从这两者的热情中看出差别。"[41] 施略普尼科夫是一位生活在圣彼得堡的革命工人，他对比了中上阶层对战争的热切情绪，与工厂中相对内敛自持的氛围：

> 圣彼得堡的报纸竭力点燃民众盲目的爱国心。它们有技巧地宣传"德国人"对留在德国境内的俄国妇女和老人的暴行。但就连这种充满仇恨的氛围，也没能驱使工人作出过激的民族主义反应。[42]

从伦敦一位年轻工人拉尔夫·福克斯的记述中我们得知,芬斯伯里公园当时每周还在举办反战集会。[43]

托洛茨基将这种心情更多地解释为人们对日常单调生活的一种反应,而非任何深刻的爱国主义、民族主义激情:

> 过着毫无希望的单调生活者大有人在,他们是现代社会的主流人群。战前动员犹如一个承诺,打破了他们的生活;熟悉的、长久以来被仇视的一切都被颠覆,全新的、非常规的势力大行其道,取而代之。更加不可思议的变化还在未来等待着他们。会变得更好还是更坏?当然是更好——还有什么能比"正常"的状况更坏?……战争影响着每一个人,如今,那些被生活欺压的人们感到他们与有钱有势者站在了同等地位上。[44]

不同的社会阶层从来没有彼此完全隔离过。上层社会的心绪会对其下的中间阶层产生影响,中间阶层的氛围则会对底层民众发生作用。欧洲统治阶层彼此开战的决心,以上千种方式传递给中产阶层和部分工人阶层——通过爱国讲演和刊登"敌人暴行"的报纸新闻,通过游行乐队和流行歌曲,通过小说家、诗人和哲学家的宣言。德国历史学家弗里德里希·梅内克描述道,第一次世界大战的爆发,令他充满"最深刻的欢乐"。激进的法国小说家阿纳托尔·法朗士(带着羞愧)回忆起,他在一战初期曾"给士兵们做过一些讲演"。法国哲学家亨利·柏格森形容这场战争是人类"文明对抗野蛮"的战争之一。英国诗人卢佩特·布鲁克写道,"高贵再度光临我路";[45]英国小说家 H. G. 威尔斯对这场"将会终结所有战争的战争"热情洋溢。学校的教师向年轻人反复宣传这种情感，敦促他们走上前线作战。任何对此表示异议的人，都会被视为"在我们的孩子背后捅上一刀"。

但是，依然有很多工人群体抵御住了这种压力。社会主义运动和工会激进团体早已习惯了媒体的谎言和对其原则的攻击。上万名工人在开战前夜云集伦敦、巴黎和柏林，听从工人运动领袖的和平召唤。但是，一旦战争爆发，工人运动领袖便开始仓促地支持战争。德国和奥地利社会民主党人、英国工党和英国劳工联合会（TUC）、法国社会主义者盖德和工团主义者儒欧、俄国马克思主义老兵普列汉诺夫和俄国无政府主义老兵克鲁泡特金，都自愿支持本国政府对抗他国。而那些对战争心存疑虑之人，例如德国的考茨基和哈瑟、英国的凯尔·哈迪，为了保存"党派团结"而保持沉默，同时也是为了避免被控背叛"国家"。哈迪写道："陷入战争的国家必须团结起来。在前线为国作战的年轻人，绝不能由于国内的任何不和谐而灰心丧气。"[46]

按照资本主义民主原则统治的数十年历程，终于发挥了作用。在资本主义国家既定框架内追求改革，使人们在军事冲突期间对国家依然认可。参战国中只有塞尔维亚社会主义者和俄国布尔什维克党人坚定地表达了对战争的仇视。当意大利与英、法、俄最终结成联盟后，意大利社会主义者也表示反对战争。但是，他们反对的主要原因是与意大利统治阶层就应当支持哪一派的意见向左——意大利社会党日报的左翼编辑墨索里尼自此脱党，开展恶意支持战争的煽动活动。

相信很快就能取胜的信念，很快就被证明是一个幻想。在战争爆发的最初几个月中，德军的确设法穿越了比利时和法国北部，距离巴黎只剩不到九十公里，俄军则深入推进到德国东部的普鲁士。但是，双方后来又都被迫后撤。在马恩河战役遭遇英法联军后，德军后撤四十八公里，形成防御性战壕。在坦宁堡战役中，俄军伤亡惨重，被逐出德国领土。快速"运动战"变成长久消耗战，在试图冲破对方稳固的防线时，交战双方都承受了巨大损失。希望在四个月内结束作战的期待，演变为长达四年多的鏖战，战场从东部阵线和西部阵线扩展到土耳其、美索不达米亚、意大利－奥地利边境和希腊北部。

第一次世界大战至今依然是人类历史上最血腥的一场战争，死亡人数达到一千万人：德军一百八十万，俄军一百七十万，法军一百四十万，奥匈帝国军队一百三十万，英军七十四万，意军六十一万五千。在适龄参战的法国成年男性中，五个人中就有一个人马革裹尸，德国的这一比例为 8∶1。在历时五个月的凡尔登战役中，交战双方发射了两千三百多万枚炮弹——二百万士兵参战，其中一半人命丧黄泉。然而，即使经历了如此残酷的战役，却没有一方取得实质性进展。在 1916 年历时四个月的索姆河战役中，死亡士兵达到一百万人，仅在交战第一天，英军就损失了两万名士兵。

第一次世界大战同时也从整体上造成了极端的社会混乱。到了 1915 年和 1916 年，所有参战国都意识到，它们卷入了一场整体战。战争最后的结果取决于引导所有国家资源送往前线战场的能力，通常无法顾及会对日常生活水平造成何种影响。工业消费品的生产不得不转向军火生产。除了战争原因，也由于航运封锁，现在不得不为之前从敌国进口的食品和原材料寻找替代品。工人不得不从一个行业转移到另一个行业，同时也必须找到新的劳动力，去补充那些因去前线作战而空缺出来的劳动岗位。农业工人也被迫应征入伍，即便这样造成了极为严重的食品短缺危机——德国 1917 年的冬天史称"芜菁之冬"，因为人们能吃到的只有这种萝卜了。德国工人每天的食物供给比长期生存所需的标准低了三分之一，七十五万人死于营养不良。[47]

各国政府只能通过印发钞票来维持庞大的军事开销。食物和基本生活物品的短缺，导致物价飞涨，人民怨声载道。

对将军们和政治家们而言，有一点再清楚不过，那就是，战争的胜利有赖于国家掌控大部分经济命脉，在当前形势下不得不将"自由市场"经济正统观念抛在一边。一种急剧增强的国家垄断工业趋势，在战前的某些国家已经显现出来。1917年，一份英国战争部报告显示，国家控制的范围"不仅包含直接影响战争进程的国家活动，还延展到了每个工业领域"[48]。在第一次世界大战结束时，国家购买了90%的进口产品，占据国内食品消耗品市场的80%，掌控着大多数商品的物价。[49]在德国，兴登堡和鲁登道夫等将军通过大垄断托拉斯的老板们，对战争后期的国家经济行使着实质上的独裁权。[50]

不论是将军们还是工业家们都能够看出，获取领土将会增加可支配的经济资源。他们对战争目标从整体上进行重新定义，不仅要掌握和防卫亚非殖民地，还要在欧洲攫取地盘，尤其是占领那些工业或半工业化地区。对德国而言，这意味着吞并铁矿丰富的法国洛林地区，控制比利时、中欧和罗马尼亚，在土耳其沿着柏林－巴格达铁路周边的中东地区建构德国的势力范围。[51]对法国而言，这意味着重新收回阿尔萨斯－洛林地区，对德国的莱茵兰地区施加某种控制。对俄国而言，这意味着吞并伊斯坦布尔（在与英国的秘密协议中如此承诺）。当个体资本家依然寻求通过经济上的竞争来扩张资本时，有些资本家群体已经与国家绑在一起，寻求通过军事竞争和战争来扩张资本。帝国主义不再仅限于殖民地，虽然殖民地依然非常重要。在如今的整体性体制中，没有一个资本主义国家能够不以牺牲他人利益为代价而谋求生存空间——这种体制的逻辑只能是全面的军国主义化和总体战，而无视由此造成的社会混乱。

社会混乱给工人阶级、传统资产阶级和农民造成了巨大的影响。生活水准突然间就发生了毁灭性的下降。1917年的德国,军工生产行业工人的"实际"工资下跌超过五分之一,民用工业工人的工资则下跌了接近一半。[52]过去曾经采用的保护工资和生活水平的方法都失效了,因为工会领袖支持战争、反对所有罢工,对任何打破"休战状态"的行为都处以严厉责罚。在英国,罢工领导人在《保卫王国法》的规定下面临监禁的惩处;在德国,煽动民众情绪者被充军到前线作战。

在工人阶级的生活方式方面,战争也给其造成了巨大的混乱。一半工人阶级被强行从原有工作中拉扯出来,编队送上战场,他们的工作则由成群结队的妇女取代完成。在雇用人数超过十名工人的德国工厂,女工人数增加了一半,超过二百万人。[53]仅在军火厂工作的英国女工人数就飙升到了八十万人。[54]资本主义的战争动力,打破了此前资本主义极力塑造的传统家庭。从长期而言,这种情况将会令此前在纺织女工等群体中普遍流传的典型态度得到进一步传播,蔓延到更加广泛的工人阶级妇女层面,令她们日益感到自己与男性的平等。但是,此时给妇女造成的即时效果则是令她们承受加倍的重担。她们不得不在工厂长时间劳作之后,回到家还要接着照料孩子们。

在守护传统工作和生活方式时遭遇困难、困惑和迷失,感到无能为力——这就是工人阶级在战争初年的状况。随着生活水平下降,工作时间延长,工厂里的生产条件变得越来越危险,但罢工次数却是陡然下跌。到了1915年和1916年,绝望情绪孕育了反抗行动。受苦受难的工人阶级社区几乎同时爆发了示威反抗活动——主要来自这些社区的工人阶级妇女。1915年格拉斯哥爆发的反对高房租的大规模罢工,1916年和1917年冬天许多德国城镇爆发的反对食物短缺的示威游行活动,都是这一历史阶段典型的反抗运动。在遭受参军压力最小的男性工人群体中，也爆发了越来越多的罢工事件——罢工的主体是熟练冶金工人，在国家的备战中，他们被视为最重要的角色。这一群体的工会活动网络——格拉斯哥、谢菲尔德、柏林、布达佩斯和维也纳等城市中的工厂工人代表——依然完整未受破坏。随着困难加剧，两种形式的反抗开始彼此联系，对战争提出质疑。罢工领袖通常是反战的社会主义者，但就连许多参与罢工的人员，依然感到他们必须站在"自己国家这一边"。

在此期间，踏上前沿阵地的数百万人，正经历着人生中从未想见的噩梦。他们很快就发现，战争既不是前往柏林或巴黎的短途旅行，也不是什么令人兴奋的伟大冒险。战争是泥泞，是厌倦，是难以下咽的食物，是驱之不散的死亡的恐惧和威胁。对被征召加入"可怜血腥的步兵"的工人阶级或农民而言，战争还包含着这样的认知：将军与军官的生活与他们迥然不同，可以享受美食美酒、舒适的职位和伺候他们的小兵。但是，这些认知并没有自动自觉地引发叛乱。许多入伍者都是来自对社会上层的命令并无反抗传统的家庭。服从尊者的习惯从小就深深植入他们的头脑，令他们冥顽不灵地接受命运，对待这种不公就如同另一项他们不得不去做的令人厌烦和痛恨的工作一样——自从任何反抗行为都会在军事"正义"面前受到审判以来，情况更是如此。等待重返前线的人们"脸上带着奇怪的神情"，英国军官兼战争诗人威尔弗雷德·欧文写道，"不是绝望也不是恐惧，却要比恐惧更加糟糕，因为那是一种被蒙上双眼的神情，没有表情，如同一只死兔子的脸。"[55]

然而，反叛的可能性始终存在。将军们恐惧地回忆起1914年的圣诞节，英国和德国士兵爬出战壕，亲善地彼此庆祝；而到了1916年的圣诞节，英国军官却接到命令：凡是看到从战壕中露头、想要与英军庆祝节日的德国士兵,就必须立即开枪射杀。[56] 但就连这样的预防措施,也不能阻止大型兵变突然爆发。1917年4月,法国在西线的军队爆发了首次大型兵变。六十八个师,其中一半是法国军队,在一场损失了二十五万人的进攻过后,拒绝返回前线。在有些部队举起红旗、唱起革命歌曲"国际歌"之后,军队经过一番妥协和镇压相结合的雷霆手段——判处五百名主事士兵死刑,四十九名被实际绞杀——重建了军纪。西部阵线其他地区的军队哗变规模,都没有法军此次兵变的规模大。但是,1917年依然发生了五万意大利士兵参加的兵变,而在布洛涅附近埃塔普勒的英军大本营,则发生了十万士兵长达五天的血腥叛乱。英军部队的将军先是对叛军作出妥协,继而处决了兵变领袖,压下了整件事不为人知。[57]

军队的哗变只是整个欧洲越来越高涨的困惑和不满情绪的部分体现。这种不满绝不仅限于工人阶级。很多在军队里担任初级军官的中产阶级也感到十分不满。英国这一阶段的战争诗歌,充分体现了这种情绪,雷马克的《西线无战事》、海明威的《永别了,武器》、巴比塞的《火线》,以及希腊作家斯特拉蒂斯·米利威利斯的《坟墓里的生活》等战后幻灭的文学作品,都反映出这种情绪。这种情绪使人民日益认同左翼革命的思想,德国剧作家恩斯特·托勒尔就是这样。但是,这种情绪同样也能导致民族主义的右翼势力抬头,将战争时期希望的破灭归咎于腐败、背叛,以及"外来"力量的影响。

最后,无数原本生活在隔绝村庄中的法国、意大利、奥匈帝国和俄国农民,由于战争而被征募入伍,投入到动荡恐怖的机械化战争中。这是一个现代化大众通讯还没有遍及大多数欧洲乡间地区的时代,应征入伍的农民一下子就被他们从未想象过和体验过的经历和思想震住。许多人都是人生头一回被迫接受某种国家/民族身份标签,他们发现自己身处多民族军队中,讲着自己的方言。当他们试图弄明白正在发生什么事时,就会被互相矛盾的方向拉扯着——包括受到实施传统布道仪式的牧师的影响,发现中产阶级民族主义者与自己的方言非常类似,或者是聆听同一个战壕并肩作战的工人向他们灌输的社会主义观念,以及对富人亘古不变的仇恨。

在欧洲各国彼此撕扯血肉的时候,这就是战壕和兵营中人数众多、满心迷惑、受苦受难的士兵们的状况。

1917 年 2 月

1917 年 1 月,被驱逐的列宁在苏黎世一次德国年轻工人集会上的发言中表示:"我们老一代或许没有机会看到即将到来的革命的决定性战役了。"列宁是在提出"革命无论如何都不可避免"的观点后说的这句话。"欧洲孕育着革命,"列宁说道,"欧洲接下来的岁月,正是由于这场掠夺性的战争,将会走向无产阶级领导下的人民起义。"[58]

六个月后,在沙俄首都彼得格勒[59]爆发了第一场人民起义。在 2 月 23 日[60]上午权力似乎还不受挑战的沙皇,3 月 2 日便被废黜。到了 11 月,以列宁为首的革命政府控制了整个国家。

没有人预见到 2 月 23 日的这场革命。社会主义者庆祝这一天为国际劳动妇女节——在德国社会主义妇女领袖蔡特金的呼吁下于 1910 年创立的节日。彼得格勒的地下社会主义者团体,用散发宣传单、演讲和集会来纪念这个节日,但却根本没有号召罢工的想法,他们觉得此时发起军事行动的时机依然不够成熟。[61]但是,纺织女工对面包短缺现象极为愤恨不满，加之许多妇女的丈夫人在军中，更加重了家庭的负担，因此她们还是发起了罢工，游行穿越工厂区。诺贝尔机械厂的一名工人后来回忆道：

> 我们能够听到妇女们的喊声："打倒高物价！""打倒饥饿！""给工人面包！"……燃烧着战斗火焰的广大女工将小巷挤得水泄不通。那些看到我们的妇女开始向我们挥舞手臂，大声喊道："快出来！""停止工作！"雪球不断地打在玻璃窗上。于是我们决定加入革命的行列。[62]

第二天，半个城市的人口、多达四十万工人都加入了这场运动，游行队伍从工厂一直走到市中心，游行的标语也从"面包！"改为"打倒专制独裁！""打倒战争！"武装警察攻击了游行人群，政府试图调动城市兵营中驻扎的数千名原本要上前线的士兵来镇压这场运动。但在罢工和示威游行的第四天，军营中爆发了大规模的哗变。众多工人和士兵联合起来，携枪挥舞着红旗，席卷了城市的街道，逮捕了警察和政府官员。当局用火车运载军团试图进入彼得格勒恢复秩序，结果在进城时，军团调转枪口，加入了革命队伍。沙皇绝望地试图返回都城，但却受到铁路工人的阻挠。类似的运动横扫莫斯科和其他俄国城市。沙皇的将军最后只能告知他，除非退位，否则没有丝毫机会继续维持这个国家。

沙皇退位后的权力真空由谁来填补？此时出现了两个实施政府功能的平行机构，分别安置在彼得格勒塔夫利宫的两侧翼楼。一方是沙皇政权体制内早已存在的官方反对意见机构：旧日国家杜马的资产阶级政客，他们由建立在阶级分野基础上的选举体制选出，导致杜马绝大部分席位都被拥有财产的富裕阶层占据。另一方则是工人代表，通过工人委员会或 1905 年开创的苏维埃团结起来。关键问题在于彼此竞争的双方，哪一方能将权力握到手中。2 月，杜马在苏维埃的默许下组建了临时政府；10 月，苏维埃组建了自己的政府。

自从战争爆发以来，杜马中的核心人物就与沙皇勾结，组织战争工业生产并从中得利，但是他们十分愤恨围绕在沙皇及其刚刚被刺杀的宠臣拉斯普廷周围的腐败皇廷派系独掌大权。他们希望能在沙皇体制内部进行小范围改革，当然不想推翻这个制度。正如他们的领导人物米哈伊尔·罗江科日后所说：

> 中间派别不仅不想要一场革命，而且害怕革命。尤其是"人民自由党"的"卡德特斯"党人，作为中间派别中的左翼，他们比中间派别中的其他党派与革命党有着更多联系，因而也比其他党派对即将到来的大灾难更加忧虑。[63]

在英国革命、美国革命、法国大革命和 1848 年革命中，大部分拥有财产的富裕阶层都反对革命，但却通常扮演了开启革命运动的角色。在 1917 年的俄国，富裕阶层害怕产业工人，从最初就没有扮演这一角色。正如革命的孟什维克历史学家苏汉诺夫所写："我们的资产阶级与其他国家的资产阶级不同，不仅在革命发生之时背叛了人民，甚至在革命发生之前就已背叛了人民。"[64]

直至沙皇退位之前的最后一刻，罗江科和米柳科夫等杜马领导人依然在协商改革皇权的措施。不过，他们还是任命了取代沙皇的政府：一个由利沃夫大公领导、由大地主和大工业家控制的政府。政府人员中只有一个人拥有革命资历，那就是为政治犯辩护而闻名的律师克伦斯基。

苏维埃工人代表开始集会，因为不同派别的工人运动需要统一协调。一旦叛乱军团派遣代表参加工人大会，它就会成为整个革命运动的焦点。选举出的行政委员必须实施运转城市的责任：为兵变士兵提供食物补给；监管被逮捕的旧警察和官员；安排每家工厂派遣十分之一的工人组成军事力量以维护革命秩序；在各家报纸因罢工而停摆期间发行一份新报纸，令人民了解正在发生的事情。成群结队的工人和士兵都转向苏维埃寻求指示——在俄国各地兴起的地方苏维埃，也始终附属于彼得格勒苏维埃，接受彼得格勒苏维埃的领导。实际上，彼得格勒苏维埃成了革命政府。但这是一个拒绝接受正式权力的政府，他们在等待杜马领导人组建政府。

苏维埃工人代表或多或少都受到社会主义地下党的影响。战争时期的打击和镇压已经摧毁了社会主义党派的组织结构，但是，它们的思想影响力依然存在，它们被囚禁、被放逐或被迫转向地下活动的领导人的地位和威望仍在。然而，这些政党并没有在革命初期就利用其影响力反对苏维埃接受杜马领导人选举出来的政府。马克思主义政党布尔什维克党人和孟什维克党人对这一策略反复提出异议。1905年，孟什维克党人采取等待资产阶级主动推动革命的策略；布尔什维克党人则坚称，工人必须推动资产阶级革命向前发展。战争期间，许多孟什维克党人认为，应当保卫俄国免受德国和奥地利的入侵，而布尔什维克和"国际主义者"孟什维克，则反对任何支持战争的举措。不过，他们对即将到来的革命的特质倒是达成了一致意见：这将是一场资产阶级革命。

这使得布尔什维克的第一批领导人：斯大林和莫洛托夫，抵达了彼得格勒，接受杜马选举的资产阶级临时政府。这一举动意味着，他们无法再发出立即结束战争的号召，因为这不再是一场代表沙皇利益的战争，而是一场"革命保卫战"。在所有著名的革命党人中，只有托洛茨基对这场革命的性质有不同看法，他坚持认为这将会是一场无产阶级革命。但是他于 2 月被放逐到美国，并没有自己的政党，而是属于位于孟什维克和布尔什维克之间一个松散的社会主义者联盟。

苏维埃工人代表对新政府的结构组成并不满意。他们既不信任利沃夫大公，也不信任围绕在大公身边的大地主和大工业家。但是，他们没有信心对拥有丰富经验和马克思主义思想素养的政治领袖说"你们错了"。

争取士兵代表对政府的支持要比争取工人代表的支持更加容易。大多数士兵从来没有参与过任何政治行动。他们从小到大都受到遵从"地位更高者"命令的思想熏陶，虽然苦难的生活经历令他们转而反抗沙皇及其政府高官的统治，但他们依然习惯听令于似乎与他们站在同一阵营的上层领导的命令——例如，许多军团的低级军官及临时政府，这些人很快就学会了使用革命语言，尽管他们仅仅是在几天前才开始接触革命。

临时政府的失败

临时政府以各种形式仅仅存在了八个月便被第二场革命推翻。它的失败被其支持者归咎于列宁施展的阴谋诡计。他们声称，如果当时能够得到机会，俄国将会顺其自然地轻松发展成为某种形式的议会民主制工业国。在苏联解体之后的十年间，这种论调一度得到不少民众的支持。然而，这一观点与 1917 年俄国社会的实际发展并不相符。

沙皇退位后，临时政府背后的资产阶级力量将国家向一个方向推进，参与革命的人民则将国家推向相反的方向。随着每个星期时间的流逝，两者之间的鸿沟越来越大。

俄国资本家决心继续坚持原有政策，那些政策此前已经激怒了彼得格勒工人举起起义大旗，刺激了士兵们支持起义。当时德国是世界上第二发达的资本主义国家，半中世纪化的俄国远远落后于同时期其他国家，就这沙皇还要与德国开战。结果注定会造成巨大的经济混乱、前线可怕的人员损失、城市食物供给链的断裂，以及城市劳动力的极度匮乏。然而，新政府与旧沙俄政府一样，决意将战争进行到底，因为俄国的资本家与沙俄时期一样，都急切地想要扩张帝国势力，跨越黑海抵达伊斯坦布尔和地中海地区。他们的大工业实行与国家联合的垄断经营，他们的国内市场受到落后的农业和贫穷的农民的限制。还有什么办法能比通过扩张国界来扩张市场更好？这一逻辑导致帝国主义战争，无论这场战争将会带来多么重大的社会混乱。临时政府也接受了这一逻辑，尽管政府经过结构调整，将"温和中立"的社会主义党派人士吸收进内阁，任命克伦斯基担任总理。"甚至许多临时政府的左翼成员也秘密赞同……拓展新帝国的目标"，将达达尼尔海峡和东欧的许多"卫星国"都包括在内。[65]

与军事政策上的连贯性相一致的，还有新政府针对帝国内非俄语民族制定的政策，非俄语民族占据超过俄国总人口一半的比例。波兰、芬兰、高加索部分地区的人民，都拥有反叛的传统，还有乌克兰地区的人民，不过那里反叛的程度比前者都要略轻。沙皇在这些地区曾经采用暴力镇压手段推广沙俄化，试图扑灭所有的地方自治运动。新政府害怕失去这些地区的市场和原材料供给，因此对这些地区也延续了同样的暴力手段。

沙皇将国家的半数土地都赐予大地主，旧政权全力阻止任何试图分割大地产的努力。新政府根深蒂固的资本主义利益与旧政权时期一样顽固。大臣们或许会对最终的改革方案争论不休，但他们却一致认为，在此期间，农民必须等待。

他们的政策导致民众不满与日俱增，根本无需布尔什维克的宣传。并没有任何人下达二月起义的命令。同样，也没有人下令农民在整个夏天去进攻大地主的房屋，瓜分大地主的田产。没有人命令芬兰人、乌克兰人、高加索地区人民或波罗的海地区人民提出民族独立的呼声。没有人命令数以百万计身披军装的农民逃离前线。亲眼目击了起义如何推翻五百年古老沙皇独裁政权的人民，无需任何人告诉他们，他们应当努力改善自身悲苦的生活，尤其是在他们中的不少人还拥有枪支、而且曾经受训如何使用它们的情况下。

临时政府自身将这把怒火煽得更加炽烈。6月，当局展现野心，试图进攻奥地利西里西亚地区，导致军队中的不满情绪陡然飙升，尤其是当克伦斯基试图强行实施沙皇时期的军纪、包括绞刑在内时。暴乱进一步加重了经济上的混乱。1914—1917年间，物价几乎翻了四倍。到了10月，物价又涨了一倍。城市的食物供给越来越少，饥荒四下蔓延。正如右翼历史学家诺曼·斯通所说：

> 俄国最终选择了布尔什维克，并非由于人民从革命伊始就是布尔什维克党人，或者由于苏维埃或布尔什维克党领袖施展了什么阴谋诡计。俄国最终选择布尔什维克的原因在于，旧秩序的坍塌多少是按照列宁（且只有列宁）预测过的那样进行。截止秋天，城镇遍布饥荒，恶疾横行；

恶性通货膨胀令工资的增长毫无用处，实际上令整个国家的经济生活，无论何种行业，都遭到重创；战争所需产品的生产也大幅回落，以至于军队就是想战斗都无法继续作战。矿山、铁路和工厂都停止了运转……经济混乱将俄国推向了布尔什维克主义。

如果当时能有任何其他选择，俄国可能都不会走向布尔什维克；但是，当时的状况显然是资本主义已经陷落。[66]

政党与革命

然而，"十月革命"并非仅是无人性暴力发展导致的结果。革命有赖于由工人、农民和士兵组成的广大人民回应这些暴力时采取的特定方式。列宁和布尔什维克党在这方面起到了决定性作用。没有他们，工人只能继续举行罢工、示威和夺取工厂；农民只能继续攻击地主的田庄；士兵只能继续发动兵变；非俄裔少数民族也只能继续掀起暴动。但是，这些动作都无法自动汇入统一的运动，实现有意识的社会转型。

相反，如果没有列宁和布尔什维克的引导，当时的社会现状很容易令失业工人、绝望的士兵和困惑的农民，陷入某种旧秩序残余力量煽动起来的反犹太人和俄国沙文主义民族极端情绪的陷阱。在那种情况下，科尔尼洛夫将军等人当然就容易获得成功的机会，他曾于8月试图进军彼得格勒，实行军事独裁统治。在1917年的俄国，资本主义民主没有存活的机会，但这却并不能排除饥饿绝望的人民接受一个右翼独裁统治重建希望的可能性。就像托洛茨基观察到的那样，1922 年诞生于意大利的法西斯主义，本来极有可能换个名字，诞生于 1917 年末或 1918 年的俄国。

形势并未如此发展的原因在于，就在革命爆发前的十五年间，社会主义革命党赢得了重要的俄国工人少数派的效忠。彼得格勒和其他几座城市的大型工厂发展迅猛，尽管整个俄国的经济依然落后。1914 年，二十五万彼得格勒产业工人中，有一半在雇工超过五百名的大型工厂中工作，这一比例比西方发达资本主义国家还要高。[67] 从 1890 年代开始，他们就为社会主义思想的宣传和社会主义运动的发展提供了肥沃的土壤。

列宁与同时代的大多数社会主义领袖都不同（革命爆发时列宁 47 岁），他坚持认为，运动宣传的目标不应是赢得左翼知识分子或工会组织的被动支持，而是在工人阶级内部建立起致力于推翻沙皇统治的活跃分子的联络网。这一目标令列宁与马尔托夫、丹、阿克谢罗德等之前的同志决裂，尽管他们在即将发生的革命具有资产阶级性质方面显然意见一致。布尔什维克党在两大马克思主义政党中被视为更加"强硬"的一派，该派坚持从中产阶级知识分子或工会官员的角度来描画革命党，坚持苦心澄清理论问题。到了 1914 年夏天，布尔什维克党成为彼得格勒工人中的最大政党，拥有合法报纸《真理报》，在国家杜马中赢得了大多数工人代表的选票。[68] 战争令政党之间的差异更加明显。布尔什维克党站出来明确反对战争（虽然党内有许多人都不支持列宁的"革命失败主义"极端观点），他们的杜马代表被丢进了监狱。许多孟什维克党人则都支持战争，虽然小部分与马尔托夫相关的"孟什维克国际主义者"也反对战争，但他们依然与孟什维克党内大多数人保持紧密联系。[69]

1917年最初几个月，在彼得格勒的工人和士兵中间，还有第三个党派比布尔什维克党和孟什维克党拥有更大的影响力，那就是社会革命党。社会革命党并非一个马克思主义政党，而是来自俄国的"民粹主义"运动传统，一方面强调满足农民的需求，另一方面提倡通过可以效仿的、小规模的英勇武装行动（例如，刺杀人民痛恨的警察局局长等）激起革命热情。社会革命党最著名的领袖来自中产阶级，1917年该党支持战争和临时政府，但却无法实施自己的土地改革计划。到了秋天，在对当局的不满日益增强的背景下，一群知名度没有那么高的领导人，引领"左翼社会革命党人"脱离党派，自立门户。

　　2月，在彼得格勒的苏维埃中，社会革命党的力量要比布尔什维克党大得多。布尔什维克党人在沙皇体制下遭受了不成比例的严酷镇压，许多工人和士兵都没有看出旧日党派在新形势下的差别。但是，许多布尔什维克工人在二月起义中起到了重大作用，布尔什维克党在工厂和工人阶级地区拥有坚定的核心成员——3月初，在巨大的普提洛夫工厂拥有一百名成员，在维堡工业区拥有五百名成员，在整个城市共拥有两千名核心成员。随着革命的发展，布尔什维克党迅速壮大起来，到了4月底，全市已经拥有一万六千名党员。[70] 几乎每三十名工人中就有一位布尔什维克党员，布尔什维克党的宣传能够达到彼得格勒大多数工厂的大多数部门。到了5月底，在彼得格勒本地政府的选举中，布尔什维克党得到了20%的选票（孟什维克党只得到3.4%的选票，但社会革命党则得到50%的选票）。[71]

　　2月和3月间，布尔什维克党支持临时政府的立场，令党员十分困惑。直到列宁于4月结束流亡生活回到彼得格勒，形势才逐渐明朗起来。列宁看出，俄国资本主义不能解决当下国家遇到的任何问题，它采取的政策势必会令工人、农民和士兵们的生活，陷入更加惨痛的水深火热之中。列宁因势利导发展出了一个与托洛茨基非常类似的观点,这也是一个此前被"正统"布尔什维克党人抛弃的观点。列宁指出,工人阶级通过苏维埃,在推翻沙皇统治的过程中起到了决定性作用,创造了一种比现存任何资产阶级统治体制都更加民主的决策方式。工人阶级存在实施直接建立在本阶级及穷苦农民利益基础上的政策的可能性。但有一个前提条件是,苏维埃必须掌握全权,以工人武装取代旧军队和旧警察,将银行收归国有,向穷苦农民分发土地。

布尔什维克党并不想实施独裁统治,列宁的观点最初遭到城中许多老党员的猛烈攻击。但维堡等工业区的党员却立即表示拥护列宁的观点。列宁将工业区党员已经隐约感到的事实清晰地表达了出来。对充满战斗精神的俄国工人而言,列宁观点的影响就像潘恩的《常识》于1776年初对美洲殖民地人民的影响,或者像马拉的《人民之友报》于1792—1793年间对巴黎无套裤汉的影响——它提供了一个世界观,在当前形势与所有旧日信仰相矛盾时,为人民提供了一条理解的途径。列宁帮助俄国人民从现实社会的愤怒的被害者,转向主动创造历史的活跃的主人。

列宁只用了几周时间就赢得了党内大多数人的支持。但是,赢得工人群众的大多数支持则耗费了颇多时间,更不用说赢得士兵和农民的支持。列宁从一开始就告诉党员,他们必须向工农兵"耐心解释"推翻临时政府、结束战争的必要性。而作为少数派的布尔什维克党,如果无法争取到大多数工人的拥护,就无法达成这些目标。临时政府的所作所为,以及工人、农民和士兵自发的反抗斗争,将会确保这些"解释"切实有效。布尔什维克党在彼得格勒本地政府及议会选举中的选票,从5月的20%上升到8月的33%,到了11月更是上升为45%。在莫斯科,6月的选票为11.5%,到了9月末就达到了

51%。在 6 月初举行的第一次全国苏维埃大会上,布尔什维克党获得了 13% 的代表席位。在 10 月 25 日举行的第二次全国苏维埃大会上,他们获得了 53% 的选票——另外 21% 的选票归于与他们结盟的左翼社会革命党。[72]

劝说选民选谁不选谁,布尔什维克党做的远比这个多。他们积极参与每场工人运动——保证工资随着通货膨胀一同增长的运动、抗争工作环境恶化的运动、阻止经理关闭工厂从而造成经济恐慌混乱的斗争等。[73] 他们鼓励士兵挑战长官的权力,鼓励农民瓜分地主的土地。布尔什维克党人开始向剥削者和被剥削者证明,被剥削者既有权力也有能力通过苏维埃按照自己的利益来运转社会。

每场伟大的革命都会经历高低起伏,都会经历看不到前景的困难时期从而走弯路。1917 年的俄国也不例外。7 月,临时政府及其将军们的行为令彼得格勒工人和士兵的愤怒终于爆发,临时政府顺其自然地被推翻。但是,布尔什维克的领袖(包括刚刚入党的托洛茨基)正确地估计到,此时夺取彼得格勒的权力还无法得到其他地区的支持,反动势力将会以此为借口,孤立继而摧毁彼得格勒的革命运动。因此,在展现了绝对团结的同时,他们也在某种程度上控制了运动的规模。但这一策略并未立即显示出其正面效果。布尔什维克对工人运动的控制,导致革命工人和士兵在某种程度上有些士气消沉,而且令临时政府逮捕了许多领导人物,迫使列宁等其他领导人四处躲藏。在严厉打击工人运动、打击反对力量的同时,临时政府向试图摧毁所有革命迹象的力量敞开了大门,科尔尼洛夫将军还企图向彼得格勒进军。具有讽刺意味的是,布尔什维克征服苏维埃体制中权力的最后步骤是组织彼得格勒的革命力量保卫城市,反抗酝酿中的兵变和临时政府支持者的反扑——但却是以一种彻底破坏对临时政府最后一丝期盼的方式来进行。

即便如此，10月25日苏维埃政权的确立也并非一个早已注定的结果。很明显的一点是，当天举行的全国苏维埃大会上的大多数人都支持接收权力。但是，季诺维也夫和加米涅夫等布尔什维克领导人遭到了反对，与孟什维克和社会革命党领袖争吵起来。相比之下，列宁和托洛茨基确信，再拖延下去就是死路一条。人们如今对作出改变充满信心，他们已经克服了数千年阶级统治导致的服从和尊敬上位者的习惯。如果再拖延下去，就意味着公开显露出党派并无人民的这般信心，拖沓的举动还会摧毁人民已经燃起的斗志。经济危机日益加重，时刻迫近的威胁慢慢将希望化为绝望，人民的士气逐渐低落。如果任其发展，农民、士兵和一些工人，或许就会被穷兵黩武的冒险家吸引过去。

1917年10月

与彼得格勒的"二月革命"相比，同一座城市爆发的"十月革命"就显得要和平得多，射杀和混乱也要少得多。一些右翼历史学家因此将这场革命描述为一场"政变"，一场由布尔什维克领导民众掀起的少数派行动。实际上，正因它不是一场政变，才会显得有序而平和。它并不是仅由几位上层人物展开的行动，而是通过表达人民群众最深刻的热望而展开的革命。广大工人和士兵听从布尔什维克领导的彼得格勒苏维埃军事革命委员会作出的决定，因为委员会是苏维埃的一部分，苏维埃由人民选举，因此人民也拥有撤换委员会成员的权力。这给予了革命委员会临时政府不曾拥有的权力，导致城中只剩小众部队还在听从当局指挥，克伦斯基及其政府官员别无选择，只能逃走。

"临时政府不复存在"，托洛茨基于10月25日向苏维埃汇报道：

> 我们被告知，起义将会引发集体屠杀，将会令革命深陷血腥洪流。但是截至目前，一切都在没有流血的情况下进展着。据我们所知，还没有发生人员伤亡。我们还没有听说过，历史上有任何一次革命运动会像当前这样，在如此广泛的人民群众参与的情况下，却如此兵不血刃。[74]

很快，列宁就结束了三个月的隐匿，公开现身发表声明：

> 如今开启了俄国历史上的一个新时代……我们现在的常规任务之一就是立刻结束战争。但是，为了结束战争……我们必须先克服本国的资本主义。在完成这个任务的过程中，我们将会得到全世界无产阶级运动的协助——在意大利、德国和英国已经发展起来的无产阶级运动……我们拥有人民组织的力量，将会打败一切取得胜利，将会带领无产阶级进行世界革命。在俄国，我们必须立刻行动起来，建立无产阶级社会主义国家。全世界社会主义革命万岁！[75]

此时发生的事件具有极为重大的历史意义。1792—1793年间，在巴黎工人阶级群众的推动下，中产阶级中最激进的派别掌握了权力，然而他们掌权后却转而打击无产阶级群众，其后被利己的保守主义者推翻。1848 年，1792 年革命者的后代努力使几位自己的代表进入了二月政府内阁，但却于 6 月在大街上被血腥屠杀。1871 年，他们直接夺取了权力——但却只在一座城市实现了这一目标，而且只维持了短短两个月。如今，工人、士兵和农民代表大会夺取了总人口达到一亿六千万、广袤领土从太平洋沿岸一直蔓延到波罗的海沿岸的国家的领导权。世界社会主义真正提上了日程。

被围困的革命

革命领导人十分清楚地意识到，只要革命依然局限在旧日俄罗斯帝国的土地上，他们就会面临巨大的问题。革命之所以能够取得成功，原因在于，圣彼得堡和其他几座城市的工人阶级都集中在一些世界上最大的工厂中，这些工厂正好处于行政和通讯的中心。然而，他们只占总人口中的一小部分。广大农民群众支持革命，并非由于他们是社会主义者，而是由于对他们而言，这场革命与经典的资产阶级革命提供了同样的战利品：分地。战争造成的经济危机，令工业遭受严重打击，在城市中制造了饥荒。人民每天的面包配给降到了三百克，每天的平均能量摄入只有一千五百卡路里。[76] 如何重新组织工业生产，以生产出能够劝服农民为城市提供食物的产品，是摆在监管每间工厂经理的工人委员会面前的一项艰巨任务。除非得到其他工业化水平更加先进国家革命的支持，否则这一任务几乎无法完成。

正是相信战争将会在其他国家激起这样的革命，使得列宁放弃了原有的观点，此前他认为，俄国发生的革命只能是一场资产阶级革命。甚至在 1906 年列宁还曾谴责道：

> 为一场社会主义革命夺权力……是荒唐且几近无政府主义的思想。俄国的经济发展水平，以及无产阶级人民群众的松散组织，导致工人阶级不可能得到立刻且完全的解放……任何试图以政治民主以外的其他途径尝试达到社会主义者，都会不可避免地得出荒谬且反动的结论。[77]

列宁的思想之所以发生了转变，是由于推动整个俄国陷入暴动的战争，在欧洲其他国家也起到了同样的作用。但是，正如列宁 1918 年 1 月坚称的那样，"如果没有德国革命，我们就将毁灭。"[78] 国际革命的信仰并非幻想。战争已经在各国掀起了与俄国革命类似的起义和暴动，或许相比而言规模略小——1917 年英法联军发生兵变；德国海军也发生暴动；二十万德国钢铁工人举行罢工，反对缩减面包配给；1917 年 8 月，意大利都灵的工人与军队之间爆发了长达五天的对峙作战[79]；英国机械工人和矿工爆发了非法罢工；1916 年复活节期间，都柏林掀起了共和起义。

反战呼声遍布欧洲。支持战争的德国社会民主党，驱逐了绝大部分表达和平意愿的议会党员——迫使这些被驱逐者组成了自己的党派："独立社会民主党"。在英国，未来的工党领袖拉姆齐·麦克唐纳担任寻求和平的利兹工人代表大会主席职务。

但是，革命并没有遵循同步的时间表发生。危机为社会体制带来的整体压力，在不同地方引发了相似的回响。然而，各地革命情绪爆发的形式，以及爆发的时间，则有赖于当地的环境和传统。俄国落后的农业经济及其陈旧的国家结构，令这个老大帝国先于西欧和中欧各国于 1917 年崩塌。经过 1649 年至 1848 年的一连串革命之后，其他国家至少已经部分实现了现代化和工业化。它们或多或少都拥有俄国所缺失的——融入现有社会结构、同时也得到工人阶级广泛信任的、成熟的议会社会党和工会体制。

1918 年 1 月，一波罢工高潮席卷奥匈帝国和德国，维也纳和柏林近五十万钢铁工人参与了罢工。罢工工人在一定程度上受到了俄国革命的激发，结果遭到警察的残酷镇压。然而，柏林工人依然对支持战争的社会民主党领导人艾伯特和菲利普·沙伊德曼抱有幻想，为他们在罢工委员会中留下职务。但是，这些党魁却利用自己的影响力暗中破坏罢工，致使罢工失败，给工人造成巨大伤害。

在布雷斯劳身陷囹圄的罗莎·卢森堡预见到了俄国将要面临的危险，她在 11 月 24 日寄给考茨基妻子露易丝的一封信中写道：

> 你为俄罗斯人的现状感到高兴吗？他们当然无法在这个亚妖狂欢日里继续维持下去，并不是因为统计数据显示俄国的经济发展太过落后，正如您聪明的丈夫指出的那样，而是由于在高度发达的西欧，社会民主包含了太多痛苦和不幸的懦夫，他们将会平静漠然地注视着事态发展，任由俄国人流血至死。[80]

德国社会民主党在 1 月里的表现，证实了罗莎·卢森堡的警告。在波兰边境城镇布列斯特－立陶夫斯克，德国最高指挥官向革命政府发出了协商的最后通牒。如果德国无法接管俄国人占据的乌克兰的大部分地区，德军就将向俄国进军。革命政府则绕过德军将领，直接求助于德国的工人和士兵，在德国前线散发数十万份传单。但是，罢工运动的失败磨灭了德军即刻爆发兵变的最后一丝机会，德军最终依然进军数百英里。关于此时应当如何回应，在布尔什维克党和苏维埃中爆发了激烈的争论。布哈林和左翼社会革命党坚持主张打一场对抗德国的革命战争。列宁则坚持接受最后通牒，因为布尔什维克党人此时根本无力发动一场革命战争。托洛茨基既不同意发动革命战争，也不同意接受最后通牒，而是寄希望于德国发生的起义和暴动能够解决俄国目前的困境。最后，列宁劝服了大多数布尔什维克党人，令他们明白接受最后通牒是唯一现实的选择。左翼社会革命党人从政府中辞职，令布尔什维克党人独掌大权。

为了达成和平而接受了德国强加的惩罚性条款，使战争对俄国经济造成的巨大伤害更上一层楼。乌克兰是俄罗斯煤矿的主产地，是其利润的重要来源。乌克兰被割让后，由于缺少燃料，俄国的工业生产一落千丈，城市中的食物短缺现象更甚以往。在1月27日的彼得格勒，每天的面包配给降到了一百五十克，到了2月28日，更是降到只有五十克（不到两盎司）。这对掀起革命的彼得格勒工人阶级造成了灾难性的影响。到了4月，城市工厂中的劳动力只有1917年1月的40%。大型钢厂自1905年以来就是工人运动的骨干核心，此时遭受了最痛苦的打击。1918年上半年，超过五十万人离开城市，希望到别处寻找糊口的机会："短短几个月，曾因在革命中表现出色而闻名全国的红色彼得格勒无产阶级已大批陨落。"[81]

曾在生产过程中发挥了决定性作用因而能够领导俄国其他地区进行革命的工人，如今不再担当这一角色。他们推举建立的机构苏维埃依然存在，只是已经失去了与工厂的有机联系。

但是，革命的热情依然持久，吸引了热切的工人、士兵和农民加入布尔什维克党，工人阶级社会主义理想激发了英雄的作为。这种热情令托洛茨基如同施了魔法般召唤出一支拥有数百万人的新红军，在 1917 年工人民兵坚实核心的基础上全面建设起武装力量。不过，苏维埃、布尔什维克党和红军都已不再是活跃的劳动工人阶级的一部分。他们更像是升级版的雅各宾主义——尽管 1790 年代的雅各宾主义是受到了资产阶级激进理想的推动，而眼前的新版本则是由工人阶级社会主义和世界革命理想所推动。

随着 1918 年形势的不断发展，为了这些理想而战斗的任务变得越来越困难。德国掌控了乌克兰后，1918 年 6 月和 7 月，英国和法国同时进攻俄国。三万名捷克斯洛伐克士兵组成的军队（捷克民族主义者组织起来的军队，在战争中支持盎格鲁－法国－俄国，战败后沦为奥匈帝国军队的战犯）夺取了跨越西伯利亚铁路沿线的城镇，将俄国一切两半。在他们的保护下，右翼社会革命党和孟什维克党在萨拉托夫组成了联合政府，在街上四处抓捕布尔什维克党员嫌疑犯，并大开杀戒。[82] 日本人攫取了太平洋沿岸城市海参崴的控制权。英国军队在北部的摩尔曼斯克登陆，同时还夺取了南部巴库的控制权。与此同时，左翼社会革命党刺杀了德国驻彼得格勒大使，试图摧毁布列斯特－立陶夫斯克妥协带来的和平，通过武力重掌政权；右翼社会革命党则刺杀了布尔什维克的宣传家伏洛达尔斯基，列宁也因此受伤。

外部围剿及内部的恐怖主义和反革命运动，迫使革命政权的性质发生了转变。由无政府主义者转变而成的布尔什维克党人维克多·谢尔盖，于 1928 年在他的著作《俄国革命第一年》中描述了这种变化。直至 6 月，他写道：

> 共和国拥有一整套内部民主体制。无产阶级专政并不是一个党派的专政或者某些委员会、某些个人的专政。它

的机制非常复杂。每一个苏维埃、每一个革命委员会、每一个布尔什维克党或左翼社会革命党委员会，都掌握一定的权力，以自己的方法来实施这些权力……所有议案法规都要在［全国苏维埃执行委员会的］会议上进行讨论，此间经常包括众多不同利益。在这里，与议会民主的同维度相比，政权的敌人拥有更多自由发言的权利。[83]

如今一切都开始发生变化：

> 国外势力的联合干预、国内［富农］叛乱和苏维埃［与左翼社会革命党］联盟的解体，对共和国的生存造成了确定无疑的威胁。无产阶级专政被迫立即抛弃民主的摆设。饥荒和各地的混乱状况，迫使权力只能高度集中于少数适合的军事人员手中……阴谋反叛迫使新政权引入了强大的内部防御机制。暗杀、农民起义和致命威胁，推动了恐怖手段的使用。反革命分子的破坏活动，以及无政府主义者与左翼社会革命党人的分裂，导致共产党垄断政治权力……苏维埃体制，从当地苏维埃开始到［全国苏维埃］执行委员会及人民委员会为止，如今全都被架空。[84]

此刻是革命政府第一次系统地使用暴力手段。反革命"白匪"显示出肆意射杀革命嫌疑分子的意图。实际上，他们在10月一路杀向莫斯科时就已经这样做了，并于1月在芬兰镇压了一起社会民主党人起义后杀死了两万三千名"赤色分子"。[85]如今，革命者感到别无选择，只能强力应对这些血腥挑战。射杀反革命嫌疑犯，将资产阶级羁押为人质，想方设法在每个反革命分子心中投射恐惧——如今成为革命运动中广为接受的部分。虽然索尔仁尼琴在《古拉格群岛》中的描述给人留下深刻印象，但这种恐怖实际上与1929年起斯大林的恐怖统治截然不同。此时的暴力打击针对的是实际上而非想象中的反革命行动，1921年内战结束后，这种暴力打击就立刻结束了。

革命政权能够冲破一切阻碍坚持下去的原因在于，它能够汲取来自旧沙俄帝国体系中更穷苦阶层人民的支持——尽管在此过程中需要克服难以想象的困难。它向工人提供希望，向穷苦农民许诺土地，奋起抵抗与白匪合作的反犹主义帮派，并且不惧怕给予非俄罗斯民族自决权。

然而，在这段时间内，那些革命政权的领导人——以及数十万为了革命政权甘冒生命危险的志愿者——始终看向西方，看向欧洲的工业化国家，绝望地等候救援的出现。

第三章
动荡中的欧洲

11 月的德国

俄国"十月革命"一年后,西方爆发的革命就被载入史书——虽然这一年对忍饥挨饿、饱受战争蹂躏的俄国而言,堪称一段无比漫长的岁月。

德意志帝国在布列斯特-立陶夫斯克强加给俄国的极为昂贵的和平条款,为德国统治者提供了喘息的空间,可惜为时很短。1918年3月,德军发起了一场规模浩大而血腥的攻势,使其自1914年以来前所未有地深入挺进法国,但是此后便陷入停滞。8月再次向前推进的努力也失败了,继而德军不得不撤退。德军军力严重不足,而此前一年美国加入战争,则为英法阵营提供了新鲜战斗力和充足的军事装备及供给。德军最高指挥部陷入了恐慌，鲁登道夫多少已有些精神崩溃。[86] 9 月末，他决定立刻停战，劝说德皇任命包括一众社会民主党大臣组成的新政府，以逃避停战责任。然而，四年来震撼了整个欧洲的大战，并非说停就能停下来。彼此竞争的帝国主义，尤其是法帝国主义势力，也想效仿当年的德意志帝国从俄国身上撕扯新鲜血肉的做法。在长达一个月的时间里，德国政府竭尽全力地四处周旋，绝望地试图避免付出如此惨痛的代价；与此同时，战争依然在以与过去同样的血腥方式进行着。英法美三国联军挺进德国控制的法国和比利时领土。英国、法国、塞尔维亚、希腊和意大利联军在巴尔干半岛击溃了奥地利军队。

对摇摇欲坠、包括多个国家的奥匈帝国君主国（一千二百年前建立的神圣罗马帝国的合法继承人）而言，这一切压力显得过于沉重。奥匈帝国的军队土崩瓦解，少数民族中产阶级领袖掌握了大城市：捷克和斯洛伐克人控制了布拉格、布尔诺和布拉迪斯拉发；斯拉夫南部小邦组成联合"南斯拉夫"的支持者，占领了萨格勒布和萨拉热窝；自由派贵族迈克尔·卡洛里领导下的匈牙利人，占据了布达佩斯；波兰人进驻了克拉科夫。随着数不清的庞大人群蜂拥占据维也纳的街头，要求建立共和国，撕毁帝国象征物[87]，奥地利德语区的权力已经落入一位与资产阶级政党联合起来的社会民主党人手中。

德军最高指挥官绝望地想要挽救这场大溃败，命令舰队驶向英国，希望发起一场突袭，以一场海上胜利扳回一城。但是，他的水手可没有做好赴死的准备。前一年的兵变已被镇压，起义的领导人也被处决，失败的原因在于过于被动——他们只是掀起了起义，却没有做好充足准备，听任长官和军事警察向他们发起反击。这一次，他们没有再犯同样的错误。基尔的水手武装了自己，与罢工的码头工人一并逐个城镇而下，缴下敌人的武器，建立了士兵委员会。他们引爆了整个德国这颗炸弹的导火索。

工人和士兵声势浩大的示威运动夺取了不莱梅、汉堡、汉诺威、科隆、莱比锡、德累斯顿及其他数十座城市。在慕尼黑，他们攻占了皇宫，宣布由反战社会主义改革家库尔特·艾斯纳担任"巴伐利亚自由州"的首脑。11月9日，运动蔓延到了柏林。数量众多的工人和士兵排列成行，携带枪支，挥舞红旗，冲上首都的大街小巷，刚从狱中被释放出来的革命者卡尔·李卜克内西站在帝国宫殿的阳台上，高声宣布德国成为"社会主义共和国"并将发起"世界革命"。在德皇旧政府中任职的支持战争的社会民主党大臣沙伊德曼也不甘示弱，在帝国议会大厦的阳台上高声宣布德国成为"共和国"。德皇逃到了荷兰，两个社会民主党派组成了"革命政府"，由一千五百名士兵和工人代表组成的大会选举出的"人民委员会"掌管。它象征着这样一个事实：士兵和工人委员会如今成为德国及德国占领的比利时地区政治权力的仲裁者。这类委员会或苏维埃中蕴含的革命力量，似乎横扫了整个北欧，从北海一直到北太平洋。

但是，德国委员会却将革命权力赋予了那些决意不将之用于革命之人的手中。新首相艾伯特在一天之内就与最高军事指挥官威廉·格勒纳将军建立了电话联系。在战时"独裁者"兴登堡的支持下，两人同意合作，重建军队秩序，以令军队能够重整社会秩序。[88]

1914年战争爆发时，主张通过建立资本主义国家进行改革的社会民主党政治家，自然支持当局国家。如今面对革命，他们自然也试图重新建立资本主义国家权力。对他们而言，推行镇压措施和阶级权力的旧体制才是"秩序"；被剥削者和被剥夺财产者对旧体制的挑战，则被视为"无政府行径"和"混乱"。

最有力的挑战者就是著名反战人士罗莎·卢森堡和李卜克内西。李卜克内西在柏林的士兵和工人中尤其享有盛誉，得到他们的大力支持。社会民主党领袖操纵最高军事统帅部，试图摧毁李卜克内西的影响力。他们在城市中挑起暴动，试图以外部军队进城镇压起义，继而将这场流血屠杀的责任推给李卜克内西和罗莎·卢森堡。两位领导人被军队逮捕。李卜克内西被击昏，继而被射杀。卢森堡的头骨被枪托击碎，士兵向她的头部开枪，然后将尸体扔到河里。然而，在社会民主党报纸的报道中，事情却变成了：李卜克内西"在试图逃跑时"被射杀，罗莎·卢森堡则"被一群愤怒的群众"杀死。某些拥有社会地位的中产阶级在读到这则报道时，"高兴得跳了起来"[89]。自格拉古兄弟和斯巴达克斯时代起，"文明的"富人对胆敢反抗其统治的叛逆的态度，从来不曾改变过。

然而，对社会民主党和军事力量之间的同盟而言，扑灭革命的熊熊烈火并非一件容易完成的任务。历史学家的描述经常令人误以为德国革命只是一件小事件，轻松而迅速地结束了。就连著名历史学家艾瑞克·霍布斯鲍姆在其振奋人心的 20 世纪历史《极端的年代》中，也传递着这一信息。霍布斯鲍姆写道，11 月没过几天，"共和国化的旧政权就不再感受到社会主义者的严重威胁……新近临时凑成的共产党更是不在话下。"[90] 实际上，直至 1920 年夏天，此次革命浪潮的第一波洪流仍未终结，而到了 1923 年，第二波浪潮又接踵而至。

与人类历史上所有伟大的革命一样，1918 年 11 月革命第一次激发出民众对政治的兴趣。谈论革命和社会主义，不再局限于在 1914 年之前就为社会主义者投票的工人核心力量。这种政治兴趣蔓延到数以百万计的工人和中产阶级中地位较为低下者，他们曾在选举中支持天主教中央党、自由主义进步党、非法的"民族自由党"，甚或是普鲁士地主执掌的农业党。战争期间,许多原本支持社会民主党的工人,开始转向支持其反对战争的左翼对手;原社会民主党党员中,几乎一半人都转投左翼独立社会民主党。但其他从资产阶级政党转向左翼社会民主党的人们,依然将社会民主党领袖视为社会主义者。过去他们曾因此而反对社会民主党,如今他们却支持社会民主党。

社会民主党领导人利用了民众的这种感情,他们继续做着左翼讲演,但却坚持认为:出于维持秩序的目的,左翼政策只能逐渐引入,反对"过度"革命。他们声称是罗莎·卢森堡和李卜克内西令革命变得危险,与此同时却又秘密安排将军们射杀异议者。

独立社会民主党的领导人并不愿看到战争,但大多数人依然对改良资本主义情有独钟。这些人中包括考茨基、伯恩斯坦和希法亭;希法亭将会在接下来的十年里,在两届资产阶级政党的联合政府中担任经济部长。革命伊始重要的头两个月内,独立社会民主党对主要由社会民主党领导的政府表现出十足的忠诚,协助向工人和士兵群众贩售他们的政策。

但是,随着时间推进,社会民主党领袖曾经的热情支持者,开始转而反对他们。11月被派往柏林协助政府稳定局面的军队,于1月的第一周起兵,许多帮助镇压1月起义的工人和士兵,到了3月却在首都举起了义旗。1月中进行的选举结果显示,社会民主党得到了一千一百五十万张选票,独立社会民主党只得到二百三十万张。然而,在接下来的几周内,在鲁尔区、德国中部、不莱梅、汉堡、柏林和慕尼黑曾经坚定投出社会民主党选票的工人爆发了大罢工,他们拿起武器,对抗政府警察。到了1920年6月,社会民主党的选票只比独立社会民主党高出六十万张。

社会民主党领袖迅速发现,他们不能只依靠自己的人气来"重建秩序"。1918年12月末，社会民主党内务部长诺斯克鼓吹"有些人必须成为警犬"，同意将军们成立特别雇佣军队"自由军团"。"自由军团"由旧军队中的军官和"暴风兵营"组成，是彻头彻尾的反动派。"看起来似乎是旧秩序再度兴起"，保守派历史学家梅内克如此观察道。"自由军团"的腔调是狂热极端的民族主义，而且经常散布反犹主义言论。它的旗帜常以古印度教的好运象征图腾"万字符"来装饰，"自由军团"的许多成员后来都成为纳粹党的骨干力量。

1919年前半年的德国历史，是"自由军团"踏行全国，攻击11月革命的参与者和在1月选举中为社会民主党投票的人们的历史。"自由军团"遭遇了不断的武装抵抗，并于4月间在与短命的巴伐利亚苏维埃共和国及其一万五千人红军武装的斗争中达到巅峰。

"革命精神"

德国内战的岁月，也是整个欧洲经历动荡不安的时节。英国首相劳合·乔治在3月间写给法国总理克雷蒙梭的信中表示：

> 整个欧洲都充满了革命精神……整个欧洲现存的政治、社会和经济的各个层面都受到人民群众的质疑。[91]

驻巴黎美国大使豪斯也在日记中表达了相似的恐慌："布尔什维克主义到处攻城略地……我们就坐在一个敞开的火药库上，终有一天，星星之火便可点燃它。"[92]

造成这种焦虑的最直接原因，来自于匈牙利贝拉·库恩领导下的苏维埃政权控制了匈牙利，库恩曾在对俄战争中成为战犯。1918年末建立起来的自由民族主义政权崩塌了，无法阻止捷克斯洛伐克和罗马尼亚占领部分匈牙利国土，共产党与社会民主党联合政府和平地接管了大权。它推行国内改革和民族主义政策，试图发动反对捷克斯洛伐克和罗马尼亚的革命战争，希望在东部得到来自俄国红军的支持，在西部得到奥地利工人起义的支持。

除此之外，没有一个地方的革命政府真正掌握权力，但无论哪里的形势都极不稳定。中欧和东欧新组建的民族共和国，都包含着憎恨新秩序的少数民族。在捷克斯洛伐克，在相当大的地区范围内，讲德语的民族占据人口绝大多数，在其他一些地区则是讲匈牙利语的人口占据大多数。罗马尼亚和南斯拉夫疆界内都包含众多讲匈牙利语的少数民族。南斯拉夫和奥地利与意大利就边境问题争执不下，保加利亚与罗马尼亚也是如此。波兰军队与德国军队在西里西亚持续对抗，土耳其与希腊之间也爆发了战争，双方都进行了大范围的种族清洗运动。捷克斯洛伐克和保加利亚拥有人数众多的工人，革命热情高涨，反对本国政府中产阶级的民族主义政策。

1919年4月，革命者领导失业工人进攻奥地利议会。一时间，革命的匈牙利东部连接俄国、通过奥地利与西部的巴伐利亚苏维埃连接起来、推翻前德意志帝国和奥匈帝国的整个建制的革命构想，并非像看上去那么荒谬和遥不可及。

然而，情况也并不像想象中那么乐观。奥地利社会民主党人的论调，虽然在某种程度上与德国左翼党派相似，但实际上，他们固执地反对深入革命。他们劝服维也纳工人委员会听凭反抗示威被镇压，保证奥地利资本主义的存活。与此同时，布达佩斯的共产党和社会民主党联合政府，也没有组成真正的工人委员会。它依靠旧军官来统帅军队，并没有将统治乡间的大地产分割发放给农民，从而犯下了疏离农民的根本错误。一百三十三天后，社会民主党人放弃了政权，向霍尔蒂上将代表的右翼独裁力量敞开了大门。

1919年的狂热革命风潮，并不仅限于被击溃的帝国境内。它还影响到了胜利者，虽然程度不一。在回转家乡之前，英法联军受到了兵变的撼动，不得不推迟回国时间。被派遣前往镇压俄国革命的军队，对革命也并非完全免疫——位于阿尔汉格尔的英国、法国和美国军队拒绝作战，而在一场兵变上演后，法军不得不从敖德萨和其他黑海港口城市撤出。[93]

与此同时，英国本土也爆发了一波工业暴动。年初的机械工人大罢工，导致格拉斯哥的工人与警察之间爆发了激烈冲突，贝尔法斯特的天主教徒和新教徒团结起来，几乎达成了一次规模极广的大罢工。利物浦和伦敦也爆发了警察大罢工。通过承诺和让步——后来又被打破——政府勉强避免了一场矿工大罢工，但却无法阻止铁路网络瘫痪九天的结果。1920年1月，矿山、交通和铁路行业联合工会的组建令政府万分惶恐。"大臣们……的恐惧达到了极点"，内阁秘书长这样写道。[94]

西班牙并没有加入战团，因为其统治者集团分裂为支持德国的皇室派和支持英法两国的资产阶级派（以及巴勃罗·伊格莱西亚斯领导的社会主义政党）。但是，飞涨的物价进一步恶化了产业工人和农业工人的生存环境。1917年夏天，爆发了一次范围波及很广但却以失败告终的大罢工；到了1918年，又爆发了一波武装起义。

1918—1920年的南部西班牙，进入了"布尔什维克的三年"，这里广袤的大型地产由季节性的雇佣劳工打理。在俄国布尔什维克的穷苦农民分得土地消息的鼓舞下,"兴起了一波有组织的运动、罢工、冲突和集会"[95]。美国小说家多斯·帕索斯写道:"在这里,与在其他地方一样,俄国一直都是革命的指路明灯。"[96] 三次大范围罢工席卷这一地区,劳工占领了土地,焚烧在外地主的房屋,有时还在田地里纵火。有些城镇宣称实行"布尔什维克式共和",最终由两万名士兵组成的军队才镇压了这场具有里程碑意义的运动。[97] 怒潮并不仅限于南方。在一次长达一周的瓦伦西亚工人罢工运动中,工人们将市内街道重新命名为"列宁路""苏维埃路"和"十月革命路";马德里影响范围极广的面包暴动,抢劫了二百家商店。[98] 最严重的一场冲突爆发于1919年初的加泰罗尼亚。罢工工人占领了加拿大工厂,这家工厂为巴塞罗那提供大部分动力,导致全城公共交通瘫痪,城市陷入一片黑暗。城中70%的纺织厂举行了罢工,燃气和供水工人也一样,与此同时,印刷工人工会实行了"红色审查制度"。政府宣布进入紧急状态,拘禁了三千名罢工工人。但这并没能吓倒工人,雇主们不得不签署了看上去像是投降条约的协议。工人一度恢复工作,直至由于政府拒绝释放部分被囚禁的罢工工人而激起了新一轮罢工。配备了机关枪的军队,连同八千名资产阶级武装志愿者,涌进城市,关闭了工会,在两周内扑灭了大罢工。加泰罗尼亚工人运动的支持力量也最终被瓦解,资本家雇主雇用枪手射杀了工会活跃分子。加西亚·奥利弗、弗朗西斯科·阿西卡索、布埃纳文图拉·杜鲁提等西班牙全国工人联盟的无政府主义者,则以刺杀统治阶层核心人物来进行报复。只是他们的活动却进一步分化了工人的力量。不过,这一切都在加泰罗尼亚工人阶级心中种下了深刻的阶级仇恨,这种仇恨在接下来的十七年间不时爆发。[99]

1919年的工人运动浪潮并非仅限于欧洲范围。美国见证了迄今为止规模最大的一次团结无组织行业的努力：二十五万钢铁工人大罢工。澳大利亚"于1919年爆发了截至目前代价最为昂贵的系列罢工……在这场劳工冲突中，损失了相当于六百三十万天的生产力"[100]。加拿大的温尼伯经历了一场大罢工，这场罢工是从加拿大西部席卷美国西北边境地区广袤土地上火热罢工浪潮的一部分。

西欧的革命运动于1920年达到巅峰，德国和意大利此时爆发了具有决定性意义的斗争。

随着工人从建立议会制政府到建立革命政府的观点转变，德国爆发的一系列地区内战，令工人的伤亡率激增——死亡人数据估计为两万人。但是，国家的传统统治者对这一结果依然不满，其中许多人如今感到自身力量强大到足以取缔社会民主党，自己掌权。3月13日，军队攻入柏林，宣布推翻政府，任命卡普取而代之。

接受过社会民主党领袖武装的暴徒，从打击左翼力量，转为打击曾经武装他们的领袖。这一步走得太远，使得那些接受了社会民主党过去与将军们合作借口的广大工人群众作出了激烈反应。国际工会联合会的首脑人物卡尔·莱吉恩号召举行大罢工，全国工人纷纷响应。

然而，在核心地区，工人们的反应可不仅仅表现为停止工作。他们还组建了新的工人委员会，拿起武器，向同情政变的军队发起进攻。在鲁尔区，数千名工人（其中不少人都拥有行伍经历）云集一处组建了德国红军，将德国国防军赶出了国家最大的工业区。但数日内，政变便告崩溃。社会民主党大臣回到柏林，发出了几声左翼噪音之后，便将命运再次交到国防军手上——后者使用惯用的血腥手段，在鲁尔区重新恢复了"秩序"。[101]

1919年和1920年的意大利被称为"红色两年"。工人们掀起了罢工浪潮，蜂拥至意大利社会党和工会旗帜下，使社会党成员从五万名瞬间膨胀至二十万名。罢工一浪接一浪。1919年夏天，意大利爆发了三天大罢工，以支持革命的俄国。1920年春天，都灵钢铁工人为了迫使雇主承认工厂的工人委员会，发动了一场艰苦但却并未成功的罢工——葛兰西《新秩序》杂志的革命读者们，将这场运动视为苏维埃的开启。

战斗在8月达到巅峰。米兰的机械工人面对封锁，占领了工厂。在四天内，罢工运动波及全国钢铁行业，有四十万工人参与了运动："所有金属行业工人工作的工厂、码头、钢铁厂、锻造厂、铸造厂，都被占领。"[102] 据估计，十万名其他行业的工人也紧跟钢铁工人的脚步。人们不再将此视为简单的经济斗争。他们开始在工厂制造并储存武器。他们持续生产，感到自己正在开启建立在工人控制基础上的新社会："武装或者还未武装起来的数十万工人，在工厂里工作、睡觉、放哨，认为自己正生活在'革命行动'不平凡的日子里。"[103]

政府陷入瘫痪。在南部，农民从战场上返回故里，开始自发地瓜分地主的土地。安科纳的士兵爆发叛乱，拒绝被送往阿尔巴尼亚作战。首相乔利蒂十分恐惧将会引发一场无法取胜的内战。他对参议院说：

> 为了防止被占领，我不得不……在冶金行业的六百家工厂……的每一家都派驻军队……这些工厂规模小的拥有一百多工人，规模大的拥有好几千工人。为了占领工厂，我不得不动用所有我能调遣的军队！那么谁来监视工厂之外的五十多万名工人？那将会是一场内战。[104]

相反，他认为，金属制造工会领袖会对争端采取谋求和平的让步和妥协，社会党领袖也不会挑战工会领袖的决定。这就可以使雇主们等待时机，反戈一击。事实证明，他的判断是准确的。社会党正式决定占领运动由工会领导者负责，主要工会联合会的代表举行了特别会议，继而以3∶2的票数否决了继续革命的决议，决定与雇主达成和解协议。运动的核心力量、大工厂里的金属制造工人心灰意冷，生出很深的挫败感。他们一直在为革命而战斗，可是最终得到的却只是工资水平和工作环境暂时有些许改善而已。

西方革命？

鲁尔区红军和意大利工人发动的占领工厂运动，拆穿了西欧不存在任何革命可能性的谎言——散布谎言者声称，那不过是俄国布尔什维克党人的幻想而已。1920年的春天和夏天，数量众多的工人（他们在资本主义社会中成长并将其视为理所应当）开始进行反抗，并在反抗过程中，就社会应当如何运转这一问题，转向了革命的社会主义观点。1920年8月，当俄国红军逼近华沙，当每一名德国工人和意大利占领工厂运动的工人心中都回想起"卡普政变"的失败经验时，世界革命并非一场幻想。

然而，世界革命并未爆发；社会主义历史学家此后一直都未停止讨论：为什么俄国革命的经验并未在世界范围内得到复制？部分原因明显跟俄国与西方的不同客观条件有关。与俄国相比，大部分西欧国家资本主义都经历了较长时间的历史发展，拥有更多机会演化出能够将人民融合到现行统治体制中的社会结构。与俄国不同，在大多数西欧国家，农民要么已经被授予了土地（例如，在德国南部或法国），要么作为一个阶层已被消灭（例如，在英国），因此已经不是一股具有挑战旧秩序潜力的力量。大多数西方国家的体制也比陈年腐朽、摇摇欲坠的沙皇独裁体制更加高效，因而面对战争造成的巨大混乱和引发的挑战，也比俄国更加容易从中存活。

但是，这样的客观因素并不足以解释一切。就像我们在上面所看到的，数百万西方产业工人的确受到了革命思想的影响，并在向着革命行动靠拢，即便这一切发生在俄国革命之后好几年。然而，受到革命思想的影响，甚至采取革命行动，并不等同于发起一场革命。发起一场革命，需要有比改变的欲望更多的东西。它需要一群人拥有意愿和理解，将这种欲望变为现实——这种意愿和理解由克伦威尔的"新模范军"，或者罗伯斯庇尔的雅各宾派等发起的伟大的资产阶级革命提供。在1920年重要的数月内，这样一群人在德国和意大利显然并不存在。

在1871年至20世纪初欧洲社会相对平静的时期，欧洲的社会主义运动也不断成熟起来。它们得到了人们的支持，因为人们在阶级分野鲜明的社会生活中感到了痛苦，但那只是一种被动的支持。社会主义运动建起了一整套体制：工会、福利社会、合作社、工人俱乐部，这些体制与现存社会体制的原则相反，但在实践中却又与之共存。通过运行这些体制，人们享受到了一种安全的生活，作为被选举出来的代表，甚至还得到了自由主义统治阶级成员在某种程度上的接纳。他们在某些方面与中世纪晚期的商人和自治市市民的地位相似，既憎恨封建领主，又有一种模仿后者行为和思想的趋势。许多封建统治者中的较低阶层容忍了这种行为，因为他们将现存的等级社会视为理所应当。因此，广大工人阶级也就不得不忍受和接纳领导人的某些行为。

战前工人群众的罢工运动挑战了上述思维，带来了战斗和革命的潮流，战争更进一步制造了分裂。对普遍改良主义的憎恨与对战争的憎恨重叠起来，尽管伯恩斯坦和库尔特·艾斯纳等改良主义者的确也厌恶战争。战争结束后，涌现出三种不同思潮。

首先是支持战争的艾伯特－沙伊德曼－诺斯克社会民主党一派，他们将支持战争视为接受资本主义社会的固有部分。其次是反对战争的革命者，他们将战争视为资本主义极为残暴的表达，认为革命是永久结束战争的唯一方法。第三派是人数众多的无组织群体，他们被称为"中间派"或"中间主义者"，以德国的独立社会民主党为主要代表。大多数领导都接受战前社会主义理论和实践，将他们的未来置于资本主义体制之内的议会派或工会派实践中。

战争期间，中间派号召现存政府协商以达成和平，而非掀起民众暴动以破坏战争努力。战后，他们有时也会使用左翼用语，但也总是谨慎地坚持，社会主义者的目标只能通过"有序"的方式才能达成。德国独立社会民主党的希法亭试图建立一个将苏维埃和议会这两者结合为一体的宪政方案，就是中间派思想的典型表达。他们不断提出和平妥协的计划，拖延工人起义和工人运动，令敌人得利。就像因领导巴伐利亚苏维埃而被判死刑的社会主义革命者尤金·莱文当庭所说："社会民主党人挑起了这一切，然后逃跑并背弃了我们；独立派咬上了诱饵，加入我们之中又听凭我们毁灭，只有我们共产党人始终靠墙挺立。最后我们共产党人都成了活死人。"[105]

战后，中间派的组织迅速壮大。他们拥有著名的议会领袖和大型报纸，吸引了人数众多的受苦受难工人和武装工人。1918年11月，德国独立社会民主党的党员人数，可能是罗莎·卢森堡的"斯巴达克斯团"成员人数的十倍。

意大利社会党与德国独立社会民主党的性质类似。该党领袖的政治手法也主要采取议会派方法，尽管他们使用革命语言，而且至少有些人的确希望社会发生一些变革。该党还包括公开的改良主义者，其中最有名的是议会派领导人屠拉蒂。意大利社会党随着斗争高潮的掀起而急剧壮大，但却缺乏那种能将工人的愤怒与好斗引导到反抗国家的革命进攻上来的领导。党内最著名的领导人塞拉蒂在占领工厂运动开始八个月后承认，"尽管人人都在谈论革命，但却没有人为之作出准备"[106]。将会在接下来六十年内成为社会党领袖人物的彼得罗·南尼也坦言："政党只是一部巨大的竞选机器，只为［议会］斗争——那些理论上它们拒绝承认的斗争——而装备。"[107] 都灵的活动家安吉洛·塔斯卡回忆道："工人和社会主义组织的方法，是劝说兴奋过头的群众冷静下来……并向他们承诺革命。"[108] "意大利的政治生活成为一场漫长的会议，'即将到来的革命'在此间被放纵的言辞所挥霍。"[109]

俄国革命领导人看到了"中间派"和右翼议会改良社会主义者的不足，号召在每个国家组建新的共产主义政党，隶属于全新的共产国际。但是，战争岁月的衰退和混乱，导致共产国际第一次会议直至1919年3月才召开，而到那时来自欧洲的代表都是稀稀落落，更不用说来自世界上其余地方的代表了。实际上召开于1920年7月和8月的共产国际第二次会议，才是真正意义上的第一次代表大会。

派出代表参会的政党，展现出整个欧洲工人阶级澎湃的革命情感。在意大利、法国和挪威，主流社会主义政党正是如此。德国的独立社会民主党、西班牙的全国工人联盟（CNT）、甚至英国的独立工党，以及美国的社会党，也都派出代表出席了这次大会。大会传达的主要信息之一（就像加入共产国际的"二十一条"规定中显示的那样）就是，只有改变各自的运转方式和领导权，这些政党才能成为真正的革命政党。他们尤其不能再继续容忍德国的考茨基、意大利的屠拉蒂和英国的麦克唐纳等党员。

这样的规定造成了无数严重分歧，许多中间派领导人都拒绝接受。正是在出现此次重大分歧之后，大多数德国独立社会民主党和法国社会党，以及小部分意大利社会党，投票成为"新型"共产主义政党。

但是，朝着这个方向的努力来得太迟，根本无法影响1920年在德国和意大利发生的大规模冲突。1923年，德国面临一系列新的危机：法军占领了鲁尔区，通货膨胀达到了天文数字，整个国家左翼和右翼严重两极分化，希特勒的纳粹军队得到了初步发展，反对保守的库诺政府的大罢工成功爆发。直至那时，战前社会主义的保守议会传统依然占据某些甚至最激进的革命分子的头脑。共产党与社会民主党在图林根和萨克森两个州组成了议会制"工人政府"，想要将其作为革命起义的跳板；然而，他们很快就取消了起义计划，尽管大多数工人阶级都支持起义。[110]

抛弃了革命的改良社会主义者相信，一旦革命的威胁被清除，生活就会回到原本的样子：资本主义和平地扩张，民主广泛地传播。然而，意大利发生的事件却证明了，他们错得有多离谱。

痛苦的代价：法西斯主义的初次崛起

在1920年的占领工厂运动中，墨索里尼成为意大利家喻户晓的人物；这位擅长蛊惑人心的编辑，早年信奉社会主义，后以脱离政党转而支持战争而闻名。但在政治上愿意追随他的人却很少，仅限于一些在前革命时期就转化为国家沙文主义者的群体，以及一些相信意大利在奥地利和南斯拉夫沿岸的利益遭到了否认和损害的前线战斗人员团体。1919年3月，这些团体中的几十人组建了第一支"战斗法西斯"队伍，但他们在当年的选举中成绩糟糕，在意大利工人对抗资本家雇主和政府时，更是表现得走投无路，虚弱无力，无所作为。

占领工厂运动没能发展为一场争夺权力的革命斗争，这件事改变了墨索里尼的命运。随着失业率迅速攀升，"红色两年"内积累的物质成果很快就被耗尽，工人们变得士气低落。资本家雇主狠绝地给工人运动留下难以忘怀的教训，"自由党"首相乔利蒂急需平衡左翼的力量。墨索里尼正好利用了这一时机。大企业和乔利蒂政府（秘密地）为其提供资金——国防部长签发了通告，建议六万名沮丧的军官加入法西斯，这样可以收到军队薪俸的80%。[111] 1921年3月，乔利蒂组织了"中偏右"翼选举团，令墨索里尼在议会中占据了三十五个席位。作为回报，墨索里尼的武装开始有组织地系统攻击当地左翼及工会力量，他们的攻击从波河流域开始，那里的劳工和佃农与地主展开了艰苦卓绝的战斗。

每五十人或六十人一组的法西斯军事武装队伍，成卡车地开赴村庄和小镇，焚毁社会主义者的"人民之家"，冲破他们的纠察线，痛殴当地民兵，强行往他们的喉咙里灌入蓖麻油，然后喧闹着大摇大摆地离开，因为他们知道警察会留出足够的时间让他们逃走。反观社会主义者和工会组织的大多数成员，他们都在工作岗位上忙碌，广泛地分散在各个村庄，因而无法迅速应对这种袭击。法西斯分子感到绝对安全，因为他们明知，警察要到他们安全撤离后才会出现并会"将谋杀视为一种运动"[112]。

对法西斯分子而言，一场胜利孕育了另一场胜利。他们能够动员"地主、军官、大学生、政府官员、收租者、职业人士和商人"[113]从城镇远征到农村。法西斯小队从 1920 年 10 月的一百九十人，发展到 1921 年 2 月的一千人，同年 11 月更是增长到两千三百人。[114]

然而，他们并不是万能的。乔利蒂政府希望利用法西斯分子，但却绝不想被法西斯分子利用——政府依然有力量在体制内阻止法西斯分子。1921 年 7 月在萨尔扎纳，当十一名士兵向五百名法西斯分子开枪时，法西斯分子立马逃之夭夭。[115]此时，工人匆匆组建了自己的准军事团体"人民攻击者组织"，准备抗击法西斯。法西斯领袖班切利后来承认，当人们进行反击时，法西斯小队并不知道该"如何保护自己"[116]。法西斯运动内部出现了短暂的危机，墨索里尼因对局势感到"非常沮丧"而从法西斯行政首脑的职位上辞职。[117]

结果，工人运动领袖的态度拯救了墨索里尼。屠拉蒂的改良社会主义者和意大利劳工联合会（CGL）的工会联盟与法西斯签署了一份和平协议。然而，社会主义党派中号称更加左翼的党派领袖（最终与屠拉蒂决裂）却显得非常被动，并谴责"人民攻击者"。当时的共产党领袖波尔迪加拒绝承认法西斯与其他资产阶级政党之间存在任何差别，放弃了斗争，同时也谴责"人民攻击者"。

在地主和大商人向政府施加足够压力令其改变态度之前，墨索里尼一直在等待。此后墨索里尼选择时机，指挥法西斯组织打破停战协议，重又向工人组织发起进攻。此时的进攻不仅发生在村庄和城镇，还蔓延到大城市的左翼组织大楼、新闻部门及工会大厅。

1922 年，工人运动的领导人终于试着对法西斯的进攻作出了正式回应。他们组织所有工会成立了"劳工联盟"，在拉文纳的组织大楼受到攻击后，于 7 月号召进行为期三天的大罢工。但在失业率极高的经济萧条时期，三天的罢工几乎无法阻止大商人继续资助墨索里尼——由于在罢工的同时并没有系统化地动员工人群众与法西斯战斗以控制街道，墨索里尼的势力依然与此前一样强劲。

罢工失败导致的士气低落，使得墨索里尼的势力扩张到米兰、安科纳和热那亚等城市，即使"人民攻击者"组织在帕尔马向世人展示了成功抵抗并击败法西斯的范例。[118] 到了1922年10月，墨索里尼的力量已经强大到足以掀翻乔利蒂和资产阶级自由派的谈判桌。因此，当他们向墨索里尼提供一个政府职位时，墨索里尼宣称，如果不将政府置于他的控制之下，法西斯就将向罗马进军。这不过是吓唬人而已：因为国家要是真想阻止他，很容易就能击溃法西斯的所谓进军。但是，将军们和大商人并不想阻止墨索里尼。国王任命墨索里尼出任首相，因此他并非带领军队冲进罗马，而是从米兰搭乘火车抵达罗马。

自由党协助墨索里尼建立准军事化力量并在他的第一届政府中担任部长职务，可见意大利资产阶级将保留特权和利润看得比民主原则重要得多。

并非只有资产阶级相信墨索里尼会给国家带来"秩序"和稳定。就像一部关于意大利法西斯主义的史书中记录的那样：

> 除了共产党和几乎所有的社会党之外，整个议会——包括民主的反法西斯主义者和意大利劳工联合会的社会主义者，都如同解脱般地欢迎墨索里尼政府，将这一时刻视为噩梦的终结。人们说道，内战终于结束了；他们希望，法西斯主义将会最终合法化。[119]

实际上，噩梦才刚刚开始。在墨索里尼执政期间，警察与法西斯分子彼此配合。他们协同活动，系统地解散了工人阶级组织，令自由主义政治家和知识分子面对法西斯的暴力威胁，失去了提供保护的平衡力量。民主的陷阱一度并未开启，甚至就连左翼社会主义者和共产党员代表都可以在议会中自由发表意见，尽管这些意见并不对外公开。但是如今真正的权力全都落入了墨索里尼手中，而非宪政机构手中。

1924年，这一切以一种激烈的方式呈现出来。墨索里尼的亲信谋杀了改良社会主义议员领袖马泰奥蒂。法西斯失去了此前得到的大部分支持，根据"罪行发生后一周的情况来判断，政府或许很容易被推翻"[120]。但是，议会反对派却限制了反抗活动的规模，也没有分离组建属于自己的组织。它还没有做好准备，去冒通过号召群众行动起来反对政府、引发社会动荡的风险。到了1925年初，大多数代表都已驯服地屈服于法西斯，恢复了他们先前在国会中的职位。

墨索里尼如今知道，无论他犯下什么暴行都能侥幸逃脱，因此他试图将意大利转变成极权主义政权，让自己成为独掌大权的独裁者。墨索里尼的成功令欧洲其他地区的统治阶级艳羡不已。英国保守党人温斯顿·丘吉尔高兴地称赞他[121]，而且很快就有很多人模仿他的做法。在这些人中，就有慕尼黑反犹太民族主义者圈子中冉冉升起的新星：阿道夫·希特勒。

痛苦的代价：斯大林主义的种子

未能将革命传播到世界各地，令俄国陷入孤立状态，他们不仅要忍受物资封锁之苦，还要承受十六国武装入侵、内战、破坏、疾病和饥荒的恐怖前景。工业总产量跌至1916年的18%，依然留在城市的工人阶级残余只有前往农村，与农民以货易货才能勉强活下来。随着伤寒蔓延，甚至开始出现人吃人的现象，布尔什维克越来越通过党的政权而非实际上并不存在的工人阶级直接代表，来紧紧抓住权力。从危机中存活下来的人们总是反复提及，一切都要归功于依然是共产党主要组成部分的工人阶级的革命勇气和坚韧不拔。但这并不能抹杀他们为了生存不得不付出重大政治代价的实情。

1921年3月，彼得格勒西部的海军要塞喀琅施塔得爆发水手起义，起义者责备革命政府令人民陷入难以想象的贫困中，将社会矛盾毫不掩饰地暴露出来。1917年的喀琅施塔得要塞一直是布尔什维克力量的重要中心之一，但如今它的组成成分已经发生了变化，当时的老军人都加入了红军离开，新的补充力量来自农村。这次起义无法提出任何改善人民贫困状态的计划，因为这并不是一场因贫富差距而造成的资本主义危机，而是一场由于内战、外国入侵及封锁造成的全国范围内的穷困。并非是一个阶级富得流油，另一个阶级忍饥挨饿，而是所有人都在不同程度上忍受着饥饿和痛苦。在几个月前的内战中刚刚被打败的旧政权将军还在等待反扑的机会，其中几位甚至还与一些喀琅施塔得的反叛力量建立了友好联系。时间也没有站在革命政府一边。包围要塞的坚冰正在融化，想要夺回要塞很快就会变得非常艰难。[122]所有这些因素都让布尔什维克别无选择，只能扑灭起义——布尔什维克党内的"工人反对派"更是意识到这一事实，他们正在穿越冰层前往要塞，试图镇压叛乱的水手。然而，喀琅施塔得兵变可悲地显示出，孤立隔绝与外国入侵如何侵袭了革命力量。革命政权只能通过雅各宾主义，而非1917年的布尔什维克主义举措，才能存活下来。

这些方法对布尔什维克党员的确产生了一些影响。内战岁月向许多人反复灌输了与工人民主言论难以相容的独裁主义方法。列宁早已意识到这一点，他在1920年至1921年冬天的党内争论中提出，"我们是一个发生了官僚畸变的工人阶级国家"[123]。列宁将国家机器描述为"借自沙皇主义、几乎未被苏维埃世界所改变的……一个中产阶级和沙皇式的机制"[124]。这影响着许多党员的态度："让我们看看莫斯科。这么多官僚——谁领导谁？四千七百名负责任的共产党员领导着整个官僚体系，还是正相反？"[125]

1921年夏天，共产国际第三次会议召开。这是第一次革命代表几乎全部云集的大会。许多人都对能够亲身站在革命的土地上而感到欣喜。然而，尽管革命语言保存下来，而且许多布尔什维克党人依然坚持理想，但就整体而言，共产党却无法对孤立主义、极权主义及依赖旧官僚体制等负面效果免疫。马克思曾于1851年写道："人们自己创造自己的历史"，但却并非是在"他们自己选定的条件下创造"。那些条件反过来改变了人民本身。在一系列事件的压力之下，布尔什维克主义渐渐转变了发展方向，即便共产国际已透明化公开变为一个具有凝聚力的组织。这就是斯大林主义，虽然斯大林直至1923年或1924年才掌握实权，并要到1928年至1929年才登上绝对权力的巅峰。

第四章
殖民地世界的叛乱

20世纪初,一小部分统治阶级主宰着世界。人类历史的洪流被束缚在几个欧洲国家塑造的狭窄河道中。战争本身就是这一情况的极端表达——实际上这是一场源于英国、德国和法国统治者帝国野心的世界战争。

但在战争末期,殖民地世界掀起了反叛的浪潮,威胁着统治者的统治:继1916年都柏林人民武装起义之后,1918—1921年间,整个爱尔兰地区都展开了游击战;印度也爆发了反对英国殖民统治的示威游行和大罢工;埃及更是掀起了反抗英国占领的类似革命行动;中国的民族主义者在1919年"五四运动"后活跃起来,在1926—1927年的内战中,民族运动更是达到了巅峰。

反抗西方的统治在战前就已十分常见。通过一系列艰苦鏖战,英国才实现了非洲的殖民化；它在印度的统治也已被1857年的大叛乱动摇了根基；在世纪之交，"义和团运动"席卷中国，大大打击了西方在中国的利益和行动。

不过，这样的反抗明显带有试图重建第一时间向外国列强需求妥协的统治秩序的色彩。

而20世纪新的反抗运动洪流，则试图学习并模仿西方资本主义文明，即使在处理传统主题时也是如此。运动的中心力量包括学生、律师、教师和新闻记者；这些群体研究并熟悉殖民统治者的语言，以欧洲方式着装，接受欧洲资本主义价值观念，但他们的追求和希望却一再受到殖民统治政策的阻碍。在每一座殖民城市中都有数千名这样的人，他们举行示威游行占领街道，将更多持有传统保守态度者拉到自己一边。

1900年代中期，在英国到那时为止最重要的殖民地印度，爆发了一场全国性的抵抗运动，运动的起因是帝国政府将印度次大陆上最大的孟加拉邦分割为穆斯林地区和印度教徒地区，作为帝国整体"分而治之"战略的一部分。这场抵抗运动包括在"印度自产"口号下的抵制英货运动，民众示威活动与英国军官带领的军队发生了激烈冲突。这场运动将印度国大党（一个以讲英语的中产阶级专业人士为基础的温和派组织）与B. G. 蒂拉克等人联合起来，蒂拉克等人支持采取"恐怖主义"手段，同时鼓励印度教上层种姓仇视穆斯林，其理论依据是：只有印度教才是"真正的"印度传统。但大部分印度特权阶层依然与英国联系紧密。世界大战爆发后，蒂拉克与圣雄甘地（他于1915年从南非返回印度）支持英国进行战争准备。当局征召了大量士兵，印度军队扩充到二百万人，将无数士兵送往欧洲的屠杀战场。

而与此同时，中国清朝政府也宣告倒台。不论是旧中产阶级，还是在海外接受教育的新中产阶级，都对大清帝国失去了信心，清朝政府无法阻止西方列强的侵略，更听任日本划出占地规模日益庞大的"租界区"并对华施加不平等条约。1911年10月的武装革命发生后，中华民国宣布成立，由流亡回国的孙中山担任总统。二十年来，孙中山一直忙于组织各种秘密团体，致力于民族独立和自由民主。但是，孙中山很快就大权旁落，一个月后就将总统位置传给大清帝国的旧日将军——这位将军解散了议会，当上了独裁者。

在20世纪前十年的埃及，爆发了一波反抗英国殖民统治的民族独立运动。当局采取查封报纸、监禁运动领袖之一、驱逐其他领导人的方法，粉碎了独立运动。

爱尔兰起义

如果说印度是英国最大的殖民地，那么爱尔兰就是英国最古老的殖民地：早在19世纪中期，爱尔兰就惨遭此时亚洲或非洲所受的殖民之苦。1916年复活节的星期一，正是在这里，爆发了第一次反抗殖民帝国的现代起义。

在长达一个多世纪的漫长时间里，反对英国统治爱尔兰的运动拥有两种截然相反的传统。其一是立宪民族主义，致力于通过在英国议会获取席位来迫使英国人作出让步，令爱尔兰实现有限自治。另一种传统则是共和主义，致力于通过地下组织"爱尔兰共和兄弟会"（或称"芬尼亚勇士团"），为武装起义做好准备。

在第一次世界大战之前，这两种方案都没能实现。"芬尼亚勇士团"的数次密谋和叛乱都被英国人轻易击破，他们的领导人也被监禁。立宪民族主义者同样没能取得更多成就。1880年代，他们的地方自治主张得到英国统治阶层中自由党名义上的支持。但是，这种支持并没有兑现承诺，哪怕是在1912—1914年英国众议院通过《地方自治法案》之后。相反，他们向保守党反对派妥协，后者将其视为对英国宪法的威胁；向反对地方自治的"奥兰治"保皇党人妥协——他们从德国公开进口武器；与军队高级军官妥协，后者在"卡偌兵变"中的表现清晰地表明，他们绝对不会实施地方自治法律。然而，当1914年第一次世界大战爆发后，宪政民族主义者却争先恐后地支持英国备战，劝说数千名爱尔兰人自愿加入英军作战。

1916年复活节期间，八百名武装起义分子夺取了都柏林市中心的公共建筑：著名的邮政总局。大多数起义者都是共和主义者，他们的领导人是诗人兼教师帕德里克·皮尔斯。但是，与他们并肩作战的还有一支人数不多的武装队伍：爱尔兰公民军。这一切都发生在都柏林被詹姆斯·康诺利（爱尔兰社会主义的奠基人、美国世界产业工会的前领袖）封锁九个月之后。

起义的发展走上了歧路。其中一位领导起义的司令官下令取消动员，导致参与者的人数减少了三分之二，而且试图从德国进口武器的行动也被英军挫败。但无论如何，总体而言，都柏林人民对起义的态度都很冷漠。这令被驱逐的波兰革命者卡尔·拉狄克将整个事件描述为一场"流产的暴动"。相比之下，同样处在流亡中的列宁则坚称，它是一系列反抗列强殖民起义的开端，最终将会动摇欧洲列强的力量。

神经紧张的英国统治阶层扑灭起义的方法：先是对都柏林狂轰滥炸，跟着在起义军投降后又处死了他们的领袖，令爱尔兰人民更加仇恨英国的统治。这种仇恨在1918年英国政府准备在爱尔兰引入征兵制度时进一步加深。爱尔兰新芬党的候选人向选民承诺抵制英国议会，从而在1918年末的选举中大获全胜，而支持英国人的爱尔兰统一党候选人，仅在阿尔斯特郡北部就丢失了一半的席位。新芬党代表在都柏林集会，宣布成立爱尔兰共和国的新议院，选举1916年的司令官之一德·瓦莱拉为总统。在此期间，武装起义军重新集结为游击力量爱尔兰共和军，由迈克尔·柯林斯领导，对共和国议会效忠。共和军与议会齐心协力，通过抵制英国法庭和收税官、采取步步紧逼的军事行动，以及阻击英军前进等方法，令爱尔兰实际上脱离了英国的统治。

英国的应对方法则完全继承了大英帝国三百年来壮大发展的典型暴力手段：监禁民选爱尔兰领袖，绞杀公开的起义者，雇用帮派杀手刺杀疑似共和党人，对在足球场观看比赛的人群使用机枪扫射，组建雇佣军团"爱尔兰王室警吏团"，军团对无辜平民狠施毒手并焚毁了柯克郡的中心地区。这些暴力举动都没有奏效，只有在东北部地区，接受英国武装的宗派主义清教暴徒驱逐天主教徒，将他们从工作地点一直驱赶到家中，在这种恐吓下，最终民族主义者不得不屈服。

英国内阁会议的记载[126]显示出，英国统治阶层实际上并不清楚应该怎么办。爱尔兰问题令英国在国际上蒙羞，而且美国政治家总是利用爱尔兰问题来暗中打击大英帝国。它在英国造成了巨大的政治问题，英国有相当比例的工人阶级都拥有爱尔兰血统。它甚至在帝国的其他地区也引发了巨大问题——例如，当英国康诺特游骑兵团中的爱尔兰士兵前去镇压印度爆发的叛乱时。然而，大多数内阁大臣都将对爱尔兰民族主义者的任何让步视为对大英帝国的背叛，视为鼓励帝国其他殖民地人民发起叛乱的信号。

最终在1921年，英国首相劳合·乔治终于在无意间发现了一条出路。在与迈克尔·柯林斯领导的爱尔兰代表团进行谈判时,劳合·乔治威胁道,除非爱尔兰人同意爱尔兰北部六个郡县都隶属英格兰统治,而且英国还要在某些特定爱尔兰港口建立军事基地,令当地人民发誓效忠英国皇室,否则将会实行焦土政策。在中产阶级部分人的压力之下(他们惧怕与英国爆发战争会摧毁其财产),迈克尔·柯林斯接受了妥协方案,并在议会中勉强获得了多数票支持。德·瓦莱拉对这个方案嗤之以鼻,爱尔兰共和军的大部分人也同样如此,这些人将柯林斯的所作所为视为背叛。在迈克尔·柯林斯迫于英国的压力而作出妥协后,爱尔兰的两派间随即爆发了内战,迈克尔·柯林斯接受英国提供的武器,在都柏林其势力范围内驱逐所有爱尔兰共和军。截至1923年,共和党人彻底放弃了进行反抗,劳合·乔治的策略完美地奏效了。

爱尔兰拥有某种程度上的独立政府,但它统治的却是一个一贫如洗的国家,贝尔法斯特周边的工业地区与外部的联系被完全切断,面对数百年的英国殖民主义带来的毁灭性后果,前路几乎看不到一点儿希望。即便是德·瓦莱拉于1930年代初通过选举掌握了大权,除了几个英国领土标志消失了以外,社会基础层面几乎不曾发生任何改变。在长达半个世纪的时间里,对大多数年轻人而言,唯一获取安全未来的途径就是移民英国或美国。依然留在爱尔兰的人们的生活,不仅在经济上陷入穷困潦倒,而且爱尔兰天主教会的枯燥布道还控制着他们的精神生活。

与此同时,直至1972年,爱尔兰北部始终处在统一党的统治下,该党主要由地主和工业家组成,它利用橙带党的偏执,鼓动大多数新教工人和农民反对天主教少数派。1916年起义后被处决的詹姆斯·康诺利,就曾预言这种宗教分歧将会带来"边界两边狂欢般的反应"。后来发生的事情证实了康诺利的判断。大英帝国利用爱尔兰有产阶级的恐惧，在对其权力的首次大规模挑战中，几乎毫发未损地全身而退。这一教训将会适用于世界各地。

印度独立运动

印度、中国和埃及展开的民族独立运动，在战争伊始便陷入了瘫痪；但到战争末期，却得到了极大的发展和加强。战争令数以百万计的亚洲人和北非人增强了与现代资本主义的直接接触。印度士兵在西线战场、美索不达米亚及加里波利作战。数十万中国人、越南人和埃及人在前线各处充当辅助战争的劳工。战争还令当地工业繁荣起来，因为敌对状态切断了进口途径，创造了巨大的军需新市场。

新工业也促使阶级结构发生了新变化，先前的农民、工匠和不定时的劳工变为现代工人阶级。这个阶级在劳动力总人口中依然占据较小比例——例如，在中国，工人阶级在劳动力总人口中的比例不足5‰。但它的绝对数字却非常可观：印度的工人阶级总人数达到二百六十万[127]，中国的工人阶级总人数达到一百五十万[128]。他们集中在交通和行政中心城市，如孟买、加尔各答、广州和上海等；在这些城市，劳工阶层的总数已攀升到城市人口的五分之一，据谢诺在其探讨中国劳工运动史的著作中所记载，"就其占据总人口的实际比例而言，他们已经能够承担更重的社会责任"[129]。

对学生、知识分子和中产阶级专业人士而言，在挑战大英帝国及其本地傀儡同伙的权力时，存在两个潜在的同盟。当地民族资本家希求一个能够保护其利益、对抗外来者的祖国；而本地工人则对外国警察、经理和监工充满愤恨。

在战争加重了大众负担的同时，人民的生活变成与饥饿和疾病持久抗争的过程。战争期间的税收和贷款，意味着一亿英镑流出印度，喂饱了帝国金融——主要依靠疯长的税款和高物价敛收的钱财来支付，而疯长的税款和高物价则沉重地打击了工人和穷苦的农民。[130]

1918—1920年，印度人民被压抑的痛苦再也无法抑制，在次大陆掀起了一波又一波起义浪潮。孟买的纺织工人大罢工共有十二万五千名工人参与。孟买、马德拉斯和孟加拉爆发了粮食骚乱，加尔各答的债务人暴力反抗收取暴利的放贷人。群众的示威游行、罢工和暴动遍布整个印度。[131]戴尔将军命令军队向聚集在阿姆利则封闭的贾利安瓦拉巴格广场上的数千名示威者开枪，杀死了三百七十九名民众，一千二百人受伤。这场大屠杀引发了更加升级的示威和暴力行动，人们开始攻击政府大楼和电报线路。单是1920年上半年就爆发了二百多场罢工，有一百五十万工人参与。一份政府报告中这样写道：

> 印度教徒与穆斯林前所未有地团结友爱起来……就连较为低下的阶层也表示愿意忘记彼此之间的差异。一幅奇异的兄友弟恭的景象发生了。印度教徒公开从穆斯林手中接过水，反之亦然。[132]

然而，民族主义运动的领袖却对反抗的暴力性感到忧虑，其中最有影响力的领袖人物是圣雄甘地。甘地的父亲是一个小土邦的政府官员，甘地一直在伦敦学习成为一名律师。但他后来发现，身着农民的衣衫，强调印度教宗教思想，能让他在讲英语的专业人士阶层与印度广大的乡村民众之间搭建起一座理解的桥梁——这是受过哈罗公学教育、完全不理解印度教的年轻的尼赫鲁（印度开国总理）所不会采取的一种方式。与此同时，甘地与一群印度资本家的关系也十分紧密，这些资本家始终致力于敦促印度议会保护本国市场。

将如此迥异的利益集合在一起，意味着需要抑制与英国资本家和与印度资本家的冲突可能导致的激动情绪和骚乱。甘地的回答是，强调与官方进行和平、有序、自律的"非暴力不合作"运动。仅在四年前还敦促印度人民支持大英帝国与德国作战的甘地，此时举起了"非暴力不合作"这面大旗。即使在和平的"不合作"运动中，也制定有严格的限制，以防运动转化为阶级斗争。甘地并没有号召人民拒绝纳税，因为那样将会导致农民不再向柴明达尔印度地主缴纳地租。

但是，1918—1921年间的这场运动并无法完全限制在甘地希望的范围里。英国警察和军队的镇压力度不断增强，广大印度农民、工人和城市贫民的苦难程度不断加深，都令这场和平抗争运动反复升级为暴力冲突：在艾哈迈达巴德、维拉姆加姆、凯达、阿姆利则和孟买都是如此。1922年2月，轮到了比哈尔的乔里乔拉村。警察在与示威者扭打混战后向人群开枪，示威者则以烧毁警察局、杀死二十二名巡警予以回应，在随后的报复中一百七十二名农民被杀。[133] 在没有与任何议会领袖协商的情况下，甘地当即宣布取消整个示威运动，令英国政府得到了急需的喘息空间。孟买总督劳埃德勋爵后来承认，"非暴力不合作"运动"令我们恐惧""差一点儿就成功了"。[134] 可是如今，英国人得到了喘息之机，从而轻而易举地扑灭了运动并逮捕了甘地。非暴力不合作运动倒退了十年。更糟的是，如今宗教分歧问题再次摆上桌面，面对英国政府，每个宗教群体都自顾不暇。1920年代中晚期，在整个次大陆，印度教教徒和穆斯林之间的冲突更加升级。

第一次中国革命

中国的民族主义运动比印度更加激烈，规模也更大，新兴的产业工人阶级在其间扮演了重要角色——也遭受了重大苦难，并且最后落败得也更加惨烈。

1919年5月4日，下述消息传回中国：第一次世界大战的战胜国云集凡尔赛，将原德国在中国的租界转让给了日本，尽管美国总统伍德罗·威尔逊公开承诺"每个国家都拥有自决的权利"。日本、英国和法国的利益集团控制了中国的铁路、港口、河流和水道，设置税卡，征收关税，外国列强的警察和士兵在中国主要大城市的租界区维持"秩序"。上海公园臭名昭著的告示牌上写着"华人与狗不得入内"。在此期间，在不同势力的支持下，相互敌对的中国军阀混战一团，瓜分余下的国土地盘。许多知识分子都将希望寄托在美国自由主义的身上，希望借此终结这种混乱状态。结果，他们感到自己遭到了抛弃。

学生的示威游行成为释放百万中国人愤怒情绪的催化剂。他们通过决议，云集集会，示威游行，抵制日货，支持由学生领导的上海工人大罢工。学生、中产阶级专业人士和人数不断增长的产业工人如今都相信，必须做些什么来结束帝国主义列强瓜分中国，以及全国性的经济衰退。

在一些学生和知识分子群体中已经出现了"复兴运动"。实际上在中国，类似于西方启蒙运动的思潮早已出现，只是受制于儒教正统主义思想的束缚，未曾发展起来。"五四运动"思潮开始树立其他可选的传统，用"五四运动"领袖之一胡适的话来说，就是"向人民逐渐灌输一种生活的新面貌,能够将人民从传统的桎梏中解放出来,令人民在新世界和新文明中感到如同在家中般舒适"[135]。五四思潮横扫数十万中国"新式"学堂中的教师和学生。[136] 他们得到了部分中国民族资本家的支持,同时也积极支持孙中山领导的国民党。此外,俄国革命也对一些中国知识分子和学生产生了巨大影响,他们开始思考马克思主义能否帮助中国走出困境。随着中国最初的工人阶级日益频繁地加入罢工和抵制运动,人们对马克思主义的兴趣也越来越浓厚,"影响了所有地区和所有行业分支"[137]。

1922年爆发的一系列罢工,展现出新运动的巨大潜力。尽管已经发布了戒严令,一场两千名香港水手的罢工运动,依然发展成为十二万人的大罢工,迫使雇主资本家不得不最终屈服。相比之下,中国北方英属KMAS公司的五万名矿工大罢工就没那么成功。矿场的私人警察武装、英国海军陆战队和本地军阀武装,向罢工矿工展开了进攻,并逮捕了他们的工会领袖。然而,工人、知识分子甚至是一些民族资本家的支持,令罢工运动得以维持足够长的时间,最终赢得了工资的提升。中国警察镇压了女工(两万名缫丝厂女工)的第一次大罢工,并将罢工领袖送上了军事法庭。英国警察与汉口英属工厂的工人爆发冲突,射杀了三十五名罢工的铁路工人,处决了一位拒绝号召工友复工的工会分支秘书长。这些挫败令工人运动止步不前,但却并没有摧毁工人的反抗精神。相反,他们的阶级意识变得更加坚定,随着机会的来临,坚持斗争的决心也日益增强。

这一切都发生在1924—1927年间。中国南方的广州成为全国知识分子精英的集中地。孙中山在广州成立了立宪政府,但其执政并不安稳,处于风雨飘摇之中,因此寻求更广泛的支持。孙中山请求苏俄帮助重组国民党,还邀请了刚刚成立的中国共产党党员加入。当与英国利益紧密相连的买办资本家试图动用自己的军队（由十万名强大商团志愿者组成的武装）来反对孙中山时，苏俄支持的价值就体现出来。共产党领导的工人代表大会解救了孙中山。大会指挥的武装劳工组织军协助击破了商团武装，与此同时，印刷厂的工人也保证了报纸不会支持他们。

1925年末，将工人示威游行与民族自决需求结合起来的力量再度崛起，而且并不仅仅局限于广州城。为了声援上海一间日本棉纺厂的工人大罢工，上海群众组织了示威游行，警察向人群开枪，导致更大规模的罢工和封锁城市。在长达一个月的时间里，工会武装巡逻队控制着货运，逮捕并关押破坏罢工者，与此同时，其他十几个城市里也爆发了罢工和游行。在香港也爆发了一场声势浩大的罢工运动，令香港瘫痪十三个月之久，这场罢工在提出民族自决需求（例如，平等对待中国人和欧洲人）的同时，还提出了经济上的需求。广州向数万名香港罢工者提供食宿，在那里，

> 罢工委员会的责任远远超过工会组织活动的正常范围……1925年夏天，罢工委员会实际上成为某种形式的工人政府——当时它也的确被称作"2号政府"。罢工委员会拥有调配几千人的武装队伍的能力。[138]

罢工协助制造了一种氛围，令广州的民族主义者开始感到，他们拥有足够的力量北伐，征讨占据大部分国土的军阀。北伐始于1926年初夏。在蒋介石的领导下，北伐军的核心领导力量都来自由共产国际帮助建立的黄埔军校的军官。在香港大罢工中出现的工人武装力量的成员，也自愿加入北伐军。

从军事角度上而言，北伐是成功的。军阀武装只是由于短时期的雇用所得才集结起来，根本无法对抗北伐军的革命热情。在北伐的推进过程中，军阀所控制城市里的工人也配合继续发起罢工。在湖南和湖北，工会武装工人发展成为比香港大罢工期间广州出现的"工人政府"规模更大的工人政府。[139] 1927年3月，北伐军即将抵达上海。此时上海爆发了一场六十万工人参与的大罢工，工会武装在蒋介石开进上海之前就控制了城市。[140] 城市权力转移至由工人领袖控制的政府手上，尽管该政府中也包括民族主义大资本家成员。一时间，看似没有什么能够阻止革命民族主义摧毁军阀力量，打破外国列强对中国的控制，结束中国分崩离析、腐败堕落、贫困穷苦的现状。

然而，希望最终还是变成一场空，就像爱尔兰和印度曾经面对希望一样，而且失望的原因也非常类似。北伐胜利有赖于被北伐征程激励的革命热情。但部队军官却大多出身于惧怕这种革命热情的社会阶级。他们来自商人和地主家庭，以剥削工人和更加悲惨的农民获利。他们准备利用工人运动作为谋取权力的担保——后者就像一颗棋子，如今他们也打算牺牲这颗棋子。蒋介石已经在广州粉碎了工人运动，逮捕了数名共产党武装者，不断攻击工会。[141] 如今，蒋介石打算在上海采取更加严酷的手段。他首先要求得胜的起义军将上海交到他的手上，然后与上海的富商、银行家、外国势力代表及上海帮会领袖会面。他指使帮会在黎明前进攻左翼工会的主要办公地点。工人纠察队/巡逻队被解除武器，他们的领袖被逮捕。示威群众惨遭机枪扫射，数千名工人运动活跃分子在这场屠杀中丧生。几天前控制了上海的工人阶级组织就这样被摧毁。[142]

蒋介石征服了左翼力量，代价却是放弃了降低外国列强和军阀控制中国的可能性。失去了从广州北上上海的北伐中的革命活力，蒋介石让自己成为整个中国正式统治者的唯一方法就是对那些浇灭了中国民族希望的人作出让步。在接下来的十八年里，蒋介石政府因其贪污腐败和强盗行径而臭名昭著，根本无力站出来反抗外国列强。

中产阶级民族主义领袖背叛运动这样悲惨情节的发生，是由于这是将工人和农民固定在原来位置上所必须付出的代价。这同时也标志着此时掌控俄国的力量抛弃了革命原则，因为他们建议中国工人相信蒋介石，哪怕是在蒋介石残酷地镇压了广州革命运动之后。

埃及的民族主义革命经历，在本质上也与中国、印度和爱尔兰类似。战后国民的革命热情同样高涨，1919年中产阶级民族主义者与电车和铁路等行业的罢工工人达成了事实上的联盟。此起彼伏的起义和斗争，让英国人作出了有限的让步：实行君主制政府，但在关键事务上的决定权依然把握在英国人手中。主要的民族主义政党华夫脱党摒弃了工人斗争，按照妥协约定组建了政府，但却被英国的合作者从办公室里赶了出去，因为他们没有足够的力量来保卫自己。

墨西哥革命

跨越大西洋，墨西哥与经历了世界大战的欧洲一样，走过了类似的动荡岁月。1820年西班牙的殖民统治结束后，墨西哥享受了名义上的独立。但一小部分西班牙裔混血拉美人精英继续掌控着大部分印第安人和混血儿，在独裁总统迪亚斯政府长达三十三年的统治下，墨西哥的经济命脉日益掌握在外国资本手中，其中大部分资本都来自美国。20世纪初墨西哥经济增长率高涨，令有些人冠之以墨西哥"奇迹"[143]，尽管在此期间众多印第安人被逐出传统居住地，工人（1910年在墨西哥五百二十万总劳动力人口中占据八十万人[144]）的生活水平不断恶化。[145]墨西哥资本家在这些年里由于成为外国人的初级合伙人而致富，虽然有时他们也对此心存不满。但是，1907年世界金融危机席卷墨西哥，将墨西哥进入发达国家行列的美梦击得粉碎。

弗朗西斯科·马德罗出身富裕家庭，他的父亲是一名种植园主，同时拥有纺织厂和矿山，因此马德罗能够获取中产阶级的支持，发起驱逐独裁者的运动，集中表达人民的不满。武装起义爆发后，北部军由前马贼比利亚领导，南部军由小农萨帕塔领导。独裁者被驱逐，马德罗被选为墨西哥总统。

但是，萨帕塔领导的农民军提出的划分大田庄土地的要求，令许多马德罗的富裕支持者（及美国政府）感到不安，这种不安甚至超过了对被驱逐的独裁者曾经的愤恨。接下来爆发了一系列血腥而漫长的战斗。马德罗的军队与来自北部和南部的农民军展开了激战，但不久马德罗就被自己的将军韦尔塔谋杀，此举背后得到了美国大使的支持。两名来自富裕中产家庭的成员：卡兰扎和奥布雷贡，组成了"宪政"军，继续高举马德罗的大旗。萨帕塔和比利亚击败了韦尔塔，占领了墨西哥城。

1914年11月间拍摄的一张著名照片，展现出萨帕塔和比利亚同在总统官邸的景象。此时是墨西哥革命的最高潮，然而同时也是它的终结。农民军的领袖无力建立全国政权。他们无法围绕革新国家提出计划，从而团结工人和农民，尽管萨帕塔后来几乎提出了类似的计划。他们撤离首都，回到了分别位于北方和南方的基地，坚持抵抗那些拒绝实施真正土地改革的宪政军将军们，然而这些抵抗收效并不显著。

结果并未转化为即刻的反革命打击，就像中国革命十二年后就遭遇反革命浪潮那样。卡兰扎和奥布雷贡继续使用革命语言来抵抗来自美国的压力，向民众承诺让步。直至萨帕塔于 1919 年 4 月被谋杀，墨西哥的资本家们才终于再次感到安全。即便此后中产阶级政治家依然出于自身目的继续利用革命情感，但他们实则是通过革命制度党一党专政来治理国家。然而，对资本主义世界而言，墨西哥依然是十分安全的。

1927 年，托洛茨基在莫斯科写下论著，表示应当从我们如今所称的第三世界国家的起义中汲取教训，他的论述建立在马克思对 1848 年后德国的评论，以及他自己对 1905 年后俄国的分析基础之上。此前的评论者曾经提及资本主义的"不平衡"发展：资本主义先在世界上某些地方植根，继而传播到其他地方。托洛茨基则将重点转化为"不平衡与综合发展"[146]。

托洛茨基的论点如下：资本主义的崛起缔造了一个世界体系，对即便最遥远偏僻的地区也产生了经济上的影响。资本主义将传统统治阶层撕扯开来，同时也破坏了传统的中产阶级。在殖民统治阶级的控制下，外国资本和发达国家的产业竞争，将本地资产阶级的发展逼入死角。中产阶级希望通过奋力抗争建立一个独立自主的国家来突破这一障碍，继而达到发展自身的目的。但是，这样做需要冒着激起他们所惧怕的阶级采取行动的风险，因为现代交通体系和现代工业在殖民地的飞地已经缔造出有竞争力、有文化的工人阶级，而且还在不断地将数百万人从隔绝的乡村吸引到城市。对这些阶级的恐惧，导致"全国资本家"和大多数中产阶级忘记了他们对旧日统治阶级或殖民者的仇恨。只有"持续的"革命，即由工人阶级主动发起，为农民疾苦做主的革命，才能实现那些资产阶级口头上说得好听的民族和民主需求。

这一切曾于1917年在俄国发生，但却从未在第三世界任何一个国家发生。第一次世界大战结束后，世界上最强大的帝国主义英国对爱尔兰、印度、中国和埃及的民族起义深感恐惧，伴随着这些殖民地的民族主义运动，英国本土的工业也陷入极大混乱，革命浪潮席卷欧洲。然而，英国仍在继续扩张其殖民地帝国，将德国在非洲的殖民地及奥斯曼土耳其帝国的大部分阿拉伯属地纳入囊中。法国、比利时、荷兰、日本，以及势力不断加强的美国帝国主义，也都同样受到保护，不断发展，从而令资本主义增强了重塑自身稳定性的能力。

第五章
"黄金二十年代"

"新纪元""爵士时代""黄金二十年代",这些都是媒体和主流政治家对1920年代的美国的溢美之词。作为世界上最大的经济体,美国在英德激烈厮杀的时候崛起,收购了许多英国的海外投资,并且经济持续增长,1928年美国的国民生产总值比1914年翻了一番。

美国的经济增长,伴随着广大民众的生活发生了魔术般的转变。1890年代和1900年代初的发明——此前的发明都仅限于小部分有钱人享用——如同洪水般涌入百姓生活,包括电灯、留声机、无线电广播、电影、吸尘器、冰箱和电话等。亨利·福特的工厂生产了世界上第一批量产汽车T型车,本是有钱人的玩具,开始逐渐出现在中产阶级的街道上,甚至有些工人也能开上小汽车。人们头顶飞过飞机的频率也越发频繁,跨越大洲的旅行用时也越来越短,对少数富人而言,这个时间可以从数天缩短到数个小时。人们似乎从黑暗、静止和有限的活动范围,一下子进入到一个光明、有声且迅速移动的新时代。

"爵士时代"一词正是这一改变的鲜明表达。每个时代都有其最受欢迎的音乐形式。但它们总是与特定的地区和特定的文化相关,因为世界各国人民都居住在相对隔绝的状态中。唯一国际化或者超越地区界限的音乐形式就是"古典音乐",它是为移动性相对较强的剥削阶级准备的,有时还表现为宗教形式。18世纪和19世纪的城市发展开始改变这一情况,音乐厅、舞厅、歌唱俱乐部及印刷乐谱开始普及。然而,留声机和无线电广播缔造了一种新的文化领域,接收表达工业世界的旋律、城市生活的节奏,以及对置身于一个围绕市场而旋转的世界中个人微小的存在而产生的痛苦。爵士乐,或者至少是加了料的爵士乐,组成了这种新流行音乐的基础,能够在新的文化领域中生根发芽。爵士乐起源于美国南部的前黑人奴隶,他们混合了各种非洲和欧洲的民间习语,在被迫听从主人命令为了生产而辛苦劳作之时创作出来。随着从南方棉花和烟草种植园涌入北方世界上最强盛的资本主义城市的移民洪流,爵士乐也被带到了北方。在那里,爵士乐吸引了种族背景各异、来自不同国家的数百万民众,并随着资本积累的洪流不断发扬光大。

此时的一切使得经济衰退和失业变成仅仅存在于人们记忆中的事情,人们开始将"繁荣"视为始终如此,理所应当。美国经济学家阿尔文·汉森在1927年写下的文字中表达了这种普遍的想法:资本主义年轻时代的"童年疾病已经减轻""经济周期的特质正在发生变化。"[147]另一位经济学家伯纳德·巴鲁克于1929年6月在接受《美国杂志》的采访时表示:"世界经济似乎正处于巨大发展的前沿。"[148]

对中产阶级而言，过往的冲突似乎也是一个遥远的梦。1919年钢铁工人大罢工被镇压后，美国劳工联合会的工会组织，已经失去了将工运发展到仅限于技术工人狭窄范围之外的意愿。司法部长帕尔默，以及未来的联邦调查局局长胡佛，粉碎了世界产业工人组织旧日武装的暴动，以及美国共产党新武装力量的起义。希望改善自身生活条件的工人别无选择，只能相信倡导个人成功的"美国梦"——未来的托洛茨基主义罢工领袖法雷尔·多布斯当时正是这样做的，他投了共和党的票，计划开一间商店，热切地希望自己能够成为一名法官。[149]民主党国家委员会主席、通用汽车董事、著名经济学家、商人和政治家约翰·拉斯科布主张"每个人都应该富裕起来"，并宣称：一周只需在股票中存下十五美元，就可以致富。[150]

就连美国社会中最贫困的群体似乎也都看到了希望。来自阿巴拉契亚地区一贫如洗的白人"自耕农"，以及来自南部的黑人分成佃农，都如洪水般涌入底特律、芝加哥和纽约，寻找工作机会。因此便有了"哈莱姆文艺复兴"的岁月，对奴隶的孙辈而言，此时甚至连北方的贫民区都成了希望的灯塔。实际上，此时的黑人依然承受着巨大的痛苦和愤怒。但是，这些痛苦和愤怒主要通过马库斯·加维运动的疏导得以暂时压制。加维倡导黑人分离计划、黑人资本主义及"回到非洲"运动，他所倡导的运动都避免与美国现存制度发生任何直接冲突。对那些并没有深入探究事件本质的人们来说，"美国梦"以这样或那样的形式被广泛接受，因为买卖股票的人越来越多。

欧洲的"新纪元"和"爵士年代"则要来得晚一些。在德国，1923年危机（看起来要么社会主义革命掌权，要么法西斯统治）之后，紧接着是一段短暂而凶猛的通货紧缩。但是，当时来自美国的贷款（道威斯计划）赋予资本主义新的生命。工业产值飙升，超越了

1914年的水平，政治稳定似乎也得到了重新恢复。1928年的大选令社会民主党联合政府开始执政，希特勒的纳粹党只得到2%多一点的选票，共产党则得到10.6%的选票。1928年夏天，德国社会民主党领袖赫尔曼·穆勒可以充满自信地坦言："我们的经济运行良好，我们的社会福利体系一切正常，你会看到共产党员和纳粹党员都将会被传统政党逐渐吸收。"[151]

在德国这一切发生了两年半之后，英国经历了一场重大社会危机。英国财政大臣温斯顿·丘吉尔，决心通过将英镑比美元的价值稳定在战前水平，来重塑英国国家力量权威。这一举措的效果便是增加了英国出口的开销，令核心工业领域失业剧增。英国政府通过总体上缩减工资、增加劳动时长来补偿增加的成本开销，一切从矿产业开始。矿工联合会拒绝接受这一政策，1926年其成员封闭了工厂。其他产业的工会领袖也号召进行支援矿工的大罢工，但是仅仅九天之后罢工就宣告取消。尽管罢工实际上卓有成效，但最终却依然选择了卑鄙地投降，听凭一个行业接着一个行业的雇主资本家迫害罢工积极分子，摧毁基本的工会组织。

一旦鲁尔危机和英国大罢工烟消云散，美国"新纪元"的论调就开始影响欧洲主流思想。中产阶级可以通过大型生产企业提供的全新范围的消费品得到前所未有的享受，看上去这种享受扩散到工人阶级只是一个时间问题。如果美国能够逃脱经济危机，欧洲同样可以。在德国，维尔纳·桑巴特回应了阿尔文·汉森的论述，"欧洲的经济生活中存在一种清晰的趋势，相互对抗的趋势彼此制衡，发展日益缓慢，并且最终将会消失。"[152] 无独有偶，伯恩斯坦则表示，其"资本主义向社会主义和平转变"的预言如今已经实现。他写道，称魏玛共和国为"资本主义共和国"是非常可笑的。"卡特尔和垄断发展，在公众控制中的分量不断加重，将会最终为公营公司带来质变。"[153] 甚至是在英国，那里旧有的工业领域依然遭受失业困扰，英国工会联盟却通过开启一系列与主要大资本家雇主的对话（这被称为著名的"蒙德－特纳谈话"），来纪念矿工大罢工失败一周年。目标在于，通过"合作……提升产业效率，提高工人的生活水平"来代替冲突。[154] 1929 年，少数派工党政府在自由党的支持下入主内阁。

相信资本主义已经达成了长期稳定发展的思想，也影响了俄国统治集团。1925 年，日益重要的两位核心领导人：共产党总书记斯大林和理论家布哈林，采纳了这一思想来为其"社会主义能在一国实现"的新理论提供论证。他们声称，资本主义已经稳定下来，从而抹杀了革命的可能性。[155] 布哈林采纳了德国社会民主党人希法亭所用的术语，认为西方已经进入"有组织的资本主义"阶段，这一阶段的特点是经济迅速扩张，从而降低了危机发生的可能性。[156]

新生

如果说中产阶级民众意见和流行文化似乎部分恢复了他们在战前也就是 1920 年代中期的乐观主义的话，这种恢复实际上是非常不确定的。欧洲曾有一代年轻人看到他们的幻想陷入了佛兰德斯的泥沼，这很难让人遗忘。这种气氛更像是愤世嫉俗的自我放纵，而非重生的希望。

这种情绪在这一阶段的"高雅艺术"：绘画、雕塑、严肃音乐和文学等中得到了体现。甚至是在战前，就一直存在对稳定进步的舒适信念提出的挑战，虽然只是少部分人提出的力度不大的挑战。世界运行的机制似乎已经呈现出双面刃的状态———一方面展现出无可比拟的力量和动力，另一方面又将人类掌控自己生活的理念撕得粉碎。此时涌现出质疑所有进步观念的哲学和文化思潮，非理性观念开始占据主要地位。这些思潮得到理论物理学发展的支持（1905年的狭义相对论、1915年的广义相对论，以及1920年代中期海森堡在研究量子物理学时发现的"测不准原理"等），逐渐破坏了宇宙运行的旧模式。与此同时，精神分析学说的流行似乎也摧毁了对理性的信仰，而理性一度对弗洛伊德本人显得无比重要。[157]

艺术家和作家试图通过艺术和文学方式上的革命，与身边新奇的世界妥协。这场"革命"建立在深入骨髓的模棱两可之上：对机械世界既仰慕又感到恐惧。"现代主义"由此诞生。它的典型重点在于形式主义和数学上的精准，但同时又强调影像和声音碰撞的不和谐，个体与社会拆解成碎片。19世纪中叶之前的高雅艺术（匈牙利马克思主义评论家卢卡奇认为1848年是一个关键转折年份），一直以中产阶级出身的男女英雄为了掌控身边世界的努力为中心，即便他们最后经常都是悲剧性地以失败收场。[158] 第一次世界大战之后的高雅文化，则主要表现个人退化且碎片化为他们无法控制的强权手上的绝望棋子；例如，在卡夫卡的小说《审判》和《城堡》中，在贝尔格的歌剧《露露》中，在艾略特的诗歌《荒原》中，在帕索斯的三部曲小说《美国》中，在布莱希特的早期戏剧中，以及在毕加索"分析立体主义"阶段的绘画中。

然而，文艺作品内在的破碎，只是反映了身边世界的破碎，令最优秀的艺术家和作家感到不满，他们试图将拼图重新拼到新的图案中，令人性在机械化的世界中重新找到适当的位置，并最终获取了程度不等的成功。在破碎且丧失人性化的现实世界中这样做遇到的困难，令许多人开始得出政治上的结论。截至1920年代，意大利的"未来主义者"拥护盲目非理性的法西斯主义，俄国的未来主义者则拥护俄国革命的理性尝试，试图重塑世界。在这十年中的大多数时间里，大多数现代主义者都想避免选择上述两种信仰，他们通过自觉的先锋派运动，有意将上述两种信仰从流行文化中剔除，尽管可能借用了它的一些习语。他们或许并没有分享那些年的幻象，但他们也几乎不曾公开挑战这两种信仰。然而，随着"黄金二十年代"的破灭，他们的现代主义依然将前者的假设视为理所当然。

世界经历了十几年的战争、革命和殖民地起义。但到1927年，世界各国的统治阶级一致认为，伤痛已经过去。当美国总统柯立芝于1928年12月宣称"美国国会从来没有如同现在这般面临如此令人愉悦的前景"时，鲜有持不同意见者。几乎没有人感到恐怖即将到来。

第六章

大萧条

1929年10月24日,"爵士时代"的希望在这个"黑色星期四"被击得粉碎。当天美国股票指数下跌近三分之一。将全部财富赌在股票上的富裕投机者变得一无所有,报纸上报道华尔街当天就有十一人自杀。无数人失去了终生的积蓄。对那些曾经认为"钱不是事儿"的人们来说,这一天意味着一个纪元的终结。

这次崩溃是资本主义体制更深层次缺陷的一个表现。在这次经济危机爆发时,德国、美国和英国的经济已经开始走下坡路。[159]此时它们的工业产量开始陡然下降,尤其是美国的工业产量下降最为严重。到1930年年底,美国工业产量比一战刚结束时的经济衰退时期还要低。新任美国总统赫伯特·胡佛声称繁荣"就在街角处等候",但萧条境况却是愈演愈烈。如果1930年的情况称得上十分糟糕的话,

1931年和1932年的形势就更加糟糕了：美国有五千家本地银行破产，德国和奥地利两家主要大银行也都先后宣告破产。到了1932年年底，世界工业总产量下跌了三分之一，美国的工业产量下跌了46%。

世界上还从来没有发生过波及范围如此广泛深远、持续时间如此之久的经济大萧条。1929年，经济危机爆发三年后，依然没有任何经济复苏的迹象。在美国和德国，三分之一的总劳动力人口失业，这个数字在英国是五分之一。在德国和美国，受到重创的还不仅仅是产业工人。自视为中产阶级的白领工人也被解雇；由于农作物价格猛跌，农民也遭遇银行的催逼。

就像欧洲战争自动升级为世界战争一样，美国和西欧的经济萧条，很快就演变成为全世界范围内的经济萧条。经济危机令第三世界国家陷入灭顶之灾，这些国家的经济被定位为食品和原材料生产国。突然之间，再也没有接受它们产出的市场。刚刚被扯进金钱世界的人们，如今被剥夺了进入的权利，然而他们已经没有其他任何办法继续谋生。

这场危机不只是打击了被剥削阶层。它还给统治阶层带来了一场巨大的浩劫，经营多年的公司也都相继宣告破产倒闭。金融家生怕自己加入破产行列，工业家眼睁睁看着自己的利润和市场一起消失得无影无踪。他们转而向国家发出请求，要求国家赶走外国竞争者；与此同时，货币则在不断贬值，因为每个国家的资本家都试图比其竞争者的定价更低。一个国家接着一个国家都开始采取措施：设立关税壁垒，制定限额政策，增加税收和限制进口等。就连英国（自从1846年起便是自由贸易的堡垒）也倾向于使用这些措施自保。世界贸易跌落至1928年的三分之一。尽管有些政治家和经济学家广泛传播这样的说法，但实际上却并不是对贸易的控制导致萧条（引进控制手段前很久萧条就已初露端倪），而是萧条导致采用控制手段。

　　大萧条使得"黄金二十年代"中那些一贫如洗的旁观者们的生活陷入困境。人们可以在西部所有大城市的街道上看到他们：步履蹒跚，脸庞憔悴枯瘦写满疲惫，衣衫褴褛，走在往返施粥站的路上。这些人中还包括其余地区担心失去土地的农民，他们害怕农作物的价格永远不够支付地租和赋税，只能拼命种些什么，想法养活自己。此时，那些在资本主义语境中非常"落后"者，即略有余粮能糊口、几乎不曾融入资本主义金钱经济的自给农民却是存活最好的。依靠出卖劳动力维生的人们都没有回头的余地，无处可以求救。就连移民美洲这条老路，也都因大量失业而受阻。

　　在伦敦、芝加哥、柏林和巴黎；在格拉斯哥、马赛和巴塞罗那；在加尔各答、上海、里约、都柏林、开罗和哈瓦那——到处都是一样的荒芜凄凉，到处都充满痛苦，等待着要么点燃新希望，要么转入疯狂的绝望。

　　1930年代这十年，每座城市的每条街道上，希望与绝望每天都在奋力厮杀。这十年，革命与反革命互相扼住了彼此的咽喉。最终反革命力量获取了胜利，将整个世界推入另一场战争，这场战争中表现出来的野蛮和血腥，甚至令1914—1918年的大屠杀都相形见绌。

俄国：革命天翻地覆

　　共产主义是西方及第三世界国家经济大萧条的受益者。资本主义的衰落确认了社会主义革命者十五年来始终坚称的理论，而且最积极反抗大萧条后果的也是共产党人。他们在纽约、芝加哥、伦敦、伯肯黑德、柏林和巴黎举行失业者示威游行，尽管遭到手握警棍的警察的殴打。他们在法夫和南威尔士的矿厂、加利福尼亚的水果农场、巴黎的汽车工厂，就缩减工资展开绝望的抵抗斗争。他们在英国控制的印度因试图组织工会而面临审判，他们在中国试图建立农民游击队，他们在白人统治的南非的小棚屋城镇中组织团结起来，他们在美国南部冒着生命危险对抗种族主义。

1930年代有时也被称为"红色十年"，因为共产主义吸引了很多知识分子。1933年，共产主义已经征服了约翰·斯坦贝克、多斯·帕索斯、西奥多·德莱塞、詹姆斯·法雷尔、理查德·怀特、达希尔·哈米特等美国小说家，苏格兰小说家刘易斯·格拉西克·吉本，W. H. 奥登和克里斯托弗·艾什伍德等英国作家，法国小说家安德烈·纪德，德国剧作家布莱希特等人。除了上述名人，还有许多没那么知名的人物也支持共产主义理论，试图撰写"无产阶级"小说，向大众展演带有"宣传鼓动性的"戏剧，在小型文学杂志上表达自己的观点。这场在知识分子群体中刮起的风潮，实际上是人们试图找到替代大萧条恐怖选项的一种更广泛情绪的体现，一种少数工人和随处可见的排队领取救济金者的共同心态。大多数知识分子最终并没有加入共产党，但即便他们并非全心全意拥护共产主义思想，至少还是将共产主义视为另一种可能的社会选择。

对生活在1930年代的大多数人而言，共产主义与苏联是两个难以区分的概念，意味着在其他地方效仿俄国革命。然而，实际上，截至华尔街大崩溃为止，1917年革命的胜利成果在俄国已所剩无几。

正如我们已经看到的那样，列宁在1924年去世前就对令工人国家饱受侵扰的"变形"及官僚化进行了评论。变形和官僚化在1920

年代发展到了令人发指的程度。革命政权只能通过向国内的资本主义作出让步（遵循我们所知的"新经济政策"），才能从内战后的满目疮痍和极端困难的情形下复原。此后，人民群众的生活水平缓慢提升。但随之而来的是，一小部分资本家、一小部分"新经济政策"贸易商和一些雇用雇工的富农，对1917年革命精神越来越仇视。工业依然掌握在国家手中，但也屈从于市场压力，工业生产的恢复伴随着相当高的失业率。1922年，有65%的工业经理人员被正式归类为工人，但到1923年，这一比例只有36%。[160]

如果说俄国政权在列宁去世时依然还具有社会主义性质，那并不是因为它拥有社会基础，而是因为政权的上层决策人员依然怀有社会主义理想。正如列宁所写的那样，"政党的无产阶级政策，如今并非由人民群众决定，而是由被称为政党'旧卫士'的少数派那巨大且无法分割的权威所决定。"[161] 但就像列宁所说，就连"旧卫士"也被蚕食党内其余部分的影响所腐蚀而行将就木。列宁最后的政治动作就是起草了一份遗嘱，建议撤除斯大林的共产党总书记一职，因为斯大林以残酷的官僚主义对待党内其他人员。季诺维耶夫、加米涅夫、布哈林和斯大林等领导核心人物选择忽略这份遗嘱，秘而不宣。[162]

当下环境令他们感到当前发展日益远离1917年原则，渐行渐远。他们依赖官僚机构来管理国家，而官僚机构的人员设置反过来则有赖于向富农、大批"新经济政策"商人和新涌现的"红色资本家"作出让步而达成。比起促进广大革命工人群众的利益，他们更关注的是如何安抚上述这些集团的利益。

这在党内引发了异议，甚至在党的领导核心中也产生了不同意见。1920—1921年，一个自称"工人党反对派"的群体，在各种集会、党内刊物（当时依然对他们开放）和二十五万册宣传册（政党出版社印刷发行）中宣称，工人已经失败。但他们也无法就解决国家当前总体贫困问题提出任何切实可行的方案。1923—1924 年，兴起了规模更大的反对运动，四十六名老布尔什维克发出公开信，公开批评党内的官僚化。这些"左翼反对派"团结在 1905 年圣彼得堡苏维埃主席、十月起义的组织者、红军的创建者托洛茨基周围。他们提出，唯一能够解决当前问题的方案就是综合以下三种举措：扩大工业规模从而增加工人阶级的力量，促进工人民主，在党内和全国范围内终结官僚化倾向。只有这样才能保存工人国家的健康发展，直至革命传播至全球。

由此掀起了一场苏联共产党史无前例的对"左翼"反对派的辱骂狂潮。政党出版物每刊登一篇左翼反对派观点的文章，就会有十篇领袖撰写的反对文章。对"托洛茨基主义"的诽谤和恶骂层出不穷，托洛茨基本人也从红军的领导位置被放逐到科技部部长这种二流领导位置，而在此期间斯大林则不断坐大自己的权力。

至于党内的官僚化发展到了何种程度，从 1926 年斯大林和布哈林与季诺维耶夫之间产生的纠纷就可见一斑。此前一直毫无分歧地支持季诺维耶夫的彼得格勒地区组织，如今毫无异议地共同谴责他。季诺维耶夫及其支持者遭受了此前托洛茨基和"左翼"反对派受到的同样攻击。

就在此时，斯大林和布哈林表达了党内大部分官僚化保守主义者的意愿，提出了全新的原则："一国建成社会主义论"。此前，所有布尔什维克主义领袖都同意，虽然工人能在一个国家建立属于自己的政权，但却无法在一国基础上发展为全面的社会主义。想要克服五千年阶级社会的遗留，只能通过利用现代工业资本主义缔造的所有生产方式——这些生产方式存在于世界范围内，而非一个国家，当然更不可能在相对落后的俄国这样的国家。革命最终要么传播全球,要么销声匿迹。

不仅列宁曾在多个场合反复论述这一点,斯大林自己也在1924年出版的著作《列宁和列宁主义》中坚持这一观点:

> 社会主义的主要任务——组织社会主义生产——依然是摆在我们面前的问题。这个任务能否完成?无需其他先进国家无产阶级的协助,社会主义在一个国家能否取得最终胜利?不,那是不可能的……对社会主义的最终胜利、对组织社会主义生产来说,只依靠一个国家的努力,尤其是俄国这种农业国家,是远远不够的。[163]

上述正是斯大林对马克思主义理论作出的重要补充,但在他接下来的著作中,他却去掉了"不可能"和"不够"这样的字眼!

斯大林和布哈林代表着一个统治群体,该群体惧怕并打击一切可能会妨碍其官僚主义特权的因素。这个群体的典型特征是迟钝和自满。俄国可以忽视外部世界仅仅依靠自己的资源这一想法,正如布哈林的著名论断"以蜗牛的速度建设社会主义",反映的正是这种情绪。这就是为什么每天都要与产业经理人、富农或快速致富的贸易商作出妥协的每一个党内公务人员,都会迫不及待地支持斯大林和布哈林,而攻击那些试图令他们想起工人民主和世界革命的人们。这令统治集团采取更具压迫性的措施来打击反对意见,动用警察力量镇压彼得格勒工人为纪念"十月革命"十周年、支持反对派意见而举行的示威游行[164],从党内驱逐反对势力,将他们放逐到遥远边区,最终则将托洛茨基赶出了苏联。

第六章 大萧条 593

即便如此，直至1928年，俄国的氛围依然与1930年代的典型氛围迥然不同，这是一种许多以斯大林时期的古拉格集中营为主题的著作所忽略的气氛。内战后，红色恐怖逐渐平息。1928年，古拉格集中营只有三万名犯人，而且也没有强迫他们劳动改造。这时的俄国还不是一个极权主义政权。

正如迈克尔·雷曼基于对这一时期文献档案的研究所论述的那样：

> 虽然镇压、尤其是政治上的镇压，依然非常普遍，但实质上已经抛弃了大规模预防恐怖主义的手段。正式的和平时期法律框架，以及遵守司法程序的习惯，已经建立起来。日常市民生活再度出现。"新经济政策"时期的文化开始形成独特的特色，例如它的餐厅、糖果店和娱乐场所。更加丰富的艺术和思想生活也发展起来……工人……实际上体验到了新工会法的积极影响，享受到了劳工的新权利，以及更加自由的工厂监管条件……斯大林手上的权力依然有限。他的权力虽然很大，但却并不是无限的。[165]

但是，斯大林和布哈林保卫的这套结构存在着内在缺陷，随着他们越来越激烈地驱逐反对派，这些缺陷显现得更加明显。政权的稳定有赖于农民持续向城市提供粮食，即便工业品的产出水平无法满足他们的需求；还有赖于西方资本主义国家放弃武力推翻革命政权的想法。实际上，上述无论哪种条件都无法持久。因为部分农民越来越富裕，他们想要从国家那里得到更多，并决定采取行动得到他们想要的东西。而主要的资本主义国家依然致力于瓜分世界，并未放弃染指俄国的希望。

1928年年中，这两个问题都摆上了桌面。农民开始拒绝向城市出售粮食；作为当时俄国最大的贸易伙伴英国，则突然终止了两国外交关系，实际上实行了贸易禁令。一场政治危机剧烈震荡着克里姆林宫。正如迈克尔·雷曼所说：

> 变化的国际形势极大地影响了苏联的内部关系。党内领袖的权力严重受损……政治圈子内感到了迷惑和迷失方向。党派领袖……被越来越多的紧张和焦虑所困扰。[166]

统治集团分成了两派。布哈林绝望地希望此前的一切都能继续延续下去。但是，那样一来也就意味着，官僚机构必须交出部分国内的权力来安抚农民，意味着官僚机构必须放弃任何抵御未来国外需求的希望。最初斯大林有些不知所措，但他很快就出台政策，为官僚机构在国内外增强自身力量提供了可能性；这一政策就是实施工业化，通过强行从农民那里收取粮食来支付。这样的政策最适合那些经营工业工厂者。"继续扩张的动力，"关于这段时期的一项研究报告，"既来自官员和经理，其中很多人如今都是党员；也来自党的领袖。"[167] "它还提供了生产与西方国家同样规模的坦克、战舰、飞机和机枪的方法，以及抵挡外国攻击的方法。"

斯大林坚信：

> 工业化步伐的松懈就意味着落后，那些落后的人就要挨打……我们落后先进国家五十到一百年。我们必须在十年内追上，否则他们就会击溃我们。[168]

官僚机构采取强迫工业化以与西方进行军备竞赛的方法自有其逻辑。"投资性产品"（可以用来生产更多机器、机械和原材料的机器、机械和原材料）生产的飙升是以牺牲消费产品为代价。有关生产方式方面的投资比例，从1927—1928年间的32.8%，上升至1932年的53.3%，到了1950年，这一比率更是上升为68.8%。[169]但这同时也意味着，尽管农民竭尽所能，提供了喂饱日益庞大的产业工人所需的粮食，但他们自身却没有得到相应消费产品的回报。

唯一能够得到食物的方法，就是进一步加强对农民使用武力。斯大林遵循这一逻辑，从抢占粮食发展为抢占土地。土地集体化（实则是国家剥削农民）是强迫工业化的另一面。它使喂养城镇人口的粮食剩余增多，可以销往国外，换取外国机械。但是，这一举措同时也导致农业总产量大幅下降。

集体化令农民饱受苦楚，度过了一段极其艰难的岁月。数以百万计的小农和中农被打为富农，被成群结队地赶到牲畜车上，驱逐出境。数以千万计的农民因粮食被夺而忍饥挨饿。产业工人也因生活水平降低而遭受苦难，据统计，六年间其生活水平迅速降低了50%。[170]如果没有史无前例的警察政权的强力镇压，人民根本无法承受这样的重压。每一次反抗都被无情地镇压下去。工人或农民能够表达意见的每一种渠道都被紧紧关闭。工会完全屈服于国家政权。无数人被拖到劳改营，1930年劳改营中的人数竟然是1928年人数的二十倍。[171]任何官僚机构部门只要流露出一丝对工人和农民的同情，就会受到惩罚，包括那些创作了或许表现出集中不满情绪的小说、诗歌或音乐的知识分子（哪怕他们是无心的）。党内争论消失了，取而代之的是对近来"背离倾向"的谴责。1920年代的艺术实验，被"社会主义现实主义"无聊的因循守旧所取代。在内战与1928年之间非常罕见的处决，如今变得十分普遍。1930年被处决者为20201人，这是1921年内战结束时被处决人数的两倍多。1937年被处决者更是达到了骇人的巅峰：353074人，几乎是1921年的四十倍。[172]

公开审判（公开宣判被告人被处以死刑或者在劳改营中过着生不如死的生活）并非仅仅是对他人的威慑。把被告描述为"托洛茨基主义的外国间谍"，还起到了将人民群众的痛苦从政权转移到所谓"怠工破坏者"身上的作用。1936—1937年，恐怖主义达到巅峰，除了斯大林、亚历山德拉·柯伦泰（当时是斯大林派驻瑞典的大使）和托洛茨基（在流放中保住性命，但却于1940年被斯大林派遣的间谍刺杀身亡）之外，1917年列宁中央委员会里的其余所有成员，都被判处了死刑。

数十年来，斯大林的支持者一直宣称斯大林是列宁的接班人，实现了1917年的热望。今天许多西方资本主义的支持者也重复这一声明，虽然里面包含的更多的是负面含义，而非正面含义。然而，斯大林却谨慎地令1917年布尔什维克分子在1930年代中期的恐怖浪潮中第一个遭受苦难。到了1939年，在1917年布尔什维克党成员中，十四个人中只有一个人依然留在苏联共产党内；在1920年的布尔什维克党员中，六个人中只有一个人依然留在苏联共产党内。[173]其余很多人要么被处决，要么就是被送往劳改营。就像托洛茨基一再强调的那样，斯大林主义绝非列宁主义的简单延续，它们之间隔着一条赤红鲜血奔涌的河流。

斯大林的逻辑与任何一位资本家在面对更强大对手的竞争压力时所采取的行动逻辑一模一样，那就是告诉他的工人作出一切可以想到的"牺牲"，以在竞争中争取胜利。对斯大林而言，"追上西方"的方法，就是模仿所有在世界上其他地方使用过的"原始积累"方法。

英国工业革命建立在通过圈地运动和清洗运动将农民赶离土地的基础上；斯大林通过"集体化"粉碎了农民对土地的控制，迫使数以百万计的农民迁入城市。英国资本主义通过加勒比海和北美洲殖民地的奴隶制积累财富；斯大林将百万人民赶入古拉格的奴隶集中营。英国抢劫了爱尔兰、印度和非洲；斯大林夺走了苏联非俄罗斯共和国的权利，将非俄罗斯人驱赶到数千英里之外。英国工业革命否定工人最基本的权利，迫使男人、女人和孩子每天工作十四到十六个小时；斯大林也一样，他废除了工会的独立性，命令部队向罢工群众开枪扫射。两者间唯一重大的区别在于，西方资本主义用了几百年时间来完成原始积累，斯大林则寻求在二十年间完成俄国的原始积累。因此，斯大林治下的残酷和野蛮也就显得更加突出。

仅仅模仿工业革命时期英国的小规模"市场"资本主义，斯大林的官僚体系根本无法"追上西方"。俄国工业的规模想要达到与西方类似，就只能通过武力手段。但在私人公司相互竞争的过程中，根本没有时间等待它们发展壮大。国家必须进行干预，以达到必要的生产规模。必须实行国有资本垄断，而非小型私营公司垄断；国家还必须协调全国总体经济，使所有产品的生产都服务于资本积累。

当时很多人都将这样的体制视为社会主义体制，很多人直至今天依然这样认为。因为斯大林主义的确打破了俄国私人资本主义的骨架，后来斯大林主义还在东欧和中国做了同样的事情。但其方法实际上与西方国家实施的战时经济政策非常类似——都实行计划，降低大众消费品的生产，以建设重工业，发展武器生产。

1930年代目睹苏联经济取得成功的西方人感到非常迷惑和吃惊，许多看到了1950年代和1960年代早期苏联工业高速发展的第三世界观察者同样是既感到困惑又为之惊叹。看起来，无论斯大林主义犯下什么样的错误，它似乎都找到了一条逃脱世界上其他地区经常深陷其中的市场资本主义危机的道路。终生反对革命的英国费边社成员韦伯夫妇（西德尼·韦伯和比阿特丽斯·韦伯）在1930年代访问了苏联。苏联的表现给他们留下了如此深刻的印象，以至于他们写下了一本书，名为《苏联：一种新文明？》。在该书发行第二版时，他们对苏联的发展甚至更加信服，以至于去掉了书名中的问号。

然而，苏联最终还是无法逃脱创造了其自身的世界，哪怕是在1930年代。国家前进的方向致使工业扩张，与此同时，世界上其他地方的工业则在收缩，但是，苏联人民为此付出了巨大的代价。甚至世界范围内的衰退也对苏联产生了直接影响。斯大林通过出售乌克兰和哈萨克斯坦的粮食，来支撑进口外国机械装备。1929年粮食价格崩溃后，斯大林不得不出售此前双倍的粮食才能换回同等进口产品，而由于国家夺走了粮食，此举至少令三百万农民饿死。

放弃世界革命

斯大林主义并非仅仅是对隔离主义的一种回应。它还令这种隔离永存下去。"一国建设社会主义"理论，对世界上其他地区的共产党产生了重大影响，破坏了革命机遇。

在斯大林－布哈林联盟的最初阶段，他们通过《英苏工会协议》在西方寻找令人尊敬的同盟，即便英国劳工联合会议（TUC）背叛了大罢工。英国工会被鼓励提出如下口号："所有权力属于英国劳工联合会议总理事会"，尽管只需草草一瞥英国工会领导人的记录，就能看出他们是如何行使这些权力的。

与此同时，苏联向东寻求同盟的战略意图则意味着抬高中国的蒋介石。虽然蒋介石镇压过广州的工人组织，斯大林和布哈林还是通知上海和其他地方的中国共产党党员信任蒋介石。[174]

当"一国建设社会主义"从"以蜗牛的速度建设社会主义"变为强迫工业化，各国共产党期待中的政策也发生了变化。1928年，他们突然被告知目前处于革命发展新的"第三阶段"之中。如今的主要敌人就是仅仅几个月前苏联共产党还高度赞赏的那些社会民主党和工会中的左翼力量。斯大林及其追随者宣布，这些人是"社会主义法西斯分子"，与极右势力同样危险。各国共产党不得不调转枪口，集中火力攻击左翼力量，无论在任何情况下都拒绝与他们联合，如有必要就脱离工会组织。

在各国共产党内部，愿意接受这样的政策者被扶植为新领袖，那些不愿拥护新政策的老领袖则遭到驱逐。斯大林为何会突然实施这一百八十度大转弯的政策？部分原因是为了掩盖在英国和中国犯下的错误。在禁止中国共产党党员批评蒋介石于1927年3月准备屠杀共产党员的行为后，斯大林和布哈林继而于11月推动共产党员试图夺取广州的政权。力量均衡完全对中国共产党员不利，结果制造了一场大屠杀，但却缔造了一种很难批评斯大林和布哈林过于保守的氛围。这次政策大转变还实现了其他功能。绝望的、英雄主义的国际共产主义斗争，与工业化苏联的绝望摸索前行相适应——不管这样做对人民群众的生活造成了什么样的影响。这次转变还令斯大林铲除了在国际共产主义运动中可能会对俄国发生的一切提出质疑的人们。它确保各国共产党完成了成为苏联外交政策有机组成部分的最后转型。

对各国共产党来说,"第三阶段"是一场灾难。1929年爆发的危机,令一小部分工人变得激进起来,共产党对资本主义罪恶的宣传,也呈现出越来越浓重的同情情绪。但是,这令许多工人开始倾向于从成熟的社会民主党派和工会处寻求安全。年轻工人和失业者常常向着激进的方向前进,因为最终遭遇警察血腥镇压的示威游行,是失业者表达愤怒的唯一有效途径。相比之下,那些依然保有工作的工人则非常惧怕丢掉工作,他们听从温和议会派和工会领袖的"适中"号召。

这些工人也过着水深火热的生活。当雇主令他们几乎别无选择,只能采取罢工的时候,他们也能以最暴力的方式进行反抗。但是,通常他们都会将痛苦埋藏心底,不予表达,直至他们感到等到了能够成功反抗的机会。危机在统治阶层中引发分歧,突然为工人斗争提供了新的机遇,能够令其经济情况有所好转(虽然为时甚短),令公司雇用更多工人。因此,1929年后,突然爆发了一系列采取激烈暴力手段的斗争和起义:革命推翻了西班牙君主制,工人运动大规模复兴;古巴掀起了革命高潮;法国左派势力倡议掀起反抗运动,组建了"人民阵线"政府,占领了主要的工厂;美国群众工会成立,并在斗争的巅峰时刻占领了当时世界上最大的汽车制造商:通用汽车公司。

但是,无论在哪里,这一切的发生都不是在危机开始时瞬间发生——而是拖后两年、四年或六年时间;无论在哪里,也都不是在一夜之间就能消解原有社会民主党和工会组织的影响。典型的情况是,社会民主党领袖通过采纳比从前更加偏左的革命语言,依然保留、甚至一度还增强了他们的影响力。即便只是谴责这些领袖是"社会主义法西斯分子"者,也会被从工人队伍中剪除。

这是一个各国共产党在斯大林的影响下犯下的几乎长达六年的

错误。他们吸引了由于危机的出现而变得激进的人们。但接下来他们带领这些人进行的战斗，却因切断了与受到工会和社会民主组织影响的范围更广的工人之间的联系而无法取胜。尽管面临极大困难，身经百战的少数党员依然坚持战斗。不过，大多数党员都渐渐脱离斗争队伍，在困难、饥饿和雇主的迫害面前屈服。共产党员的人数变化就体现出这一点。1928—1931 年，捷克共产党的党员人数从九万一千减至三万五千；法国共产党的党员人数从五万两千减至三万六千；美国共产党的党员人数从一万四千减至八千；英国共产党的党员人数从五千五百人减少到两千五百人。[175]

不过，共产党在一个国家却壮大了起来，那就是德国。经济危机对德国的影响比美国还要严重，因为许多在经济萧条中丢掉工作的人，正是在七年前那场严重的通货膨胀中丢掉了全部储蓄的同一批人，高利率沉重打击了中产阶级、小商人和农民。伴随着"经济危机和社会危机很难克服"这种感受蔓延整个社会，共产党党员的人数从 1928 年的十二万多发展为 1931 年的近二十一万，共产党的选票从 1928 年的三百二十万张增长到 1930 年的四百六十万张，1932 年 11 月更是达到了五百九十万张。

但是，比例众多的共产党员依然处于失业状态。1930 年，51% 的柏林共产党员没有工作，相比之下只有 40% 的党员在工厂工作；1931 年，只有 17% 的党员能在工作地点参与党派活动。[176] 而且党员的流失率相当高，在柏林达到 40%。[177] 与此同时，尽管社会民族党失去了很多选票，但在 1932 年 11 月，他们依然拥有七百二十万张选票，占据工厂委员会席位中的 84%；与之相比，共产党只占据了 4% 的席位。[178]

通过谴责社会民主党为"社会主义法西斯分子"，共产党员将自己与那些虽然感到十分疑惑但却依然想为挽救经济危机做些什么、抵制希特勒纳粹的工人大众区分开来。跟随斯大林指引的后果，不仅给共产党造成了严重损害，更是一场人道灾难。

希特勒通往权力之路

1929年10月华尔街崩溃之时，工党的社会民主党控制着欧洲最强大的两个国家。在英国，工党的拉姆齐·麦克唐纳在该年早些时候依靠自由党的支持，建立起少数派政府；德国社会民主党的海尔曼·米勒，则在前一年与"温和"资产阶级政党组成了"大联合"。

但是，直至1930年，没有任何一个政府对该如何应对吞噬了他们的经济危机有任何办法。不断增长的失业率，意味着福利支出不断增加。工业产量的降低，意味着税收减少。政府预算开始出现赤字。两国的金融稳定性都受到了挑战：美国银行家要求偿还"道威斯计划"的贷款，这项计划推动了1920年代德国经济的快速发展；与此同时，金融家也开始在英镑的国际汇率上下赌注。国家银行的领袖们：德国的亚尔马·沙赫特（五年前接受任命，作为统治阶层自由势力代表）和英国的蒙塔古·诺曼（巴林银行家族的成员）告诉他们的政府，必须减少提供失业金的保险金开销。政府在巨大的压力下四分五裂。在德国，财政部长（奥地利马克思主义经济学家和前独立社会民主党首领）鲁道夫·希法亭也无法应对局势，德国政府于1930年初垮台。在英国，麦克唐纳及其财政大臣菲利普·斯诺登倾向于放弃工党，加入保守党全国政府。

与德国和美国相比，英国遭受经济危机的打击程度要略微轻些。由于大英帝国根基深厚，英国工业依然拥有进入巨大市场的优先权。与工资和薪水的跌幅相比，物价的跌幅要更加迅猛，即便英国北部、苏格兰和南威尔士等地的老工业区中有不少苦难深重的失业工人，中产阶级依然繁盛起来。政府砍掉了公共部门的救济和工资，激起了失业者的暴动，海军也爆发了一场历时不长的兵变，学校教师等群体也掀起了愤怒的浪潮。但是，英国轻松地从危机中存活下来，士气低落的工党在1931年和1935年的选举中步履蹒跚地赢得选举，最终说服了英国大多数资本主义派别：克服危机总有出路。那些准备好于1933年和1934年支持奥斯瓦尔德·莫斯利的英国各种法西斯主义变体的统治阶层成员［如罗瑟米尔家族，其所拥有的《每日邮报》上曾臭名昭著地宣称："黑衫党万岁！"］，到了1936年就基本上被全盘放弃了。

德国的形势则大为不同。德国的失业率比英国要高50%，大多数中产阶级都陷入了极度贫困之中。危机导致希特勒领导的国家社会党或称纳粹党的支持率直线上升。1930年，纳粹党的选票从八十一万张飙升到六百多万张；1932年更是翻倍为总选票的37.3%。但是，纳粹党并非只是一个选举党派（甚至其主要功能都不是为了赢得选举）。其组织核心是准军事化的街头斗士冲锋队：1930年底，其人数达到十万人；到了1932年中，其人数增长至四十万人。这些武装暴徒专门针对他们口中造成社会危机的群体进行攻击——一方面攻击所谓的"犹太人"金融资本，另一方面攻击"犹太主义""马克思主义"工人阶级运动。正是这支武装力量的存在，他们时刻准备着通过战斗控制街道、征服所有其他社会组织，将纳粹主义和法西斯主义与其他成熟的资产阶级政党区分开来。

墨索里尼于1920年在意大利缔造了第一个成功的此类组织。组织成员通过民族主义思想而非反犹主义思想紧密团结在一起（有些法西斯领袖，如 1920 年代的罗马市长就是犹太人；直至 1930 年代晚期与希特勒结成同盟后，反犹主义才成为意大利法西斯的主要思想）。但在其他方面，墨索里尼则是第一个开辟道路之人，希特勒紧随其后。

希特勒的党派于 1923 年危机时开始崛起，法国人占领了鲁尔区，发生了通货膨胀的巨大灾难。该党处于右翼恐怖组织、反犹主义团体，以及聚集在慕尼黑巴伐利亚城的前自由军团成员圈子的中心。但是，1923 年 11 月，该党在巴伐利亚城试图夺取权力的行动失败了，随着危机条件逐渐解除，党派走向衰落。到了 1927—1928 年，希特勒的党派在选举中只是一股非常边缘的力量，只有几千名党员，党派领导始终争斗不休。直至世界经济危机爆发，才给它带来了巨大的发展动力。

史无前例的庞大人群离开"适中温和"的资产阶级政党，云集希特勒旗下，因为此前得到他们支持的政府在危机期间，不仅令工人，而且令许多支持政府的中产阶级自己人，都陷入了贫困和破产。例如，在小镇塔尔堡，纳粹的选票在三年间从一百二十三张一跃为四千二百张，牺牲掉的当然是其他资产阶级的选票。[179]

与意大利法西斯分子一样，纳粹也是一个中产阶级政党。在希特勒夺取权力之前，许多纳粹党员都是自雇企业主（17.3%）、白领雇员（20.6%）和政府职员（6.5%）。上述所有群体在纳粹党中所占的比例为 50%–80%，比这些群体在总人口中所占的比例要高许多——而且这些人掌握的社会特权，也远比今天我们所知的同一称谓群体要多得多。也有工人加入纳粹党，但他们在党员中所占的比例不足 50%，比工人在总人口中所占比例要低。[180] 纳粹的确得到了一些工人阶级选票：这些选票大多来自普鲁士东部等农业工人活跃地区，在那里战后立即开展的工会化努力失败了，工人阶级的政治传统几乎不存在；也得到了来自小城镇的工人选票，那里中产阶级的影响是最大的；还得到了来自失业者的选票，他们的状态非常松散，经常被纳粹的福利所吸引，尤其是加入冲锋队的优渥条件。[181]这些事实令试图否认纳粹带有中产阶级特性的企图变得毫无意义，例如，就像迈克尔·曼那样，他声称："研究表明，纳粹投票与阶级之间的关联度很低。"[182]

可是，为什么中产阶级会受到纳粹的吸引，而非投靠左翼力量？部分原因在于此前持续数十年的反社会主义教化。自雇企业主和白领工人在成长过程中始终被教导相信他们比体力劳动者优越，随着危机加深，他们一直试图与工人大众区分开来。他们在遭受政府和金融家政策给其带来的苦楚的同时，又对社会地位处于他们之下的工人大众十分恐惧。然而，这并未阻止他们中的许多人默许如下这样的想法：在1918—1920年的革命时期，出现某种社会变革是不可避免的。

造成这种形势的另一个因素在于左翼力量本身的行为。德国社会民主党并未从意大利先驱的经验中收获任何教训。相反，他们只是让人倒胃口地重复着"德国不是意大利"。考茨基于1927年坚持声称，在先进的工业国家中，法西斯主义完全无法重复它在意大利的"成功经验……诱引大多数失业流浪者都做好为资本主义目的服务的准备"[183]。在希特勒于1933年1月就职之前，希法亭依然在重复同样的信息。他说道，通过坚持德国宪法，社会民主党人已经迫使纳粹进入了"合法"的领地，借此必能击溃他们——此前一年的夏天，兴登堡总统拒绝希特勒组建政府的请求就能充分证明这一点。"继意大利悲剧之后，迎来了德国闹剧……这标志着法西斯主义的倒塌"，希法亭坚持道。[184]

立宪主义的压力令社会民主党领袖对在他们于1930年放弃并解散了政府内阁后、面对日益恶化的社会形势出现的一系列新政府，遵循一种"宽容"政策。这些政府首先由海因里希·布吕宁领导，接下来由冯·帕彭领导，最后由冯·施莱谢尔领导，他们的统治没有得到议会主要派别的支持，主要依靠得到总统认可的法令的权力来统治。他们的措施令工人和中产阶级中社会地位较低者的生活条件不断遭到打击——布吕宁颁布的一条法令宣布工资降低10%——但却仍然无法阻止经济恶化，以及伴随经济恶化而来的各种困难。通过社会民主党人所谓的"宽容"政策，实际上，他们能够提供的不过是困难和饥饿。他们听任权力的领地放任自流，任由纳粹前去争取那些抛弃了旧资产阶级政党者的支持。

　　社会民主党人似乎偏离了道路，这使得希特勒夺权的道路变得更容易。他们建立起了某种自我防御组织"帝国战旗"（一个支持共和国的基督教社会民主派的准军事组织），该组织由武装分子和社会主义运动协会和青年组织的成员组成。它具有动员数十万人的潜力。但他们坚持认为，这些力量只能用于防守，只有在纳粹打破宪法后才能使用——然而，这样的时刻从未到来。他们还控制着普鲁士州政府及其人员庞大武器精良的警察队伍。他们曾于1929年的五一国际劳动节，利用警察镇压共产党领导的示威游行，杀死了二十五名示威者，他们还于1930年和1931年禁止纳粹在普鲁士进行示威游行。但当纳粹的威胁于1932年夏天攀升至最高峰时，正是固守的立宪主义导致他们放弃了这一有力武器。在1932年的总统选举中，纳粹并没有提名本党候选人，而是敦促他们的支持者将选票投给年迈的兴登堡——作为回报，兴登堡总统签署了一项推翻普鲁士社会民主党政府的法令，并得到了与希特勒进行过秘密协商的冯·帕彭的首肯。社会民主党人逆来顺受地接受了这道法令，放弃了他们口中对抗纳粹最强大的堡垒。冲锋队此时可以自由公开地游行，创造出一种让人印象深刻的活力四射的全能运动，而这或许在某种程度上可以消除令生活变得如此痛苦的那些因素，并把反对派从街上赶走。面对前所未有的经济大崩溃，社会民主党人的瘫痪与纳粹党人的活跃，形成了极为鲜明的对照和反差。

也难怪社会民主党的活跃分子会产生迷惑。研究纳粹主义崛起的历史学家，这样谈论直至1933年年初的社会民主党人：

> ……许多人都期待纳粹能够接管政府。他们计划作战，但却不再清楚他们为何而战。为了冯·施莱谢尔将军或冯·帕彭的共和国而战？为了通过总统法律统治的民主而战？在1933年的灰色1月间，塔尔堡的社会民主党人不再集会，不再发表公开演说。还有什么可说的呢？[185]

社会民主党的停滞不动，令纳粹得到了发挥的战场。但仅仅凭借选举人的支持，纳粹根本无法掌握大权。他们在自由选举中获得的最高投票比例是37.1%，实际上他们在1932年7—11月间还丢失了二百万张选票。即便在希特勒就职成为总理、纳粹采取手段大规模恐吓反对派的情况下，他们在1933年3月的选举中也只得到43.9%的选票。戈培尔于1932年末在日记中抱怨，纳粹未能直接掌权，造成军队士气低落，数千人离开。

令纳粹最终得以掌权的是德国统治阶层的关键代表作出了将权力移交给纳粹的决定。部分大商人长久以来一直给予纳粹财政支持，将纳粹视为一种平衡左翼和工会的有用工具。新闻报纸巨头阿尔弗雷德·胡根贝格"曾在希特勒……早年未发迹时……缓解了……他的财政危机"[186]。到了1931年,鲁尔区著名工业家弗里茨·蒂森已经成为一名"热切的纳粹支持者"[187],前国家银行主席沙赫特对待纳粹的态度则是日益同情。[188]

但是,直至1932年之前,德国资本主义的大部分人士都或多或少地支持处于他们直接控制下的两大政党:大工业家支持德国人民党(即战前的国家自由党);胡根贝格和大地主支持德国国家党。他们并不信任纳粹党,因为许多贫穷的中产阶级纳粹党员——甚至有些纳粹党领袖也持有同样态度——不仅攻击工人中的"马克思主义"组织,还号召掀起直接针对大商业的"全国革命"。

随着世界性经济大衰退不断打击他们的利润,资本家们的观点开始发生转变。即便大多数工业家并没有资助希特勒,也不信任一场由贫穷的中产阶级发起的、独立于他们发展的运动,但他们却也开始感到可以利用纳粹党来达到自己的目的。正如一项调查研究总结的那样:

> 日益严重的衰退说服了上层阶级的大多数领袖:《凡尔赛和约》必须终止,赔偿必须取消,劳工的力量必须在克服萧条之前被打破……1931年夏天,大企业的领袖们采纳了将魏玛共和国描述为"耻辱的体制"的说法,号召"在全国范围内采取独裁统治"。[189]

鲁尔区的工业家、大地主和军队中的大部分军官也持有同样的观点。他们的看法在许多方面都与希特勒提出的政策十分相近。这种接近在希特勒清洗奥托·斯特拉瑟(最坦率的"全国革命"方法的支持者)时得到进一步加强,斯特拉瑟参加了与国家党、人民党、工业家和地主集团于 1931 年 9 月在哈尔茨堡举行的联合会议,并于 1932 年 1 月发表了"鲁尔工业区的船长们"的演讲。[190]

工业家们越来越肯定希特勒不会损害他们的利益,有些人还将他的冲锋队视为粉碎工人运动的有力武器。到了 1932 年秋天,大多数工业家都相信,为了使纳粹强大到足以继续贯彻他们所需的政策、削弱工人阶级的抵抗,就必须让纳粹入主政府。但对纳粹在政府中到底可以承担多重要的角色,他们依然存有意见分歧。冯·帕彭等大多数人希望政府的关键位置依然掌握在他们信任的老资产阶级政党的政治家手中。只有少数人当时就希望希特勒能够全权掌握政府。他们的态度是,他们需要希特勒作为一只看门狗来守护他们的财产,就像所有的看门狗一样,必须给他戴上一条紧紧攥在主人手中的锁链。但是,希特勒自然是不愿接受这样的安排;随着事实证明政府中的军事部长冯·施莱谢尔无法满足他们的需求,大企业主的态度开始发生转变。即便许多精英工业家对这位跳出来的前下士及其狂野言论并不感冒,他们还是开始接受如下做法:为了重塑资产阶级社会的稳定,只能让希特勒主持军队。冯·帕彭与希特勒在一位银行家的家中进行了会面。几天后,他告诉英国大使:"如果希特勒的运动崩塌或者被击溃,那将是一场巨大的灾难,毕竟纳粹是我们抵抗共产主义的最后一道壁垒。"[191]

大地主、希特勒既定的商业赞助者如沙赫特和蒂森,以及部分高级军官,已经在向兴登堡总统施加压力,解决任命希特勒为总理带来的政治危机。冯·帕彭发挥了重要的影响力,在这种压力背后是依赖他的重大的工业势力。工业家中部分重要人士依然对此政策怀有疑虑,但是他们并未抵制这一解决方案;一旦希特勒掌权,他们十分乐意对选举进行财政资助,为的是推动他在议会的力量(以及克服纳粹党内部的危机）。[192] 希特勒如果没有组织这样一场中产阶级群众运动，他就不会得到今天的一切，因为在某种程度上他的党派也反对德国主要大企业主的政治特权。但是，到了最后，企业主们却认为希特勒的掌权要好过持续的政治混乱不稳状态——当然也要大大好过希特勒倒台而导致的德国政治向左转。

希特勒于 1930 年 1 月 31 日宣誓就职。许多社会民主党的支持者都希望能够吹响战斗的号角。尤利乌斯·布劳恩塔尔这样写道：

> ……德国工人意愿最明确的表达就是进行反抗。1 月 30 日下午和晚间，德国各个城市爆发了自发而激烈的工人群众大规模游行示威。来自工厂的代表……全国各地的代表都在同一天云集柏林，期待得到战斗的命令。[193]

然而，社会民主党的领导人却作出决议，认为希特勒的掌权"符合宪法"，他们的追随者不应对他的当选作出任何反抗！社会民主党的机关报《前进报》上这样写道："在面对政府及其政变威胁的时候，社会民主党和'钢铁前线'（Iron Front）坚定地站在宪法和法律基础之上。"[193a] 政党将会竭尽全力阻止对新政权的"不成熟"抵抗。

共产党原本可以在此前三年中利用这种社会民主党民众的反抗意愿和情绪。但从 1929 年直至 1933 年，共产党领袖都拒绝提出与社会民主党领袖建立联合阵线、阻止希特勒的要求，而这则要么出于愚蠢，要么出于对斯大林的顺从。党内任何对这种政策产生怀疑的人，都被清除出了重要位置。1931 年夏天，最荒谬的一幕发生了。纳粹组织了一次公民投票，将社会民主党政府拉下了普鲁士的权力舞台，而共产党领袖则遵照斯大林的命令，宣布这是一场"红色革命的公民投票",并敦促共产党员展开广泛宣传投出赞成票!实在难以想象还有什么更精于计算的姿态,会比这个更能阻止社会民主党人希望共产党人找到抵抗纳粹的方法!

当然,这并不意味着共产党人就成了纳粹的某种同盟,就像纳粹时常宣称的那样。在柏林等地,共产党团体日复一日绝望地在街头战斗,想要击退纳粹。[194]但是,他们的这种抵抗并未得到更加广泛的支持。

与社会民主党人的懦弱一样,甚至是在希特勒就职之后,共产党领袖的愚蠢行为依然在延续。他们非但没有从意大利发生的事件中汲取经验教训,反而还相信纳粹将会如同其他曾经当权的资产阶级政府一样进行统治。他们坚信,纳粹独裁的基础十分不稳,因此其存在时间将会十分短暂。[195]他们的口号是:"希特勒之后就是我们!"在莫斯科,共产党机关报《真理报》谈到"德国共产党奋起的成功",前左翼反对派卡尔·伯恩加尔多维奇·拉杰克[中央委员和共产国际执委会委员]如今完全处于斯大林的控制之下,他在《消息报》上发表了纳粹"的溃败犹如在马恩河的溃败"的言论。[196]

与这一观点相应的是,德国的共产党活动家被告知继续发动进攻,以大众传单和请愿的方式直接反抗新政府。但是,希特勒主义与其他资产阶级政府完全不同,因为它拥有众多支持者,早已准备好粉碎任何工人阶级的抵抗行为;他们搜寻武装分子,确保雇主解雇工会活跃分子,派出秘密警察部队围剿政府反对派的中心。任何签署请愿书者都会被冲锋队痛殴暴打,并被警察带走。

没过几天,纳粹的准军事预备部队就被整合进国家机器。冲锋队与警察携手迫害工人阶级政党。接下来在2月27日,纳粹以德国国会大厦的一场大火为借口取缔了共产党,废止了共产党的报纸,将一万名共产党员押往集中营。

社会民主党领袖的怯懦和愚蠢一直持续到了最后。他们相信纳粹针对共产党的镇压根本不会波及他们，并开除了那些建议展开地下抵抗运动的党员。工会领袖甚至还承诺与纳粹进行合作，将5月1日设为"国家劳动节"。5月2日，纳粹挟持了这些领导人，将他们也都送进了集中营。

从希特勒就职到1939年战争爆发，共有二十二万五千人因犯下政治罪而被判入狱；据估计，有"一百万德国人或长或短地承受了集中营的酷刑折磨和屈辱经历"[197]。

工人组织并非唯一遭到重创者。通过屠杀共产党人、社会民主党人和工会成员，希特勒得到了大企业主政党（国家党和人民党）的支持；如今，希特勒也转而背叛了它们，迫使它们解散并接受一个纳粹一党专政的国家。希特勒利用国家的高压手段摧毁了所有各种独立组织，哪怕是受人尊敬的中产阶级组织（包括律师团体、职业协会）也不行，甚至连童子军也难逃魔掌。如果有人反抗，政治警察盖世太保立马就会拖走部分最活跃的抵抗分子，将他们扔进集中营。无处不在的恐惧，使得所有对极权政治的公开反对都沉默不语。

然而，纳粹的统治依然以大企业主与高级军官的直接首肯为基础。他们几乎没有受到纳粹暴力手段的影响，依然可以自由地获取利润，或者扩展军事势力；与此同时，纳粹则被授权可以控制镇压的方法和整个政治生活。这一联盟在一年之后的"长刀之夜"中以一场血洗告终，希特勒利用自己的亲卫部队"党卫军"谋杀了"冲锋队"的首领，因为后者的"二次革命"言论令将军们和工业家们感到忧虑。作为此举的回报，希特勒获得了德国总统职位，将所有政治权力都攥在了自己手中。

第七章
被抑制的希望：1934—1936 年

纳粹在德国取得成功的规模，令整个欧洲都感到震惊。纳粹几乎是在一夜之间就瓦解了世界上最强有力的工人阶级运动。其他地区的右翼势力很快便也开始模仿和学习希特勒，而这一严峻形势也令各地工人组织必须尽快理解消化，无论这令始终坚持宪政方法神圣不可侵犯或者共产主义即将取得胜利的领导人感到有多么不快。

1934 年的维也纳

右翼力量采取的第一个一致动作就是于 1934 年在奥地利、法国和西班牙模仿希特勒的方法。奥匈帝国于 1918—1919 年间瓦解后，奥地利的统治阶级容忍社会民主党人主持联合政府，因为周边国家的革命起义此起彼伏，只有社会民主党能够控制奥地利活跃的工人和士兵团体提出进一步的权力诉求。就像一位奥地利社会民主党人后来所写的那样："奥地利的中产阶级政党非常虚弱，所以保卫奥地利民主的任务也就落在了社会民主党人身上。"[198]一旦起义平息，社会民主党人就会离开政府，集中致力于利用他们对维也纳城市委员会的控制力，来改善工人的生活条件。维也纳是社会民主党的大本营，拥有六十万名党员，而奥地利则是一个城区成年人口只有三百万的国家，而且社会民主党在全国选举中获得了42%的选票。

但是，右翼势力天主教政治家控制着乡村，在议会中占据大多数席位。受到墨索里尼在意大利成功经验的激发，1920年代末他们组建了半军事国防组织"保安团"，不断地粉碎社会民主党的防卫武装"共和保卫联盟"（又译"共和国防卫联盟"）。

希特勒在德国取得的成功，极大地增长了奥地利法西斯分子的自信，即便他们本身的意见分成两派：一派希望奥地利与德国合并；另一派则希望奥地利与意大利联合建立一个天主教国家。第二派的领袖陶尔斐斯，利用1933年3月初的形势忽略议会的存在，以紧急时期条例来统治国家。

陶尔斐斯象征性地对支持德国的纳粹分子采取行动，但他的主要目标实则是工人运动：

> 社会主义防卫部队被解散；社会主义者统治的维也纳被专横地剥夺了它的大部分收入；社会主义工人被威胁必须加入陶尔斐斯新成立的党派：爱国阵线，否则就要失去工作……陶尔斐斯公开宣布了永远废除议会政治的计划，

将奥地利重新建成一个天主教联邦制国家。[199]

奥地利社会民主党鼓吹 1919 年后的他们已经是非常倾向于左翼的政党，比德国社会民主党更加乐于与右翼势力进行斗争。他们还鼓吹，正因如此，共产主义在奥地利才几乎没有成长的空间，全国的工人阶级运动才会发生如同德国工运那样的分裂。但是，他们对陶尔斐斯的政变却是毫无反应。

他们原本处于强有力的地位。仅仅几天前，铁路工人还在一场总罢工中赢得了彻底的胜利，工人阶级的力量得到了充分展现。然而，社会民主党人却希望陶尔斐斯会在某种程度上与他们联合起来组建反纳粹阵线。他们告知党员们做好行动准备，但是不要采取任何"不成熟"的行动。

形势就这样拖了十一个月，其间陶尔斐斯逐个但却系统地发起攻击，但是社会民主党人却继续告知支持者要有耐心。在维也纳举办的一千名工厂代表参加的集会上，一位社会民主党领袖否决了立即行动起来的号召，他说道："只要还存有一线避免恐怖内战的希望，我们都会充满自豪且跟从良知地追寻它。"[200] 正如社会民主党人尤利乌斯·布劳恩塔尔日后回忆起来的那样：

> 奥地利工人感到十分沮丧和泄气。随着党派领导人对奥地利法西斯主义崛起浪潮采取逃避策略，这种忧伤情绪变得越发深重起来。[201]

陶尔斐斯可以按照自己的意愿，随意选择时机作出反对社会主义团体的决定性举动。1934 年 2 月 12 日他终于这样做了——在他的副手宣布"我们将要开始清理奥地利。我们将会彻底地清洗它"[202]之后。

> 清晨,警察在林茨的社会主义者大本营搜寻武器。大本营的工人进行了抵抗,双方激烈交火。三个小时后,维也纳电力工人开始罢工——这是总罢工的一个预演信号……继而维也纳陷入了战火中。内战到来了。
>
> 这场交火持续了四天。工人这边似乎经历了所有的坏运气。一小部分社会主义工人、主要是共和国防部队(共和国卫队)的成员,拿起了凡是可以找到的武器……大罢工的官方正式号召无法发出,因为罢工组织者忘了与电力工人协商利用社会主义者的报社。大部分工人都对共和国防部队成员的斗争持同情态度,但他们却没有进行罢工。他们气馁沮丧、情绪低落地依然工作着,与此同时,在街上战斗的少数社会主义者则被大炮和机枪征服……到了2月16日,战斗结束了。十一名工人被吊死……奥地利劳工运动被迫转入地下。[203]

虽然失败了,但是奥地利工人运动最终的确对法西斯进行了反击、并未像在德国那样软弱地投降却是不争的事实,此举激励了其他国家的反法西斯斗争。"宁可维也纳也不柏林",是许多社会民主党派中日益崛起的新左派提出的口号。

就奥地利自身情况而言,陶尔斐斯的追随者又继续执政四年,该政权有时被描述为"教权法西斯主义"。接下来在1938年,墨索里尼与希特勒达成协议,德军在中产阶级大众的欢呼声中接管了奥地利,从此以后开始推行全面的纳粹化。

德国发生的一切表明:工人运动无法阻止法西斯主义,除非团结起来准备战斗。奥地利发生的一切则表明:仅仅团结起来还远远不够——还必须做好充分的战斗准备。

法国与"人民阵线"

1934年2月的巴黎也险些爆发内战。激进党的一系列继任政府以紧缩通货政策来应对世界性的经济危机,此举缩减了公共部门雇员的工资和农民的收入,而农民依然是法国人口的主要组成部分。与此同时,执政党的领袖们又卷入了一系列银行丑闻之中。

人民的苦难导致无序氛围不断增强,政府职员举行抗议,小店主和小企业主示威游行,农民甚至爆发了激烈的群众运动。极右势力围绕各种准军事"团体"组织起来,利用形势上街游行,并且越来越多地吸引中产阶级的支持,他们的纲领糅合了民族主义、极端天主教主义、谴责"腐败堕落"的金融家,以及反犹主义。

截至1934年初,极右势力很有希望模仿希特勒一年前取得的胜利。2月6日,极右势力组织在巴黎号召展开一场声势浩大的示威活动,反对激进党爱德华·达拉第新近组建的"左翼中心"政府。他们的目标在于侵入下议院,强迫用右翼势力政府取代达拉第政府,从而为他们自己的夺权铺就道路。

接下来是持续一夜的恶斗,示威者和警察互相开火,最终导致十五人死亡,一千四百三十五人受伤。达拉第第二天就宣布辞职,惧怕自己无法继续维持社会秩序；在这之后，激进党"右翼中心"就取代了他进行统治。极右势力显示出拥有通过武力废除政府的力量，法国眼看就要走上意大利和德国的道路。

此前法国左翼与其他国家的左翼力量一样，看上去似乎都非常虚弱，无力对当下的挑战作出回应。社会主义政党（SFIO）容忍激进党政府，就像德国社会民主党人容忍布吕宁一样。共产党人依然在重复那些"第三阶段"的废话，将社会党视为"社会法西斯分子"。2月3日，随着右翼势力的动员越发激烈，共产党机关报《人道报》刊登了"不要恐慌"的报道标题；2月5日，《人道报》上的报道宣称，在法西斯和政府之间进行选择，就是在"瘟疫和霍乱"之间进行选择。[204] 当共产党号召在2月9日进行反抗时（这场反抗导致与警察展开激烈战斗，九人死亡），它自己确实是这样做的，它声称这场示威行动既反对法西斯，又反对达拉第垮台政府中的"凶手"。[205]

主要的工会联盟法国总工会（CGT）于2月12日号召展开总罢工，社会党则独自号召进行示威活动。直到最后一分钟，共产党才决定也举行示威活动，但却是与其他组织分开单独进行。不过各支示威队伍相遇后会发生什么事情，人们完全不敢确定。大家害怕会像从前发生过的那样，人群彼此打斗起来。然而，实际发生的情况正相反，当不同的游行队伍越来越靠近的时候，人们开始高呼同样的反法西斯口号，自发融入同一支游行示威队伍。根据一段历史描述的记录，"各支队伍的相遇引发了狂乱的热情，欢呼声爆裂在空中。人们鼓掌，高歌，大声喊着：'团结！团结！'"[206]

大罢工的成功和汇合起来的示威游行，阻止了右翼势力的进一步发展。共产党人与社会党人的正式协议，为双方都带来了选举中的胜利果实，而付出代价的无疑正是激进党。与此同时，法国总工会与共产党领导的分离运动的合并,也促进了工会会员在某种程度上的增长。反法西斯主义委员会在全国范围内如雨后春笋般涌现出来,挑战控制街道的权力。

共产党在政策转变方面甚至走得更远。它号召不仅与社会党人签署同盟协议,还要与激进党合作,其根据在于,尽管后者是一个资产阶级政党,但是旨在保护共和国。社会党人、共产党人和激进党人联合起来组建的"人民阵线"于1936年5月收获了选举的胜利果实,因而共产党声称这是采取正确方法的明证。左翼力量在选举中当然进展不俗。社会党有史以来第一次成为议会中的最大政党,共产党代表在议会中的席位也由十人攀升至七十六人。社会党领袖莱昂·勃鲁姆组建了包含十八名社会党人和十三名激进党人在内的政府。共产党人虽然没能进入政府,但在议会中的投票权却是得到了不少提升。

无论如何,街道上和工作地的氛围,比起"社会党-激进党政府"执政时期,要令人印象深刻得多;毕竟,两党在议会中的席位,足以在此前四年间的任何时候组建这样的政府。一系列大型左翼示威活动,在纪念巴黎公社的活动中达到巅峰,聚集了六十万人。由此掀起了法国有史以来最大规模的罢工运动浪潮,而这甚至就发生在勃鲁姆政府执政前不久。一开始在法国各地(如在勒阿弗尔、图卢兹、库尔布瓦)展开的分散、短暂、孤立但却胜利的罢工,在5月26日巴黎郊区的工人罢工并占领了工厂后,突然变成一场强大的运动。5月28日,位于巴黎比扬库尔的雷诺工厂的工人举行了大罢工并占领了工厂,到了周末,已有七万名工人参与其中。在圣灵降临节短暂的平静过后,占领行动从工程技术行业蔓延到各种产业,实际上蔓延到了全国各地,包括巧克力工厂、印刷厂、建筑工地、五金店,甚至包括巴黎的百货商店。仅在诺尔省就有一千一百四十四处工作场所被占领,涉及二十五万四千名工人。英国大使将此时的形势与1917年的俄国相比,将勃鲁姆与克伦斯基面临的形势相比。[207]

那些两年前还愿意目睹极右势力发展的雇主,如今绝望地指望勃鲁姆可以尽快平息罢工,即便这意味着要对工人作出巨大的让步。6月7日,在总理官邸召开了一次特殊会议,签署协议,同意立即与工人签订劳动合同,工人工资必须得到大幅增长,十人以上的工厂必须选举工人代表行使权力。三天后,政府向议会提交法案,提出设立两周的带薪假期,并将每周的最长工作时间限制在四十小时。这些法案在破纪录的七天内就得到了通过。即便是以非民主基础进行选举、具有先天权力的参议院,也不敢提出任何反对意见。

在许多工人心目中,还有比加薪、缩短工作时长、给予带薪假期更高的追求。他们希望社会能够从整体上发生某种程度的转变。罢工一直持续到6月11日,共产党领袖莫里斯·多列士发表演讲,进行了干预。多列士声称,"夺权如今已经不是问题",唯一需要做的就是回去工作。"必须要知道如何结束一场罢工",多列士说道。[208]

最激进(最具斗争精神)的罢工者将共产党人视为极左势力,不愿接受这些条件回去工作。政府给予的条件给工人提供了一些物质上的好处,尽管通货膨胀很快就会将所谓的工资增长吞得一干二净。但是,这些妥协将会使旧警察、将军和高级文官掌握权力,多年来这些人对极右势力始终持有同情态度。这些妥协将工业和金融的控制权交给了资本家,这些资本家将会想尽办法拿回6月里由于力量对比发生变化时作出的让步。

多列士判断工人此时夺权的时机还不成熟,他的判断的确无误,此时的形势不比2月或者1917年7月的形势成熟。共产党原本早就可以将两年前提出的象征性口号付诸现实:成立苏维埃、设置能够监管和挑战国家及大企业的工人代表体制。然而,多列士甚至都没有提及这一点,尽管工人此时很可能会高兴地接受这一号召。

这种忽略并非偶然。放弃荒谬的"第三阶段"政策,有赖于莫斯科共产国际思想上的变化,采纳与支持资本家的资产阶级政党组建联合人民阵线联盟的方案,同样如此。斯大林需要外交政策同盟,以巩固1935年苏联与中右翼的赖伐尔政府签署的防务协议。共产党支持"自由"资产阶级政府,似乎可以更容易结成同盟。共产国际辩称,这是阻止法西斯主义发展唯一"实际的"方法,虽然其中心论点与四十年前伯恩斯坦等人提出的论点几乎没有什么区别。

共产党人与激进党等党派相联合,就必须对打击了世界体系的危机提出具体的革命选择。谈论革命变迁似乎属于遥远的未来,此时他们"容忍"致力于维护资本主义完整的政府,希望借此阻止资本家受到极右势力的吸引。但在另一方面,这种容忍也就意味着压制工人运动,导致工人运动士气低落,而资本家则找回了足够信心,转而发起攻势。

1936年7月14日,法国举行了"人民阵线"运动庆典。一百多万人在巴黎参加了纪念法国大革命的游行活动,整个巴黎的其他城镇也举办了数千场纪念游行。人们穿着法国大革命时期的服装,高举大革命和启蒙时期英雄的巨型画像,包括罗伯斯庇尔、伏尔泰、马拉和雨果等人。在巴黎,激进党领袖达拉第与多列士和勃鲁姆一起站上了讲台。雷诺工厂的工人挥舞着上面绣有激进党标志的旗帜,与社会党和共产党的旗帜并排迎风飘扬。整个事件令人们感到,不论党派或阶级,只要同样拥有法国共和传统的人们团结起来,法西斯主义的噩梦就会消散而去。这就是"人民阵线"团结一致的"实用"政治。

三天后,比利牛斯山对面发生的事件,开始考验这种"实用"

政策。受到意大利、德国和奥地利法西斯分子取胜的激励，西班牙的将军们爆发了一场推翻共和政府的暴动，西班牙共和政府立即向法国请求武器支援以图自保。勃鲁姆希望向西班牙提供武器，但是主要的激进党政治家们则激烈反对。7月30日，勃鲁姆向下议院保证不会输出武器，并且很快就同意遵循"不干预"政策——尽管这意味着将民选的西班牙共和政府弃之不顾，任其遭受由德国和意大利武装的、受到法西斯主义鼓舞的军事力量的攻击。法国共产党猛烈抨击勃鲁姆的所作所为。然而，共产党并没有其他可选方案，因为它也希望与自由派建立联盟，发展联合运动来对抗法国资本主义。

　　这是一项在国内已无法采纳但在国际上却依然可行的政策。激进党只准备赞同有利于工人的改革，只要罢工浪潮还在继续——而罢工浪潮的确贯穿1936年几乎整个下半年，尽管其力度与5月底和6月相比减弱了许多。随着社会党、共产党和法国总工会的领导人成功地令事态降温，激进党开始提出实行急需的通货紧缩政策，以对抗经济危机。在通过以缔造新的工作机会为目的的"通货再膨胀"政策试验后——例如，缩短一周的工作时长等——勃鲁姆开始于1937年初与激进党达成一致意见，宣布"暂停"扩张和改革的计划。但这还不够。

　　1937年7月，在解决因资金外流而造成的财政危机中，参议院推翻了勃鲁姆的财政法案，其后勃鲁姆提出辞职。在此期间，"人民阵线"政府几乎没能令这个国家发生任何改变——1937年3月，警察在巴黎郊区向反法西斯主义示威游行者开枪，杀死了六名示威者。

　　接下来九个月，社会党参与下的激进党政府统治着法国。世界范围内一轮新的经济衰退从美国爆发，而上一轮衰退甚至还没有结束，政府以激进党的旧有政策加以应对，即缩减开支——这项政策只能令那些将希望寄托在"人民阵线"之上的人们失望沮丧。希特勒进军奥地利，以及法国外交政策在东欧的失败造成的危机，令勃鲁姆重回政府，但他仅执政二十六天就被达拉第取代。雇主们如今感到其自身力量足以对付工人，达拉第政府开始撤销两年前最重要的一项改革——将每周工作时长缩减到四十小时。警察干预并镇压罢工，接下来占领了工厂。在雷诺工厂，当一千五百名武装警察冲入工厂后，爆发了一场长达二十小时的战斗。[209] 警察以武力迫使战败的工人走出工厂，行法西斯分子的致敬礼，并高呼"警察万岁"。[210]

朱利安·杰克逊在对这段历史的研究中写道：

> "人民阵线"生于1934年2月12日的大罢工，卒于1938年11月30日。具有讽刺意味的是，2月12日罢工最初的构想是反抗达拉第被迫辞职，11月30日的罢工则是为了反抗同一个达拉第的劳工政策。[211]

"人民阵线"最初的发展给人们带来了希望，左翼党派和工会会员迅猛增长。共产党员人数从1933年的近三万发展到1936年的九万，1936年12月更是达到近二十九万；共产主义青年团则从三千五百人发展为两万五千人，最终达到十万人。社会党从1933年的十三万人发展为1936年的二十万人，青年社会主义党从1934年的一万多人发展为1937年的近六万人，法国总工会联盟则从1935年的近七十九万人发展到1937年的近四百万人。[212] 但到1938年，"人民阵线"希望的幻灭产生了负面效果，左翼政党的党员及来自党员的支持都开始流失。1938年末罢工失败后，数千人被解雇和遭受迫害，令左翼政党和工会组织深受重创，其党员人数也开始下降。[213]

到第二次世界大战爆发那年的8月，法国统治阶级感到自己的实力已经足够强大，可以迫使议会（正是三年前人们欢欣鼓舞地选出的议会）取缔共产党，宣布其为非法，驱逐共产党代表。九个月后，同一个议会（包括社会党代表的大多数）投票给予贝当元帅独裁统治权，贝当组建了包括法国法西斯分子在内的政府，与德国纳粹协作占领法国北部半个国家。

霍布斯鲍姆等历史学家依然将"人民阵线"视为展现出左翼党派如何抵挡了右翼势力猛烈进攻的例证。法国的经历当然无法证实这一点。1934 年法国工人展现出的战斗团结，的确将极右势力逼到了防御状态。但 1936 年与亲资本主义的主流党派建立团结合作的尝试，与德国社会民主党的"宽容"政策产生了同样的效果，令右翼势力在短暂沉寂过后再度兴盛。可悲的是，在 1930 年代第三个反抗法西斯主义的重要国家西班牙，事情的发展并没有什么不同。

西班牙：法西斯主义、革命和内战

英国作家乔治·奥威尔这样描写 1936 年 11 月的巴塞罗那：

> 这是我第一次来到一座工人阶级掌权的城市。实际上，不论什么规模的所有建筑都由工人掌控。每间店铺和每家咖啡馆的门口都写有文字，说明其已被收归集体所有；就连擦鞋童都被集体化了，他们的工具箱上被漆上了红色和黑色。
>
> 侍者和商场巡视员直视着你的脸，把自己当成和你完

全平等的人。卑躬屈膝的和甚至是礼节性的套话都暂时消失了。街上看不到一辆私家车,它们全都被征用了。

这些人乍看起来也许是这个世界上最奇特的生灵了。从外表来看,这座城市的富裕阶级已经消失了。

最重要的是人们相信革命和未来,产生出了一种突然进入平等和自由时代的感觉。人们正在努力表现得像是真正的人,而非资本主义机器上一个小小的齿轮。[214]

大约四个月前,佛朗哥将军领导下的西班牙军队试图夺取政权。他们的努力被波及大半个国家的工人起义所挫败。接下来爆发了内战——六年来日益激烈的阶级斗争终于抵达了巅峰。

1920 年代初工人运动失利后,独裁者普里莫·德里维拉统治西班牙直至 1920 年代末。他依靠军事力量镇压反对派,阻止工人组织自己的武装。大多数无政府工团主义和共产党领袖都被驱逐。但是,德里维拉并没有属于自己的强大的社会基础,不得不在各种社会团体之间平衡利益,甚至是与社会主义工会领袖拉尔戈·卡瓦耶罗合作。由于无法应对世界性危机,德里维拉的虚弱独裁统治于 1930 年崩塌。几个月后,左翼势力在本地选举中取得压倒性胜利,国王宣布退位,热情的人群首先在巴塞罗那、继而在马德里宣布成立共和国。

资产阶级共和政府在接下来两年间统治西班牙,卡瓦耶罗担任劳工部长。政府作出了许多改革承诺,实际上却很少实施,例如,其土地改革政策最终仅令二百万农民中的两千人受益。南方村庄卡萨斯-维嘉斯的农民占领了土地,遭到警察机枪扫射;警察还扑灭了巴塞罗那等城市的罢工,类似这样的举动让人民对政府的期望很快就幻灭了。

然而，仅仅是对改革的谈论就足以令上层阶级感到敌意。一部分资产阶级共和党人分离出去，与新党派西班牙自治权利同盟（CEDA）结成联盟，该党派的支持者是大地主、部分大企业、军官领袖、君主主义者、墨索里尼的公开仰慕者，以及天主教教会主教等。西班牙自治权利同盟的领袖希尔·罗夫莱斯试图将法西斯主义的方法嫁接到天主教教理之上，就像陶尔斐斯在奥地利所做的那样，令人们联想到墨索里尼和希特勒。右翼势力在选举中的胜利，似乎意味着自治权利同盟即将入主政府。就连社会党及西班牙总工会（UGT）的领导都将其视为一个巨大的威胁，同意一旦自治权利同盟组阁便立即进行抗争，与小规模的工人阶级组织团结起来，组建统一的"工人同盟"。

大城市里的产业工人和人数众多的南部大农庄的半失业农村劳工，都对自治权力同盟充满仇视。部分中产阶级，尤其是加泰罗尼亚的中产阶级，也持有同样的态度，他们惧怕右翼势力攻击其自治政府和语言。然而，当自治权利联盟最终于1934年10月组建政府时，只有西班牙北部阿斯图里亚斯的矿工举行了起义，他们用炸药进行武装，控制了当地。主宰大部分工人阶级运动的无政府工团主义者，由于不信任所有政客，因此拒绝参加全国性罢工；加泰罗尼亚民族主义者在最后一分钟置身事外；社会党和工会领袖将马德里的示威抗议局限于一场短暂的总罢工。政府镇压了阿斯图里亚斯的矿工起义，动用了佛朗哥将军手下的西班牙摩洛哥军队在当地实行恐怖统治。在西班牙其他地区，社会党成员（包括卡瓦耶罗）与工会成员都被投入监狱。左翼力量将此后的这段时期称为"黑色两年"。但是，1934年西班牙工人运动的失败，与同年奥地利工人运动的失败并不相同。右翼政府无法解决政治危机，最终分崩离析。1936年初，随着两极分化日益增强、政治斗争越发激烈,又进行了一次选举。

在此期间,如同法国"人民阵线"般的思想,对很多左翼人士都产生了影响。力量微弱的共产党,曾于1934年前反对与社会党人和工团主义者团结起来,如今则积极进行宣传活动,希望与资产阶级共和党人联合。社会党的右翼力量激情洋溢地表示接受,社会党、共产党和资产阶级共和党联合起来,派出候选人参与竞选。就连工团主义者也敦促支持者去投票,希望能够释放该党的活跃分子,令他们重获自由。

1933年,西班牙人民阵线通过选举取得了压倒性胜利,获取了大部分席位。新政府由1931—1933年间令人们大失所望的同一批共和政治家组成。但是,来自人民的压力,迫使他们释放了左翼政治犯,左翼力量十分欣喜。满怀信心的工人再度掀起罢工和示威游行的浪潮,一浪高过一浪。人们蜂拥至工团主义者的全国工人联盟(CNT)和社会党的西班牙总工会(UTG),社会党急剧左转。卡瓦耶罗声称,在狱中他对马克思主义进行了反思并表示真正的信服,他说道:"我们想要的革命,只能通过暴力手段才能达成。"[215] 社会主义青年团称他为"西班牙的列宁",他们举起拳头,高呼口号"工人政府"和"红军"。[216]

西班牙保守势力中的恐慌情绪越来越严重。西班牙自治权利同盟的活跃分子如同洪水般涌向更加公开的法西斯组织"长枪党",上层阶级驱使暴徒开始猛烈攻击左翼力量。据报道,高级军官正在计划发动政变,但政府却除了交换他们的岗位之外毫无作为。仅在四个月内,就有二百六十九人在街头械斗中被杀,一千二百八十七人受伤,三百八十一栋建筑受到攻击并被损毁,四十三家报社编辑部遭到攻击或洗劫,发生了一百四十六次炸弹袭击。[217]

7月17日至18日,右翼势力终于采取了行动。将军们试图掌控西班牙和西属摩洛哥的每座城市。共和政府太过害怕和震惊,以至于无法采取任何行动,甚至还签署了一份声明否认发生了政变。首相基罗加辞职。继任者巴里奥试图与叛军和解,继而面对汹涌澎湃的工人示威游行而辞职。

军队原本打算在几个小时内就夺取政权。人民阵线共和党政客的懦弱和混乱给了他们机会。但是,工人的反应打乱了他们的计划。西班牙总工会(UGT)和全国工人联盟(CNT)号召工人举行大罢工。然而,工人们并不满足于仅仅被动地罢工。在西班牙大陆大多数城市和乡镇,他们都行动起来控制军营,解除军队武装。全国工人联盟、西班牙总工会和工人政党的武装者,从所有可能的地方找到武器。他们成功地获取了部分亲共和派突击队的支持,在巴塞罗那,他们甚至得到了一贯具有反工人阶级传统的西班牙国民警卫队的支持。但是,最重要的是他们的积极主动。无论在哪里,只要果断行动,戒除踌躇不定或者试图与右翼军官进行调停,他们几乎总能获得胜利。

政变在大多数城市都取得了成功,那里的工人领袖接受了军官支持共和的声明。在塞维利亚、加的斯、萨拉戈萨和奥维耶多等地,叛乱军官一直等到武装工人退去,才宣布这是一场政变,射杀所有胆敢反抗者。[218] 这就是工人由于相信了那些声称为"共和党人"的传统统治精英而付出的代价。正是由于这种信任并非一种普遍现象,1936年7月佛朗哥的军队才只控制了不到半个西班牙,而非整个国家。

在兵变被镇压的地方,也不仅仅是佛朗哥的追随者尝到了失败的苦果:"国家由于夹在暴动军队与武装群众之间,而分崩离析成碎片。"[219] 虽然官方政府依然在马德里主持大局,但地方上的真正权力已转到各种革命委员会手中。在地方上掌握权力的工人,以有利于自己利益的方式来行使权力：工厂被接管并集体化；农民开始分田地，心里明白工人武装将会保护他们；武装工人按照自己的需求提供了地方高官采取敌对行动的记录并将其逮捕。随着军队解体，资产阶级看起来似乎在大部分共和地区都已被清理，因此才有了奥威尔在巴塞罗那所见的一切。工人组织掌握着有效权力，官方共和政府名义上执政但却没有实权。加泰罗尼亚（西班牙最重要的工业地区）的自治政府，也是同样的情况。自治政府主席孔帕尼斯邀请加泰罗尼亚最强有力的工人组织全国工人联盟的领导人参加会议，在会上他告诉他们：

> 你们是城镇的主人，是加泰罗尼亚的主人，因为你们凭借一己之力击退了法西斯士兵……你们胜利了，一切都属于你们。如果你们不需要我，如果你们不想让我当主席，请现在就告诉我，我将会变成反法西斯斗争中的另一名战士。[220]

在"双重权力"并存的形势下，就像俄国 1917 年革命和德国 1918—1920 年革命的转折点那样，官方政府依靠革命委员会和革命组织的网络来进行统治。然而，与革命委员会相比，共和政府的确拥有一项优势。政府采取集中化结构，而革命委员会则没有。这一点很关键。法西斯军队实施集中化管理，因此能够在全国范围内追求同一战略目标。反法西斯主义者也需要集中化，否则法西斯只需将军队运送至前线反对势力最薄弱的地点就能赢得战争，因为他们知道反法西斯主义者无法通过集中力量作出回应。

这种反法西斯主义运动的集中化，原本可以通过将各个委员会集结在一起而达成，因为许多地方都有反法西斯国民军的协调委员会。但与 1917 年的苏俄相比，西班牙没有成立全国国民军和工人代表委员会。

而之所以如此的原因就在于工人组织的政治。最强大的工团主义者始终坚持认为，任何权力的集中都会令新国家压倒工人。他们认为，此时追寻这条道路是错误的。用工团主义领导人之一德·桑蒂兰的话来说，"独裁专政对自由共产主义的清算，只能通过人民群众自由自发达成"[221]。他们没有走上这条路，而是认为应当使孔帕尼斯的政府保存完好，并与之合作。就连最激进、最有能力的全国工人联盟领袖布维纳文图拉·杜鲁提（他曾两次参与反对共和政府的起义，但都失败了）也没有反驳这一逻辑。杜鲁提在巴塞罗那粉碎法西斯的运动中起了重要作用，是城市工人心目中的英雄，他率领一支由数万名工人即兴组成的军队，横扫加泰罗尼亚边境进入阿拉贡，并向法西斯控制的城市萨拉戈萨进军。但是，杜鲁提还没有做好准备直面权力问题，从而使全国工人联盟同僚得以放手与孔帕尼斯的资产阶级政府共享权力。

加泰罗尼亚的全国工人联盟，的确在某种程度上创造了与政府相并立的权力机构。它创建了中央国民军委员会，由全国工人联盟、西班牙总工会、社会党、共产党、持有不同政见的马克思主义统一工人党（POUM）、"拉巴塞雷"农民组织，以及孔帕尼斯政党等选派出的代表组成。委员会协调地区军事斗争，致力于满足工人的愿望。但因委员会由各个政党代表组成，而非工人、士兵和农民代表组成，它并不能完美地表达后者代表的愿望。委员会还有意识地将解决其他重要问题的权力，尤其是财政和金融大权，留给了孔帕尼斯政府。

社会党和西班牙总工会领袖对马德里的工人运动产生了巨大影响，武装国民军对他们效忠，很快就完全控制了马德里，就像全国工人联盟控制了巴塞罗那一样。尽管卡瓦耶罗被称为"西班牙的列宁"，但他的支持者并没有建立工人权力机构。该组织的整个历史都在忙于在现存社会体制内部施加压力。他们害怕民选代表机构将会令无政府主义者对他们组织的普通成员施加压力。社会党右翼力量敦促立即与资产阶级共和派达成妥协。以卡瓦耶罗为领导的左翼力量对此很是不满，他们依然记得他们过往曾与共和派合作的不成功历史。但对此时应该如何缔造一个集权化权力机构来应对法西斯军队来势汹汹的协同夹击，左翼力量也没有其他方案。

西班牙共产党已经成立了十五年，以应对无政府工团主义者和社会党改革主义的政治真空。但是，所有质疑莫斯科斯大林路线的领导人都被先后驱逐出党。而当前的斯大林路线就是促进与资产阶级共和派合作建立人民阵线。在全国工人联盟和社会党左翼力量对如何处理与政府的关系犹豫不决之时，共产党和苏俄大使敦促他们加入联合政府，避谈革命，并将合作限制在纯粹的共和主义反法西斯政策上。他们认为这将赢得中产阶级的支持，阻止资本家和地主投靠法西斯，并能在某种程度上得到英法政府的支持。此举还能将各种民兵队伍团结在一起，组建统一集中化的部队，并以曾被资产阶级共和政府打击的职业军官担任领袖。

这样的联合政府最终在9月初建立。卡瓦耶罗担任首相，但是大部分政府成员都是共和党人或社会党右翼力量。政府的口号是"先赢得战争，再谈论革命"。面对这种方法，全国工人联盟领袖与社会党左翼力量都无法抵御。很快，他们中的三人便加入了加泰罗尼亚的孔帕尼斯政府，其后又有四人在马德里政府就职。

社会党左翼力量和无政府工团主义者相信，通过延缓推进革命，他们既能巩固工人取得的胜利成果，又能通过增加温和共和党人的支持而赢得战争。但这根本是不可能的。温和共和党人最核心的诉求是尊重私有财产，并在没有革命干扰的前提下维护依然代表共和党人利益的国家机器。他们将重建"共和军"军官和警察长官的声誉，视为对抗社会革命的最终保护。

然而，在1936年秋天的西班牙，尊重私有财产和维护旧有国家机器，并不仅仅意味着限制工人运动。它也意味着：通过劝说或暴力手段，迫使工人交出已经到手的胜利果实，放弃对他们在7月占领的工厂和田庄的控制权。此外它还意味着：从7月突袭军营的工人手中夺走武器，将其交还正在扮演墙头草角色的军官。

共产党和社会党右翼力量坚称，工人进行社会改革的任何尝试，都意味着引爆共和国内的第二次内战。然而，实际上，他们强迫工人放弃社会成果的努力，正是这场内战的起因。

正是他们，而不是无政府主义者或马克思主义统一工人党的极左势力，从前线将军队和武器一并撤下，用于内战。当工人拒绝离开集体化财产，或者拒绝遵守翻新的资产阶级国家命令的时候，正是他们挑起了战斗。1937年5月在巴塞罗那，正是他们引发了武装冲突，坚持向全国工人联盟国民军九个半月前从法西斯手中夺取的城市电话大楼发动进攻，结果造成数百人丧生。正是他们放任警察对左翼力量实施恐怖活动，包括刺杀领导人安德烈斯·宁，囚禁数千名反法西斯武装者。只有这样，武装的工人阶级才能被迫放弃革命，等到"战争结束"再继续革命。

然而，工人付出的牺牲在赢得战争上所起的作用，与德国、奥地利或法国的社会民主政府在阻止法西斯前进上所行措施的作用几乎相差无几。共和西班牙对资产阶级政党作出的每一个让步，最后都令权力落入佛朗哥手中。

当共和乡镇受到外部催逼时，发展出了一种典型的模式。如果佛朗哥夺取乡镇，工人们将会一无所有，因此他们做好了奋战到底的准备。但是，拥有财产的中产阶级，即便并非主动欢迎法西斯取胜，却也希望能与法西斯妥协和谈。所以当巴斯克的资产阶级放弃了圣塞巴斯蒂安后，就使全国工人联盟的民兵无法继续战斗。此举在内战中又引发了一场内战：射杀"劫掠者"和"纵火犯"以保护财产安全，命令武装卫兵巡游街道以保证把城市完整移交到佛朗哥手上。毕尔巴鄂、桑坦德和希洪都发生了同样的事情。[222] 在其他地区，被政府提升为司令官的军官在关键时刻却投奔了法西斯。在战争的最后几天中，一派共和将军夺取了马德里的控制权，希望能与佛朗哥讨论"和平投降"事宜，两千人在战斗中死去。

向资产阶级作出让步还在其他方面令西班牙付出了代价。1936年7月，几乎整支西班牙舰队囚禁了他们的军官，掀起了反法西斯暴动。这给佛朗哥造成了巨大困难和障碍，他正试图将大批军队从摩洛哥转移回国内。但是，为了寻求英法的支持，吉拉尔和卡瓦耶罗政府却命令舰队驶离丹吉尔，并停止干扰佛朗哥的通讯线路。同样的推理，阻止了在佛朗哥阵线内部煽动叛乱的努力，只是承诺保证摩洛哥的独立。西班牙军队在1920年代就已受到反殖民主义起义的频频重击，铸造一场新斗争的可能性相当高。政府更是希望通过奉上西班牙统治的摩洛哥的控制权来寻求英法帮助，而非求助于人民阵线来解决眼前遇到的问题。

然而，所有对列强的取悦怀柔都化为泡影。英法两国拒绝向西班牙共和国提供武器，而德国和意大利则给予了佛朗哥极大的支持。

共和政府追寻体面的同时，也意味着无法为小农提供什么福利——后者受到误导自愿奋起反抗佛朗哥；同样也无法给那些被困在佛朗哥势力范围内的大量工人（包括那些在塞维利亚、奥维耶多和萨拉戈萨等拥有反抗传统的地区的工人）提供什么福利。战争最令人感到惊奇的特点之一就是，佛朗哥面对被征服的人群，几乎没有遇上什么麻烦——俄国内战中白军前线背后发生的事情与此形成鲜明对比。

推动反革命政策最积极的左翼力量是共产党。其核心成员此举并非旨在促进现存社会向前发展，尽管共产党的确吸收了大量意在达成这一目标的中产阶级。共产党的核心由认同俄国、忠诚而勇敢的人们组成，他们接受了斯大林提出的此时推动革命"不切实际"的观点。因此，在反对革命要求的同时，他们于1936年秋天也以同样的革命热情进行战斗，保卫马德里，使用阶级斗争语言来动员工人与他们站在一起。但是，热情和言辞依然与一种致命危险的政策绑在一起，遗憾的是，欧洲其他地区的社会民主党人紧接着实行的政策也同样致命危险。粉碎了大本营巴塞罗那的革命，面对法西斯的魔爪，1937年的西班牙令自己陷入了一种更加艰难的境地。当佛朗哥最终于1939年1月长驱直入毫无抵抗的巴塞罗那时，他们为此付出了沉重的代价，共和将军们几周后就调转枪口对准马德里的共产党。有些人还对用"法西斯分子"一词来形容佛朗哥的军队表示质疑。就连霍布斯鲍姆也声称："不能将佛朗哥将军……描述为法西斯分子。"他们的关注点在于，佛朗哥的"运动"与意大利法西斯和德国纳粹不同。他们指出，试图沿着法西斯主义路线缔造一个极权主义的大众政党"长枪党"，只是佛朗哥"运动"中的一个组成特色。这一运动中还包括旧式君主主义者、只想发动某种军事政变的将军们（这种方法在此前一百年间相当常见）、保守派地主、教会信徒，以及心系回到宗教审判年代的纳瓦拉的卡洛斯主义小农。

这一论点是错误的，因为它忽略了托洛茨基解释过的"不平衡与综合发展"进程。1930年代的西班牙虽说是一个落后国家，拥有落后的地主阶级、落后的资产阶级、落后的军队和落后的教会，但它也是现代资本主义世界的一部分，拥有发达的工业中心，以及数量相对较少但却力量强大的工人阶级，后者能够利用最新的革命形势进行斗争。旧式统治阶级和中产阶级，同样采用了最新的反革命方式来予以对抗。在1934年，这就意味着复制陶尔斐斯"教权主义法西斯"的尝试；在1936年的革命岁月里，这则意味着向墨索里尼和希特勒法西斯主义的彻底靠近。这种复制和模仿并非十分精准，而是将不同的传统和拥有财产的不同阶级融合到一起，不论群体大小。但最后得到的却是一个真正的群众运动，这场群众运动能够达成所有军事政变都无法做到的事情：不仅能够击败反对派，还能摧毁工人运动的基层组织网络。在佛朗哥胜利后掀起的血雨腥风中，约五十万人被处以极刑。另有比这更多的人被流放驱逐。在二十多年的时间里，公开发表自由主义（更别提社会主义）言论和思想都成为禁忌。直至1960年代早期，西班牙的工人运动才开始复兴。1936年7月18日至19日在街上匆匆建起路障的人们将与其对抗的敌人视为"法西斯主义"是正确无误的。但那些由于昔日君主制政府在遭遇军事政变时总能达成妥协所以依然认为这一次也可以以和解终结危局的中产阶级政客们却是大错特错了。

第八章
世纪的午夜

"世纪的午夜"是维克多·塞尔吉1939年出版的一部小说的名字。这部小说表达了他对其生活中怀抱的种种希望所经历的事情的感悟，及其对整体人性的感悟。

塞尔吉在第一次世界大战前因身为无政府主义者而一直被囚禁在法国，战争结束后他在巴塞罗那参加了正在兴起的工人运动，然后前往俄国为革命政府服务，后于1923年在德国为共产国际工作。回到俄国后，他于1920年代中期加入了反对斯大林主义的阵营，因而在早期的古拉格集中营系统中被关了三年。多亏了安德烈·马尔罗等法国左翼知识分子的不懈努力，塞尔吉才得以在1930年代中期流血屠杀开始前离开俄国；在他离开后，他的许多朋友和同志都遭受了残酷的折磨甚至被处决。他的其他一些朋友和同志则落入希特勒的盖世太保手中，同样遭受了残酷的折磨和被处决。在西班牙，塞尔吉的朋友华金·毛林在佛朗哥的监狱中服刑二十年；他的另一位朋友、同为马克思主义统一工人党党员的安德烈斯·宁，在巴塞罗那被斯大林派出的特务暗杀。这样或者那样的极权主义在整个欧洲蔓延。

塞尔吉并非唯一一个必须面对这一可怕现实的人。数以千计为了创造一个更好的世界而奋斗的人士，都发现自己陷入了彼此竞争的国家间的政治阴谋：1940年，德国共产党被斯大林的政策送交到了盖世太保手中；1939年，波兰犹太人躲避逼近的德军向东逃亡，最后却被关进了俄国的古拉格集中营；纳粹德国的难民在英国被视为可能的间谍而被拘禁；逃离共和西班牙的士兵，却在共和法国被扔进了集中营；前往西班牙共和国的俄国顾问，回到莫斯科后却背上"法西斯间谍"的罪名被处决。

作为1917年革命健在的亲历者，托洛茨基象征着所有形式的政府都痛恨的一切。托洛茨基被斯大林流放到土耳其，之后先是被激进派政府从法国赶走，后又被社会民主政府从挪威驱逐。就在纳粹接管城市的几周前，他的女儿在柏林被逼自杀。他的一个儿子在古拉格集中营中死去，另一个儿子在巴黎被斯大林的特务毒死。托洛茨基本人则于1940年在墨西哥被斯大林派出的特务暗杀。对托洛茨基而言，纳粹主义与斯大林主义两者之间的对称再清晰不过：单一执政党、[极权国家为了达到某种目的而举行的]摆样子公审、秘密警察、巨大的集中营，以及对独立思想或独立艺术表达空间的否定。

然而，托洛茨基并不同意今天非常流行的一个观点："斯大林主义与纳粹主义本质上都一样"，这一观点很容易令人为纳粹寻找被原谅的借口，依据就是他们并不比那些在德国或西班牙的街道上与他们作战的那些人糟糕多少。[223] 托洛茨基认为，"对称的"政治结构，主导着不同的社会内容。

托洛茨基相信它们之间的不同之处在于，由于工业国有化，某种程度上苏联依然是一个"工人国家"，尽管"官僚化衰退"情况严重。但是，他的这一观点不足为信。如果工人并没有掌控政治制度（正是托洛茨基自己正确地坚称工人没有掌握政治制度），他们就不可能是那些制度下工业的"主人"。他们不过与世界上其他地方的工人一样遭受剥削而已。1917年革命已经从政治上和经济上被扼杀。

不过，这并不意味着，托洛茨基坚持认为斯大林主义与纳粹主义之间存在差异的观点就是错误的。斯大林的国家资本主义由一个新的统治阶层在一个落后的国家基础上建构起来，这个国家急切地想要在经济力量和军事力量上与比其更加发达的对手相匹配，致力于在短时间内完成伴随资本主义崛起的"原始资本积累"。这就是斯大林主义奴役、处决、囚禁、驱逐人民，使人民忍饥挨饿的原因。这就是对斯大林的偏执和野蛮的合理解释。

相比之下，纳粹主义是一个成熟工业资本主义国家的产物。德国统治阶级看到，唯一逃脱深刻经济危机的方法，只能是将政治权力交到极权主义运动手上，这场运动建立在被危机逼得走投无路的中产阶级的不理性和狂热的基础之上。在第二次世界大战期间，这一过程在进行种族屠杀的"最后解决"方案中加速抵达了巅峰——这一解决方案有组织地使用最先进的工业技术抹杀了数百万人的生命，只因他们疑似属于某一种族。斯大林也将数百万人投入劳动集中营，其中十分之一的人劳作至死。希特勒设立了类似的集中营，但与此同时他还设立了甚至规模更大的死亡集中营，数百万人直接被毒气毒死。这两者都野蛮得令人发指，但它们是不同种类的野蛮，对应资本主义发展的不同阶段。数百万人在斯大林用以维护统治的国家沙文主义和反犹主义下忍受痛苦，但是大部分人都活了下来，今天还能再论这段历史。而在希特勒手下，数百万犹太人和吉卜赛人却是鲜有生还者。"种族灭绝"一词适用于希特勒主义，而非斯大林主义。

当然，对那些在两者暴政中死去的人们而言，这并没有什么区别。但是，这一区分的确具有更加广阔的含义，尤其是对那些在世界上其他地区支持竞争思想意识的人们而言。纳粹主义运动的核心人物，由热衷于其野蛮特征、种族主义和种族灭绝狂热，以及膜拜"鲜血和荣耀"的人们组成。在西方和第三世界国家中，斯大林主义运动的核心人物，则由那些试图隐藏自己对极权主义的依赖、乐于诉诸国家沙文主义和反犹主义的人们组成。他们与苏联所需不谋而合，因为他们希望找到一些比资本主义非人性的野蛮更好的东西，并被劝服这些东西在苏联的确存在。

这一点具有重要的实际意义。在西方和第三世界国家兴起的各种纳粹和法西斯运动，都旨在打破工人阶级组织。相比之下，共产主义运动则试图将为工人利益而斗争（这也正是人民通常加入斗争行列的原因）与捍卫苏联统治者的政策要求结合到一起。他们的领袖试图在这两者之间维护彼此平衡。而这则一次又一次导致灾难性后果，并使斗争最终走向失败——就像社会民主党领袖的所作所为一样。但是，这与纳粹主义典型的粉碎工人运动的行为绝不相同。

"美国梦"的危机

对自由主义者而言，1930年代中期的确看到了某种希望的信号。那就是在1932年年底举行的美国大选，正值全世界经济危机最为深重之时，带来了全新的民主党国会和一位新总统：富兰克林·罗斯福。这些人当然不是革命者，甚至都谈不上是欧洲那种社会民主派改革者。民主党过去一直是奴隶主的党派，在当时仍是一个由南方白人隔离主义者、北方政界大佬和一些大资本家组成的联盟。

但在1932年年底，美国资本主义和广大美国人民的心情却是最为绝望的。整个美国社会都弥散着一种不论采取什么样的手段，不论它有多么非正统，都必须做些什么来恢复经济发展的氛围。国会甚至严肃考虑立法将工人的每周工作时间减少到三十个小时，这一绝望的举动不过是希望能够借此创造更多工作机会。最后，罗斯福动用了紧急时期权力，推行国家调控资本主义的政策。这包括通过联邦储备系统保证银行的资金；利用政府资金收购并销毁部分粮食，以抬高剩余粮食的价格；大兴民用设施建设从而为"劳动营"中二百三十万失业年轻人提供工作机会；通过卡特尔要求工业进行某种形式的自我约束，控制产品价格和产量；通过田纳西河流域管理局创造有限的直属国家的产品；甚至还包括任何可能让工人们更加便利地组建工会、提高工资的措施，从而刺激消费需求。这些措施实施的速度和大胆程度，令饱受经济衰退之苦的人们激动万分，也令寻找替代法西斯主义或社会革命的其他选择的政治自由主义分子欣喜不已。美国政府推行的举措，看上去似乎与此前政府大相径庭。此前政府应对民众大量失业的措施是派出两万五千名上了刺刀的士兵组成军队，在坐在白色座驾上的麦克阿瑟将军的领导下，驱散镇压失业老兵的抗议活动。罗斯福政府至少看上去是在给人们提供一些工作机会，尽管这些工作的工资低得可怜，工作环境也是惊人的恶劣。

然而，罗斯福的措施既没有什么创新，也不像很多人认为的那么有效。罗斯福在一个方面依然保持高度正统——他没有利用政府支出来打破危机。实际上,罗斯福削减了老兵的养老金和政府工作人员的工资。正如金德尔伯格所写的那样:"扩大就业的财政措施依然有限,因为罗斯福的民主党政府依然致力于对平衡预算担负责任。"[224]他还指出,投资一定会从已经跌落到不可思议的低水平(从1929年的一百六十亿到1932年的十亿)上反弹;等到银行破产达到巅峰,投资确实开始反弹。罗斯福政府的举措使美国工业产量从1933年3月的20年代中期产量的59%,到7月恢复为20年代中期产量的100%,失业人数则从1933年的一千三百七十万降至1934年的一千二百四十万,1935年为一千二百万。许多人都相信,罗斯福的"新政"创造了奇迹,这是一个直至今天依然普遍相信和流传的神话。然而,当1937年的产量终于恢复到八年前的水平时,每七个人中依然有一个人失业。

1937年8月,发生了"美国历史上最深重的经济衰落",失去了"自1932年以来的半数指数"。[225]钢铁产量在四个月内下跌超过三分之二,棉纺织品产量下跌约40%,农作物价格下跌25%。

经济复苏非常短暂。但因它令工会权利得到些微改善,这次经济复苏出现了一个重要的意外后果。它令许多工人拥有了新的斗争信心。加入工会的工人开始增加,尽管工人罢工依然遭到雇主和警察的猛烈打击。在罗斯福新政的前六个月里,镇压了超过十五场罢工,二百名工人受伤,数百人被捕。[226]但是,1934年的三次罢工表明:经济衰退带来的苦难,如何点燃了工人的信心,呈现出自1919年钢铁工人大罢工失败后再未有过的战斗热情。托莱多的汽车流水线装配工人、明尼阿波利斯的卡车司机,以及旧金山的码头工人,以饱满的战斗热情,掀起了声势浩大的激烈罢工,违抗法院禁令,抵抗破坏罢工的工贼和警察,赢得了辉煌的胜利。而且在这些罢工中,担任领导的都是激进的社会主义者——明尼阿波利斯的托洛茨基派、旧金山的共产党人，以及托莱多激进的前牧师 A. J. 穆斯特的信众。在几经争论之后，在日益重要的汽车行业，工会主义者开始广泛招募会员，提出建设一个基于整个行业的工会，来取代现有的按照不同技能组织起来的行业工会。

一些主流工会领袖吸取了过往的教训。数年来他们一直在失去会员：工会会员从 1920 年的四百万跌至 1933 年的二百万略多；由于会员缩水，导致他们对政府和统治阶层圈子的影响力大幅下跌。如今，有些人看到了重新恢复影响力的方法。在矿工工会领袖约翰·路易斯的领导下，部分会员建立了美国产业工会联合会（CIO）组织委员会，致力于重新吸收数以百万计的生产工人进入产业工会。

新的组织形式激发了许多地区的工人模仿带来 1934 年胜利成果的激进方法。1935 年 12 月和 1936 年 1 月，俄亥俄州亚克朗市的固特异和费尔斯通橡胶厂的工人在工厂内静坐，阻止管理层破坏罢工。众多工人纠察队的队员在固特异工厂周边巡逻，以防警察派出的破坏罢工者伺机混入其中。[227] 那一年爆发了四十多起静坐罢工。其中规模最大也是最重要的一次罢工，发生在 12 月的密歇根州弗林特的通用汽车公司。在罢工结束前，通用汽车公司十五万名工人有十四万人都投入了战斗，他们要么静坐示威，要么巡逻放哨。与同时期的其他罢工一样，他们也受到了法院禁令的威胁，而且不得不奋起抵御武装警察的进攻。但到最后，当时这家美国最大的制造公司不得不认可工会的存在。当时的工会活跃分子阿特·普莱斯回忆道：

> 阶级斗争的闸门打开了。"坐下！"的高呼回响在大地上的每个角落。通用汽车公司罢工结束一个月后，十九万三千名

工人参与了二百四十七场静坐罢工；1937 年结束前，已有近五十万工人拿起了武器……静坐罢工传播到每个行业……包括克莱斯勒汽车公司的工人、商店的销售人员、西联电报公司的邮递员、餐厅和旅馆的工作人员、女帽制造商、装订工人、仓库管理员、玻璃制造工和轮胎工。[228]

大约一百八十万名工人参与了罢工，在委员会的支持下，"妇女援助团"为静坐示威者提供食物，还有乐队提供娱乐节目。1937 年年底，工会会员的总人数超过七百万人，比四年前增加了五百多万。

通过挑战普遍存在的个人主义——人人都能实现"美国梦"的神话——以及应对种族主义，这些罢工拥有改变整个美国资本主义体制的潜力。在工会夺取了胜利的地区，它们开始在工人中缔造一种新的集体行动文化——工会在静坐罢工中高声歌唱的"永远团结"就是其形象的总结——并且开始在底特律等城市削弱种族主义。美国产业工会联合会是美国社会中唯一一个黑人能与白人一起"真正参与"[229]运动的大型组织。

但有一个核心问题阻止了这种潜力的完全释放，那就是工会运动发展时期的主流政治。1936 年之前的行业工会主义是"非政治性的"。大部分工会领袖都接受美国资本主义体制是组织社会的最完美方式，与主流政党的本地政客达成了协议。例如，约翰·路易斯就是"政治上的共和党人、经济上的亚当·斯密追随者、自己工会中的独裁者"[230]。新的美国产业工会联合会领袖认为，与罗斯福及民主党结盟，是推动工会事业发展的途径。

对美国产业工会联合会发起运动帮助其当选，罗斯福当然表示欢迎，但他却并不准备因美国产业工会联合会而令同样支持他的资本家感到不安。1937年末，当路易斯在钢铁业发起组织美国产业工会联合会有史以来规模最大的一次运动时，这一点非常突出地表现出来。美国产业工会联合会指示四百三十三名全职和兼职的组织者，在三十五个地区办公室发起运动。在通用汽车公司大罢工后，已有许多钢铁公司承认钢铁组织委员会为工会，尽管新加入的成员并不多。但许多大公司依然拒绝承认工会，组织委员会于是在5月末号召开展一场七万五千人参与的大罢工。那些大公司则以曾在1919年钢铁工人大罢工中使用过的所有暴力手段进行回应。它们以"公司的武装暴徒、代理人、警察和国民警卫队向工人纠察队发起了进攻……十八名罢工工人被杀，数十人受伤，数百人被捕"[231]。组织委员会并未想到工人会惨遭屠戮，因为它相信民主党州长和市长对组织工人运动一直持同情态度。它还"告诉工人，所有实行'新政'的政府官员都是'劳工的朋友'"，罢工工人应当"欢迎"接受派遣前来的国民警卫队、州警察和地方警察"维持秩序"。[232]当这些"朋友们"以棍棒和子弹向他们发动攻击时，工人们完全丧失了信心。在宾夕法尼亚州，民主党州长四十四年来首次宣布钢铁城约翰斯顿进行戒严。州警察重新开放了工厂，将岗哨限制在六个，前所未有的大规模武装暴徒云集工厂。在俄亥俄州的扬斯敦，俄亥俄州长也是民主党人，他的代理人射杀了两名工人纠察队队员。在芝加哥，民主党市长派遣警察镇压罢工，并杀死了十名罢工工人。当美国产业工会联合会领袖向罗斯福寻求帮助时，罗斯福却宣称："你们双方都该死。"[233]工会最大的组织运动被击溃，随着经济陷入新一轮衰退，工会运动日益下滑。

美国产业工会联合会在最初二十二个月的发展中累积了大批会员，但在接下来两年却只吸收了四十万会员。1939年的罢工次数只有1937年的一半。工会领袖越来越倾向于与雇主合作，限制工会会员的运动激进程度。在汽车产业工会，甚至试图严禁发表任何未经领袖许可的文章和言论；在新成立的钢铁行业工会，五年间从未进行过选举。1934—1936年间自发的基层战斗，让位于上层领导的紧密控制。

许多活跃分子试图抵抗这股潮流。但就像在法国和西班牙一样，他们的努力由于共产党的行为而饱受阻挠。在1934—1937年的战斗中，共产党担起了领导角色，与许多工会活跃分子一道在美国产业工会联合会发起的工会运动中担任组织者的重要角色，他们的勇气和胆量吸引了许多新成员加入战斗。在1935年之前，共产党坚称罗斯福是一位资产阶级政客，"新政"是一场骗局；但在那之后却又一百八十度大转弯，欢迎罗斯福和推行"新政"的民主党人实行他们自己的"人民阵线"政治。共产党与工会领袖一并传播这些政治家角色重要性的假象，并限制那些可能会打破与民主党人舒适关系的广大工会主义者。这种举动在接下来的十年中始终如一，除了在第二次世界大战之初"希特勒－斯大林联盟"时期曾被短暂打破过。它帮助工会领袖对大多数工会建立了官僚体制控制——他们将会在1940年代利用这种控制，摧毁所有共产党的影响。

这种行为产生了深远的意识形态影响。作家、艺术家、电影制作人和音乐家，突然发现自己处于一个被华尔街大崩溃和经济衰退撼动了根基的社会。所有旧日的价值观都遭到质疑，因为统治阶级暂时失去了发展的方向，包括广大中产阶级在内的人民群众则不再信任统治阶级。从1934年起，罢工运动和工联主义的兴起和发展，推动了一整套新的价值体系。这种影响不仅体现在高雅艺术和文学上，也体现在通俗音乐和好莱坞梦工厂制作的大众文化上，大众文化此时正在开始统治全球。

多斯·帕索斯、理查德·赖特、拉尔夫·埃里森、达希尔·哈米特和约翰·斯坦贝克等作家的作品；查理·卓别林、约瑟夫·洛塞、尼古拉斯·雷、伊利亚·卡赞和年轻的奥森·威尔斯等电影制作人的作品；艾伦·科普兰、伍迪·格思里、保罗·罗伯逊、迪兹·吉莱斯皮，甚至是年轻的弗兰克·辛纳屈等音乐家的作品，都反映出这些趋势。但是，随着"新政"的推行，不同意见的思潮也得到了回归主流的机会。他们在联邦政府项目中得到工作机会，在新闻杂志和广播节目中得到发挥空间，在好莱坞电影中得以发声露脸。"新政"民主党人将知识分子与管理新美国产业工会联合会工会的官僚们同等看待，视为可以帮助他们用一种新形式对整个社会进行剥削的同一群人。

在 1936 年之前，大多数知识分子都抵御了这一诱惑，在他们的目标和罗斯福的目标之间划出了清晰的界限。重点在于"无产阶级艺术"，因为它所有的理论和实践上的错误都涉及工人阶级运动和工人阶级听众。一旦共产党开始支持罗斯福，"无产阶级艺术"就发生了变化。它不再试图引导知识分子自发的激进行动来推翻社会，而是在现存社会体制内部施加压力。这一思路的一个方面就是，采用右派传统上使用的词汇"美国精神"（Americanism）——党的口号变成"共产主义是 20 世纪的美国精神"。另一方面就是鼓励富有同情心的作家和电影制作人，采用温和的中间姿态发展事业，在好莱坞收获影响力。这削弱了许多激进左派艺术家的力量，鼓励他们简单地选择向主流好莱坞文化或流行歌曲出版界作出让步。

1930 年代初最有才华的小说家之一詹姆斯·法雷尔指出，

> "新政"的文化氛围（它在 1930 年代的美国蔓延，战时的许多电影、广播剧和小说都是明显例证）帮助缔造了一种普通人的伪民粹主义文学。这种新民粹主义艺术和文

学强调"美国精神"这一概念是团结所有种族、教派和阶级的方法。这些文学并非深入而尖锐地描写阶级差异的文学……而是普遍强调并感伤于"普通人是人"这一主题；同时它也采用富人也是美国人这一主题，以及他们也像普通人一样这一主题。[234]

共产党对罗斯福的拥护，同时也导致像拉尔夫·埃里森的小说《隐形人》中黑人英雄的反应。当党派（明显伪装成"兄弟会"）告诉他必须抑制哈莱姆的黑人斗争，因为"我们与其他政治团体达成了暂时性的同盟，兄弟团体的利益必须为了整体利益作出牺牲"[235]时，他对社会主义的幻想破灭了。埃里森和赖特等作家的幻灭，令许多后来的黑人活跃分子认为，社会主义者不过是另一群利用他们的白人。与此同时，经历过幻灭的白人知识分子通常都开始相信，社会主义者与其他政治团体一样懂得操纵人。有些愤世嫉俗者甚至反过来支持1940年代和1950年代的反共产主义的迫害运动。

无论如何，随着"美国梦"通过流行音乐和电影迷惑了整个世界，挑战"美国梦"这一神话的思想潮流，也就按照与削弱美国工人运动几乎相同的方式被截断。

从经济萧条到战争

经济萧条导致国家之间和阶级之间产生了紧张的情绪。每个国家的统治者都在寻找以消耗国外竞争对手为代价，消除加诸己身压力的方法。几乎每个国家都试图通过本国货币贬值和提高关税壁垒的方法来扩大本国产品的销售。普遍的趋势就是朝向"自给自足"发展：在一国境内尽可能多地生产产品。

国家比从前更多地（除了第一次世界大战期间）直接参与经济活动：通过强迫关闭低效的公司来实现产业合理化，建立直接隶属国家的某些产业部门从而提高其他部门的发展前景。就连英国保守党的"国民"政府，也将电力供应、国家航空和煤矿开采权收归国有。

在拉美和欧洲部分工业化欠发达国家，这一进程更加深入。巴西的瓦尔加斯"平民主义"政府，以及后来阿根廷的皮隆政府，都建立了大型国有经济部门。波兰的右翼政府制定了长期的经济计划，意大利的墨索里尼成立了国营公司，试图抑制世界经济危机给意大利带来的冲击。

然而，在尝试利用国家的力量来支撑各个国家的资本家群体，与所有资本家都想超越各自国家狭义的边界获取资源的愿望之间，却是存在着自相矛盾之处。唯一能够解决这一矛盾的方法就是，扩大国家控制的领域范围。正式的帝国及其非正式的"影响范围"变得非常重要。"自给自足"指的是主要强国主宰的"货币区域"，这些区域包括美元区、英镑区、黄金区（以法国及其帝国为中心）、马克区，以及苏联的货币区。1932年，经济学家阿尔文·汉森指出，

> 每个国家都努力在其他国家资本家的入侵令人感到愤恨的地方扩大自身的影响范围。美国有时会通过海军封锁阻止欧洲各国在拉美收取债务……与其相似，欧洲各国争夺非洲、近东地区，以及间接地通过经济、财政和军事资助来控制巴尔干各国的长期斗争（依然还没有结束），则是

一份外国资本渗透导致的国际冲突和摩擦的记录。[236]

影响的范围并不对称。英法美苏的统治者各自掌控着广袤的地区。德国这个欧陆最强大的工业国家则没有殖民地,并被第一次世界大战后签订《凡尔赛和约》的列强强行赋予的狭窄国界所限制。正如我们看到的那样,危机的结果就是导致德国的大工业积极行动起来,想要打破《凡尔赛和约》加诸德国身上的束缚。他们希望德国能够收回一战时丢掉的波兰领土,吞并讲德语的奥地利邦国和捷克边境土地(即苏台德区),在欧洲东南部恢复德国的霸权。希特勒的胜利不仅是资本家击败工人的胜利。它也是那些希望通过武力扩张同时削弱其他强国的方式来解决德国资本主义危机的力量的胜利。

德国的主要工业团体或多或少都愿意并同意彼此协作努力,接受日益集中化的投资分配、国家控制外贸,以及国家分配原材料。一位重要的资本家蒂森(他是第一批资助希特勒的资本家之一)对此表示强烈反对,结果其财产被纳粹党强行没收,被迫逃亡海外。其他资本家则继续并始终与纳粹保持着高度有利可图的合作,直至1945年德国军队彻底垮台。

建立在军国资本主义基础上的自给自足经济,反过来则鼓励武装扩张。军工业需要原材料和资源。纳粹政权依然记得1918—1920年革命起义的近期回忆,不愿向德国工人施加太大压力。虽然延长了工作时间、加大了工作量,但它也试图增加消费品的产量,从而降低工人和社会地位较为低下的中产阶级的不满情绪。[237]唯一能够获取资源的方法就是夺取更多的土地。奥地利的农业产量、捷克土地上的军工业、阿尔萨斯-洛林的铁矿和钢产量、波兰的煤炭,以及罗马尼亚的石油,可以填满德国经济的鸿沟——与此同时,这些土地上的工人收取的报酬则要比德国工人低很多,并能忍受奴隶一般的劳动环境。大工业需求与纳粹思想之间在一个方面趋于一致,那就是"生存空间"概念(指国土以外可以控制的领土和属地),以及"非德意志裔的下等人"概念。

东亚的日本采取了与德国同样的方法。日本将中国台湾和朝鲜占为殖民地,并在实质上控制了中国北部的广袤领土为租界。1931年,为了应对经济危机,日本占领了中国东北。继而在1930年代末,在军事政变后组建而成的东京政府的授意下,日本大举入侵中国,并开始将目光投向西方帝国在东南亚的殖民地:荷属东印度群岛,英属马来西亚、婆罗洲和新加坡,法属印度支那,以及美国控制的菲律宾。

相比之下,墨索里尼控制的意大利,则在较小规模的范围内寻求扩张意大利的殖民帝国,在原有的索马里兰、厄立特里亚和利比亚基础上夺取埃塞俄比亚,并希望能有机会夺取阿尔巴尼亚和南斯拉夫的亚得里亚海沿岸地区,以扩大帝国版图。

已经成熟的帝国:英国、法国、荷兰、比利时和美国,对该如何应对这种情况感到迷惑。这些帝国之间的利益并不相同:英国和法国正在为了争夺中东霸权而相互排挤;部分美国统治阶层热衷于取代英国成为掌控世界的霸权国家,并已在盛产石油的沙特阿拉伯地区确立了决定性的影响;法国的主要注意力集中于在东欧一个国家一个国家地拉拢同盟,借此转移德国望向法国边境那虎视眈眈的觊觎目光。上述国家的统治阶层中,都有势力强大的群体,将纳粹主义视为可以合作的积极联盟,让后者去屠杀国际工人阶级及其组织和左翼力量。此时他们将苏俄而非德国、意大利或日本视为敌人。西班牙内战清晰地表明了这一点,当希特勒和墨索里尼藐视"不干涉"协议时,西方"民主"国家的统治者表现出默许之态,因为佛朗哥对他们的帝国并无威胁。

意大利在1935年进攻埃塞俄比亚时就利用了西方国家的这种情绪，日本占领中国东三省进攻华北时同样利用了这种情绪。1938年，这次轮到了希特勒。当希特勒于3月吞并奥地利，继而在夏天要求得到捷克边境德裔居住地时，英法两国的统治阶层感到没有任何理由冒着引发战争的危险去反对他。

希特勒是一个冷血的种族主义精神病患者，他有很大的野心：建立一个种族"纯净"的德国，让德国成为欧洲的中心，拥有统治世界的力量。但是，希特勒1930年代末的策略在德国资本主义看来却是合理的。他十分实用主义地试探了其他帝国能够允许德国扩张势力范围到何种程度。

希特勒与斯大林秘密签订《苏德互不侵犯条约》同意瓜分波兰后于1939年夏天进攻波兰，此举展现出同样的合理性。希特勒知道德国没有发动且维持数月全面战争的资源，但他认为英法给予波兰的支持决不会比给予捷克更多。毕竟，英国政府就在近期的1938年12月还承认波兰应当成为德国的卫星国，而且英国军方大多数人的意见都认为波兰无法防守。希特勒知道自己几天内就能征服这个国家。同时他也相信，如果英法出面干预，他也能迅速击败法国，然后只要他承诺不会撼动英法帝国，英法两国的统治者就会立即与他进行和谈。

希特勒唯独算错了一件事。在英国统治阶层中崛起了一股新生力量，这股力量以两位强硬的帝国主义者温斯顿·丘吉尔和安东尼·艾登为核心，他们认为德国在欧陆的统治对大英帝国是一个重大威胁。例如，旧日德国的霸权梦通过巴尔干半岛延展到中东地区，威胁着连接英国与其印度属国之间的油田和苏伊士运河的安全。希特勒的举动令其他人也开始感到恐慌，从而给予英法足够的压力在德国突袭波兰之后向其宣战，并在九个月后也阻止了英国政府接受德国对欧洲的征服。

希特勒其他方面的算计都一一变为现实。法国统治阶级，以及英国统治阶级中的一些重要成员，都不情愿地加入了战争。他们根本没有作出什么实质性举措来帮助波兰人——尽管他们后来确曾出于自己的目的疏散了一部分波兰军队。在接下来的1939年至1940年的冬天，英国忙于支持由德国扶持的芬兰政府与苏俄作战。由此德国得以利用"虚假战争"时期，为其穿越荷兰和比利时进而突袭法国的"闪电战"做好准备，目标在于在德国有限的资源耗尽之前击败法军。

希特勒预期对法战争必须采取"闪电战"才能夺取胜利的策略无疑也是正确的。1940年5月，只用了两周时间，德军的突袭就打破了比利时和法国北部"联军"的背后防线，迫使英军在月底之前从敦刻尔克撤退；德军于6月14日占领了巴黎。

德军的胜利是墨索里尼加入德军阵营作战的有效刺激，使希特勒毫无争议地得到了西欧和中欧的控制权。在发动下一轮进攻之前，希特勒可以等待更好的时机，尽管德国空军在对南英格兰发动的"不列颠之战"中表现糟糕，令德军入侵英国变得困难重重。就在德国占领法国一年后，希特勒作出了一个不同的选择，他决定集中其绝对优势兵力向苏联发起"闪电战"，希望在冬天结束之前轻而易举地拿下苏联。

战争的性质

欧洲和北美的左翼及自由主义观点,将这场战争视为民主与法西斯主义之间的一场战斗。在英国,这一观点由《每日先驱报》(工会拥有一半所有权)、《每日镜报》、《标准晚报》(由最热切的帝国主义者比弗布鲁克拥有,但很快就由工党左翼分子迈克尔·福特掌握话语权)、左翼自由主义的《新闻纪事》等报纸,以及最流行的图片杂志《图画邮报》来传播。直至今天,这种观点依然是大多数人认同的传统观点。例如,霍布斯鲍姆在他所著的 20 世纪历史中,称这场战争"在 19 世纪会被称为'进步和反动'两方之间爆发的战争"。[238]

然而,这并非推动盟军方面领袖人物的主要动力。要求毫无保留和阻碍地开战的丘吉尔,与乌姆杜尔曼(苏丹中部城市)屠杀时期的丘吉尔是同一个丘吉尔——他曾于 1910 年派兵射杀罢工矿工;曾在英国控制的伊拉克命令英国皇家空军使用毒气弹镇压反抗的库尔德人;曾经盛赞墨索里尼。丘吉尔于 1930 年代攻击保守党政府允许印度少数地区组建地方自治政府,在整个战争期间,他都坚持绝不对大英殖民地内的反殖民主义运动作出任何让步,尽管此举可能会对英国赢得战争助上一臂之力。丘吉尔宣称:"我不是监管大英帝国解体的首相。"丘吉尔在雅尔塔告诉罗斯福和斯大林:"只要我还有命在,就决不允许英国的主权发生转移。"[239]

加入"反法西斯"联盟的第二大强国的领袖斯大林与丘吉尔一样,既非民主主义者,也非自由主义者。斯大林屠杀了大部分曾经参与革命、曾经见识过集体化的恐怖,以及乌克兰和哈萨克斯坦大饥荒的布尔什维克。1939年，斯大林与希特勒达成秘密协议，瓜分波兰，重新夺回对波罗的海共和国的控制权，这片土地于1917年在布尔什维克的允许下宣布独立。这并非只是外交上赢得时间的权宜之计，因为协议中的确包含将流亡苏联的德国共产党员移交给盖世太保，以及向德军提供战争物资等实质内容。1941年6月，在忽视了情报机构和柏林大使馆关于希特勒企图的警告之后，面对德国的入侵，斯大林不得不向其宣战。面对德军入侵最初几周苏军连连败退的情势，斯大林感到十分恐慌，试图通过思想上倒退回1917年之前的大国沙文主义来巩固他的地位。他赞扬征服了沙俄帝国非俄罗斯裔人民的俄罗斯将军，将反抗希特勒的战争宗教化为"伟大的爱国战争"而不是"伟大的反法西斯战争"。许多非俄罗斯裔民族主义者为斯大林转向沙文主义付出了惨痛代价。斯大林驱逐了诸如克里米亚鞑靼人、车臣人，以及距离中亚和东亚数千英里的伏尔加德意志人。

第三位"反法西斯"领袖是罗斯福。在参战前，美国政府遵循了利用机会建立"非正式"美帝国、使欧洲帝国相形失色的政策。历史学家A.J.P.泰勒这样解释道：

> 1941年3月，罗斯福通过了《租借法案》，这可能是战争时期最引人注目的一项政治举措。美国成为"民主的兵工厂"，而且不问回报。不过，换取美国的援助依然要付出重大代价。美国政府剥夺了大不列颠的黄金储备及其海外投资。他们限制了英国的出口，美国商人得以进入此前由英国商人掌控的市场。[240]

英国外相安东尼·艾登后来曾坦率地抱怨，罗斯福希望前殖民地"一旦从主人那里得到自由，就从政治上和经济上依赖美国"[241]。

殖民帝国在远东的争夺，令美国直接投入战争。日本急切地想要在损害其他殖民帝国的情况下（那些殖民帝国的实力随着战争进程而受到极大的削弱）去扩张自己帝国的领土，它开始从中国向南推进到法属印度支那。但是，美国在印度支那拥有自己的利益。它控制着菲律宾，将依然在中国西南坚持抗日的蒋介石，视为对美国资本表示友好的代理人。在中间人出面代表美国与日本协商划分势力范围的尝试失败之后，美国封锁了日本进口急需原材料的一切通道。日本则以偷袭停靠在珍珠港的美军舰队来进行回击，想要除掉日军向南夺取法属、荷属和英属东南亚殖民地的主要障碍。

普通民众奋起反抗纳粹的动机，与丘吉尔、斯大林和罗斯福等人大为不同。他们真心憎恨法西斯，尤其是当大众媒体通常第一次解释了法西斯到底是什么样子的时候。"三大领袖"无法避免地利用了这些民众的态度。1940年夏，丘吉尔一派的统治阶层感到十分绝望。英军丢掉了大部分军事装备，它（错误地）估计将会遭遇一场难以抵御的入侵，一半的统治阶层支持与希特勒签订和解条约，而其中的条款令丘吉尔一派感到异常屈辱。丘吉尔一派能够在政治上存活下来的唯一途径就是向工党和工人运动倾斜。工党领袖克莱门特·艾德礼因此当上了副首相，最重要的工会领袖欧内斯特·贝文则负责监管战时经济中的劳工需求。如果不是抛弃了战前托利党的帝国主义阶级战争辞藻，就无法将这样的政府凝结在一起。相反，新政府谈论的是"自由""民主"和"民族自决"。除此之外，政府还不得不利用定量配给方法来分配稀缺的食物供给（这的确改善了部分穷苦工人的餐饮，虽然富人依然锦衣玉食），承诺战后对社会福利制度作出大幅改革。正如冉冉升起的保守党新星昆廷·霍格（后来的海尔什姆勋爵）承认的那样，如果政府不给予人民一定程度的"改善"，人民就会冒险"革命"。

美国也进行了类似的考量，政府使用了反法西斯和反帝国主义的语言（以及埃莉诺·罗斯福为各种各样的自由主义事业发声），好莱坞则遗忘了自己在战前对诸如卓别林的《大独裁者》等反纳粹电影的厌恶。

甚至是在苏联，战争岁月中的恐怖主义似乎也有所减轻，虽然少数民族依然被大量驱逐。至少在知识分子界，产生了一种战后一切都将会变得不同的短暂感受——这种感受贯穿瓦西里·格罗斯曼以斯大林格勒和希特勒死亡集中营为主题的巨著《生存与命运》始终。

然而，统治者们的动机与人民的动机依然迥然不同。这一点从战争的进程就可以看得出来。从1940年春巴黎陷落到1943年盟军在意大利南部登陆，英军所进行的大部分战斗都发生在非洲北部。为什么会是这样？因为丘吉尔决心将这一地区紧紧攥在自己手中，以保卫苏伊士运河和该地区的油田。他不仅担心德国，同样也在提防美国，这一点反映在丘吉尔与罗斯福在沙特阿拉伯问题上进行的激烈的外交争夺上。

丘吉尔执著追求在地中海地区建立英国霸权的梦想，导致他作出了入侵意大利的决定。当大部分重要战役都发生在苏联西部时，他拒绝了苏联和美国在法国开辟第二战场的请求。相反，丘吉尔声称，意大利和巴尔干半岛组成了"欧洲柔软的腹部"，最易受到攻击——尽管那里的高山地形势必意味着血腥的战斗和极慢速度的进军。

丘吉尔拒绝承认印度独立，这意味着，在1942年决定性的斯大林格勒保卫战正在打响的关键时刻，数千名英军却在印度残忍地镇压民族起义，而不是投入与纳粹的作战之中；这也意味着，一支由印度人组成的"自由军"却在与日本人并肩作战。此举同时也给孟加拉带来了一场饥荒,饿死了三百万人民。

斯大林希望能与希特勒瓜分东欧的野心,令他蒙蔽了双眼,忽略了德国对苏联的威胁,因此苏军在1941年德军发动突袭时毫无准备。为了使苏联在势力范围内再增加新的属地,当德军于1941年在华沙镇压波兰人民的起义时,斯大林下令苏军退后。直到城市被摧毁,苏军才跨过维斯瓦河控制住了局面。

遵循同样的思路,尽管日本政府已经露出种种投降的征兆,美国政府依然在战争最后的日子里在日本广岛和长崎投下了原子弹。此举能够逼迫日本在苏联军队迅速穿越日本占领的中国东北地区之前投降,不给苏联任何插手战后日本事务的实权。广岛和长崎原子弹爆炸事件也以最恐怖的方式展现出美国实施全球统治的能力。

这三个大国的所作所为,使得希特勒更容易在德国维持自己的控制力。它们将所有德国人而不仅仅是纳粹视为敌人。英国高级官员罗伯特·范西塔特制订计划,打算摧毁所有德国的工业,将其变为一个贫穷的农业国。英美空军遵循在平民区地毯式投放炸弹的政策,毁灭性的爆炸令汉堡、科隆和德累斯顿(一座毫无军事重要性或战略意义的城市)的十万平民死于烧伤和窒息。在苏联,小说家爱伦堡透过广播宣传,号召人们"杀死德国人! 杀死德国人! 杀死德国人!"类似这样的方式根本无法鼓动德国工人起来反对其统治者,反而只会使得希特勒更容易维持德军直至战争的最后一刻。

终极野蛮

德国统治者的野蛮毫无异议。他们占领西欧的举动十分野蛮,他们在占领波兰、进攻苏联时十分血腥,他们对待欧洲犹太人的残忍手段更是达到了人类 20 世纪历史上最令人发指的恐怖巅峰。但是,我们还是有必要弄清楚这一切是如何发生的。

纳粹在西欧和大部分东欧的政策,受到两个主要考量的驱使:以尽可能少的军队持续控制占领国,最大限度地向德国输送粮食和军用物资。实现这些目标最简单的方法就是与本地政权联手使其按照德国的意愿做足准备工作,利用本地警察铲除反对派,监管粮食和货物的运输。这并不难实现,因为欧洲大部分统治阶层都认为,与革命或者持续战争造成的财产损失相比,德国的占领并没有那么罪恶。甚至就连那些从原则上反对德国的群体,也看到了从为德国人工作中可以谋利的实际好处。

劫掠被占领国家令德国资本主义得以利用欧洲大部分的劳动力,在维持德军作战的同时又获取了利润。同时这也使德国避免了过于猛烈地打击他们最惧怕的工人力量——德国工人阶级曾在 1918—1923 年间掀起革命,危及国家政权(尽管德国工人几乎很难被描述为"享有特权",因为他们的生活条件在战争期间一落千丈,而且他们还被征兵派往苏联前线,那里的死亡率极高)。德国资本主义能够依靠被占领国愿意协作的政客和商人去让他们自己的工人遵守统治秩序,因而无需配备昂贵的德国警力——尽管他们不得不声称"这样做是为了安抚德国人,否则一旦德国人再回来,局面只会变得更糟"。这是完美的"分而治之"策略。

但是，随着时间推移，问题开始显现出来。向德国运送物资的负担，不成比例地落在了被占领国的工人身上。最终他们只能得到维持生存每日必需能量一半的食物。他们变得越来越愤怒，尤其是因为他们冒着被征用派遣到德国如同奴隶般做工的风险，而他们的统治者却与侵略者和平共处。在被占领三年后，爆发了罢工运动，工人逃往偏远地区以躲避征兵，有组织的反抗行动日益增加。德国对此作出的回应是，不断增援军事占领当局——它不必非得由效忠的纳粹组成，而是由盖世太保等纳粹组织组成，后者不遗余力地使用暴力手段。在法国、斯洛伐克、克罗地亚和匈牙利等国家，希特勒日益依赖本地法西斯和纳粹团体，这些团体执行狂热驱逐犹太人的政策。通过推行本地反犹主义传统，纳粹将部分人民的痛苦转移到替罪羊犹太人身上，将犹太人的家和物品作为贿赂提供给本地协作者。

对波兰的占领，遵循一种与众不同甚至更加激烈的方式。纳粹致力于消灭这个国家，将西里西亚西部土地合并到德国境内，将非德意志裔人口驱逐出境，同时将波兰中心地区作为"劳动力后备军"始终置于军事控制之下（1939—1941年波兰东部置于苏联统治之下）。这意味着清算旧日波兰的传统领袖。与德国合作的波兰人有数千人，但他们在德国人的监督下做着公务员的工作。纳粹警察拥有生死大权，他们也不遗余力地利用这种权力。正如加布里埃尔·科尔克指出的那样，"纳粹在波兰的恐怖统治，从一开始就是压倒性的和反复无常的"，"在城市里，生活完全缺乏可预见性，随时都有迫在眉睫的危险"。[242]五百七十万人（占总人口的16%）丧生。这些人中有一半是犹太人，他们于1939年被赶到拥挤挨饿的犹太人贫民区，继而从1942年开始被遣送到死亡集中营。犹太人贫民区的设立，符合统治波兰就是为了掠夺它的目标——而波兰人（后来的立陶宛人、白俄罗斯人和乌克兰人）遭受痛苦，就是为了保证德国能够得到充足的食物和劳动力补给，战前的偏见被利用来将他们的部分痛苦转移到作为少数民族的犹太人身上，而犹太人遭受的苦难实际上比他们要更加深重。这样做是沿循了古老的"分而治之"策略。但它同时也符合纳粹党血腥的种族主义神话。德国占领军（雅利安）被告知自己是雅利安人的后代，波兰人是下等人，而犹太人则是下等人中的下等人，是必须要从欧洲抹去的外来族群。

德国于1941年夏天进攻苏联（代号"巴巴罗萨"），将恐怖提升到更高水平。前进的德军就像在波兰一样开始摧毁敌国的结构，但是这一次的范围更加广泛，波及地域也要更大。这一切还伴随着纳粹党卫军在后方的活动，刺杀所有共产党代表和一切与"犹太－布尔什维克"有关的人员。

有史以来第一次，集体屠杀成为战争的内在组成部分。但这依然是号称具有军事功能的集体屠杀——阻止支持苏联的力量集结起来进行游击战和破坏活动。所以首先惨遭毒手的犹太人，都是处于战斗年纪的成年男性。

德军并没能像希特勒期待的那样成功突进莫斯科，征服苏联。德军被困在冰天雪地的中欧平原，此后在斯大林格勒和库尔斯克遭遇了世界历史上规模最大、最血腥的战斗。最初的"巴巴罗萨"军拥有三百万士兵。到了1945年，德军在东部战线的伤亡已达六百万，苏军方面的死亡则达到一千三百万，另有七百万平民丧生。[243]

德军面临的困境是他们的司令官万万没有想到的，也因此毫无准备。战争展现出令人难以置信的残忍嗜血，残暴的士兵默许（如果不是主动加入的话）对俄罗斯人和犹太平民进行大屠杀，借口是他们可能会帮助抵抗运动。资本主义战争缔造出这些事件发生的环境，而就其骇人听闻的恐怖标准而言,这一切依然是合理的。这种氛围使纳粹领导者得以实施即便以上述标准来看也极不合理的政策——秘密灭绝欧洲所有的犹太人和吉卜赛人。党卫军别动队在屠杀成年犹太男性的同时也开始屠杀犹太妇女和儿童:1941年9月,他们在基辅附近的娘子谷屠杀了四万三千名犹太人;此时的德国将军们依然期待能够收获一场速胜。在1942年1月的万湖会议上,十四位纳粹党和德国的核心领导人物聚集一堂,正式确定了对待犹太人的屠杀政策。他们启动了一套精密的机制,在德国控制的欧洲,用来确认每一个拥有犹太血统的人(大约五百万或六百万人),将他们成批扣留,然后将其遣送到几百英里外伪装成"定居点"的特殊集中营中,劝说他们进入其实很快就会释放毒气的特殊大楼,接下来处理犹太人的尸体,如同他们不过是工业装配线上冷冰冰的部件。

从德国资本主义经济或战争需求的角度来说,这种做法无疑是疯狂的和不合情理的。许多遇害的犹太人都是熟练工人或职业人士,他们本可为战时经济出力,或者为德国创造利益。然而,实际情况正相反,他们在被杀之前被迫进行劳动,而他们所从事的奴隶般的劳动与他们的技能并不匹配。数以百万计的人们从欧洲的一端被遣送到另一端,此举严重阻碍了铁路线的运输,占用了运送军队、武器和工业部件本就极度匮乏的铁路车厢。原本可以更加有效地实行战时各项计划的政府机关人员,不得不被运输犹太人占去大量精力。然而,这项工作却一直持续着,日复一日,直至战争终结。

这一行径甚至在意识形态思想方面也显得荒谬:犹太人原本是转移德国大众注意力、代替政府承受民众因饱受战争痛苦而所生愤怒的替罪羊。但是德国民众并不知晓这项行动,犹太人全都是被秘密地处决。肯定有数千人知道犹太人大屠杀的相关细节。而且还会有更多人怀疑正有什么令人不快的事情在发生,不过他们却故意不去想这些。[244]但无论如何,这都不是赢取德国民众支持政权的方法。

实际上这并没有什么好奇怪的。纳粹领袖多年来已经发现,虽然他们可以利用长久以来在德国社会中普遍存在的反犹太人情绪,但是这种利用也是有局限的。例如,1938年11月在"水晶之夜",冲锋队使用暴力手段袭击犹太人的商店和商业时,他们发现这种举动实际上引起了民众的广泛敌视。许多原本从整体上不认同犹太人、责备犹太人的人们,也不愿看到他们认识的人遭受痛苦。虽然反犹主义思想广泛存在,但同时也有一批挑战反犹主义思想的思潮存在。这就是犹太裔社会民主党和共产党领导(从马克思到罗莎·卢森堡)能够得到数量庞大的德国工人效忠的原因,尽管也有一些工人受到了反犹主义传统和宣传的影响。这也是我们审视魏玛共和国末期的纳粹宣传时可以发现希特勒无法只依靠反犹主义的原因,他还必须时不时地压制反犹主义以获得更多支持。甚至是在纳粹掌握实权、镇压公开挑战反犹主义思想观点之后,他们也发现,将注意力集中在降低失业率、致力于废除《凡尔赛和约》、将希特勒的形象打造为国际人物上,其实可以从民众那里收取更好的效果。

反犹主义非常重要之处在于,它将纳粹党的内在核心力量冲锋队和党卫军紧密团结在一起,并且不断地激励他们,保证他们一直处于积极主动的状态之中,防止他们陷入懈怠和保守。正是这种荒谬的想法鼓动他们在魏玛共和国时期冒险面对左翼势力,一旦"第三帝国"建立后就积极执行希特勒的命令。对他们来说,犹太人是造成德国不幸的最大敌人。随着德军东进,消灭犹太人被视为保卫被征服领土的唯一方法。甚至是在1944年末和1945年初德军即将战败之时,杀死犹太人似乎仍能令德国人感到赢得了战争。

德国统治阶层需要抱有如此疯狂观点的人们来应对1930年代初的危机。他们的疯狂为统治阶层提供了一种力量,这种力量可以征服工人阶级组织,进而还能令德国维持欧洲霸权。作为回报,纳粹得到许可去实现他们疯狂的幻想:他们消灭了超过六百万的犹太人、吉卜赛人和残疾人。军工企业克虏伯和化工企业法本公司等大公司,很高兴可以帮助组织死亡集中营,使用集中营的奴隶劳役,尽管种族灭绝从经济角度来看毫无理性可言。罗莎·卢森堡曾经预言:社会主义的替代是野蛮,纳粹主义就是这一预言最可怕一面的实现。

希望重生

年轻的英军上尉丹尼斯·希利于1945年向工党会议汇报了正在进行"社会主义革命"的欧洲地区的情况,他刚刚从那里返回英国:

> 每个国家的上层阶层都自私自利,腐化堕落,荒淫放荡,颓废衰败。这些上层阶层希望英军和英国人民来保护他们免遭在过去四年间始终坚持地下反抗运动的人们的怒火焚烧。我们必须明白,这是不可能发生的。[245]

战争并非简单地带来恐怖和绝望。战争期间,它还在那些战败者和士气低落者中间产生了连锁反应。欧洲大部分地区都出现了似乎预示着革命变化的抵抗运动。

除了波兰和苏俄,希腊是二战中遭受苦难最多的国家。它先是被意大利占领，继而又被德国占领，导致其全国人口有十分之一丧生——其中一半都是饿死的。[246] 抵抗组织最初自发出现，后来结成了松散的全国性组织"国家社会解放组织"（EAM-ELAS），对乡村地区行使着日益有效的控制，威胁着德军的交通线，拖住了数千名德军。当德军准备于1944年末向北撤退时，解放运动似乎注定将要控制整个国家。君主制的右翼独裁统治遵循亲纳粹政策，一直维持到1940年意大利入侵。主要的抵抗力量希望终结君主制和旧统治阶层，很高兴看到希腊共产党在"国家社会解放组织"中担任主要角色。

在意大利，工业家和地主于1920年代帮助墨索里尼上位并一直与其政府合作，直至1943年夏天意军惨败，失去了海外殖民帝国。在近二十年的时间里，只有共产党零星集结了地下反抗组织；社会党的支持者虽有抵抗，但是范围更小也更加松散，他们试图维持某种程度上的全国组织。伊尼亚齐奥·西洛内的小说《面包与酒》，就描写了一位地下社会主义者绝望地试图建立联系网的故事，反映出那个年代的艰难困苦。第一次公开反抗出现在1943年3月，都灵的罢工迅速蔓延成潮，遍及整个意大利北部，尽管要冒着被逮捕的危险，参与罢工的工人依然达到十万人。导致罢工的直接原因来自飙升的物价和被轰炸后的灾难给人民造成的直接困难。但是，少数依然记得1918—1920年斗争的共产党武装分子，站在了反抗的最前线。墨索里尼对法西斯领导们说罢工使他的运动倒退二十年，希特勒则提出疑问：怎么能够容许这样的违抗发生？[247] 实际上，罢工不过显示出战争造成的这场社会危机令众多中低产阶级陷入贫困，而经济衰退本身就会令政权无法持久。

截至英美联军于7月初登陆西西里岛并开始非常缓慢地向北推进，大多数上层阶层都担忧政权危机也将吞噬他们。他们认为，唯一能够保住他们手中权力的方法,就是抛弃墨索里尼,与英美和谈。"法西斯大委员会"中墨索里尼最亲密的战友们也是这样想的。在英美登陆两周后举行的一次特别会议上,"法西斯大委员会"投票通过,让墨索里尼交出权力。第二天,曾于1922年将大权交给墨索里尼的同一位国王,起用1935年劫掠埃塞俄比亚的意军司令官巴多利奥元帅取代了墨索里尼,并将墨索里尼软禁起来。

人们蜂拥上罗马的大街小巷,欢庆法西斯主义的噩梦终于结束。不过他们未免高兴得太早了。巴多利奥政府与德国的同盟又维持了一个月,在此期间它则秘密与盟军进行协商。与此同时,意大利政府使用武力镇压示威游行,在巴里广场射杀了二十三名示威者。政府的举动令德军得到喘息的时机,最终倾兵意大利。当巴多利奥政府最终宣布与盟军达成协议时,德国已经占领了那不勒斯以北的意大利,迫使当局逃离罗马。德军士兵解救了墨索里尼,在意大利北部建起了一个傀儡政府(史称意大利社会共和国,又称萨洛共和国)。

德国的占领激起了层出不穷的大规模反抗运动。这些运动分为三种。第一种是活跃在乡间的武装游击队员:游击队人数在1943年年底为九千人,1944年春超过两万人,一年后更是达到十万人。第二种是活跃在城市里的地下武装"爱国者团体",他们刺杀官员,向德军投放炸弹。第三种是工厂里展开的日益蓬勃的抵抗运动:1944年1月射杀政治犯后,热那亚掀起了大规模罢工;3月,米兰又有三十万人爆发罢工,紧接着,罢工浪潮很快就蔓延到了威尼托、博洛尼亚和佛罗伦萨。低收入工人和女工在这些罢工中冲在最前面,而德军则以逮捕和大规模驱逐来应对罢工。

1944年8月,当抵抗运动在盟军抵达之前就从德军手中控制了大部分的佛罗伦萨时,三股力量合而为一。八个月后,他们再次联合起来形成一股强大力量，控制了意大利三大重要工业城市：热那亚、都灵和米兰。在热那亚，武装起来的城市群众团体领导的起义夺取了市政大楼，包围了德军，俘虏了军营中的士兵，继而在乡间游击队员的协助下，迫使德军将领和一万五千名德军士兵投降。在都灵，

> 城市群众，尤其是工厂工人，认定自己面对攻击应当首当其冲……工人们占领了蓝旗亚、Spa、Grandi Motori、菲亚特米拉菲奥里、费列雷和许多其他工厂，战斗就在这些工厂周边激烈展开。工人们意志坚定地进行反抗……［直至武装起来的城市群众团体］也开始进行回击，从而扫荡了法西斯残余力量。[248]

在米兰，武装团体对法西斯兵营展开了狂风骤雨般的进攻。在主要的工厂都发生了激烈的战斗，尤其是在倍耐力公司；武装团体、游击队和工人接管了城市，从市郊进驻城市。

最初的反抗团体通常都是自发组织而成，德军占领的残忍野蛮及其带来的困苦生活，激发了他们的战斗热情。许多年轻人逃往山里以躲避德国人的征兵或强迫劳役。但是，抵抗运动将他们吸收到了左翼政治中。每个意大利人都知道统治阶层支持墨索里尼。每个人都知道工业家或多或少都会与德国占领军合作。每个人都亲眼见证了国王和巴多利奥几乎什么也没做，导致德军于1943年夏天占领了意大利。

选择反击的人们几乎都拥有如下这种共同感受：意大利社会必须从根基上进行改变。就这一点而言，控制抵抗运动的政治力量已经达成了共识。1943年6月，共产党拥有五千名党员，到了1945年3月，党员人数猛增到四十一万，它甚至还吸引了大量根本不明白何

为党派阵线纲领但却希望意大利发生革命变化的人们,他们也希望能够获取斯大林格勒保卫战那样的苏军胜利。与之并肩的是传统的社会党:该党人数少,组织性略差,而且依然包含胆怯的改良主义者群体,但它仍像在1918—1920年间那样使用革命语言。最后,在中产阶级领导下由成分混杂的党员组成的"行动党"坚称,必须激烈地斩断过往。丘吉尔对"狂暴的布尔什维克主义"感到忧虑并不足为奇,他将国王和巴多利奥视为抵抗布尔什维克唯一的屏障。[249]

法国在一个方面与希腊和意大利都不同。那就是,并非是左翼力量首先号召建立地下抵抗组织,因为社会党的国会议员大都将选票投给了贝当政府,共产党(在苏德结盟期间遵循莫斯科方面的指令)在1941年夏天之前都反对抵抗运动。建立抵抗组织的号召来自旧日统治阶层代表、中级军官戴高乐,他曾逃亡英国。但是,由于戴高乐以英国为大本营的"自由法国"的力量和规模都较小,美国不愿承认他;直至1943年底,美国依然试图与亲德的维希政府达成协议。德国一入侵苏联,法国共产党就建立了自己的抵抗组织游击队(FTP)。共产党的发展速度很快就超过了戴高乐主义者,因为抵抗运动对大多数人来说还有一个阶级属性问题。旧统治阶层曾于1940年半推半就地欢迎德军,并一直全心全意地与之合作。与在希腊和意大利一样,较低阶层承受了被占领的痛苦。在加莱海峡和诺尔,被逮捕者中有88%来自工人阶级。铁路工人只占布列塔尼人口的1%,却在抵抗组织中占据7%的成员比例。当抵抗组织于1944年随着盟军的推进从德军手中夺回巴黎时,人人都知道核心的控制力量是共产党。唯一的问题(与在希腊和意大利一样)就是,它是会利用其地位推动社会革命,还是会与戴高乐合作维持资本主义的运行。

再次被扼制的希望

丘吉尔曾在一段著名的段落中记载了他于 1944 年 10 月在莫斯科会见斯大林的情景,丘吉尔对斯大林说:"就英国和苏联而言,苏联拥有罗马尼亚 90% 的控制权,英国拥有希腊 90% 的控制权,英苏两国平分南斯拉夫的控制权,如何?"

丘吉尔写下了一连串国家的名字,并在每个国家名字旁边注以相应的控制权百分比,斯大林同意的话就会打上一个大大的对勾。

> 最后我说:"我们以看上去如此随意的方式来处理数百万人民的命运,不会被视为玩世不恭吧?我们还是把这张纸烧掉吧!"斯大林却说:"不,你留着它吧。"[250]

然而,事实上,决定欧洲命运的并非希腊、意大利和法国的抵抗运动斗士,而是如下几次会议。在德黑兰、雅尔塔和波茨坦召开的会议上,斯大林同意与丘吉尔和罗斯福在欧洲划分势力范围。美国最初对划分方案并不满意。它希望利用其工业霸权地位将整个世界置于其一国控制之下,自由贸易可以为其提供全球各地的开放市场。[251] 丘吉尔一直致力于维持大英帝国在全球的影响力,当然不愿答应美国的要求,斯大林同样表示反对(苏联拥有庞大的军队,能与美国的经济实力相对抗)。他们劝说罗斯福接受英苏两国提出的划分方案。

三国划分势力范围的协议,给心存一线希望的抵抗运动造成了致命打击。抵抗运动曾在东欧帮助苏军赢得胜利。然而,不论当地民众如何支持革命,斯大林都不打算令其他地区共产党试图展开的革命举动打乱他的计划。斯大林的前外交部长利特维诺夫于 1944 年 9 月在意大利对美国代表直白地说道:"我们不想西方发生革命。"[252]

这句话可不是光嘴上说说而已。1944 年春,意大利共产党领导人陶里亚蒂从莫斯科返回意大利。他宣布意大利共产党加入被鄙视的巴多利奥政府,并准备直至战争结束都不触动君主制政体。[253] 法国领导人多列士根据莫斯科的意见坚持认为,最大的抵抗组织、共产党领导的游击队,应当与戴高乐规模较小的抵抗组织法国内政部队(FFI)整合,并接受戴高乐的领导。1945 年 1 月,多列士回到巴黎,号召武装分子放弃所有对旧国家体制的抵抗。他坚称,必须实现"一个国家、一支军队、一套警察[系统]"。[254]

在意大利和法国,恢复旧秩序的过程基本上都是和平的。但在希腊,结果却引发了一场内战,尽管这并非出于抵抗运动领导人任何实现革命的严肃企图。

1944 年末德军的撤退令国家社会解放组织实际上掌控了整个国家。它只需略施武力就可占领雅典。它很清楚,英国的意图是在希腊恢复旧日君主制,并由毫无信用的原统治阶层政客组建政府。它也看到,数千名流亡埃及的希腊士兵组成的军队举行起义反抗这种安排,却惨遭英军武力镇压。然而,它还是允许英军和新政府接管了城市。[255] 政府唯一能够依赖的武装力量就是警察和右翼组织,他们曾与纳粹合作,令抵抗运动蒙羞。12 月初,政府要求全国抵抗组织立即解除武装,政府武装还在雅典举行的大规模示威活动中向群众开火,杀死了二十八人,伤者无数。[256] 国家社会解放组织别无选择,只能反击,英国将军们感到承受了巨大的压力。

陆军元帅亚历山大警告丘吉尔,他无法再次征服超出雅典 – 比雷埃夫斯地区之外的地方。

丘吉尔已经告知安东尼·艾登"我希望希腊政府军能够开火就不要犹豫",他命令驻当地英军司令斯科比"该镇压就镇压,不要手软,就像身处一座发生当地叛乱的被征服城市"。[257] 就在这一紧要关头,丘吉尔飞去雅典,宣布英军的行动"已经得到罗斯福总统和斯大林元帅的批准"[258]。国家社会解放组织的军队撤出了首都,一个月后正式宣布解散,以换取一纸政府根本无意遵守的协议。3月8日,斯大林在雅尔塔告诉丘吉尔:"我对英国在希腊实施的政策很有信心。"[259]

政府军很快便肃清了抵抗运动力量。1945年,至少五万名国家社会解放组织的支持者被关押或拘禁,在此期间,右翼力量的准军事武装则协助政府军实施"保护"措施。日后成为托利党国会议员的 C. M. 伍德豪斯,当时作为英国代表派驻希腊,他后来写道:"直至1945年年底……应当为这场嗜血屠杀承担责任的主要是右翼力量。"[260]

直至今天依然有许多历史学家认为,这三个国家的抵抗运动组织领袖别无选择,只能接受战前统治阶层的统治复辟。这些历史学家争辩道,如果抵抗组织试图推翻旧日统治阶层的复辟,他们将会被强大的英美联军消灭。从事意大利研究的保罗·金斯伯格接受这一观点,霍布斯鲍姆则给出了更具概括性的结论:"共产党……在的里亚斯特以西没有任何可能……建立革命政权。"[261] 然而,就像加布里埃尔·科尔克恰当指出的那样,上述判断"完全没有考虑到此时对德战争的大历史环境,继续反革命战争不仅会令英美面临纯粹军事上的问题,还会带来巨大的政治困难。"[262]

1944—1945年间英美两国民众的意愿,并非轻易就会听凭政府进行大规模镇压。英国在希腊的行动在英美两国都引发了巨大的政治风暴,英军和美军士兵希望能够尽早返乡的愿望非常强烈——驻扎埃及的英军发生兵变就是这种情绪的明确表达。总之，革命运动被限制在一国之内是不可能的。丘吉尔最大的恐惧是希腊革命将会激起意大利爆发同样性质的革命——一旦意大利爆发革命，革命浪潮是否会蔓延到法国就很难预料。事实上，甚至是在德国，1945年5月纳粹政权倒台后，工人们也是迅速云集到旧日社会党和共产党的旗帜下，建立民众反纳粹委员会，从逃走的亲纳粹管理者手中接管工厂——直至占领军在流放归来的政客的协助下恢复了"秩序"。

希腊、意大利和法国的旧秩序复辟，意味着那些曾在法西斯及其合作者政权下大富大贵之人很快便又飞黄腾达起来。在希腊，政府与抵抗运动斗士之间的"休战协议"很快就被遗忘。政府在军队和警察的每个层级中搜寻同情法西斯者和此前与法西斯合作者，他们开始系统地迫害左翼力量，直至内战正式爆发。美国提供的武器保证右翼力量赢得了内战，并于1950年代至1960年代初通过操控选举的方法来管理国家。1967年，军队中的法西斯同情者和曾经的合作者通过军事政变夺取政权，而非通过冒险与中左翼政治家进行选举较量而获胜。在1970年代中期军事政权倒台之前，希腊根本不存在任何正式的资本主义民主成分。

意大利建立了真正的议会政体，但是作为议会政体根基的国家机器的组成，依然与从前一样。1970年代初，当特务机关和武装部队与法西斯分子合作埋下炸弹，希望挑起一场政变时，这一点表现得可谓淋漓尽致。

在法国，旧日国家机器依然在延续的明证，表现在1990年代中期对前维希政府波尔多警察总长莫里斯·帕庞的审判中——他曾将数千名犹太人赶入死亡集中营。战后，帕庞升任巴黎警察总长，并下令警察武装攻击阿尔及利亚示威活动，造成一百多人死亡。然而，延续旧日法国国家机器的最恐怖后果却出现在法国之外。在二战欧洲胜利日，阿拉伯人占领了阿尔及利亚塞提夫的街道，挥舞着反对法国统治的抵抗组织的白绿色旗帜。法国警察开了火，在接下来的战斗中，至少五百名阿尔及利亚人和法国移民被杀。[263] 在接下来的二十多年里，法国决意控制殖民地的做法，导致一百万人丧生。在越南，共产党领导的民族抵抗运动"越南独立同盟"在日本投降后控制了全国。蒙巴顿勋爵领导的英军在西贡南部登陆，给日本战犯提供武装，利用他们解除了"越南独立同盟"的武装，继而将西贡交给了法国殖民当局。短暂的平静过后——这段时间越南共产党试图实施斯大林的总体路线与法国合作——爆发了一场战争，这场战争持续了将近三十年，令二百多万越南人命丧黄泉。

西欧和南欧解放运动的命运，与东欧苏俄势力范围内发生的一切相匹配。西方国家同意将东部波兰并入苏联，称为"西乌克兰"，当斯大林允许德军粉碎华沙起义时，西方国家也按兵不动，继而接受斯大林任命的"人民政府"为国家统治机构。西方国家以同样的方式允许斯大林在匈牙利、罗马尼亚、保加利亚、捷克斯洛伐克和东德为所欲为。他们大肆宣传斯大林令这些国家遭受的痛苦，正如斯大林大肆宣传西方的罪恶一般，但是西方国家没有作出任何举动来阻止斯大林的行动。直至1989年苏联由于内部问题导致崩塌之时，双方都还在遵守着战时协议的主要方面。

欧洲有一个重要国家没有加入任何一方阵营，那就是南斯拉夫。铁托领导的南斯拉夫共产党，成功地建立起多民族抵抗运动（铁托本人拥有克罗地亚和斯洛文尼亚血统），反抗德国占领和克罗地亚法西斯组织"乌斯特谢"的法西斯分子。南斯拉夫共产党由于愿意抗击德军而从盟军那里得到了武器支援，保皇主义的塞尔维亚"切特尼克"

则拒绝对抗德军。游击队员控制了全国，建立了政权（尽管最初野蛮地复制了斯大林在苏联的政权形式），拥有自己强大的独立基础。这一点在1948年铁托突然与斯大林决裂，决定采取中立政策并将该政策保持了四十年中得到明确体现。

西方国家与苏联之间的协议并未局限在欧洲范围。二战期间，英国和苏联将伊朗分为两半，双方在其各自势力范围内维持驻军长达数年时间。1945年夏天，苏联和美国在朝鲜半岛划分势力范围的活动则持续得要更加长久——双方以美国将军麦克阿瑟划下的"三八线"为界，分割朝鲜半岛。苏美双方各自选取一位独裁者分别统治朝鲜和南韩：苏联选择的是一支小规模游击队的领导人金日成，他曾在苏联参战；美国选择的是右翼民族主义者李承晚，美国人可以依靠他在南韩达成所需。分割朝鲜半岛是战时盟军协作的最后一项行动。然而，在接下来的五年间，这却成为双方最大的冲突来源。

第九章
"冷战"

"三巨头"建立了新的国际组织联合国,来庆祝击败纳粹德国。1945年5月,联合国成立大会在旧金山召开,向全世界人民许诺将会带来和平合作的新秩序,将会永远消灭战争。联合国声称自己将会与两次大战之间的前国际组织国联迥然不同,国联没有作出任何举措来阻止二战的爆发。联合国的声明引起了那些饱尝苦难并为心中追寻的更好世界而战的人们的共鸣。

然而,国联的失败并非偶然;它的失败源于其内在的错误。国联由一战的战胜国在1918年后组建而成,作为《凡尔赛和约》的一部分,该条约是一个一战战胜国之间在全世界瓜分势力范围的条约。列宁将其描述为"小偷的厨房",就像俗语所说的"贼人内讧"。实际上,联合国与国联并无分别,即便它在日内瓦拥有一个附属的"施粥站"（并设有联合国儿童基金会、世界健康组织等机构）。作出决定的权力属于四个永久安全委员会成员国[264]：英、美、法、苏，它们借助联合国去控制、压迫和剥削世界上其他国家。

在联合国成立之时，几大强国已经不再掩饰自己的战略意图，纷纷走出幕后。丘吉尔开始谈论制定"消灭苏联"的计划：武装战败的德国军队发动奇袭，从而"将美国和大英帝国的意愿强加到苏联身上"[265]——这一提议就连丘吉尔自己的将军都不曾认真考虑。美国则不仅仅是口头上说说那么简单：它于1945年8月作出对日本使用原子弹的决定，至少部分源自美国试图向斯大林展现美国已经掌握的这种毁灭性武器的可怕力量。

这种紧张情绪犹如皮肤下的溃烂在暗中滋生，在一年多的时间里，双方都在努力稳固自己的地位——如今战争已经结束，双方都致力于重新恢复工业生产，监控近期占领的国家和地区，抑制国内民众的期望。英国工党政府寻求通过改善福利供给计划、将铁路及煤矿收归国有来平息1945年的激进主义浪潮。美国经历了一系列激烈程度更甚1936—1937年的大罢工。苏联在东欧的驻军，则监管着小规模的共产党向大规模管理机构的转变。

每个国家的统治者都需要一种国际和谐氛围作为掩护，来稳固自己的统治结构。在法国、意大利，甚至是在英国，政府依然从共产党反对罢工中获益匪浅。在苏军占领的东欧国家，由战前的右翼、中立派及社会民主党核心人物组成的联合政府来进行管理，完全符合斯大林的想法。

1946—1947年，大国之间的争斗日益公开化。丘吉尔于1946年3月在密苏里州的富尔顿发表演说，宣称"从波罗的海的什切青到亚得里亚海的的里亚斯特，降下了一道横贯欧洲大陆的铁幕"。当然，丘吉尔并没有提及他在促成这一结果中所扮演的角色——仅仅十八个月前，他还在莫斯科与斯大林达成实用主义协议。两天后，丘吉尔在实行种族隔离的弗吉尼亚州不断慷慨陈词重复他的"自由"和"民主"，他也未曾感到这与此前的言论有任何矛盾之处。一年后，杜鲁门将丘吉尔的话语变成了行动，接替英国继续扮演维持希腊专制政权的角色，该政权在此前一年间屠杀了一千三百名国家社会解放组织的支持者。

在美国的霸权下恢复欧洲经济的"马歇尔计划"很快出台。"马歇尔计划"是一份援助整个欧洲的计划，包括那些处于苏联占领的地区。但是，致力于推行"马歇尔计划"的经济学家 W. W. 罗斯托（后来他在美国的越南战争中发挥了关键性作用）揭示，这一计划是"攻击方案"的一部分，目标在于"加强美国在斯大林控制之外地区的力量"[266]。"马歇尔计划"宣布后的数周之内，在美国的推动下，法国和意大利的右翼和中间党派就把共产党排挤出了政府。[267]这就是多列士和陶里亚蒂三年来反对罢工（包括正当政府危机爆发时，巴黎雷诺工厂举行的一次大罢工）的奖赏。1948年春，美国向意大利投入大量资金以防共产党和社会党候选人联合起来赢得大选，并开始招募前法西斯分子组成武装地下组织"短剑"（后来隶属北大西洋公约组织旗下），一旦共产党和社会党候选人获胜就用武力解决问题。

在苏联占领的东欧国家，斯大林也采取了类似的方法来扑灭潜在的不同意见。苏联军队保证警察和秘密警察力量都置于苏联任命的长官手中。如今又采取了一系列措施来摧毁对苏联独裁的反抗。首先，非共产党的重要政府官员都被迫离职；社会民主党被迫与共产党合并，无论此举是否伤害了该党党员的情感；接下来，任何表现出独立于斯大林路线的共产党领导人（实际上还包括所有在西班牙进行过反抗战斗的人）都被审判、囚禁，其中大多数人都被处决。保加利亚的科斯托夫、匈牙利的拉伊克、捷克斯洛伐克的斯兰斯基先后都被处决。波兰的哥穆尔卡和匈牙利的卡达尔则只是被关进监狱。斯大林不仅希望清除亲西方的市场资本主义支持者，还十分恐惧出现由共产党领导的独立政权——尤其是在苏联与南斯拉夫的铁托于1948年决裂之后。此后掀起了一波公开审判东欧共产党领导人的浪潮，他们像铁托一样被控为"帝国主义特务"和"法西斯分子"。

后来很快大家就都熟知的"冷战"，于1948年夏天得到了最鲜明的表达。德国战败后被分为四个占领区，它的首都柏林也是这样。如今美英法将三国统辖地合而为一，并且引进了新货币，旨在与苏占区隔绝开来。苏联则以封锁运往西柏林的货物和食品的公路和铁路运输予以回击——西柏林是置于各国管辖范围内的隔绝飞地。结果美英动用空运力量成功地维持了西柏林的供给需求——这一行动还成为英-美关于"保卫自由"宣传战的一部分。

这些宣传攻势为一场在西方反对共产党和左翼积极分子的运动提供了背景。在美国，《塔夫脱-哈特利法案》（又称《劳资关系法案》）要求工会清洗共产党官员；拒绝签署"忠诚誓言"的政府职员（包括中小学教师和大学教师）一律被解雇；不愿告发所谓"共产党"联络人的导演和剧作家，都受到麦卡锡参议员领导的众议院非美活动调查委员会的调查，从而禁止在好莱坞工作。作家达希尔·哈米特就是众多被监禁的所谓共产党员之一。查理·卓别林被禁止进入美国，保罗·罗伯逊则被禁止离开美国。在麦卡锡主义达到最可怕的巅峰时期，罗森伯格夫妇被送上电椅执行死刑，罪名是所谓的将原子弹的机密技术泄露给了苏联人。在法国和意大利，反共产主义运动将工会运动彻底撕碎。在英国，几个主要工会都禁止共产党员担任职务。

当西方世界发生上述事件时，东欧则被强加上斯大林思想意识形态最枯燥教条的形式，任何反对者都被投进监狱和劳动集中营。

两大阵营很快就组织起对立的军事联盟：北大西洋公约组织和华沙公约，并在很大程度上从经济上彼此扼制。美国禁止向东方阵营国家出口包含范围巨大的"战略性"物资，而苏联则坚持在本阵营内部，"政治、经济和思想意识活动都要毫无保留地服从阵营的整体需求"[268]。

双方的军费开支都达到了巅峰，成为和平时期史无前例的现象，分别占据美国年产量的 20% 和苏联年产量（比美国略低）的 40%。苏联建造秘密城市进行原子弹实验，以与美国竞争，美国则研制出氢弹，其杀伤力是原子弹的一百倍，而且维持装有原子弹的机群常飞。不久之后，这两个超级大国的弹药库加起来就足以摧毁地球无数次。然而，双方的将军们依然在假定使用这些武器的基础上玩着战争游戏。

"铁幕"两边都必须整合意识形态，新的一代在"炸弹"的阴影下成长起来。无论在哪个阵营，任何胆敢反对这种畸形残暴做法的人，都会被贴上对方阵营支持者、甚至是对方阵营"特务"的标签。实际上，这些反对者也常常接受这样的标签。西方和第三世界的许多社会主义者，都被误导相信苏联统治者与自己站在同一阵营；而许多东方阵营的异议者，则相信声称代表了"自由"和"民主"的西方领导人。1950 年代初站出来反对这种荒唐做法的人还是很少的。

"冷战"从未在世界范围内变为"热战"。真要变成"热战"，今天的人类世界将不复存在。但是，"冷战"在朝鲜半岛的确变成了"热战"。相互竞争的独裁者在 1945 年的"三八线"南北两边分别建立政权，双方都寻求通过统一朝鲜来获得合法性，从 1949 年春天开始双方就一直冲突不断。北朝鲜的金日成决定在他的敌人李承晚动手之前先发制人，争取先机。金日成于1950年6月发起进攻，在接到了斯大林继续前进的指示之后，希望这次进攻能使南韩政权立即崩塌。不论是金日成还是斯大林，都没有想到美国会插手干预。南韩军队并没有崩溃，尽管他们已经撤退到了半岛最南端，就在这时美军匆匆赶到。西方阵营担心的是，东方阵营在朝鲜的胜利，将会影响依然满目疮痍、荒芜赤贫的日本，强大的日本共产党此时正在国内四处传布革命语言。美国总统杜鲁门也将朝鲜战争视为劝说此前不愿批准大额增加军费开支的国会的一个借口。

战争持续了三年。人力消耗是巨大的。西方阵营伤亡五十万，东方阵营的数字则是其三倍之多。二百万朝鲜平民死亡，半数南韩人流离失所或者成为难民。朝鲜人民最后一无所得。南北朝鲜最终的分界线维持在与战前一样的位置上，数百万人民在他们的有生之年都无法看到他们生活在"三八线"另一边的亲人和朋友。战争初期，金日成在南方得到相当大的支持，部分游击队积极向他供应武器。但在南方后方活动的左翼力量却被囚禁数十年；跟随金日成撤回北方的军队，也被视为"不可信"，而被投入监狱或者处决。在此期间，几位独裁者先后统治南韩，就连朝鲜战争原本追求的最有限的"民主"，也要等到四十年后人民才有机会享有。

这场徒劳无功而又野蛮血腥的战争就是"冷战"的概括。此前二百年间巨大的科技进步被统治阶层用来毁灭世界，威胁人类的生存。每个霸权国家都使用启蒙运动的语言来征服尽可能多的世界，每个霸权国家也都成功地劝服大多数民众相信这样做是正确的。

短暂的"黄金时代"

> 贫穷和不安全正在消失。生活水平迅速提升;失业的恐惧正在稳步消除;普通年轻工人心中生出了他们父辈从未敢奢求的希望。[269]

这是 1956 年英国右翼社会民主党人安东尼·克罗斯兰的一段发言。与六十年前的伯恩斯坦一样,他的结论也是资本主义已经克服了危机,"我们站在……极大富足的门槛之上"[270]。

虽然接下来发生的事情证明克罗斯兰的判断是错误的,但他列出的数据却是正确无误,不容争辩。世界资本主义经历了有史以来最为持续稳定的繁荣期。1970 年,美国的经济规模是其 1940 年的三倍,德国的工业总产量是其 1949 年的五倍多,法国的总产量也翻了四倍。意大利从一个农业国变为世界主要工业国之一,日本经济发展一跃占据世界第二,紧随美国。难怪当今许多经济史学家都把这段时期形容为一个"黄金时代"。

大多数人民的生活也都发生了变化。失业率下降到只有历史上少数几个短暂的繁荣期可以媲美:1950 年代初,美国的失业率为 3%,英国的失业率为 1.5%;1960 年,西德的失业率为 1%。在 1950 年代的美国、英国和斯堪的纳维亚半岛,人民享受到了逐渐增加并且基本未被打断的工资提升;进入 1960 年代,同样的工资提升发生在法国和意大利。工人们的生活明显要比他们的父辈好得多,并期待他们的子孙能够比他们生活得更好。

这并不仅仅是一个更高收入的问题。工资可以用来购买种类繁多的消费品,如吸尘器、洗衣机、冰箱、电视和热水器等。工人阶级的生活水平一下子有了质的飞跃。担当家庭主妇依然是妇女的主要工作,但是她们不再被永远都忙不完的家务活所折磨,不再需要整日煎炒烹炸、爬上爬下、到处擦洗。食物可以每周而不是每天买一次(超市代替了街角杂货店)。各种各样的娱乐设施在家里随时都可使用,甚至是对那些买不起电影院、戏院和舞厅门票的人们来说也是如此。

除此之外还发生了其他变化。雇主作出让步,同意每周工作时间由五天半改为五天,每年工人可以享受一周的带薪年假。在 1936 年法国工人看来是一场巨大胜利的雇主妥协,如今在西欧和北美却是再常见不过。民众的假期开始不再仅仅意味着在国内休息几天或者去国外度假一周。爱冒险的工人过去连买辆自行车都受到限制,如今则可攒钱买辆二手车。有史以来第一次,年轻工人的收入足以形成代表自己权益的市场。"青年文化"诞生于 1950 年代,源于在十几岁的梦想和青少年的不安刺激下,看似永不满足的对流行歌曲和时尚的追求。

消费和生活方式上发生的变化,与生产变化相匹配。两次世界大战之间的新技术显示出它的重要性。拥有新工人的新设立或扩建的工厂,生产着洗衣机、冰箱、吸尘器、电视,以及最重要的汽车等产品。美国拥有超过七千万制造业工人,英国拥有超过八百万制造业工人,集中在雇用几百、几千或几万名工人(在某些汽车和飞机制造厂)的工厂中。随着时间的发展,生产大众产品的工厂成为许多其他各种雇佣劳动的范例。其系统化严格控制的方式传播到新兴的连锁超市的运营模式中,其时间动作研究(工业操作效率研究)方法蔓延到大公司专门负责打字的小组及数据处理中心;其支付薪水系统被煤矿主学去;其管理方法也出现在对码头工人和建筑工人的管理中。制造工厂激发的生产方式传播如此广泛，以至于有些工业社会学家以"福特主义"（Fordism）来称呼这段时期。但是，正如工业革命时期的工厂给予工人斗争以改善生活水平的潜力一样，在长久的繁荣中广泛传播的制造厂雇用方式也给工人带来了这种潜力，而且其范围和规模也要更大。底特律、都灵、考文垂、达格南、科隆、比扬库尔的汽车制造厂，西雅图的飞机制造厂，以及加利福尼亚的军工厂，也加入了大型钢铁厂、煤矿和造船厂的行列，为潜在的抵抗资本家的运动提供中心。在充分就业的条件下，这是资本主义必须考虑的一个严肃问题。在北美和大部分西欧，这则有赖于那些祈祷"共识"可以稳定社会的政治家们。

长期繁荣的岁月也见证了过去的济贫法最终变为"福利国家"。从资本主义角度而言，推出此举的部分原因是，利用工会或政治仲裁者（欧洲的社会民主党人、美国的自由派民主党人）来换取工人的同意和支持——工人的潜力无疑比二战前要更加强大。这也是一种通过改善儿童的健康和教育，保证昂贵的劳动力能够繁殖的有效方法。无论出于哪种原因，福利"改革"都意味着改善，而并非像它在19世纪或今天所具有的含义：削减福利以迫使人民低价出卖劳动力。

长期繁荣还在发达国家带来了其他一些重要变化。劳动力短缺使资本主义在全球寻求新鲜的劳动力供给。来自意大利乡间的移民，很快就在比利时的煤矿和瑞士的工厂中工作，同时也令米兰和都灵的人口不断增长。原本收益分成的黑人佃农，如同潮水般涌向洛杉矶、底特律和芝加哥。德国公司欢迎来自东德的难民，从土耳其和南斯拉夫组织引入了数百万"外来工人"。法国公司从北非招募劳工。英国的健康服务机构在加勒比海沿岸寻找工人，英国的纺织厂在印度旁遮普吸收纺织工。资本主义长久以来一直通过全球市场将各大洲的劳工集中在一起。如今它又将众多民众集中在大城市。这或多或少自然地形成了来自不同地区的不同文化的融合，但同时也导致有些种族主义群体利用种族间的摩擦制造冲突。

最后，这段繁荣还在性别方面带来了重大的历史变化。由于劳动力极度匮乏，资本转向女性寻求补充劳动力，就像在工业革命早期那样。总有一些行业主要依靠女性劳动力，尤其是纺织品行业，因此至少从第一次世界大战起，某些行业中的女性劳动力就处于持续增长之中。但是，大部分已婚妇女（占1950年英国已婚妇女的80%）的工作并没有收到工资。为了保证繁衍进而持续供给劳动力，国家鼓励已婚妇女在家照看孩子，照料丈夫——而且大部分已婚妇女找到的工作都工资过低，不足以刺激她们同时承担有偿工作和家庭劳动的双重负担。随着长期繁荣的到来，这一情况发生了巨大变化。新的家用电器减少了家庭劳动的负荷，使妇女更容易兼顾付薪工作和家庭责任。雇主乐于招募女工，如有必要也可以接受为了照顾孩子而进行的兼职工作；赚取额外金钱购买家用电器和设施，成为女性外出工作的一个刺激。

这种新形势是经济压力导致的结果。但它还拥有更加深远而广泛的含义。被雇用的女性迎来了工资给予她们的独立。薪水令她们为独立自主做好了更加充分的准备。自从五千年前阶级社会兴起后，女性就从整体上被剥夺了参与公共事务的权利，一直扮演附属角色。如今，大部分女性都被拉出家庭的私有领地，开始进入工业的公共范畴。

但是，双重负担依然在持续。许多雇主欢迎女工的一个原因在于，他们可以支付给女工较低的工资。劳动力市场依然以这样的原则在布局：男性的收入比女性的收入重要得多。众多陈腔滥调的旧思想都支持这样的观点，认为女性通常应当留在家中养儿育女，而且无需识字和有文化。但在资本主义寻求利润和累积资本的刺激下，创造了一种女性能够获取自信、挑战这一陈规陋见的环境。这种环境为女性解放的需求提供了一个无可比拟的基础，即便它永远都无法满足这种需求。

殖民地的解放

1947 年 8 月 15 日，尼赫鲁在德里的红堡升起了印度国旗，宣告印度独立。大不列颠失去了帝国"王冠上的宝石"。仅在列强争夺非洲六十年后，帝国时代就走向终结，尽管它垂死挣扎直至 1990 年代南非最终放弃白人的少数派统治。

英国统治者并非心甘情愿地放弃了印度。他们的所作所为留下了一个被各派争斗鲜血染红的分裂的次大陆。

印度民族独立运动在 1930 年代获得了新的发展动力。世界性的经济萧条令印度农村一贫如洗。"处处都受到农业激进主义的影响，从远在北方的克什米尔主要各邦，到南部的安得拉和特拉凡科。"[271] 参与罢工的工人数量从 1932 年的近十三万，发展到 1934 年的二十二万。[272] 国大党的影响力与日俱增，与此同时，尼赫鲁和鲍斯领导的左翼力量也迅速壮大。国大党候选人在 1937 年的竞选活动中提出减少租税的计划，从而在地方议会选举中大获全胜。在保留给穆斯林的席位中，穆斯林联盟只得到了四分之一。

但是，国大党中的真正权力，依然掌握在右翼力量和与甘地关系密切的印度资本家小圈子手中。国大党控制的地方政府很快就通过

《反罢工法》，熄灭了以阶级为根基的民众骚动。再次爆发冲突的道路已经开通，因为穆斯林分离主义者为了印度教地主的所作所为而责备所有的印度教徒，而印度教沙文主义者则为了穆斯林地主的所作所为而责备所有的穆斯林。

当英国在并未与任何印度人协商的前提下就宣布印度对德宣战时，印度人对英国人的仇恨又加深了一步，而且英国在宣称为了"自由"而战时，却拒绝哪怕略微考虑一下赋予印度自有政府权力的可能性。就连甘地也同意1942年的"退出印度运动"。学生和工人举行罢工和示威游行，不断与当局爆发冲突，警察上街殴打驱散示威者。在数百起冲突事件中，警察都向手无寸铁的示威者开枪。游击队攻击英军设施，焚烧警察局，切断电话线，封锁铁路运输线。镇压最终导致运动的爆发。仅在孟买就有两千人伤亡，两千五百人被判处接受鞭笞。乡村被焚毁，甚至动用了飞机上的机枪扫射。但是，英国总督阿奇博尔德·韦维尔将军于1943年末告知丘吉尔："想在战后镇压印度所需的军力，将会超出英国的能力。"[273]

帝国当局还有最后一张王牌可打。他们转向穆斯林联盟，支持其与国大党对抗。他们声称穆斯林联盟代表了所有穆斯林的利益，并赋予联盟对印度几个地方邦的控制权，尽管穆斯林联盟在1937年的大选中表现糟糕。联盟最著名的领导人真纳，如今拥护建立独立的穆斯林国家的政策（此前他曾反对过这一计划），即便如此，想要建立这样的国家而在其国境内不包括大量印度教教徒和锡克教教徒也是不可能的，同时把那些在印度教教徒为主的地区生活的大量穆斯林排除在外也是不可能的。过去曾经反对社群分野（communal division）的共产党，此时则选择了顺应这种需求以支持英国进行战备，声称穆斯林和印度教教徒是两个不同的"国家"。

民族解放运动依然拥有巨大的潜力打破社群分野。1946年2月，孟买英国海军中的印度士兵由于受到种族侮辱、薪俸低于同级白人水手而开始举行示威反抗。抗议运动升级为卷入了七十八艘军舰和二十处海岸站的兵变，得到了学生和工人示威游行和罢工的支持。[274] 起义者挥舞着印度教旗、穆斯林旗和红旗。这是自1857年以来，为了保护大英帝国而建立起来的军事力量，首次以如此大的规模调转枪口——此举开启了自下而上地团结穆斯林-印度教教徒-锡克教教徒的可能性，削弱了印度的社群主义。但是，国大党的领导人并未做好面对这一切的准备。甘地反对兵变，尼赫鲁则竭力试图安抚和镇压它。社群主义最终得以复兴，即便兵变令英国掌权的希望落了空。

真纳的穆斯林联盟得到了大选中的大部分穆斯林席位（这是该联盟历史上唯一一次）并将其作为一种授权，得以通过社群之间的冲突向政府施压建立独立的社群国家。孟加拉穆斯林联盟的地方领袖苏拉瓦底（1942—1943年饥荒时期他在黑市上赚了数百万）发起了针对印度教教徒的炸弹恐怖袭击浪潮。[275] 印度教沙文主义者抓住机会，组织起反穆斯林的打击报复，造成五千人丧命。自此以后，一个城市接着一个城市地爆发社群暴乱，从而为一年后发生的最终社群恐怖事件埋下了导火索。

国大党领导人及其商业支持者，极度希望能够控制属于自己的国家，即便是一个被削减了的缩水国家，因此同意与真纳划分次大陆。英国官员拉德克利夫对印度一无所知，划分的分界线将孟加拉和旁遮普一分为二。旁遮普分界线两边，包括临近的城市拉合尔和阿姆利则，混居着大量印度教教徒、穆斯林和锡克教教徒。如今一众右翼穆斯林暴徒在边界线的一边，一众右翼印度教和锡克教暴徒在边界线的另一边，开始在新近划分的领地上进行恐怖屠杀，将信仰"错误"

宗教者赶出领地。这场暴乱导致二十五万到一百万人命丧黄泉。与此同时，德里和勒克瑙等城市则发生了专门针对穆斯林少数派的炸弹恐怖袭击，"劝说"他们移民巴基斯坦。

　　印巴分治的恐怖后果，最终以一场灾难终结——两个新建立的国家之间爆发了战争。双方都声称拥有克什米尔的主权，克什米尔是一个穆斯林占据人口多数的地方，它有一位印度教王公和一位支持国大党的被囚禁穆斯林反对派领袖。巴基斯坦和印度都武装起来试图夺取克什米尔。印度军队首先抵达了克什米尔首府斯利那加。接下来是为期一年时打时停的战争，直至最后双方签署休战协议，令双方军队在长达几百英里的分界线两侧怒目而视。

　　印巴分治对两个国家都造成了毁灭性的打击。它增强了印度教沙文主义在印度的力量，鼓励印度党派政治朝着以不同的当地种姓、语言和宗教团体领袖之间变换的联盟为基础的潮流发展。印度在与巴基斯坦的军事冲突中，还获取了改善其人民生活所急需的资源。

　　分治给巴基斯坦造成的影响更坏。宗教是所有巴基斯坦人民唯一的共同点，即便那时伊斯兰教的逊尼派与什叶派依然冲突不断。国家被一分为二，被几百英里的印度土地从中隔开。在东部生活的大多数人民讲孟加拉语，在西部生活的大部分人民则讲旁遮普语。但国家的官方语言却是乌尔都语，只有从印度中北部地区移民来此的少数人才会讲。而且广袤的西部土地，大都被实施近乎封建权力的地主所控制。结果便是持续的政治不稳定，接连不断的军事独裁，东巴基斯坦更是于1971年脱离出来成立了独立的孟加拉国——在一场遭到血腥镇压的人民起义之后；西巴基斯坦则进一步爆发军事政变，处决了前首相，其重要工业城市卡拉奇在1990年代几乎处于内战状态。

　　然而，印巴分治的灾难，并无法阻止英国的撤退在全球产生的巨大影响。帝国主义者正在全面撤退，每个殖民地都有做好准备学习印巴分治教训的人们。

中华人民共和国

1949 年夏，就在英国撤离印度两年之后，毛泽东、朱德和刘少奇等共产党领袖领导的人民解放军进入北京。解放军继而南下解放了全中国（只除了台湾和英属殖民地香港），中国长达一个世纪割让外国租界、饱受外国侵略者欺凌的历史终于结束了。

毛泽东的军队由一群共产党员和叛离国民党军队的士兵组成，他们于 1920 年代末逃脱了蒋介石的大屠杀，以江西省边界地带为大本营发展起来。他们招募当地的农民组织军队，其性质与中国历史上推翻各个朝代的农民军类似。当受到蒋介石的围剿时，红军进行了艰苦卓绝的两万五千里长征，穿越了中国西南地区，直抵西北延安。出发时，长征队伍拥有十万大军，最后只有不足十分之一的人抵达了目的地。但是，这些剩余部队能够提供新的支持力量，尤其是在 1937 年日本侵华之后。

蒋介石的国民党军队被日军紧逼到内陆腹地，再也没有余力与共产党作战。他别无选择，只好同意联共抗日。但是，国民党军队仅凭一己之力根本无法抗击日军。国民党大部分军官只想以牺牲士兵和路过地区农民的利益来中饱私囊。相比之下，共产党的军队则军纪严明，逐步累积了坚实的力量。在抗日过程中，共产党领导的队伍在受过教育的中产阶级中建立了良好的声誉，并通过减租政策得到了农民的支持，甚至还通过为中国民族资本家提供稳定的发展环境，从而也在一定程度上争取到了他们的支持。

1945年日本战败后，蒋介石的军队规模更大，而且接收了美国提供的大部分武器装备（另有少量来自苏联的武器装备，因为斯大林在这一阶段并不支持共产党）。但是，毛泽东的军队士气更加高涨，军纪如铁。内战刚一爆发，蒋介石的部队便溃不成军，常常整支部队（包括他们的长官）都调转枪口，转投共产党阵营。到了1949年年底，蒋介石逃往台湾，国民党就此偏安一隅。

毛泽东的胜利令美国深感震惊，美国早已将中国视为其非正式帝国中的一部分，因为美国一直源源不断地向蒋介石的军队注入资金。毛泽东是共产党，斯大林也是共产党，斯大林的政策导致的逆流，在美国看来是世界共产主义运动耍的阴谋诡计——它忽略了斯大林向蒋介石提供帮助并建议毛泽东不要夺取权力的事实。在毛泽东建立新中国不久，美军就参与了朝鲜战争，大军横扫北朝鲜，一路逼近中国边界，实际上迫使中国加入了北朝鲜阵营，迫使毛泽东投入了斯大林的怀抱（虽然中苏同盟仅仅维持了十二年）。与此同时，美国将法国在越南支撑殖民地视为"自由世界"反抗"共产主义"战斗的一部分，因此不断向越南输送资金和武器，才令法国能够坚持战斗到1954年。

大部分国际左翼力量对美国都得出了相似的结论，但却给予了相反的解释。中国与苏联如今联合起来成为"和平与社会主义"阵营。有些人认为，中国的例证展现出，通过农村游击战是多么容易夺取权力。但他们忽视了中国在1935—1945年间的特殊环境：土地广袤，日本入侵，蒋介石军队自身的极端腐化堕落。他们还忽略的一点在于，尽管毛泽东在招募士兵时完全依赖农村生源，但是解放区的部队骨干和管理结构，却是都由来自城市受过教育的中产阶级激进党员承担。

帝国的终局

英国撤离印度后不久，毛泽东就在中国赢得了民族独立和解放，这令全世界人民都更加增强了帝国主义是可以被击败的这一认识。法属阿尔及利亚掀起了暴动，越南人民也揭竿而起，试图建立独立政府。早在战前，荷属东印度群岛殖民地就爆发了民族解放运动的狂潮。其领导人利用日本占领来扩大其支持基础，与占领军半推半就地进行合作，等到日本撤退后便宣告组建新国家印度尼西亚的政府。此时他们与妄图令荷兰殖民主义复辟的力量作斗争，并于1949年在苏加诺总统的领导下赢得国家独立。在马来西亚，当地的共产党（在英国人的支持下成为抗日骨干力量）已准备好发动一场战争，从英国殖民者手中夺回自由。来自非洲和西印度群岛的学生们，包括恩克鲁玛、肯雅塔和艾瑞克·威廉斯（1930年代他们在伦敦相识），也全都回到故乡，致力于开展独立运动。在大马士革、巴格达和开罗等阿拉伯首府城市，新兴的年轻中产阶级一代，经常占据国家军队中极具战略位置的军官职位，开始谋划赢得真正的独立，并梦想着建立一个从大西洋到波斯湾统一的"阿拉伯国家"。

面对风生水起的殖民地解放独立运动，殖民大国本能地想要像过去那样，用机枪扫射、炸弹轰炸、将谋逆者投入集中营等方法进行回击。这就是法国在越南、马达加斯加、阿尔及利亚及西非殖民地的做法；也是英国在马来半岛、肯尼亚、塞浦路斯、亚丁和罗得西亚的做法[276]；还是葡萄牙在安哥拉、莫桑比克和几内亚比绍的做法。

但是，迟早都会看清的一点是，这种方法只会起反作用，只会加深当地民众对欧洲利益的憎恨。越来越多的统治者看到，培养能够衷心服务于殖民帝国利益的本地人来担任"独立"政府的首脑，可能是一种较好的政策。英国人在中东大部分地区、西非和西印度群岛都采用了这一方法。在马来半岛，英国则用高压手段打击共产党领导的民族解放运动（英军斩下死去"恐怖分子"的手甚至是头颅，强行将五十万人重新安置在带刺铁丝网围绕的村庄）。但是，英国同时也向"温和中立"的马来政治家允诺给予独立，这些政治家因持有种族偏见、不信任马来的华裔少数派而获得支持。即使在那些英国的确尝试寻找本地代理人但又坚定拒绝对"本地人"作出妥协让步的地区，其所采取的手段也不可谓不雷霆：例如，在肯尼亚，英国也会轰炸村庄，将民众赶至集中营，导致很多肯尼亚人命丧于此；在塞浦路斯，英军酷刑折磨反对派；虽然最终协议向政治领袖们（肯雅塔和马克里奥斯大主教）"和平"移交了权力，但这些人此前都曾遭到英国的囚禁或驱逐。

法国最终也被迫在越南和阿尔及利亚采取同样的措施，但却是在耗费了巨资、在一场根本无法取胜的战争中造成难以计数的死伤之后，才作出这一决定。心存叛意的殖民主义将军，在1958—1962年间发动了一系列军事政变，毒害了法国政治（导致国民议会于1958年给予戴高乐将军几近独裁者的权力）。最终签订的承认阿尔及利亚独立的协议，令一百万阿尔及利亚殖民者返回法国，巴黎的右翼恐怖主义集团"秘密部队"（OAS）掀起了炸弹袭击的高潮。

西欧最落后的资本主义国家葡萄牙也试图维持其殖民地，但当镇压殖民地消耗的巨额资金导致葡萄牙国内掀起了革命起义之后，才不得不于1974—1975年间放弃海外殖民地。此时只剩下非洲南部的两个白人种族主义移民政权还在苟延残喘：一个是南罗德西亚，它与津巴布韦一样，于1980年最终被迫接受当地占据人口大多数的黑人统治；另一个是南非，它于1994年也走上了这条道路。

　　西欧各国从半个亚洲和几乎整个非洲的直接统治中撤出，这一进程是一个具有跨时代意义的重大事件。它标志着长达近两个世纪的殖民历史的终结，在此期间，世界历史的高光总是聚焦在伦敦和巴黎。然而，这并不是帝国主义的终结，世界上大部分地区依然处于少数几个经济发达国家的利益驱使之下。美洲、东南亚和中东地区爆发的激烈冲突，一再证实了这一事实。

石油和鲜血

　　中东地区拥有丰富的原油储备，对20世纪后半叶任何一个帝国主义国家来说，都是最重要的战利品。一战期间，英国通过与麦加的统治者沙里夫·侯赛因国王合作发起"阿拉伯起义"运动并允诺给予他所有土耳其治下的土地，扩张了大英的中东帝国。但是，英国政府同时也承诺犹太复国主义者的领导人，将会把一块阿拉伯土地：巴勒斯坦，交给来自欧洲的犹太移民，作为抵御阿拉伯人对苏伊士运河周边威胁的屏障。正如以色列政治领袖阿巴·埃班后来解释的那样："我们会帮助英国维持其统治权力，英国则会帮助我们发展'犹太民族之家'。"[277]

这种两面派的做法在一定程度上起到了效果。英国公司得以涉足伊拉克和伊朗的原油储备，犹太定居者中的志愿者则与英国人合作扑灭了巴勒斯坦的阿拉伯起义——大英帝国1930年代面临的最严重的一次叛乱。但随着时间推移，这一政策渐渐适得其反。由于犹太复国主义定居者从富裕的阿拉伯地主手中购买土地，将在这块土地上耕耘了数个世纪的阿拉伯农民家庭赶走，结果引发了阿拉伯人越来越深的敌意。为了逃离欧洲的迫害而来到巴勒斯坦的犹太人发现，在这里他们被期待着去压迫他人。英国继而试图通过限制犹太移民来平息阿拉伯人的愤怒，结果却导致受到双方的攻击。1946年，武装起来镇压阿拉伯人的犹太准军事组织，开始对英军及其设施展开攻击。

1947年，英国决定通过撤军来逃避它挑起的棘手问题，依靠伊拉克、约旦和埃及的阿拉伯傀儡君主来保护英国的石油利益。随着英国的撤出，美国和苏联都急切地想要干预中东问题，它们联合起来支持联合国划分巴勒斯坦并建立一个以色列定居国（将一半土地分配给三分之一的人口）的协议。以色列定居者收到共产党领导的捷克斯洛伐克提供的大量武器供给，并得到来自美国的支持。随着战斗打响，以色列定居者开始屠杀亚辛村的居民，以恐怖手段迫使大部分阿拉伯人逃走，并击败阿拉伯君主派来的声称帮助巴勒斯坦但却组织混乱的军队——这支军队最终只夺取了巴勒斯坦的残余地区（只有原来土地范围的20%）并由约旦和埃及国王平分。以色列成为一个强大的移民国家，愿意也能够协助西方利益集团（这通常都是指美国），西方利益集团则以给其提供武器和资金援助作为回馈。

这样显然无法为这片土地带来稳定。以色列战胜阿拉伯国家导致的苦难，成为埃及军事政变的导火索之一，使纳赛尔领导下的民族主义军官登上权力顶峰，终结了亲英的君主政权。纳赛尔将英法控制的苏伊士运河收归国有的举动，激起了大英帝国主义在该地区的最后一击。1956年11月，英国、法国和以色列联军对埃及发动进攻。这次袭击几乎取得了军事上的成功，但在政治上却是完全适得其反。美国利用英国的金融问题迫使这一行动突然终止，并最终取代英国开始主导中东地区。与此同时，一波反英起义蔓延中东各地，导致两年后由英国支持的伊拉克君主政体倾覆倒台。

美国延续了英国的中东政策：既依靠以色列定居者，又依靠阿拉伯国家政权。美国向以色列提供的军事援助，比向世界上其他任何国家和地区提供的都要多。与此同时，美国与沙乌地阿拉伯君主紧密合作，鼓励伊朗发动军事政变，从而于1953年重新建立了伊朗国王的绝对统治；使复兴党于1962年掌握了伊拉克大权，支持年轻的萨达姆·侯赛因。美国在确保中东地区霸权和控制原油储备方面做得非常成功。然而，美国只能通过挑起各国及其人民之间的仇视，进而引发一系列战争才能达到其自身目的——其中包括1967年和1973年的阿以战争、1976年后黎巴嫩的长期内战、贯穿1980年代令人震惊的两伊战争、1982年以色列入侵黎巴嫩，以及1991年美国领导的多国部队进行的伊拉克战争。20世纪再一次目击了：财富——这一次是原油带来的财富——变成了鲜血。

"镜中奇遇"

苏联建立的经济组织形式，令许多新近取得独立的前殖民地国家都为之着迷。大多数国家的经济都在殖民统治时期遭受了发展停滞甚至倒退。在印度，1950年代的人均食物供给量甚至比不上四百年前莫卧儿阿克巴王朝时的人均食物供给量。与此同时，苏联经济展现出比其他任何国家都更快的增长速度，看似已经摆脱了困扰西方资本主义的周期性经济危机。

自从1989年柏林墙被推倒后，认为斯大林及其后继者赫鲁晓夫和勃列日涅夫统治时期的苏联政策没有任何有效运转，是一种非常流行的说法。实际上，斯大林主义实行三十年来，苏联经济的增长速度比当时世界上任何国家（日本除外）都要迅猛得多。1928年还处于相当落后的农业社会的苏联，一跃成为以工业为主的国家，拥有能够在"冷战"时期在武器装备方面挑战美国的实力，而且比美国率先发射了人造卫星，也比美国更早将宇航员［尤里·加加林］送上了太空。

就连最痛恨苏联体制的敌人也意识到了这一点。1953年，未来的英国工党首相哈罗德·威尔逊在谈话中提及"苏联的产品和生产力出现了令人震惊的增加"[278]。这种看法并没错。就像东欧近代经济史告诉我们的那样，"这一地区实行计划经济的前二十年（1950—1970年）的平均经济增长率，比两次世界大战之间的巅峰时期（1925—1929年）还要高"[279]。

苏联的斯大林主义源自1917年革命的被隔绝和被扼制。在东欧，斯大林主义表现为上层统治阶层的强行推进（南斯拉夫除外，它是由将德军赶走的抵抗军领袖所引进）。但在每种情况下，都不仅仅是经济衰退导致斯大林主义的崛起，并在东欧早期发展过程中深深扎根。通过提供建立工业的方法，它也令广泛的社会中产阶层群体感到能够拥有一个重要的未来。不过，它在激发民众热情的同时，也给其带来了恐惧。它还提供了数量众多、在一定程度上能够向上攀升流动的劳动力——技术工人拥有成为经理的机会，农民可以逃离乡村生活的原始简陋，前往城市追寻更加宽广的生活视野。

那种可能改变社会、实现工业化、城市化和教育大众的感觉，吸引了全世界每个非工业国家部分受过教育的中产阶级；这种吸引力又因下面这样的理解而得到加强：工业的扩张意味着高工资岗位数目的增加。但若只是坐等小公司慢慢成长到足以与发达国家的大公司相竞争的程度，就根本不可能实现经济扩张。小公司很可能会首先被逐出其所属行业。它们需要壮大规模——为了实现这一目标，只能由国家将小公司合并到一起，并投入资金悉心耕耘。另外还需要保护它们免与外国大公司直接竞争，这一点只有国家能够提供。国家资本主义（常被误称为"社会主义"）似乎就是答案。

在19世纪与20世纪之交的日本和沙俄，国家已经在大规模工业发展中扮演了极为重要的角色。第一次世界大战及两次世界大战之间的危机，极大地提升了国家在发达国家中的重要性。1930年代末，纳粹德国国有工业的规模大到奥地利马克思主义经济学家兼前财政部长希法亭认为，资本主义已被一种新的生产方式所取代。[280] 即使在"自由市场"程度最高的西方国家美国，在1941—1944年间，也是国家建起了大多数的工厂，控制了主要的经济活动。

在本地控制的工业发展最为薄弱的地区，国家资本主义的潮流就会变得更加汹涌。因此，当巴西的民选总统瓦尔加斯于1930年代、阿根廷的独裁统治者皮隆于1940年代和1950年代初重组资本主义和进行工业化时，国家都扮演了核心角色。在这样的背景下，1945—1947年，在东欧大部分国家，不仅是共产党人，就连与其共同组建政府的社会民主党人和资产阶级政客都认为，应当由国家控制大部分工业并要依靠计划经济。印度甚至早在国大党执政之前，一群工业家就已于1944年聚到一起，批准了复制苏联国有计划经济模式的"孟买计划"，尽管利用的资金既有私人的也有国家的。因此，印度、中国、埃及、叙利亚、伊拉克和阿尔及利亚，都拥有强大的国有经济部门和长期经济计划。但这种经济模式并不仅限于社会主义国家采用。国民党统治时期的中国，大部分工业都收归国有，国民党统治台湾时也延续了这种经济模式；与此同时，于1961年通过政变夺取权力的南韩朴正熙将军，也将国有计划经济和控制工业（并不一定必须收归国有）视为接管北朝鲜（当时的北朝鲜更加先进和发达）进而统一朝鲜半岛的唯一方法。

在斯大林计划经济迅猛发展的背后，是工人不得不忍受令人吃惊的恶劣环境，这一点与西方工业革命时期一样。但那些负责运转国有工业体系者却并不是工人，即便他们曾经是。

国家资本主义在其发展初期似乎很有效。1960年代末的印度和埃及，依然是农业占据压倒性成分的国家，大多数人民都生活在极度贫困中，它们的新生工业面临着各种各样的问题。但与二十年前相比，它们的变化却是有目共睹，并已成为现代世界的一部分。这一点明确表现在范围广泛的中产阶级因此获得了相当的自信，并为政权的稳定起到了重要作用。在中国、印度和埃及等国家，国家资本主义的发展与土地改革并行，将大田庄划分成小块土地分给农民，统治者在乡村也植下了深厚的根基——尽管改革更有益于富农和中农，而非贫农和没有土地的劳工。

但是，这种欢欣随着时间的推移逐渐淡去；甚至是在像埃及那样的政权也开始推行斯大林模式之时，种种局限的信号就已在苏联和东欧出现。

通往 1956 年的道路

在对苏联实施了二十五年的全权统治之后,斯大林于 1953 年逝世。领袖的逝世总是会令其追随者集中思考多年来累积下来的问题,这一次也不例外。

斯大林的追随者依稀感到,在苏联政治平静无波的水面下,潜藏着不满的汹涌暗流。他们也害怕自己团体中的一员会夺取斯大林实行国家恐怖主义的军队及其设施,并用来对付团体里的其他人。斯大林的葬礼一结束,他们就立刻实施了范围和程度都很有限的改革,并在此期间秘密地相互争斗[几乎精神错乱的警察局局长贝利亚被人用枪指着从领导会议上带走并处决]。

1956 年 2 月,共产党总书记赫鲁晓夫决定向党内部分积极分子揭露一些令人不快的事实,以加强他在争夺领导权斗争中的力量。他在莫斯科召开的苏共二十大会议上揭露,斯大林是导致数千无辜平民惨死、数百万少数民族被驱逐和流离失所的罪魁祸首。他还揭露了 1941 年德国入侵苏联时斯大林的无能和胆怯。对世界上数千万一直被教导将斯大林视为神祇一般人物的人们而言,这番揭露令他们极为震惊,即便有些人依然试图掩盖真相。

与此同时,还发生了比赫鲁晓夫严厉谴责前任更加严重的事情。处在国家资本主义统治机器之下的人民,开始爆发起义。

首次暴动发生于 1953 年 6 月的东德,就在斯大林去世后不久。在东柏林巨大的建筑工地上,建筑工人被告知必须在领取同样工资的前提下加重工作量,于是他们举起了罢工大旗。当罢工的示威队伍穿过市中心时,数万人加入了他们的行列。第二天,东德的每一座重要工业中心城市都掀起了罢工。示威者冲进监狱，袭击警察局和统治党的办公室。最后直到出动苏联军队进行强力镇压，这才扑灭了起义。这是一次典型的自发的工人暴动，就像1918—1919年间德国发生的无数次暴动一样，但不同的是，这一次反对的是以工人名义进行统治的国家资本主义政权。罢工的工人是早在1920年代魏玛共和国期间就受到极左翼力量深远影响的工人们。在此次因参加起义而被东德共产党清洗出去的人们中，有68%都是希特勒掌权前就加入共产党的老党员。[281] 他们都是旧日的武装革命分子，他们将这次起义视为他们为之奉献出青春所追求的工人自主国家的持续斗争。

　　东德起义刚平息下去不久，苏联沃尔库塔巨大的奴役劳动集中营就发生了暴乱。二十五万为煤矿工作的囚犯进行了罢工。政府军包围了煤矿，提出与罢工者进行和谈，继而处决了罢工者选出的代表，屠杀了二百五十名囚犯。但是，这次集中营罢工事件显示出，苏联社会中潜藏的不满情绪是何等强烈，因而在接下来的两年间，苏联政府释放了90%的集中营囚犯。就像内战后的美国，奴隶劳动让位于工薪劳动，"原始积累"剥削的形式让位于适合工业化经济的剥削形式。

　　然而，就在1956年赫鲁晓夫严词谴责斯大林的几个月后，潜在的叛乱呼之欲出。波兰城市波兹南的罢工演化成了一场真正的起义。在这场起义蔓延开来之前，当局成功地进行了镇压，但却无法阻止它的余波撼动整个统治秩序。1956年10月和11月，国家似乎处于革命的边缘，互相竞争的派系为了登上权力顶峰而彼此争斗。审查制度被打破，工人开始选举自己的委员会，宣誓通过武力保卫自己的权益。当1940年代末被囚禁的共产党领导人之一哥穆尔卡重回政坛，人们开始称这段时期为"十月的春天"。面对苏联将要出兵进行军事干预的威胁,哥穆尔卡在天主教会和美国宣传广播电台"自由欧洲"的协助下,劝说工人相信他。[282]

波兰事件成为历史上最伟大的革命之一匈牙利革命的导火索。学生们举行示威运动向布达佩斯进发,一路上得到数万名工人的支持。部分示威者还拖倒了一座巨大的斯大林雕像。还有些示威者冲进广播电台,直至被驻守电台的警察开枪射倒。工人们从工厂里的运动俱乐部拿出枪支,争取到一个兵营士兵的支持,很快就控制了城市的大部分地区。全国每个城镇都发生了类似的运动,使得工厂委员会和革命委员会掌握了地方的实际权力。

英国共产党党报《每日工人报》派遣记者彼得·弗莱雅前往匈牙利,弗莱雅报道说:

> ……罢工委员会与俄国1905年革命和1917年"二月革命"中的工人、农民和士兵委员会非常相似……它们立即成为起义的机构(工厂、大学、煤矿和军队选出的代表济济一堂)以及武装人民信任的民众自治政府的机构。[283]

当局试图重新掌控运动的发展,与哥穆尔卡在波兰采取的措施非常相像,它将失宠的共产党人伊姆雷·纳吉扶上了联合政府领导人的位置。但是,11月4日——就像英法和以色列联合进攻埃及一样——苏联的坦克开进布达佩斯,夺取了主要的建筑物大楼。他们遭遇了激烈顽强的武装抵抗,但最终只通过杀死数千人就镇压了反抗,城市残余变成一片瓦砾,二十多万匈牙利人越过边境逃亡奥地利。大罢工在超过两个星期的时间里令城市瘫痪,大布达佩斯中央工人委员会则在实际上承担了代替苏联傀儡卡达尔政府的角色。但是,工人委员会最终也被粉碎,其领导人被判数年监禁。三百五十人被处决,"其中四分之三都是只有二十多岁的年轻工人"[284]。在被处决的名单中,包括纳吉及其短命政府中的其他四位成员。

共产党官方的声明是,这场革命只是亲资本主义的西方间谍计划的一场越轨行为。就像"冷战"时期发生的许多其他事件一样,西方对这场革命最常见的描述都十分类似。它声称革命只是试图建立一个站在西方资本主义同一阵营的"自由社会"。实际上,革命中的领导人拥有更加宽广的视野。他们依然记得战前以资本主义的"自由"名义对匈牙利进行的独裁统治,因此想要寻求一种不同的体制,工人委员会在其中可以担任核心角色,尽管事件发生得太快,并没有给予他们时间说清楚这种新体制到底是什么。对此存有疑问的任何人,应当阅读已经公开的1956年的各种原始文献集。[285] 近期权威的匈牙利革命研究是这样叙述的:

> 影响到人民日常生活的需求……都能在工厂和工人委员会的宣言中找到。这些宣言里……包含了大量细节,关于令人厌恶的计件工作、不公平的工作定额和低工资、最低的社会权益、极其可怜的食物供应……革命中最积极的斗士不仅为自由和独立而战,也为人道的生活方式和工作环境而战,还为许多人心目中"真正的社会主义"社会而战……预期的经济秩序,将会把工业、矿业和交通业的决定权交给生产者(工人、技术人员和其他职员等)……"我们抵制任何恢复大地主、工厂主和银行家统治秩序的计划",是许多派别代表言之灼灼的宣言。[286]

匈牙利革命挑战了"冷战"时期双方阵营的统治思想。它向那些有勇气正视事实的人证明，苏联长久以来已经不再遵循马克思、恩格斯和罗莎·卢森堡的传统。匈牙利革命还展现出，认为斯大林的极权主义能够从内部压制任何寻求改变的举动、因此必须支持西方帝国主义来反对它的自由主义者和社会民主党人错得有多么离谱。这种悲观情绪令许多曾经持有极左思想的知识分子感到迷惘，其中包括多斯·帕索斯、约翰·斯坦贝克、马克斯·沙赫特曼、斯蒂芬·斯彭德、阿尔贝·加缪、詹姆斯·法雷尔、约翰·斯特拉奇、乔治·奥威尔、索尔·贝洛，这份名单上还有无数著名人物。乔治·奥威尔的政治寓言小说《1984》，就描述了一位独裁者如此专横霸权，以至于给对手洗脑，使其说出"2+2=5"。匈牙利的例子展现出这样的独裁统治多么快就会倒台，从中涌现出的巨大力量能够寻求真正的自由解放。如果匈牙利能够发生这样的事情，那么总有一天在斯大林国家资本主义的核心地带苏联，同样会发生这样的事情。

双方阵营的统治者都匆忙地掩盖了革命记忆。在超过四分之一世纪的时间里，除了将这场匈牙利革命称为"反革命"之外，严禁提及这场革命的细节。甚至迟至1986年年末，警察还镇压了一场纪念匈牙利革命的学生示威游行活动。在西方，这场革命很快就被遗忘了。直至1970年代初，"屠夫"卡达尔仍被西方媒体称为自由主义"改革家"。双方都犯了健忘症，都忘记了哪怕是整块巨石也会分崩离析。以至于当1968年同样的事情在捷克斯洛伐克再次上演时，他们都感到十分惊讶。

古巴革命

美国的卫星国散布世界各地。1950年代末，它们主要集中在中美洲、墨西哥边界以南（洪都拉斯、萨尔瓦多、尼加拉瓜、巴拿马和危地马拉）、加勒比海沿岸（古巴、多米尼加共和国和海地）和东亚（菲律宾、南韩、南越和泰国）。美军在中分巴拿马的运河区及南韩永久驻军。他们曾于20世纪初期几次尝试登陆海地、尼加拉瓜和古巴，在1946年前将菲律宾作为殖民地，在古巴东海岸的关塔那摩和菲律宾维持着大型军事基地。

这些名义上的独立国家，通常都是由人数很少并且呈现极度碎化的统治集团来管理，统治集团则由军事实权人物、拥有土地的寡头、政客，偶尔还有民族资本家组成。他们在地方上得到的支持十分有限，因此试图以最极端的腐败形式和最肮脏的压迫手段来弥补这种不足。他们的虚弱令美国有机可乘，美国向他们提供经济援助和军事顾问，从而确保他们不会威胁到美国的商业利益。但这同时也意味着，一旦美国对他们的支持力度受到怀疑，他们很容易就会四分五裂。美国愿意出手干预，这一点在1954年美国中情局组织发动政变推翻危地马拉的温和改良政府时清晰地显现出来。

五年后，美国遭遇了一场几乎无法应对的失败。古巴腐化堕落的巴蒂斯塔独裁政权突然被推翻，致使菲德尔·卡斯特罗、其兄弟劳尔和遭到驱逐的阿根廷医生切·格瓦拉领导的游击队，掌握了古巴的大权。

游击队两年前在岛屿的最远端登陆。在游击队大获全胜后，传出了一整套的革命神话，将他们的胜利归结于农民群众或者岛上蔗糖种植园内劳工的支持。实际上，游击队的根据地遥远荒芜，几乎无法得到任何支持，只与极少数农民有过联系。他们的胜利来自他们能够利用巴蒂斯塔政权极端的政治孤立状态。巴蒂斯塔独裁统治与两大主要中产阶级政党疏离，并因该政权的极端腐败而令资产阶级感到不安——古巴是黑手党犯罪的中心地区［就像电影《教父》中反映的那样］，并被称为"加勒比海的妓院"。1930年代获取的社会成就逐渐被消耗殆尽，令民众遭受无尽的苦难。最后，就连美国也不再向巴蒂斯塔提供支持和援助，因为感到他昏庸无度可能很快就会被推翻。

在这样的背景下，无需花费太大力气就可以扳倒独裁政府。卡斯特罗人数不多的游击队（1956年年底初次登陆后只有二十人存活[287]，1958年夏天登陆后则只余下二百人），就像最终引发雪崩的那颗雪球。只要巴蒂斯塔的军队太过腐败和虚弱，无法击溃游击队，他们的存在就足以证明巴蒂斯塔的虚弱，不日他的军队就将自动瓦解，分崩离析。

起义军于1959年1月1日开进哈瓦那，得到古巴社会各个阶层的支持和欢迎。但它依然要面对令巴蒂斯塔政权无法得到民众支持的客观条件。古巴经济（主要出口产品蔗糖完全依赖世界市场上波动剧烈的价格，其人均产量还没有1920年代高）无法满足古巴社会各个阶层相互冲突的需求。资本家及其美国商业伙伴希望提高商业利润，拥有自由出入境的权利；工人和劳工希望增加其自身所得；农民则希望他们可怜的收入能够得到改善。受过教育的中产阶级年轻人为游击运动及其巨大的城市支持网络提供了骨干力量，他们希望发展古巴经济，好为他们提供价值感和工资优渥的职业。

卡斯特罗无法在不引起一个阶层反感的情况下满足另一个阶层的愿望。为了满足资本家的需求，就必须朝着巴蒂斯塔灾难性的道路行进下去,卡斯特罗可不打算这么做。相反,卡斯特罗倾向于采取进行一定程度的改革(土地改革、福利供给和医疗保健、扫除文盲),以获取工人阶级和农民的支持,同时利用国家推动其野心勃勃的工业化计划。这一选择不可避免地与资本家和美国大商业根深蒂固的利益发生了冲突,因为"古巴经济与美国经济结合得如此紧密,古巴在许多层面上都成了美国的附属"[288]。

卡斯特罗掌权十八个月后,美国在岛上的炼油厂拒绝精炼廉价的苏联石油。卡斯特罗借机将该厂收归国有。美国则以终结大批量购买古巴蔗糖的协议来进行报复;反过来,古巴将美国在当地开设的蔗糖公司、工厂、居于垄断地位的电力及电话公司统统收归国有,与苏联发展贸易联系。反对卡斯特罗的歇斯底里的浪潮席卷美国媒体,流亡迈阿密的古巴商人更是大声高嚷着卡斯特罗"背叛"革命。

1961年4月,美国中情局派出一支由流亡者组成的军队试图在猪湾登陆,以推翻卡斯特罗的统治,与此同时不做美军标记的飞机则前往轰炸古巴机场。这次行动最终以惨败收场,因为古巴人民坚定地支持卡斯特罗政权。

批准这次试图登陆古巴的行动,是新任美国总统约翰·肯尼迪采取的首要动作之一。肯尼迪在1962年被刺杀后成为许多自由主义者崇拜的偶像人物。但他在处理古巴事件上并没有显现出一点自由主义的痕迹。他与其兄弟罗伯特·肯尼迪对卡斯特罗有一种深刻的个人仇恨,因此同意中情局与黑帮分子合作策划谋杀古巴领导人的计划,其中包括使用会爆炸的雪茄这样荒唐的计划!他们还准备了一个如有可能在美国的支持下入侵古巴的计划。1962年,他们的花招导致与苏联的直接冲突。

1962年10月20日至27日这一个星期,是许多亲历者一生中最恐怖的一个星期:"冷战"差一点就演变成一场核战。美国战舰包围古巴,企图使用武力阻止任何苏联军舰到达。洲际弹道导弹、水下导弹和一千四百枚炸弹均已准备就绪,蓄势待发。数十辆轰炸机不停地在空中盘旋,每架都携带几颗核武器,做好了只要收到命令即刻前往苏联打击目标的准备。在距离古巴不到一百公里的佛罗里达州,美国聚集了二战以来最大规模的侵略部队:十万士兵、九十艘战舰、六十八个飞行中队,以及八艘航空母舰。

肯尼迪政府得知苏联赫鲁晓夫政府在古巴秘密装备核导弹。美国已经具备从西欧或土耳其的军事基地打击苏联城市的能力。与其相应,古巴的导弹同样会令苏联拥有打击美国城市的能力。卡斯特罗和切·格瓦拉欢迎苏联在古巴布防导弹,认为这样可以对美国攻击古巴的举动造成威慑。毫无疑问这种想法是错误的,因为指望苏联冒着自己城市被核武器毁灭的危险,只为取悦古巴人,这根本就没有什么可能性。

然而,美国政府却做好了冒险引爆核战争的准备,只为逼迫苏联移走导弹。后来总统的兄弟罗伯特·肯尼迪透露,当时世界迈入核战争只差一步。"我们都同意,如果苏联人准备好在古巴问题上爆发战争,那就说明他们已经准备好发动核战争,我们或许同样应该立即摊牌,而不是在六个月之后。"这段美国总统当时关于古巴导弹危机的谈话记录表明,世界上最强大国家的政府的确准备冒险与苏联展开核战争。[289]这段话同时也展现出,肯尼迪对古巴问题的执迷与更加广阔意义上的问题紧密相连,那就是生怕美国的全球霸权遭到腐蚀。

核战争最终得以避免,因为赫鲁晓夫在最后一分钟作出了妥协,同意将布防在古巴的导弹撤走——赫鲁晓夫仅在苏共中央委员会政治局内小范围商讨后就作出了这一决定,这令古巴领导人非常不快。实际上,苏联领导人判定,他们无法挑战苏联和美帝国主义作为世界两大霸权国家在全世界范围内划分势力范围的现状,就像在匈牙利革命时期,美国也没有对这一现状作出挑战一样。这件事情在接下来的岁月里产生了极其重要的意义。双方都继续积累大量核武器。但他们这样做的基础是所谓的"缓和国际紧张局势"——一种不会过分践踏彼此权力的协议。这种状况一直持续到1980年,尽管其间双方阵营都发生了翻天覆地的变化。

对于苏联撤走导弹的决定,古巴领导人心烦意乱。古巴一直被视为谈判的筹码,对此他们完全无能为力,因为古巴一直仰仗苏联的经济支持。这种从属关系对古巴国内的影响,体现在工业化计划的逐渐缩水,以及倒退回革命前对蔗糖出口的依赖。革命初期提倡的"农业多种经营",被争创蔗糖丰收新纪录的口号所取代。在国际关系方面,古巴曾经作出简短的努力,试图打破苏联政策强加的束缚。古巴领导人组织了"拉丁美洲团结组织"和"哈瓦那三洲会议",在会上,古巴对苏联强加给第三世界共产党和民族解放运动的政策进行了半公开的批评。切·格瓦拉最后离开了古巴,试图通过在刚果-扎伊尔和玻利维亚的游击斗争将这些批评付诸现实。但不论是批评还是格瓦拉的游击实践,都并非建立在对特定形势下阶级力量的具体评估基础上。相反,切·格瓦拉试图在其他地区套用古巴的革命斗争模式——实际上,古巴革命是在非常特殊的环境下才取得成功的。切·格瓦拉在刚果进行的革命是一次惨败,在玻利维亚的行动也屡屡受挫,一场灾难连着一场灾难,直至最后被杀——他被中情局派出的一名特工逮捕后射杀。到了1968年,卡斯特罗和古巴政府重又退回到支持苏联模式的道路上来。

越南战争

1960年代初,美国的对越政策,与美国对待其势力范围内的其他地方一样,都采取了利用"顾问"组织军事行动、打击敌对力量的方法。罗伯特·肯尼迪曾对记者说:"我们拥有三十个越南。"[290] 表面上看,他的确有自信的理由。美国政府制订计划稳定拉美,"进步同盟"看似成功地阻止了古巴革命的再次发生,委内瑞拉、危地马拉、玻利维亚和其他地区的游击活动都被击败。1960年代中期,及时派遣的美军阻止了反对美国指定的刚果独裁者蒙博托的起义军,挫败了多米尼加共和国的一次人民起义。在印度尼西亚,甚至不用出动美军。中情局与苏哈托将军合作(苏哈托以一次左翼力量将军们流产的起义为借口屠杀了五十万人民),摧毁了第三世界国家中最强大的共产党,取代了深受人民欢迎的独立运动领导人苏加诺。

但是,罗伯特·肯尼迪对越南的吹嘘却被证明是一个错误。越南在1954年朝鲜战争时就被分治。越南民族解放运动军队在奠边府大败法军,令法国控制越南为殖民地的企图落了空。但在苏联和中国的劝说下,"越南独立同盟"只控制了北越地区,听凭曾经支持法国殖民统治的越南人逃往南越,直至举行全国大选。美国一直在法国的对越控制中投资颇多,所以此时积极资助南越政府,想要确保全国大选永不发生。

南越地区的所有反抗都遭到越来越血腥的镇压。佛教僧侣自焚以示抗议,前"越南独立同盟"的战士逃往乡间,拿起武器自保。很快,到处都展开了游击战,城镇暴乱不断,政府只能依靠美军不断的支援来维持统治。约翰·肯尼迪当选总统后,向越南派遣了四百名

"美军顾问",在他遇刺身亡时,派往越南的人数已升至一万八千人。1965年,美国海军陆战队登陆岘港,一个月内就有三万多名美军士兵抵达越南,到了年底更是增至二十一万。在此期间,美国空军发动了历史上规模最大的轰炸战,连续轰炸北越和南越——日复一日、周复一周、年复一年,相信此举必能让解放武装放弃抵抗。

越南战争与朝鲜战争不同:朝鲜战争是一场由常规军发动的战争,北朝鲜的领导人可以随时取消行动。越南战争则是一场反抗压迫性政权的自发战斗,北越的领导人无法轻易地将这些斗士召回、背叛他们,否则其作为全国独立运动斗争先锋的声誉就会一落千丈。

美国深陷越南战争的泥潭,并没有轻松脱身的良法。美国能够在南北越分界线附近的溪山建立前线营地,并付出巨大代价阻止被南越解放军攻占,但它却无法利用这一营地令周边乡村屈服,最后只能选择放弃。美国能够维持对城镇的控制,但却无法避免于1968年初越南新年差点被越南解放武装的突袭所推翻。美国无法中止其在越南战争中的开支不断升级,令其总军事开支增加了30%,引起美国大企业集团的抗议。最后,随着年轻人反对恐怖的战争和被征入伍去战场上厮杀,美国无法阻止越南战争给美国社会造成巨大的裂痕。

中国:从"大跃进"到市场经济

1950年代和1960年代初,中国的国家形象一直是:在一片广袤的土地上,到处都是面带微笑的农民和欣喜万分的工人,与苏联共建共产主义世界的联合领导人,稳健地向着平和富裕的社会主义前进。

这幅画面出现在全世界数千份左翼力量的报纸中。

但在美国眼中，中国的形象则大不相同。中国是最大的红色威胁，是布满有组织憎恨的一片土地，几亿人盲目听从上层人物的命令埋头辛苦劳作，甚至比苏联更加接近乔治·奥威尔在《1984》中描述的噩梦世界。这幅画面在美国支持越南战争的宣传中扮演了重要角色。美国声称中国试图向南扩张势力，摧毁自由。如果中国在越南取得了成功，东南亚其他国家就将会是中国接下来的目标，将会如同多米诺骨牌般先后倒下，直至"自由世界"中再无安全之所。

实际上对占据世界人口五分之一以上的中国人而言，上述两种形象都与现实不符。美国的宣传忽略了苏中关系自1950年代中期以来出现了日益严重的裂痕。到1960年代初，苏联停止对华援助，撤回了数千名苏联专家，两国在国际会议上互相谴责彼此的政策。

中国政府的宣传则掩盖了国内的阶级分野和大多数人民生活的极端困苦。自1949年接管了中国最大的几座城市后，人民解放军的领袖们为了重建经济而遵循团结所有阶级的政策，包括部分资本家。1950年代初，这一政策让位于工业化规划，以苏联斯大林政府的追求目标为模板，同样致力于完成西方资本主义已经取得的成果。许多工业已经在国民党时期收归国有，或者从其前日本主人处没收充公。国家如今接管了余下的大部分工业，但只付给原主人固定的分红（因此在"红色中国"依然存在百万富翁）。控制国家机器的主要都是受过教育的中产阶级，其中大多还是国民党时期的官员。在地主控制的地区展开了土地革命，但是富农并未被触及。大多数工人的生活条件依然与从前一样。

这些措施促进经济取得极大发展——据官方数据显示，1954—1957年间的国民经济，以每年12%的速度突飞猛进地增长。但即便是这样的发展，距离中国"赶英超美"的目标依然相差十万八千里，毛泽东领导集体中的部分人开始害怕，除非采取决绝手段，否则中国将会沦为又一个经济停滞不前的第三世界国家。1958年，不顾刘少奇和邓小平等其他领导人的反对，中国政府开始了"大跃进"运动，旨在极速实现工业化。

每个地区都大炼钢铁，导致重工业迅速发展。通过剥夺农民的小块土地，强迫人们加入巨大的"人民公社"，才能填饱数百万新产业工人的肚子。1958年和1959年，"大跃进"看上去进行得非常成功。官方提供的数据显示，每年的工业增长率几近30%，全世界中国共产主义的热情支持者都欢呼"人民公社"带来了新时代的曙光。然而，进入1960年后，残酷的现实便无情地打击了中国。中国并不具备能够养活"人民公社"的技术设施，只是简单地将农民赶到一起并不能克服数个世纪以来各个家庭之间彼此竞争对抗的传统。粮食产量灾难性地巨幅滑落，数百万人饿死。各个地区自建的新兴工业，技术水平很低，效率极低，通过消耗资源对整体经济发展妨害甚大。"大跃进"运动最终变成一场灾难，人民群众付出了惨痛的代价。仅靠愿望显然无法克服帝国主义近百年间在中国造成的停滞和欠工业化。

中国领导集团以分解毛泽东的权力、回归更加平衡适当的工业化措施来应对当下危机。但是，这一措施很难取得成功。1965年的工业产量比1960年还要低。当劳动力以每年一千五百万人口的速度在增长，每年新增的工作岗位却只有五十万个，两千三百万大学毕业生发现很难找到有意义的工作。[291]

随着问题日积月累，毛泽东身边的领导集团再次感到，只有采取紧急措施，才能打破僵局。这一次，他们相信自己找到了一个可以承担重任的群体，那就是广大深感希望受挫的年轻人。1966年，毛泽东及其核心支持者们（包括毛泽东的妻子江青和国防部长林彪在内）宣布："文化大革命"开始了。

他们认为，中国被掌控着党和国家机构的当权者的"文化"所拖累。这些当权者变得软弱而懒惰。这种趋势已经让苏联走上了"去斯大林化的资本主义道路"，他们也会将中国拖回到"孔夫子"的老路上去。因此，年轻人必须对阻碍毛泽东政策的那些人展开激烈的群众批斗才能阻止中国回到老路上，这是年轻人的任务。毛泽东及其核心支持者们关闭了所有教育机构长达六个月，鼓励一千一百万大学生和高中生免费乘坐火车从一地到另一地展开"革命串联"，参加批斗。

"无产阶级文化大革命"绝非无产阶级参加，也绝非一场革命。在学生们举行大规模集会、在全国四处串联的时候，上层人士则期望工人们继续安心工作。实际上，"文化大革命"的部分含义在于，工人应当抛弃关注"资本主义"式的奖金、健康和安全等问题，因为那些都是"资本主义经济"才关注的东西，"毛泽东思想"给每个人都提供了十足的建设动力。与此同时，运动中的学生则得到指示，不要干涉部队和警察的功能。这就是一场试图避免将国家弄得翻天覆地的"革命"！

学生"红卫兵"不仅被鼓励在学校冲破束缚，大肆造反，还要打击那些在他们看来缺乏革命热情者。在上层权力集团中，这意味着将目标锁定在那些在"大跃进"运动中提出不同意见的人身上。刘少奇、邓小平及其他人被迫解除职务。在地方上，这则意味着那些多少被视为代表"旧秩序"的几乎没有什么权力的小人物成了替罪羊，如教师、作家、记者、职员或演员等。丧失理性的迫害在许多文艺作品中都得到了鲜活的体现，包括曾是"红卫兵"一员的张戎所著的《鸿：三代中国女人的故事》中的片段，电影《霸王别姬》中京剧演员被批斗的一幕,以及戴厚英关于一群知识分子的小说《人啊,人》。

但是,"文化大革命"并非只是一场丧失理性的大爆发。毛泽东利用的挫折已经足够多。正因如此,他再也无法控制这场他本人发起的运动。在许多城镇和教育机构中都出现了很多彼此存在着争权情况的"红卫兵"和"造反派"团体。其中一些团体被地方和党政机关控制。但其余大部分团体都开始吸引年轻工人,开始提出影响广大民众生活的问题,而且在上海还开始参与大罢工。

毛泽东试图阻止这场仅在几个月前才由他发起的运动,他命令林彪领导的军队在各地恢复秩序。此举促使部分学生转而反对整个社会制度。湖南的一个团体谴责"新官僚资本主义的统治"。其他人的批评则为1970年代的"西单民主墙"运动奠定了基础。[292] 在广大学生依然坚信毛泽东这一信仰的帮助下,军队的决定性举措终结了"红卫兵"运动。那些通过运动来宣泄情感的人,无论是以一种多么扭曲的方式,如今都付出了沉重代价。数百万人被迫离开城市,上山下乡——据估算,十分之一的上海人被下放。[293]

然而,大众参与的"文化大革命"的终结,并非中国动荡的终结。1971年,毛泽东指定的接班人林彪,由于兵变企图被揭穿而突然叛逃苏联,结果乘坐的飞机在中苏边境坠毁。1970年代初,权力集中到了周恩来手中,周恩来将他指定的接班人、已经被贬的邓小平重新拉回了中央班子。毛泽东的妻子和其他三位合谋者("四人帮")于1974年曾短暂地控制了政局,再次清洗邓小平及其势力,重提"文化大革命"的政治语言。不过,周恩来总理逝世引发的规模巨大的人民自发游行纪念显示出,"四人帮"是多么不得人心;毛泽东于1976年去世后,"四人帮"立刻被推翻并囚禁起来。

世界上大多数左翼力量都热情地赞扬"文化大革命"。在许多反对美国插手越战的国家里，人民在游行中高举着毛泽东和北越领导人胡志明的画像。《毛泽东思想》这一小红书中被一再引用的领袖经典语录，更是成为社会主义者活动的指路明灯。然而，1972年，随着美军在越南的炸弹攻势日益凶猛，毛泽东在北京与美国总统尼克松进行了会谈；到了1977年，在邓小平的领导下，中国开始实行市场经济政策，而且在一些具体举措上比苏联斯大林的继承者们做得还要彻底和投入。

西方媒体将这一波三折视为一种疯狂的非理性的结果。到了1970年代末，许多曾于1960年代认同毛泽东思想的左翼力量都同意，是时候该转身了。法国出现了前毛主义"新哲学"学派，认为革命会自然而然地演化成暴政，革命的左派与法西斯的右派一样坏。然而，这二十五年看似毫无理性的中国历史，却有一个简单合理的解释。那就是：中国只是没有足够的国内资源帮助它去成功地追寻斯大林主义强迫工业化的道路，不论其统治者饿死多少农民、如何压榨工人。但对中国而言，在经历了一个世纪的帝国主义掠夺之后，并没有其他容易接受的选项。由于无法找到合理的解决方案，统治者便被那些丧失理性的方案所诱惑。

第十章
无序的新世界

大多数1960年代中期发达资本主义国家的观察者都认为，此时的资本主义已经摆脱了两次世界大战之间的问题。资本主义国家不再受到不断加深的衰退、无穷无尽的经济不确定性，以及革命左派与法西斯右派之间的两极分化政治的困扰。美国社会学家丹尼尔·贝尔声称，这是一个"意识形态终结"的时代。由于已经找到了"组织生产、控制通货膨胀、维持充分就业"的方法，贝尔声称："今天的政治已经不再是任何内部阶级分野的反映。"[294] 贝尔为《撞击》杂志供稿，该杂志由中情局资助。但就连那些憎恨中情局的人们也不得不得出相似的结论。因此，德裔美国马克思主义学者马尔库塞写道："保存和改善体制现状这一高于一切的利益目标，令当代社会最发达地区内昔日的仇敌（资产阶级和无产阶级）团结起来。"[295]

看起来似乎历史，或者至少是阶级斗争的历史，就要终结——可能除了在第三世界。无需致谢贝尔或马尔库塞，三十年后日裔美国政治学家福山再次阐述了这一观念。

然而，自1960年代中期至1990年代初这段时期，却是充满了社会动荡、突然到来的经济危机、激烈的罢工运动，以及世界上最强大军事阵营的崩塌。历史并未走向终结，相反，它仍在加速向前。

20世纪后半叶有三大重要转折时刻：1968年、1973—1975年、1989年。它们一起摧毁了"冷战"时期恢弘的政治、思想和经济大厦。

1968年：闪闪发光的自由之音

1968年常被称为"学生运动之年"。这一年，世界各地的学生，如在西柏林、纽约和哈佛、华沙和布拉格、伦敦和巴黎、墨西哥城和罗马，纷纷举行示威、游行和占领运动。但是，这一年发生的事件并不仅限于此。它还见证了美国黑人革命的最高潮、美国的军事声誉在越南战争中遭受了有史以来最严重的打击、捷克斯洛伐克抵抗苏军的侵略、法国爆发了世界历史上规模最大的罢工运动、撼动意大利社会长达七年的工人运动浪潮席卷而来，以及如今众所周知的北爱尔兰"麻烦"的缘起。学生运动是更广泛的社会力量彼此冲突的象征，尽管学生运动反过来也会对其他社会运动产生影响。

实际上，1968年爆发如此多的冲突和运动，是一件颇令人感到吃惊的事情，因为1968年的社会看上去显得非常稳定。麦卡锡主义已经摧毁了1930年代就已在美国存在的左翼力量，美国工会领袖的官僚和保守也是臭名昭著。捷克斯洛伐克是东欧最繁荣的国家，也是在1956年动乱中受影响最小的国家。法国已经在戴高乐几近独裁的统治下度过了十年，左翼力量在选举中表现糟糕，法国工会的力量也非常虚弱。意大利政府犹如走马灯般你来我往，但却始终置于基督教民主党人手中，依靠天主教教会吸引选民按照他们的利益投票。

这种社会安定的情况，主要来自这些国家近年来稳定的经济增长。然而，这种增长却滋生了暗中破坏稳定的力量，这些力量于1968年在现存的政治和思想结构上扯开了一个口子。

在美国这段长期繁荣的最初，大多数黑人的状况都与奴隶制废除时几乎没有差别——他们依然是南部乡村收益分成的佃农，当地政府和白人种族主义者使用枪支、皮鞭和套索来强迫他们接受下等人的地位。经济繁荣加速了黑人从乡村流向城市寻找工作的潮流。到了1960年，四分之三的黑人都居住在城市。这种居住的高度集中，开始令黑人生出直面种族主义者和国家政权的信心。1955年，在阿拉巴马州的蒙哥马利，由于黑人妇女罗莎·帕克斯拒绝坐在公共汽车上的黑人隔离区，引发了一场声势浩大的公共汽车抵制运动。1965年、1966年和1967年，在洛杉矶、纽瓦克和底特律等北方城市，相继掀起了黑人暴动。1968年黑人运动领袖马丁·路德·金遇刺身亡，几乎全美国的黑人聚居区都揭竿而起，众多年轻黑人开始加入"黑豹党"，号召黑人武装自卫、掀起革命。

1940年代末，法国和意大利稳定现存体制的能力——包括法西斯时期的西班牙和葡萄牙稳定当时体制的能力——都有赖于这些国家的大部分民众依然是小农，可以在贿赂或恐吓下维持现状。非常保守的天主教教会能在许多地区控制局面，就是这一原因使然。但是，长期繁荣改变了一切。1968年，来自农村的男男女女聚集在南欧各国的工厂和其他大型工作场所。最初他们带有乡村地区的偏见，反对工会，或者支持保守的天主教团体。但是，他们与那些依然记得1930年代及战后大罢工斗争的老工人群体面对同样的环境和条件：遭遇残酷无情的重压必须更加卖命地工作、受到工头和经理的欺侮，以及节节攀升的物价带来的沉重压力。1968年和1969年，他们逐渐融入一种新的强大力量之中，开始挑战整个体制。

1950年代中期，捷克斯洛伐克的稳定也是经济繁荣的结果。其年均经济增长率达到7%左右，令统治官僚阶层感到安全，与此同时也极大地提升了工人的工资。1960年代初，经济增长开始放缓，令社会各个阶层都产生了挫败感，统治官僚阶层中开始出现分歧。党内领袖人物迫使主席和党书记诺沃特尼辞职。知识分子和学生把握机会，二十年来首次自由表达意见。整个审查设置轰然坍塌，警察力量粉碎不同政见者反抗的力量也突然间变得无比虚弱。学生们组成了自由的学生会，工人们开始投票选举国家任命的工会领导人，部长们在电视上大谈其政策，对斯大林时期的恐怖统治也可以进行公开讨论。这令苏联领导人无法接受。1968年8月，苏联派出大规模部队入侵捷克斯洛伐克，将捷克政府的核心人物抓到了莫斯科。

他们希望一夜之间就能粉碎异己，但此举反而加大并加深了分歧。对开进捷克的苏联坦克的抵抗实际上很有限，而且多为消极抵抗。在作出保证控制不同政见者的承诺后，苏联被迫允许捷克政府成员返回其国内。经历了九个月断断续续发生的示威游行和罢工后，这一承诺终于得到履行。最后，苏联成功地在捷克强加了一个傀儡政府，通过剥夺人们的工作、在有些地方甚至将人们关进监狱，令公开的反对声音销声匿迹。斯大林的国家资本主义在捷克斯洛伐克又统治了二十年。

然而，这段时期对斯大林体制在思想上的打击也十分巨大。捷克事件令国际左翼力量于 1956 年提出的疑虑再次复苏。西欧大部分国家的共产党都谴责苏联占领捷克，他们这样做倒是令其与国内的社会民主党人和中产阶级政治力量的合作变得更加轻松。越发向左转的年轻人普遍谴责所谓"帝国主义、东方和西方对抗"等言论。在东欧，包括捷克斯洛伐克在内，执政党逐渐不再受到实质上的意识形态承诺的约束——加入政党成为纯粹出于职业发展考虑的一步，而不再具有更多含义。

甚至就连美国在越战中面临的问题，也在一定程度上是长期繁荣的结果。1968 年，"新年攻势"将越战推到了世界舞台的中心。但对美军而言，"新年攻势"也并非一次彻底失败。当时美军鼓吹已经重新控制了城市，而事实上，所谓的控制就像一位将军承认的那样："我们为了拯救城市，就必须摧毁它。""新年攻势"是越南战争的转折点，因为它令部分关键的大商人明白，美国无法承担维持控制越南的高额开销。美国在越南战争上的花销并没有在朝鲜战争上多。但是由于此时日本和西德的资本主义进入繁荣期，美国无法在支付越南战争高额军费的同时，从容应对日德在经济上发起的挑战。而且越南战争还破坏了约翰逊总统提出的一个名为"伟大社会"的社会福利计划，约翰逊总统希望借此计划扬名立万，并为美国社会提供长期的稳定。

最后，在所有发达资本主义国家中，长期繁荣令学生人数大幅增加。国家极大地增加了对高等教育的投资，旨在加强国家资本主义的竞争力。二战爆发时英国只有六万九千名大学生，1964 年其大学生人数达到三十万。人数的飞速增长同时也为学生人群的组成带来了质的变化。过去，大学生主要来自统治阶层及其随从，如今则主要由中产阶级的孩子们组成，另有少许工人阶级的孩子。大学的规模也越来越大，采用统一设计，学生集中在校园学习，其方式与工人集中在工厂做工的方式十分相似。加州伯克利的大学生就曾因此示威抗议，抱怨大学成了"知识工厂"。

学生们就是在这样的地方聚上三到四年，毕业后分散到更加广泛而不同的社会阶层之中。但是他们发现，共同的成长经历能够产生共同的情感和利益，能够促使他们采取集体行动。另外还有其他能够达到同样效果的因素，那就是社会上更加广泛存在的思想意识矛盾。所有这些都存在于大学浓缩的环境中，数千名社会学、文学、历史学或经济学专业的年轻人济济一堂，被期望着去吸收和明确表达关于意识形态的主题。

这就意味着更广泛的社会中发生的问题，可能会在大学校园集中爆发。例如，柏林的学生运动源于伊朗暴君访问期间警察杀死了一名抗议者；美国的学生运动源于反对越南战争和支持黑人运动；波兰的学生运动源于反对监禁不同政见者的示威游行；捷克斯洛伐克的学生运动则是反对苏联占领运动的组成部分。

由学生问题所引发的斗争，很快就蔓延到应对所有社会问题的范围内。这一点在法国表现得尤为强烈。面对小规模的学生示威活动，法国当局以关闭整个巴黎大学并派遣警察冲进学校来回应。越来越多的学生加入示威队伍，虽然惧怕警察的暴力镇压，但是警察也曾在"路障之夜"（5月10日）被学生短暂地赶出左岸地区。学生运动代表着成功反抗戴高乐政府的统治秩序，反对极权主义和使用武装警察来镇压罢工和示威运动。迫于来自社会下层的压力，与政府对立的工联领导人号召于5月13日举行大罢工——他们对民众的热情回应感到非常惊讶。第二天，在大罢工取得胜利的鼓舞下，年轻工人掀起了一场占领南特南方飞机公司工厂的暴动。其他工人也纷纷效仿，两天内，整个法国的景象就像 1936 年占领时期，但是范围则要更大。在两周时间里，政府陷入瘫痪，媒体持续讨论最多的就是"革命"正在爆发。戴高乐在绝望中秘密逃往德国，向驻德法军的将军求救，要求后者出兵平息这场暴乱，但却被告知，他的任务就是尽快结束骚乱。最后他还是通过作出让步才做到了这一点，他许诺提高工资、进行普选，这才劝服了工会、更重要的是劝服了共产党，让他们劝说工人回到了工作岗位上。

其实在"五月风暴"事件发生之前，国际学生运动的广泛传播，已经令革命语言成为新的流行语。但是直至 5 月，革命思想依然受到马尔库塞等人思想的禁锢。运动的特色口号是"学生的力量"。5 月改变了一切。从此以后，正在发生的一切就越来越与 1848 年革命、1871 年革命、1917 年革命和 1936 年革命紧密联系起来——在有些情况下还与 1956 年事件联系在一起。在西方，被排斥在知识分子主流思想外长达二十多年的马克思主义思想，突然之间又变得流行起来。三十年后，西方世界年长的知识分子依然在热情地回忆或者哀叹"六十年代"的巨大冲击力。

不单是狭义上的知识分子思想界感受到了 1968 年左翼力量的影响。许多更加广泛的"群众"和"青年"文化，也受到了极大感染。年轻人激烈挑战其成长过程中遇到的陈词滥调。他们的服装和发型都发生了极大改变，此前只属于"地下"少数群体的风尚，如今也大范围地流行起来。使用大麻、安非他命和迷幻药等娱乐性毒品的情况非常普遍。更重要的是，越来越多的好莱坞电影都在挑战而非宣传"美国梦"，有些流行音乐则开始创作性欲及浪漫爱情之外的主题。

在美国，最初的"运动"：民权运动、黑人解放运动、反战运动及学生运动，催生了其他运动。它们激发北美印第安人揭竿而起，反抗压迫；纽约的同性恋俱乐部对暴徒的袭击予以还击，组建了"同性恋解放阵线"。风起云涌的运动浪潮也促使数千女性挑战美国社会中女性地位较低的现状。她们创立了"女性解放运动"，质疑自阶级社会出现起女性遭受的压迫，这场运动得到了那些与运动并无直接联系的女性的强烈回应。许多女性开始成为雇佣大军的一部分，因此也享受到工作给予的独立，她们的思想和立场在运动中得到了表达。

新的僵局

激进运动的浪潮并未随着1968年的结束而终结。1970年，美国爆发了规模最大的一次学生抗议运动。俄亥俄州肯特州立大学的学生举行示威活动，反对尼克松总统将越南战争扩大到柬埔寨，国民警卫队向学生开枪，打死了三名学生。全美大学在一个星期内都被占领。希腊学生运动爆发于1973年，占领了雅典市中心的理工学院，撼动了执政六年的军政府，并于七个月后协助推翻了它。在西德，大学持续几年成为左翼力量（主要是毛主义者）的大本营，在一个总体上而言并不关心政治的国家点燃了骚动。

然而，在1968年之后，有几个国家发生了重要转变。学生不再是左翼反抗运动的中心力量。在意大利1969年"火热的秋天"之后，钢铁工人占领了工厂，工人运动成为核心力量。西班牙也一样，工人运动自1970年末就扮演了核心角色。佛朗哥去世前的政权如此虚弱，以至于他的继任者在1975年他刚刚撒手人寰就匆忙展开了"民主"改革。在英国，大部分工会主义者都违背工会领袖的领导，对爱德华·希思的保守党政府造成巨大打击，致使他在1974年初以"谁在管理国家？"的疑问发起了选举运动——并最终以失败收场。

学生有时能够点燃工人参与其间的斗争，但是斗争如何终结则有赖于工人组织。这一点在1968年5月的法国得到了清晰体现：工会和共产党不顾著名学生领袖们的反对，成功地终结了大罢工。1975年至1976年的意大利、英国和西班牙也一再发生能够证明这一点的事件。意大利的基督教民主党人、英国的托利党和西班牙的佛朗哥，都无法仅凭一己之力缩短并终结罢工。政府只能通过与工会领袖和工人政党签署协议才能做到这一点——这在意大利被称为"历史性的妥协"，在英国被称为"社会契约"，在西班牙则被称为《蒙科洛协议》。

随着长期繁荣逐步走向尾声，无论在哪个国家，此举都是为了缩短和控制工人运动的发展——在眼看一记重拳就要正中面门的时候，降低人们的防备。

世界上还有一片地区，在那里，1960年代末的学生激进主义运动，带来了1970年代工人斗争的高潮，那就是拉美南部的"圆锥"地带。1960年代末，阿根廷的科尔多瓦险些爆发起义[296]；而占领土地的浪潮则挑战着智利基督教民主党总统。在这两个国家，自下而上的改革动力被引领着走向宪政方向。

在阿根廷，社会运动的中心问题围绕着流亡的战后独裁者皮隆回归这一需求。在他统治的时代，阿根廷农作物的出口价格很高，令国内工人得到了相对较高的工资和较好的社会福利。人们相信，皮隆的回归将会带回过往的美好时光。皮隆的支持者们（包括彼此竞争的左翼和右翼）不断重复这一观点，就连强大的城市游击组织皮隆主义左翼城市游击队"蒙托内罗斯"也表示赞同。实际上，皮隆最终的回归没有给工人带来任何好处，而是令右翼力量和武装部队展开屠杀，左翼对此显然毫无准备。皮隆死后，军方感到自身力量已经强大到足以直接掌权。此后，数万名左翼活跃分子，整整一代人，都被谋杀，或者凭空"消失"。

在智利，议会社会党是新的战斗精神的受益者。其领导人之一萨尔瓦多·阿连德于1970年当选总统，议会中的右翼大多数派同意他就任，条件是他必须作出宪法保证，不会干扰军队指挥系统。重要的美国商业利益群体对此很不高兴，在阿连德执政的两年间，智利统治阶层的大多数人也加入了不满的行列。1972年秋，以货车主为先锋的"老板罢工"揭开了一场阴谋推翻阿连德政府的运动。但因工人夺取了工厂，建立起了工厂的警戒组织（与1917年和1956年的工人委员会颇为类似），阴谋被挫败了。1973年6月爆发了一场失败的军事政变，因为军队与规模巨大的街头示威运动之间出现了分裂。但是，共产党和大部分社会党人告诉人们，应当逐步结束警戒，相信军队的"宪政"传统。阿连德将奥古斯托·皮诺切特等将军吸收进政府，相信此举会平息右翼骚动，维持社会秩序稳定。9月，皮诺切特挑起兵变，炮轰阿连德的总统府，杀死数千名工人运动积极分子。欧洲的工人运动由于领导人的政策而陷入休眠，南美的工人运动则浸泡在鲜血之中。

1968年点燃的火种在欧洲再次燃起熊熊大火。自1920年代起，葡萄牙就遭受带有法西斯特质的独裁统治。但到1970年代中期，葡萄牙为了留住非洲殖民地而进行的战争眼看就要失败。1974年4月，一场军事政变推翻了卡埃塔诺的独裁统治，保守派将军斯皮诺拉取而代之，他得到了葡萄牙最重要的垄断企业的支持，致力于协商解决战争事宜。

独裁统治的坍塌激起了人民的反抗浪潮。里斯纳弗和塞特纳弗等大型造船厂被占领。面包工人、邮政工人和机场工人举行了罢工。许多冒险发动兵变的军官都要比斯皮诺拉激进得多，他们希望即刻结束战争，而斯皮诺拉则希望战争拖延下去，直至解放运动同意接受旨在保护葡萄牙商业利益的和平条款。唯一组织得当的地下党就是共产党。共产党的领导人与斯皮诺拉达成协议，终止罢工（此举令共产党失去了里斯本地区部分最强大工人团体的信任），加入政府，并试图将中产阶级支持者渗透到军队和媒体中颇有影响力的位置上。葡萄牙共产党的目标在于，通过在工人和将军之间保持平衡来提升自己，直至能够依据战后东欧路线建立政权。这几乎是一种不可能奏效的策略。共产党既无法阻止里斯本工人的武装行动，也无法平息军队的不满，导致左翼力量壮大，使其无法在西方资本主义框架内平息在自家门口发生的革命。

右翼力量两次未果的政变导致斯皮诺拉下台，工人和军队变得更加激进。在美国中情局和西欧社会民主政府的支持下，右翼力量在葡萄牙北部乡村组织了一系列接近起义的暴动。手握军权的军官们的政治立场摇摆不定，从一派变到另一派。1975年11月，在社会民主主义者的支持下，一名高级军官成功地煽动部分左翼军官发动了一场并非全心全意的政变夺权，并以此为借口将数百支队伍开进里斯本，解除了叛军武装。几个星期前力量还非常强大的共产党，却没有组织工人阶级进行反抗。1976年夏天这场令欧美资本主义国家领导人忧心忡忡的革命，到了秋天便这样几乎是无声无息地就被击溃了。

一场暴雨

长期繁荣于 1973 年秋突然中断，西方经济同时步入衰退期，这是 1930 年代以来的第一次，失业率也翻了番。这令全世界的政府和企业都大惊失色。由于主流经济学家一直无法解释 1930 年代大萧条出现的原因，所以也就没有人能够确定他们现在是否遇到了同样的状况。

在 1950 年代和 1960 年代，人们已被劝服经济衰退不可能再发生，因为他们采用了经济学家凯恩斯的处方。经济周期循环已经成为历史，世界上最畅销的经济学教科书作者、诺贝尔奖获得者保罗·萨缪尔森于 1970 年这样宣称。但当他们试图在衰退时实施凯恩斯主义的补救方案时，却发现并不奏效。唯一的效果就是增加了通货膨胀，与此同时失业率依然居高不下。到了 1976 年，他们在惊慌失措中放弃了凯恩斯主义，害怕长此下去会加大通货膨胀的危险。经济学家和政治作家在一夜之间就转变了态度，相信彻底"自由"的、不受国家干预束缚的市场——这是一种此前只有弗里德里希·哈耶克和米尔顿·弗里德曼等少数几位被孤立的预言家才相信的理论。自从神学家改变他们对公认君主的"信仰"以来，还未曾见过如此大规模的知识分子"信仰"转换。

然而，自由市场鼓吹者的受欢迎，也无法将失业率降回到长期繁荣时期的水平。它也无法阻止 1980 年代初出现的又一波经济衰退，令失业率再次翻倍，甚至比 1974—1976 年的那一波衰退影响了更多的国家。

对 1974—1976 年危机及 1980—1982 年危机一种比较流行的解释是，将其归咎于 1973 年 10 月阿以战争之后原油价格突然飙升，以及 1980 年两伊战争爆发。但是，1990 年代初新危机爆发时，原油价格正呈下跌状态。对1974—1976年危机的另一种解释是，提高的工资对利润造成了冲击。但这也无法解释后来发生的危机，因为世界上最重要的经济体美国的工资在1970年代中期之后便稳步下跌。[297]

这一体系的基础层面已经发生了变化，"黄金时代"变成"灰铅时代"。朝鲜战争期间，美国能够承受巨大的军费开销，这一开销占其国民生产总值约20%，等于投资盈余的一半。这为美国的工业提供了市场，也为日本等基本没有军费开支的国家提供了出口市场。但到越南战争时，来自这类国家的竞争意味着美国无法继续负担原有的军费开支。美国依然在生产巨量的武器，但其占国民生产总值的比例只是朝鲜战争时期比例的三分之一。这显然无法抵挡周期性且逐步加重的世界性经济衰退，即便它们还没有达到1930年代大萧条的程度。[298]

当然，这并未在发达国家终结所有的经济增长。但是，发达国家的经济增长却要比从前慢得多，也不平衡得多，增长和衰退循环出现。1980年代人均产量的增长不足1960年代初的一半。失业率达到了长期繁荣时期无法想象的水平，一度常年超过10%，在爱尔兰和西班牙等国更是飙升到接近20%。美国1980年代末和1990年代末的低失业率，源于福利被缩减，迫使人们接受工资极低的工作——美国最贫困的10%人口的所得，比英国同比最贫困人口的所得还要少25%。[299]

工作不稳定成为全世界范围内的普遍现象。到了1990年代，主流政治家开始嘲笑人们能够找到"终生工作"的想法。然而，"终生工作"一词实际上概括了长期繁荣时期大多数人认定理所应当的观念。当然，随着某些行业兴起、某些行业瘦身，人们会更换工作。但除了在少数几个"衰落行业"，工人通常都可以自行作出选择，追求更好的前途，而不是受到被裁员使然。如今，被裁员的推动力却成为一种规则，民意调查显示，半数上班族都害怕自己会被裁员。

资本主义社会比人类历史上其他任何一种阶级社会形式都更有活力。它的积极活力、其不断变化的特质，无论在经济萧条时期还是在经济繁荣时期都同样典型。有些公司破产倒闭，其他公司则以它们为代价繁荣起来。有些行业衰落下去，其他行业则不断扩张。即使在最糟糕的衰退期，也会有经济增长的行业——例如，典当行，它们会购绝望者的物品，保护有钱人的财富。

"灰铅时代"依然保持着活力，但却并不是像长期繁荣时期那样旨在改善大众生活，而是威胁着要夺走过往已经取得的成果。整个行业都消失了，城镇被弃为荒地。人民的福利被削减到五十年前的水平——在美国有些州甚至干脆废除了人民的福利。在此期间，贴上鲜明右翼标签的"撒切尔主义者"或"新自由主义者"鼓吹释放"进取心"，并发现他们的号召在那些将回归19世纪正统政治思想视为"现代性"证据的社会民主党政客中得到了回应。

1970年代中期，这种向右转对激进的左翼力量造成了巨大打击，这次失败令他们心灰意冷——有些情况下还是由于得知了柬埔寨"红色高棉"血腥政权的真相。有些人得出结论，整个革命事业的构想都是错误的。有些人认为他们对议会改良主义的批判过于严厉了。有些人则得出结论，阶级斗争已成历史。

事实上，1980年代，当工人们试图阻止原有成熟工业中的大批工作岗位消失时，出现了一些大规模而且通常非常激烈的阶级冲突：例如，法国和比利时爆发了钢铁工人的斗争，英国超过十五万矿工举行了长达一年的罢工、五千名英国印刷工人也举行了几近一年的罢工，丹麦举行了为期五天的全国总罢工，荷兰和英属哥伦比亚举行了公关部门大罢工，西班牙则举行了为期一天的全国总罢工。

但就总体而言，这些斗争都失败了，留下的遗产便是人们越来越相信，阶级斗争的"旧式"方法无法取胜。这导致一群工人阶级活跃分子将希望再次寄托在议会政治家身上。它也同时鼓励了左翼知识分子进一步质疑"阶级"和"阶级斗争"概念。他们拥护知识分子的"后现代主义"思潮，这一思潮声称，任何对现实的阐释都是徒劳无功的，"阶级"等概念根本没有客观基础，任何改变社会运作方式的企图都是"极权主义"，因为此举试图向他人强加关于世界的整体观念。就在危险的社会不稳定状况变得日益严重之时，后现代主义者却抛弃了"斗争改变社会"的思想。

国家资本主义的危机

与1917—1918年乃至更早的1848年相比，1989—1990年间有更多的政府从权力巅峰陨落。东方阵营突然解体不再，1991年支撑东方阵营的巨柱苏联轰然崩塌。虽然后现代主义者和"后马克思主义者"声称这些事情根本不可能发生，但是他们已经被经济危机和阶级斗争联合起来拉下了马。如果有些左翼力量依然没有看到这一点，那只是因为他们心存幻想，不敢直面现实。自1968年以来，东方阵营就充斥着不断加深的危机和反反复复的起义斗争。

1968—1969年，苏联占领捷克斯洛伐克后，捷克的形势已经"正常化"。但是邻国波兰发生的事情很快就表明，这一痼疾［潜在的不满］已经变得有多么广泛和深远。当局试图粉碎1968年的学生运动，并在1970年至1971年试图动用警察力量以类似的方式前去镇压占领格但斯克（战前的但泽）和什切青巨大的造船厂、反对物价飙升的数千名工人。警察杀死了许多工人。但是，其余地区罢工工人的团结一致，迫使当局首脑哥穆尔卡及其继任者盖莱克控制了物价上涨。波兰当局从西方银行借贷，令经济繁荣起来，西方记者称之为"波兰奇迹"。但与西方市场的日益整合意味着，1970年代中期的波兰也遭受了西方经济危机的打击。政府再次试图提高物价，并动用警察前来镇压示威者。

这一次，当局无法再像1956—1957年及1970—1971年之后那样埋葬工人运动的记忆。感到危机日益加深，一群知识分子奋起反抗，成立了"工人防卫委员会"，发行了一份地下报纸《工人报》，这份报纸拥有两万名读者。曾经属于极权主义的政权依然当权，但却无法再推行极权主义政策。

它的弱点最终于1980年夏天暴露无遗。再度尝试提高物价令罢工浪潮汹涌袭来，工人们占领了格但斯克造船厂。从占领中兴起的运动，令人想起1956年匈牙利的工人委员会。但与后者不同的是，它一直存活了十六个月，而非后者的三四周。

运动宣布成立独立的"团结工会"。但在其合法存在的一年零四个月中，它的作用可不仅仅是一个工会。"团结工会"由三千五百家工厂选举代表参加会议选举而成，据称很快它就拥有千万会员，它代表了一种替代政府的权力。它成为所有厌恶旧社会的人们满心期待的焦点，它的存在是对现有政权的挑战。然而，"团结工会"的领导人却有意避免推翻政府。他们接受富有同情心的知识分子的观点，即他们应当以"自我控制的革命"为目标。他们的假设与智利的阿连德政府非常类似：如果工人运动能够承诺不威胁国家，国家就能容忍工人运动。显然，"团结工会"的最终命运也与智利运动类似。1981年12

月中，军事领导人雅鲁泽尔斯基宣布军事戒严，切断了全国电讯系统，逮捕了"团结工会"的所有领导人，对胆敢反抗的工人动用军队武力进行镇压。工人组织就这样在疑惑和沮丧中被瓦解了。[300]

然而，波兰工人运动的失败，并无法让激起运动的潜在力量随之消失。东方阵营的经济增长率如今比规模最大的西方经济体还高。美国里根政府开启了新一轮军备竞赛（安置巡洋舰、在欧洲布置潘兴导弹），而苏联政府也紧紧跟上这场竞赛的节奏，绝不落后，但其为了满足军备竞赛所需的经济资源则根本不存在。国家资本主义政权必须进行改革，否则就要面临阶级冲突和内部崩塌的危险。

1980年代初，苏联领导人安德罗波夫最了解挑战工人运动可能会带来的后果。他曾于1956年担任苏联驻匈牙利大使，并在1980—1981年"团结工会"崛起期间担任克格勃首脑。他试图阻止苏联内部发生类似的挑战，开始提拔他认为可能会对苏联进行有效改革的人物。这些人中最重要的就是米哈伊尔·戈尔巴乔夫。

1985年戈尔巴乔夫上台后，似乎掌握了全部权力；他于1987年和1988年谈及"公开化"和"改革"时，似乎也受到了民众的欢迎。但当他于1991年失去权力时，他的民众支持率几乎为零。他的改革召唤在苏联警察机构中制造了迷惑，令人民充满希望，以至于他们开始挑战此前六十年来遭受的剥削和压迫。但是，戈尔巴乔夫的改革仅限于重新调整国家资本主义生产组织结构，无法找到满足人民需求的必要资源。整个1980年代苏联经济停滞不前，到了1980年代末期其经济更是出现了萎缩。

1988年春天爆发的民众反抗运动，是自1920年代以来首次没有立即就被警察镇压的运动，这场运动首先出现在亚美尼亚，继而出现在波罗的海沿岸国家，少数民族要求更多权利的运动风起云涌。戈尔巴乔夫无力像其前任领导人那样镇压这些运动。但他也没有办法收买它们。恶毒但力度不足的镇压，变为心不在焉的让步。这是政权激起叛乱怒火的典型模式。

1989年夏天和1991年春天，戈尔巴乔夫依靠保守势力，采取措施稳定其统治地位。这两段时期，他都受到大规模矿工罢工的阻碍，这些罢工几令全国能源供应停摆。1989年夏天的罢工，与波兰的初次大规模工人抗议运动尤其相像。戈尔巴乔夫不得不对各种抗议运动作出妥协，否则整个政权就有从下至上被推翻的危险，而在他这样做的时候，他也不再具有控制事态发展的能力。

这对四十五年前东欧各国建立的政权来说是一个毁灭性打击。各国领导人面对叛乱，失去了最后的法宝，那就是拿苏联干预进行威胁。一年前，波兰的铁腕人物雅鲁泽尔斯基通过同意与"团结工会"的领袖进行协商，解决了一系列矿工罢工问题——尽管此时的地下组织"团结工会"力量虚弱，不过是1980—1981年间强大组织的一个影子而已。1989年夏天，接替卡达尔的匈牙利领导人，同意与国内相对而言势力较弱的异议团体进行类似的"圆桌"谈判。

9月和10月，声势浩大的示威运动席卷东德，东德政府作出和谈让步，开始拆除分隔东西德的柏林墙，以示诚意。稍后在11月，在无数次街头示威活动和一个小时的全国总罢工之后，轮到捷克斯洛伐克的胡萨克政府倒台。保加利亚紧随其后。罗马尼亚的独裁统治者试图通过射杀示威者来抵抗运动的洪流，导致首都布加勒斯特爆发了人民自发的起义，其部下的将军下令处决了他。半年之内，半个欧洲的政治地图都发生了改变。东欧唯一剩下的斯大林主义政权是阿尔巴尼亚，但其政府也于1991年初在一次大罢工后崩塌。

没有任何一个帝国能够在国内爆发如此猛烈暴乱的情况下不受

损伤。苏联国内的运动越来越自信,统治集团内部的分歧则是越来越大,他们对社会的统治也是越来越危险。戈尔巴乔夫作出了最后一次努力,试图强硬镇压反对派,结果却是于1991年春天被莫斯科第二次大规模矿工罢工和示威活动击垮。同年夏天,政府中的保守派力量决定在没有戈尔巴乔夫参与的情况下采取强硬措施。他们在莫斯科发动军队政变,将戈尔巴乔夫软禁起来。其他军事组织则拒绝支持叛军,僵持过一段时间之后,权力落在了以鲍里斯·叶利钦(俄罗斯共和国总统、工业城市斯维尔德洛夫斯克的前党魁)为核心的改革家手中。叶利钦同意正式解除苏维埃联盟中各个国家之间的联系,苏联就此解体。

1989—1991年间的动乱,远比1953、1956、1968、1980—1981年撼动东欧的那些暴动的影响范围要大。然而,这次巨变在基础层面上引发的变化,却比此前任何一段运动时期的基本变化都要少,尤其是与1956年和1980—1981年的运动相比,这是因为1989—1991年运动的领导权,掌握在那些决定避免给予工人任何权力的领导人手中。反抗旧统治官僚的人们在关键时刻与持不同政见的知识分子群体联合起来,这些知识分子秉承有限改革计划,因此也就摒除了真正革命的可能性。他们遵循的策略被意大利马克思主义者安东尼奥·葛兰西称为"被动革命",即推行自上而下的改革,旨在防止自下而上的革命。

无论哪一种情况,都包含着与异议者就结合了诸多因素和利益的计划达成一致:对世界市场加大开放力度,放弃旧日计划经济,进一步发展相对自由的议会选举,重新强调国家主义/民族主义。当旧日官方媒体和前异议者不断重复同样的信息时,工人群众被劝服:市场和民主是天生的双胞胎,而且能够满足他们的期待。在1989—1991年的氛围中,发表不同意见很难收获听众,因为先发制人、自上而下的行动，已经将工人的阶级运动限制在最低水平上。

发生的巨大政治变化是阶级斗争的结果，但这却是一场偏转的阶级斗争，没有在模仿工人委员会匆匆建起的被剥削阶级的群众性民主组织中找到表达。它们是政治革命，与以往伟大的社会革命相比，实际上更接近1830年的法国革命；变化过后依然与从前一样由同一群人经营着重要行业和银行，再清晰不过地证明了这一事实。

崩塌后的冲击波

东方阵营的危机是一场范围更加宽广危机的一部分，这场危机影响到采纳国家资本主义模式的所有国家。再也没有哪个国家看起来能够达到此前阶段的高增长率。与此同时，它也切断了国有工业与新的工业创新（尤其是那些与微芯片技术和计算机软件相关的创新）的联系，这些创新由美日等工业巨人在巨额投资的基础上研发而成。

在整个亚非拉，支持国家资本主义的官僚和政客转向了"自由"市场，与西方各国达成协议。印度国大党政府、赢得内战的埃塞俄比亚前毛主义运动政府、阿尔及利亚政权，以及埃及纳赛尔的继承人等，都或多或少地遵循这条道路。邓小平领导的中国更是其中的急先锋，在坚持毛泽东思想的前提下，引入了市场和利润机制。

大多数第三世界国家政府，通过与世界银行和国际货币基金组织签署"结构调整计划"，来展现其找到发展经济新方法的决心。不过，几乎没有证据表明，这种方法能够克服低增长和贫困问题。1980年代，七十六个国家实施了由世界银行在"自由市场"原则下设计的"结构调整计划"。结果只有几个国家在改善经济增长或通货膨胀率方面做得比此前数十年略好一些。1980 年代,在实施"集中调整"的十九个国家里,只有四个国家的"经济表现得到持续改善"[301]。1990 年,据联合国地区经济委员会统计,44% 的拉美人口生活在贫困线下,它进而得出结论,"1980 年代拉美和加勒比海地区的物质生活水平出现了巨大的后退"[302]。在非洲,1987 年,超过 55% 的乡村人口被认为生活在极度贫困中。[303]

1990 年代的东欧和前苏联地区同样处于几近毁灭的状态中。改革者们承诺的"经济奇迹"并没有发生。1999 年,只有波兰和斯洛文尼亚两个国家的生产总值高于 1989 年。捷克共和国和匈牙利都比十年前略穷一些。保加利亚、立陶宛和俄罗斯的生产总值则缩水了 40% 甚至更多。[303a]

冰冷的统计数字变为数百万人的希望彻底破灭。莫斯科和圣彼得堡等俄罗斯大城市中的众多市民,不得不依靠被分配的小片土地上种出的粮食,以及微薄的面包和土豆供应维生。北极地区国家的人们,每个冬天都生活在惧怕政权倒台的恐惧中。矿工和钢铁工人一度数月拿不到薪水,医院等健康服务七零八落,肺结核等疾病四处蔓延,人均寿命也开始降低。

东欧北部地区的状况要略好一些。但就是在捷克共和国和匈牙利,人民的生活水平也要低于 1980 年代末:商店里的商品变多了,但是有钱去买的人却变少了。并入德意志联邦共和国的东德的失业率依然持续保持在 20% 以上。在东南欧洲,保加利亚、罗马尼亚和阿尔巴尼亚的情况与俄罗斯一样糟糕。前苏联南部地区的状况最为惨痛。难怪众多知识分子在 1989 年的那份乐观主义到了 1990 年代末都变成了绝望。捷克著名诗人米洛斯拉夫·赫鲁伯的看法更加极端,他说道:"如果早知道这就是我们必须付出的代价,我们就会高兴地忍耐住,不将我们的作品印刷出来,也不售卖我们的画作。"[304] 东欧各国中苦难最深重的要数在整个"冷战"时期都未并入苏联、一直保持独立的南斯拉夫。西方国家认为南斯拉夫已经失去了其平衡苏联在该地区影响力的价值,因此不再向其提供条件优惠的贷款。国际货币基金组织加诸南斯拉夫的还款计划,在两年内就使其人民的生活水平降低了一半,在其最贫困地区更是制造了数字大得惊人的失业率;不同政治派别的人物试图维护自己的位置,他们通过全国的各个团体彼此争斗,掀起了一系列血腥的内战,西方国家则在其间支持那些对它们友好的人物。

世界上只有一个地区令市场的热情支持者尤感骄傲,那就是东亚。在1991年的《世界发展报告》中,世界银行谈及"东亚经济发展取得的卓越成绩",并指出,中国、印度、印度尼西亚和韩国等各国"不同程度的改革"取得了"经济表现上的改善"。[305] 英国《金融时报》专栏作家塞缪尔·布里坦在文章中向读者重申,"想要振奋起来的人们不要回溯大萧条时期,而应看向东亚的发展中国家,那里完全不受全世界发展放缓的影响"[306]。

1997年,这种乐观主义撞了墙,从泰国开始的经济危机迅速席卷整个亚洲;这场危机将印度尼西亚推入了1930年代大萧条规模的衰退中,迫使南韩、马来西亚和中国香港深陷衰退的泥潭。1998年,经济危机的导火索突然点燃了俄罗斯,也令拉美最大的经济体巴西失衡。国际货币基金组织应对危机的计划,反而使得现有状况变得更加糟糕,从而受到杰佛瑞·萨克斯等卓越人士的激烈批评。

由于1970年代末的农业价格改革将海量资源一次性从国家手中转移到了农民手中,中国经济在1980年代和1990年代的大部分时间内的确经历了高速增长。粮食产量多年来持续快速增长，反过来为一系列轻工业发展提供了坚实基础，既满足了国内市场，又服务于国际市场。官方提供的数据显示，工业生产总值翻了三倍。

但是，这种发展极不均衡。沿海地区经历了飞速的工业化和城市化，与此同时，内陆大部分地区的经济则停滞不前，有些地方甚至还出现了倒退。工业提供了数千万个工作岗位，但是两亿人从乡村蜂拥向城市，人人都希望实现自己的人生价值。原有的重工业经过合理化改造，砍掉了大批劳动力，废弃了国家福利供应的最低形式。经济增长比率呈现极不稳定的波动，与此同时，物价迅猛攀升的急速繁荣开始让位于发展停滞。想要通过在世界市场上尽可能多地销售产品来打破这种循环性的经济低迷，则有引发经典的生产过剩危机的风险——每次世界经济发展变缓或者经济衰退时都是如此。

中国并非唯一一个在将国家资本主义特质与市场方向结合到一起时遇到极度困难的国家。埃及十三个主要城市于1977年初也经历了一系列罢工潮、示威游行和暴动——掀起了自1919年反英民族主义起义后规模最大的一次社会运动浪潮。1988年的阿尔及利亚，一系列罢工浪潮演化成暴乱，年轻人为了控制街头与警察发生争斗，迫使当局作出让步，允诺给予新闻自由，允许被驱逐的政客回国。1987年，南韩的学生和部分中产阶级掀起了声势浩大的武装示威活动，动摇了国家的军事政权，迫使它作出了一定程度上的自由主义让步——1988年爆发的一系列大罢工，则被两位数的工资增长平息下去。

所有这些社会运动都与1989—1990年东欧发生的一系列事件具有一定程度上的相似性。它们显示出，不论是国家资本主义，还是从国家资本主义转到某种市场体制，都无法阻止工业增长带来的劳动力进行反叛——在他们身后还站着许多其他社会阶层。

伊斯兰、改革和革命

　　1990 年代有段时间，言及"共产主义与资本主义"之间的冲突已被"伊斯兰教和西方"之间的冲突所取代，成了新闻界的老生常谈。无疑，近年来的两次重大起义都发生在伊斯兰的旗帜之下：1979 年的伊朗革命和贯穿 1980 年代的阿富汗抵抗苏联占领运动；这两次起义还激发了埃及、阿尔及利亚及被占领的巴勒斯坦和其他地区的抵抗运动。但是，这种老生常谈的说法忽略了一点，那就是，伊斯兰教（就像在其历史上经常发生的那样）能够给予截然不同的社会利益群体表达的机会——否则就会在这些不同群体之间引发血腥的冲突。

　　伊朗革命反对美国政府支持的伊朗国王沙的暴政，是其治下人民痛苦的集中爆发。伊朗国王的统治激起了传统主义牧师、民族主义知识分子、部分与集市联系紧密的资本家、扩张工业中新兴的工人阶级、学生、贫困的资产阶级、失业和半失业状态的城市贫民、少数民族和部分农民的反抗。伊斯兰教对"压迫"的斥责，能够将所有团体团结起来，反抗共同的敌人。但是，一旦伊朗国王被一场阶级暴动（包括大规模罢工、武装起义和军队兵变）推翻，每个团体都以不同的方式解读伊斯兰教义，从而得出了迥然相异的实践结论。起义后的几年里，不仅发生了某些伊斯兰团体与世俗团体之间的冲突，而且不同伊斯兰教派之间也爆发了流血内战。最终，以阿亚图拉·霍梅尼为核心的集团取得了胜利，他们以宗教语言击败敌手，为其恐怖统治正名。这使得许多自由主义者认为，这种野蛮的方法就是独一无二的"伊斯兰主义"，精神上缺乏"犹太教－基督教传统"的人性。实际上，霍梅尼的雷霆手段与法国罗马天主教镇压巴黎公社的方法并无本质差别，与 1919—1920 年普鲁士路德教寻求支持的手法并无本质差别，与 1980 年代初美国基督教原教旨主义者和犹太拉比支持下的以色列军队监视"长枪党"在黎巴嫩屠杀巴勒斯坦人并无本质差别。血腥屠戮是反革命的产物，而非宗教的产物。

苏联扶植的阿富汗政权也在各个完全不同的社会群体中激起了类似的反抗，因为它试图在阿富汗强制推行斯大林主义快速"现代化"的计划。当苏联军队占领了阿富汗，杀死一名亲苏领导人并以另一人取而代之，伊斯兰教似乎再次提供了团结起来进行抵抗的工具。但是，各个团体彼此之间的利益冲突，导致在苏军撤退后爆发了内战，直至得到沙特阿拉伯支持并且极度仇视邻国伊朗的伊斯兰塔利班政权征服了大部分领土。在此期间，许多中东的伊斯兰主义者（美国中情局安排他们在阿富汗反抗苏联统治）都调转枪口，向亲美的当地统治者开火，他们被美国谴责为"恐怖主义者"。

伊斯兰教力量绝非只针对西方，1980 年代规模最大最为血腥的一场战争，就在伊拉克的伊斯兰教领袖和伊朗"伊斯兰共和国"之间展开。这是一场保守的沙特阿拉伯与得到伊拉克支持的苏丹哈桑·图拉比的伊斯兰政权之间的战争——美国在关键时刻也作出了支持伊拉克的决定。

伊斯兰政治运动的发展，是数千万人民与世界秩序异化的产物——尤其是那些受过教育的年轻人，在一个为其在全球体系中的立场所累的社会中，他们几乎无望找到安全就业的岗位。《古兰经》中反对压迫含混不清的指令，以及宣称应当建立一个正义的社会，提供了一套术语，似乎为遭受挫折的强烈情绪找到了一个出口。但当伊斯兰主义者越接近掌握权力，他们激进的刀锋就变得越迟钝。伊斯兰政府被证明乐于与伊斯兰资本家合作，而伊斯兰资本家反过来则持续与世界体系中的其他部分结成同盟，包括"大魔鬼"美国。在中东每一次不同国家的冲突中，都能在冲突的双方中发现伊斯兰政府的身影。

新帝国主义

进行直接殖民统治的旧帝国主义，终于在20世纪最后二十五年间烟消云散。葡萄牙的统治阶层被迫放弃殖民地，罗得西亚的白人移民政权被津巴布韦所取代，南非的种族主义政权向大众统治投降，英国将香港交还中国。就连曾经的"准殖民地"（那里虚弱的政府只有依赖西方支持才能生存），也获得了一定程度上的独立。傀儡政权成为委托人，而委托人常会背叛它的前主人，就像伊拉克的萨达姆1990年派兵开进科威特时所做的。但这并不意味着帝国主义的终结，因为发达资本主义国家依然试图将其意志强加给其他国家。

1990年代中期，许多记者、学术权威和政治家都声称，国家在"新的全球经济"中已经变得无足轻重。然而，跨国公司及与其合作的政府首脑却不这么认为。研究表明，这些跨国公司的主人和领导者，都在某些特定国家深深植根，以其为基地，发展并保护公司在其他地区的利益。一份研究总结道：

> 各国之间、各个公司之间在世界经济中争夺一个安全位置的战争愈演愈烈。其结果，公司与政府之间的关系越来越紧密，政府开始意识到，它们越来越依赖被公司控制的稀缺资源。[307]

以美国为中心的大型跨国公司，依靠美国政府将其政策推行到世界上其他地区。处理第三世界国家债务的两大计划："贝克计划"和"布雷迪计划"，就恰当地以美国政府成员的名字命名。[308] 在国际货币基金组织和世界银行的背后，对"发展新模式"的探讨，确保银行可以得到丰厚的回报。与此类似，世界贸易谈判实际上也是美国试图将其"自由贸易"霸权强加到其他政府头上，同样急切地想要保护本国资本家时常各异的利益。

但是，金融外交压力并不足以保证最强大国家的统治阶层就总能按其意愿行事。有些时候，强国政府也会感到需要依靠武力来维持它们的全球统治。

两次海湾战争便是两个重要例证。伊拉克于1980年代对伊朗发动了漫长而血腥的战争，其双重目标是在吸引美国和富裕的海湾国家支持的同时，加强与重要跨国公司的联系。当伊拉克并未在战争中从其支持者那里获取期待中的金融收获后，它便于1990年对其中一国（科威特）发起了进攻，但却错误地估计了大国尤其是美国的反应。美国、英国和其他国家在从科威特到巴士拉的反击过程中，发动了大规模军事作战、毁灭性轰炸袭击、地面攻势，并以屠杀十万伊拉克人来回应。战争结束后，美国开启了长达十年的经济制裁，据联合国统计，这项措施每年会害死五万名伊拉克人。

行动的目标不仅仅在于打击和约束伊拉克，更是在对中东地区可能会挑战美国石油公司的国家政府和运动提出警告。同时也意在向世界上其他强权国家显示，它们必须接受美国的全球目标，因为只有美国的实力才足够强大，能够担当"世界警察"的角色。

1980年代，共和党政府通过展示美国持续主宰西半球的能力，开始克服越战失败后的后遗症："越南综合症"。这既是美国入侵格林纳达和巴拿马的背后思想，也是美国资助右翼反政府游击队给尼加拉瓜造成严重破坏行为的理论支撑。继任的布什政府显示出，美国能够在中东地区更大的范围内实施类似的警察行动。继而在克林顿的民主党政府治下，整个1990年代一个军事行动接着一个军事行动，"世界警察"的行动日益常规化——海军陆战队登陆索马里、反复轰炸伊拉克、在波斯尼亚内战期间轰炸塞尔维亚武装、轰炸据说的阿富汗游击队大本营、轰炸苏丹的一家制药厂、发动对塞尔维亚的全面空战。

推行新帝国主义政策的不仅仅是美国。俄罗斯也想维持其在前苏联地区的整体控制力，它动用军事力量影响了格鲁吉亚和塔吉克斯坦内战的结果。法国维持着对非洲的重要影响力，与美国在卢旺达－布隆迪等地区争夺控制权。英国试图在塞拉利昂和尼日利亚发挥重要影响，而尼日利亚则反过来以"维和"为掩护，干预其他西非国家。希腊和土耳其由于在地中海东北部和巴尔干半岛的部分地区产生了利益冲突，一度险些爆发战争。

1990年代的世界，是一个各种国家和与之密切联系的商业利益为了控制世界而彼此争斗的复杂综合体。但它们并不拥有同等的重要性，每个国家都知道，自己在这个层级分明的世界体系中所处的位置，最终取决于它能调配的武力。在权力金字塔的顶端，是比以往任何时刻都更加焦虑地试图保住其自身优势地位的美国。过去十年发生的事情清晰地显示出，美国领导的北约如何有意系统地打压塞尔维亚，因为其领导人米洛舍维奇在效仿世界上其他美国的"委托人"的邪恶举动、打击国内的阿尔巴尼亚少数民族之前，并未得到美国的许可。

结论
新纪元的幻象

对"进步是不可避免的"热情宣扬开启了20世纪,随后发生的一切似乎证实了伯恩斯坦对日益增长的民主化、平等和全面繁荣的预言。1950年代中期和1960年代初,这一主题再次主宰了安东尼·克罗斯兰等政治家、丹尼尔·贝尔等政治理论家和保罗·萨缪尔森等经济学家的作品。1990年福山宣称"历史已经终结",表达了同样的看法;直至1990年代末,安东尼·吉登斯依然坚持认为,左翼、右翼之分早已成为历史。如果身处所有可能的美好世界中最好的一个,而一切还没有达到最好,那么只需一些微小的改变就会令其变得完美。

然而,对大部分人而言,20世纪的生活现实在许多方面就像历史上我们所知的任何一个时期一样恐怖。进步的步伐带来了鲜血横流的第一次世界大战;1930年代初期人民的生活贫困潦倒;纳粹和法西斯主义践踏整个欧洲；斯大林在苏联建起了古拉格集中营；日本在南京和上海肆意屠杀中国人；整个欧洲在1940—1945年间集体陷落灭亡；孟加拉发生饥荒；广岛和长崎被原子弹从地球上抹去；持续近三十年的越南战争和长达九年的阿尔及利亚战争，令民众苦不堪言；第一次海湾战争中有一百万人死去，第二次海湾战争又夺走了二十万人的生命；萨尔瓦多、危地马拉和阿根廷的暗杀团杀死了数万人；克罗地亚、波斯尼亚、塔吉克斯坦、安哥拉、埃塞俄比亚、利比亚、塞拉利昂和阿富汗的血腥内战造成数十万人丧生。工业发展经常转化为机械化战争的工具——甚或更恐怖者，在大屠杀中变成机械化谋杀人民群众的工具。与20世纪中期相比，20世纪末也没有展现出一幅更有希望的图景。西欧和北美之外的整个世界，都在某种程度上希望在20世纪"追赶并超越""第一世界"的生活水平，结果却发现梦想正逐渐远去，这些国家包括阿根廷、墨西哥、委内瑞拉、巴西和俄国。整个非洲大陆的人均收入在三十年内持续下跌，从而被世界和历史遗忘。内战继续折磨着安哥拉、塞拉利昂、利比亚、塔吉克斯坦、阿富汗和刚果－扎伊尔。随着1930年代纳粹的兴起，出现了"种族灭绝"的字眼，而1990年代的内战则创造性地添加了一种新说法："种族清洗"。

就是在发达工业国家，曾对人民许下的社会允诺：拥有取之不竭的财富、永享无尽的闲适、阶级分野逐渐消散，首先于1890年代、继而于1950年代，已被先后证明不过是一种幻想。虽然大多数经济体在大多数年份里的经济产量都在持续增长，但其增长率只是1950年代和1960年代初长期繁荣时期的一半。更重要的是，经济增长并没有转化为人民生活质量的提升。

在20世纪最后二十五年的美国，人们的时薪或多或少持续下跌。在欧洲，统计数字显示，虽然工资持续增长，但有充足证据表明，这些增长被改变工作方式造成的间接开支（从家里到工作单位的路途更长、交通费上涨、日益依赖快餐和冷冻食品、育儿开销越来越贵）完全吞没，"可持续经济福利指数"从1950年到1970年代中期持续上扬，其后便开始下跌。[1]人民的生活当然没有得到实质改善，就像1950年代和1960年代初那样。与此同时，工作时间却是越来越长，工作也是越来越难找，工作压力更是持续上升。1996年，美国人的平均工作时长比1976年多了一百六十四个小时，这相当于一年中多工作了整整一个月[2]；一个接一个的调查数据显示，人们感到工作压力持续加大。经济衰退和劳动力"裁员"反复出现，即使在"经济复苏"时期也是如此，致使自1930年代以来人们对不确定的未来产生了程度不一的不安感。在1970年代声称不安全感已被埋进历史故纸堆的主流政党，却在1990年代表示对此无能为力，因为这是"新的全球经济"的一部分，而所谓"新的全球经济"，不过是以往左翼用语"国际资本主义"未公开承认的变型而已。

在大部分第三世界和前共产主义国家的普遍贫困，以及西方国家越来越强烈的不安全感背后，还有事物的另一面。财富日益集中在统治阶层手中。1990年代末，三百四十八位亿万富翁的财富加在一起，相当于全世界人民总收入的一半。1999年的《联合国人类发展报告》显示，四年内，世界上最富有的二百名富翁的财富翻了一番。[3]1960年代末，世界上最富有与最贫困的五分之一人口的财富比是30∶1，1990年这一比例达到60∶1，到了1998年则为74∶1。大部分富人都集中在发达国家。1980年，美国三百家规模最大的公司的高层管理者们的收入，比制造业工人的平均工资高二十九倍——到了1990年，这个数字变为九十三倍。同样的现象也发生在世界上其他地方。即使在最贫困的国家，人数很少的统治阶层也在期望过上世界上最富裕国家富人的生活，他们在西方银行存入数百万美金，准备一旦祖国发生动乱，这笔钱可以成为其日后富足生活的保证。面对社会危机，世界各地的统治阶层往往都是不断地聚敛钱财，试图以此来保障自身与社会动乱绝缘，而不关注社会的基本结构是否在这一过程中遭到破坏。某些人从国家税收中中饱私囊而致富，这种情况的出现是前资本主义社会历史上引发危机的典型特征，这种做法只会加重危机的长期趋势。20世纪最后十年，从国家服务中谋取私利日益成为资本主义社会的一个特征，而这则会产生无法避免的长期影响。

伴随着卷土重来的不安全感和反复发生的经济衰退，一种显然自二战结束后就已深埋地下的可怕之物：法西斯主义和纳粹主义的各种变型，重又死灰复燃。这种情况开始变得日渐普遍，甚至是在"经济复苏"期间，法国的勒朋和奥地利的约克·海德尔等极右翼分子还得到了15%的选票——在下一次经济衰退开始时，他们恐怕有望得到更多的支持。同样成为常态的是主流保守政党为了获取选票，不得不与谈论种族主义和种族分野者进行交易，社会民主党也不得不作出让步，绝望地试图控制选举的局面。

社会主义、野蛮主义与21世纪

罗莎·卢森堡于1915年在第一次世界大战期间写下的文字中，引用了恩格斯的一句话："资本主义社会面临着选择，要么向前发展到社会主义，要么向后退回到野蛮主义。""我们反反复复地阅读和重

复这些句子,"罗莎·卢森堡写道,

> 却没有意识到它们可怕的含义……我们站在令人颤抖的恐怖境地:要么是帝国主义的胜利和所有文化的毁灭,就像古罗马时期那样人口凋零,荒芜废墟,堕落退化,一片死寂;要么是社会主义的胜利,无产阶级反对帝国主义的有意识斗争……这是世界历史的困境,这避无可避的选择必将打破平衡……人类的未来和文化的未来都取决于此。[4]

在这段文字中,她以最强有力的方式挑战资本主义必然进步的幻象。马克思和恩格斯曾在《共产党宣言》中指出,新涌现的阶级促使社会转型,是取代人类"彼此抗争的阶级共同毁灭"这一结局的另一选择,罗莎·卢森堡也这样认为。众所周知,这种共同毁灭不仅出现在西方罗马帝国的崩塌中,还表现在第一个"黑暗时代"、欧亚大陆青铜时代文明的初期、中美洲特奥蒂瓦坎文明和玛雅文明的凋落,以及11世纪阿巴斯美索不达米亚的危机中。此时的情况与公元前2000年的埃及、12世纪的中国和14世纪的欧洲十分相似。罗莎·卢森堡认为世界大战是重启上述灾难的巨大威胁:"帝国主义赢得了这场战争。它那残忍的嗜血之剑击碎了天平的平衡,带着专横和残暴,坠入了耻辱和痛苦的深渊。"[5]

1921年,托洛茨基也得出了类似的结论:

> 人类历史并非总是沿着不断攀升的曲线发展。不,也存在着漫长的停滞时期和倒退回野蛮主义的时期。人类社会发展到一定程度,却并不一定能够维持在这一程度上。

> 人类维持平衡的能力还不稳定；无法向前发展的社会就会倒退回去，如果没有一个阶级能够引领社会向着更高目标发展，这个社会就只能坠落，向野蛮主义张开怀抱。[6]

在第二次世界大战前夕撰写"第四国际"的创建纲领时，托洛茨基指出了当时必须面对的严酷选择，"如果不进行社会主义革命，下一个历史阶段就将会面临整个人类文化的灭顶之灾"[7]。

罗莎·卢森堡、托洛茨基及少数思想家，都指出了20世纪资本主义社会的疯狂逻辑：生产力变成毁灭力，人类的创造力被扭曲成非人道恐怖主义的工具。继17世纪甚至14世纪之后，20世纪成为野蛮的世纪，虽然野蛮波及的范围不明，但至少在欧洲的确如此。如果说20世纪并没有实现罗莎·卢森堡和托洛茨基最恐怖的毁灭预言——人类文明和文化的彻底毁灭，那它也以最符合恩格斯和罗莎·卢森堡描述的状况向着野蛮主义反复倾斜，统治者宁愿将整个社会拖下来陪葬，也不愿放弃自身权力——俄国内战中白军的所作所为、二战中纳粹在撤退时进行种族灭绝大屠杀的动力、"冷战"时期双方阵营都试图使用会让世界变成辐射沙漠的核武器，都是清晰的表现。20世纪最后十年，整个非洲、高加索和中亚似乎也陷入了同样的逻辑中。在经济和社会整体衰退的情况下，为了追求财富的碎片，彼此争斗的军阀混战厮杀，掠夺平民。除了战争灾难和经济衰退，这十年还暴露出了令人战栗的新威胁。

最严重的就是生态灾难。阶级社会总是显示出向环境索求过度的倾向，远远超越了维持社会人口生活的必需。在前资本主义阶级社会的历史中，超越某一界限后，维持贪婪的统治阶级和昂贵的上层建筑的重负，就会造成饥荒和人口衰减。资本主义特有的经济发展动力,极大地加快了生态环境显示出负面影响的速度。从狄更斯和恩格斯开始,19世纪关于资本主义对工人阶级所作所为的描述,同时也是对空气污染、流行疾病肆虐、过度拥挤和劣质食物的贫民窟等生存环境的描述。但在全世界多达千万人参与工业资本主义生产的时代,生态环境恶化似乎只是一个地区性问题——曼彻斯特呛人的空气对英国大部分地区并无妨碍,更不用说对世界其余地方产生什么影响。20世纪,资本主义蔓延全世界,到了世纪末更是容纳了六十多亿人口,从而将生态灾难变成一个全球问题。权威报告显示,1998年是"有记录以来最糟糕的一年,比此前任何一年造成的损失都大",迫使两千五百万难民逃离家园,"史上第一次超过了因战乱而流离失所的难民人数"[8]。十亿人居住在毫无规划的棚户区,全球发展最快的五十座城市中有四十座位于地震多发带,最恐怖的威胁尚未到来。然而,这还不是全部。二氧化碳日益攀升的排放量造成"温室效应",令地球温度变高,导致无法预计的气候条件恐怕会带来可怕的暴雨,令海平面上升,进而大面积冲毁沿海地区的城市和乡村。冰箱里的氯氟烃正在吃掉地球的臭氧层,使得皮肤癌患者激增。在动物饲料中添加抗生素,破坏了对抗人类疾病的抗生素的效果。毫无节制地使用转基因农作物,给整个食物链带来了一场浩劫。与12世纪摧毁美索不达米亚粮食收成的自然灾害大相径庭,与14世纪造成欧洲大范围饥荒的自然灾害也截然不同,这些生态灾难不再是自然灾害,它们真实存在且威胁巨大。它们是人类采取特定方式与环境发生交互作用产生的后果,而且会在全世界范围内爆发。

在资本主义之下,这种与环境的交互作用通过竞争的资本组织起来——19世纪初规模还很小的公司,到了20世纪末已经发展成为规模庞大的跨国公司和国有公司。竞争导致不计后果地不断寻找更多新的生产方式和更加有利可图的互动方式。有时，国家也会试图规范整个过程。但却因为它们也希望增厚国有公司的利益而深陷其中，无法自拔。国家经常认为用法令来规范和控制恶化环境的做法是不现实的，将会使本国公司在与外国公司的竞争中失去优势。即便国家的确出手干预，也是在已经造成了损失之后，因为国家官员无法评判和预测每一个工业创新可能会造成的巨大影响范围。

因此，到了20世纪末，不计后果的举动产生了如此危险的后果，以至于人们开始反对所有科技进步。虽然若不是上个世纪的技术发明，根本不可能养活世界上这么多人口，更不用说将人们从饥饿和过度劳累（自阶级社会出现后人类在大多数历史时期生活的常态）中解脱出来。与之相应，还出现了一种采纳马尔萨斯古老反动观点的趋势，坚称全世界人口过多——或者至少说三十年或四十年后的世界人口将会翻倍，那时的人口就的确过多。然而，自马尔萨斯时代以来，虽然世界人口已经增长了八倍，但与此相应的食物供应的增长则要远远大于八倍。如果说非洲、亚洲和拉美部分地区的人民仍在忍饥挨饿，那不是食品短缺造成的，而是由于不公正的食品分配——不同阶层能够得到的食物多少不同。

人类面临的问题不是技术造成的，也并非出于人口增长等原因，而是取决于现存社会如何利用技术。大体上，我们生活的地球能够轻松承受两倍于当下人口的生存压力。然而，它却不能承受越来越多的内燃机，每台内燃机每天就会产生数公升二氧化碳，只为满足巨大的石油和汽车公司的获利需求。一旦地球上的人口压力过大，持续生存的先决条件就是有计划地使用技术来满足人类的需求，而不是屈服于相互竞争的资本的盲目累积。

运用技术实现竞争性的资本积累，在战争中也得到了清晰体现。

1990年代军事科技突飞猛进，令一战中的西线大屠杀、二战中东部战线的血流成河，以及原子弹在广岛和长崎造成的恐怖灭绝，看上去都原始得不可思议。

一方面，发展出了价值几十亿美元的军事硬件系统。美国此时的军费开销按照绝对值计算，远远高于1950年代初的"冷战"巅峰期（虽然以占国民生产总值的比例来算并非如此），利用计算机技术半个世纪的发展，能在不费一兵一卒的情况下发动打击伊拉克和塞尔维亚的战争，同时给敌人造成数千人甚至数十万的人员伤亡。美国也开始从北美洲以遥控导弹的方式发动战争，并以部署"星球大战"反弹道导弹（ABM）系统来保护美国免受任何打击报复。

另一方面，各国都开始求助于毁灭性的微系统武器。以色列等小国和巴基斯坦等贫困国家发现，它们拥有的获得研究生学位的工程师，足以使它们进入现代计算机技术领域，制造属于自己的核武器——虽然以美国的标准来看实在微不足道，但却足够活活烤熟邻国大城市中的几十万人。对一些国家来说，针对美国在海湾地区和巴尔干半岛部署火力这一现象，它们至少得出了与俄国前首相切尔诺梅尔金相同的结论，"就连最小的独立国家也会寻找核武器，试图通过发展武器来保护自己"[9]。而对那些没有能力发展核技术的国家来说，还有20世纪前七十五年中世界霸权国家发展出来的更加残忍、更加廉价的化学武器和生物武器技术可以应用。

20世纪下半叶，霸权国家发展核计划的辩护者声称，他们会通过"确保互相摧毁"（MAD）来保证世界和平。他们认为，没有任何一方会首先使用核武器，因为一旦使用，就一定会遭到报复性的毁灭打击。但1963年的古巴导弹危机却提醒人们，这一逻辑如何险些崩溃；1980年代，美国还通过在欧洲部署巡航导弹和建立反弹道导弹系统（初次尝试失败），塑造"先发打击能力"，从而几乎彻底推翻这一逻辑。而灾难之所以没有变成现实的原因则在于，不断升级的军费开销令苏联经济无力支撑，与此同时美国发现其激活反弹道导弹的技术能力还不成熟——民众的抗议增加了欧洲各国政府在其领土上维持巡航导弹的政治成本。但是，核武器的扩散和反弹道导弹系统的重建，令毁灭世界的威胁携带着仇恨卷土重来。世界上最强大的国家和许多力量稍弱的小国再次被"先发打击"的逻辑所吸引——这是对为了避免遭到打击报复而使用核武器，从而造成国际紧张局势突然升级的一种回应。反过来这则增加了因为急切地想要控制竞争对手和力量稍弱的国家，而发动先发制人军事打击（不论是传统进攻还是核进攻）的可能性。20世纪下半叶没有完全实现的野蛮主义，恐怕会成为21世纪不得不面对的现实。任何以几十年而非几年为判断依据来观察未来的观点，都必须承认在一定范围内存在爆发核冲突的可能性，从而将会令全世界陷入野蛮主义之中。

经济发展的日益不稳定，增加了这些危险爆发的机会。1930年代那样的经济危机会在一国又一国内制造巨大的政治浩劫，就像在两次大战期间的岁月里，为政党轻松崛起并掌权营造客观条件，而这些政党总是将军事冒险作为解决国内问题的手段。在一些重要国家，极右翼力量在选举中取得成功就是先兆。一旦这些政党有机会获得核武器，除非出现一个强有力的阶级能够提供取代现存制度的可选方案，在不同的基础上开始重新组织整个社会，否则历史恐怕会以更加血腥的方式重演。社会主义或者野蛮主义，如何选择，以一种前所未有的严峻性摆在世人面前。

一个普遍的阶层？

20 世纪并不仅仅是一个恐怖的世纪。众所周知，它还是自下而上掀起伟大斗争的世纪，工人阶级领导下反抗造成社会恐怖的力量的世纪：第一次世界大战前夕的工团主义者大罢工；俄国革命及一战后蔓延整个欧洲和殖民世界的反叛；奥地利、法国和西班牙 1934—1936 年的起义浪潮；1943—1945 年法国、意大利和希腊的起义浪潮；1956 年的匈牙利革命；1968 年事件及其后爆发的一系列事件；波兰大罢工及 1980 年占领事件。但在上述所有伟大的暴动中，只有一次转化成了成功的革命，那就是俄国革命。阶级斗争是 20 世纪历史上最重大的决定性因素之一。而且 20 世纪的终结亦非阶级斗争的终结。在东方阵营崩塌的背后，是偏离了方向的阶级斗争。1990 年代的西欧，在高潮迭起的罢工浪潮过后，意大利贝卢斯科尼右翼政府倒台；法国工人阶级斗争突然复兴，1995 年 11 月至 12 月间展开了为时一个月的罢工和游行示威，导致朱佩右翼政府倒台；德国爆发了一系列罢工和示威；丹麦发生了大罢工；南韩出现了层出不穷的罢工浪潮；哥伦比亚和厄瓜多尔进行了大罢工；在民众自发的示威活动和暴乱过后，印度尼西亚苏哈托将军维持了三十二年的独裁统治彻底倒台。

这些社会和政治上的剧烈动荡，并没有阻止一些肤浅和赶时髦的评论家谈论所谓阶级政治的终结。就连英国最著名的马克思主义者之一霍布斯鲍姆也宣称，虽然马克思对资本主义的不稳定性的判断正确无误，但他将工人阶级视为反抗现存体系的历史性运动的一种动力则是错误的。支持这一论点的证据有两个：工业发达国家从事制造业生产的工人比例不断降低，以及在这些国家鲜有寻求以革命推翻资本主义社会者。然而，无论哪种证据都无法证实他们的结论。

当然，工人阶级的传统堡垒：矿工、钢铁工人和造船厂工人，在英国等国家的人数确有下降，1990年代末，在这些国家，就连汽车制造工人的人数也只是三十年前的一半甚至三分之一。但是，其他方面发生的变化足以弥补工人人数的下降。在发达国家，白领和公共服务部门的工作越来越多，补充了工人岗位的减少，而且曾被视为"中产阶级"的工作，也与传统制造业的工作越来越相似。无论是在哪里，"部门经理"都扮演着与传统行业中的工头类似的角色；无论在哪里，人们都迫于压力努力工作，以超时免费加班展现出对工作的"责任心"。对工作的评估程序几乎成为全球通行的做法，试图以工作结果来评定工资标准，甚至在学校的教学工作中也是如此。

随着制造业的相对衰落，装配线不仅没有消失，还进一步扩展到其他领域。实际上，在许多行业中，"服务"和"生产"之间的区别已不再明显：使用机械制造计算机的工人被归类为"生产"部门，而运行软件进行日常操作的工人则被归类为"服务"部门；将汉堡肉饼装进罐子属于"生产"部门，将它们夹进速食面包中就是"服务"部门。这两种工作都生产并出售以赚取利润为目的的商品，都承受着创造最大化利润的持续压力。

世界范围内的图景更加清晰。20世纪下半叶是工资劳动力呈现全球化蔓延的五十年。在每个大洲的每座主要城市，都建起了纺织厂、钢铁厂、炼油厂和汽车装配厂。与此同时，也都配备了港口、机场、公路和铁路运输终端、现代化的银行系统，以及摩天大楼中忙碌的办公室。因此，城市规模得到巨大扩张。1945年，人们争论世界上最大的城市是伦敦还是纽约。到了世纪末，人们争论世界上最大的城市是墨西哥城、孟买还是东京。新工业和新城市意味着新的工人阶级。1980年代，仅南韩一国的产业工人就超过了马克思和恩格斯撰写《共产党宣言》时全世界的产业工人人数——而且该国还拥有几百万非工业工资劳动者。

全世界的劳动力当然不只由工资工人组成。在亚洲、非洲、部分拉美地区，甚至是在东欧，都存在着拥有小块土地的数百万农民。第三世界国家的城市中还有大量贫困的小资产阶级，依靠贩卖各种商品和服务维持生计，不论收入如何微薄都能找到相应的市场，时不时还会融入规模更大的临时工队伍——后者经常出现在城市周边蔓延的贫民窟中。这些群体的心理状况与产业工人的心理状况迥然不同。然而，实际上他们与工人一样（但与一百年前的中产阶级及农民不同），他们的生活与市场紧密联系，完全依赖资本的逻辑。

马克思曾经区分了在一个社会中拥有一定客观位置的"自在阶级"与有意识地为自身目标奋斗的"自为阶级"。20世纪末，工人阶级前所未有地成为"自在阶级"，他们的核心人口有可能达到二十亿，除此之外，大约还有二十亿人的生活也在许多重要方面与核心人口的逻辑相同。关于工人阶级角色的真正争论在于，它是否已经以及应当如何成为"自为阶级"。

马克思区分这两者的含义在于，历史上没有任何一个阶级在其崛起之日就能以"自为阶级"的面目出现。它总是在旧秩序中成长，其成员没有任何其他社会的经验。他们必须从接受现存社会价值开始。至少在一开始，对旧社会的偏见也是新阶级成员的偏见。只有当他们被迫在旧社会中为了自己的利益而斗争时（通常发生在超出他们掌控的环境下），才会发生变化。这样的斗争导致彼此之间的纽带增强，创造出与旧社会完全不同的忠诚感和价值观。在如此缔造的思想疆域之上，社会应当如何运转的新观念才会生根发芽，反过来则部分组成了后代理解世界的基本结构。

思想上的变化并非简单地以直线上升的方式发展。就像新的阶级斗争以小范围的胜利和部分的失败为特征、以突飞猛进和突然（经常是毁灭性的）后撤为特征，人们思想转变的过程同样有高低起伏。资产阶级兴起的历史为我们提供了数不清的例证。每个历史阶段都会出现一些开始以不同于旧有封建秩序的方式来定义自己的群体，但是他们继而又试图与旧秩序和解，与前资本主义统治阶层和平共处，接受统治阶层的价值观，帮助现有社会秩序长存不朽，将为完全不同的新社会斗争的任务留给了后代。在15世纪末意大利北部的战争中，在16世纪法国的宗教战争中，或者在波希米亚与德意志之间"三十年战争"的恐怖中，一定有许多人感到资产阶级永远也无法按照他们的设想改变整个社会。然而，到了19世纪，经济的强劲发展令资产阶级的实力变得如此强大，以至于1848年的革命逆流也无法阻止他们掌控权力。

资本主义社会的工人能够按照统治阶层的安排对阶级现状随遇而安，并没有什么神秘之处。他们所处的社会到处渗透着资本主义价值观，令工人们将其视为理所应当。就连资本主义的剥削也是通过劳动力市场来加以组织，工人们在其中相互竞争工作机会。除了一次又一次令他们联合起来反抗令其生活不得不屈从于非人性的资本积累的压力之外，还始终存在着那些能够轻易击破工人团结的因素：失业，它会令每个人都陷入除非以牺牲他人为代价否则便无法谋生的绝境；工人组织的失败，它会击溃工人的团结感，令其感到团结和斗争并不会令生活变得更好。成功的斗争带来的新价值观的成长（表现在遍布全国、不论民族和性别全体团结起来的观念上），会在突然之间被打断、扭曲甚至摧毁。在资本主义"繁荣"时期，当部分工人发现自己在现存体制中获得了某种程度上的认同时，新价值观也会受到相当大的压力：这发生在那些从工人上升为工头、督导或经理的人群中；发生在那些想要从中分得一杯羹的做小生意的人群中；发生在那些工会官员和工人党及社会民主党政客身上，他们成了资本主义民主的职业调停者。这些人在地方上或工作场所中大多是最坦率直言的活跃分子，他们适应并融入现行社会系统，起到了在工人中钝化阶级意识的作用。

从"自在阶级"到"自为阶级"的转变过程，是一个随着资本主义自身的发展，工人阶级的重建和扩张不断受到干扰的过程。新的工人群体出现后，不得不在社会系统的每个阶段进行全新的学习。例如，在英国 1840 年代的宪章运动时期，工人阶级的核心力量由纺织工人组成；在第一次世界大战前夕，由造船厂、矿厂和钢铁厂等重工业行业的工人组成；在第二次世界大战后的最初几年，则由工程工人组成。每个群体都必须重新经历新理念发展的过程，这种理念某种程度上已经在此前的群体意识中有所呈现。当工业化大范围迅猛发展的时候，旧工人与新工人之间的区别甚至会变得更加明显，20 世纪大多数国家的发展都证明了这一点：掀起俄国 1917 年革命的工人阶级淹没在 1930 年代末新工人运动的汪洋大海中；1943 年撼动墨索里尼政权的意大利工人在 1960 年代被从乡村涌向城市的海量新工人稀释不见；在 1980 年代末数千万的中国工人中，很少有 1920 年代参与大罢工的工人先驱的后代。然而，无论在哪种情况下，经过或长或短的延后，新传统都会带着与旧传统的相似性出现：例如，1969 年及其后的意大利大罢工，1989 年和 1991 年的俄国矿工大罢工等。在这些罢工中，工人们都没有展现出完全的革命意识。但在上述每一次罢工中，他们都开始打破旧社会的各种价值观和假设。他们开始向着成为

"自为阶级"转变，尽管并没有完成这段旅途。

20世纪的最后二十五年，工人阶级并没有消失，但也没有发展成为一个具有独立意识的阶层。相反，我们目睹了工人阶级的大规模扩张——这种扩张给予工人阶级前所未有的更大力量来塑造社会，但与此同时也迫使大部分人必须重新学习少数人早在七十五年前就已知道的事情。学习也包括近年来阶级斗争的转向。这种转向令数千万人民大众困惑不已，矛盾的观念和信条在头脑中不断抗争。这种情况距离成为"自为阶级"的目标相差千里。不过，作为塑造社会的一支活跃力量，工人的斗争也远远没有从历史舞台上消失不见。

俄国革命领导人列宁在20世纪初写道，工人阶级的经济斗争并不会自动带来思想意识上的革命，"自发的工人阶级运动发展屈从于资产阶级意识形态"。这是因为："资产阶级意识形态比社会主义意识形态具有更深刻的历史根基，发展更完善……拥有不可计数的宣传和扩散方式。"[10] 列宁得出著名的结论，"工人阶级的政治意识只能来自经济斗争之外"[11]。罗莎·卢森堡等人批判列宁的这一论断，列宁本人后来也承认他低估了工人在社会主义思想发展中扮演的重要角色。[12] 但是，二十五年后，经常受到误解的意大利革命者葛兰西继承并发展了列宁的观点。

葛兰西指出，阶级成员经常面临冲突的世界观——从现存社会的日常生活实践中得出的世界观，与整个阶级（或部分阶级成员）在试图进行社会转型的斗争中感受到的世界观。结果，所有人的个性"都以一种奇异的方式构成。它包含了原始人的观念和现代社会最先进知识的原理，对所有历史阶段粗陋的偏见，以及对全人类团结起来的一种未来哲学的直觉"[13]。这些相互冲突的思想，在各种个体和群体中，以各种方式组合起来。有些人几乎完全陷入现存社会制度的种种观念中，有些人则在打破现存制度的思想上已经前行了很远，但却在中途受阻，在各种同类思想的影响下左右摇摆，在两个极端观念之间徘徊。历史上任何时期的具体阶级行动，都取决于当社会动乱（战争、经济崩溃、罢工和内战）开启了新思想时，哪个"极端"能够成功地吸引中产阶级群体。而从"自在阶级"转变为"自为阶级"的程度，则不仅取决于周边世界的物质变化，还取决于彼此竞争的政党的形成。

资本主义的崛起也表现出同样的过程。"伟大的转变"并非仅仅是客观经济因素发生变化的结果。它也有赖于部分新兴的自治公民或资产阶级阶层以与旧秩序完全不同的思想观念组织在一起，进而作出持续不断的努力——还有部分人则与旧秩序的代表合作，试图颠覆这些组织。这就是公元8世纪的以色列帝国、11世纪的中华帝国发生的暴动和革命运动的历史，以及试图镇压这些暴动和革命运动的历史；这就是文艺复兴和宗教改革的历史，以及意大利、德国和法国反抗旧秩序的努力被窒息的历史；这就是荷兰革命和英国革命成功的历史，以及"三十年战争"陷入可怕僵局的历史；这就是启蒙运动的历史，以及反启蒙运动的历史；这就是法国议会反抗国王的斗争的历史，以及雅各宾派对抗吉伦特派的历史。变化并非一次飞跃即可达成，也绝非缓慢、碎片化的改变累积得来。它有赖于建立在几百年不断发展的新世界观基础上的团体的形成、被打败和革新。

资本主义征服世界极大地加快了历史发展的进程。20世纪世界上大多数人民生活经历的变化，要比此前五千年经历的还要多。飞速的变化意味着人们一次又一次试图以反映迥然不同新经历的新思想，来处理新环境下出现的新问题。他们只有几十年的时间来完成思想上的转变，相比之下，历史上欧洲的资产阶级则用了六百年。20世纪末这一思想转变的过程并未完结这一事实,并不能被解释为这个过程已经僵化静止,停滞不前。20世纪的历史,是数代人以前所未有的最大规模,抵抗屈从于相互竞争的资本累积逻辑的历史。这种努力取得了一次简短的成功——在俄国。有时候,这种努力几近成功——例如1918—1919年的德国、1936年的法国、1980年代的波兰——但很快就被击溃。有时候,这种努力则被彻底打败,例如1933年1月的德国,甚至还没有得到加入战团的机会即告失败。但无论是在哪种情况下,都没有丝毫迹象表明阶级斗争已经终结。19世纪力量还比较微弱的工人阶级进行的各种阶级斗争、20世纪前半叶规模和力量开始壮大的工人阶级进行的各种阶级斗争,以及20世纪最后二十五年中拥有前所未有力量的工人阶级进行的各种阶级斗争,都将会在新千年中,由数十亿工人组成的庞大力量继续重复发扬下去。

  从这些阶级斗争中,将会涌现出以团结、互助、平等、合作、在民主基础上有计划地利用资源为核心价值观的重塑社会的尝试。世界上的统治阶层,就像五千年来他们的前任一样,将会竭尽全力实现他们的企图和愿望,如有必要,也会释放无尽的野蛮,以保卫他们视为神圣不可侵犯的财产和权力。他们将会誓死保卫现存的资本主义秩序直至最后,哪怕是这样做有可能导致有组织的人类生活的终结也会在所不惜。

  我们没有办法预测这样巨大的冲突将会给人类造成什么样的后果。这不仅取决于阶级力量冲突的客观情况:阶级力量增长的情况,还取决于在不断扩张的"普遍的"工人阶级中能否出现核心群体,明白如何战斗,明白如何以同样的价值观赢得同伴共同奋斗。在激烈对抗现存体制各个方面的斗争中,绝不缺乏参与的群体和运动。现存体制的野蛮和非理性,保证了在未来的日子里斗争必然发生,就像它在过去始终存在一样。但是，20世纪的历史也告诉我们，只有当所有的努力凝聚成致力于在所有方面挑战现存体制的革命组织时，才能产生真正的效果。资产阶级需要17世纪的"新模范军"和18世纪的雅各宾俱乐部这样的核心组织。俄国工人阶级需要1917年的布尔什维克共产党。21世纪，如果整个人类不想面临毁灭，呈现巨量扩张的世界工人阶级必将一次又一次地需要这样的组织。只有人们积极努力地接受这一任务，才能满足这一需求。爱尔兰社会主义革命家詹姆斯·康诺利曾经指出："唯一真正的先知，就是那些开拓未来者。"

  了解过去有助于实现这样的目标。这就是我撰写这本书的原因。

注　释

第一部分

[1] 实际上，这样的观点当然并非出自严肃的基因科学研究。参见如下论著：史蒂文·罗斯 (Steven Rose)，《生命线：生物学、自由与决定论》(*Lifelines: Biology, Freedom, Determinism*, London, 1997)；露丝·哈伯德 (Ruth Hubbard)，《女性生物学的政治学》(*The Politics of Women's Biology*, New Jersey, 1990)；理查德·勒沃汀 (Richard Lewontin)，《生物学之为意识形态：基因的教条》(*Biology as Ideology: The Doctrine of DNA*, London, 1993)。

[2] 戴斯蒙德·莫里斯 (Desmond Morris)，《裸猿》(*The Naked Ape*, London, 1967)。[《裸猿》，何道宽译，复旦大学出版社，2010 年版。]

[3] 罗伯特·阿特里 (Robert Ardrey)，《非洲起源》(*African Genesis*, London, 1969)；理查德·道金斯 (Richard Dawkins)，《自私的基因》(*The Selfish Gene*, Oxford, 1976)。[《自私的基因》，卢允中等译，中信出版社，2012 年版。]

[4] 理查德·道金斯，《自私的基因》。

[5] 理查德·李，"对原始共产主义的思考"(Reflections on Primitive Communism)，收入蒂姆·英戈尔德、戴维·里奇斯、詹姆斯·伍德伯恩 (Tim Ingold, David Riches & James Woodburn) 合编的《狩猎者与采集者》(*Hunters and Gatherers*) 第一卷 (Oxford, 1988)。

[6] 诺姆·乔姆斯基（Noam Chomsky）提出的理论被普遍接受，他指出，对所有现代人类而言，使用语言的能力是一种由基因决定的特质。1920年代，俄国马克思主义者沃洛希诺夫（Voloshinov）在其著作中详细说明了语言、抽象能力和人类意识之间的关联；匈牙利马克思主义者乔治·卢卡奇（Georg Lukács）在他的《本体论》（Ontology）一书第二部分"劳工"中同样阐述了相关理论。

[7] 我在这里写下的简短结论来自一场冗长的论战。读者可以阅读我如下文章的起始部分，获知这场论战的详细情况。"恩格斯与人类社会的起源"（Engels and the Origins of Human Society），刊于《国际社会主义》（International Socialism）65（1994年冬季卷）。

[8] 关于尼安德特人与现代人类之间准确关系的科学争论持续了一个世纪之久。例如，争论的焦点在于他们是否曾经杂交繁衍。请恕我在这里无法详尽展开相关探讨。不过，十分明确的是，现代人类取代尼安德特人并不意味着就对其进行了野蛮屠杀——罗伯特·阿特里等人试图使我们相信的人类"生于血腥"的观点。关于这一问题的详细论述，参见我的文章："恩格斯与人类社会的起源"。

[9] 某种程度上，"狩猎和采集"社会是一个会引起误解的术语，因为为了在原始社会维持生计，采集野菜和果实通常要比狩猎占据更重要的比重。

[10] 因此，"野蛮"（savagery）一词经常被用来形容原始社会——就连刘易斯·摩尔根、恩格斯和戈登·柴尔德（Gordon Childe）在试图提供原始社会发展的科学陈述时，也无法避免使用这一词汇。

[11] 上述引文来自17世纪英国哲学家托马斯·霍布斯，但却表达出直至1960年代社会上普遍流行和广为接受的"共识"。我们在罗伯特·阿特里的畅销书《非洲起源》中仍然可以看到这种观点。

[12] 马歇尔·萨林斯（Marshall Sahlins），《石器时代经济学》（Stone Age Economics，London，1974）。[《石器时代经济学》，张经纬等译，三联书店，2009年版。]

[13] 科林·特恩布尔（Colin Turnbull），《森林人》（The Forest People，New York，1962），第107、110、124—125页。[《森林人》，冉凡等译，民族出版社，2008年版。]

[14] 欧内斯廷·弗里德尔（Ernestlin Friedl），《人类学家眼中的女性和男性》（Women and Men: the Anthropologist's View，New York，1975），第28页。

[15] 埃莉诺·利科克（Eleanor Leacock），《男性支配迷思》（Myths of Male Dominance，

New York，1981），第 139—140 页。

[16] 理查德·李（Richard Lee），《昆桑人》（*The !Kung San*，Cambridge，1979），第 118 页。

[17] 亢人（!Kung）词首的惊叹号表示一种"咔哒"的声音，印欧语系中没有相对应的发音。

[18] 理查德·李，《昆桑人》，第 244 页。

[19] 参见 Le P. P. LeJeune（1635），引自马歇尔·萨林斯《石器时代经济学》第 14 页。

[20] 欧内斯廷·弗里德尔，《人类学家眼中的女性和男性》，第 15、28 页。

[21] 这里的所有引文都出自阿特里的著作《非洲起源》第 300、399 页。

[22] 理查德·李，《对原始共产主义的思考》。

[23] 欧内斯特·盖尔纳（Ernest Gellner），《犁、剑与书：人类历史的结构》（*Plough, Sword and Book: The Structure of Human History*，London，1991）。

[24] 恩格斯坚持认为，女性在原始社会同样也不具备绝对的统治地位，这无疑是正确的。不过，恩格斯在一个重要细节上理解有误——他大大高估了在大部分狩猎和采集社会中血统和世系的重要性。关于这一问题的详尽探讨，参见我的文章："恩格斯与人类社会的起源"。

[25] "新月沃土"地带包括巴勒斯坦、叙利亚、黎巴嫩、土耳其南部和伊拉克。

[26] 关于这一地带的具体情况，参见：唐纳德·亨利（Donald Henry），《从采集到农业》（*From Foraging to Agriculture*，Philadelphia，1989）；梅高（J. V. S. Megaw）主编的《狩猎者、采集者与欧洲外最早的农民》（*Hunters, Gatherers and the First Farmers Beyond Europe*，Leicester，1977）；P. M. Dolukhanov 和 G. W. W. Barker 所写的文章，收入科林·伦弗鲁（Colin Renfrew）主编的《阐释文化变迁》（*Explaining Cultural Change*，London，1973）；查尔斯·梅塞尔斯（Charles Maisels），《文明的曙光：从狩猎和采集到农业、城市和近东国家》（*The Emergence of Civilisation*，London，1993）第 3、4 章。

[27] J. Harlan, 'A Wild Wheat Harvest in Turkey', *Archaeology* 20 (1967), pp.197—201，引自查尔斯·梅塞尔斯《文明的曙光：从狩猎和采集到农业、城市和近东国家》第 68—69 页。

[28] 这一术语来自戈登·柴尔德。

[29] 关于村落中各种定居方式的猜测和计算方法，参见查尔斯·梅塞尔斯《文明的曙光：从狩猎和采集到农业、城市和近东国家》第 125 页。

[30] 罗伯特·亚当斯（Robert Adams），《城市社会的演变》（*The Evolution of Urban*

[续] *Society*, London, 1966），第 96 页。

[31] 然而，还有些人认为这些女性小雕像实际上用于丰产生殖祭祀的仪式，并不能证明女性在当时社会中拥有较高地位，就如同天主教中的圣母玛利亚雕像。

[32] 1920 年代和 1930 年代，西方人类学家研究了这些残存的原始社会形态，得出了这一观点。参见露丝·本尼迪克特（Ruth Benedict）《文化模式》(*Patterns of Culture*, London, 1935)。[《文化模式》，王炜等译，三联书店，1988 年版。]

[33] 参见 J.-F. Lafitan, 引自理查德·李《对原始共产主义的思考》第 252 页。

[34] 参见爱德华·伊文思－普里查德（Edward Evans-Pritchard），引自理查德·李《对原始共产主义的思考》第 252 页。

[35] 马歇尔·萨林斯，《石器时代经济学》。这是该书的主要论点。

[36] 罗伯特·亚当斯，《城市社会的演变》，第 96 页。

[37] 梅高主编的《狩猎者、采集者与欧洲外最早的农民》；P. M. Dolukhanov 和 G. W. W. Barker 所写的文章，收入科林·伦弗鲁主编的《阐释文化变迁》。

[38] 弗里德里希·卡茨（Friedrich Katz），《古代美洲文明》(*Ancient American Civilisations*, London, 1989)；沃里克·布雷、厄尔·斯万森、伊恩·法林顿合著（Warwick Bray, Earl Swanson & Ian Farrington），《古代美洲人》(*The Ancient Americas*, Oxford, 1989)，第 14 页。

[39] 正如生物学家贾里德·戴蒙德（Jared Diamond）指出的那样，这些地区从未成功地驯养家畜或者自主农耕。参见贾里德·戴蒙德，《枪炮、病菌与钢铁》(*Guns, Germs and Steel*, London, 1997)，第 163—175 页。[《枪炮、病菌与钢铁》，谢延光译，上海世纪出版集团，2006 年版。]

[40] 贾里德·戴蒙德，《枪炮、病菌与钢铁》，第 139 页。关于这一观点，戴蒙德在这里论述得非常清晰。

[41] 理查德·李，《对原始共产主义的思考》，第 262 页。

[42] 参见克劳德·列维－斯特劳斯（Claude Lévi-Strauss），引自马歇尔·萨林斯，《石器时代经济学》，第 132 页。

[43] 参见 H. I. Hogbin, 引自马歇尔·萨林斯所著《石器时代经济学》第 135 页。

[44] 在戈登·柴尔德之前，19 世纪著名人类学家摩尔根也曾谈及人类如何从"野蛮"社会（意指纯粹的农业生活方式）转变为"文明"社会（意指围绕城市为中心的生活方式）。恩格斯也曾使用这一术语，但是很快人们就不再称原始的农业社会为"野蛮"，因为日益清楚的是，摩尔根所说的"文明"社会要比早期农业社会野蛮得多。

[45] 参见马歇尔·萨林斯在《石器时代经济学》中给出的例证。

[46] 戈登·柴尔德,《历史发生了什么》(What Happened in History, Harmondsworth, 1948),第59—62页。[《历史发生了什么》,李宁利译,上海三联书店,2012年版。]

[47] 弗里德里希·卡茨,《古代美洲文明》,第78—79、81、102、113、128页。

[48] 戈登·柴尔德,《历史发生了什么》,第80—81页。

[49]、[50] 查尔斯·梅塞尔斯,《文明的出现:从狩猎和采集到农业、城市和近东国家》,第297页。

[51] 弗里德里希·卡茨,《古代美洲文明》,第29页。

[52] 戈登·柴尔德,《社会进化》(Social Evolution, London, 1963),第155—156页。

[53] 关于原始社会前城市文明阶段的大型石制建筑的讨论,参见科林·伦弗鲁,《文明之前》(Before Civilisation, Harmondsworth, 1976)。

[54] 因此可以确认的是,爱琴海地区文明的发展,无疑受到了亚洲大陆东南部及非洲大陆南部文明发展的激励。埃及社会的某些发展(各种播种的谷物及埃及的部分手工艺品),很有可能在某种有限的程度上,受到了与美索不达米亚早期文明接触的影响;因此,拉丁美洲文明也很有可能与东亚和东南亚的文明有过些许接触。

[55] 罗伯特·亚当斯,《城市社会的演变》,第95—96页。

[56] 同上书,第98页。

[57] 同上书,第103页。

[58] 同上书,第104页。

[59] 戈登·柴尔德,《历史发生了什么》,第99页。

[60] 参见T. B. Jones,引自查尔斯·梅塞尔斯《文明的曙光:从狩猎和采集到农业、城市和近东国家》,第184页。

[61] 西里尔·加德(Cyril Gadd),"巴比伦的城市"(Cities in Babylon),收入他与爱德华斯和哈蒙德(I. E. S. Edwards & N. G. L. Hammond)合编的《剑桥古代史》(Cambridge Ancient History, Cambridge, 1971)第一卷第二部分。

[62] 弗里德里希·卡茨,《古代美洲文明》,第38页。

[63] 参见G. R. Willey与D. B. Shimkin合写的文章"玛雅崩溃:概要"(The Maya Collapse: A Summary View),收入T. P. Culbert主编的《古典玛雅崩溃》(The Classic Maya Collapse, Albuquerque, 1973)第459页。

[64] 正如迈克尔·曼(Michael Mann)在《社会权力的来源》(The Sources of Social Power, 1986)第一卷第39页中用自己的社会学行话所指出的那样,"由于涉及权力分配问题,他们不愿提升集体的权力"。[《社会权力的来源》第一卷,

李少军、刘北成译,上海人民出版社,2007年版。]

[65] 关于这种变化的论述,参见哈里斯(D. R. Harris)的文章"史前热带农业" (The Prehistory of Tropical Agriculture),收入科林·伦弗鲁主编的《阐释文化变迁》第398—399页。

[66] 马歇尔·萨林斯,《石器时代经济学》,第140页。

[67] 克里斯汀(Christine Ward Gailey)在《从血族关系到王权》(*Kinship to Kingship*, 1987)一书中描述了1100—1400年间,汤加(Tonga)居于社会等级顶端的首领集团如何摆脱照料下层民众的责任和义务从而让自身成为统治阶级的故事。

[68] 戈登·柴尔德,《人类创造了自身》(*Man Makes Himself*, London, 1956),第155页。[《人类创造了自身》,安家瑗等译,上海三联书店,2008年版。]

[69] 罗米拉·塔帕(Romila Thapar),《古代印度社会史》(*Ancient Indian Social History*, Hyderabad, 1984)。

[70] 罗伯特·亚当斯,《城市社会的演变》,第114页。

[71] 参见如下书籍中关于印加文明的论述:A. J. Pla, *Modo de Produccion Asiatico y las Formaciones Econimico Sociales Inca y Azteca* (Mexico, 1982),第151页。

[72] 罗伯特·亚当斯,《城市社会的演变》,第90页。

[73]、[74] 戈登·柴尔德,《历史发生了什么》,第72页。

[75] 此观点参见萨克斯(K. Sachs)所著《姐妹们与妻子们》(*Sisters and Wives*, London, 1979)第117、121页。

[76] 关于对女性压迫不断加强的详尽论述,参见我的文章:"恩格斯与人类社会的起源"第129—142页。

[77] I. M. Diakhanov, 'The Structure of Near Eastern Society Before the Middle of the 2nd Millennium BC', *Oikumene* 3:1 (Budapest, 1982).

[78] 这两座金字塔都位于现代开罗的周边。

[79] 参见巴里·肯普(Barry Kemp)所写的文章"古王国、中王国和第二中间王朝时期"(Old Kingdom, Middle Kingdom and Second Intermediate Period),收入巴里·肯普等人主编的《古代埃及:社会史》(*Ancient Egypt: A Social History*, Cambridge, 1983)第176页。

[80] 戈登·柴尔德,《历史发生了什么》,第117页。

[81] 戈登·柴尔德,《人类创造了自身》,第227页。

[82] 戈登·柴尔德,《史前欧洲社会》(*The Pre-History of European Society*, London, 1958),第7页。前引书的主题思想是:"野蛮人"因为受到权力庞大的国家

机制的暴虐统治程度较低，因此他们更具创新性。但在柴尔德笔下这些具有创造力的"野蛮人"几乎都位于欧洲，而在亚洲、非洲和美洲等其他大洲远离成熟文明帝国的"野蛮人"同样在推进生产技术发展方面成绩斐然，在这一点上戈登·柴尔德并未加以探讨。例如，在步入公元纪年后的一千年里，中亚地区取得了一系列生产技术创新，我们知道，在这些创新传到欧洲之前，中国首先进行了学习和采纳；抑或在非洲部分地区，独立发展出了关于制造和使用铁的技术。

[83] 参见特里格（B. G. Trigger）所写的文章"埃及文明的兴起"（The Rise of Egyptian Civilisation），收入巴里·肯普等人主编的《古代埃及：社会史》第 67 页。

[84] 戈登·柴尔德，《人类创造了自身》，第 230—231 页。

[85] 戈登·柴尔德，《历史发生了什么》，第 119—120 页。

[86] 参见 G. R. Willey & D. B. Shimkin 合写的文章"玛雅崩溃：概要"，收入 T. P. Culbert 主编的《古典玛雅崩溃》。

[87] 引自迈克尔·赖斯（Michael Rice）所著《埃及的形成》（*Egypt's Making*，London, 1991）第 226 页。关于巴里·肯普对文中所引观点的反驳意见，参见巴里·肯普等人主编的《古代埃及：社会史》第 74—75、115 页。

[88] 弗里德里希·卡茨，《古代美洲文明》，第 78—79 页；T. P. Culbert 主编，《古典玛雅崩溃》，第 19 页。

[89] 弗里德里希·卡茨，《古代美洲文明》，第 78 页。

[90] 巴里·肯普等人主编，《古代埃及：社会史》，第 115 页。

[91] 参见芭芭拉·莱斯克（Barbara Lesko）的文章"等级、角色和权利"（Rank, Roles and Rights），收入伦纳德·莱斯克（Leonard Lesko）主编的《法老的工人：德尔麦迪那村民》（*Pharoah's Workers: The Villagers of Deir el Medina*, Ithaca, 1994）第 15 页。

[92] 《法老的工人：德尔麦迪那村民》，第 39 页。

[93] 同上书，第 38 页。

[94] 马克思，《政治经济学批判导言》，见于《马恩选集》（London, 1962）第一卷第 362—363 页。

[95] 马克思和恩格斯，《共产党宣言》（London, 1996），第 3 页。

[96] 戈登·柴尔德，《历史发生了什么》，第 137 页。

[97] 卡尔·巴策尔（Karl Butzer），《埃及的早期水利文明：一项文化生态学研究》（*Early Hydraulic Civilisation in Egypt: A Study in Cultural Ecology*, Chicago, 1976），第 46 页。

第二部分

[1] 有些历史学家作出推断,认为冶铁技术是由外部传入非洲的。参见雷蒙德·莫尼(Raymond Mauny)所写的"铁器时代的跨撒哈拉接触"(Trans-Saharan Contacts in the Iron Age),收入盖奇(J. D. Gage)主编的《剑桥非洲史》(Cambridge History of Africa),第二卷,第318页。但戴蒙德则在《枪炮、病菌与钢铁》(第394页)中认为,撒哈拉以南非洲地区的制铁技术与其他地区明显不同;因此他判断非洲的制铁技术是独立生成并发展起来的。

[2] 摩揭陀国的中心地区是今天的比哈尔。

[3] 高善必(D. D. Kosambi),《印度史研究入门》(An Introduction to the Study of Indian History,Bombay, 1996),第190页。

[4] 罗米拉·塔帕,《印度史》(History of India,Harmondsworth),第一卷第84页。

[5] 拉姆·夏尔马(Ram Sharma),《早期印度社会和经济的启示》(Light on Early Indian Society and Economy,Bombay, 1966),第66页。

[6] 参见罗米拉·塔帕的文章"阿育王时期的印度与笈多时代"(Asoka India and the Gupta Age),收入阿瑟·巴沙姆(Arthur Basham)主编的《印度文化史》(A Cultural History of India,Oxford, 1975),第44页。

[7] 拉姆·夏尔马,《早期印度社会和经济的启示》,第78页。罗米拉·塔帕批评高善必将孔雀王朝末期的社会视为经济衰退的社会,"甚至正相反,这是一幅经济极速扩张的画面"。罗米拉·塔帕,《阿育王与孔雀帝国的衰落》(Asoka and the Decline of the Mauryas,Oxford, 1961),第204—205页。

[8]、[9] 参见 H. J. J. Winer 的文章"科学"(Science),收入阿瑟·巴沙姆主编的《印度文化史》,第154页。

[10] 罗米拉·塔帕,"阿育王时期的印度与笈多时代",第49页。

[11] 正如我们常说的那样,秦始皇建造长城并非从零开始,而是连接了部分已经存在的城墙。今天的长城经过多次重修,17世纪的明朝也大兴修建,延长了长城的长度。

[12] 马伯乐(Henri Maspero),《古代中国》(China in Antiquity,[1927年法文原版]Folkestone, 1978),第26页。

[13] 参见卜德(Derk Bodde)所写的"秦国和秦帝国"(The State and Empire of Ch'in),收入崔瑞德和鲁惟一主编的《剑桥中国史》(Cambridge History of China,Cambridge, 1986)第一卷,第21页。[《剑桥中国史》,第一卷《剑桥

中国秦汉史》,杨品泉译,中国社会科学出版社,2012年版.]

[14] 马伯乐,《古代中国》,第45页。关于现代中国学者对古代中国社会特征的探讨,参见吴大琨("关于亚细亚生产方式研究的一些问题")、柯昌基("亚细亚生产方式与中国古代社会")、赵俪生("从亚细亚生产方式的角度看西周的井田制度")三人的文章,收入卜正明(Timothy Brook)主编的《亚细亚生产方式在中国》(The Asiatic Mode of Production in China, New York, 1989)。

[15] 马伯乐,《古代中国》,第70页。

[16] 许倬云(Cho-yun Hsu),《汉代农业》(Han Agriculture, Washington, 1980),第4页。谢和耐(Jacques Gernet),《中国社会史》(A History of Chinese Civilisation, Cambridge, 1982),第67—69页;卜德,"秦国和秦帝国",第22—23页。[许倬云,《汉代农业》,程农、张鸣译,江苏人民出版社,2012年版。][谢和耐,《中国社会文化史》,黄建华、黄迅余译,湖南教育出版社,1994年版。人民出版社2010年版和江苏人民出版社1995、2008、2010年版均改名为《中国社会史》。]

[17] 许倬云,《汉代农业》,第6页。

[18] 谢和耐,《中国社会文化史》,第72页。[译文参见该书中文版第64—65页。]

[19] 许倬云,《汉代农业》,第12页。

[20] 同上书,第13页。

[21] 卜德,"秦国和秦帝国",第40页。

[22] 卜德,"秦国和秦帝国",第45页。

[23] 谢和耐,《中国社会文化史》,第109页;卜德,"秦国和秦帝国",第52页。

[24] 谢和耐,《中国社会文化史》,第109页。[《史记·吕不韦列传》"食河南雒阳十万户""食客三千人"。]

[25] 许倬云,《汉代农业》,第3页。

[26] 卡尔·魏特夫(Karl Wittfogel)的文章"中国经济史的基础和阶段"(Foundations and Stages of Chinese Economic History),发表于《社会研究》(Zeitschrift für Sozial Forschung),1935年4月号上。

[27] 许倬云,《汉代农业》,第39页。

[28] 《盐铁论》(公元前81年),节译自许倬云《汉代农业》第191页。

[29] 许倬云,《汉代农业》,第53页。

[30] 同上书,第165页。

[31] 卜德,"秦国和秦帝国",第69页。

[32] 许倬云,《汉代农业》,第6—7页。

[33] 卜德,"秦国和秦帝国",第 71—72 页。

[34] 同上。[《史记·始皇本纪》始皇帝幸梁山宫,从山上见丞相车骑众,弗善也。中人或告丞相,丞相后损车骑。始皇怒曰:"此中人泄吾语。"案问莫服。当是时,诏捕诸时在旁者,皆杀之。]

[35] 卜德,"秦国和秦帝国",第 83 页。

[36] 许倬云,《汉代农业》,第 153 页。

[37] 对生存条件的整体考察,参见罗宾·奥斯本(Robin Osborne),《希腊的形成,前 1200— 前 479 年》(*Greece in the Making, 1200—479BC*, London, 1996),第 17—37 页。

[38] 德·斯蒂·克洛克斯(De Ste Croix),《古希腊世界的阶级斗争》(*Class Struggle in the Ancient Greek World*, London, 1983),第 293 页。

[39] 罗宾·奥斯本,《希腊的形成,前 1200— 前 479 年》,第 67 页。奥斯本在这里解释了此时希腊奴隶制的缘起和发展,虽然他并没有使用"盈余"(surplus)一词。德·斯蒂·克洛克斯认为,在希腊文明中,对统治阶级来说,奴隶可以比农奴或获得自由的劳动力带来更多"利润";参见其所著《古希腊社会的阶级斗争》第 226—231 页。相比之下,埃伦·梅克辛斯·伍德(Ellen Meiksins Wood)甚至根本没有讨论希腊文明的物质环境,因此也未提及希腊文明中奴隶制扎根的物质条件;参见其所著《农民公民和奴隶:雅典民主的基础》(*Peasant- Citizen and Slave: The Foundations of Athenian Democracy*, London, 1988)。这种典型的唯物主义缺乏,是埃伦·梅克辛斯·伍德、罗伯特·布伦纳(Robert Brenner)及其他学者倡导的"政治马克思主义"的定义性特征。

[40] 克洛克斯,《古希腊社会的阶级斗争》,第 227 页。

[41] 克洛克斯认为,塞萨利(又译色萨利)的主要劳动力也是农奴,而非奴隶;克里特岛似乎也存在农奴制。参见克洛克斯所著《古希腊社会的阶级斗争》第 150 页。

[42] 普鲁塔克《名人传》中关于莱库古(Lycurgus)的一章记载了斯巴达人亲述的生活方式。实际上,简单朴素的生活很可能只是一种思想意识,而非现实,尤其是在后期的斯巴达社会生活中。参见阿诺德·琼斯(Arnold Hugh Martin Jones)所著《斯巴达》(*Sparta*, Oxford, 1967)。

[43] 阿诺德·琼斯,《雅典民主》(*The Athenian Democracy*, Oxford, 1957)。

[44] 克洛克斯,《古希腊社会的阶级斗争》,第 140—141 页。

[45] 克洛克斯指出,根据前 201 年至前 153 年的记载,只有 13% 的奴隶出自家庭豢养。

[46] 罗宾·奥斯本,《希腊的形成,公元前1200年—前479年》,第233页。
[47] 参见克洛克斯在其所著的《古希腊社会的阶级斗争》和《伯罗奔尼撒战争的起源》(The Origins of the Peloponnesian War, London, 1972)两书中的相关评论。关于详细论述苏格拉底在这一方面的思想,参见伊西多·斯通(Isidor Stone)所著《苏格拉底的审判》(The Trial of Socrates, London, 1997)。[斯东,《苏格拉底的审判》,董乐山译,三联书店,1998年版。]
[48] 这一观点在克洛克斯的《伯罗奔尼撒战争的起源》一书中有详尽阐述。
[49] 爱德华·吉本(Edward Gibbon),《罗马帝国衰亡史》(The Decline and Fall of the Roman Empire, London, 1920),第1页。[《罗马帝国衰亡史》,上下册,黄宜思、黄雨石译,商务印书馆,1997年版。]
[50] 克洛克斯,《古希腊社会的阶级斗争》,第328页。
[51] P. A. 布伦特(P. A. Blunt),《罗马共和时期的社会冲突》(Social Conflicts in the Roman Republic, London, 1971),第28页。
[52] 萨卢斯特(Sallust),《历史》(The Histories, Oxford, 1992),第一卷,第24页。
[53]、[54] P. A. 布伦特,《罗马共和时期的社会冲突》,第51页。
[55] 克洛克斯,《古希腊社会的阶级斗争》,第334页。
[56] 同上书,第335页。
[57] P. A. 布伦特,《罗马共和时期的社会冲突》,第87页。
[58]、[59]、[60] 同上书,第58页。
[61] 阿诺德·琼斯,《罗马共和时期》(The Roman Republic, London, 1974),第116页。
[62] P. A. 布伦特,《罗马共和时期的社会冲突》,第15页。
[63] 阿诺德·琼斯,《罗马经济》(The Roman Economy),第122页。
[64] P. A. 布伦特,《罗马共和时期的社会冲突》,第33页。
[65] P. A. 布伦特,《公元前225年至公元14年意大利的人力资源》(Italian Manpower, 225 BC-AD 14, Oxford, 1971)。
[66]、[67] 同上书,第9页。
[68] P. A. 布伦特,《罗马共和时期的社会冲突》,第123页。
[69] 同上书,第78页。
[70] 具体细节参见P. A. 布伦特所著《罗马共和时期的社会冲突》;安德鲁·林托特(Andrew Lintott)所写的"政治史"(Political History),收入他与约翰·克鲁克(John Crook)、伊丽莎白·罗森(Elizabeth Rawson)主编的《剑桥古代史》(Cambridge Ancient History, Cambridge, 1986),第九卷,第69页。

[71] 关于刺杀事件的具体细节参见 P. A. 布伦特,《罗马共和时期的社会冲突》,第 83—92 页;安德鲁·林托特,"政治史",第 77—84 页。

[72] P. A. 布伦特,《罗马共和时期的社会冲突》,第 92 页。

[73] 萨卢斯特,《历史》,第一卷,第 25 页。

[74] P. A. 布伦特,《罗马共和时期的社会冲突》,第 96 页。

[75] 同上书,第 98 页。

[76] 同上书,第 104 页。

[77] 同上书,第 197 页。

[78] 关于城市贫民恶劣生活条件的论述,参见 P. A. 布伦特,《罗马共和时期的社会冲突》,第 128 页。

[79] 安德鲁·林托特,"罗马帝国"(The Roman Empire),收入他与约翰·克鲁克、伊丽莎白·罗森主编的《剑桥古代史》,第九卷,第 25—26 页。

[80] 在柯克·道格拉斯(Kirk Douglas)主演的电影《斯巴达克斯》中,对斯巴达克斯的归宿进行了诗意的处理,将其最后的命运定格在悲壮的十字架上。

[81] 安德鲁·林托特,"政治史",第 221—223 页。

[82] 克洛克斯,《古希腊社会的阶级斗争》,第 230 页。

[83]、[84] 同上书,第 368 页。

[85] 同上书,第 355 页。

[86] 在克劳狄一世登上皇位之前,他们没用几小时就放弃了重建共和国的尝试。

[87] 阿诺德·琼斯,《罗马经济》,第 124 页。

[88]、[89] 同上书,第 127 页。

[90] 同上书,第 24 页。

[91] 爱德华·吉本,《罗马帝国衰亡史》,第一卷,第 89 页。

[92] 阿普列乌斯(Apuleius),《金驴记》(*The Golden Ass*, London, 1960),第 192 页。[《金驴记》,刘黎亭译,上海译文出版社,1988 年版。]

[93] 同上书,第 206—208 页。

[94] 阿诺德·琼斯,《罗马经济》,第 36 页。

[95] 同上书,第 39 页。

[96] 路德维希·莫里茨(Ludwig Moritz),《古典时代的谷物碾磨机和面粉》(*Grain Mills and Flour in Classical Antiquity*, Oxford, 1958);关于运用水车等提升生产力工具的具体情况,参见该书第 131、136、138、143 页。

[97] 阿诺德·琼斯,《罗马经济》,第 83 页。

[98] 同上书,第 129 页。

[99] 居伊·布瓦（Guy Bois），《公元1000年的转变》（*The Transformation of the Year 1000*, Manchester, 1992）。

[100] 在现存最早的约瑟夫斯著作中，并没有相关的记载。相关的翻译版本，参见约瑟夫斯，《犹太战争史》（*History of the Jewish War*, London, 1981）。在一份遗失的中世纪文本的斯拉夫语版本中，的确曾经提及耶稣，但是有理由怀疑，这可能是教士们发觉在他们誊写的历史手稿中竟然没有关于耶稣的记载而自行"补入"的内容。因此，这当然无法成为某些基督教作家引用约瑟夫斯的著作来佐证基督教的历史的有力论据。

[101] 《路加福音》18：19—26。

[102] 《马太福音》16：24。

[103] 《路加福音》6：20—25。

[104] 《马太福音》5：1；5：6。

[105] 《马太福音》25：14—30。

[106] 《马太福音》21：20。

[107] 卡尔·考茨基用"无产者"一词来描述公元1世纪犹大省的民众，本身就令人十分迷惑。公元1世纪的民众与现代工人阶级显然十分不同，当然同样都十分贫穷这一点除外。他们许多人都是自谋生计的手艺人（工匠）和小店主，还有许多乞丐和数量极少的雇佣工人。而且，福音书中还记载着耶稣曾向"收税官"布道并与他们有所联系——那是一个令人厌恶但通常并不穷困的群体。考茨基在书中援引《哥林多前书》（1：26）中圣保罗的布道："蒙召的，有能力的不多，有尊贵的也不多。"考茨基认为这意味着早期教堂并无"财产""奉献"。事实上，圣保罗这段话说的是，前来聆听布道者能者不多，尊者也不多，大部分信徒都不属于非富即贵的群体。这暗示着基督教本来就具有跨越阶级、谋求上层信徒的诉求，即使在基督教最初的创立阶段也不是纯粹针对"无产者"而已。

[108] 《剑桥古代史》，第九卷，第768页。

[109] 关于这一问题的具体细节，参见约瑟夫斯《犹太战争史》前面的章节。

[110] 约瑟夫斯，《犹太古事记》（*Antiquities of the Jews*），引自考茨基《基督教之基础》（*Foundations of Christianity*，New York，出版年份不详），第300页。

[111] 约瑟夫斯，《犹太战争史》。这里的翻译段落参见考茨基《基督教之基础》，与企鹅版《犹太战争史》第126、147页文字略有不同。

[112] 约瑟夫斯，《犹太战争史》，第148页。

[113] 《剑桥古代史》，第九卷，第771页。

[114] 约瑟夫斯,《犹太战争史》。
[115] 韦恩·米克斯(Wayne Meeks),《最早的城市基督徒》(*The First Urban Christians*, New Haven, 1983),第 34 页。
[116] 考茨基,《基督教之基础》,第 261 页。关于皈依程度的研究,参见《剑桥古代史》,第九卷,第 779 页。
[117] 严格来说,佛教并非一神教,因为在其最初形成时期,并未涉及任何形式下的个体神明信仰。但佛教的确强调所有现实下潜在的单一原则,故也可与其他有一神教倾向的宗教同归一类。
[118] 韦恩·米克斯给出了一个统计数字,他认为在公元 1 世纪的"这场犹太人的大流散中……涉及人口为 500 万—600 万犹太人"。参见其所著《最早的城市基督徒》第 34 页。这一数字看起来似乎有些夸大,因为当时帝国的总人口只有 5000 万人,其中更是只有很小一部分生活在城镇中。
[119] 《路加福音》14:26。
[120] 事实上,很多人都怀疑福音书大多是经年后将道听途说的消息汇总而成的产物,书中内容是许多不同事件的汇集,其中包括约瑟夫斯提及的那些故事。如果的确如此,耶稣(Jesus)这一人物[是约书亚(Joshua)的希腊语名字,也是当时非常常见的犹太名字]或许作为参与者之一卷入了这些事件——后来的记载完全可以轻易地夸大他在其中担当的角色。即便就在十年前,只要听过参与者血泪回忆的人,例如 1990 年 3 月英国的"人头税暴动"或者在此六年前的矿工大罢工,就会知道不同的亲历者在"谁做了什么"这一问题上的叙述有多么大相径庭。
[121] 这一版本的祈祷词参见阿普列乌斯的《金驴记》。
[122] 亚伯拉罕·马尔赫毕(Abraham Malherbe),《早期基督教的社会层面》(*Social Aspects of Early Christianity*, Baton Rouge, 1977),第 86 页。
[123] 同上书,第 46 页。
[124] 同上书,第 61 页。
[125] 同上书,第 77 页。
[126] 该观点参见米克斯所著《最早的城市基督徒》第 70—71、191 页,尽管米克斯采用了一个社会学术语"地位不一致性"(status inconsistency)。
[127] 这俨然就是我在主日学校听到的解释!
[128] 《哥林多前书》11:2。
[129] 亨利·查德威克(Henry Chadwick),《早期教会》(*The Early Church*, London, 1993),第 46 页。

[130] 圣保罗在《哥林多前书》和《歌罗西书》中都对诺斯替教派引发的问题作出了回应。

[131] 彼得·布朗 (Peter Brown),《古代晚期世界》(The World of Late Antiquity, London, 1971),第 66 页。

[132] 同上书,第 67 页。

[133] 亨利·查德威克,《早期教会》,第 135—136 页。就这一问题,吉本在《罗马帝国衰亡史》中记载了罗马帝国在这个阶段骇人听闻的打压手段及镇压规模。

[134] 亨利·查德威克,《早期教会》,第 179 页。

第三部分

[1] 依据 J. C. Russell 的文章"公元 500—1500 年间欧洲的人口"(Population in Europe 500—1500),收入卡洛·奇波拉 (Carlo Cipolla) 主编《欧洲经济史》(Fontana Economic History of Europe: The Middle Ages) 第 25 页。[《欧洲经济史:中世纪时期》(第一卷),徐璇、吴良健译,商务印书馆,1988 年版。《欧洲经济史:中古篇》(台译本),台北允晨文化,1984 年版。]

[2] 佩里·安德森 (Perry Anderson),《从古代到封建主义的过渡》(Passages from Antiquity to Feudalism, London, 1978),第 126 页。[《从古代到封建主义的过渡》,郭方、刘健译,上海人民出版社,2000 年版。]

[3] 关于这一时期文化状况的卓越探讨,参见海伦·华德尔 (Hellen Waddell) 所著的《漫游的学者们》(The Wandering Scholars, Harmondsworth, 1954)。

[4] 关于这一时期社会变化的概况,参见谢和耐,《中国社会文化史》,第 180 页;崔瑞德主编的《剑桥中国史》(1979) 第三卷第 5 页崔瑞德本人所写的序言。

[5] 谢和耐,《中国社会文化史》,第 197 页。

[6] 同上书,第 236 页。

[7] 针对这种税收体制的适用广泛程度及其真实效率情况,历史学家向来存在争议。麦克奈特 (N. E. McKnight) 认为,由于豁免遵从这种税收体制的例子太多,因此只有总人口的 17% 按照规定上缴赋税,贵族和官员拥有的土地要比普通农民多得多。这种税收体制将土地从旧日贵族手中转移到新兴的官员集团手中,而非普通大众手中。参见麦克奈特的文章"财政特权与社会秩序",收入约翰·温斯罗普·黑格尔 (John Winthrop Haeger) 主编的《宋朝的危机与繁荣》(Crisis and Prosperity in Sung China, Tucson, 1975)。[《宋史论文选

集》，陶晋生等编译，台北国立编译馆，1995年版。]

[8]、[9] 崔瑞德主编《剑桥中国史》第三卷《剑桥中国隋唐史》第十章，罗伯特·萨默斯（Robert Somers）所写的"唐朝之灭亡"（The End of the T'ang），第723页。[《剑桥中国隋唐史》，中国社会科学院历史研究所西方汉学研究课题组译，中国社会科学出版社，1990年版。]

[10] 关于这次起义的具体描述，参见《剑桥中国隋唐史》第733—747页和谢和耐《中国社会文化史》第267页。本书中下面两段的描述引自萨默斯的文章。

[11] 对于华夏文明中大地产在经济中的角色，学者们始终存在争论。有些学者认为它们与西方封建主义的庄园类似，但其他学者则认为它们实质上是资本主义经济模式。关于这一论的具体情况，参见《剑桥中国史》第三卷崔瑞德"序言"第27页。

[12] 柯睿格（Edward A. Kracke, Jr.）的文章"宋代的开封：实用的都市和形式化的国都"，《宋朝的危机与繁荣》第65—66页。

[13] 斯波义信（Yoshinobu Shiba）的文章"都市化与市场发展"，同上书第22页。

[14] 柯睿格的文章"宋代的开封：实用的都市和形式化的国都"，同上书第51—52页。

[15] 谢和耐，《中国社会文化史》，第320页。

[16] 同上书，第310—311页。

[17] 同上书，第334—335页。

[18] 同上书，第333页。

[19] 出自方大同，转引自《宋朝的危机与繁荣》中斯波义信的文章"都市化与市场发展"。

[20] 《剑桥中国隋唐史》，第30页。

[21] 马润潮（Laurence J. C. Ma），《960—1279年间宋代贸易发展与城市变迁》（Commercial Development and Urban Change in Sung China, 960—1279, Ann Arbor, 1971），第124—125页。

[22] 出自宋馀侠，转引自斯波义信的"都市化与市场发展"，见于《宋朝的危机与繁荣》第42页。

[23] 麦克奈特的文章"财政特权与社会秩序"，见于《宋朝的危机与繁荣》第98页。关于科举考试选拔体制的发展及其内容的全面探讨，详见贾志扬（John Chaffee）所著《宋代科举》（The Thorny Gates of Learning in Sung China, Cambridge, 1985）。[《宋代科举》，（台湾）东大图书股份有限公司，1995年版。]

[24] 贾志扬，《宋代科举》，第3页。

[25] 参见麦克奈特的文章"财政特权与社会秩序"(《宋朝的危机与繁荣》)第98页注解。

[26] 这是卡尔·魏特夫在其著名的晚期作品《东方专制主义》(*Oriental Despotism*)中的主要论调——这是他放弃了马克思主义信仰后的作品。欧洲汉学家白乐日(Etienne Balazs)也曾对这一论题发表过意见,例如他曾表示,"是国家扼杀了中国的技术进步"[《中国的文明与官僚主义》(*Chinese Civilisation and Bureaucracy*, Yale, 1964), p.11],尽管在其他场合下,他也曾承认古代中国文化观点的多样化及技术革新的现实。最后,戴维·兰德斯(David Landes)在其近著《国富国穷》[*The Wealth and Poverty of Nations*(London, 1998)]中,也提到了这一颇具争议的论题。但是,支持这一观点意味着贬低了宋朝在历史上实际展现出来的经济活力。[《东方专制主义:对于极权力量的比较研究》,徐式谷、邹如山、奚瑞森译,中国社会科学出版社,1989年版。《国富国穷》,门洪华译,新华出版社,2001年版。]

[27] 参见伊佩霞(Patricia Buckley Ebrey)自著《宋代的家庭与财产:袁才的社会生活戒律》(*Family and Property in Sung China: Yüan Ts'ai's Precepts for Social Life*, Princeton, 1984)一书"引言",第129页。

[28] 白乐日在《中国的文明与官僚主义》第8—9页中对此作出了极为出色的解释。

[29] 白乐日承认他的研究方法受到马克思和马克斯·韦伯的影响,认为"文人官员与商人组成了两个彼此仇视但又彼此依存的阶层"(《中国的文明与官僚主义》第32页)。

[30] 马润潮,《960—1279年间宋代贸易发展与城市变迁》,第140—141页。

[31] 同上书,第20页。[引文出自苏洵《嘉佑集·卷五衡论下·田制》。]

[32] 引自伊佩霞《宋代的家庭与财产:袁才的社会生活戒律》第293页中的翻译段落。

[33] 参见约翰·温斯罗普·黑格尔在其主编的《宋朝的危机与繁荣》一书中所写的"引言",第8页。

[34] 对蒙古人进行的马克思主义阐释,参见拉尔夫·福克斯(Ralph Fox)所著《成吉思汗》(*Genghis Khan*, Castle Hedingham, 1962)。

[35] 参见《剑桥中世纪史》第四卷第二部分第358页,斯蒂文·朗西曼(Steven Runciman)的"中世纪的拜占庭宫殿"(The Place of Byzantium in the Medieval World)。

[36] 教堂的希腊语名字从字面上翻译为"神圣的智慧",但"圣索菲亚"是大教堂常用的英文名称。

[37] 《剑桥中世纪史》第九卷第二部分（Cambridge，1967），第 330 页。
[38] 同上书，第 208 页。
[39] 同上书，第 209 页。
[40] 同上书，第 306 页。
[41] 同上书，第 287 页。
[42] 同上书，第 305 页。
[43] 参见西里尔·曼戈（Cyril Mango）所著《拜占庭》（*Byzantium*，London，1994）第 8 章第 166—176 页。若想了解对拜占庭科学发展略微仁慈宽容的描述，参见《剑桥中世纪史》第九卷第二部分第 269 页。
[44] 《剑桥中世纪史》第九卷第二部分第 93 页。
[45] 同上书，第 38 页。
[46] 彼得·布朗，《古代晚期世界》，第 157 页。
[47] 同上书，第 104 页。
[48] 《剑桥中世纪史》第九卷第二部分第 97 页。
[49] 同上书，第 98 页。
[50] 同上书，第 84 页。
[51] 同上书，第 89 页。
[52] 有些历史学家认为，不同的派系代表不同的政治、阶级或宗教利益。但阿兰·卡梅伦（Alan Cameron）在其所著的《蓝派和绿派：罗马和拜占庭的圆形竞技场派系争斗》（*Blues and Greens: Circus Factions at Rome and Byzantium*，London，1976）一书中提供了大量证据，支持自己的观点，即这种派系打破了阶级和宗教的分野，而且引导众人注意力的焦点绝不会落在威胁帝国的问题上。"尼卡叛乱"则稍有例外，蓝派和绿派都对查士丁尼决定从双方各选一名暴乱者予以处决的决定感到不安，于是签署了一份共同宣言来反对皇帝的决定。但就是在这样特殊的情况下，正如我们看到的那样，暴乱也不具有穷人反抗富人的性质。
[53] 阿兰·卡梅伦，《蓝派和绿派：罗马和拜占庭的圆形竞技场派系争斗》；《剑桥中世纪史》第九卷第二部分第 86 页。
[54] 参见《剑桥中世纪史》第九卷第 xix 页伯里（John Bagnell Bury）的"引言"。
[55] 《剑桥中世纪史》第九卷第二部分第 88 页。
[56] 对罗马人来说熟知的名字是"阿拉伯福地"（Arabia Felix），也就是今天的也门（Yemen）。
[57] 美索不达米亚灌溉工程经过了一段时间的扩张发展，后来被忽略和遗忘。这

不仅应当归咎于战争,还应归咎于"压迫性的税收"和"权力流向拥有大量土地的贵族"。关于这一问题的具体探讨,参见罗伯特·亚当斯所著《巴格达下面的土地:迪亚拉平原定居史》(*Land Behind Baghdad: A History of Settlement on the Diyala Plains*, Chicago, 1965)第69、80—82页。

[58] 这一类比出自伯纳德·刘易斯(Bernard Lewis),参见其所著《历史上的阿拉伯人》(*The Arabs in History*, London, 1966),第55页。[《历史上的阿拉伯人》,马肇椿、马贤译,华文出版社,2015年版。]

[59] 这一类比出自彼得·布朗,参见其所著《古代晚期世界》第192—193页。

[60] 伯纳德·刘易斯,《历史上的阿拉伯人》,第58页。

[61] 彼得·布朗,《古代晚期世界》,第200页。

[62] 伯纳德·刘易斯,《历史上的阿拉伯人》,第72页。对阿拉伯军中争端的具体阐述,参见马歇尔·霍奇森(Marshall Hodgson)所著《伊斯兰文明的历程》(*The Venture of Islam*)第一卷中的"The Islamic Opposition"一章。

[63]、[64] 伯纳德·刘易斯,《历史上的阿拉伯人》,第80页。

[64a] 《剑桥中世纪史》第九卷第一部分第643页。谢洛莫·多夫·戈伊泰因(Shelomo Dov Goitein),《伊斯兰历史和制度研究》(*Studies in Islamic History and Institutions*, London, 1966),第221—240页。

[65] 伯纳德·刘易斯,《历史上的阿拉伯人》,第81页。

[66] 同上书,第86页。

[67] 同上书,第91页。

[68] 马克西姆·洛丁森(Maxime Rodinson),《伊斯兰与资本主义》(*Islam and Capitalism*, London, 1974)。

[69] 伯纳德·刘易斯,《历史上的阿拉伯人》,第91页。

[70] 《剑桥中世纪史》第九卷第一部分第679页。

[71] 马歇尔·霍奇森,《伊斯兰文明的历程》,第二卷,第65页。

[72] 罗伯特·亚当斯,《巴格达下面的土地:迪亚拉平原定居史》,第?页。[原书如此]

[73] 同上书,第87页。

[74] 引自罗伯特·亚当斯《巴格达下面的土地:迪亚拉平原定居史》第87页。关于亚当斯对这片得益于灌溉工程的土地上发生的具体事件的描述,参见书中第99—106页。

[75] 《剑桥中世纪史》第九卷第一部分第693页。

[76] 伊本·赫勒敦(Ibn Khaldun)在其《历史导论》(*The Muqaddimah*, London,

1987）一书中，准确地分析和描述了伊斯兰文明前 700 年的兴起、革命和衰落，给出了自己的独到见解。

[77] 《剑桥中世纪史》第九卷第一部分第 682 页。

[78] 引自巴西尔·戴维森（Basil Davidson），《历史上的非洲》（*Africa in History*, London, 1992），第 61 页。

[79] 引自格雷厄姆·科纳（Graham Connah），《非洲文明，前殖民时期热带非洲的城市和国家：考古学的角度》（*African Civilisations, Precolonial Cities and States in Tropical Africa: An Archaeological Perspective*, Cambridge, 1987），第 183 页。

[80] 出自休·特雷弗－罗珀（戴克勋爵）[H. Trevor-Roper (Lord Dacre)]，转引自亚历克斯·卡利尼科斯（Alex Callinicos），《理论与叙事：历史哲学反思》（*Theories and Narratives: Reflections on the Philosophy of History*, Cambridge, 1995），第 167 页。

[81] 例参 Karl Butzer，《埃及早期水利文明：一种文化研究》（*Early Hydraulic Civilisation in Egypt: A Cultural Study*, Chicago, 1976），第 9—12 页；M. Stone [原书如此，前引同名书作者为迈克尔·赖斯，不知是否有误]，《埃及的形成》（*Egypt's Making*, London, 1991），第 27—29 页；关于公元前 4500 左右埃及南部的巨石碑（megalith）的报告，参见 1998 年 4 月 2 日《卫报》上的文章："Tribe In Sahara Were The First To Aim For The Stars"。

[82] 格雷厄姆·科纳，《非洲文明，前殖民时期热带非洲的城市和国家：考古学的角度》，第 150 页。

[83] 利奥·阿非利加努斯（Leo Africanus），《非洲的历史与发展》（*History and Development of Africa*, London, 1896）第一卷。关于阿非利加努斯奇妙旅程的绝佳描述，参见阿明·马洛夫（Armin Maalouf），《非洲人利奥》（*Leo the African*, London, 1994）。

[84] 戴维·菲利普森（David Phillipson），《非洲考古学》（*African Archaeology*, Cambridge, 1985），第 170 页；贾雷德·戴蒙德在这个问题上更为激进，他认为："非洲的铁匠在乡村的熔炉中发现了如何能够达到高温，因此制造出了钢，要比 19 世纪欧洲和美洲的贝西默炼钢法早了两千年。"（《枪炮、病菌与钢铁》第 394 页）莫维（M. J. van der Merwe）和沃泰姆（T. A. Wertime）相信制铁知识最早是从地中海沿岸地区跨越撒哈拉沙漠扩散到了非洲，但也承认非洲铁匠发展出来的技术能够直接炼钢，而不是锻铁。参见两人在其合编的文集《铁器时代的到来》（*The Coming of the Age of Iron*, New Haven, 1980）中所写的文章。

[85] 格雷厄姆·科纳,《非洲文明,前殖民时期热带非洲的城市和国家:考古学的角度》,第213页。

[86] 贾雷德·戴蒙德,《枪炮、病菌与钢铁》,第177—191页。

[87] 参见开罗犹太教堂文献研究中的细节,来自谢洛莫·多夫·戈伊泰因,《伊斯兰历史和制度研究》,第297页。

[88] 乔治·杜比(Georges Duby),《中世纪西方的乡村经济和农村生活》(Rural Economy and Country Life in the Medieval West, London, 1968),第5页。

[89] 例如,这就是戴维·兰德斯在其《国富国穷》一书中的部分观点。

[90] 来自罗伯特·布伦纳和埃伦·梅克辛斯·伍德所谓的"政治马克思主义"。参见罗伯特·布伦纳收入如下 T. S. Ashton 与 C. H. E. Philpin 合编的文集《布伦纳之争》(The Brenner Debate, Cambridge, 1993)中的文章。

[91] 卡洛·奇波拉主编,《欧洲经济史》第一卷"中世纪时期",第147页。乔治·杜比,《中世纪西方的乡村经济和农村生活》,第18—19页。

[92] 卡洛·奇波拉主编,《欧洲经济史》第一卷"中世纪时期",第149页。

[93] 同上书,第146页。

[94] 同上书,第196—197页。事实上,中国唐朝的生产力或许就与欧洲这一时期的生产力水平相当,但这并不削弱欧洲此时技术进步的重要性。

[95] 卡洛·奇波拉主编,《欧洲经济史》第一卷"中世纪时期",第225页。

[96] 彼得·克里德特(Peter Kriedte)主编,《工业化前的工业化》(Industrialisation Before Industrialisation, Cambridge, 1981),第19页。

[97] 雅克·勒高夫(Jacques Le Goff),《中世纪文明》(Medieval Civilisation, Oxford, 1988),第59页。[《中世纪文明》,徐家玲译,格致出版社,2011年版。]

[98] 马克·布洛赫(Marc Bloch),《封建社会》(Feudal Society, London, 1965),第346页。[《封建社会》(上下卷),张绪山译,商务印书馆,2004年版。]

[99] 雅克·勒高夫,《中世纪文明》,第198页。

[100] 居伊·布瓦,《公元1000年的转变》。对布瓦观点的讨论,参见我的评论文章:"第一个千年的变迁"(Change at the First Millennium),刊于《国际社会主义》第62期(1994年春季号)。

[101] 卡洛·奇波拉主编,《欧洲经济史》第一卷"中世纪时期",第79页。关于在英格兰领主土地上新兴小城镇的角色探讨,参见 R. H. Hilton 的文章"领主、市民与小贩"(Lords, Burgesses and Hucksters),载于《过去与现在》(Past and Present)1982年11月第97期第11页。

[102] 例参琼·金佩尔(Jean Gimpel)所著《中世纪的机器》(The Medieval Machine,

London, 1992) 第 176—177 页从阿拉伯语翻译成拉丁语的科学译著列表。

[103]、[104] 琼·金佩尔, 《中世纪的机器》, 第 174 页。

[105] 同上书, 第 192—193 页。

[106] 卡洛·奇波拉主编, 《欧洲经济史》第一卷"中世纪时期", 第 156 页。

[107] 比利时南部及法国最北面的条状地带。

[108] 斯蒂芬·朗西曼, 《西西里的晚祷: 13 世纪晚期地中海世界史》(*The Sicilian Vespers: A History of the Mediterranean World in the Later Thirteenth Century*, Cambridge, 1992)。

[109] 卡洛·奇波拉主编, 《欧洲经济史》第一卷"中世纪时期", 第 133 页。

[110] 参见斯蒂芬·朗西曼所著三卷本《十字军史》(*A History of the Crusades*, Harmondsworth, 1990) 中关于十字军历史的经典描述。就同一题目, BBC paperback 出品、特里·琼斯 (Terry Jones) 和艾伦·埃雷拉 (Alan Ereira) 所著的《十字军》(*The Crusades*, London, 1996) 提供了更加容易理解的概要介绍。事实上, 十字军能够征服一片文明程度远胜欧洲的土地, 主要是由于欧洲农业采用了新的生产技术——这成为物质进步的一个象征。但这并无法改变整个十字军东征给世界文明带来的损耗和毁灭。

[111] 居伊·布瓦, 《封建主义的危机》(*The Crisis of Feudalism*, Cambridge, 1984), 第 1 页。实际上, 人类在过往的历史上或许也曾遭遇过与中世纪欧洲危机同样严重的危机——例如, 早期古代文明或中世纪美索不达米亚遭受的巨大冲击和苦难。

[112] 卡洛·奇波拉主编, 《欧洲经济史》第一卷"中世纪时期", 第 192 页。

[113] R. H. 希尔顿, 《阶级斗争和封建主义的危机》(*Class Conflict and the Crisis of Feudalism*, London, 1990), 第 171 页。居伊·布瓦, 《封建主义的危机》, 第 1—5 页。

[114] 布瓦和希尔顿都使用这一词汇。

[115] 让-皮埃尔·保利 (Jean-Pierre Poly) 与埃里克·布纳泽尔 (Eric Bournazel), 《900—1200 年间的封建制转型》(*The Feudal Transformation, 900—1200*, New York, 1991), 第 119 页。

[116] R. H. 希尔顿, 《阶级斗争和封建主义的危机》, 第 65 页。

[117] 关于这次起义的具体描述, 参见斯蒂芬·爱泼斯坦 (Steven Epstein), 《中世纪欧洲的工资劳工与行会》(*Wage Labor and Guilds in Medieval Europe*, North Carolina, 1991), 第 252—253 页。

[118] 诺曼·科恩 (Norman Cohn), 《对千年盛世的追求: 中世纪与宗教改革时期

欧洲的革命乌托邦主义及其对现代极权主义运动的影响》(*The Pursuit of the Millennium*, London, 1970)，第 102 页。

[119] 同上书，第 103 页。

[120] 同上书，第 104 页。

[121] 同上书，第 139—141 页。

[122] 指的是今天捷克共和国的西北地区。

[123] 引用的口号参见诺曼·科恩上引书，第 215 页。比较同情塔博瑞特派运动的描述，并未将其简单视为一种非理性的渴望，参见考茨基所著《共产主义诞生于欧洲宗教改革》(*Communism in Central Europe in the Time of the Reformation*)，J. L. & E. G. Mulliken 1897 年英译 (London)，1966 年再版 (New York)。

[124] 克里斯托弗·希伯特 (Christopher Hibbert)，《梅第奇家族的兴衰》(*The Rise and Fall of the Medicis*, London, 1979)。[《美第奇家族的兴衰》，冯璇译，社会科学文献出版社，2015 年版。]

[125] 参见卡洛·奇波拉主编，《欧洲经济史》第一卷"中世纪时期"，第 182 页。

[126] 参见布罗代尔所著《15—18 世纪的文明与资本主义》第二卷"商业的车轮"(*The Wheels of Commerce, Civilisation and Capitalism in the 15th—18th Century*, vol 2, London, 1979)。费尔南德·布罗代尔在该书第二章"市场与经济"中详细论述了各种国际贸易网络。[中译为《15 至 18 世纪的物质文明、经济和资本主义》三卷本，第二卷"形形色色的交换"，顾良译，三联书店，2002 年版。]

[127] 参见卡洛·奇波拉主编，《欧洲经济史》第一卷"中世纪时期"，第 193 页。关于城市商人更加深入农村经济，开始成为农业土地举足轻重的持有者的例子，参见居伊·布瓦，《封建主义的危机》，第 153 页。

第四部分

[1] 博纳尔·迪亚兹 (Bernal Diaz) 描述科尔特斯的军队抵达墨西哥湖湖畔的伊斯塔帕拉帕 (Itztapalapa) 时所见的景象。引自弗里德里希·卡茨《古代美洲文明》第 179 页。

[2] 科尔特斯描述特诺奇蒂特兰城及其位于特拉特洛克广场 (Tlatelolco) 的市场，引自弗里德里希·卡茨《古代美洲文明》第 180 页。

[3] 一位西班牙征服者描述印加帝国的首都库斯科（Cuzco），引自亨明斯（J. Hemmings）《征服秘鲁》(*The Conquest of Peru*, London, 1970) 第 120—121 页。

[4] 哥伦布的儿子斐迪南（Ferdinand）在其撰写的《克里斯多弗·哥伦布将军的一生》(*The Life of Admiral Christopher Columbus*) 中，记载了哥伦布的相关观点。引自本雅明·基恩（Benjamin Keen）英译版（New Brunswick, 1992）第 15—28 页。

[5] 关于哥伦布的宗教神秘主义研究，参见柯克帕特里克·塞尔（Kirkpatrick Sale）《征服天堂》(*The Conquest of Paradise*, New York, 1991) 第 189 页。

[6] 关于哥伦布的水手在加勒比海沿岸第一次遇到当地土著的描述，参见《克里斯多弗·哥伦布将军的一生》第 60、69 页。

[7] 柯克帕特里克·塞尔，《征服天堂》，第 181 页。

[8] 《克里斯多弗·哥伦布将军的一生》，第 82 页。

[9] 同上书，第 71 页。

[10] 柯克帕特里克·塞尔，《征服天堂》，第 110 页。

[11] 关于哥伦布以及好战的"加勒比人"，参见柯克帕特里克·塞尔所著《征服天堂》第 130 页。人类学家对于食人族的存在表示普遍怀疑。有坚实的证据表明，食用人肉从来没有作为一种获取食物的常规方式而存在，除非在造成大规模民众死亡的饥荒中（甚至是在"进步"的 20 世纪社会中也有发生）。食用死人的某些部分或器官的"仪式"，只是非常偶然地在少数几个建立在农业基础上的早期社会出现过。

[12] 《克里斯多弗·哥伦布将军的一生》，第 109 页。

[13] 这是根据拉斯卡萨斯（Las Casas）的说法，他在成为牧师之前，曾作为殖民者在岛上住过几年。引自柯克帕特里克·塞尔所著《征服天堂》第 155 页。

[14] 库克（Sherburne Cook）和博拉（Woodrow Borah）估计，约有 800 万人口。参见柯克帕特里克·塞尔所著《征服天堂》第 161 页。

[15] 柯克帕特里克·塞尔，《征服天堂》，第 159 页。

[16] 同上书，第 182 页。

[17] 同上书，第 180 页。

[18] 弗里德里希·卡茨，《古代美洲文明》，第 324 页。

[19] 帕登（R. C. Padden），《蜂鸟与鹰：1503—1541 年间墨西哥谷地的征服与君权》(*The Hummingbird and the Hawk: Conquest and Sovereignty in the Valley of Mexico 1503–1541*, New York, 1970)，第 74 页。关于阶级分野、帝国扩张及宗教方面的描述，参见弗里德里希·卡茨，《古代美洲文明》，第 134—243 页。

[20] 今天墨西哥城中的阿尔梅达宫(Almeda palace)。
[21] 戈登·柴尔德的文章"青铜时代"(The Bronze Age),文载《过去与现在》(1956)。
[22] 戴蒙德,《枪炮、细菌和钢铁》。
[23] 弗里德里希·卡茨,《古代美洲文明》,第334页。
[24] 普雷斯科特(William H. Prescott),《秘鲁征服史》(*The Conquest of Peru*, New York, 1961),第251页。
[25] 普雷斯科特,《秘鲁征服史》,第251页。弗里德里希·卡茨,《古代美洲文明》,第334页。
[26] 普雷斯科特,《秘鲁征服史》,第253页。
[27] 根据皮萨罗的描述,引自弗里德里希·卡茨《古代美洲文明》第335页。
[28] 亨明斯,《征服秘鲁》,第178页。
[29] 同上书,第129页。
[30] 同上书,第365页。
[31] 同上书,第113页。
[32] 同上书,第376页。
[33] 同上书,第347页。
[34] 参见 Fernando de Almellones,引自亨明斯《征服秘鲁》第348页。
[35] 亨明斯,《征服秘鲁》,第407页。
[36] 马克思和恩格斯将其描述为"贵族与资产阶级市民之间的平衡"(恩格斯,《家庭的起源》,1998年,第211页);"拥有土地的贵族与资产阶级之间的均衡"(恩格斯,《论住宅问题》,收入《马恩全集》第23卷,伦敦1988年,第363页);"作为一种强大的反抗封建制的武器,为初生的中产阶级社会服务"(马克思,《法兰西内战》,伦敦1996年,第75页);"资产阶级发展的结果"(马克思,《资本论》第一卷,莫斯科1986年,第672页)等。相比之下,佩里·安德森(Perry Anderson)则将其描述为"封建统治重新部署和激活的机构……是受到威胁的贵族在政治上寻求的保护壳"(佩里·安德森,《绝对主义国家的系谱》,伦敦1974年,第18页[龚晓庄、刘北成译,上海人民出版社,2001年版])。但即便是"重新部署"和"重新激活"的封建主义,也是通过依靠市场及倾向城市上层阶层的君主制来实现——也就是说,建立在资本主义及封建主义元素基础之上。
[37] 这一术语来自马克思,参见《资本论》第一卷第686页。
[38] 同上书,第686—687页。

[39] 亨利·海勒（Henry Heller），《征服贫困：16世纪法国的加尔文主义者起义》（*The Conquest of Poverty: the Calvinist Revolt in 16th Century France*, London, 1986），第27页。

[40] 库利与斯科特（E. I. Kouri & T. Scott）合编，《欧洲宗教改革时期的政治与社会》（*Politics and Society in Reformation Europe*, London, 1987），第381页。

[41] 罗伯特·杜普莱西斯（Robert Duplessis），《早期欧洲现代资本主义的形成过程》（*Transitions to Capitalism in Early Modern Europe*, Cambridge, 1997），第174页。[《早期欧洲现代资本主义的形成过程》，朱智强译，辽宁教育出版社，2001年版。]

[42] 韦伯在其多部作品中都试图根据多种因素的相互作用对资本主义的历史发展作出解释，但他从未提供出内在逻辑统一相通的论述。他的著作更多像是对历史的注解，而非对真正历史过程的分析和阐述。

[43] 就连佩里·安德森也接受这一观点，参见他所著的《绝对主义国家的系谱》。

[44] 维托尔德·库拉（Witold Kula）对波兰在这一历史时期经济的发展动力和矛盾冲突作出了精彩的阐述，也暗含着同一时期欧洲其他部分也存在类似的经济情况，参见维托尔德·库拉《封建制度经济理论》（*An Economic Theory of the Feudal System*, London, 1987）。虽然这本书名为《封建制度经济理论》，但其主题却是我所称的"市场封建主义"，而非中世纪早期的典型封建主义。这本书展现出贵族购买英国、荷兰及其他工业发达地区的新产品，如何导致本国经济发展停滞，甚至还损害了农业。我怀疑这些结论至少部分也适用于其他同时拥有"使用价值"和"交换价值"机构的社会，例如中国宋朝、美索不达米亚的阿巴斯王朝和印度的莫卧尔王朝。

[45] 库利与斯科特合编，《欧洲宗教改革时期的政治与社会》，第37页。

[46] 亨利·海勒，《征服贫困：16世纪法国的加尔文主义者起义》，第131页。

[47] 即"大公"。

[48] 尤请参见：托马斯·布雷迪（Thomas Brady），《德国宗教改革时期的政治》（*The Politics of the Reformation in Germany*, New Jersey, 1997）；彼得·布瑞克（Peter Blickle），《社区宗教改革》（*Communal Reformation*, London, 1992）；洛娜·阿布雷（Lorna Abray），《人民的宗教改革》（*The People's Reformation*, Oxford, 1985）。

[49] 彼得·布瑞克，《社区宗教改革》，第63页。

[50] 同上书，第73页。

[51] 同上书，第84页。

[52] 杰弗里·埃尔顿（Geoffrey Elton），《欧洲的宗教改革：1517—1559》（*Reformation Europe, 1517–1559*, Glasgow, 1963），第 53—54 页。

[53] 托马斯·布雷迪，《德国宗教改革时期的政治》，第 80 页。

[54] 杰弗里·埃尔顿，《欧洲的宗教改革：1517—1559》，第 64 页。

[55] 阿瑟·狄更斯（Arthur Dickens），《人文主义和宗教改革时代》（*The Age of Humanism and Reformation*, London, 1977），第 152 页。

[56] 彼得·布瑞克，《社区宗教改革》，第 88 页。

[57] 同上书，第 12 页。

[58] 同上书，第 13 页。关于详细的论述及相关文献的翻译，参见斯科特（T. Scott）与斯克里布纳（B. Scribner）合编的《德国农民战争》（*The German Peasants' War*, London, 1991）。

[59] 关于斯特拉斯堡的寡头统治者雅各布·斯特姆（Jacob Sturm）在这种情况下的典型反应的记述，参见托马斯·布雷迪《德国宗教改革时期的政治》第 82—86 页。

[60] 彼得·布瑞克，《社区宗教改革》，第 13 页。

[61] 托马斯·布雷迪，《德国宗教改革时期的政治》，第 83 页。1850 年恩格斯对德国农民战争的分析中包含不同地区农民运动的细节描述，参见《马恩全集》第十卷，伦敦 1978 年，第 399—477 页。关于马克思主义学者对这段历史不关注战役细节的论述，参见厄内斯特·贝尔福特·巴克斯（Ernest Belfort Bax）所著《德国农民战争》（*The Peasants' War in Germany*, London, 1899）。

[62] 12 条意见参见斯科特与斯克里布纳合编的《德国农民战争》第 252—257 页。

[63] 彼得·布瑞克，《社区宗教改革》，第 50 页。

[64] 杰弗里·埃尔顿，《欧洲的宗教改革：1517—1559》，第 59 页。

[65] 恩格斯，《德国农民战争》（*The Peasant War in Germany*），第 449 页。

[66] 出自沙夫豪森（Shaffhausen）的村民，引自彼得·布瑞克《社区宗教改革》第 48 页。

[67] 杰弗里·埃尔顿，《欧洲的宗教改革：1517—1559》，第 59 页。

[68] 恩格斯，《德国农民战争》，第 419 页。

[69]、[70] 吕西安·费弗尔（Lucien Febvre），《命运：马丁·路德传》（*Martin Luther*, London, 1930），第 258 页。

[71] 彼得·布瑞克，《社区宗教改革》，第 199 页。

[72] 考茨基，《共产主义诞生于欧洲宗教改革》，第 136 页。

[73] 杰弗里·埃尔顿，《欧洲的宗教改革：1517—1559》，第 58、94 页。

[74] 在葛兹·冯·贝利辛根（Goetz von Berlichingen）的例子中表现得十分突出。
[75] 彼得·布瑞克，《社区宗教改革》，第200页。
[76] 亨利·海勒，《征服贫困：16世纪法国的加尔文主义者起义》，第137页。
[77] 同上书，第70页。
[78] 奥诺雷·德·巴尔扎克，《王后凯瑟琳传记》(*About Catherine de Medici*, London, 1910)，第59页。
[79] 亨利·海勒，《征服贫困：16世纪法国的加尔文主义者起义》，第175页。
[80] 同上书，第139页。
[81] 同上书，第172页。
[82] 近来备受赞誉的电影《玛戈皇后》(*La Reine Margot*) 反映的就是相关的故事。
[83] 亨利·海勒，《征服贫困：16世纪法国的加尔文主义者起义》，第246—247页。
[84] 杰弗里·埃尔顿在其名著《欧洲的宗教改革：1517—1559》第234页声称："不论在哪里，（加尔文教）最初被接受或者是取得广泛的成功……都并非归功于利用任何想象的中产阶级经济野心。"
[85] 他们的"外国"同盟当然也这样觉得。斯特拉斯堡（当时依然是帝国的一部分）激烈反对与为了一个年轻亲戚买下主教教职的加尔文教贵族结成同盟。洛娜·阿布雷，《人民的宗教改革》。
[86] 彼此针锋相对的解释，参见西奥多·拉布（Theodore Rabb）主编的《三十年战争》(*The Thirty Years War*, Boston, 1965)。
[87] 通过将后文艺复兴时期的欧洲发明传播到中国，他们在科学和技术的发展过程中也起到了重要作用。参见李约瑟原著，柯林·罗南（Colin Ronan）改编《中华科学文明史》(*The Shorter Science and Civilisation of China*) 第四卷，Cambridge, 1994，第220页。[《中国科学文明史》，上海交通大学科学史系译，上海人民出版社，2003年版。]
[88] 阿瑟·狄更斯，《人文主义和宗教改革时代》，第202页。
[89] 波利申斯基（V. Polisensky），《三十年战争》(*The Thirty Years War*, London, 1974)，第28页。
[90] 同上书，第31页。
[91] 胡斯派的信徒认为牧师在圣餐仪式中并不会扮演什么特别的角色。
[92] 波利申斯基，《三十年战争》，第47页。
[93]、[94] 杰弗里·帕克（Geoffrey Parker），《陷入危机的欧洲：1598—1648》(*Europe in Crisis, 1598–1648*, London, 1984)，第168页。
[95] 这种关联的详细情况，参见波利申斯基《三十年战争》第141、186—187页。

[96] 德国马克思主义者弗兰茨·梅林（Franz Mehring）于90年前写下的评论，参见他所著的《专制主义与1525—1848年间的德国革命》(*Absolutism and Revolution in Germany, 1525–1848*)，1975年英译版，第28页。

[97] 暗杀（华伦斯坦自己的犹豫不决导致悲剧的发生）为德国启蒙运动作家弗里德里希·席勒（Frederick Schiller）的两部戏剧《皮科洛米尼》(*The Piccolomini*)和《华伦斯坦之死》(*The Death of Wallenstein*)提供了故事背景，参见席勒《历史剧作品集》(*Historical and Dramatic Works*)第二卷，1980年英译版。

[98] 波利申斯基，《三十年战争》，第197页。

[99] 同上书，第245页。

[100] 关于波西米亚经济和文化生活衰落的详细论述，参见波利申斯基，《三十年战争》，第245—247页。

[101] 关于战争造成破坏程度的争论，参见西奥多·拉布主编的《三十年战争》中G. Pages、S. H. Steinberg、波利申斯基和拉布的文章。

[102] 不过欧洲统治阶层中许多人的震惊含有伪善的成分，因为就像伏尔泰后来在《哲学通信》中提及的那样，此前已有几位欧洲君主被处决。

[103] 克里斯托弗·希尔（Christopher Hill），《清教主义与英国革命》(*Puritanism and English Revolution*, London, 1968)，第126页。

[104] 克里斯托弗·希尔，《上帝是英国人：奥利弗·克伦威尔与英国革命》(*God's Englishman: Oliver Cromwell and the English Revolution*, Harmondsworth, 1973)，第87页。

[105] 罗伯特·杜普莱西斯，《早期欧洲现代资本主义的形成过程》，第68页；亦参杰弗里·帕克，《陷入危机的欧洲：1598—1648》第23页表1。

[106] 罗伯特·杜普莱西斯，《早期欧洲现代资本主义的形成过程》，第113—115页。

[107] 参见约翰·迪林厄姆（John Dillingham）写给蒙塔古勋爵（Lord Montagu）的信，引自安东尼·弗莱彻（Anthony Fletcher），《英国内战的爆发》(*The Outbreak of the English Civil War*, London, 1981)，第182页。

[108] 安东尼·弗莱彻，《英国内战的爆发》，第182页。

[109] 参见约翰·泰勒（John Tailor）在《新牧师新闻》小册子中的文章，引自安东尼·弗莱彻，《英国内战的爆发》，第175页。

[110] 克里斯托弗·希尔，《上帝是英国人：奥利弗·克伦威尔与英国革命》，第62页。

[111] 克里斯托弗·希尔，《革命的世纪：1603—1714》(*The Century of Revolution,*

1603—1714, London, 1969），第 116 页。

[112]　这段讲演概述来自伊恩·金特尔斯（Ian Gentles），《新模范军》（*The New Model Army*, Oxford, 1992），第 84 页。

[113]　克里斯托弗·希尔，《上帝是英国人：奥利弗·克伦威尔与英国革命》，第 68—69 页。

[114]　伊恩·金特尔斯，《新模范军》，第 160 页。

[115]　同上书，第 161—163 页。

[116]、[117]　同上书，第 209 页。

[118]　布赖恩·曼宁（Brian Manning），《英国革命的危机》（*The Crisis of the English Revolution*, London, 1992），第 108 页。

[119]　克里斯托弗·希尔，《上帝是英国人：奥利弗·克伦威尔与英国革命》，第 105 页。

[120]　伊恩·金特尔斯，《新模范军》，第 330 页。

[121]　克里斯托弗·希尔，《上帝是英国人：奥利弗·克伦威尔与英国革命》，第 97 页。

[122]　克里斯托弗·希尔，《革命的世纪：1603—1714》，第 181 页。

[123]　今天这座城被称为"老果阿"。

[124]　靠近今天的汉比城（Hampi）。

[125]　文森特·史密斯（Vincent Smith），《牛津印度史》（*The Oxford History of India*, Oxford, 1985），第 312 页。

[126]　黑泽明的电影《乱》（*Ran*）刻画了这些战役。

[127]　谢和耐，《中国社会文化史》，第 424 页。亦参《剑桥中国史》（Cambridge, 1988）第七卷第 508—509 页"引言"。

[128]　谢和耐，《中国社会文化史》，第 426 页。

[129]　谢和耐，《中国社会文化史》，第 442 页。就像中世纪欧洲向中国学习一样，中国知识分子和技术人员如今从北京的耶稣会传教士身上汲取后文艺复兴时期欧洲的先进知识。参见李约瑟原著，柯林·罗南改编《中华科学文明史》第四卷第 220—221 页。

[130]　谢和耐，《中国社会文化史》，第 440 页。

[131]　同上书，第 437 页。

[132]　同上书，第 446 页。［引文出自中文版第 401 页。］

[133]　尽管柯林·罗南和李约瑟认为欧洲文艺复兴对 17 世纪的中国产生了重要影响（参见李约瑟原著，柯林·罗南改编《中华科学文明史》第四卷第 1、34 页）。

[134]　谢和耐，《中国社会文化史》，第 425 页。

[135]、[136]　同上书，第 426 页。

[137] 《剑桥中国史》第七卷，第587页。
[138] 数字引自谢和耐，《中国社会文化史》，第429页；《剑桥中国史》第七卷，第586页。
[139] 《剑桥中国史》第七卷，第586页。
[140] 同上书，第631页。
[141] 同上书，第632页。
[142] 这是杰弗里·帕克的观点，参见他所著《陷入危机中的欧洲》第17—22页。
[143] 《剑桥中国史》第七卷，第587页。
[144] 中国结束远洋航行，不仅仅是为了抵抗商业影响力的增长。远洋航行本身开销昂贵，而且中国实际上并不需要印度洋国家生产的种种商品，也不需要欧洲的商品。在19世纪鸦片贸易兴起之前，中华帝国的出口远远超出进口。
[145] 《剑桥中国史》第七卷，第518页。
[146] 谢和耐，《中国社会文化史》，第431页。
[147] 同上书，第432页。
[148] 同上书，第432—433页。
[149] 同上书，第483页。
[150] 同上书，第489页。
[151] 同上书，第464页。
[152] 同上书，第497页。
[153] 同上书，第497—505页。虽然谢和耐本人出于某些原因，也使用"启蒙"一词来描述接受满族统治后的中华文化。
[154] 谢和耐，《中国社会文化史》，第505页。
[155] 同上书，第507页。
[156] 同上书，第508页。
[157] 同上书，第509页。
[158] 关于危机的详细描述，参见谢和耐的《中国社会文化史》。
[159] 马克思关于印度的论著中犯下的一个错误，就是过分强调运河和灌溉渠道的重要性。伊凡·哈比布（Irfan Habib）虽然非常推崇马克思的论著，但也坚称，"尽管马克思如此说，但是很难想象国家对灌溉水渠的建设和控制，是莫卧儿印度农业生活的突出特征"。参见他所著的《印度莫卧儿王朝的土地制度》（*The Agrarian System of Mughal India*, 1963）第256页。
[160] 关于莫卧儿王朝官员与柴明达尔地主之间关系的详细论述，参见伊凡·哈比布，《印度莫卧儿王朝的土地制度》，第66、153—185页。

[161] 同上书,第322—323页。

[162] 伊凡·哈比布,《印度莫卧儿王朝的土地制度》,第250页。国家拿走的生产盈余远比柴明达尔地主多。伊凡·哈比布,《印度莫卧儿王朝的土地制度》,第153页。

[163] Hameeda Khatoon Naqui,《莫卧儿印度斯坦:1556—1803年间的城市和工业》(*Mughal Hindustan: Cities and Industries, 1556—1803*,Karachi,1974)。

[164] 依据S. Maqvi的文章"马克思论英国人到来之前的印度社会"(Marx on Pre-British Indian Society),收入高善必纪念委员会编《纪念高善必论文选:科学与人类进步》。

[165] Hameeda Khatoon Naqui,《莫卧儿印度斯坦:1556—1803年间的城市和工业》,第2页。

[166] 同上书,第18页。

[167] 同上书,第22页;伊凡·哈比布,《印度莫卧儿王朝的土地制度》,第75页。

[168] 伊凡·哈比布,《印度莫卧儿王朝的土地制度》,第76页。

[169] 伊凡·哈比布,"马克思主义历史分析中的问题"(Problems in Marxist Historical Analysis),收入高善必纪念委员会编《纪念高善必论文选:科学与人类进步》第73页。

[170] Hameeda Khatoon Naqui,《莫卧儿印度斯坦:1556—1803年间的城市和工业》,第155页。

[171] 同上书,第171页。

[172] 伊凡·哈比布,"马克思主义历史分析中的问题",收入高善必纪念委员会编《纪念高善必论文选:科学与人类进步》第46页。

[173] 参见Pelsaert,引自伊凡·哈比布《印度莫卧儿王朝的土地制度》第190页。

[174] 伊凡·哈比布,《印度莫卧儿王朝的土地制度》,第77页。

[175] 参见《纪念高善必论文选:科学与人类进步》第387页。高善必用"封建主义"来描述这一阶段的社会。哈比布则否认印度此时已经进入封建社会;由于此时的印度缺少农奴制和真正的地主阶层,大量生产盈余还无法通过赋税转换成金钱,因此至少在公元1200年后才称得上进入封建社会。参见伊凡·哈比布,"马克思主义历史分析中的问题",收入高善必纪念委员会编《纪念高善必论文选:科学与人类进步》第46页。

[176] 伊凡·哈比布,《印度莫卧儿王朝的土地制度》,第320页。

[177] 同上书,第321页。

[178] 同上书,第328页。

[179] 奥朗则布将他的父亲锁在阿格拉城堡的塔楼中,他的父亲透过塔楼的窗户可以看到泰姬陵。

[180] Hameeda Khatoon Naqui,《莫卧儿印度斯坦:1556—1803 年间的城市和工业》,第 23 页。

[181] 伊凡·哈比布,《印度莫卧儿王朝的土地制度》,第 330 页。

[182] 同上书,第 333 页。

[183]、[184]、[185]　同上书,第 333 页。

[186] Hameeda Khatoon Naqui,《莫卧儿印度斯坦:1556—1803 年间的城市和工业》,第 18 页。

[187] 伊凡·哈比布,《印度莫卧儿王朝的土地制度》,第 339 页。

[188] 同上书,第 344—345 页。

[189] 同上书,第 346 页。

[190] 同上书,第 333 页。

[191] 印度历史学家始终就资产阶级为什么没有坚持维护自己的权利争论颇多。有些人认为由于经济发展停滞,导致印度资产阶级力量太过虚弱;另一些人则认为资产阶级没有独立战斗的原因,在于将东印度公司视为谋得利益、达成目标的工具。我在这方面掌握的知识还不足以令我对上述争论作出评论。不过无论如何,这并没有改变基础层面上的事实——那就是资产阶级并没有独立行动起来,继而由于东印度公司按照伦敦的意愿、而非印度的意愿行事而遭受了重大打击。

[192] 伊凡·哈比布,《印度莫卧儿王朝的土地制度》,第 351 页。

第五部分

[1] 乔治·吕德 (George Rudé),《18 世纪欧洲》(Europe in the Eighteenth Century, Harvard, 1985),第 23 页;罗伯特·杜普莱西斯,《早期欧洲现代资本主义的形成过程》,第 174 页。

[2] 乔治·吕德,《18 世纪欧洲》,第 23 页;罗伯特·杜普莱西斯,《早期欧洲现代资本主义的形成过程》,第 174 页。

[3] 罗伯特·杜普莱西斯,《早期欧洲现代资本主义的形成过程》,第 242、248 页。

[4] 丹尼尔·笛福 (Daniel Defoe),《大不列颠岛周游记》,(A Tour Through the

Whole Island of Great Britain, London, 1912），引自乔治·吕德，《18 世纪欧洲》，第 58 页。

[5]　关于这些发明的记述，参见戴维·兰德斯，《国富国贫》，第 187—191 页。

[6]　罗伯特·杜普莱西斯，《早期欧洲现代资本主义的形成过程》，第 88、242 页。

[7]　曼（de L. Mann），《英格兰西部的制衣业》(*The Cloth Industry in the West of England*, Oxford, 1971），第 23、90—91 页。

[8]　基思·托马斯（KeithThomas）对这些信仰作出了详尽易懂的描述，并清晰地论述了这些信仰如何契合了人们实际的物质生活。参见基思·托马斯的《宗教与巫术的衰落》(*Religion and the Decline of Magic*, Harmondsworth, 1978）和卡洛·金斯伯格（Carlo Ginsburg）的《夜间的战斗：16、17 世纪的巫术和农业崇拜》(*Night Battles: Witchcraft and Agrarian Cults in the Sixteenth and Seventeenth Centuries*, Baltimore, 1983）。[《巫术的兴衰》，芮传明译，上海人民出版社，1992 年版。《夜间的战斗：16、17 世纪的巫术和农业崇拜》，朱歌姝译，上海人民出版社，2005 年版。]

[9]　关于本段各学说简短易懂的概述，参见伯纳德·科恩（Bernard Cohen）的《新物理学的诞生》(*The Birth of the New Physics*, London, 1961）。[《新物理学的诞生》，张卜天译，商务印书馆，2016 年版。]

[10]　德·桑提拉纳（de Santillana），《冒险时代》(*The Age of Adventure*, New York, 1956），第 158 页。

[11]　参见基思·托马斯的《宗教与巫术的衰落》。

[12]　关于伽利略的局限性及其某些令人起疑的实验，参见伯纳德·科恩的《新物理学的诞生》第 91—129 页。

[13]　伯纳德·科恩，《新物理学的诞生》，第 158 页。罗贝尔·穆尚布莱（Robert Munchenbled）认为广泛蔓延的处决实施巫术者，是国家掌权者试图控制农村人口的举措；参见他所著的 *Sorcèries, Justice et Société* (Paris, 1987），第 9—10 页。

[14]　基思·托马斯，《宗教与巫术的衰落》，第 598 页。

[15]　同上书，第 533、537 页。

[16]　克里斯托弗·希尔，《革命的世纪：1603—1714》，第 250 页。

[17]　基思·托马斯，《宗教与巫术的衰落》，第 692 页。

[18]　对这一问题的讨论，将会引出对启蒙运动组成的各种不同观点。例如，恩斯特·卡西尔（Ernst Cassirer）将从笛卡尔开始的理性主义哲学家也算作启蒙运动中的一部分；而乔治·吕德则认为启蒙运动源自受到约翰·洛克等人激发

[19] 莱布尼兹接受牛顿的数学公式,但并不认同牛顿的整个宇宙模型。

[20] 关于这些沙龙的详细描述,参见皮埃尔·纳维尔(Pierre Naville),《霍尔巴赫与18世纪社会的科学哲学》(*D'Holbach et la Philosophie Scientifique au XVIIIe Siècle*, Paris, 1967),第46—48页。

[21] 皮埃尔·纳维尔,《霍尔巴赫与18世纪社会的科学哲学》,第118—119页。

[22] 乔治·吕德,《18世纪欧洲》,第131页。

[23] 同上书,第132页。

[24] 皮埃尔·纳维尔,《霍尔巴赫与18世纪社会的科学哲学》,第73页。

[25] 多琳达·乌特勒姆(Dorinda Outram),《启蒙运动》(*The Enlightenment*, Cambridge, 1995),第75页。相比之下,瑞典自然主义者林奈则根据肤色严格界定区分四个种族。

[26] 乔治·吕德,《18世纪欧洲》,第135—136页。君主此举的动机在于保证他们对全国教会的控制,然而实际上却削弱了反动思想传播的主要机构。

[27] 彼得·盖伊(Peter Gay),《启蒙运动》(*The Enlightenment*, New York, 1977),第71页。[《启蒙运动》,刘北成译,世纪文景/上海人民出版社,2015年版。]

[28] 罗伯特·达恩顿(Robert Darnton),《启蒙运动的生意》(*The Business of the Enlightenment*, Harvard, 1979),第528页。[《启蒙运动的生意》,顾杭、叶桐译,三联书店,2005年版。]

[29] 罗伯特·达恩顿,《启蒙运动的生意》,第526页。

[30] 乔治·吕德,《18世纪欧洲》,第170页。

[31] 伊曼纽尔·康德,引自乔治·吕德,《18世纪欧洲》,第171页。

[32] 雅加达。

[33] 这一数字出自罗宾·布莱克伯恩(Robin Blackburn)的估算,参见他所著的《新世界奴隶制度的形成》(*The Making of New World Slavery*, London, 1997)第3页。也有其他估算数字,比布莱克伯恩的估算略多或略少。关于这一数字的长期探讨,参见帕特里克·曼宁(Patrick Manning)所著的《奴隶制度与非洲人的生活》(*Slavery and African Life*, Cambridge, 1990)第104页。

[34] 帕特里克·曼宁,《奴隶制度与非洲人的生活》,第35页。

[35] 同上书,第30页。

[36] 安格斯·考尔德(Angus Calder),《革命帝国》(*Revolutionary Empire*, New York, 1981),第257—258页。罗伯特·路易斯·斯蒂芬森(Robert Louis

Stephenson)的小说《诱拐》(*Kidnapped*)就以18世纪中期在苏格兰发生的一场诱拐为故事的开篇。

[37] 罗宾·布莱克伯恩,《新世界奴隶制度的形成》,第230页。

[38] 安格斯·考尔德,《革命帝国》,第566页。

[39] 巴利·昂斯沃斯(Barry Unsworth)在小说《神圣的渴望》(*Sacred Hunger*, London, 1992)中,对奴隶和水手可怜的共同之处进行了精彩描述。[《神圣的渴望》,丁玲玲译,清华大学出版社,2014年版。]

[40] 安格斯·考尔德,《革命帝国》,第289页。

[41] 罗宾·布莱克伯恩,《新世界奴隶制度的形成》,第231页。

[42] 具体细节参见罗宾·布莱克伯恩,《新世界奴隶制度的形成》,第240—241页。

[43] 布莱克伯恩对叛乱的描述(《新世界奴隶制度的形成》第256—258页)强调了非洲奴隶的参与,而考尔德(《革命帝国》第311—312页)则只提及这是一场对抗印第安人的叛乱,并没有提到奴隶的参与。

[44] 布莱克伯恩,《新世界奴隶制度的形成》,第264页。

[45] 这幅画的黑白复制版,参见布莱克伯恩,《新世界奴隶制度的形成》,第32页。

[46] 布莱克伯恩,《新世界奴隶制度的形成》,第254—255、264—265页。

[47] 约翰·洛克,《人类理解论》(*An Essay Concerning Human Understanding*, Oxford, 1975),第606—607页;引自布莱克伯恩,《新世界奴隶制度的形成》,第329页。[《人类理解论》,关文运译,商务印书馆,1959年版。]

[48] 例如,这是皇家非洲公司(Royal Africa Company)在冈比亚的前代理人弗朗西斯·摩尔(Francis Moore)的观点,见于1738年出版的一本著作中。参见考尔德,《革命帝国》,第454页。

[49] 亚当·斯密、孔多塞和本杰明·富兰克林等著名的启蒙运动人物都反对奴隶制,即便也有休谟等人接受"非洲黑人的智力天生低于白人"的观点。

[50] 威尔科姆·沃什伯恩(Wilcomb Washburn)与布鲁斯·特里格(Bruce Trigger)主编,《剑桥美洲原住民史》(*Cambridge History of Native Peoples of the Americas*, Cambridge, 1996)第一卷第一部分,第74页。

[51] 同上书,第75页。

[52] 同上书,第79页。

[53] 同上书,第80页。

[54] 帕特里克·曼宁,《奴隶制度与非洲人的生活》,第13页。关于不同观点的概述,参见布莱克伯恩,《新世界奴隶制度的形成》,第12章。

[55] 彼得·马蒂亚斯(Peter Matthias),《第一个工业国家:1700—1914年间英国经

[56] 实际的贸易模式当然要比这复杂得多。但是这样的总结包含了该模式的核心特征。

[57] 帕特里克·曼宁,《奴隶制度与非洲人的生活》, 第 22 页。

[58] 同上书, 第 34 页。

[59] 同上书, 第 85 页。

[60] 同上书, 第 23 页。

[61] 亚当·斯密与欧洲启蒙运动的关系, 参见伊恩·罗斯 (Ian Ross) 所著《亚当·斯密传》(*The Life of Adam Smith*, 1995)。

[62] 亚当·斯密,《国富论》(*The Wealth of Nations*, Harmondsworth, 1982), 第 433 页。[《国民财富的性质和原因的研究》, 王亚南、郭大力译, 商务印书馆, 1972 年版。]

[63] 同上书, 第 104、133 页。

[64] 同上书, 第 430—431 页。[引文出自《国富论》第三卷第三章。]

[65] 同上书, 第 488 页。

[66] 埃里克·罗尔 (Eric Roll),《经济思想史》(*History of Economic Thought*, London, 1962), 第 151 页。[《经济思想史》, 陆元诚译, 商务印书馆, 1981 年版。]

[67] 《国富论》, 第 168 页。[引文出自《国富论》第一卷第八章"论劳动工资"。]

[68] 《国富论》, 第 169 页。[引文出处同上。]

第六部分

[1] 赖特 (E. Wright),《本杰明·富兰克林与美国革命》(*Benjamin Franklin and the American Revolution*), 第 71、90 页。

[2] 理查德·赖尔森 (Richard Ryerson),《革命现在开始: 1765—76 年间费城的激进委员会》(*The Revolution Is Now Begun; the Radical Committees in Philadelphia, 1765—76*, Pennsylvania, 1978), 第 3—4 页。

[3] 爱德华·康特里曼 (Edward Countryman),《美国革命》(*The American Revolution*, London, 1986), 第 71 页。

[4] 西奥多·德雷珀 (Theodore Draper) 在其著作《权力斗争: 美国革命》(*A*

Struggle for Power: The American Revolution, 1996）中对此进行了详尽的记录。

[5] 爱德华·康特里曼,《美国革命》,第 97 页。

[6] 同上书,第 98、100 页。

[7] 同上书,第 100 页。

[8] 同上书,第 103 页。

[9] 参见爱德华·康特里曼,《美国革命》,第 103 页；及其另一本著作《革命中的人民》(*A People in Revolution*, Baltimore, 1981),第 30 页。

[10] 爱德华·康特里曼,《美国革命》,第 103 页。

[11] 赖特,《本杰明·富兰克林与美国革命》,第 116 页。

[12] 爱德华·康特里曼,《美国革命》,第 70—71 页。

[13] 同上书,第 4 页。

[14] 同上书,第 113—114 页。

[15] 爱德华·康特里曼,《革命中的人民》,第 102、125—126 页。

[16] 同上书,第 102 页。爱德华·康特里曼对马萨诸塞的描述,参见其《美国革命》第 118 页；理查德·赖尔森对费城的描述,参见其著作《革命现在开始》。

[17] 约翰·基恩 (John Keane),《托马斯·潘恩传：一种政治生活》(*Tom Paine, a Political Life*, London, 1995)。

[18] 同上书,第 125 页。

[19] 爱德华·康特里曼,《革命中的人民》,第 150 页。

[20] 同上书,第 221 页。

[21] 爱德华·康特里曼,《美国革命》,第 162 页。

[22] 同上书,第 71 页。

[23] 因此杰斐逊在《独立宣言》的第一稿草稿中,原本有一处攻击君主鼓励奴隶制,继而敦促奴隶起来造反的文字。参见爱德华·康特里曼,《美国革命》,第 71 页。

[24] 古德温 (A. Goodwin) 主编,《新编剑桥世界近代史》(*Cambridge New Modern History*) 第八卷 (Cambridge, 1965)"美国革命与法国革命：1763—1793 年",第 422 页。[《新编剑桥世界近代史》,中国社会科学院世界历史研究所组译,中国社会科学出版社,1999 年版。]

[25] 参见麦加尔 (P. McGarr) 的文章 "法国大革命" (The Great French Revolution),文载《国际社会主义》(1989 年 6 月号) 第 43 期,第 40 页。

[26] 同上文,第 48 页。

[27] 出自格奥尔格·毕希纳 (Georg Buechner) 1835 年的戏剧《丹东之死》(*Danton's*

Death)中丹东之口。实际上,似乎是在丹东和罗伯斯庇尔决裂的一年前,由吉伦特派成员韦尼奥建议严惩面包暴动者的时候最先提出来。

[28] 路易·马德林(Louis Madelin),《塔列朗传》(*Talleyrand*, London, 1948),第12页。

[29] 阿尔贝·索布尔(Albert Soboul),《法国大革命:1787—99》(*The French Revolution 1787—99*, London, 1989),第37页。[中文版改名《法国大革命史论选》,王养冲编,华东师范大学出版社,1984年版。]

[30] 罗伯特·杜普莱西斯,《早期欧洲现代资本主义的形成过程》,第242页。

[31] 同上书,第237页。

[32] 近来最著名的修正主义历史著作便是弗朗索瓦·傅勒(Franaise Furet),《思考法国大革命》(*Interpreting the French Revolution*, Cambridge, 1981)。[《思考法国大革命》,孟明译,三联书店,2005年版。]

[33] 阿尔贝·索布尔,《法国大革命:1787—99》,第99页。

[34] 同上书,第255页。

[35] 同上书,第307页。

[36] 同上书,第309页。

[37] 同上书,第325页。

[38] 关于贷款和税负的详细情况,参见彼得·克鲁泡特金(Peter Kropotkin)所著《法国大革命》(*The Great French Revolution*, London, 1971)第410—411页。

[39] 乔治·勒费弗尔,《法国革命史》(*The French Revolution*)第二卷(New York, 1964),第57页。[《法国革命史》,顾良、孟湄、张慧君译,商务印书馆,2010年版。]

[40] 彼得·克鲁泡特金,《法国大革命》,第404页。

[41]、[42] 同上书,第387页。

[43] 阿尔贝·索布尔,《法国大革命:1787—99》,第339页。

[44] 同上书,第342页。

[45] 同上书,第386页。

[46] 克劳利(C. W. Crawley)主编,《新编剑桥世界近代史》第九卷(Cambridge, 1965),第91页。

[47] 参见其著作《法兰西第一共和国的阶级斗争》(*Class Struggle in the First French Republic*, London, 1977)。

[48] 黑格尔,《历史哲学》(*The Philosophy of History*, New York, 1956),第447页。[《历史哲学》,王造时译,上海书店,2006年版。]

[49] 克劳利主编,《新编剑桥世界近代史》第九卷,第 100 页。

[50] 格温·威廉斯(Gwyn Williams),《工匠与无套裤汉:法国大革命期间法国和英国的民众运动》(*Artisans and Sans-culottes: Popular Movements in France and Britain During the French Revolution*, London, 1981),第 58 页。

[51] 同上书,第 59、62—66 页。上述所有形势发展的综合评述,参见"种下自由树"(Planting the Liberty Tree),引自爱德华·汤普森(Edward Tompson)的经典之作《英国工人阶级的形成》(*The Making of the English Working Class*, New York, 1966)第五章。[《英国工人阶级的形成》,钱乘旦译,译林出版社,2013 年版。]

[52] 格温·威廉斯,《工匠与无套裤汉:法国大革命期间法国和英国的民众运动》,第 78 页。

[53] 爱德华·汤普森,《英国工人阶级的形成》,第 73—74 页。

[54] 约翰·麦基(John Mackie),《苏格兰史》(*A History of Scotland*, Harmondsworth, 1973),第 311—313 页。

[55] 托马斯·穆尔(Thomas Moore),《爱德华·菲茨杰拉德勋爵的生死》(*The Life and Death of Lord Edward Fitzgerald*, London, 1831),第一卷,第 204 页。

[56] 弗兰·坎贝尔(Flann Campbell),《反对之声:阿尔斯特的新教民主》(*The Dissenting Voice: Protestant Democracy in Ulster*, Belfast, 1991),第 51 页。

[57] 同上书,第 98 页。

[58] 数据引自格雷(T. Gray)所著《橙带党》(*The Orange Order*, London, 1972)第 69 页。托马斯·派克汉姆(Thomas Packenham)估测在起义中被杀的人数在 3 万到 7 万之间,参见其所著《自由之年》(*The Year of Liberty*, London, 1978)第 392 页。

[59] 弗兰·坎贝尔,《反对之声:阿尔斯特的新教民主》,第 83 页。

[60] 出自 C. Fitzgibbon, 转引自格雷所著《橙带党》第 68 页。

[61] 克劳利主编,《新编剑桥世界近代史》第九卷,第 100 页。

[62] 同上书,第 98 页。

[63] 约翰·基恩,《托马斯·潘恩传:一种政治生活》,第 323 页。

[64] 克劳利主编,《新编剑桥世界近代史》第九卷,第 106 页。

[65] 同上书,第 105 页。

[66] 出自爱德华·吉本《自传》(*Autobiography*),转引自彼得·盖伊,《伏尔泰的政治观:作为现实主义者的诗人》(*Voltaire's Politics: The Poet As Realist*, New Jersey, 1959),第 259 页。[《吉本自传》,戴子钦译,三联书店,2002 年版。]

[67] 柯勒律治和荷尔德林的话都引自《新编剑桥世界近代史》第九卷第 100 页。
[68] 阿德里安·德斯蒙德（Adrian Desmond）与詹姆斯·穆尔（James Moore）合著，《达尔文：一位饱受折磨的进化论者的一生》（*Darwin: The Life of a Tormented Evolutionist*, London, 1992）。
[69] 克劳利主编，《新编剑桥世界近代史》第九卷，第 42 页。
[70] 这样的事实暗示着前哥伦布时期的美洲文明，无法利用轮子或许没有那么强的挫败感和显得那么荒谬，因为大自然并未向他们提供具有被驯服家养潜力的动物来拉动有轮交通工具。
[71] 第一条铁路从斯托克波特延伸到达灵顿，于 1825 年开通，但其主要动力来自固定式发动机，而非内燃式发动机。参见彼得·马蒂亚斯所著《第一个工业国家：1700—1914 年间英国经济史》第 255 页。
[72] 数据来自霍布斯鲍姆所著《工业与帝国：从 1750 年到现在》第 86 页。
[73] 关于此时对时间观念的态度转变，参见爱德华·汤普森所写的文章"时间、工作与工业资本主义"（Time, Work and Industrial Capitalism），收入其所著《共有的习惯》（*Customs in Common*, London, 1992），第 352—403 页。[《共有的习惯》，沈汉、王加丰译，上海人民出版社，2002 年版。]
[74] 数据转引自大卫·麦克纳里（David McNally），《反对市场：政治经济学、市场社会主义和马克思主义批判》（*Against the Market: Political Economy, Market Socialism and the Marxist Critique*, London, 1993），第 101 页。
[75] 约翰·塞沃尔（John Thelwall），《自然权利》（*The Rights of Nature*, London, 1796），第 21、24 页，转引自汤普森《英国工人阶级的形成》第 185 页。
[76] 戴维·威廉斯（David Williams），《约翰·弗罗斯特：宪章运动研究》（*John Frost, a Study in Chartism*, New York, 1969）。
[77] 米克·詹金斯（Mick Jenkins），《1842 年大罢工》（*The General Strike of 1842*, London, 1980）；《对费尔古斯·奥康纳和其他 58 人的审判》（*The Trial of Fergus O'Connor and Fifty Eight Others*, Manchester, 1843；New York, 1970 年再版）。
[78] 约翰·萨维尔（John Saville），《1848》（*1848*, Cambridge, 1987）。
[79] 《新编剑桥世界近代史》第九卷，第 59 页。
[80] 古斯塔夫·迈耶（Gustav Mayer），《恩格斯传》（*Friedrich Engels*, London, 1936），第 44 页。
[81] 关于恩格斯对欧文的兴趣及仰慕，参见古斯塔夫·迈耶，《恩格斯传》，第 45 页。关于恩格斯对政治经济影响力的观点，参见《英国工人阶级的状况》，译

自《马恩全集》第四卷（London, 1975）第 527 页，关于恩格斯抵达曼彻斯特一年后对政治经济的首次批判，参见其"政治经济学批判纲领"（Outlines of a Critique of Political Economy），收入《马恩全集》第三卷（London, 1975）第 418 页。

[82] 今天这篇手稿以各种版本出版，包括《巴黎手稿》（Paris Manuscripts）、《1844 年手稿》（The 1844 Manuscripts）、《早年作品》（The Early Writings）。

[83] 马克思《1844 年手稿》，收入《马恩全集》第三卷。[引文出自《马克思恩格斯全集》第 42 卷第 91 页。]

[84] 反映在马克思的三卷本《资本论》中。关于马克思思想的深入论述，参见我的著作《疯人院经济学》（The Economics of the Madhouse, London, 1995）、《解释危机：一个马克思主义者的再评价》（Explaining the Crisis: A Marxist Reappraisal, London, 1999）第一章，以及亚历克斯·卡利尼克斯（Alex Callinicos）所著的《马克思的革命观念》（The Revolutionary Ideas of Karl Marx, London, 1999）。

[85] 大多数英文版在这里使用"人们"（man），后面使用代词"他"（he）。但马克思实际上在这里用的是德语词汇"人类"（Menschen），而非"人们"（Mann）。

[86] 罗杰·普赖斯（Roger Price）主编，《1848 年法国大革命文献》（Documents on the French Revolution of 1848, London, 1996），第 46—47 页。

[87] 大卫·布莱克本（David Blackbourn），《德国史：1780—1918》（The Fontana History of Germany, 1780—1918, London, 1997），第 147 页。

[88] 罗杰·普赖斯主编，《1848 年法国大革命文献》，第 9 页。有关德国莱茵兰地区的情况，参见乔纳森·施佩贝尔（Jonathan Sperber），《莱茵兰的激进分子们：民主运动与 1848—1849 年革命》（Rhineland Radicals: The Democratic Movement and the Revolution of 1848—1849, New Jersey, 1993），第 54—59 页。

[89] 罗杰·普赖斯主编，《1848 年法国大革命文献》，第 11 页。

[90] 《新编剑桥世界近代史》第五卷第 393 页。

[91] 同上书，第 394 页。

[92] 罗杰·普赖斯主编，《1848 年法国大革命文献》，第 17 页。

[93] 数据来自恩格斯 1848 年 7 月 2 日发表在《新莱茵报》上的一篇文章，译自《马恩全集》第七卷（London, 1977）第 161 页。

[94] 福楼拜在小说《情感教育》中对他们作出了同情的描述，也讽刺了革命俱乐部的集会。

[95] 罗杰·普赖斯主编,《1848年法国大革命文献》。
[96] 参见恩格斯1848年6月27日发表在《新莱茵报》上的文章,译自《马恩全集》第七卷(London, 1977)第131页。
[97] 罗杰·普赖斯主编,《1848年法国大革命文献》,第20页。
[98] 弗兰茨·梅林,《专制主义与1525—1848年间的德国革命》,第214页。
[99] 1848年12月31日的《新莱茵报》,译自《马恩全集》第七卷。
[100] 所有数据来自大卫·布莱克本所著《德国史:1780—1918》第180页。
[101] 这是电影《美洲豹》(The Leopard)中描述的起义。
[102] 电影《美洲豹》(The Leopard)中的大公说的话。
[103] 参见与道格拉斯的辩论,引自詹姆斯·麦克弗森(James McPherson),《为平等而奋争》(The Struggle for Equality, New Jersey, 1992),第11页。
[104] 例参林肯于1861年7月4日进行的演讲,引自詹姆斯·麦克弗森,《为自由而战的呐喊》(Battle Cry of Freedom, London, 1988),第312页。
[105] 詹姆斯·麦克弗森,《为自由而战的呐喊》,第46页。
[106] 马克思当时作出这样的论断。参见马克思于1861年11月7日在《新闻报》(Die Presse)上发表的文章,译自《马恩全集》第19卷(London, 1984)第50页。
[107]、[108] 詹姆斯·麦克弗森,《为平等而奋争》,第47页。
[109] 同上书,第51页。
[110] 同上书,第82页。
[111] 同上书,第128—129页。
[112] 就连恩格斯也于1862年7月30日在写给马克思的信中表示,他感到北方会遭受"重击",对北方"镇压叛乱"的能力表示怀疑(1862年9月9日)。然而相比之下,马克思则"准备好以生命做赌注……这些家伙(南方人)将被击败……你过多受到军事方面因素的影响了"(1862年9月10日)。参见《马恩全集》第41卷(Moscow, 1985)第414—416页。
[113] 马克思在1862年8月22日《新闻报》的文章中引用了这篇演讲,参见《马恩全集》第19卷第234—235页。部分引自詹姆斯·麦克弗森,《为平等而奋争》,第113页。
[114] 马克思1862年10月12日文章"论新闻出版"(Die Presse),译自《马恩全集》第19卷第250页。
[115] 例参伏尔泰的讽刺小说《查第格》(Zadig)和《巴比伦公主》(The Princess of Babylon)。[《查第格》,傅雷译,人民文学出版社,1955年版。《巴比伦公主》,郑彦范、林伦彦译,湖南人民出版社,1981年版。]

[116] 亚当·斯密,《国富论》,第 174—175 页。

[117] "黑鬼"(Niggers)是吉卜林短篇小说中的角色对"当地人"的通称。"外国佬"(Wogs)是对不幸沦为大英帝国殖民地人民的侮辱性称呼。

[118] 伯顿·斯泰因(Burton Stein),《印度史》(A History of India, Oxford, 1998),第 202 页。尽管斯泰因甚至谈到"印度本地资产阶级在印度正式沦为殖民地之前就已经得到了良好发展",但我认为凭借现有证据仍然无法认定这样的结论。我认为得到良好发展的是商业和金融资本,如同自封建时代中期以来的欧洲,而非工业或农业资本主义,尽管一些极为初级的萌芽状态。还有一些历史学家认为,宗教改革和农民起义本可开启全面资本主义的发展道路,另一些历史学家则坚决反对一观点。再次说明,我没有掌握可对这一争论作出判断的足够证据。

[119] 马克思发表在《纽约每日论坛报》(1857 年 7 月 15 日)上的文章"印度军队的叛乱"(The Revolt in the Indian Army),收入《马恩全集》第十五卷(Moscow, 1986)第 297 页。

[120] 伯顿·斯泰因,《印度史》,第 248 页。

[121] 帝国统治初期的统计数字及 1880 年代后的统计数字,参见伯顿·斯泰因,《印度史》,第 257、263 页。

[122] 伯顿·斯泰因,《印度史》,第 262 页。

[123] 译自希尔曼(F. Schurmann)与肖尔(O. Scholl)合著,《中华帝国》(Imperial China, Harmondsworth, 1977),第 139 页。

[124] 蒋廷黻与许多编者都持有这样的解释,参见上一注释中所引书第 126、133、139 页。

[125] 谢和耐在《中国社会文化史》第 539—541 页中强烈地表达了这一观点。

[126] 引自希尔曼与肖尔合著,《中华帝国》,第 170—183 页。

[127] 引自费正清主编《剑桥中国史》(Cambridge History of China)第十卷(Cambridge, 1978),第 309 页。[《剑桥中国晚清史(上卷)》,中国社会科学院历史研究所译,中国社会科学出版社,2006 年版。]

[128] 参见让·巴度(Jean Batou)的文章"穆罕默德·阿里的埃及:1805—1848"(Muhammed Ali's Egypt, 1805—48),文载其主编的《发达与欠发达之间》(Between Development and Underdevelopment, Geneva, 1991)第 183—207 页。有些经济史学家[如兰德斯在《国富国贫》中]对这幅发展图景表示质疑。他们指出,此时实际上存在着生产的低效率、高消耗,以及产品的低品质问题。但是,其他国家早期的工业化尝试通常也会出现这些问题,如 1880 年

代的日本，后来日本资本主义却在国际竞争中取得了公认的成功。日本等其他国家与埃及之间的最大不同在于，其他国家与直接的国外竞争相对来说更加隔绝，更容易避免西方国家对本国贸易政策的直接干涉。

[129] 让·巴度主编，《发达与欠发达之间》，第 205 页。

[130] 哈恩（Mikiso Hane），《现代日本：一种历史分析》(*Modern Japan: A Historical Analysis*, Boulder, 1992)，第 52—53 页。

[131] 同上书，第 71 页。

[132] 出自戈蒂耶（T. Gautier），转引自阿利斯泰尔·霍恩（Alistair Horne），《巴黎的陷落》(*The Fall of Paris*, London, 1968)，第 26 页。

[133] 同上书，第 53 页。

[134] 例参阿利斯泰尔·霍恩《巴黎的陷落》第 254 页上的价格列表。

[135] 阿利斯泰尔·霍恩，《巴黎的陷落》，第 328 页。

[136] 利沙加勒（P. O. Lissagaray），《一八七一年公社史》(*History of the Paris Commune*, [E. Marx 英译] (London, 1976)，第 65 页。[《一八七一年公社史》，柯新译，三联书店，1962 年版。]

[137] 同上书，第 65 页。

[138] 马克思，"法兰西内战"，收入《马恩全集》第 22 卷（London, 1986），第 333—334 页。

[139] 同上书，第 339 页。

[140] 阿利斯泰尔·霍恩，《巴黎的陷落》，第 551 页。

[141] 参见 1871 年 5 月 29 日与 6 月 1 日的《时代》杂志，引自阿利斯泰尔·霍恩，《巴黎的陷落》，第 555 页。

[142] 阿利斯泰尔·霍恩，《巴黎的陷落》，第 556 页。

[143] 许多著作都谈到了路易斯·米歇尔（Louise Michel）的审判。例参利沙加勒《一八七一年公社史》第 343—344 页。

[144] 阿利斯泰尔·霍恩，《巴黎的陷落》，第 363 页。

[145] 马克思于 1871 年 4 月 12 日写给库格曼（Kugelmann）的信，参见马克斯和恩格斯合写的《论巴黎公社》(*On the Paris Commune*, Moscow, 1976)，第 284 页。

[146] 马克思于 1871 年 4 月 17 日写给库格曼的信，参见马克斯和恩格斯合写的《论巴黎公社》第 285 页。

第七部分

[1] 这一数字来自加雷斯·斯蒂德曼·琼斯（Gareth Stedman Jones）所著《逐出伦敦：维多利亚时期社会中的阶级关系研究》(Outcast London: A Study in the Relationship between Classes in Victorian Society, Harmondsworth, 1976) 一书中第 132 页。

[2] 参见艾瑞克·霍布斯鲍姆所著《工业与帝国：从 1750 年到现在》(Industry and Empire, Harmondsworth, 1971) 一书中表 13 和表 3。

[3] 数据来自经济合作与发展组织（OECD）。

[4] 加雷斯·斯蒂德曼·琼斯，《逐出伦敦》，第 128 页。

[5] 同上书，第 129 页。

[6] 报告转引自《逐出伦敦》第 266 页。

[7] 实际上，麦克斯韦使用的是与开尔文宇宙模型相矛盾的数学方法，从而为一些 20 世纪流行的、与开尔文模型截然不同的模式打下了理论基础。但是，开尔文的原始模型主宰了一代人的科学思维。参见威廉·伯克森（William Berkson），《力场：从法拉第到爱因斯坦的世界观的发展》(Fields of Force: The Development of a Worldview from Faraday to Einstein, London, 1974)，第五、六、七章，尤其是第 150—155 页。

[8] 就像麦克斯韦的宇宙模型一样，弗洛伊德的理论中其实也存在完全不同方法的元素。1920 年代，心理分析经常被视为对机械决定论方法的非理性主义挑战。但是，弗洛伊德的观点最初肯定是以机械决定论为基础发展起来的。弗洛伊德早年处理癔症的相关手术方法就是例证，参见杰弗里·马森（Jeffrey Masson），《对真理的攻击：弗洛伊德对诱引说的隐瞒》(The Assault on Truth: Freud's Suppression of the Seduction Theory, Harmondsworth, 1984)，第 55—106 页。

[9] 拉尔夫·米利班德（Ralph Miliband），《英国的资本主义民主》(Capitalist Democracy in Britain, Oxford, 1982)，第 22 页注释 2。

[10] 罗伊登·哈里森（Royden Harrison），《在社会主义者出现之前：1861—1881 年间的劳工和政治研究》(Before the Socialists: Studies in Labour and Politics, 1861–1881, London, 1965)，第 69—78 页。

[11] 拉尔夫·米利班德，《英国的资本主义民主》，第 25 页。

[12] 马克思"法兰西内战"二稿，译自《马恩全集》第 22 卷 (London, 1985)。

[13] 拉尔夫·米利班德，《英国的资本主义民主》，第 49 页。

[14] 同上书，第 28 页。

[15] 同上书，第 27 页。

[16] 麦肯齐（R. T. McKenzie），《英国政党》（*British Political Parties*, London, 1963），第 15 页。

[17] 加雷斯·斯蒂德曼·琼斯，《逐出伦敦》，第 344、348 页。

[18] 英国作为最古老的工业资本主义国家，在上述这些国家中也拥有最古老的民族主义。汤普森在《英国工人阶级的形成》中描述了，1790 年代英国政府如何资助民间的民族主义组织对抗英国的雅各宾主义。琳达·柯利（Linda Colley）最近的研究着重强调了 1750 年代以后民族情感不断发展的范围。参见其所著《英国人》（*Britons*, London, 1994）。遗憾的是，柯利的方法维度单一，并没有看到汤普森提及的反民族主义潮流始终存在。[《英国人：国家的形成，1707—1837 年》，周玉鹏、刘耀辉译，商务印书馆，2017 年版。]

[19] 爱德华·伯恩斯坦（Eduard Bernstein），《进化的社会主义》（*Evolutionary Socialism*, London, 1909），前言第 11 页。

[20] 同上书，第 159 页。

[21] 同上书，第 160 页。

[22] 罗莎·卢森堡（Rosa Luxemburg），《社会改良还是革命》（*Social Reform or Social Revolution*, Colombo, 1966）。

[23] 布鲁斯·范德沃特（Bruce Vandervort），《帝国主义对非洲的征服之战：1830—1914》（*Wars of Imperial Conquest in Africa 1830—1914*, London, 1998），第 27 页。

[24] 转引自布鲁斯·范德沃特，《帝国主义对非洲的征服之战：1830—1914》，第 164 页。

[25] 布鲁斯·范德沃特，《帝国主义对非洲的征服之战：1830—1914》，第 177 页。托马斯·帕克南（Thomas Packenham），《瓜分非洲》（*The Scramble for Africa*, London, 1992），第 539—548 页。

[26] 托马斯·帕克南，《瓜分非洲》，第 546 页。

[27] 同上书，第 652 页。

[28] 同上书，第 600 页。关于莱奥波德充满博爱精神的反奴隶制主张，参见书中第 11—23 页。

[29] 同上书，第 22 页。

[30] 数据来自赫伯特·菲斯（Herbert Feis），《欧洲：世纪的银行家》（*Europe: The World's Banker, 1879—1914*），转引自迈克尔·季德龙（Michael Kidron）的文章"帝国主义——是最高阶段也是最后一个阶段"（Imperialism-the Highest Stage

but One），文载《国际社会主义》第九期第 18 页。

[31] 关于帝国主义经济篇幅更长的讨论，参见我的著作《解释危机》第 35—36 页；关于建立在经验数据上的反驳观点的回应，参见第 159 页注解 50。

[32] 莱斯利·德夫勒（Leslie Derfler），《保罗·拉法格和法国社会主义的鼎盛时期》（*Paul Lafargue and the Flowering of French Socialism*, Harvard, 1998），第 48、90 页。

[33] 托洛茨基，《总结与前瞻》（*Results and Prospects*），收入《不断革命 & 总结与前瞻》（*The Permanent Revolution and Results and Prospects*, London, 1962）。关于托洛茨基对这场革命的概述，参见其所著《1905》（*1905*, New York, 1972）。

[34] 小册子的全名是《大罢工、政党与工会》（*The Mass Strike, the Political Party and the Trade Unions*, London, 1986）。

[35] 安德鲁·塞耶斯（Andrew Sayers），"意大利社会主义的失败"（The Failure of Italian Socialism），文载《国际社会主义》第 37 期。

[36] 罗莎·卢森堡写于 1915 年春天，参见《尤尼乌斯小册子》（*The Junius Pamphlet*, London, 1967），第 1 页。

[37] 托洛茨基，《我的一生》（*My Life*, New York, 1960），第 233—234 页。

[38] 坎宁（J. Canning）主编，《亲历历史：1914》（*Living History: 1914*, London, 1967），第 240 页。

[39] 维克多·谢尔盖（Victor Serge），《革命回忆录》（*Memoirs of a Revolutionary*, London, 1963），第 47 页。

[40] 托洛茨基，《我的一生》，第 233 页。

[41] 大卫·布莱克本，《德国史：1780—1918》，第 461—462 页。

[42] 亚历山大·施略普尼柯夫（Alexander Shlyapnikov），《1917 年前夜》（*On the Eve of 1917*, London, 1982），第 18 页。

[43] 理查德·福克斯（Richard Fox），*Smoky Crusade*（London, 1938），第 192 页。

[44] 托洛茨基，《我的一生》，第 233—234 页。

[45] 詹姆斯·乔尔（James Joll），《1870 年以来的欧洲》（*Europe Since 1870*, London, 1983），第 194 页。

[46] 凯尔·哈迪（Keir Hardie）的话引自米利班德《议会制社会主义》（*Parliamentary Socialism*, London, 1975），第 44 页。关于考茨基的观点，参见马西莫·萨尔瓦多里（Massimo Salvadori），《卡尔·考茨基与 1880—1938 年间的社会主义革命》*Karl Kautsky and the Socialist Revolution 1880—1938*, London,

1979），第 183—185 页。

[47] 大卫·布莱克本，《德国史：1780—1918》，第 475 页。

[48] 麦金泰尔（D. MacIntyre），《大战的起因与后果》（*The Great War, Causes and Consequences*，Glasgow，1979），第 63 页。

[49] 同上书，第 64 页。

[50] 大卫·布莱克本，《德国史：1780—1918》，第 488—489 页。

[51] 同上书，第 480、482 页。

[52] 尤尔根·科卡（Jürgen Kocka），《走向总体战：1914—1918 年间的的德国社会》（*Facing Total War: Germany Society, 1914–1918*，London，1984），第 23 页。

[53] 同上书，第 17 页。

[54] 麦金泰尔，《大战的起因与后果》，第 61 页。

[55] 威廉·艾利森（William Allison）与约翰·费尔利（John Fairley），《戴单眼镜的反叛者》（*The Monocled Mutineer*，London，1986），第 68 页。

[56] 关于 1916 年圣诞节的相关描述，参见威廉·圣雷杰尔中尉（Lieutenant William St Leger）的日记，引自莫伊尼汉（M. Moynihan）主编，《1914—1918 战争中的人们》（*People at War 1914–1918*，London，1988），第 52 页。

[57] 建立在亲历者采访基础上的全面描述，参见威廉·艾利森与约翰·费尔利，《戴单眼镜的反叛者》，第 81—111 页。

[58] 译自《列宁全集》第 23 卷（Moscow，1964）第 253 页。

[59] 1914 年 8 月之前被称为圣彼得堡。

[60] 日期来自当时俄国依然采用的儒略历，按照西方公历应该是 3 月。

[61] 参见卡尤罗夫（Kayurov）的证词，引自托洛茨基，《俄国革命史》（*The History of the Russian Revolution*，London，1965），第 121 页。[《俄国革命史》（全三卷），丁笃本译，商务印书馆，2014 年版。]

[62] 凯泽（D. H. Kaiser）主编，《1917 年俄国工人革命》（*The Workers' Revolution in Russia of 1917*，Cambridge，1987），第 61 页。

[63] 托洛茨基，《俄国革命史》，第 181 页。

[64] 苏汉诺夫（N. N. Sukhanov），《1917 年革命：一部个人记录》（*The Russian Revolution 1917: A Personal Record*，Princeton，1984），第 77 页。

[65] 诺曼·斯通（Norman Stone），《东线：1914—1917》（*The Eastern Front, 1914–1917*，London，1975），第 218 页。

[66] 同上书，第 283—284、291 页。

[67] 数字和更多细节参见史密斯（S. A. Smith），《红色彼得格勒》（*Red Petrograd*，

[68] 布尔什维克党占据了六个席位,孟什维克党占据了七个席位,但是孟什维克党席位的组成成分更多偏向中产阶级。参见托尼·克里夫(Tony Cliff),《列宁·卷一：建党》(*Lenin, Volume 1: Building the Party*, London, 1975),第 325 页。

[69] 在这段文字中,我总结浓缩了运动和论争的漫长历史。具体描述详见托尼·克里夫,《列宁·卷一：建党》。伊斯雷尔·盖茨勒(Israel Getzler),《马尔托夫：一位俄国社会民主党人的政治生涯》(*Martov: A Political Biography of a Russian Social Democrat*, Melbourne, 1967),对孟什维克领导人进行了颇为同情的描述。

[70] 托尼·克里夫,《列宁·卷二：一切权力归苏维埃》(*Lenin, Volume 2: All Power to the Soviets*, London, 1976),第 148、150 页。

[71]、[72] 《国际社会主义》第 76 期,第 46 页。

[73] 关于部分这些斗争的描述,参见史密斯的《红色彼得格勒》;托尼·克里夫,《列宁·卷二：一切权力归苏维埃》,第 168—189 页。

[74] 苏汉诺夫,《1917 年革命：一部个人记录》,第 627—628 页。

[75] 同上书,第 629 页。

[76] 史密斯,《红色彼得格勒》,第 87 页。

[77] 《列宁全集》第 8 卷 (Moscow, 1962),第 28—29 页。

[78] 《列宁全集》第 27 卷 (Moscow, 1977),第 98 页。

[79] 关于此次暴动的具体情况,参见约翰·卡迈特(John Cammett),《安东尼奥·葛兰西和意大利共产主义的起源》(*Antonio Gramsci and the Origins of Italian Communism*, Stanford, 1967),第 52—53 页。

[80] 彼得·内特尔(Peter Nettl),《罗莎·卢森堡传》(*Rosa Luxemburg*)第二卷 (London, 1966),第 689 页。

[81] 史密斯,《红色彼得格勒》,第 243 页。

[82] 维克多·谢尔盖,《俄国革命的一年》(*Year One of the Russian Revolution*, London, 1992),第 282 页。

[83] 同上书,第 245 页。

[84] 同上书,第 265 页。

[85] 安东尼·厄普顿,《芬兰革命：1917—1918》(*The Finnish Revolution, 1917—18*, Minnesota, 1980),第 522 页,引自 J. Rees, "In Defence of October",文载《国际社会主义》第 52 期第 33 页。

[86] 詹姆斯·乔尔,《1870 年以来的欧洲》,第 237 页。

[87] 关于这次暴动及奥地利德语地区革命的详细情况，参见弗朗西斯·卡斯坦(Francis Carsten)，《中欧革命：1918—1919》(*Revolution in Central Europe 1918—19*, London, 1972)，第 22—32 页。

[88] 关于这次革命的细节以及德国革命其他方面的分析，参见我的著作《被遗忘的革命：1918—1923 年间的德国》(*The Lost Revolution, Germany 1918—1923*, London, 1982)。

[89] 引自罗莎·莱文-迈耶尔(Rosa Leviné-Meyer)，当时她在柏林的一家医院。参见她的著作《莱文》(*Leviné*, London, 1973)，第 80 页。

[90] 霍布斯鲍姆，《极端的年代》(*The Age of Extremes*, London, 1994)，第 68 页。[《极端的年代》，郑明萱译，江苏人民出版社，1999 年版。]

[91] 卡尔(E. H. Carr)，《布尔什维克革命》(*The Bolshevik Revolution*)第三卷(Harmondsworth, 1966)，第 135—136 页。

[92] 同上书，第 135 页。

[93] 同上书，第 134 页。

[94] 埃里克·威格姆(Eric Wigham)，《罢工与政府：1893—1981》(*Strikes and the Governmemt 1893—1981*, London, 1982)，第 53 页。

[95] 杰拉尔德·米克(Gerald Meaker)，《1914—1923 年间西班牙的革命左派》(*The Revolutionary Left in Spain 1914—1923*, Stanford, 1974)，第 134 页。

[96] 同上书，第 141 页。

[97] 同上书，第 142 页。

[98] 同上书，第 143 页。

[99] 关于这次罢工的详细情况，参见杰拉尔德·米克，《1914—1923 年间西班牙的革命左派》，第 158—161、165—168 页；杰拉尔德·布伦南(Gerald Brennan)，《西班牙迷宫》(*The Spanish Labyrinth*, Cambridge, 1974)，第 70—71 页。米克将这次罢工的结果视为工人的失败，布伦南认为它是"徒劳无功的"。相对照而言，佩吉斯(P. Pages)则认为它对工人产生了"有利的结果"。参见其著作 *Andreu Nin, Su Evolución Política* (Madrid, 1975)。

[100] 伊恩·特纳(Ian Turner)，《工业劳工与政治》(*Industrial Labour and Politics*, London, 1965)，第 194 页。

[101] 整个故事的精彩评述参见埃哈德·卢卡斯(Erhard Lucas)所著 *Märzrevolution 1920* (Frankfurt, 1974)。关于事件的摘要，参见我的著作《被遗忘的革命》第九章。

[102] 保罗·斯普里亚诺(Paolo Spriano)，《占领工厂：意大利在 1920 年》(*The

Occupation of the Factories, Italy 1920*, London, 1975),第 60 页。

[103] 同上书,第 21—22 页。
[104] 同上书,第 56 页。
[105] 演讲全文参见罗莎·莱文–迈耶尔的《莱文》。
[106] 参见 1921 年 4 月写给雅克·梅斯尼尔(Jacques Mesnil)的信件,引自保罗·斯普里亚诺,《占领工厂:意大利在 1920 年》,第 132 页。
[107] 引自保罗·斯普里亚诺,《占领工厂:意大利在 1920 年》,第 129—130 页。
[108] 罗西(A. Rossi,塔斯卡的笔名),《意大利法西斯主义的兴起》(*The Rise of Italian Fascism*, London, 1938),第 68 页。
[109] 同上书,第 74 页。
[110] 关于 1923 年实际革命形势的讨论,参见我的《被遗忘的革命》第 13 章。
[111] 罗西,《意大利法西斯主义的兴起》,第 82、99 页。
[112] 同上书,第 126—127 页。
[113] 同上书,第 103 页。
[114] 同上书,第 126—127 页。
[115] 同上书,第 148 页。
[116] 同上书,第 145 页。
[117] 同上书,第 147 页。
[118] 同上书,第 229—231 页。
[119] 贾姆皮耶罗·卡洛奇(Giampiero Carocci),《意大利法西斯主义》(*Italian Fascism*, Harmondsworth, 1975),第 27 页。
[120] 同上书,第 32 页。
[121] 阿诺德·哈维(Arnold Harvey),《帝国的碰撞:1793—1945 年间三次世界战争中的英国》(*Collision of Empire: Britain in Three World Wars 1793–1945*, Phoenix, 1994),第 511 页。
[122] 关于这些事件的绝佳描述,参见保罗·阿维里奇(Paul Avrich),《喀琅施塔得在 1921》(*Kronstadt 1921*, New Jersey, 1991)。
[123] 《列宁全集》第 32 卷(Moscow, 1965),第 24 页。
[124] 马克斯·沙克曼(Max Schachtman),《为新的征程而奋斗》(*The Struggle for the New Course*, New York, 1943),第 150 页。
[125] 列宁致革命共产党(RCPB)第 11 次代表大会的发言,引自《列宁全集》第 33 卷(Moscow, 1976),第 288 页。
[126] 例如曾经担任内阁秘书的汤姆·琼斯(Tom Jones)的日记,参见托马斯·琼

斯 (Thomas Jones),《白厅日记·第三卷：爱尔兰1918—1925》(*Whitehall Diaries, vol III, Ireland 1918–25*, London, 1971)。

[127] 1921年的官方数据，引自拉贾尼·杜特 (Rajani Dutt),《印度问题导引》(*Guide to the Problem of India*, London, 1942), 第59页。

[128] 谢诺 (J. Chesneaux),《中国劳工运动: 1919—1927》(*The Chinese Labor Movement 1919–27*, Stanford, 1968), 第42页。

[129] 同上书，第47页。

[130] 伯顿·斯泰因,《印度史》, 第297页。

[131] 这段描述来自拉贾尼·杜特,《印度问题导引》, 第112页；类似描述可以参见伯顿·斯泰因,《印度史》, 第304页, 阿克巴 (M. J. Akbar),《尼赫鲁》(*Nehru*, London, 1989), 第116—118页。

[132] 出自《印度在1919》(*India in 1919*), 转引自 拉贾尼·杜特,《印度问题导引》, 第113页。

[133] 关于这一事件的不同描述，参见伯顿·斯泰因,《印度史》, 第309页, 阿克巴,《尼赫鲁》, 第151—152页。

[134] 阿克巴,《尼赫鲁》, 第154页。

[135] 胡适,《中国的文艺复兴》(*The Chinese Renaissance*) 节选, 译自希尔曼与肖尔合著,《中华民国》(*Republican China*, Harmondsworth, 1977), 第55页。[《中国的文艺复兴》, 外研社, 2001年版。]

[136] 谢诺,《中国劳工运动: 1919—1927》, 第11页。

[137] 同上书，第156页。

[138] 同上书，第293页。

[139] 同上书，第325页。

[140] 详见谢诺,《中国劳工运动: 1919—1927》, 第356—361页; 伊罗生 (Harold Isaacs),《中国革命的悲剧》(*The Tragedy of the Chinese Revolution*, Stanford, 1961), 第130—142页。安德烈·马尔罗的小说《人类的命运》(*Man's Fate*) 就以这次起义为背景，正如他的另一部小说《胜利者》(*Les Conquerants*) 以香港工人大罢工为背景。[《中国革命的悲剧》, 刘海生译, 香港, 1950年版。]

[141] 关于他的政变的描述，参见谢诺,《中国劳工运动: 1919—1927》, 第311—313页; 伊罗生,《中国革命的悲剧》, 第89—110页。

[142] 安德烈·马尔罗的小说《人类的命运》就以这些事件为背景；全书结局，主人公等待着被蒋介石的反革命武装分子投入火车头炉膛活活烧死。

[143] 关于这段时期情况的描述参见拉蒙·鲁伊斯 (Ramon Ruiz),《伟大的反叛：墨

西哥，1905—1924》(*The Great Rebellion: Mexico 1905—24*, New York, 1982)，第 120—122 页；阿道夫·希尔里 (Adolfo Gilly)，《墨西哥革命》(*The Mexican Revolution*, London, 1983)，第 28—45 页。

[144] 拉蒙·鲁伊斯，《伟大的反叛：墨西哥，1905—1924》，第 58 页。

[145] 阿道夫·希尔里，《墨西哥革命》，第 37 页；以数据得出相似结论的描述，参见拉蒙·鲁伊斯，《伟大的反叛：墨西哥，1905—1924》，第 59、63 页。

[146] 托洛茨基，《列宁之后的第三国际》(*The Third International After Lenin*, New York, 1957)，《持续革命》(*Permanent Revolution*, London, 1962)。

[147] 弗里茨·斯滕伯格 (Fritz Sternberg)，《即将到来的危机》(*The Coming Crisis*, London, 1947)。

[148] 约翰·加尔布雷斯 (John Galbraith)，《1929 年大崩盘》(*The Great Crash of 1929*, London, 1992)，第 95 页。[《1929 年大崩盘》，沈国华译，上海财经大学出版社，2006 年版。]

[149] 法雷尔·多布斯 (Farrell Dobbs)，《卡车司机的造反》(*Teamster Rebellion*, New York, 1986) 序言。

[150] 约翰·加尔布雷斯，《1929 年大崩盘》，第 77—78 页。

[151] 尤利乌斯·布劳恩塔尔 (Julius Braunthal)，《追寻千禧年》(*In Search of the Millennium*, London, 1945)，第 270 页。安德烈·盖林 (André Guerin) 对 1920 年代末法国工会领袖拥护美国模式进行了描述，参见其所著 *Front Populaire, Révolution Manquée* (Paris, 1997)，第 79—80 页。这样乐观主义的表达正与艾瑞克·霍布斯鲍姆声称从 20 年代中期到 20 年代末期，每个人都看到危机尚未过去的观点截然相反。参见霍布斯鲍姆，《极端的年代》，第 91 页。

[152] 弗里茨·斯滕伯格，《即将到来的危机》。

[153] 彼得·盖伊，《民主社会主义的困境：爱德华·伯恩施坦向马克思的挑战》(*The Dilemma of Democratic Socialism: Eduard Bernstein's Challenge to Marx*, New York, 1979)。

[154] 乔治·希克斯 (George Hicks) 于 1927 年在英国劳工联合会议 (TUC) 上的发言，引自米尔班德，《议会制社会主义》，第 149 页。

[155] 关于斯大林和布哈林于 1925 年提出的观点，参见理查德·戴 (Richard Day)，《"危机"与"崩溃"》(*The 'Crisis' and the 'Crash'*, London, 1981)，第 80—81 页。

[156] 关于布哈林 1928 年观点的评述，参见理查德·戴，《"危机"与"崩溃"》，第 156—159 页。此时斯大林的态度又发生了一百八十度大转弯，宣称资本主义即将崩溃，对西方国家的共产党而言，这也就意味着马上面临着掀起起义的

可能性——这一观点与布哈林的观点同样都是错误的。

[157] 在 1920 年代的作品《文明及其不满》中，弗洛伊德似乎接受了文明与人类的理性直觉并不相容的观点。

[158] 例参乔治·卢卡奇 (Georg Lukács),《历史小说》(*The Historical Novel*, London, 1962) 和《欧洲现实主义研究》(*Studies in European Realism*, New York, 1964)。卢卡奇认为 1848 年前的"现实主义"小说一方面向机械自然主义让步，一方面屈服于主观心理主义。这令他抛弃了 20 世纪大多数文学作品。然而，读者依然可以在忽略他的最后结论的情况下吸取他的精华思想。

[159] 查尔斯·金德尔伯格 (Charles Kindelberger),《大萧条中的世界：1929—1939》(*The World in Depression, 1929—1939*, London, 1973)，第 116—117、124 页；刘易斯·科里 (Lewis Corey),《美国资本主义的衰败》(*The Decline of American Capitalism*, London, 1938)，第 184 页。

[160] 爱德华·卡尔,《苏俄史》(*A History of Soviet Russia*) 第四卷《过渡期：1923—1924》(*The Interregnum: 1923—24*, London, 1984)，第 39 页。

[161] 莫希·莱文 (Moshe Lewin),《列宁的最后斗争》(*Lenin's Last Struggle*, London, 1969)，第 12 页。[《列宁的最后斗争》，叶林译，黑龙江人民出版社，1983 年版。]

[162] 就连托洛茨基也没有马上对这一决定提出挑战。

[163] 这段话引自赖特 (J. G. Wright) 翻译的托洛茨基所著的《列宁之后的第三国际》第 36 页。

[164] 关于这些示威游行的具体描述，参见维克多·谢尔盖的《革命回忆录》和米查尔·赖曼 (Michal Reiman) 的《斯大林主义的诞生："第二次革命"前夕的苏联》(*The Birth of Stalinism: the USSR on the Eve of the 'Second Revolution'*, London, 1987)。后来我也曾听哈里·威克斯 (Harry Wicks) 讲过他作为俄国一所共产国际培训学校的学生对这些事件的亲身经历。

[165] 米查尔·赖曼,《斯大林主义的诞生："第二次革命"前夕的苏联》，第 2 页。

[166] 同上书，第 12 页。

[167] 爱德华·卡尔与罗伯特·戴维斯 (Robert Davies),《1926—1929 计划经济的基础》(*Foundations of a Planned Economy, 1926—29*, London, 1969)，第一卷，第 313 页。

[168] 伊萨克·多伊彻 (Isaac Deutscher),《斯大林政治传记》(*Stalin: A Political Biography*, London, 1961)，第 328 页。

[169] 托尼·克里夫,《俄国：一种马克思主义分析》(*Russia: A Marxist Analysis*,

[170] 托尼·克里夫,《俄国的国家资本主义》(*State Capitalism in Russia*, London, 1988),第 53 页。

[171] 同上书,第 42 页。

[172] 罗伯特·戴维斯的文章"斯大林时期的强制劳工：档案揭秘"(Forced Labour Under Stalin：The Archive Revelations),文载《新左派评论》(*New Left Review*)第 214 期 (1995 年 11—12 月)。

[173] 托尼·克里夫,《俄国的国家资本主义》,第 130 页。

[174] 1927 年 4 月 5 日斯大林在莫斯科的讲话,引自伊罗生,《中国革命的悲剧》,第 162 页。

[175] P. Frank, *Histoire de l'Internationale Communiste* (Paris, 1979), p.634.

[176] 伊夫·罗森哈夫特 (Eve Rosenhaft) 所著的《抗击法西斯主义者？德国共产主义者与政治暴力,1929—1933》(*Beating the Fascists?: The German Communists and Political Violence 1929–1933*, Cambridge, 1983),第 44—45 页。

[177] 来自政党官方数据,引自上一注释中所引书第 45 页。

[178] 出自 *Rote Fahne* (2 February 1932),转引自托洛茨基,《法西斯主义、斯大林主义与统一战线 1930—1934》(*Fascism, Stalinism and the United Front, 1930–34*, London, 1969),第 39 页。

[179] 威廉·艾伦 (William Allen),《纳粹攫取权力：一个德国小镇的经历 1930—1935》(*The Nazi Seizure of Power: The Experience of a Single German Town, 1930–35*, Chicago, 1965),第 292 页。

[180] 对纳粹成员阶级和年龄成分的详细分解,参见诺克斯 (J. Noakes) 与普里德姆 (G. Pridham),《纳粹主义：1919—1945》(*Nazism 1919–45*, Exeter, 1983),第一卷"崛起：1919—1934"(*The Rise to Power 1919–34*),第 84—87 页。

[181] 例参 M. H. Kele 所著《纳粹与工人》(*Nazis and Workers*, North Carolina, 1972),第 210 页。米尔贝格 (Detlef Mühlberger) 否认纳粹的中产阶级基础,承认纳粹吸引的工人主要是激进工人及失业工人。参见其所著《希特勒的追随者》(*Hitler's Followers*, London, 1991),第 165、177、205 页。

[182] 参见迈克尔·曼的文章 "As the Twentieth Century Ages",文载《新左派评论》第 214 期 (1995 年 11—12 月),第 110 页。

[183] 参见考茨基的文章"暴力与民主"(Force and Democracy),译自戴维·毕瑟姆 (David Beetham) 主编,《面对法西斯主义的共产主义者》(*Marxists in the Face of Fascism*, Manchester, 1983),第 248 页。

[184] 参见希法亭的文章"在种种决定之间"(Between the Decisions),译自戴维·毕瑟姆主编,《面对法西斯主义的共产主义者》,第261页。

[185] 威廉·艾伦,《纳粹攫取权力:一个德国小镇的经历1930—1935》,第142页。

[186] 阿瑟·施韦泽(Arthur Schweitzer),《大企业与第三帝国》(Big Business in the Third Reich, Bloomington, 1963),第107页。

[187] 诺克斯与普里德姆,《纳粹主义:1919—1945》,第94页。

[188] 亨利·特纳(Henry Turner)也承认这一点,尽管他对希特勒依靠商人的支持才登上权力巅峰这一观点表示怀疑。参见他所著的《德国大企业与希特勒的崛起》(German Big Business and the Rise of Hitler, New York, 1985),第243页。

[189] 同上书,第95页。

[190] 同上书,第96—97、100页。特纳声称,鲁尔区的大工业家并不像新闻报道宣传的那样,对希特勒表现出热情万丈。但特纳也承认,希特勒的演讲的确拥有具有影响力的大商人听众。参见他所著的《德国大企业与希特勒的崛起》第172页。

[191] 引自弗朗西斯·卡斯坦,《英国与魏玛共和国》(Britain and the Weimar Republic, London, 1984),第270—271页。

[192] 就连特纳也无法指出这样的逻辑和结果何错之有。关于更多相关资料,参见伊恩·克肖(Ian Kershaw)主编,《为什么魏玛共和国失败了?》(Why Did Weimar Fail?, London, 1990);彼得·斯塔胡拉(Peter Stachura),《纳粹党夺权》(The Nazi Machtergreifung, London, 1983)。从马克思主义观点切入,对所有观点进行概述,参见唐尼·格拉克斯坦(Donny Gluckstein)的佳作《纳粹、资本主义与工人阶级》(The Nazis, Capitalism and the Working Class, London, 1999)第三章。

[193] 尤利乌斯·布劳恩塔尔,《国际史》(History of the International, London, 1966),第二卷,第380页。[《国际史》(三卷本),杨寿国、孙秀民、汤成永、桂乾元译,上海译文出版社,1985年版。]

[193a] 参见 Vorwärts evening edition, 30 January 1933, 引自埃利奥特·惠顿(Eliot Wheaton),《灾难的序曲:纳粹革命1933—35》(Prelude to Calamity: The Nazi Revolution 1933—85, New York, 1969),第223页。

[194] 伊夫·罗森哈夫特的《抗击法西斯主义者?德国共产主义者与政治暴力,1929—1933》对这一情况做了上佳的描述。

[195] 艾伦·默森(Allan Merson),《纳粹德国的共产主义抵抗》(Communist Resistance in Nazi Germany, London, 1986),第29页。

[196] 尤利乌斯·布劳恩塔尔,《国际史》,第 383 页。

[197] 艾伦·默森,《纳粹德国的共产主义抵抗》,第 61 页。

[198] 阿道夫·斯特姆萨尔(Adolf Sturmthal),《欧洲劳工的悲剧:1918—1939》(*The Tragedy of European Labour 1918–39*, London, 1944),第 51 页。

[199] 同上书,第 172 页。

[200] 引自维也纳社会民主党领袖尤利乌斯·布劳恩塔尔的演讲,参见其所著《追寻千禧年》第 280 页。

[201] 同上书,第 280 页。

[202] 引自阿道夫·斯特姆萨尔,《欧洲劳工的悲剧:1918—1939》,第 176 页。

[203] 同上书,第 177 页。

[204]、[205] 朱利安·杰克逊(Julian Jackson),《法国人民阵线:捍卫民主 1934—1938》(*The Popular Front in France, Defending Democracy 1934–38*, Cambridge, 1990),第 28 页。

[206] 同上书,第 5—6 页。

[207] 同上书,第 88 页。

[208] 同上书,第 10、88 页。

[209] 雅克·达诺斯(Jauques Danos)与马塞尔·吉伯林(Marcel Gibelin),《1936 年 6 月:阶级斗争与法国人民阵线》(*June '36: Class Struggle and the Popular Front in France*, London, 1986),第 229 页。

[210] 朱利安·杰克逊,《法国人民阵线:捍卫民主 1934—1938》,第 112 页。

[211] 同上书,第 13 页。

[212] 同上书,第 219—220 页。雅克·达诺斯与马塞尔·吉伯林,《1936 年 6 月:阶级斗争与法国人民阵线》,第 214 页。

[213] 被解雇和被迫害的人数,参见雅克·达诺斯与马塞尔·吉伯林,《1936 年 6 月:阶级斗争与法国人民阵线》,第 230 页。

[214] 乔治·奥威尔(George Orwell),《向加泰罗尼亚致敬》(*Homage to Catalonia*, London, 1938)。

[215] 皮埃尔·勃鲁埃(Pierre Broué)与 Émile Témime 合著,《西班牙的革命与内战》(*The Revolution and the Civil War in Spain*, London, 1972),第 82 页。

[216] 关于 5 月 1 日示威游行的描述,参见《西班牙的革命与内战》第 81 页。

[217] 数据来自罗伯斯(Robles)的演讲,引自《西班牙的革命与内战》第 84 页。

[218] 关于大城市发生事件的描述,参见《西班牙的革命与内战》第 102—118 页。

[219] 《西班牙的革命与内战》,第 121 页。

[220] 引自无政府主义者领袖桑蒂兰的会议报告,译自 P. Broué and E. Témime,*The Revolution*,p.130。

[221] 桑蒂兰在西班牙全国劳工联合会上的发言很快就形成报告,参见 R Fraser,*Blood of Spain*,Harmondsworth,1981),p.112。关于同情无政府主义工团主义者的描述,参见 J. B. Acarete,*Durutti*(Barcelona, 1975),pp.176—179。

[222] 关于北部战争的情况,参见 P. Broué and E. Témime,*The Revolution*,pp.389—414。

[223] 例如,德国哲学家海德格尔就利用该观点为自己加入纳粹党而辩护:"对于'一个处决了数百万犹太人、将恐怖视为常规的政权',人们进行严厉的谴责,而我只能说,我们实际上可以将'犹太人'一词换成'东德人'"。[1948年1月20日写给赫伯特·马尔库塞(Herbert Marcuse)的信]参见理查德·沃林(Richard Wolin),《海德格尔争论:批判读本》(*The Heidegger Controversy: A Critical Reader*, London, 1993),第163页。

[224] 查尔斯·金德尔伯格,《大萧条中的世界:1929—1939》,第233页。

[225] 同上书,第272页。

[226] 美国民权同盟(American Civil Liberties Union)的报告,引自阿特·普莱斯(Art Preis),《劳工大跃步:产联二十年》(*Labor's Giant Step-Twenty years of the CIO*, New York, 1982),第17页。

[227] 同上书,第45页。

[228] 同上书,第61页。

[229] 例参布兰科·威迪克(Branko Widick),《底特律:种族和阶级暴力之城》(*Detroit, City of Race and Class Violence*, Chicago, 1972),第74页。

[230] 同上书,第64页。

[231]、[232] 阿特·普莱斯,《劳工大跃步:产联二十年》,第67页。

[233] 同上书,第70页。

[234] 詹姆斯·法雷尔(James Farrell),《文选》(*Selected Essays*, New York, 1964)。

[235] 拉尔夫·埃里森(Ralph Ellison),《看不见的人》(*Invisible Man*, Harmondsworth, 1965),第404页。[《看不见的人》,殷维本、任绍曾、张德中、黄云鹤译,外国文学出版社,1984年版。]

[236] 阿尔文·汉森(Alvin Hansen),《稳定经济的工作》(*Economic Stabilisation*, New York, 1971),第76页。

[237] 蒂莫西·梅森(Timothy Mason),《纳粹主义、法西斯主义与工人阶级》(*Nazism, Fascism and the Working Class*, Cambridge, 1995),第114页。

[238] 霍布斯鲍姆,《极端的年代》,第 144 页。

[239] 特里·安德森(Terry Anderson),《美国、英国与 1944—1947 年冷战》(*The United States, Great Britain and the Cold War, 1944—1947*), Missouri, 1981),第 6 页。

[240] 艾伦·泰勒(Alan. J. P. Taylor),《第二次世界大战的起源》(*The Origins of the Second World War*, Harmondsworth, 1976),第 86 页。

[241] 特里·安德森,《美国、英国与 1944—1947 年冷战》,第 6 页。

[242] 加布里埃尔·科尔科(Gabriel Kolko),《战争的世纪:1914 年以来的政治、冲突与社会》(*Century of War: Politics, Conflicts, and Society since 1914*, New York, 1994),第 253 页。

[243] 同上书,第 207 页。

[244] 这一再次思索的怀疑过程在君特·格拉斯(Gunter Grass)的小说《狗年月》(*The Dog Years*)中表现得淋漓尽致。

[245] 引自如米尔班德的《议会制社会主义》第 281 页。

[246] 加布里埃尔·科尔科,《战争的世纪:1914 年以来的政治、冲突与社会》,第 200 页。

[247] 保罗·金斯伯格(Paul Ginsborg),《意大利当代史》(*A History of Contemporary Italy*, London, 1990),第 10 页。

[248] 同上书,第 67 页。

[249] 加布里埃尔·科尔科,《战争的世纪:1914 年以来的政治、冲突与社会》,第 294 页。

[250] 加布里埃尔·科尔科,《战争政治学》(*The Politics of War*, New York, 1970),第 114—115 页。

[251] 关于这些讨论的详细论述,参见加布里埃尔·科尔科,《战争政治学》,第 346—347 页。

[252] 加布里埃尔·科尔科,《战争的世纪:1914 年以来的政治、冲突与社会》,第 297 页。

[253] 关于其新闻发布会的描述,参见加布里埃尔·科尔科,《战争的世纪:1914 年以来的政治、冲突与社会》,第 297 页。

[254] 加布里埃尔·科尔科,《战争的世纪:1914 年以来的政治、冲突与社会》,第 187—188 页。

[255] 多米尼克·欧德斯(Dominique Eudes),《卡普塔尼奥斯:游击队与希腊内战,1943—1949》(*The Kapetanios: Partisans and Civil War in Greece, 1943—1949*, London, 1972),第 172 页。

[256] 关于详细的描述,参见上条注释所引书第 190—191 页。

[257] 例参加布里埃尔·科尔科,《战争的世纪:1914 年以来的政治、冲突与社会》,第 278—279 页;《战争政治学》,第 185—192 页。

[258] 他作出这一发言的会议的相关情况,参见多米尼克·欧德斯,《卡普塔尼奥斯:游击队与希腊内战,1943—1949》,第 216 页。

[259] 同上书,第 229 页。

[260] 加布里埃尔·科尔科,《战争的世纪:1914 年以来的政治、冲突与社会》,第 375 页。

[261] 保罗·金斯伯格,《意大利当代史》,第 46 页;霍布斯鲍姆,《极端的年代》,第 168 页。

[262] 加布里埃尔·科尔科,《战争的世纪:1914 年以来的政治、冲突与社会》,第 306 页。

[263] 阿利斯泰尔·霍恩,《野蛮的和平战争:1954—1962 年间的阿尔及利亚》(*A Savage War of Peace: Algeria 1954—62*, Harmondsworth, 1979),第 25 页。

[264] 中国曾是(现在也是)安理会第五个永久成员国。但是,中国的席位曾经被蒋介石的国民党占据,即便在他逃离大陆、在台湾建立起一个对美友好政权之后。直至 1970 年代,中华人民共和国才拿回了合法席位。

[265] 来自最近揭秘的文件报告,参见 1998 年 10 月 2 日的《卫报》。

[266] 戴维·霍洛维茨(David Horowitz),《从雅尔塔到越南》(*From Yalta to Vietnam*, Harmondsworth, 1967),第 70、73 页。

[267] 伊恩·伯查尔(Ian H Birchall),《工人与巨石的抗争》(*Workers Against the Monolith*, London, 1974),第 62 页;保罗·金斯伯格,《意大利当代史》,第 110—112 页。

[268] 根据捷克斯洛伐克共产党日报(*Nova Mysl*) nos 6—7, 1968。

[269]、[270] 安东尼·克罗斯兰(Anthony Crosland),《社会主义的未来》(*The Future for Socialism*, London, 1956),第 115 页。

[271] 伯顿·斯泰因,《印度史》,第 327 页。

[272] 同上书,第 336 页。

[273] 布莱恩·拉平(Brian Lapping),《帝国斜阳》(*End of Empire*, London, 1985),第 356 页。[《帝国斜阳》,钱乘旦、计秋枫、陈仲丹译,上海人民出版社,1996 年版。]

[274] 关于兵变的不同记述,参见阿克巴,《尼赫鲁》,第 369 页;伯顿·斯泰因,《印度史》,第 360 页。

[275] 阿克巴,《尼赫鲁》,第 381—382 页。

[276] 如今的赞比亚、津巴布韦和马拉维。

[277] 布莱恩·拉平,《帝国斜阳》,第 106 页。

[278] 1953 年 9 月 28 日的《每日电讯报》,引自保罗·富特(Paul Foot),《哈罗德·威尔逊的政治》(The Politics of Harold Wilson, Harmondsworth, 1968),第 111 页。

[279] 迈克尔·凯泽(Michael Kaser),《东欧经济史》(An Economic History of Eastern Europe, London, 1986),第 9 页。

[280] 参见迈克·海恩斯(Mike Haynes)与彼得·宾斯(Peter Binns)合写的文章"东欧阶级社会"(Eastern European Class Societies),文载《国际社会主义》(1979 年冬季号)第 7 期。

[281] M. Jaenicker, Der Dritte Weg: Die Anti-Stalinistische Opposition gegen Ulbricht seit 1953 (Cologne, 1964), p.51.

[282] 关于这些时间的详细描述,参见我的著作《东欧的阶级斗争》(Class Struggles in Eastern Europe, London, 1984)第六章。

[283] 彼得·弗莱雅(Peter Fryer),《匈牙利的悲剧》(Hungarian Tragedy, London, 1956),第 46 页。[《匈牙利的悲剧》,柳公夏译,信达出版社,1971 年版。]

[284] 来自匈牙利官方文件,总结于 György Litván 主编,《1956 年匈牙利革命》(The Hungarian Revolution of 1956, London, 1996),第 144 页。

[285] 最全面综合的文集,参见 B. Lomax, Hungarian Workers' Councils of 1956, New York, 1990)。比较而言的较早文集,包括广播文稿等,参见 M. J. Lasky (ed), The Hungarian Revolution (London, 1957)。亦见 Sandor Kopacsi, In the Name of the Working Class (New York, 1986)。关于革命动力的简短描述,参见我的著作《东欧的阶级斗争》第七章。

[286] György Litván 主编,《匈牙利革命》,第 126—127 页。

[287] 乔恩·安德森(Jon Anderon),《切·格瓦拉》(Che Guevara, New York, 1997),第 216 页。

[288] 杜德利·西尔斯(Dudley Seers)主编,《古巴的经济和社会革命》(Cuba: the Economic and Social Revolution, North Carolina, 1964),第 20 页。

[289] 欧内斯特·梅(Ernest May)与菲利普·泽利科夫(Philip Zelikow)合编:《肯尼迪的录音带:古巴导弹危机期间的白宫》(The Kennedy Tapes: Inside the White House during the Cuban Missile Crisis, Harvard University Press, 1998)。

[290] 戴维·哈尔伯斯坦(David Halberstam),《出类拔萃之辈》(The Best and the

Brightest，London，1970），第 78 页。[《出类拔萃之辈：聪明人在越战中的错误决策》，齐沛译，三联书店，1973 年版。]

[291] Jan Deleyne,《中国经济》(The Chinese Economy, London，1973），第 59 页。

[292] 参见《中国向何处去》(Whither China?)，译自《国际社会主义》第 37 期。

[293] Jan Deleyne,《中国经济》，第 59 页。

[294] 丹尼尔·贝尔 (Daniel Bell),《意识形态的终结》(The End of Ideology, Illinois，1960），第 84 页。[《意识形态的终结：50 年代政治观念衰微之考察》张国清译，江苏人民出版社，2001 年版。]

[295] 赫伯特·马尔库塞 (Herbert Marcuse),《单向度的人》(One Dimensional Man, London, 1964），前言第 11—12 页。[《单向度的人：发达工业社会意识形态研究》，刘继译，上海译文出版社，1989 年版。]

[296] 关于 1969 年 5 月的科尔多瓦，参见 Ricardo Falcon and Bernardo Galitelli, *Argentina: from Anarchism to Peronism*, London, 1987, pp.171—174。

[297] 关于这些问题的全面讨论，参见我的著作《解释危机》的附录部分。

[298] 我在这里对相当长期的争论做一总结。比较流行的观点参见我的著作《疯人院经济学》，更有技术含量的描述参见我的著作《解释危机》。

[299] 参见威尔·赫顿 (Will Hutton),《我们所在的国度》(The State We're In, London, 1994），第 19 页。

[300] 关于这些事件的详细描述，参见我的著作《东欧的阶级斗争》第九章。

[301] 关于"调整"经济的分解解析 Numerical breakdown，参见索班 (Rehman Sobhan) 的文章"对市场改革范式的反思"(Rethinking the Market Reform Paradigm)，文载《经济与政治周刊》(Economic and Political Weekly)（孟买），1992 年 7 月 25 日。

[302] 詹姆斯·皮特拉斯 (James Petras) 与莫里斯·莫利 (Morris Morley) 合著,《霍乱时期的拉丁美洲》(Latin America in the Time of Cholera, New York，1992），第 14 页。

[303] 联合国粮农组织,《1991 年粮食和农业状态报告》。

[303a] 例参 1998 年 12 月 6 日《观察家》(Observer)。

[304] 参见 Moroslav Holub, 引自 1999 年 3 月 12 日《卫报》。

[305] 世界银行《1991 年世界发展报告》第 4—5 页。

[306] 参见布里坦 (S. Brittan), 引自 1992 年 12 月 10 日《金融时报》。

[307] 约翰·斯托普福德 (John Stopford) 与苏珊·斯特兰奇 (Susan Strange) 合著，《竞争的国家，竞争的公司》(Rival States, Rival Firms, Cambridge，1991），第

1 页。[《竞争的国家，竞争的公司》，查立友译，社会科学文献出版社，2003年版。]

[308] 关于谈判的具体描述，参见莫汉蒂（Mritiunjoy Mohanty）的文章"解决债务危机的策略综述"（Strategies for the Solution of the Debt Crisis: An Overview），文载《经济与政治周刊》（孟买），1992 年 2 月 29 日。

结 论

[1] 蒂姆·杰克逊（Tim Jackson）与尼克·马克斯（Nick Marks），《测量可持续经济福利：初步索引，1950—1990》（Measuring Sustainable Economic Welfare: A Pilot Index 1950—1990, Stockholm Economic Institute, 1994）。

[2] 数据来自朱丽叶·斯格尔（Juliet Schor）的《过度劳累的美国人》（The Overworked American, 1991）。[《过度劳累的美国人》，赵惠君、蒋天敏译，重庆人民出版社，2010 年版。]

[3] 《联合国人类发展报告（1999）》（UN Human Development Report 1999, Oxford, 1999）。

[4] 参见罗莎·卢森堡的文章"社会民主的危机"（The Crisis of Social Democracy），收入《罗莎·卢森堡政治作品选》（Selected Political Writings, London, 1972），第 195—196 页。

[5] 同上书，第 196 页。

[6] 托洛茨基于 1921 年 7 月在莫斯科发表了这段演讲，全文刊登在 1921 年 7 月 12 日的《真理报》上，引自皮埃尔·勃鲁埃所著《托洛茨基传》（Trotsky, Paris, 1988），第 349 页。

[7] 托洛茨基，《资本主义的垂死挣扎和第四国际的任务》（The Death Agony of Capitalism and the Tasks of the Fourth International, London, 1938），第 8 页。[中译本改名《从资本主义到社会主义的道路》，李新如译。上海先锋出版社，1939 年版。]

[8] 英美红十字国际联合会（International Federation of Red Cross and Red Crescent Societies, IFRC），《世界灾难报告（1999）》（1999 World Disasters Report），《卫报》1999 年 6 月 24 日上对其做了概述。

[9] 引自《星期日独立报》（Independent on Sunday）1999 年 6 月 6 日马克·阿尔蒙德（Mark Almond）之口。

[10] 出自列宁的文章"怎么办?"(What Is To Be Done?),收入《列宁全集》第 5 卷(Moscow, 1961),第 385—386 页。
[11] 同上书,第 422 页。
[12] 关于这个问题的详细讨论可以参见我的文章"党与阶级"(Party and Class),重印于由托尼·克里夫、邓肯·哈拉斯(Duncan Hallas)、托洛茨基和我的文章组成的文集《党与阶级》(*Party and Class*, London, 1996)中。
[13] 安东尼奥·葛兰西,《现代君主和其他文选》(*The Modern Prince and Other Essays*, London, 1957),第 59 页。